독학사 2단계
컴퓨터공학과

6과목 벼락치기

논리회로 | C프로그래밍 | 자료구조 | 컴퓨터구조 | 운영체제 | 이산수학

시대에듀

머리말 INTRO

학위를 얻는 데 시간과 장소는 더 이상 제약이 되지 않습니다. 대입 전형을 거치지 않아도 '학점은행제'를 통해 학사학위를 취득할 수 있기 때문입니다. 그중 독학학위제도는 고등학교 졸업자이거나 이와 동등 이상의 학력을 가지고 있는 사람들에게 효율적인 학점 인정 및 학사학위 취득의 기회를 줍니다.

본 도서는 독학사 컴퓨터공학과의 전공기초과정인 2단계 시험을 위한 마무리 교재로, 컴퓨터공학과 2단계 시험과목 중 "논리회로 · C프로그래밍 · 자료구조 · 컴퓨터구조 · 운영체제 · 이산수학"의 최종 점검용으로 활용해 보시길 추천드립니다.

이 책은 독학사 시험을 준비하는 수험생분들이 단기간에 효과적인 학습을 할 수 있도록 다음과 같이 구성하였습니다.

01 '기출복원문제'를 수록하여 최근 시험 경향을 파악하고 이에 맞춰 학습할 수 있도록 하였습니다.

02 시행처의 평가영역을 바탕으로 요점을 정리한 '시험장에 가져가는 핵심요약집'을 수록하여 전반적인 내용을 한눈에 파악할 수 있도록 하였습니다. (2022년 시험부터 적용되는 개정 평가영역 반영)

03 최신 출제 유형을 반영한 '기출동형 최종모의고사'를 통해 자신의 실력을 점검해 볼 수 있도록 하였습니다.

시간 대비 학습의 효율성을 높이기 위해 방대한 학습 분량을 최대한 압축하여 정리하였으며, 출제 유형을 반영한 문제들로 구성하도록 노력하였습니다. 이 책으로 학위취득의 꿈을 이루고자 하는 수험생 여러분의 합격을 응원합니다.

편저자 드림

독학학위제 소개 BDES

⬢ 독학학위제란?

「독학에 의한 학위취득에 관한 법률」에 의거하여 국가에서 시행하는 시험에 합격한 사람에게 학사학위를 수여하는 제도

- ✓ 고등학교 졸업 이상의 학력을 가진 사람이면 누구나 응시 가능
- ✓ 대학교를 다니지 않아도 스스로 공부해서 학위취득 가능
- ✓ 일과 학습의 병행이 가능하여 시간과 비용 최소화
- ✓ 언제, 어디서나 학습이 가능한 평생학습시대의 자아실현을 위한 제도
- ✓ 학위취득시험은 4개의 과정(교양, 전공기초, 전공심화, 학위취득 종합시험)으로 이루어져 있으며 각 과정별 시험을 모두 거쳐 학위취득 종합시험에 합격하면 학사학위 취득

⬢ 독학학위제 전공 분야 (11개 전공)

※ 유아교육학 및 정보통신학 전공 : 3, 4과정만 개설
  (정보통신학의 경우 3과정은 2025년까지, 4과정은 2026년까지만 응시 가능하며, 이후 폐지)
※ 간호학 전공 : 4과정만 개설
※ 중어중문학, 수학, 농학 전공 : 폐지 전공으로, 기존에 해당 전공 학적 보유자에 한하여 2025년까지 응시 가능

※ 시대에듀는 현재 4개 학과(심리학과, 경영학과, 컴퓨터공학과, 간호학과) 개설 완료
※ 2개 학과(국어국문학과, 영어영문학과) 개설 중

독학학위제 시험안내 INFORMATION

◯ 과정별 응시자격

단계	과정	응시자격	과정(과목) 시험 면제 요건
1	교양	고등학교 졸업 이상 학력 소지자	• 대학(교)에서 각 학년 수료 및 일정 학점 취득 • 학점은행제 일정 학점 인정 • 국가기술자격법에 따른 자격 취득 • 교육부령에 따른 각종 시험 합격 • 면제지정기관 이수 등
2	전공기초		
3	전공심화		

4	학위취득	• 1~3과정 합격 및 면제
		• 대학에서 동일 전공으로 3년 이상 수료
		  (3년제의 경우 졸업) 또는 105학점 이상 취득
		• 학점은행제 동일 전공 105학점 이상 인정
		  (전공 28학점 포함)
		• 외국에서 15년 이상의 학교교육과정 수료
			없음(반드시 응시)

◯ 응시방법 및 응시료

- 접수방법 : 온라인으로만 가능
- 제출서류 : 응시자격 증빙서류 등 자세한 내용은 홈페이지 참조
- 응시료 : 20,700원

◯ 독학학위제 시험 범위

- 시험 과목별 평가영역 범위에서 대학 전공자에게 요구되는 수준으로 출제
- 독학학위제 홈페이지(bdes.nile.or.kr) ➔ 학습정보 ➔ 과목별 평가영역에서 확인

◯ 문항 수 및 배점

과정	일반 과목			예외 과목		
	객관식	주관식	합계	객관식	주관식	합계
교양, 전공기초 (1~2과정)	40문항×2.5점 =100점	–	40문항 100점	25문항×4점 =100점	–	25문항 100점
전공심화, 학위취득 (3~4과정)	24문항×2.5점 =60점	4문항×10점 =40점	28문항 100점	15문항×4점 =60점	5문항×8점 =40점	20문항 100점

※ 2017년도부터 교양과정 인정시험 및 전공기초과정 인정시험은 객관식 문항으로만 출제

합격 기준

■ 1~3과정(교양, 전공기초, 전공심화) 시험

단계	과정	합격 기준	유의 사항
1	교양	매 과목 60점 이상 득점을 합격으로 하고, 과목 합격 인정(합격 여부만 결정)	5과목 합격
2	전공기초		6과목 이상 합격
3	전공심화		

■ 4과정(학위취득) 시험 : 총점 합격제 또는 과목별 합격제 선택

구분	합격 기준	유의 사항
총점 합격제	• 총점(600점)의 60% 이상 득점(360점) • 과목 낙제 없음	• 6과목 모두 신규 응시 • 기존 합격 과목 불인정
과목별 합격제	매 과목 100점 만점으로 하여 전 과목(교양 2, 전공 4) 60점 이상 득점	• 기존 합격 과목 재응시 불가 • 1과목이라도 60점 미만 득점하면 불합격

시험 일정

1단계 2월 중 → 2단계 5월 중 → 3단계 8월 중 → 4단계 10월 중

■ 컴퓨터공학과 2단계 시험 과목 및 시간표

구분(교시별)	시간	시험 과목명
1교시	09:00~10:40(100분)	논리회로, C프로그래밍
2교시	11:10~12:50(100분)	자료구조, 객체지향프로그래밍
중식 12:50~13:40(50분)		
3교시	14:00~15:40(100분)	웹프로그래밍, 컴퓨터구조
4교시	16:10~17:50(100분)	운영체제, 이산수학

※ 시험 일정 및 세부사항은 반드시 독학학위제 홈페이지(bdes.nile.or.kr)를 통해 확인하시기 바랍니다.
※ 시대에듀에서 개설된 과목은 빨간색으로 표시하였습니다.

독학학위제 과정 CURRICULUM

독학학위제 출제방향 GUIDE

국가평생교육진흥원에서 고시한 과목별 평가영역에 준거하여 출제하되, 특정한 영역이나 분야가 지나치게 중시되거나 경시되지 않도록 한다.

독학자들의 취업 비율이 높은 점을 감안하여, 과목의 특성을 반영하는 범주 내에서 학문적이고 이론적인 문항뿐만 아니라 실무적인 문항도 출제한다.

단편적 지식의 암기로 풀 수 있는 문항의 출제는 지양하고, 이해력 · 적용력 · 분석력 등 폭넓고 고차원적인 능력을 측정하는 문항을 위주로 한다.

이설(異說)이 많은 내용의 출제는 지양하고 보편적이고 정설화된 내용에 근거하여 출제하며, 그럴 수 없는 경우에는 해당 학자의 성명이나 학파를 명시한다.

교양과정 인정시험(1과정)은 대학 교양교재에서 공통적으로 다루고 있는 기본적이고 핵심적인 내용을 출제하되, 교양과정 범위를 넘는 전문적이거나 지엽적인 내용의 출제는 지양한다.

전공기초과정 인정시험(2과정)은 각 전공영역의 학문을 연구하기 위하여 각 학문 계열에서 공통적으로 필요한 지식과 기술을 평가한다.

전공심화과정 인정시험(3과정)은 각 전공영역에 관하여 보다 심화된 전문적인 지식과 기술을 평가한다.

학위취득 종합시험(4과정)은 시험의 최종 과정으로서 학위를 취득한 자가 일반적으로 갖추어야 할 소양 및 전문지식과 기술을 종합적으로 평가한다.

교양과정 인정시험 및 전공기초과정 인정시험의 시험방법은 객관식(4지택1형)으로 한다.

전공심화과정 인정시험 및 학위취득 종합시험의 시험방법은 객관식(4지택1형)과 주관식(80자 내외의 서술형)으로 하되, 과목의 특성에 따라 다소 융통성 있게 출제한다.

독학학위제 단계별 학습법 STUDY PLAN

1단계 - 핵심내용 파악!
시행처인 국가평생교육진흥원에서 공개한 평가영역에 기반을 두어 효율적으로 구성된 기본서의 '핵심이론'을 학습합니다. 단원별로 정리된 '핵심이론'을 통해 주요 개념을 파악하는 데 집중합니다. 처음부터 모든 내용을 다 암기하려고 하기보다는 우선 전반적인 내용을 파악하며 이해하는 것이 중요합니다.

2단계 - 시험 경향 및 문제 유형 파악!
독학사 시험 문제는 지금까지 출제된 유형에서 크게 벗어나지 않는 범위에서 비슷한 유형으로 줄곧 출제되고 있습니다. '기출복원문제'를 풀어 보며 문제의 유형과 출제 의도를 파악하는 데 집중하도록 합니다.

3단계 - 실전 연습!
최신 출제 유형을 반영한 '최종모의고사'를 실제 시험에 임하듯이 시간을 재고 풀어 보며, 미리 실전 연습을 합니다. 평가영역 전범위에서 출제된 모의고사 문제를 풀어 보고, 부족하게 알고 있는 내용 위주로 보완학습을 진행합니다.

4단계 - 복습을 통한 마무리!
기본서의 '핵심이론'을 압축하여 정리한 '핵심요약집'을 통해 주요 내용을 다시 한번 체크합니다. 이론을 학습하면서, 혹은 문제를 풀어 보면서 헷갈리거나 이해하기 어려운 부분은 미리 체크해 두고, 시험 전에 반복학습을 통해 확실하게 익히는 것이 중요합니다.

독학학위제 합격수기 COMMENT

> 저는 학사편입 제도를 이용하기 위해 2~4단계 시험에 순차로 응시했고 한 번에 합격했습니다. 아슬아슬한 점수라서 부끄럽지만 독학사는 자료가 부족해서 부족하나마 후기를 쓰는 것이 도움이 될까 하여 제 합격전략을 정리하여 알려 드립니다.

#1. 교재와 전공서적을 가까이에!

학사학위 취득은 본래 4년을 기본으로 합니다. 독학사는 이를 1년으로 단축하는 것을 목표로 하는 시험이라 실제 시험도 변별력을 높이는 몇 문제를 제외한다면 기본이 되는 중요한 이론 위주로 출제됩니다. 시대에듀의 독학사 시리즈 역시 이에 맞추어 중요한 내용이 일목요연하게 압축·정리되어 있습니다. 빠르게 훑어보기 좋지만 내가 목표로 한 전공에 대해 자세히 알고 싶다면 전공서적과 함께 공부하는 것이 좋습니다. 교재와 전공서적을 함께 보면서 교재에 전공서적 내용을 정리하여 단권화하면 시험이 임박했을 때 교재 한 권으로도 자신 있게 시험을 치를 수 있습니다.

#2. 시간확인은 필수!

쉬운 문제는 금방 넘어가지만 지문이 길거나 어렵고 헷갈리는 문제도 있고, OMR 카드에 마킹까지 해야 하니 실제로 주어진 시간은 더 짧습니다. 앞부분에 어려운 문제가 있다고 해서 시간을 많이 허비하면 쉽게 풀 수 있는 뒷부분 문제들을 놓칠 수 있습니다. 문제 푸는 속도가 느려지면 집중력도 떨어집니다. 그래서 어차피 배점은 같으니 아는 문제를 최대한 많이 맞히는 것을 목표로 했습니다.
① 어려운 문제는 빠르게 넘기면서 문제를 끝까지 다 풀고 ② 확실한 답부터 우선 마킹한 후 ③ 다시 시험지로 돌아가 건너뛴 문제들을 다시 풀었습니다. 확실히 시간을 재고 문제를 많이 풀어봐야 실전에 도움이 되는 것 같습니다.

#3. 문제풀이의 반복!

여느 시험과 마찬가지로 문제는 많이 풀어볼수록 좋습니다. 이론을 공부한 후 예상문제를 풀다보니 부족한 부분이 어딘지 확인할 수 있었고, 공부한 이론이 시험에 어떤 식으로 출제될지 예상할 수 있었습니다. 그렇게 부족한 부분을 보충해가며 문제유형을 파악하면 이론을 복습할 때도 어떤 부분을 중점적으로 암기해야 할지 알 수 있습니다. 이론 공부가 어느 정도 마무리되었을 때 시계를 준비하고 모의고사를 풀었습니다. 실제 시험시간을 생각하면서 예행연습을 하니 시험 당일에는 덜 긴장할 수 있었습니다.

> 학위취득을 위해 오늘도 열심히 학습하시는 수험생 여러분에게도 합격의 영광이 있길 기원하면서 이만 줄입니다.

이 책의 구성과 특징 STRUCTURES

01 기출복원문제

'기출복원문제'를 풀어 보면서 독학사 시험의 기출 유형과 경향을 파악해 보세요.

02 핵심요약집

요점을 정리한 '핵심요약집'으로 전반적인 내용을 한눈에 파악해 보세요.

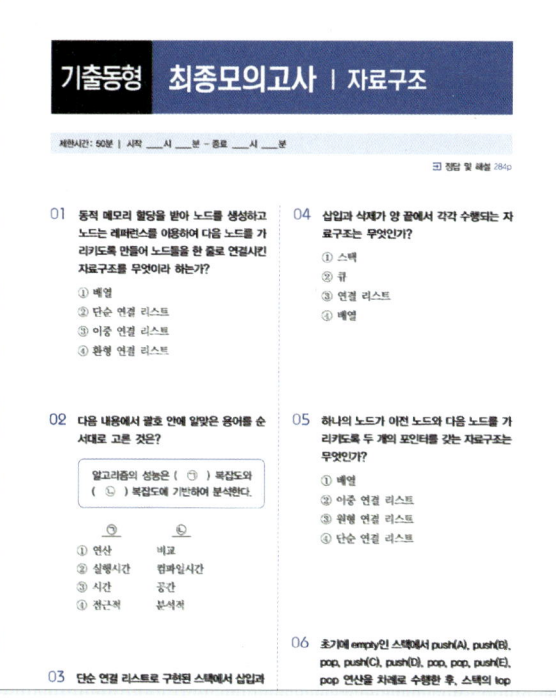

03 최종모의고사

'최종모의고사'를 실제 시험처럼 풀어 보며 실력을 점검해 보세요.

04 정답 및 해설

'정답 및 해설'을 확인하고 자신의 약점을 보완해 보세요.

목차 CONTENTS

PART 1　기출복원문제

- Ⅰ. 논리회로 · 003
- Ⅱ. C프로그래밍 · 021
- Ⅲ. 자료구조 · 039
- Ⅳ. 컴퓨터구조 · 053
- Ⅴ. 운영체제 · 067
- Ⅵ. 이산수학 · 084

PART 2　핵심요약집 & 최종모의고사

Ⅰ. 논리회로
- 시험장에 가져가는 핵심요약집 · 003
- 기출동형 최종모의고사 · 087
- 최종모의고사 정답 및 해설 · 094

Ⅱ. C프로그래밍
- 시험장에 가져가는 핵심요약집 · 103
- 기출동형 최종모의고사 · 176
- 최종모의고사 정답 및 해설 · 184

Ⅲ. 자료구조
- 시험장에 가져가는 핵심요약집 · 193
- 기출동형 최종모의고사 · 277
- 최종모의고사 정답 및 해설 · 284

Ⅳ. 컴퓨터구조
- 시험장에 가져가는 핵심요약집 · 291
- 기출동형 최종모의고사 · 363
- 최종모의고사 정답 및 해설 · 372

Ⅴ. 운영체제
- 시험장에 가져가는 핵심요약집 · 379
- 기출동형 최종모의고사 · 432
- 최종모의고사 정답 및 해설 · 442

Ⅵ. 이산수학
- 시험장에 가져가는 핵심요약집 · 451
- 기출동형 최종모의고사 · 513
- 최종모의고사 정답 및 해설 · 518

과목별

기출복원문제

Ⅰ. 논리회로
Ⅱ. C프로그래밍
Ⅲ. 자료구조
Ⅳ. 컴퓨터구조
Ⅴ. 운영체제
Ⅵ. 이산수학

출/제/유/형/완/벽/파/악/

훌륭한 가정만한 학교가 없고, 덕이 있는 부모만한 스승은 없다.

– 마하트마 간디 –

Ⅰ. 논리회로
기출복원문제

※ 본 문제는 다년간 독학사 컴퓨터공학과 2단계 시험에서 출제된 기출문제를 복원한 것입니다. 문제의 난이도와 수험경향 파악용으로 사용하시길 권고드립니다. 본 기출복원문제에 대한 무단복제 및 전제를 금하며 저작권은 시대에듀에 있음을 알려드립니다.

01 다음 중 아날로그를 디지털로 변환할 때의 특성이 아닌 것은?

① 샘플링
② 양자화
③ 인코딩
④ 복호화

01 복호화(decoding)는 디지털 데이터를 다시 아날로그 신호로 변환하는 과정이므로, 아날로그를 디지털로 변환하는 과정의 특성이 아니다.

아날로그 신호를 디지털 신호로 변환하는 과정에는 몇 가지 주요 단계가 있으며, 샘플링·양자화·인코딩이 포함된다.
① 샘플링(sampling)은 아날로그 신호의 연속적인 값들을 일정한 시간 간격으로 측정하여 불연속적인 샘플들로 변환하는 과정이다.
② 양자화(quantization)는 샘플링된 값을 정해진 이산 값으로 변환하는 과정으로, 샘플 값을 가장 가까운 양자화된 레벨로 반올림한다.
③ 인코딩(encoding)은 양자화된 값을 디지털 코드, 즉 이진수로 변환하는 과정이다.

02 다음 중 하드웨어 구성요소에 해당하지 않는 것은?

① CPU
② 운영체제
③ 주기억장치
④ 시스템 버스

02 운영체제(Operating System)란 소프트웨어 구성요소로, 하드웨어와 소프트웨어 자원을 관리하며 컴퓨터 프로그램이 실행되도록 지원하는 시스템 소프트웨어이다.
① CPU(Central Processing Unit)는 하드웨어 구성요소로서, 컴퓨터의 핵심 처리 장치이다. 명령어를 해석하고 실행하는 역할을 한다.
③ 주기억장치(Primary Memory)는 하드웨어 구성요소로서, 데이터를 임시로 저장하는 공간으로, RAM(Random Access Memory)이 대표적이다.
④ 시스템 버스(System Bus)는 하드웨어 구성요소로서, 컴퓨터 내부에서 데이터와 신호를 전송하는 통로 역할을 한다.

정답 01 ④ 02 ②

03 2의 보수로 표현된 11111111_2을 다시 2의 보수로 변환하면 된다. 변환 방법은 오른쪽 최하위 비트(LSB)에서 최상위 비트(MSB)로 이동하면서, 첫 번째로 나오는 1비트까지는 유지하고, 그 다음 비트부터 모두 반전시키면 된다. 즉, 2의 보수로 표현된 11111111_2은 10진수 −1임을 알 수 있다.

04 데이터 타입(data type)은 데이터가 어떤 형식으로 저장되고 처리되는지를 정의하는 메타데이터이다. 부동소수점 형식의 일부분이 아니다.

부동소수점 형식은 일반적으로 세 가지 구성요소(부호 비트, 지수, 가수)로 구성된다.
① 부호 비트(sign bit)는 수의 부호를 나타내는 비트로, 1비트가 할당된다. 0은 양수, 1은 음수를 나타낸다.
② 지수(exponent)는 소수점의 위치를 결정하는 비트로, 특정 비트 수가 할당되어 지수 값을 표현한다.
③ 가수(mantissa 또는 significant)는 실제 수의 유효 숫자를 나타내는 비트이다. 가수의 비트 수는 정밀도를 결정한다.

05 정수 부분 변환은 가중치법을 사용하면 11_2가 된다.
소수 부분 변환은 다음과 같다.
$0.25 \times 2 = 0.50$ → 정수 부분 0,
$0.50 \times 2 = 1.00$ → 정수 부분 1
그러므로 정수 부분과 소수 부분을 결합하여 11.01_2이 된다.

03 어떤 이진수의 2의 보수가 11111111_2일 때 보수를 취하기 전의 값은? (단, 괄호 안의 수는 10진수로 표현했을 때의 값임)
① 00000001_2 (또는 −1)
② 00000000_2 (또는 −0)
③ 10000000_2 (또는 −1)
④ 11111110_2 (또는 −0)

04 부동소수점 형식을 취할 경우 비트가 할당되지 <u>않는</u> 것은?
① 부호 비트
② 지수
③ 가수
④ 데이터 타입

05 다음 중 10진수 3.25를 2진수로 올바르게 변환한 것은?
① 10.01_2
② 11.1_2
③ 11.01_2
④ 11.001_2

정답 03 ① 04 ④ 05 ③

06 다음 중 2진수 11001001.11_2를 16진수로 올바르게 변환한 것은?

① $C9.3_{16}$
② $C9.C_{16}$
③ $DA.D_{16}$
④ $DA.3_{16}$

06 2진수를 4비트씩 그룹으로 나눠 16진수로 변환한다.
정수 부분은 1100 → C(16진수), 1001 → 9(16진수)
소수 부분은 4비트로 맞추기 위해서 뒤에 00을 추가한다.
11 → 1100 → C(16진수) (2비트에서 4비트로 확장)
그러므로 정수 부분과 소수 부분을 결합하여 $C9.C_{16}$가 된다.

07 다음 내용에서 괄호 안에 들어갈 숫자를 순서대로 고른 것은?

> 데이터 비트 2진수 1101001에서는 짝수 패리티 비트로 (㉠)이, 1101000에서는 짝수 패리티 비트 (㉡)이 검출된다.

	㉠	㉡
①	0	0
②	0	1
③	1	0
④	1	1

07 짝수 패리티 비트는 데이터 비트들의 합이 짝수가 되도록 추가되는 비트이다. 데이터 비트 1101001의 짝수 패리티 비트를 계산하면 0이고, 데이터 비트 1101000의 짝수 패리티 비트를 계산하면 1이다.

08 해밍 코드로 오류를 검출할 수 있는 최대 개수는?

① 1비트
② 2비트
③ 3비트
④ 4비트

08 해밍 코드는 단일 비트 오류를 검출하고 수정할 수 있으며, 이는 추가된 검사 비트(패리티 비트)를 통해 수행된다. 해밍 코드는 단일 비트 오류를 수정할 수 있지만, 다중 비트 오류에 대해서는 검출만 가능하다. 문제에서는 오류 검출 능력에 대해 묻고 있으며, 최소 해밍 거리는 3이기 때문에 최대 2개의 오류를 검출할 수 있다.

정답 06 ② 07 ② 08 ②

09 자기 보수 코드(Self-checking code)는 데이터 전송 중 발생할 수 있는 오류를 자체적으로 검출하거나 수정할 수 있는 코드를 의미한다. 패리티 비트 코드, 해밍 코드, CRC 코드 등이 있다.

09 다음 중 자기 보수 코드(Self-checking code)에 해당하는 것은?

① BCD 코드
② 해밍 코드
③ 3초과 코드
④ 암호화 코드

10 아스키(ASCII, American Standard Code for Information Interchange) 코드는 문자를 컴퓨터에서 표현하기 위해 사용되는 표준 코드이다. 7비트로 구성되어 있으며, 0부터 127까지 총 128개의 문자를 나타낼 수 있다.

10 다음 중 128가지의 문자를 표현할 수 있는 7비트로 구성된 코드는?

① 유니 코드
② 해밍 코드
③ 암호화 코드
④ 아스키 코드

11 3초과 코드는 BCD(8421) 코드로 표현된 값에 3을 더한 코드이다. 무효 코드인 0000, 0001, 0010, 1101, 1110, 1111은 사용하지 않는다. 주어진 BCD 코드 101001를 3초과 코드로 변환하는 방법에는 2가지가 있다.
• 첫 번째 방법은 4비트씩 구분하여 11을 더해주는 것이다.
  10 + 11 = 101, 1001 + 11 = 1100
  각각을 결합하면 1011100이 된다.
• 두 번째 방법은 BCD 코드를 4비트씩 구분하여 10진수로 변환(29)한 후 각 자릿수에 3을 더한 값을 다시 BCD 코드 형식으로 변환하면 된다.
  2 + 3 = 5, 9 + 3 = 12 ⇒ 1011100

11 BCD 코드 101001을 3초과 코드로 올바르게 변환한 것은?

① 1011100
② 1011110
③ 1111100
④ 1111110

정답 09 ② 10 ④ 11 ①

12 다음 중 입력변수의 값이 $X=1$, $Y=0$일 때, 논리연산이 올바른 것은?

① $X \cdot Y = 1$
② $\overline{X} + Y = 0$
③ $\overline{X} + \overline{Y} = 0$
④ $X \cdot \overline{Y} = 0$

13 다음 진리표의 출력과 같은 동작을 하는 게이트는?

입력		출력
A	B	X
0	0	1
0	1	1
1	0	1
1	1	0

① OR
② NOR
③ XOR
④ NAND

12 $\overline{X} + Y = \overline{1} + 0 = 0$
① $X \cdot Y = 1 \cdot 0 = 0$
③ $\overline{X} + \overline{Y} = \overline{1} + \overline{0} = 1$
④ $X \cdot \overline{Y} = 1 \cdot \overline{0} = 1$

13 진리표의 출력을 알 수 있는 방법은 다음과 같다.
- 첫 번째 방법은 입력변수가 적은 경우에는 출력값을 보고 직관적으로 판단할 수 있다. 각 입력값을 논리곱한 결과의 보수 출력임을 알 수 있다. $X = \overline{A \cdot B}$
- 두 번째 방법은 부울대수 법칙을 이용하는 것이다. 출력이 1인 입력값을 부울대수로 나타낸다.
$\overline{A}\overline{B} + \overline{A}B + A\overline{B}$
$= \overline{A}\overline{B} + \overline{A}B + \overline{A}\overline{B} + A\overline{B}$
$= \overline{A}(\overline{B}+B) + \overline{B}(\overline{A}+A)$
$= \overline{A} + \overline{B} = \overline{A \cdot B}$
- 세 번째 방법은 카르노맵(K-map)을 이용한 방법이다.

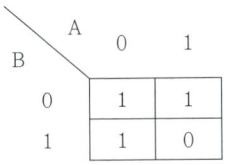

- 출력 1을 기준으로 콤바인(그룹화)하면 $\overline{A} + \overline{B}$
- 출력 0을 기준으로 콤바인(그룹화)하면 $A \cdot B$
- 그러므로 $\overline{A} + \overline{B} = \overline{A \cdot B}$ 이다.

정답 12 ② 13 ④

14 주어진 부울대수식을 최소항식으로 표현하면 다음과 같다.
$F = ABC + AB\overline{C} + A\overline{B}C$
$\quad + A\overline{B}\,\overline{C} + \overline{A}\,\overline{B}C$
$\quad = m_1 + m_4 + m_5 + m_6 + m_7$
$\quad = \sum m(1,4,5,6,7)$

14 $F = ABC + AB\overline{C} + A\overline{B}C + A\overline{B}\,\overline{C} + \overline{A}\,\overline{B}C$의 진리표에서 괄호 안에 들어갈 값을 순서대로 고른 것은?

입력			출력
A	B	C	F
0	0	0	(㉠)
0	0	1	1
0	1	0	0
0	1	1	0
1	0	0	1
1	0	1	1
1	1	0	1
1	1	1	(㉡)

	㉠	㉡
①	0	0
②	0	1
③	1	0
④	1	1

15 $\overline{X} + X\overline{Y}$
$= \overline{X}(\overline{Y} + Y) + X\overline{Y}$
$= \overline{X}\,\overline{Y} + \overline{X}Y + X\overline{Y}$
$= \overline{X}\,\overline{Y} + \overline{X}\,\overline{Y} + \overline{X}Y + X\overline{Y}$
$= \overline{X}(\overline{Y} + Y) + \overline{Y}(\overline{X} + X)$
$= \overline{X} + \overline{Y}$
① $\overline{(X+Y)} = \overline{X} \cdot \overline{Y}$
② $\overline{X \cdot Y} = \overline{X} + \overline{Y}$
③ $XY + Y = Y(X+1) = Y$

15 다음 중 부울대수식이 옳은 것은?
① $\overline{(X+Y)} = \overline{X} + \overline{Y}$
② $\overline{X \cdot Y} = \overline{X} \cdot \overline{Y}$
③ $XY + Y = X + 1$
④ $\overline{X} + X\overline{Y} = \overline{X} + \overline{Y}$

정답 14 ② 15 ④

16 다음 중 부울대수의 법칙과 그 예시가 올바르게 짝지어진 것은?

① 항등법칙 : $A+0=0$
② 흡수법칙 : $A \cdot (A+B) = A$
③ 드모르간의 법칙 : $\overline{(A+B)} = \overline{A} + \overline{B}$
④ 분배법칙 : $A+(B \cdot C) = (A+B) \cdot C$

16 흡수법칙 :
$A \cdot (A+B)$
$= A \cdot A + A \cdot B$
$= A + A \cdot B$
$= A(1+B) = A$
① 항등법칙 : $A+0=A$
③ 드모르간의 법칙 :
$\overline{(A+B)} = \overline{A} \cdot \overline{B}$
④ 분배법칙 :
$A+(B \cdot C)$
$= (A+B) \cdot (A+C)$

17 다음 중 논리식이 옳지 않은 것은?

① $\overline{\overline{A}} = \overline{\overline{A+A}} = \overline{\overline{A \cdot A}}$
② $AB = \overline{\overline{AB}} = \overline{\overline{A} + \overline{B}}$
③ $A+B = \overline{\overline{A+B}} = \overline{\overline{A} + \overline{B}}$
④ $\overline{A+B} = \overline{\overline{\overline{A+B}}} = \overline{\overline{A} \cdot \overline{B}}$

17 $A+B = \overline{\overline{A+B}} = \overline{\overline{A} \cdot \overline{B}}$

정답 16 ② 17 ③

18 $F(X,Y,Z) = \sum m(1,2,3)$은 최소항으로 표현된 것으로, 진리표는 다음과 같다.

입력			출력
X	Y	Z	F
0	0	0	0
0	0	1	1
0	1	0	1
0	1	1	1
1	0	0	0
1	0	1	0
1	1	0	0
1	1	1	0

출력이 1인 부울대수들을 곱의 합으로 표현하여 최소화하면 다음과 같다.
$F(X,Y,Z) = \sum m(1,2,3)$
$= \overline{X}\overline{Y}Z + \overline{X}Y\overline{Z} + \overline{X}YZ$
$= \overline{X}\overline{Y}Z + \overline{X}YZ + \overline{X}Y\overline{Z} + \overline{X}YZ$
$= \overline{X}Z(\overline{Y}+Y) + \overline{X}Y(\overline{Z}+Z)$
$= \overline{X}Z + \overline{X}Y$

18 $F(X,Y,Z) = \sum m(1,2,3)$일 때, F를 최소항식으로 올바르게 나타낸 것은?

① $F = \overline{X}\overline{Y}\overline{Z} + X\overline{Y}Z + XY\overline{Z}$
② $F = \overline{X}\overline{Y}Z + \overline{X}Y\overline{Z} + \overline{X}YZ$
③ $F = \overline{X}\overline{Y}Z + XY\overline{Z} + \overline{X}YZ$
④ $F = \overline{X} + Y + \overline{Z}$

19 POS는 각 변수들의 논리합이 0가 되는 항들을 논리곱으로 표현하는 것이다. 주어진 POS은 표준형 표현으로 다음과 같이 변환할 수 있다.
$F = (A+B+C)(A+\overline{B}+\overline{C})$
$\quad (\overline{A}+\overline{B}+C)(\overline{A}+B+\overline{C})$
$= \prod M(0,3,5,6)$
$= M_0 \cdot M_3 \cdot M_5 \cdot M_6$
$= \sum m(1,2,4,7)$
$= m_1 + m_2 + m_4 + m_7$
$= \overline{A}\overline{B}C + \overline{A}B\overline{C}$
$\quad + A\overline{B}\overline{C} + ABC$
POS를 SOP로 변환하는 방법은 여러 가지가 있으며, 여기서는 최대항을 최소항으로 변환하는 방법으로 설명한다. 위 최대항의 표현은 출력을 0을 기반으로 표현한 것으로, 최소항으로 변환하려면 최대항 표현에 없는 번호를 이용하면 된다.

19 다음 POS식을 SOP식으로 올바르게 변환한 것은?

$F = (A+B+C)(A+\overline{B}+\overline{C})(\overline{A}+\overline{B}+C)(\overline{A}+B+\overline{C})$

① $F = \overline{A}\overline{B}C + \overline{A}BC + A\overline{B}C + AB\overline{C}$
② $F = \overline{A}\overline{B}C + \overline{A}B\overline{C} + A\overline{B}\overline{C} + ABC$
③ $F = ABC + A\overline{B}\overline{C} + \overline{A}B\overline{C} + \overline{A}BC$
④ $F = ABC + A\overline{B}\overline{C} + \overline{A}B\overline{C} + \overline{A}BC$

정답 18 ② 19 ②

20 다음 중 트랜지스터를 포함한 기본 디지털 논리게이트와 플립플롭만 포함하는 집적 회로에 해당하는 것은?

① SSI
② MSI
③ LSI
④ VLSI

21 다음 중 동치인 부울대수식은 무엇인가?

① $A + \overline{A}B = A + B$
② $AB + \overline{A}B = A$
③ $A(B + C) = A + BC$
④ $(A + B)(A + C) = A + C$

---

20 SSI(Small Scale Integration)는 소규모 집적 회로로, 수십 개의 트랜지스터를 포함한다. 기본적인 논리게이트(AND, OR, NOT)와 플립플롭 같은 간단한 기능을 수행할 수 있고, 주로 간단한 디지털 회로를 구현할 때 사용된다.
② MSI(Medium Scale Integration)는 중규모 집적 회로로, 수백 개의 트랜지스터를 포함한다. 디코더, 멀티플렉서, 카운터 같은 더 복잡한 기능을 수행할 수 있다.
③ LSI(Large Scale Integration)는 대규모 집적 회로로, 수천 개에서 수만 개의 트랜지스터를 포함한다. 마이크로프로세서, 메모리 칩 등의 고급 기능을 포함할 수 있고, 더욱 복잡한 시스템을 구현할 수 있다.
④ VLSI(Very Large Scale Integration)는 초대규모 집적 회로로, 수십만 개 이상의 트랜지스터를 포함한다. 고성능 프로세서, 메모리, ASIC 등 다양한 고급 기능을 포함할 수 있고, 매우 복잡한 시스템을 단일 칩에 구현할 수 있다.

21 동치인 부울대수식이란 주어진 모든 입력 조합에 대해 동일한 출력을 생성하는 것이다. 주어진 선지들의 부울대수식의 동치여부를 확인하려면 부울대수 법칙을 이용하여 확인하는 방법과 입력값에 임의의 값을 대입하여 확인하는 방법도 있지만, 부울대수 법칙을 이용하여 확인하는 방법이 더 정확하다.
① $A + \overline{A}B = A(\overline{B} + B) + \overline{A}B$
$= A\overline{B} + AB + \overline{A}B$
$= A\overline{B} + AB + \overline{A}B + AB$
$= A(\overline{B} + B) + B(\overline{A} + A)$
$= A + B$
② $AB + \overline{A}B = B(A + \overline{A}) = B$
③ $A(B + C) = AB + AC$
④ $(A + B)(A + C)$
$= AA + AC + AB + BC$
$= A + AC + AB + BC$
$= A(1 + C + B) + BC$
$= A + BC$

정답 20 ① 21 ①

22 카르노맵을 간소화하는 과정은 같은 출력 결과를 그룹화하는 방법과, 각각의 출력을 부울대수식으로 표현하여 부울대수 법칙을 이용하는 방법이 있다. 그러나 명확하고 확실하게 간소화된 결과를 얻기 위해서는 카르노맵에서 같은 출력 결과를 그룹화하는 방법을 사용하는 것이 좋다.

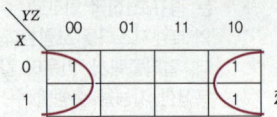

참고로 출력이 1인 입력값의 SOP식은 다음과 같다.
$\overline{X}\overline{Y}\overline{Z}+ \overline{X}Y\overline{Z}+ X\overline{Y}\overline{Z}+ XY\overline{Z}$
$= \overline{Y}\overline{Z}(\overline{X}+X) + Y\overline{Z}(\overline{X}+X)$
$= \overline{Z}(\overline{Y}+Y) = \overline{Z}$

22 다음 카르노맵을 간소화한 식으로 옳은 것은?

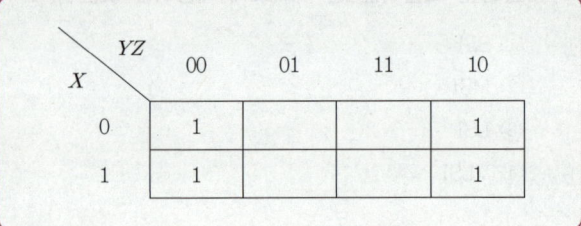

① Z
② $\overline{Z}$
③ $\overline{Y}Z + YZ$
④ $\overline{Y}\overline{Z} + Y\overline{Z}$

23 카르노맵은 각 출력을 SOP 형식의 기호로 나타낸 것이므로, 이 기호를 논리합으로 표현하면 된다.
$F(X,Y,Z) = m_1 + m_2 + m_7$
$= \sum m(1,2,7)$
$= \overline{X}\,\overline{Y}Z + \overline{X}Y\overline{Z} + XYZ$

23 다음 카르노맵을 SOP식으로 올바르게 나타낸 것은?

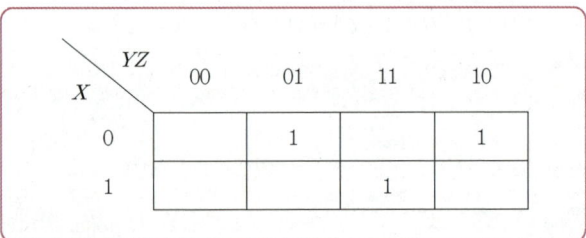

① $F(X,Y,Z) = \sum m(1,2,4)$
② $F(X,Y,Z) = \sum m(1,2,7)$
③ $F(X,Y,Z) = \prod M(1,2,7)$
④ $F(X,Y,Z) = \prod M(1,2,4)$

정답 22 ② 23 ②

24 $F = A + B$일 때, 이와 다른 동작을 하는 논리회로는?

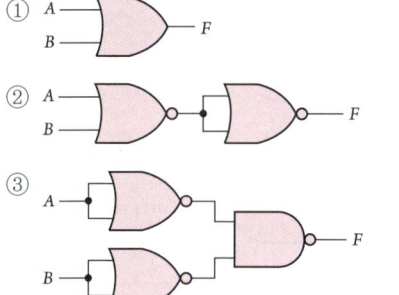

24 주어진 논리회로의 동작은 OR게이트이다.
①·②·③은 다음의 부울대수식과 같은 동작을 한다.
$F = A + B = \overline{\overline{A+B}} = \overline{\overline{A} \cdot \overline{B}}$
④ $F = A \oplus B + \overline{AB}$
$= \overline{A}B + A\overline{B} + \overline{AB}$
$= \overline{A}B + A\overline{B} + \overline{A} + \overline{B}$
$= \overline{A}(B+1) + \overline{B}(A+1)$
$= \overline{A} + \overline{B}$

25 다음 주어진 회로의 부울대수식으로 옳은 것은?

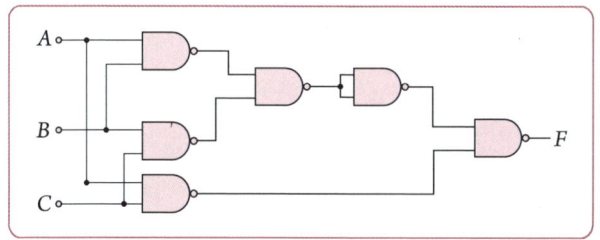

① $F(A,B,C) = \overline{A}\overline{B} + \overline{B}\overline{C} + \overline{A}\overline{C}$
② $F(A,B,C) = \overline{A}B + \overline{B}C + \overline{A}C$
③ $F(A,B,C) = AB + BC + AC$
④ $F(A,B,C) = A\overline{B} + B\overline{C} + A\overline{C}$

25 회로도를 부울대수식으로 표현하면 다음과 같다.
$F(A,B,C) = \overline{\overline{AB} \cdot \overline{BC} \cdot \overline{AC}}$
$= \overline{\overline{AB} \cdot \overline{BC}} \cdot \overline{\overline{AC}}$
$= \overline{\overline{AB} \cdot \overline{BC}} + \overline{\overline{AC}}$
$= \overline{\overline{AB} \cdot \overline{BC}} + AC$
$= AB + BC + AC$

정답 24 ④ 25 ③

26 반가산기(Half Adder)는 두 개의 단일 비트 이진수를 더하여 합(Sum)과 자리올림(Carry)을 구하는 조합논리회로이다. 반가산기는 두 개의 입력과 두 개의 출력을 가지며, 주로 기본적인 덧셈 연산을 구현할 때 사용된다. 반가산기의 부울대수식은 다음과 같다.
합(Sum)= $A \oplus B$,
자리올림(Carry)= AB

26 다음 회로도에 해당하는 조합논리회로는 무엇인가?

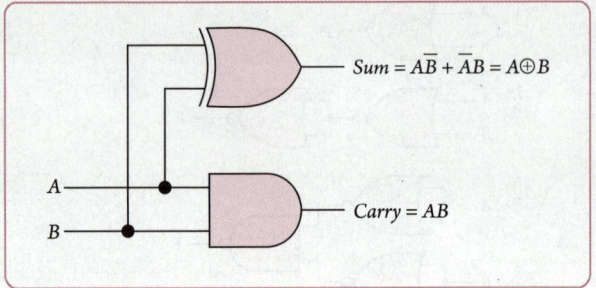

① 반감산기
② 반비교기
③ 반가산기
④ 전가산기

27 멀티플렉서(multiplexer)는 여러 입력 중 하나를 선택하여 출력으로 전달하는 장치이다. 2^n개의 입력선과 n개의 선택선으로 구성되며, 선택선의 비트 조합에 따라 하나의 입력을 선택하여 출력한다.
① 인코더(encoder)는 여러 입력 중에서 활성화된 하나의 입력을 식별하고, 그 입력의 번호를 이진 코드로 출력하는 장치이다. 2^n개의 입력선이 있는 인코더는 n개의 출력선을 통해 입력된 활성화된 신호의 위치를 이진수로 출력한다.
② 디코더(decoder)는 입력된 이진 코드에 따라 여러 출력 중 하나를 활성화하는 장치이다. n개의 입력선이 있는 디코더는 2^n개의 출력선 중 하나를 활성화한다.
④ 디멀티플렉서(demultiplexer)는 하나의 입력을 여러 출력 중 하나로 전달하는 장치이다. 하나의 입력선과 n개의 선택선을 통해 2^n개의 출력선 중 하나를 선택한다.

27 일반적으로 2^n개의 입력선과 n개의 선택선으로 구성되며, 이때 선택선의 비트 조합에 따라 입력 중 하나를 선택하는 것은?

① 인코더
② 디코더
③ 멀티플렉서
④ 디멀티플렉서

정답 26 ③ 27 ③

28 전가산기 회로에서 입력이 $X=1$, $Y=1$, $C_{in}=1$일 때, 출력 F와 C_{out}은 얼마인가?

	F	C_{out}
①	0	0
②	0	1
③	1	0
④	1	1

28 전가산기(Full Adder)는 세 개의 입력 비트(두 개의 피가산수와 하나의 자리올림 비트)를 더하여 합(F)과 새로운 자리올림(C_{out})을 구하는 조합 논리회로이다. 반가산기와 달리, 전가산기는 세 개의 입력을 처리할 수 있어 다중 비트 덧셈에 유용하다. 전가산기의 부울대수식은 다음과 같다.
합(F) = $X \oplus Y \oplus C_{in}$,
자리올림(C_{out})
= $C_{in}(X \oplus Y) + XY$
주어진 입력값 $X=1$, $Y=1$, $C_{in}=1$일 때,
$C_{out} = 1(1 \oplus 1) + 1 \cdot 1 = 1$이다.
즉, 입력 1 + 1 + 1의 결과는 자리올림수 1이 발생하며, 합의 결과도 1이다.

29 다음 중 16×1 MUX에서 선택선의 개수는?

① 3
② 4
③ 16
④ 32

29 멀티플렉서(MUX)는 여러 개의 입력 중 하나를 선택하여 출력으로 보내는 장치이다. 2^n개의 입력선과 n개의 선택선으로 구성되며, 선택선의 비트 조합에 따라 하나의 입력을 선택하여 출력한다.

정답 28 ④ 29 ②

30 멀티플렉서를 이용해 조합논리회로를 구현할 수 있다. 8×1 MUX를 사용할 때는 선택선 3개이므로, 선택선 3개를 입력 A, B, C로 사용한다. 데이터 $D_0 \sim D_7$ 입력에 해당되는 값 중에서 D_0, D_2, D_4, D_6은 논리값 1(5V)로, 나머지 입력은 0V(접지)로 설정할 수 있다. 위 회로와 같이 구현하면 다음과 같은 동작을 한다.
$F(A,B,C)$
$= \overline{A}\overline{B}\overline{C} + \overline{A}B\overline{C} + A\overline{B}\overline{C} + AB\overline{C}$

30 다음 회로는 멀티플렉서를 이용한 논리회로이다. 이 회로에 대한 논리함수는?

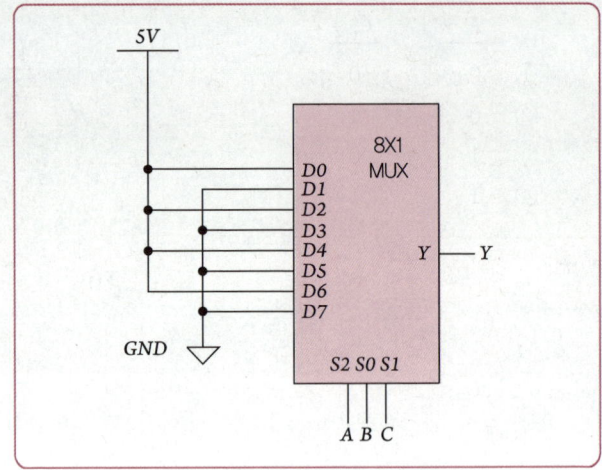

① $F(A,B,C) = \sum m(1,2,3)$
② $F(A,B,C) = \sum m(0,2,4,6)$
③ $F(A,B,C) = \sum m(1,3,5,7)$
④ $F(A,B,C) = \prod M(0,2,4,6)$

31 SR래치(SR Latch)는 기본적으로 두 개의 입력(S와 R)과 두 개의 출력(Q와 $\overline{Q}$)을 가지고 있으며, 다음과 같은 특성이 있다.
S = 1 : 출력 Q를 1로 만든다. (Set)
R = 1 : 출력 Q를 0으로 만든다. (Reset)
S = R = 0 : 출력 Q는 이전 상태를 유지한다.
S = R = 1 : 출력은 정의되지 않으며, 이 상태를 피해야 한다. (부정 상태)

31 다음 중 SR래치에 대한 설명으로 옳지 않은 것은?

① Set 입력이 1이고 Reset 입력이 0일 때, Q는 1이 된다.
② Set 입력이 0이고 Reset 입력이 1일 때, Q는 0이 된다.
③ Set과 Reset 입력이 모두 0일 때, Q는 이전 상태를 유지한다.
④ Set과 Reset 입력이 모두 1일 때, Q는 0이 된다.

정답 30 ② 31 ④

32 T플립플롭에서 1이 입력될 경우의 출력결과로 옳은 것은?

① 출력이 0이 된다.
② 출력이 1이 된다.
③ 출력이 변하지 않는다.
④ 출력이 토글된다.

32 T플립플롭(Toggle Flip-Flop)은 입력된 클록 신호에 따라 출력이 토글(반전)되는 플립플롭이다. T 플립플롭의 동작은 다음과 같은 특징을 가진다.
T = 0 : 출력 Q는 이전 상태를 유지한다.
T = 1 : 출력 Q는 토글(반전)된다.

33 다음 그림과 가장 관련 있는 것은?

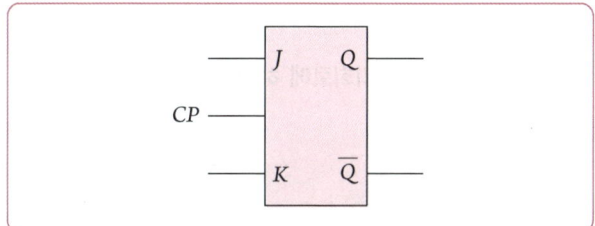

① SR플립플롭
② JK플립플롭
③ D플립플롭
④ T플립플롭

33 JK플립플롭은 SR플립플롭의 개선된 형태로, 입력의 조합에 따라 다양한 상태 전환을 수행하는 순차논리회로다. J와 K라는 두 개의 입력, 클록 신호(CP), 그리고 출력 Q와 $\overline{Q}$(Q의 보수)로 구성된다.

34 JK플립플롭에 대한 설명으로 옳지 않은 것은?

① J와 K가 모두 0일 때, 출력 Q는 이전 상태를 유지한다.
② J와 K가 모두 1일 때, 출력 Q는 반전된다.
③ J가 1이고 K가 0일 때, 출력 Q는 0이 된다.
④ J가 0이고 K가 1일 때, 출력 Q는 0이 된다.

34 JK플립플롭은 SR플립플롭의 개선된 형태로, 입력 J와 K의 값에 따라 다양한 상태 전환을 수행하는 순차논리회로이다. JK플립플롭의 동작은 다음과 같이 입력 J와 K의 값에 따라 결정된다.
J = 0, K = 0 : 출력 Q는 이전 상태를 유지한다.
J = 0, K = 1 : 출력 Q는 0이 된다. (Reset)
J = 1, K = 0 : 출력 Q는 1이 된다. (Set)
J = 1, K = 1 : 출력 Q는 현재 상태의 반대로 토글된다. (Toggle)

정답 32 ④ 33 ② 34 ③

35 하강에지트리거(negative-edge triggered) 플립플롭은 클록 신호가 높은 상태(1)에서 낮은 상태(0)로 전환되는 순간(하강에지)에서 동작하는 플립플롭이다.
플립플롭의 동작은 클록 신호의 변화를 감지하여 상태를 변경하며, 하강에지트리거는 특히 하강에지에서 그 동작을 수행한다.

35 다음 중 하강에지트리거에 대한 설명으로 옳은 것은?

① 클록 신호가 0에서 1로 전환될 때 동작한다.
② 클록 신호가 1에서 0으로 전환될 때 동작한다.
③ 클록 신호가 1일 때 항상 동작한다.
④ 클록 신호가 0일 때 항상 동작한다.

36 순서논리회로(Sequential Logic Circuit)는 디지털 논리회로의 한 종류로, 입력 신호뿐만 아니라 이전의 상태나 저장된 정보에 따라 출력을 결정하는 회로이다. 순서논리회로는 내부에 기억 요소를 가지고 있어 이전 상태에 따라 다음 상태를 결정하거나 특정한 순서대로 동작하는 특성을 가지며, 입력에 따라 순차적으로 동작하는 회로이다.
기억구성요소로는 D플립플롭, JK플립플롭, T플립플롭 등이 있으며, 응용회로에는 카운터 회로, 레지스터 회로 등이 있다.

36 다음 중 순서논리회로에 해당하는 것은?

① 인코더
② 디코더
③ 레지스터
④ 멀티플렉서

37 카운터 회로의 기억구성요소는 플립플롭으로 기억하고자 하는 비트 수에 따라 플립플롭의 개수를 결정할 수 있다. 플립플롭의 개수를 결정하는 방법은 다음과 같다.
• 첫 번째 : 100까지의 숫자를 표현하는 데 필요한 비트 수는 $\log_2(100)$로, $\log_2(100) \approx 6.644$, 따라서 올림하면 7이 된다.
• 두 번째 : 7개의 카운터 비트가 있으면, $128(2^7)$까지의 숫자를 나타낼 수 있으므로, 1부터 100까지 모든 숫자를 정확하게 표현할 수 있는 최소한의 플립플롭 개수는 7개이다.

37 1~100까지 셀 수 있는 계수기를 구성할 경우, 플립플롭의 최소 개수는?

① 4개
② 5개
③ 6개
④ 7개

정답 35 ② 36 ③ 37 ④

38 10진수 6을 8비트 레지스터에 입력하고, 좌측으로 1번 시프트 할 때의 결과는?

① 3
② 8
③ 12
④ 0

38 10진수 6을 8비트 2진수로 나타내면 00000110이며, 시프트 연산은 각 비트를 지정된 방향으로 이동시키는 연산이다. 좌측 시프트의 경우 각 비트를 왼쪽으로 한 자리씩 이동시키는 것으로, 가장 왼쪽 비트는 버려지고, 가장 오른쪽에는 0이 채워진다. 00000110을 좌측으로 1번 시프트 하면 00001100이 되고, 10진수로 12가 된다.

39 다음 중 32×8 ROM을 구성할 때 필요한 디코더의 입력선의 개수는?

① 1개
② 3개
③ 5개
④ 7개

39 기본적인 ROM의 구조는 입력선 n개와 출력선 m개로 구성된다. 입력변수들의 조합이 주소가 되고, 출력선에서 출력되는 비트조합은 워드가 되며, 한 워드는 비트 m개로 구성된다. 32×8 ROM의 용량을 계산해보면 32개의 8비트 데이터 워드를 저장할 수 있는 ROM이므로, 총 저장 가능한 비트 수는 32 × 8 = 256비트(또는 32바이트)이므로, ROM은 $2^5 \times 8$bit의 메모리 배열을 가진다. ROM의 주소 입력선을 제어하여 각 데이터 워드에 접근할 수 있어야 하므로, 주소선을 제어하기 위해 디코더가 필요하다. 주소선의 개수는 ROM의 주소 비트 수에 의해 결정된다. 즉, 5×32 디코더로 32×8 ROM에 접근할 수 있으므로, 입력선의 개수는 5개이다.

정답 38 ③   39 ③

Ⅰ. 논리회로

40 다음 내용에 해당하는 PLD는 무엇인가?

> • PLD의 종류 중에 하나로, 고정된 AND 배열과 프로그래밍 가능한 OR 매크로셀로 구성된다.
> • 입력 신호는 AND 배열을 통해 처리되고, 결과는 OR 매크로셀을 통해 출력된다.

① PAL
② GAL
③ PLE
④ PLA

---

40 PLD(프로그래머블 논리 장치)는 디지털 논리회로를 프로그래밍할 수 있게 만드는 장치이다. 조합논리회로를 구현하는 데 사용되며, AND 배열·OR 배열·입출력 핀 등으로 이루어져 있다. PLD에는 여러 종류가 있으며, 각각의 종류는 다양한 프로그래밍 가능성과 특성이 있다.

③ PLE(Programmable Logic Element)는 고정된 AND 배열과 프로그래밍 가능한 OR 매크로셀로 구성되며, PAL보다 설계가 단순하면서도 특정 응용에 적합한 논리 기능을 구현하는 데 사용된다.
① PAL(Programmable Array Logic)는 프로그래밍 가능한 AND 배열과 고정된 OR 배열로 구성되며, 제한된 유연성을 제공하지만 설계가 간단하며 빠르다.
② GAL(Generic Array Logic)은 여러 입출력 핀과 프로그래머블한 논리 블록을 가진 장치로, 특히 특정 회로나 시스템에 맞추어 프로그래밍하여 사용할 수 있는 범용적인 논리 배열을 제공한다.
④ PLA(Programmable Logic Array)는 프로그래밍 가능한 AND 및 OR 배열을 모두 가진 장치로, 입력과 출력을 자유롭게 결합하여 복잡한 논리 기능을 구현할 수 있다.

정답 40 ③

Ⅱ. C프로그래밍
기출복원문제

※ 본 문제는 다년간 독학사 컴퓨터공학과 2단계 시험에서 출제된 기출문제를 복원한 것입니다. 문제의 난이도와 수험경향 파악용으로 사용하시길 권고드립니다. 본 기출복원문제에 대한 무단복제 및 전재를 금하며 저작권은 시대에듀에 있음을 알려드립니다.

01 다음 중 C언어의 기본 구성 요소에 포함되지 <u>않는</u> 것은?
① 변수
② 함수
③ 객체
④ 전처리기 지시자

01 C언어의 기본 구성 요소에는 변수, 함수, 전처리기 지시자가 포함된다. 객체는 객체지향프로그래밍(OOP)에서 사용하는 개념이며, C언어는 절차적 프로그래밍 언어로서 기본적으로 객체지향을 지원하지 않는다.

02 C프로그램의 작성 과정에서 가장 먼저 해야 할 일은 무엇인가?
① 디버깅을 시작한다.
② 프로그램을 컴파일한다.
③ 프로그램의 실행 파일을 생성한다.
④ 프로그램의 목적을 정의하고 설계한다.

02 C프로그램을 작성할 때 가장 먼저 해야 할 일은 프로그램의 목적을 정의하고 설계하는 것이다. 이 단계에서 프로그램이 무엇을 해야 하는지, 어떤 기능을 구현해야 하는지를 명확히 하는 것이 중요하며, 이후에 코딩, 컴파일, 디버깅, 실행 파일 생성 등의 단계가 이어진다.

03 다음 중 알고리즘에 대한 설명으로 올바른 것은?
① 데이터의 저장 방식이다.
② 네트워크 연결 프로토콜이다.
③ 프로그램을 컴파일하는 도구이다.
④ 문제를 해결하기 위한 단계적 절차이다.

03 알고리즘은 문제를 해결하기 위한 단계적 절차이다. 알고리즘은 주어진 문제를 해결하는 데 필요한 작업을 순서대로 정의한 것으로, 프로그램의 중요한 구성 요소 중 하나이다.

정답 01 ③ 02 ④ 03 ④

04 float와 double 자료형의 차이에 대한 설명으로 옳은 것은?

① float와 double은 같은 자료형이다.
② float는 정수형, double은 부동소수점형이다.
③ float는 단일 정밀도, double은 배 정밀도 부동소수점형이다.
④ float는 배 정밀도, double은 단일 정밀도 부동소수점형이다.

04 float와 double은 모두 부동소수점 자료형이지만, 차이가 있다. float는 단일 정밀도(single precision) 부동소수점형으로, 소수점 이하 6자리까지 정확히 표현할 수 있다. double은 배 정밀도(double precision) 부동소수점형으로, 소수점 이하 15자리까지 정확히 표현할 수 있다. 이는 double이 float보다 더 높은 정밀도와 더 큰 범위의 값을 저장할 수 있음을 의미한다.

05 다음 중 상수와 변수의 차이점에 대한 설명으로 옳은 것은?

① 상수는 컴파일 시에만 존재한다.
② 변수는 메모리에 저장되지 않는다.
③ 상수는 프로그램 실행 중에 변경될 수 없다.
④ 상수는 변경할 수 있지만, 변수는 변경 불가능하다.

05 ①·② 상수와 변수 모두 메모리에 저장되며, 상수는 컴파일 시에만 존재하는 것이 아니라 실행 시에도 사용된다.
③·④ 상수는 프로그램 실행 중에 값을 변경할 수 없으며, 한 번 정의된 값은 변하지 않는다. 반면 변수는 프로그램 실행 중에 값을 변경할 수 있다.

06 다음 중 #ifdef와 #endif의 사용 목적으로 가장 적절한 것은?

① 변수 선언을 포함한다.
② 함수 정의를 포함한다.
③ 매크로 정의를 제거한다.
④ 특정 코드 블록을 조건부로 컴파일한다.

06 #ifdef와 #endif는 특정 코드 블록을 조건부로 컴파일할 때 사용된다. 이를 통해 코드의 특정 부분을 조건에 따라 포함하거나 제외할 수 있다. 주로 디버깅, 특정 플랫폼에 대한 코드 분기 또는 다양한 빌드 설정을 처리할 때 사용된다.

정답 04 ③ 05 ③ 06 ④

07 다음 중 C언어에서 논리 AND 연산자를 나타내는 것은?

① &
② |
③ &&
④ ||

07 && 연산자는 논리 AND를 나타내며, 두 조건이 모두 참일 때 참을 반환한다.
||는 논리 OR, &는 비트 AND, |는 비트 OR 연산자이다.

08 다음 코드의 출력 결과는?

```
#include <stdio.h>
int main() {
    int a = 5, b = 10;
    int c = a > b ? a : b;
    printf("%d\n", c);
    return 0;
}
```

① 5
② 7
③ 10
④ 15

08 삼항 연산자 a > b ? a : b는 조건 a > b를 평가하여 참이면 a, 거짓이면 b를 반환한다.
여기서 5 > 10은 거짓이므로 b의 값인 10이 c에 할당되고 출력된다.

09 다음 코드의 출력 결과는?

```
#include <stdio.h>
int main() {
    int x = 5;
    int y = 10;
    printf("%d\n", x * (y + 2) / 4);
    return 0;
}
```

① 12
② 13
③ 15
④ 20

09 괄호 안의 덧셈 → 곱셈 → 나눗셈의 순서로 연산된다.
(y + 2) = 12 → x * 12 = 60 → 60 / 4 = 15

정답 07 ③ 08 ③ 09 ③

10 %05d는 정수를 출력할 때 최소 5자리로 표시하며, 부족한 자릿수는 0으로 채우는 포맷 지정자이다. 따라서 정수 123은 앞에 00이 붙어 00123으로 출력된다.

10 다음 코드의 출력 결과는?

```c
#include <stdio.h>
int main() {
    int num = 123;
    printf("%05d\n", num);
    return 0;
}
```

① 122
② 00123
③ 12300
④ 1230

11 scanf() 함수에서 %s 포맷 지정자를 사용할 때, 입력된 문자열의 끝에는 자동으로 널 문자(\0)가 추가된다. 이 널 문자는 문자열의 끝을 나타내기 위해 사용되며, 문자열의 길이를 측정할 때 중요한 역할을 한다.
%s 포맷 지정자는 공백을 구분자로 사용하여 문자열을 입력받기 때문에, 공백을 포함한 문자열을 제대로 입력받지 못한다. 또한 문자열의 길이를 자동으로 제한하지 않기 때문에, 버퍼 오버플로우를 방지하기 위해 입력 받을 최대 길이를 명시적으로 제한하는 것이 좋다.

11 scanf() 함수에서 %s 포맷 지정자를 사용할 때 주의할 점으로 가장 적절한 것은?

① 실수형 데이터를 문자열로 변환한다.
② 공백을 포함한 문자열을 입력받을 수 있다.
③ 입력된 문자열의 길이를 자동으로 제한한다.
④ 입력된 문자열의 끝에 자동으로 널 문자(\0)가 추가된다.

정답 10 ② 11 ④

12 다음 코드에서 x의 값이 7일 때, 출력되는 결과는?

```c
#include <stdio.h>
int main() {
    int x = 7;
    if (x % 2 == 0) {
        printf("Even\n");
    } else {
        printf("Odd\n");
    }
    return 0;
}
```

① 7
② Even
③ Odd
④ Error

12 이 코드는 if문을 사용하여 x가 홀수인지 짝수인지를 판별하고 결과를 출력한다.
4행에서 x % 2 == 0은 x를 2로 나눈 나머지를 계산한다. %는 나머지 연산자(modulus operator)이다. 짝수일 경우 나머지가 0이 된다. if(x % 2 == 0)에서 조건문이 true일 경우에는 x가 짝수라는 의미이고, 조건이 false일 경우, 즉 x % 2 != 0일 때 x는 홀수라는 의미이다.
7은 홀수이므로 Odd가 출력된다.

13 다음 중 do-while 반복문과 while 반복문의 주요 차이점으로 적절한 것은?

① while문은 최소한 두 번 실행된다.
② do-while문은 최소한 한 번 실행된다.
③ while문은 반복 후 조건을 평가한다.
④ do-while문은 반복 전에 조건을 평가한다.

13 do-while 반복문은 반복 후에 조건을 평가하므로, 조건이 거짓이라도 반복문 블록이 최소한 한 번 실행된다. 그러나 while 반복문은 반복 전에 조건을 평가하므로, 조건이 거짓이면 반복문 블록이 실행되지 않을 수 있다.

정답 12 ③ 13 ②

14 다음 코드에서 break문이 실행되는 조건은?

```
while(1) {
    if(condition) {
        break;
    }
    //Some code
}
```

① condition이 참일 때
② 무한 루프가 종료될 때
③ 반복문의 첫 번째 실행 시
④ 반복문이 두 번째 실행 시

15 다음 중 switch문에서 default 레이블의 역할로 적절한 것은?

① 모든 조건을 평가한다.
② 변수의 값을 초기화한다.
③ 특정 조건에 맞는 코드 블록을 실행한다.
④ 주어진 모든 case 레이블 중 일치하지 않는 경우의 코드 블록을 실행한다.

---

14 while(1)은 조건이 항상 참인 무한 루프를 생성한다.
if(condition)문은 condition이라는 조건식이 참인지 거짓인지 평가하며, condition은 실제 코드에서 정의된 조건이다.
break문은 반복문을 즉시 종료시키는 역할을 하며, break가 실행되면 반복문이 즉시 종료되고, 반복문 이후의 코드로 흐름이 이동한다.
condition이 참이면 break 문이 실행되고, 반복문을 벗어나 이후의 //Some code 부분은 실행되지 않는다. 만약 condition이 거짓이면 루프의 본문이 계속 실행되어 루프는 계속 반복되며, //Some code 부분이 실행된다.

15 default 레이블은 switch문에서 주어진 표현식의 값이 어떤 case 레이블과도 일치하지 않을 때 실행되는 코드 블록을 정의한다. 모든 가능한 경우를 처리하지 못했을 때의 기본 처리를 제공하며, default 레이블이 없으면 일치하지 않을 때에 아무 코드도 실행되지 않을 수 있다.

정답 14 ① 15 ④

16 다음 코드에서 continue문이 수행되는 조건은?

```
for(int i = 0; i < 10; i++) {
    if(i % 2 == 0) {
        continue;
    }
    printf("%d\n", i);
}
```

① i가 5일 때
② i가 홀수일 때
③ i가 짝수일 때
④ 반복문이 종료될 때

16 continue문은 현재 반복을 건너뛰고 다음 반복으로 넘어가도록 지시한다. 문제의 코드에서는 i % 2 == 0 조건이 참일 때에는 continue문이 실행되어 printf문을 건너뛰어 출력이 없게 된다.

17 다음 중 stdio.h 헤더 파일에 포함된 함수는?

① sqrt()
② printf()
③ strcpy()
④ malloc()

17 stdio.h 헤더 파일은 표준 입출력 함수를 포함하고 있으며, printf()는 이 헤더 파일에 포함된 함수로, 형식화된 출력을 수행한다.
① sqrt()는 수학적 계산 함수로, math.h 헤더 파일에 포함된다.
③ strcpy()는 문자열 복사 함수로, string.h 헤더 파일에 포함된다.
④ malloc()는 동적 메모리 할당 함수로, stdlib.h 헤더 파일에 포함된다.

정답 16 ③ 17 ②

18 void 반환형 함수는 C언어에서 함수의 반환형으로 사용되며, 이 경우 함수는 반환값이 없음을 의미한다. 함수가 void를 반환형으로 가지면, 함수는 종료되었을 때 어떠한 값도 반환하지 않고 단순히 작업을 수행한다.

18 다음 코드에서 void 반환형 함수의 특징으로 적절한 것은?

```c
void printMessage() {
    printf("Hello, World!\n");
}

int main() {
    printMessage();
    return 0;
}
```

① 값을 반환한다.
② 값을 반환하지 않는다.
③ 함수가 끝나면 자동으로 정수를 반환한다.
④ 함수가 종료되면 자동으로 실수를 반환한다.

19 함수 정의에서 int findMax(int a, int b)는 int형 값을 반환한다고 명시하고 있다. 이는 함수가 두 정수 매개변수를 받아서 정수형 결과를 반환함을 의미한다. findMax() 함수의 반환형은 int형으로, 두 정수 매개변수를 비교하여 더 큰 정수를 반환한다. 반환형은 함수 선언과 정의에서 일관되며, 반환값 또한 int형이다.

19 다음 코드에서 findMax() 함수의 반환형은 무엇인가?

```c
int findMax(int a, int b) {
    if (a > b)
        return a;
    else
        return b;
}
```

① int형
② void형
③ float형
④ char형

정답 18 ② 19 ①

20. 다음 코드에서 register 저장 클래스를 가진 변수의 특성으로 가장 적절한 것은?

```
void exampleFunction() {
    register int count = 0;
    count++;
    printf("%d\n", count);
}
```

① 변수는 메모리의 특정 위치에 저장된다.
② 변수는 함수 호출 시마다 새로 생성된다.
③ 변수는 프로그램의 모든 함수에서 접근할 수 있다.
④ 변수는 빠른 접근을 위해 CPU의 레지스터에 저장될 수 있다.

20 register 저장 클래스를 가진 변수는 CPU의 레지스터에 저장되도록 권장된다. 이 변수는 접근 속도가 빠르지만, 레지스터 수가 한정되어 있어 실제로 레지스터에 저장되는지는 컴파일러의 결정에 따라 달라질 수 있다. 레지스터 변수는 메모리 주소를 가질 수 없으므로, 포인터로 참조할 수 없다.

21. C언어에서 함수 호출 시 인수가 함수의 매개변수에 복사되는 방식은?

① 값에 의한 전달
② 참조에 의한 전달
③ 배열에 의한 전달
④ 포인터에 의한 전달

21 C언어는 기본적으로 값에 의한 전달(Call-by-Value) 방식을 사용한다. 함수 호출 시 인수의 값이 함수의 매개변수로 복사되어 전달되며, 이로 인해 함수 내에서 매개변수의 값을 수정하더라도 호출하는 쪽의 원본 변숫값에는 영향을 미치지 않는다.

22. 다음 중 배열의 크기를 정의하는 올바른 방법은?

① int arr{10};
② int arr(10);
③ int arr[10];
④ int arr = [10];

22 배열의 크기는 대괄호([])를 사용하여 정의한다. int arr[10];은 10개의 int형 요소를 가지는 배열을 정의하고, 메모리에 4byte × 10개인 40byte가 arr의 이름으로 연속 할당된다.

정답 20 ④ 21 ① 22 ③

Ⅱ. C프로그래밍

23 포인터 변수는 일반적으로 4byte의 크기의 영역에 메모리 주소를 저장하는 데 사용된다. 포인터는 메모리의 특정 위치를 참조할 수 있으며, 이 메모리 위치에 저장된 데이터에 접근하고 수정할 수 있다. 포인터는 특정 변수의 주소를 저장하거나, 동적 메모리 할당 후 할당된 메모리 블록의 주소를 저장하는 데 사용된다.

23 다음 중 포인터 변수의 기본적인 역할로 적절한 것은?

① 문자열을 저장하는 것
② 정숫값을 저장하는 것
③ 메모리 주소를 저장하는 것
④ 함수의 반환 값을 저장하는 것

24 배열의 이름은 배열의 첫 번째 요소의 주소를 가리키는 포인터로 자동 변환되므로, 배열의 이름을 포인터 변수에 할당할 수 있다. 배열의 이름을 사용하여 포인터 연산을 수행하거나 함수에 배열을 전달할 때 포인터 형태로 전달되지만, 포인터를 배열로 직접 변환하는 것은 불가능하다. 포인터는 메모리의 특정 주소를 가리키는 단일 주소를 저장하는 변수이지만, 배열은 연속된 메모리 블록을 차지한다.

24 포인터와 배열의 관계를 설명한 것으로 가장 적절한 것은?

① 배열은 포인터와 완전히 같으며, 서로 대체할 수 있다.
② 배열과 포인터는 완전히 다르며, 서로 변환할 수 없다.
③ 포인터를 배열로 변환할 수 있지만, 배열을 포인터로 변환할 수는 없다.
④ 배열을 포인터로 변환할 수 있지만, 포인터를 배열로 변환할 수는 없다.

정답 23 ③ 24 ④

25 다음 중 포인터 연산의 잘못된 예는?

① ptr++
② ptr--
③ ptr / 2
④ ptr + 5

26 포인터를 이용한 주소에 의한 호출에서 함수 포인터는 무엇을 포함해야 하는가?

① 함수의 매개변수만 포함
② 함수의 반환 타입만 포함
③ 함수의 이름과 반환 타입 포함
④ 함수의 매개변수와 반환 타입 포함

25 포인터 연산은 포인터가 가리키는 메모리 위치를 조작하는 다양한 연산을 포함한다.
③ ptr / 2는 포인터 연산에서 허용되지 않는 연산으로, 포인터와 정수를 나누는 것은 의미가 없으며, 포인터 연산에서 지원되지 않는다. 포인터는 주소를 가리키고, 포인터 주소에 대한 나눗셈은 정의되지 않는다.
①·②·④ ptr++, ptr--, ptr +5 연산은 포인터를 증가 또는 감소시키는 연산으로, 포인터를 증가(또는 감소)시키면 포인터가 가리키는 메모리 주소가 포인터가 가리키는 데이터 타입의 크기만큼 이동한다.

26 함수 포인터는 함수의 주소를 저장하고 호출할 수 있는 변수이다. 함수 포인터를 선언할 때, 포인터가 가리킬 함수의 시그니처(매개변수 타입과 반환 타입)를 정확히 알아야 함수 호출이 제대로 이루어질 수 있다. 함수의 매개변수와 반환 타입을 포함하는 함수 포인터를 사용함으로써, 함수 호출 시 타입 불일치 문제를 방지하고, 코드의 안전성과 가독성을 유지할 수 있다.

정답 25 ③ 26 ④

27 C언어에서 배열의 인덱스는 0부터 시작되며, 포인터를 통해 배열의 요소에 접근할 때, 포인터의 값을 증가시키거나 감소시키는 방식으로 배열의 다른 요소를 참조할 수 있다. arr[0]이 배열의 첫 번째 요소이고, arr[5]는 배열의 여섯 번째 요소이다. ptr은 arr[5]의 주소를 저장하므로, 배열의 여섯 번째 요소를 가리킨다.

28 ptr = arr;은 ptr이 배열 arr의 첫 번째 요소(즉, arr[0])의 주소를 가리키게 만든다.
ptr += 2;는 포인터를 두 번째 요소만큼 이동시키며, 이때 ptr은 배열의 세 번째 요소(즉, arr[2])의 주소를 가리키게 된다.
*ptr은 ptr이 가리키는 요소의 값을 나타내고, 현재 ptr은 arr[2]를 가리키고 있으므로 *ptr의 값은 3이다.

정답 27 ④ 28 ②

27 다음 코드에서 ptr은 배열의 몇 번째 요소를 가리키고 있는가?

```
int arr[10];
int *ptr = &arr[5];
```

① 배열의 첫 번째 요소
② 배열의 두 번째 요소
③ 배열의 다섯 번째 요소
④ 배열의 여섯 번째 요소

28 다음 코드에서 포인터 연산의 결과로 올바른 값은?

```
int arr[4] = {1, 2, 3, 4};
int *ptr = arr;
ptr += 2;
```

① *ptr은 2이다.
② *ptr은 3이다.
③ *ptr은 4이다.
④ ptr의 값은 배열의 마지막 요소의 주소이다.

29 다음 코드에 대한 설명으로 올바른 것은?

```
char str1[ ] = "World";
char str2[6];
strcpy(str2, str1);
```

① str2의 크기와 관계없이 복사 작업은 항상 성공한다.
② str2의 크기가 str1의 크기와 같으므로 올바르게 복사된다.
③ str1의 크기가 str2의 크기보다 작으므로 올바르게 복사되지 않는다.
④ str2의 크기가 str1의 크기보다 작으므로 올바르게 복사되지 않는다.

29 strcpy 함수는 문자열을 복사할 때 NULL 문자를 포함하여 문자열 전체를 복사한다.
str1의 문자열 "World"는 6바이트(5글자 + NULL 문자)가 필요하고, str2의 크기가 6바이트이므로 strcpy(str2, str1);는 문자열을 올바르게 복사한다.

30 다음 코드에서 str 배열에 대한 접근 방법으로 적절한 것은?

```
char str[] = "Data";
char *p = str;
```

① p[1]은 a를 반환한다.
② p[3]은 D를 반환한다.
③ *(p + 1)은 D를 반환한다.
④ *(p + 2)는 a를 반환한다.

30 포인터 p는 문자열 "Data"의 첫 번째 문자를 가리키고, p[1]은 배열의 두 번째 요소를 참조하므로 a를 반환한다.
②・③・④ p[3]는 a, *(p + 1)는 a, *(p + 2)는 t를 반환한다.

정답 29 ② 30 ①

31 구조체의 멤버에 직접 접근할 때는 . 연산자를 사용하고, 포인터를 통해 구조체의 멤버에 접근할 때는 -> 연산자를 사용한다.

31 다음 중 구조체의 멤버에 직접 접근하는 방법으로 옳은 것은?

① 구조체의 멤버는 -> 연산자를 사용하여 접근한다.
② 구조체의 멤버는 * 연산자를 사용하여 접근한다.
③ 구조체의 멤버는 & 연산자를 사용하여 접근한다.
④ 구조체의 멤버는 . 연산자를 사용하여 접근한다.

32 열거형 상수는 기본적으로 첫 번째 상수는 0으로 시작하며, 이후 상수는 이전 상수의 값에 1을 더한 값으로 자동 할당된다. 명시적으로 값을 할당하지 않은 상수는 연속적으로 증가하는 패턴을 따른다.

32 열거형에서 명시적으로 값을 할당하지 않은 경우에 대한 설명으로 옳은 것은?

① 명시적으로 값을 할당하지 않은 열거형 상수는 항상 동일한 값을 가진다.
② 명시적으로 값을 할당하지 않은 열거형 상수는 0부터 시작하여 연속적으로 증가한다.
③ 명시적으로 값을 할당하지 않은 열거형 상수는 컴파일러에 의해 무작위로 값이 할당된다.
④ 명시적으로 값을 할당하지 않은 열거형 상수는 기본적으로 1부터 시작하여 연속적으로 증가한다.

정답 31 ④ 32 ②

33 다음 코드에서 struct와 union의 메모리 사용 차이를 설명한 것으로 옳은 것은? [단, 구조체에서 정의된 멤버들 간의 간격(패딩)은 없다고 가정함]

```
#include <stdio.h>
struct MyStruct {
    int x;
    char y;
};
union MyUnion {
    int x;
    char y;
};
int main() {
    printf("Size of struct : %u\n", sizeof(struct MyStruct));
    printf("Size of union : %u\n", sizeof(union MyUnion));
    return 0;
}
```

① struct와 union은 항상 같은 크기이다.
② struct와 union의 크기는 구현에 따라 다르다.
③ struct는 가장 큰 멤버의 크기로 크기를 결정하고, union은 각 멤버의 크기의 합산으로 크기를 결정한다.
④ struct는 각 멤버의 크기를 합산하여 크기를 결정하고, union은 가장 큰 멤버의 크기로 크기를 결정한다.

33 구조체는 모든 멤버의 총합의 크기에, 공용체는 가장 큰 멤버의 크기에 맞춰 메모리를 할당한다.
코드에서 멤버 크기는 int x= 4byte, char y는 1byte이며, 패딩이 없을 경우 각 멤버가 연속적으로 저장된다. 따라서 구조체의 총 크기는 4byte + 1byte = 5byte가 된다.

〈출력 결과〉
Size of struct : 5
Size of union : 4

정답 33 ④

34 구조체의 각 멤버는 독립적인 메모리 공간을 가지며, 각각 별도로 메모리를 차지한다. 공용체의 모든 멤버는 동일한 메모리 공간을 공유하며, 마지막으로 저장된 값이 모든 멤버에 영향을 미친다.

〈출력 결과〉
Age : 30
Number : 1234

34 다음 코드에서 구조체와 공용체의 멤버에 대한 설명으로 적절한 것은?

```c
#include <stdio.h>
struct Person {
    char name[20];
    int age;
};
union Data {
    int num;
    char str[20];
};
int main() {
    struct Person p;
    union Data d;
    //Initialize and access struct members
    p.age = 30;
    printf("Age : %d\n", p.age);
    //Initialize and access union members
    d.num = 1234;
    printf("Number : %d\n", d.num);
    return 0;
}
```

① 구조체와 공용체는 모든 멤버가 동일한 메모리 공간을 공유한다.
② 구조체의 모든 멤버는 동일한 메모리 공간을 공유하며, 공용체의 멤버는 독립적인 메모리 공간을 가진다.
③ 구조체의 멤버는 각각 독립적인 메모리 공간을 가지며, 공용체의 멤버는 동일한 메모리 공간을 공유한다.
④ 공용체의 모든 멤버는 독립적인 메모리 공간을 가지며, 구조체의 모든 멤버도 독립적인 메모리 공간을 가진다.

정답 34 ③

35 다음 중 구조체 배열을 초기화할 때 올바른 구문은?

① struct Person array[2] = { {"Alice", 30}, {"Bob", 25} };
② struct Person array[2] = { {"Alice", 30}, "Bob", 25 };
③ struct Person array = { {"Alice", 30}, {"Bob", 25} };
④ struct Person array[2] = { {"Alice", 30}, {25, "Bob"} };

35 배열의 각 요소를 구조체로 초기화 할 때, 각 구조체 멤버에 맞게 값을 설정해야 한다.
struct Person array[2] = { {"Alice", 30}, {"Bob", 25} };는 올바른 초기화 방법으로, 각 구조체의 name과 age 멤버가 올바르게 초기화된다.

36 다음 중 C언어에서 파일을 열기 위한 함수는?

① open()
② create()
③ fopen()
④ fileopen()

36 fopen() 함수는 파일을 열기 위해 사용된다.
① open() 함수는 파일 디스크립터를 얻기 위해 사용된다.
② create() 함수는 파일을 생성하기 위해 사용된다.
④ fileopen()은 C언어 표준 함수가 아니다.

37 fclose() 함수를 호출해야 하는 이유로 적절하지 <u>않은</u> 것은?

① 파일의 크기를 줄이기 위해서
② 데이터 손실 가능성을 줄이기 위해서
③ 파일 핸들을 반환하고 시스템 리소스를 해제하기 위해서
④ 파일 버퍼에 남아 있는 데이터를 디스크에 기록하기 위해서

37 파일 작업에서는 반드시 fclose() 함수를 호출하여 파일을 닫아야 하며, 파일을 닫지 않으면 데이터 손실, 메모리 낭비, 시스템 리소스 낭비와 같은 문제가 발생할 수 있다. 표준 함수 fclose()는 파일 작업의 마지막 단계로 필수적으로 사용된다.

정답 35 ① 36 ③ 37 ①

38 fscanf() 함수는 파일에서 데이터를 읽을 때, 파일이 올바르게 열려 있어야 정상적으로 동작한다. 파일이 열리지 않은 상태에서 fscanf() 함수를 호출하면 데이터 읽기에 실패하며 프로그램의 동작에 오류를 일으킬 수 있으므로, 파일에서 데이터를 읽기 전에 파일을 열지 않은 상태에서 fscanf() 함수를 호출하는 것은 적절하지 않다.

38 다음 중 fscanf() 함수의 사용이 적절하지 않은 경우는?
① 파일에서 포맷에 맞는 문자열을 읽어올 때
② 파일에서 정수를 읽어와서 변수에 저장할 때
③ 파일에서 실수 값을 읽어와서 변수에 저장할 때
④ 파일에서 데이터를 읽기 전에 파일을 열지 않았을 때

39 fseek() 함수에서 SEEK_END 플래그는 파일의 끝으로 파일 포인터를 이동시키는 데 사용된다. 이 플래그는 오프셋이 파일의 끝을 기준으로 계산되게 한다.
[예] fseek(file, 0, SEEK_END)는 파일의 끝으로 이동한다.

39 fseek() 함수를 사용할 때, SEEK_END 플래그는 어떤 역할을 하는가?
① 파일을 끝까지 읽는다.
② 파일의 끝으로 파일 포인터를 이동시킨다.
③ 파일의 시작으로 파일 포인터를 이동시킨다.
④ 파일의 현재 위치에서 특정 오프셋만큼 이동시킨다.

40 텍스트 파일은 줄 바꿈 문자(\n)를 운영체제에 맞게 자동으로 변환한다. ([예] Unix에서는 \n, Windows에서는 \r\n으로 변환됨)
바이너리 파일에서는 데이터가 그대로 저장되며, 줄 바꿈 문자를 포함한 모든 데이터가 원시 바이트로 저장된다.

40 다음 중 텍스트 파일과 바이너리 파일의 주요 차이점으로 적절한 것은?
① 텍스트 파일과 바이너리 파일은 같은 방식으로 데이터가 저장된다.
② 텍스트 파일은 사람이 읽을 수 없고, 바이너리 파일은 사람이 읽을 수 있다.
③ 텍스트 파일은 줄 바꿈 문자를 변환하고, 바이너리 파일은 변환하지 않는다.
④ 텍스트 파일은 이진 데이터로 저장되고, 바이너리 파일은 문자 데이터로 저장된다.

정답 38 ④ 39 ② 40 ③

Ⅲ. 자료구조
기출복원문제

※ 본 문제는 다년간 독학사 컴퓨터공학과 2단계 시험에서 출제된 기출문제를 복원한 것입니다. 문제의 난이도와 수험경향 파악용으로 사용하시길 권고드립니다. 본 기출복원문제에 대한 무단복제 및 전제를 금하며 저작권은 시대에듀에 있음을 알려드립니다.

01 다음 중 선형 구조인 것은?
① 트리
② 스택
③ 방향 그래프
④ 무방향 그래프

01 선형 구조는 데이터가 일직선으로 나열된 형태의 자료구조를 말하며, 이러한 구조에서는 각 요소가 앞뒤로 연결되어 있다. 배열, 연결 리스트, 스택, 큐 등이 이에 해당한다.

02 알고리즘이 만족해야 하는 조건으로 옳지 <u>않은</u> 것은?
① 명확성 : 알고리즘의 각 단계는 명확하고 애매하지 않아야 한다.
② 유한성 : 알고리즘은 유한한 단계 후에 반드시 종료되어야 한다.
③ 입출력 : 알고리즘은 0개 이상의 입력과 하나 이상의 출력을 가져야 한다.
④ 가변성 : 알고리즘은 다양한 상황에 따라 동적으로 변경될 수 있어야 한다.

02 알고리즘은 명확성, 유한성, 유효성, 입력, 출력의 조건을 만족해야 한다. 가변성은 알고리즘이 만족해야 하는 조건에 해당하지 않는다.

정답 01 ② 02 ④

03 다음은 x^n을 구하는 알고리즘을 반복문과 순환문으로 작성한 것이다. 괄호 안에 들어갈 내용을 순서대로 고른 것은?

반복문	순환문

double power(double x, int n) {
    double p = 1.0;
    for (int i = 0; i < n; i++) {
        _____㉠_____ ;
    }
    return p;
}
	double power(double x, int n) {
	    if (n == 0) {
	        return 1.0;
	    } else {
	        return _____㉡_____ ;
	    }
	}

      ㉠　　　　　　　　㉡
① p = p * x　　　　x * power(x, n − 1)
② p = p * i　　　　x * power(x, n)
③ p = p + x　　　　x + power(x, n)
④ p = p + i　　　　x + power(n − 1, x)

04 주어진 add 함수가 1차원 배열의 요소의 합을 구하는 경우 시간 복잡도는 얼마인가?

```
int add(int arr[], int n) {
    int sum = 0;
    for (int i = 0; i < n; i++) {
        sum += arr[i];
    }
    return sum;
}
```

① O(1)
② O(logn)
③ O(n)
④ O(n^2)

정답　03 ①　04 ③

05 점근 표시법으로 나타낸 ㉠~㉣ 중에 시간 복잡도를 바르게 표현한 것을 모두 고른 것은?

구분	점근 표시법	시간 복잡도
㉠	T(n) = 5	O(logn)
㉡	T(n) = 3n + 2	O(n)
㉢	T(n) = 4n² + 3n + 1	O(n²)
㉣	T(n) = log(n) + 7	O(n)

① ㉠, ㉡
② ㉠, ㉣
③ ㉡, ㉢
④ ㉢, ㉣

05 ㉠ T(n) = 5의 시간 복잡도는 O(1)
㉣ T(n) = log(n) + 7의 시간 복잡도는 O(logn)

06 다음 중 배열로 구현할 수 <u>없는</u> 연산은 무엇인가?

① 특정 인덱스의 요소 접근
② 배열의 끝에 요소 추가
③ 특정 인덱스에 요소 삽입
④ 배열 크기의 동적 변경

06 배열의 크기는 고정되어 있으므로, 배열 자체로는 크기를 동적으로 변경할 수 없다.

07 배열에 대한 설명으로 옳은 것을 모두 고른 것은?

㉠ 배열의 요소들은 동일한 데이터 타입을 가져야 한다.
㉡ 배열의 요소들은 메모리 상에서 연속적으로 배치된다.
㉢ 배열의 특정 인덱스에 접근하는 시간 복잡도는 O(n)이다.

① ㉠
② ㉠, ㉡
③ ㉠, ㉢
④ ㉠, ㉡, ㉢

07 ㉢ 배열은 인덱스만 알면 한 번에 접근할 수 있다. 따라서 특정 인덱스에 접근하는 시간 복잡도는 O(1)이다.

정답 05 ③ 06 ④ 07 ②

08 희소 행렬은 대부분의 요소가 0인 행렬을 의미하며, 일반적으로 (행, 열, 값)로 표현된다. 주어진 행렬을 변경할 경우 다음과 같으며, 두 번째 행은 (1, 1, 3)이다.
$$\begin{bmatrix} (0, 3, 5) \\ (1, 1, 3) \\ (2, 0, 4) \\ (3, 2, 2) \end{bmatrix}$$

08 다음과 같은 희소 행렬을 (행, 열, 값)의 형태로 변경할 경우 두 번째 행의 값으로 옳은 것은?

$$\begin{bmatrix} 0 & 0 & 0 & 5 \\ 0 & 3 & 0 & 0 \\ 4 & 0 & 0 & 0 \\ 0 & 0 & 2 & 0 \end{bmatrix}$$

① (0, 3, 5)
② (1, 1, 3)
③ (2, 4, 1)
④ (3, 2, 2)

09 스택은 후입선출(LIFO, Last In First Out) 구조로, 가장 마지막에 삽입된 데이터가 가장 먼저 삭제된다.

09 다음 중 맨 마지막에 삽입한 데이터가 가장 먼저 삭제되는 후입선출 구조에 해당하는 자료구조는?

① 큐
② 스택
③ 배열
④ 연결 리스트

10 원형 큐가 비어 있는 상태는 rear == front이며, 원형 큐에서 rear 포인터와 front 포인터가 같으면 큐가 비어 있는 상태로 간주한다.

10 원형 큐의 삽입·삭제 연산에 대한 설명으로 옳지 않은 것은?

① 원형 큐에서 삽입 연산은 rear 포인터를 이동시킨다.
② 원형 큐에서 삭제 연산은 front 포인터를 이동시킨다.
③ 원형 큐가 비어 있는 상태는 rear와 front가 모두 0이다.
④ 원형 큐가 가득 찬 상태는 (rear + 1) % 큐의 크기 == front 이다.

정답 08 ② 09 ② 10 ③

11 다음 중 큐를 응용할 수 있는 연산으로 적절한 것은?
   ① 트리의 깊이 우선 탐색
   ② 함수 호출을 관리하는 콜 스택
   ③ 운영체제의 프로세스 스케줄링
   ④ 중위 표기식을 후위 표기식으로 변환

11 프로세스 스케줄링에서는 프로세스들을 큐를 사용하여 순서대로 처리한다.
   ① 깊이 우선 탐색(DFS)은 되돌아갈 때 최근 방문한 정점을 추적하기 위해 스택을 사용한다.
   ② 함수 호출 관리에서는 함수 호출 순서를 저장하고 복귀 주소를 관리하기 위해 스택이 필요하다.
   ④ 수식 표기식에서는 연산자와 피연산자의 순서를 처리하기 위해 스택을 사용한다.

12 주어진 중위 표기법을 후위 표기법으로 올바르게 변환한 것은?

   A+B×(C−D)

   ① +A×B−CD
   ② AB+CD−×
   ③ AB+CD×−
   ④ ABCD−×+

12 후위 표기법은 연산자 우선순위와 괄호 처리를 먼저 하게 되며 스택을 사용하여 변환한다. 따라서 A+B×(C−D)를 후위 표기법으로 변환하면 ABCD−×+이 된다.

13 다음 중 데크에 대한 설명으로 옳지 않은 것은?
   ① 데크는 양방향 리스트로 구현될 수 있다.
   ② 데크는 큐와 스택의 기능을 모두 제공할 수 있다.
   ③ 데크는 FIFO(First In First Out) 원칙만을 따른다.
   ④ 데크는 양쪽 끝에서 삽입과 삭제가 모두 가능한 자료구조이다.

13 데크(Deque, Double-ended Queue)는 양쪽 끝에서 삽입과 삭제가 모두 가능한 자료구조로, 앞쪽이나 뒤쪽에서 모두 삽입 및 삭제가 가능하다. 따라서 스택과 큐의 기능을 모두 포함하므로, FIFO(큐)나 LIFO(스택) 동작을 할 수 있다.

정답 11 ③ 12 ④ 13 ③

14 후위 표기식을 스택으로 계산할 때는 먼저 피연산자는 스택에 PUSH한다. 그리고 연산자를 만나면 스택에서 두 개의 피연산자를 POP하고, 연산을 수행한 후 결과를 다시 스택에 PUSH한다. 따라서 ABC*+를 스택으로 연산하는 과정에서는 PUSH 연산이 총 5번 발생한다.

14 후위 표기식 ABC*+를 스택으로 연산할 경우 PUSH 연산의 횟수는 총 몇 번인가?

① 2번
② 3번
③ 4번
④ 5번

15 순차 자료구조는 배열과 같은 구조로, 데이터가 연속된 메모리 위치에 저장된다.
② 순차 자료구조에서 삽입과 삭제는 평균적으로 O(n) 시간이 소요된다.
③ 순차 자료구조는 랜덤 접근 가능한 것도 있으나, 랜덤 접근이 불가능한 경우도 있다.
④ 순차 자료구조라고 해서 모두 연결 리스트로 구현하는 것은 아니다.

15 순차적으로 자료를 표현하는 자료구조에 대한 설명으로 옳은 것은?

① 순차 자료구조는 각 요소가 인접한 메모리 위치에 저장된다.
② 순차 자료구조는 삽입과 삭제가 O(1) 시간에 이루어진다.
③ 순차 자료구조는 요소에 랜덤하게 접근할 수 없다.
④ 순차 자료구조는 연결 리스트로 구현된다.

16 연결 리스트의 각 노드는 데이터와 다음 노드를 가리키는 포인터를 포함한다.
①・② 연결 리스트는 데이터에 순차적으로 접근하기 때문에 랜덤 접근이 불가능하고, 노드들이 메모리 내에서 비연속적으로 배치된다.
④ 연결 리스트에서 삽입과 삭제는 해당 위치를 찾는 데 O(n) 시간이 소요되며, 위치가 주어지면 O(1) 시간에 수행된다.

16 다음 중 연결 리스트에 대한 설명으로 옳은 것은?

① 연결 리스트는 배열보다 랜덤 접근이 빠르다.
② 연결 리스트의 각 노드는 메모리 내에서 연속적으로 배치된다.
③ 연결 리스트의 각 노드는 다음 노드를 가리키는 포인터를 포함한다.
④ 연결 리스트의 삽입과 삭제는 중간에서 이루어질 때 O(n) 시간이 소요된다.

정답 14 ④ 15 ① 16 ③

17 단순 연결 리스트로 구현한 경우 'p -> next'에 대한 설명으로 옳은 것은?

① p 노드의 다음 노드를 가리킨다.
② p 노드의 이전 노드를 가리킨다.
③ p가 연결 리스트의 맨 앞의 노드임을 의미한다.
④ p가 연결 리스트의 맨 마지막 노드임을 의미한다.

17 단순 연결 리스트에서 각 노드는 데이터와 다음 노드를 가리키는 포인터를 포함한다. 'p -> next'는 p 노드의 다음 노드를 가리키는 포인터이다.

18 다음 중 원형 연결 리스트에 대한 설명으로 옳은 것은?

① 원형 연결 리스트의 마지막 노드는 NULL을 가리킨다.
② 원형 연결 리스트는 이중 연결 리스트로만 구현할 수 있다.
③ 원형 연결 리스트의 마지막 노드는 첫 번째 노드를 가리킨다.
④ 원형 연결 리스트는 선형 연결 리스트와 달리 첫 번째 노드가 존재하지 않는다.

18 원형 연결 리스트는 마지막 노드가 첫 번째 노드를 가리키도록 연결된 자료구조이다.
① · ④ 원형 연결 리스트는 마지막 노드가 첫 번째 노드를 가리키며, 첫 번째 노드가 존재한다.
② 원형 연결 리스트는 단일 연결 리스트 또는 이중 연결 리스트로 구현할 수 있다.

19 다음 그림에 해당하는 자료구조와 관련된 설명으로 옳은 것은?

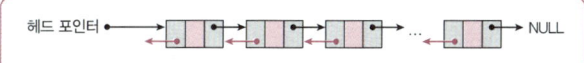

① 각 노드는 오직 다음 노드만을 가리킨다.
② 마지막 노드는 첫 번째 노드를 가리킨다.
③ 각 노드는 이전 노드를 가리키는 포인터를 포함하지 않는다.
④ 각 노드는 다음 노드와 이전 노드를 가리키는 포인터를 포함한다.

19 제시된 자료구조는 이중 연결 리스트에 해당한다.
① · ③ · ④ 이중 연결 리스트에서 각 노드는 다음 노드와 이전 노드를 가리키는 포인터를 포함한다.
② 일반적인 이중 연결 리스트의 마지막 노드는 NULL을 가리킨다.

정답 17 ① 18 ③ 19 ④

20 이진 트리에서 각 노드는 최대 두 개의 자식을 가질 수 있다. 각 노드는 자식에 대한 포인터(왼쪽 자식, 오른쪽 자식)를 가지고 있으며, 자식이 없는 경우 해당 포인터는 null을 가리킨다. n개의 노드를 가진 이진 트리에서 null 포인터의 개수는 n+1개이다.

21 완전 이진 트리는 마지막 레벨을 제외한 각 레벨은 자식 노드가 2개씩 완전히 채워지고, 마지막 레벨에서는 노드들이 왼쪽부터 채워진다. 완전 이진 트리에서 각 노드를 레벨 순서로 왼쪽에서 오른쪽으로 A, B, C, D, E, F, G, H, I, J, K, … 라고 명명한다고 할 때 C의 왼쪽 자식 노드는 F이고, I의 부모 노드는 D이다.

22 이진 탐색 트리에서 특정 노드의 삽입, 삭제, 검색 등의 연산을 수행할 수 있다. 이진 탐색 트리에서 왼쪽 서브트리의 모든 노드의 값은 루트 노드의 값보다 작아야 한다. 또한 오른쪽 서브트리의 모든 노드의 값은 루트 노드의 값보다 커야 한다. 이러한 조건을 만족하여 주어진 숫자를 차례로 삽입하면 70의 왼쪽 자식 노드는 60이 된다.

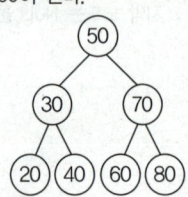

정답 20 ② 21 ① 22 ③

20 n개의 이진 트리에서 null 포인터의 개수는?
① n개
② n+1개
③ n+2개
④ n−1개

21 다음 내용에서 괄호 안에 들어갈 용어를 순서대로 고른 것은?

> 각 노드는 레벨 순서로 왼쪽에서 오른쪽으로 A, B, C, D, E, F, G, H, I, J, K, … 라고 명명한다. 이때 완전 이진 트리에서 C의 왼쪽 자식 노드는 (㉠)이고, I의 부모 노드는 (㉡)이다.

	㉠	㉡
①	F	D
②	G	D
③	F	H
④	G	E

22 다음 숫자들을 차례대로 삽입하여 이진 탐색 트리를 구성하였을 때, 70의 왼쪽 자식 노드는 무엇인가?

> 50, 30, 70, 20, 40, 60, 80

① 50
② 30
③ 60
④ 80

23 다음 중 스레드 트리에 대한 설명으로 옳지 <u>않은</u> 것은?

① 스레드 트리의 모든 null 링크는 트리의 다른 노드를 가리킨다.
② 스레드 트리는 이진 트리의 null 링크를 이용해 스레드를 만든다.
③ 스레드 트리의 노드가 항상 왼쪽 자식과 오른쪽 자식을 가지는 것은 아니다.
④ 스레드 트리는 중위 순회에서 기존의 NULL 포인터를 활용하여 다음 노드를 가리키도록 한다.

23 스레드 트리는 이진 트리의 null 포인터를 이용하여 순회를 더 효율적으로 하기 위한 자료구조이다. 스레드 트리의 대부분의 null 포인터는 중위 순회 시 다음 노드를 가리키도록 설정되지만, 모든 null 포인터가 트리의 다른 노드를 가리키는 것은 아니다. 특히, 트리의 마지막 노드의 경우 여전히 null 포인터를 가질 수 있다. 스레드 트리의 노드는 자식이 없을 수 있으며, NULL 포인터를 스레드로 활용한다.

24 다음 중 히프 구조에 대한 설명으로 가장 옳지 <u>않은</u> 것은?

① 히프는 완전 이진 트리 형태로 구현된다.
② 히프는 배열을 사용하여 구현할 수 없다.
③ 최소 히프에서 부모 노드의 킷값은 항상 자식 노드의 킷값보다 작다.
④ 최대 히프에서 부모 노드의 킷값은 항상 자식 노드의 킷값보다 크다.

24 히프는 완전 이진 트리의 형태를 가지며, 배열을 사용하면 자연스럽게 완전 이진 트리 구조를 유지할 수 있다.

25 다음과 같은 최대 히프에 45가 들어갈 경우 부모 노드의 교환 횟수는 총 몇 번인가?

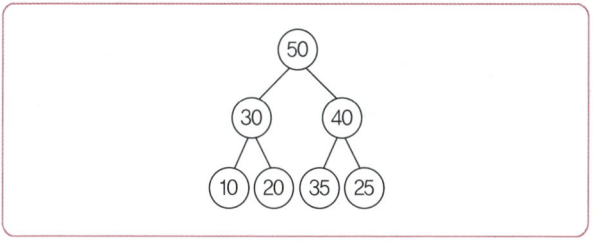

① 1
② 2
③ 3
④ 4

25 히프에서 새로운 데이터는 맨 마지막 위치에 삽입된다. 따라서 문제의 최대 히프의 가장 마지막 위치인 10의 왼쪽 자식 노드에 45가 삽입된다. 그런데 최대 히프이므로 45는 부모 노드인 10보다 작아야 하는데, 크므로 교환이 이루어진다. 원래 10이 있던 위치에 45가 위치하게 되는데, 다시 45의 부모 노드인 30과 비교한다. 30이 45보다 작으므로 45와 30이 교환된다. 따라서 최종적으로 최대 히프에 45가 들어가는 경우 교환되는 총 횟수는 2번이 된다.

정답 23 ① 24 ② 25 ②

26 이진 탐색 트리에서 왼쪽 서브트리의 모든 노드의 킷값은 루트 노드보다 작고, 오른쪽 서브트리의 모든 노드의 킷값은 루트 노드보다 크다. 따라서 문제에서 주어진 이진 탐색 트리에서 10을 삽입하려면 먼저 루트 노드인 75와 비교한다. 10이 75보다 작으므로, 75의 왼쪽 자식 노드인 57과 크기를 비교한다. 57보다 작으므로 다시 왼쪽 자식 노드인 20과 크기를 비교한다. 20보다 작으므로 20의 왼쪽 자식 노드 위치에 10이 들어간다. 따라서 총 비교 연산 횟수는 3번이다.

26 다음과 같은 이진 탐색 트리에서 10이 삽입되는 경우 비교 연산은 몇 번 이루어지는가?

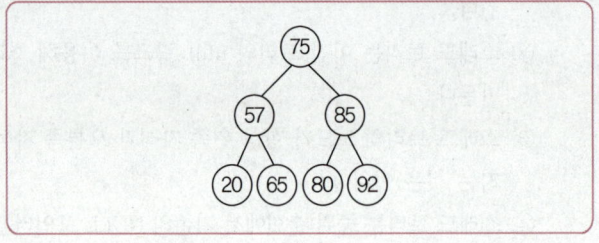

① 1
② 2
③ 3
④ 4

27 B-트리는 다중 자식 노드를 허용하는 균형 트리로, 데이터베이스 및 파일 시스템에서 자주 사용된다. B-트리는 균형 트리이며, 모든 리프 노드는 같은 깊이(레벨)에 위치한다.
② B-트리에서 각 노드는 최대 m-1개의 키를 가질 수 있다.
③·④ B-트리에서 각 노드는 최소 ⌈m/2⌉개의 자식을 가져야 하며, 최대 m개의 자식을 가질 수 있다.

27 차수가 m인 B-트리에 대한 설명으로 옳은 것은?

① 모든 리프 노드는 같은 깊이에 있다.
② 각 노드는 최대 m개의 키를 가진다.
③ 각 노드는 최소 m/3개의 자식을 가진다.
④ 각 노드는 최대 m+1개의 자식을 가질 수 있다.

28 정점의 개수가 n인 경우 각 정점은 나머지 n-1개의 정점과 연결될 수 있다. 각 정점에서 다른 모든 정점으로 가는 간선의 수는 n-1개이다. 정점의 개수가 6일 때 각 정점에서 나머지 5개의 정점으로 향하는 간선이 존재한다. 방향 그래프에서 완전 그래프의 간선의 총 개수는 'n × (n − 1)'이다. 따라서 정점이 6이므로, 6 × 5 = 30개가 된다.

28 방향 그래프이면서 완전 그래프의 정점의 개수가 6일 때 간선의 개수는 얼마인가?

① 12
② 18
③ 30
④ 60

정답 26 ③ 27 ① 28 ③

29 다음과 같은 인접 행렬을 가진 방향 그래프 G에 대한 설명으로 옳지 <u>않은</u> 것은?

$$\begin{array}{c} 0\,1\,2\,3\,4 \\ \begin{array}{c}0\\1\\2\\3\\4\end{array}\begin{bmatrix}0&1&0&0&0\\0&0&1&1&0\\1&0&0&0&1\\0&0&1&0&0\\0&0&0&1&0\end{bmatrix}\end{array}$$

① 정점은 5개이다.
② 정점 1에 인접된 정점은 2개이다.
③ 정점 4에서 정점 1로 가는 간선이 존재한다.
④ 정점 2에서 정점 0으로 가는 간선이 존재한다.

29 (4, 1)의 값이 0이므로 정점 4에서 정점 1로 가는 간선은 존재하지 않는다.

30 깊이 우선 탐색과 너비 우선 탐색을 구현할 때 쓰는 자료구조가 각각 바르게 연결된 것은?

	깊이 우선 탐색	너비 우선 탐색
①	스택	큐
②	큐	스택
③	연결 리스트	스택
④	데크	큐

30 깊이 우선 탐색은 한 방향으로 갈 수 있는 만큼 최대한 깊이 들어가면서 탐색하며, 주로 스택을 사용한다. 너비 우선 탐색은 현재 노드의 모든 인접 노드를 먼저 탐색한 후에 그 다음 수준의 인접 노드로 이동하며, 주로 큐를 사용한다.

정답 29 ③ 30 ①

31 깊이 우선 탐색은 한 방향으로 갈 수 있는 만큼 최대한 깊이 들어가면서 탐색한다. 재귀적으로 또는 스택을 사용하여 구현할 수 있다. 깊이 우선 탐색 결과는 여러 개가 있을 수 있으며, A → B → E → D → C → F는 깊이 우선 탐색의 결과에 해당한다.

32 최소 신장 트리는 주어진 그래프에서 모든 정점을 연결하는 간선들의 가중치 합이 최소가 되는 트리이다. 최소 신장 트리는 트리의 성질을 가지며, 최소 신장 트리를 구하는 대표적인 알고리즘으로는 프림 알고리즘과 크루스칼 알고리즘이 있다.

33 최소 신장 트리는 주어진 그래프에서 모든 정점을 연결하는 간선들 중에서 가중치 합이 최소인 트리이다. 프림 알고리즘과 크루스칼 알고리즘은 최소 신장 트리를 구하는 알고리즘에 해당한다. 이 중 크루스칼 알고리즘은 사이클을 형성하지 않는 최소 가중치의 간선을 반복적으로 선택함으로써 최소 신장 트리를 구하는 알고리즘이다. 선택하는 간선이 기존 선택된 간선들에 연결되어 있지 않더라도 최소 가중치이면서 사이클을 형성하지 않으면 선택해나간다.

정답 31 ③ 32 ④ 33 ③

---

31 다음과 같은 그래프에서 깊이 우선 탐색을 할 경우 노드 방문 순서로 옳은 것은?

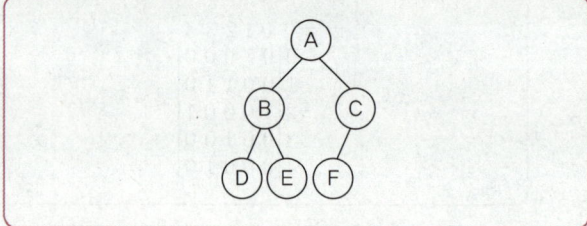

① A → C → F → E → B → D
② A → B → C → D → E → F
③ A → B → E → D → C → F
④ A → C → B → D → E → F

32 다음 내용에 해당하는 트리는 무엇인가?

> 그래프의 모든 정점을 포함하는 트리 중에서 간선의 가중치 합이 최소인 트리이다.

① 완전 이진 트리 ② 포화 이진 트리
③ 이진 탐색 트리 ④ 최소 신장 트리

33 다음 내용에 해당하는 알고리즘은 무엇인가?

> 모든 정점을 각각 하나의 트리로 간주하고 간선의 가중치를 기준으로 오름차순으로 정렬한 후 가장 작은 간선부터 선택해 나간다. 이때 사이클을 형성하지 않는 간선을 추가함으로써 점차적으로 숲(Forest)을 확장해 나간다. 결국 모든 정점이 하나의 트리에 포함되면 최소 신장 트리가 완성된다.

① 솔린 알고리즘
② 프림 알고리즘
③ 크루스칼 알고리즘
④ 다익스트라 알고리즘

34 AOE 네트워크에서 임계 경로의 정의는 무엇인가?

① 가장 적은 간선으로 연결된 경로
② 가장 짧은 시간(가중치)을 가지는 경로
③ 시작 노드에서 끝 노드로의 임의의 경로
④ 프로젝트 완료에 필요한 최소 시간을 결정하는 경로

34 임계 경로(Critical Path)는 프로젝트 완료에 필요한 최소 시간을 결정하는 경로이다.

35 다음 중 정렬이 되었을 때 사용할 수 있는 탐색은?

① 순차 탐색
② 이진 탐색
③ 깊이 우선 탐색
④ 너비 우선 탐색

35 이진 탐색은 데이터가 정렬되었을 때 수행할 수 있다.

36 데이터 집합에서 평균수량을 가장 효율적으로 계산하기 위해 사용할 수 있는 자료구조는?

① 힙
② 배열
③ 해시 테이블
④ 연결 리스트

36 평균수량을 계산하기 위해서는 전체 데이터를 순회하면서 합을 구하고, 데이터 개수로 나누는 과정이 필요하다. 배열은 반복문을 통해 전체 합을 쉽게 구할 수 있기 때문에 평균 계산에 적합하다. 힙은 최댓값 또는 최솟값을 빠르게 찾는 데 사용되며, 평균수량 계산에는 적합하지 않다.

37 다음 중 값을 직접 비교하는 대신 함수의 계산을 통해 키를 저장하는 자료구조에 해당하는 것은?

① 힙
② B-트리
③ 해시 테이블
④ 이진 탐색 트리

37 해시 테이블은 킷값을 비교하지 않고 해시 함수를 사용하여 데이터를 관리하는 것이 특징이다.

정답 34 ④ 35 ② 36 ② 37 ③

38 주기억장치에 데이터를 모두 적재할 수 없을 때 사용하는 정렬 방법은 외부 정렬이다. 외부 정렬은 주로 대용량의 데이터 집합을 정렬할 때 사용되며, 이러한 데이터는 주기억장치에 한 번에 모두 적재할 수 없기 때문에 디스크와 같은 보조기억장치를 사용하여 정렬을 수행한다.

39 해시 함수는 항상 고유한 해시 값을 생성하진 않는다. 해시 테이블의 크기와 입력 키의 개수에 따라 충돌이 발생할 수 있다.

40 선형 조사법(Linear Probing)은 해시 테이블에서 충돌 해결 방법 중 하나이다. 선형 조사법은 해시 함수에 의해 계산된 해시 값의 위치에 이미 다른 데이터로 저장되어 있는 경우 해시 테이블의 다음 연속된 위치를 검사하여 첫 번째 빈 자리에 데이터를 저장한다.

38 다음 중 주기억장치에 데이터를 적재할 수 없어서 사용하는 정렬 방법은?

① 퀵 정렬
② 병합 정렬
③ 히프 정렬
④ 외부 정렬

39 다음 중 해싱 기법에 대한 설명으로 옳지 않은 것은?

① 해시 함수는 항상 고유한 해시 값을 생성한다.
② 해시 함수는 키를 해시 테이블의 인덱스로 변환하는 역할을 한다.
③ 충돌(Collision)은 두 개 이상의 키가 동일한 해시 값을 가지는 경우 발생한다.
④ 체이닝(Chaining)과 개방 주소법(Open Addressing)은 충돌을 해결하기 위한 방법이다.

40 다음 내용에 해당하는 충돌 해결 기법은?

> 해싱에서 충돌이 발생했을 때 특정 간격을 따라 이동하며 최초 빈 곳에 데이터를 저장하는 충돌 해결 방법이다.

① 체이닝(Chaining)
② 이중 해싱(Double Hashing)
③ 선형 조사법(Linear Probing)
④ 이차 조사법(Quadratic Probing)

정답 38 ④ 39 ① 40 ③

Ⅳ. 컴퓨터구조
기출복원문제

※ 본 문제는 다년간 독학사 컴퓨터공학과 2단계 시험에서 출제된 기출문제를 복원한 것입니다. 문제의 난이도와 수험경향 파악용으로 사용하시길 권고드립니다. 본 기출복원문제에 대한 무단복제 및 전재를 금하며 저작권은 시대에듀에 있음을 알려드립니다.

---

01 폰 노이만 구조에 대한 설명으로 옳지 않은 것은?

① 병목현상으로 인한 성능의 저하를 유발한다.
② 컴퓨터가 연속적으로 명령어를 가져와 실행할 수 있게 한다.
③ 메모리는 CPU를 위한 용도와 I/O를 위한 용도로 구별하여 각각 사용한다.
④ 컴퓨터의 핵심요소는 CPU, 입출력장치 및 메모리를 각각 구성하는 것이다.

02 클라우드 컴퓨팅에 대한 설명으로 옳지 않은 것은?

① 서비스 모델은 IaaS, PaaS, SaaS로 구별한다.
② 배포 모델은 퍼블릭, 프라이빗 및 하이브리드 모델로 구별한다.
③ 유연성 및 비용효율성의 장점이 있으나 신뢰성은 보장할 수 없다.
④ 기업은 클라우드를 통해 글로벌 데이터를 관리하고 분석하며, IT 인프라의 유연성을 높일 수 있다.

03 다음 중 부울대수식이 옳은 것은?

① $A + B = A + A$
② $A + (A \cdot B) = B$
③ $A \cdot (B \cdot C) = (A \cdot B) \cdot C$
④ $A + (B \cdot C) = (A \cdot B) + (A \cdot C)$

---

01 폰 노이만 구조의 가장 큰 특징 중 하나는 단일 메모리 구조로서, 프로그램 코드와 데이터가 같은 메모리 공간에 저장된다는 점이다. 이는 컴퓨터가 연속적으로 명령어를 가져와 실행할 수 있게 해주는 장점이 있지만, 병목현상이 발생하는 문제도 있다. 이 병목현상은 CPU가 메모리에서 명령어를 읽는 속도와 데이터 처리 속도 사이의 차이 때문에 발생하며, 컴퓨터 성능의 저하를 유발할 수 있다. 폰 노이만 구조는 오늘날 대부분의 컴퓨터 시스템에서 여전히 사용되고 있으며, 현대 컴퓨터 공학의 기초를 이루고 있다.

02 클라우드 컴퓨팅은 필요에 따라 자원을 쉽게 확장하거나 축소할 수 있어, 변화하는 비즈니스 요구에 신속히 대응할 수 있는 유연성을 보장한다. 또한 데이터 백업, 재해 복구 기능 등이 내장되어 있어 데이터 유실 위험을 최소화할 수 있어 신뢰성을 보장한다.

03 ① 교환법칙 : $A + B = B + A$
② 흡수법칙 : $A + (A \cdot B) = A$
④ 분배법칙 : $A \cdot (B + C) = (A \cdot B) + (A \cdot C)$

정답 01 ③ 02 ③ 03 ③

04 카르노맵은 논리회로 설계에서 사용되는 도구로, 부울대수식을 단순화하는 데 유용한 시각적 방법이다. 위의 그림은 양단을 하나로 보고 정리하면 된다. 좌측 행을 정리하면 C′D′이 된다. 우측행을 정리하면 CD′이 된다. 따라서 이것을 OR로 묶으면 C′D′ + CD′ = D′(C′ + C) = D′

05 XOR(Exclusive-OR, 배타적 연산) 연산은 두 개의 입력 값이 서로 다를 때만 결과가 1(참)이 되는 연산이다.

06 조합논리회로는 입력의 상태에 따라 즉각적인 출력이 결정되고, 출력은 현재의 입력 조합에만 의존하며 이전의 입력 상태와는 무관한 논리회로이다. 가산기, 감산기, 디코더, 멀티플렉서 등이 이에 해당한다.
순차논리회로는 현재 입력뿐만 아니라 이전 상태(이전 입력)의 영향을 받아 출력이 결정된다.

정답 04 ④ 05 ④ 06 ②

---

04 다음과 같은 4변수 카르노맵을 간소화한 결과로 옳은 것은?

AB\CD	00	01	11	10
00	1			1
01	1			1
11	1			1
10	1			1

① A′
② B′
③ C′
④ D′

05 다음 중 XOR에 대한 설명으로 옳지 <u>않은</u> 것은?

① X = 0, Y = 0이면 결과는 0이다.
② X = 0, Y = 1이면 결과는 1이다.
③ X = 1, Y = 0이면 결과는 1이다.
④ X = 1, Y = 1이면 결과는 1이다.

06 다음 중 논리회로에 대한 설명으로 옳지 <u>않은</u> 것은?

① 플립플롭, 레지스터, 카운터, 시프트 레지스터 등은 순차논리회로의 종류이다.
② 출력이 현재의 입력 조합에만 의존하며, 이전의 입력 상태와는 무관한 논리회로를 순차논리회로라고 한다.
③ 논리회로는 전기신호를 입력받아 특정한 논리연산을 수행하고 그 결과에 따라 출력을 생성하는 전자회로이다.
④ 논리회로는 논리게이트로 구성되며, 각 논리게이트는 기본적인 논리연산(AND, OR, NOT, XOR 등)을 수행한다.

07 전가산기를 디코더로 구현할 때 필요 개수는?

① 1개
② 2개
③ 3개
④ 4개

07 전가산기(Full Adder)는 세 개의 이진 입력(A, B, Carry-in)에 대한 덧셈을 수행하여 두 개의 출력(Sum, Carry-out)을 생성하는 디지털 회로이다. Sum은 A, B, Carry-in의 입력 조합에 따라 1 또는 0을 출력하고, Carry-out도 A, B, Carry-in의 입력 조합에 따라 결정된다. 전가산기의 Sum과 Carry-out 출력을 모두 구현하려면 각각 1개의 3×8 디코더가 필요하므로, 전가산기를 디코더로 구현하기 위해서는 총 2개의 디코더가 필요하다.

08 6가지 순서를 논리회로로 구현할 때 필요한 플립플롭의 최소 개수는?

① 1개
② 2개
③ 3개
④ 4개

08 6가지 순서를 논리회로로 구현하기 위해서는 시스템이 6개의 서로 다른 상태를 가질 수 있어야 한다. 상태를 나타내기 위해서는 이진수로 상태를 표현해야 하며, 각 상태는 고유한 이진수로 표시된다. n개의 플립플롭은 2^n개의 상태를 표시하므로, 6개의 순서를 구현하기 위해서는 최소 3개의 플립플롭이 필요하다.

09 다음 내용에 해당하는 논리회로는?

- 모든 플립플롭이 동일한 클록 신호에 의해 동시에 동작하는 디지털 회로이다.
- 설계가 복잡할 수 있지만, 고속 동작과 정확성을 요구하는 현대 디지털 회로 설계에서 중요한 역할을 한다.

① 멀티플렉서
② 디멀티플렉서
③ 동기식 카운터
④ 비동기식 카운터

09 동기식 카운터는 고속 카운팅이 필요하거나, 정확한 타이밍 제어가 요구되는 다양한 디지털 시스템에서 사용된다. 반면 비동기식 카운터는 플립플롭들이 동일한 클록 신호에 의해 동시에 동작하지 않고, 하나의 플립플롭의 출력이 다음 플립플롭의 클록 신호로 사용되어 순차적으로 동작하는 디지털 회로이다.

정답 07 ② 08 ③ 09 ③

10 10진수 -128의 2의 보수를 구하기 위해서는 먼저 128을 이진수로 표현한 후, 2의 보수를 계산하면 된다. 128을 8비트 이진수로 표현하면 10000000, 2의 보수는 모든 비트를 반전(1을 0으로, 0을 1로)한 후, 1을 더해 구한다. (10000000 → 01111111 → 10000000)

10 다음 중 10진수 -128의 2의 보수에 해당하는 것은? (단, 8비트 2진수로 표현함)

① 01111111_2
② 11111111_2
③ 10000000_2
④ 10000001_2

11 10진수 0.625를 2진수로 변환하기 위해서는, 소수 부분을 2로 곱한 후 정수 부분을 기록하고, 남은 소수 부분이 0이 될 때까지 다시 2로 곱하는 과정을 반복한다.

11 다음 중 10진수 0.625를 2진수로 변환한 것은?

① 0.101_2
② 0.110_2
③ 0.011_2
④ 0.111_2

12 부동소수점(Floating Point)은 매우 큰 수나 매우 작은 수를 효과적으로 표현하고 연산하기 위해 사용되는 숫자 표현 방식이다. 부호 비트, 지수, 가수(유효숫자)로 구성한다. 정수 표현이나 고정소수점 방식과 달리, 부동소수점 표현은 소수점의 위치를 가변적으로 처리할 수 있어 넓은 범위의 수를 표현하는 데 적합하다.

12 다음 중 부동소수점에 대한 설명으로 옳지 않은 것은?

① 부호 비트가 0이면 양수, 1이면 음수이다.
② 넓은 범위의 수를 처리하기에는 부적합하다.
③ 부호 비트, 지수, 가수의 세 부분으로 구성한다.
④ 가수는 일반적으로 정규화(normalized)된 형태로 저장한다.

13 0010_2은 부호 비트가 0이므로 양수이며, 10진수로 2에 해당한다. 1000_2은 음수로서 10진수로 -8에 해당한다. 두 수를 곱하면 -16이다.

13 2의 보수로 표현된 0010_2과 1000_2의 곱을 10진수로 변환한 것은?

① 8
② 16
③ -8
④ -16

정답 10 ③ 11 ① 12 ② 13 ④

14 2028×16 메모리에서 메모리의 주소를 식별하기 위해 필요한 최소 비트수는?

① 9
② 10
③ 11
④ 12

14 2048×16 메모리에서 2048은 메모리의 주소로 지정 가능한 위치(워드)의 수를 나타낸다. 메모리의 각 위치에 접근하기 위해서는 2048개의 위치를 구분할 수 있어야 한다. 2048은 2^{11}이므로, 각 메모리 위치를 식별하기 위해서는 11비트가 필요하다.

15 다음 중 명령어 형식에 대한 설명으로 옳지 <u>않은</u> 것은?

① 0-주소 형식은 초기 컴퓨터에서 사용한 방식이다.
② 1-주소 형식은 보통 메모리의 데이터를 지정하거나 누산기와 함께 사용한다.
③ 2-주소 형식은 하나의 주소는 입력 데이터를, 다른 하나는 연산 결과를 저장할 위치를 지정한다.
④ 3-주소 형식은 두 개의 주소에는 피연산자를 저장하고, 다른 한 개의 주소에는 결과를 저장한다.

15 2-주소 명령어의 주소는 두 개 모두 입력 데이터를 저장하고 그 결과 값을 명령어의 가장 앞부분 주소에 저장한다. 따라서 앞부분의 주소값은 변경된다.

16 다음 중 스택으로 구현 가능한 명령어 형식은?

① 0-주소 명령어
② 1-주소 명령어
③ 2-주소 명령어
④ 3-주소 명령어

16 0-주소 명령어 형식은 모든 연산이 스택을 통해 이루어지므로 별도의 주소 필드가 필요하지 않으며, PUSH와 POP 명령을 사용한다.

정답 14 ③ 15 ③ 16 ①

17 ② 7을 왼쪽으로 산술 시프트하면 14이다.
③ −1을 오른쪽으로 논리 시프트하면 127이다.
④ −128을 오른쪽으로 산술 시프트하면 −64이다.

17 8비트 시프트 수행 연산결과에 대한 설명으로 옳은 것은?

① −1을 오른쪽으로 산술 시프트하면 −1이다.
② 7을 왼쪽으로 산술 시프트하면 −1이다.
③ −1을 오른쪽으로 논리 시프트하면 68이다.
④ −128을 오른쪽으로 산술 시프트하면 −256이다.

18 유효 주소(effective address)는 컴퓨터에서 명령어가 실행될 때 실제로 접근하는 메모리 주소를 의미한다. 간접 주소 지정 모드에서는 명령어에 지정된 주소는 실제 데이터가 있는 주소를 가리키는 포인터 역할을 한다. 간접 주소로 주어진 100번지에 접근하면 200이라는 주소가 저장되어 있고, 이 200이 유효 주소이다.

18 기억장치에 저장된 간접 주소는 100번지이고, 이 곳에는 200이라는 숫자가 저장되어 있다. 이때 유효 주소를 계산하면?

① 100
② 200
③ 300
④ 400

19 함수를 호출할 때 사용하는 명령어는 CALL이다. CALL 명령어는 프로그램 실행 중에 특정 함수 또는 서브루틴을 호출할 때 사용하며, 이 명령어를 실행하면 제어가 호출된 함수로 이동한다. 현재 명령어의 다음 주소(즉, 호출된 함수가 완료된 후 돌아올 위치)를 스택에 저장하고, 함수 실행이 완료되면 RET(Return) 명령어가 실행된다. 이 명령어는 스택에 저장된 복귀 주소를 읽고, 프로그램의 제어를 그 주소로 돌려준다.

19 함수를 호출할 때 사용하는 명령어에 대한 설명으로 옳지 않은 것은?

① 이 명령어를 실행하면 제어가 호출된 함수로 이동한다.
② 함수 실행이 완료되면 RET(Return) 명령어가 실행된다.
③ 현재 명령어의 주소를 서브루틴에 프로그램하여 저장한다.
④ 프로그램 실행 중에 특정 함수 또는 서브루틴을 호출할 때 사용한다.

정답 17 ① 18 ② 19 ③

20 상태 레지스터의 Z, V, C, S 플래그에 대한 설명으로 옳지 않은 것은?

① 연산 결과가 0이면 Z 플래그가 0으로 설정된다.
② 오버플로가 발생하면 V 플래그가 1로 설정된다.
③ 자리 내림이 발생하면 C 플래그가 1로 설정된다.
④ 결과의 최상위 비트(MSB)가 1이면 S 플래그가 1로 설정된다.

20 Z, V, C, S는 CPU의 상태 레지스터(또는 플래그 레지스터)에서 결과에 따라 설정되는 플래그 비트이다. 연산 결과가 0이면 Z 플래그가 1로 설정되고, 오버플로가 발생하면 V 플래그가 1로 설정된다. 연산 중에 캐리(올림)가 발생하거나, 빌로우(내림)가 발생하면 C 플래그가 1로 설정된다. S플래그는 연산 결과의 부호를 나타내며, 결과의 최상위 비트(MSB)가 1이면 S 플래그가 1(S = 1, 음수)로 설정된다.

21 다음 내용에 해당하는 것은?

> 메모리 읽기/쓰기, 명령어 패치 등 다양한 메모리 관련 작업에서 주소 정보를 관리하고 전달하여 CPU와 메모리 간의 원활한 데이터 전송을 보장한다.

① 주기억장치
② 보조기억장치
③ 기억장치 버퍼 레지스터
④ 기억장치 주소저장 레지스터

21 기억장치 주소저장 레지스터(MAR, Memory Address Register)는 컴퓨터의 기억장치와 관련된 중요한 레지스터 중 하나이다. MAR은 메모리 읽기/쓰기, 명령어 패치 등 다양한 메모리 관련 작업에서 주소 정보를 관리하고 전달하여 CPU와 메모리 간의 원활한 데이터 전송을 보장한다.

22 다음 중 CPU 내부 버스의 특징으로 옳지 않은 것은?

① 버스 폭이 좁을수록 CPU의 처리 성능이 향상된다.
② 내부 버스는 주로 데이터 버스, 주소 버스, 제어 버스로 구분한다.
③ 제어 버스는 읽기/쓰기 명령, 인터럽트 요청, 클록 신호 등 다양한 제어 신호를 전송한다.
④ 주소 버스는 CPU가 메모리나 I/O 장치와 통신할 때 사용할 메모리 주소를 전송하는 데 사용한다.

22 CPU 내부 버스는 CPU 내부에서 데이터 신호, 주소 신호, 제어 신호 등을 전송하는 통로 역할을 하는 회로망으로서, CPU의 다양한 구성 요소들 간의 원활한 통신을 지원하며, CPU의 성능과 효율성에 중요한 영향을 미친다. 내부 버스는 데이터 버스, 주소 버스, 제어 버스로 나뉘며, 내부 버스의 폭은 데이터 신호, 주소 신호, 제어 신호를 동시에 전송할 수 있는 비트 수를 의미한다.

정답 20 ① 21 ④ 22 ①

23 스택 포인터(Stack Pointer, SP)는 컴퓨터 시스템에서 스택(Stack)이라는 메모리 영역의 최상위(top) 위치를 가리키는 레지스터이다.
① 여러 장치에서 인터럽트가 동시에 발생하면 인터럽트 레지스터(IR)가 우선순위를 기반으로 인터럽트를 관리한다.
②·③ 인터럽트 사이클은 CPU가 인터럽트를 처리하기 위해 사용하는 특별한 실행 단계이다. 이 과정에서 CPU는 현재 작업을 일시 중단하고, 인터럽트 서비스 루틴(ISR)을 실행하여 중요한 작업을 처리한 후, 저장된 프로그램 카운터(PC)와 상태 레지스터의 값을 복원하여, 인터럽트가 발생하기 전에 중단된 프로그램의 실행을 재개한다.

23 다음 중 인터럽트 사이클과 직접적인 관련이 <u>없는</u> 것은?

① IR(Interrupt Register)
② PC(Program Counter)
③ ISR(Interrupt Service Routine)
④ SP(Stack Pointer)

24 명령어 인출 사이클은 다음과 같이 진행한다.
'프로그램 카운터(PC) 확인 → 명령어 주소를 메모리 주소 레지스터(MAR)로 전달 → 메모리에서 명령어를 인출 → 프로그램 카운터(PC)를 다음 명령어를 가리키도록 업데이트(PC값은 명령어주소를 MAR로 전달할 때 업데이트시켜도 됨) → 명령어를 명령어 레지스터(IR)에 저장'

24 다음 중 명령어 인출 사이클을 순서대로 나열한 것은?

　㉠ PC 확인 및 명령어 주소를 MAR로 전달
　㉡ 명령어를 IR에 저장
　㉢ 명령어 인출 및 PC 값을 업데이트

① ㉠ → ㉡ → ㉢
② ㉠ → ㉢ → ㉡
③ ㉡ → ㉠ → ㉢
④ ㉢ → ㉡ → ㉠

정답 23 ④ 24 ②

25 CPU 내 제어장치의 기능에 대한 설명으로 옳지 <u>않은</u> 것은?

① 인터럽트 처리
② 제어신호 생성
③ 보조기억장치 관리
④ 명령어 인출 및 해독

25 CPU 내 제어장치(Control Unit, CU)는 컴퓨터 시스템의 모든 구성 요소들 간의 흐름을 조정하고 명령어의 실행을 관리한다. 제어장치는 CPU의 연산장치, 레지스터, 메모리, 입출력장치 간의 조정과 통신을 관리하여 전체 시스템이 올바르게 동작하도록 한다.
보조기억장치 관리는 운영체제의 역할이다.

26 4단계로 구성된 명령어 100개를 처리할 때, 파이프라이닝을 적용하지 않았을 경우와 적용했을 경우의 속도의 차이는? (단, 소수점 이하는 반올림함)

① 3배
② 4배
③ 5배
④ 6배

26 명령어 파이프라인에서는 각 단계에서의 병렬성을 이용하여 처리속도를 향상시킬 수 있다. 4단계 파이프라인의 각 단계는 일반적으로 명령어 인출(IF), 명령어 디코드(ID), 실행(EX) 및 메모리 접근/쓰기(WB)로 진행되며, 속도 향상은 다음과 같이 구할 수 있다.
- 파이프라이닝을 적용하지 않은 경우의 처리시간 : 4 × 100개 = 400t_c
- 파이프라이닝을 적용한 경우의 처리시간 : 첫 명령어가 완료되기까지 4t_c가 걸리고, 이후 (n−1)개의 명령어가 매 t_c마다 처리되므로 103t_c가 된다.
- 속도 향상 비율 : 400t_c ÷ 103t_c ≒ 3.88배

27 하드 와이어드 방식과 비교할 때 마이크로 프로그램 방식의 특징으로 옳은 것은?

① 속도가 빠르다.
② 설계가 복잡하다.
③ 유지보수가 어렵다.
④ 설계비용이 적게 든다.

27 마이크로 프로그램 방식은 설계가 비교적 간단하지만, 하드와이어드 방식에 비해 속도가 상대적으로 느리다. 마이크로 프로그램 제어방식은 유지보수가 쉽고, 복잡한 명령어 집합을 효율적으로 처리할 수 있으며, 초기 설계비용이 적게 드는 장점이 있다.

정답 25 ③ 26 ② 27 ④

28 평균 접근 시간은 윗층 메모리의 히트율에 따라 달라진다. 히트율이 높을수록 평균 접근 시간이 짧아지며, 반대로 히트율이 낮으면 아래층 메모리에 접근하는 빈도가 높아지기 때문에 평균 접근 시간이 길어진다. 2계층 구조에서의 평균 접근 시간(AMAT, Average Memory Access Time)은 다음과 같이 계산한다.

> AMAT = 히트시간 + {미스율 × 미스패널티(주기억장치 처리속도)}

문제에서의 평균 접근 시간을 구하면 다음과 같다.
10ns + (0.1 × 100ns) = 10ns + 10ns = 20ns

28 메모리 계층구조가 2단계일 때 평균 접근 시간을 구하면? (단, 캐시 메모리의 처리속도는 10ns, 주기억장치 처리속도는 100ns, 히트율은 90%로 함)

① 10ns
② 20ns
③ 30ns
④ 40ns

29 ① PROM(Programmable ROM)은 사용자가 특수한 프로그래머 장치를 사용해 데이터를 한 번 기록할 수 있는 ROM으로, 기록된 후에는 데이터를 변경할 수 없다.
② EPROM(Erasable Programmable ROM)은 자외선(UV) 노출을 통해 데이터를 지우고 다시 기록할 수 있는 ROM이다.
③ Flash ROM은 EEPROM(Electrically Erasable Programmable ROM)의 일종으로, 빠른 속도로 데이터를 지우고 기록할 수 있는 비휘발성 메모리이다.
④ MASK ROM은 반도체 제조 공정에서 데이터가 마스크 패턴으로 한 번만 기록할 수 있는 ROM이다.

29 다음 중 사용자가 1회에 한해서만 write가 가능한 ROM은?

① PROM
② EPROM
③ Flash ROM
④ Mask ROM

30 캐시기억장치를 구성할 때는 캐시의 크기, 블록 크기, 매핑 방법, 교체 알고리즘, 쓰기 정책, 적중률, 캐시 레벨, 일관성 유지 등 다양한 요소를 신중하게 고려해야 한다. 이러한 요소들이 시스템의 성능, 효율성, 비용에 직접적인 영향을 미치기 때문에, 각각의 요소를 최적화하여 최상의 성능을 달성하는 것이 중요하다.

30 다음 중 캐시기억장치를 구성할 때 직접적인 고려요소가 아닌 것은?

① 매핑 방법
② 블록의 크기
③ 캐시의 크기
④ CPU의 속도

정답 28 ② 29 ① 30 ④

31 8-way 집합 연관 사상 방식을 사용할 때 태그, 집합, 워드 비트 길이로 옳은 것은? (단, 메모리 주소는 32비트, 캐시 크기는 32KB, 블록 크기는 64바이트로 가정함)

	태그	집합	워드
①	18	8	7
②	20	6	6
③	20	12	10
④	22	10	8

32 다음 중 가상기억장치에 대한 설명으로 옳은 것은?

① CPU의 속도 저하를 방지할 수 있다.
② 운영체제의 복잡성을 감소시킬 수 있다.
③ 프로그램이 더 큰 메모리 공간을 사용할 수 있도록 하는 메모리 관리 기법이다.
④ 프로그램이 참조하는 물리적 메모리가 가상 페이지에 없는 경우 페이지 부재가 발생한다.

33 자기디스크 시스템에서 디스크 접근시간에 대한 설명으로 옳지 <u>않은</u> 것은?

① 디스크 접근시간은 탐색시간과 일치한다.
② 전송시간은 디스크에서 데이터가 실제로 읽히거나 쓰이는 데 걸리는 시간이다.
③ 탐색시간은 디스크의 읽기/쓰기 헤드가 원하는 트랙(track)으로 이동하는 데 필요한 시간이다.
④ 회전지연시간은 디스크가 회전하여 읽기/쓰기 헤드가 정확한 섹터(sector) 위에 올 때까지 걸리는 시간이다.

---

31 블록 오프셋(워드)은 캐시의 각 블록 내에서 데이터의 위치를 지정하는 데 사용된다. 블록 크기가 64바이트이므로, 블록 오프셋은 6비트이다($2^6 = 64$).
8-way 집합 연관 사상에서는 캐시를 8개의 블록이 있는 집합으로 나눈다. 캐시 크기가 32KB이고, 블록 크기가 64바이트이므로, 캐시에는 총 512개의 블록이 있다(32,768 / 64 = 512). 512개의 블록이 8-way 집합 연관 사상에 사용되므로, 총 64개의 집합이 필요하므로(512 / 8 = 64), 집합 인덱스는 6비트가 필요하다($2^6 = 64$).
태그 비트 수는 전체 주소 비트 수에서 집합 인덱스 비트와 블록 오프셋 비트를 뺀 나머지 비트이므로, 20비트가 된다(32 − 6 − 6 = 20).

32 가상기억장치는 물리적 메모리의 용량을 확장하여 프로그램이 더 큰 메모리 공간을 사용할 수 있도록 하는 메모리 관리 기법이다. 가상 주소와 물리 주소 간의 변환, 페이지 테이블, 페이지 부재 처리 등의 메커니즘을 통해 물리적 메모리와 보조기억장치 간의 데이터를 효율적으로 관리한다. 이를 통해 효율적인 메모리 사용, 메모리 보호, 멀티태스킹 지원 등의 이점을 제공하지만, 속도 저하와 운영체제의 복잡성 증가와 같은 단점도 존재한다. 프로그램이 참조하는 가상 페이지가 물리적 메모리에 없는 경우 페이지 부재가 발생한다.

33 자기디스크 시스템에서 디스크 접근시간은 데이터를 디스크에서 읽거나 쓰기 위해 필요한 전체 시간을 의미한다. 즉, 디스크 접근시간은 '탐색시간 + 회전지연시간 + 전송시간'으로 계산한다.

정답 31 ② 32 ③ 33 ①

34 RAID-1은 동일한 데이터를 두 개 이상의 디스크에 복사(미러링)하는 기법이고, RAID-2는 데이터 스트라이핑과 함께 해밍 코드(Hamming Code) 기반의 오류 정정을 사용하는 기법이다.

34 다음 중 RAID에 대한 설명으로 옳지 않은 것은?

① RAID-0는 데이터를 여러 디스크에 걸쳐 분할하여 저장(스트라이핑)한다.
② RAID-2는 동일한 데이터를 두 개 이상의 디스크에 복사(미러링)하는 기법이다.
③ RAID-1, RAID-5, RAID-6 등은 데이터의 중복성을 제공하여 신뢰성을 향상시킨다.
④ RAID란 여러 개의 하드디스크를 결합하여 하나의 논리적인 디스크로 사용하는 기술이다.

35 입출력 인터페이스(Input/Output Interface)는 컴퓨터 시스템에서 CPU와 주변 장치 간의 데이터 교환을 관리하고 중개하는 하드웨어 및 소프트웨어 구성 요소이다. 입출력 인터페이스의 종류로는 직렬 인터페이스, 병렬 인터페이스가 있다. 메모리맵 I/O, 직접 I/O는 입출력방식에 해당한다.

35 다음 중 입출력 인터페이스에 대한 설명으로 옳지 않은 것은?

① 입출력 인터페이스의 종류로는 직렬 인터페이스, 병렬 인터페이스, 메모리맵 I/O, 직접 I/O 등이 있다.
② 입출력 인터페이스는 다양한 입출력장치와 CPU 사이에서 원활하고 효율적인 통신을 가능하게 한다.
③ 입출력 인터페이스는 CPU와 주변 장치 간의 데이터 교환을 관리하고 중개하는 하드웨어 및 소프트웨어 구성 요소이다.
④ 입출력 인터페이스는 주변 장치에서 데이터 준비가 완료되었거나 주의가 필요한 이벤트가 발생했을 때, CPU에 인터럽트를 발생시켜 이를 알린다.

36 DMA 방식에서는 CPU가 DMA 전송을 시작하기 전에 소스 주소, 목적지 주소, 전송할 데이터의 크기, 전송 모드 등의 매개변수를 설정하는 DMA 컨트롤러 초기화 작업이 선행되야 한다. 그리고 CPU는 데이터 전송 요청을 DMA 컨트롤러에 전달한다. 이때 전송할 데이터의 시작 주소와 크기 등을 명시한다. DMA 컨트롤러는 버스의 제어권을 획득하여 메모리와 I/O 장치 간의 데이터 전송을 직접 수행할 준비를 할 수 있다.

36 다음 중 DMA 방식에서 가장 먼저 수행될 작업은?

① 데이터 전송
② CPU 전송 요청
③ 버스 제어권 획득
④ DMA 컨트롤러 초기화

정답 34 ② 35 ① 36 ④

37 다음 중 메모리 사상형 I/O에 대한 설명으로 옳은 것은?

① 프로그래밍이 상대적으로 어렵고 복잡하다.
② I/O 장치는 메모리 주소 공간과는 별도의 공간으로 인식된다.
③ CPU와 I/O 장치 간의 상호작용이 어려워 데이터 전송이 비효율적이다.
④ 입출력장치를 메모리 주소 공간에 포함시켜, CPU가 메모리에 접근하듯이 I/O 장치에 접근할 수 있도록 하는 방법이다.

37 ①·② 메모리 사상형 I/O에서는 I/O 장치가 메모리 주소 공간의 일부로 인식되고, 메모리와 I/O 장치 간의 접근이 동일한 방식으로 이루어지기 때문에, 프로그래밍이 상대적으로 간단하다.
③ 메모리 사상형 I/O는 CPU와 I/O 장치 간의 상호작용을 단순화하고, 효율적인 데이터 전송을 가능하게 한다.

38 다음 내용과 가장 관련 있는 방식은?

> • 여러 장치들이 직렬로 연결되어, 데이터나 신호를 하나의 장치에서 다른 장치로 순차적으로 전달하는 방식
> • 하나의 버스를 여러 장치가 공유하는 특징이 있음
> • 각 장치는 이전 장치로부터 데이터를 받거나 신호를 전달받고, 그 후에 데이터를 다음 장치로 전달함

① 병렬 연결 방식
② 멀티플렉싱 방식
③ 클러스터링 방식
④ 데이지 체인 방식

38 제시된 내용은 데이지 체인 방식에 해당한다. 데이지 체인 방식은 여러 장치를 직렬로 연결하여 데이터를 순차적으로 전달하는 방식으로, 설치가 간편하고 장치를 쉽게 확장할 수 있지만, 전송 속도나 충돌 관리에서 제한이 있을 수 있다.

정답 37 ④ 38 ④

39 경쟁 조건은 두 개 이상의 프로세스나 스레드가 동시에 공유 데이터를 수정하려고 할 때 발생하는 문제로서, 동기화가 없으면 실행 순서에 따라 데이터가 잘못된 상태가 될 수 있다. 즉, 동기화는 경쟁 조건을 방지하는 데 필수적이다.

40 제시된 내용은 MIMD에 해당한다. MIMD(Multiple Instruction stream, Multiple Data stream)는 다중 프로세서 시스템이나 멀티코어 시스템에서 많이 사용한다.
① SISD(Single Instruction, Single Data stream)는 대부분의 초기 컴퓨터와 단일구조 CPU에 사용한다.
② SIMD(Single Instruction, Multiple Data stream)는 벡터 프로세서, GPU(Graphics Processing Unit)에 사용한다.
③ MISD(Multiple Instruction, Single Data stream)는 실생활에서는 거의 사용하지 않는다.

[정답] 39 ③ 40 ④

---

39 병렬 처리 시스템에서 동기화 목적에 해당하지 <u>않는</u> 것은?

① 프로세스 동기화
② 공유 자원의 보호
③ 프로세스 간 경쟁 유도
④ 데드락 및 라이브락 방지

40 플린의 분류에서 다음 내용에 해당하는 것은?

> 여러 개의 명령어 스트림이 여러 개의 데이터 스트림에 대해 동시에 작동하는 컴퓨터 구조를 의미한다.

① SISD
② SIMD
③ MISD
④ MIMD

V. 운영체제
기출복원문제

※ 본 문제는 다년간 독학사 컴퓨터공학과 2단계 시험에서 출제된 기출문제를 복원한 것입니다. 문제의 난이도와 수험경향 파악용으로 사용하시길 권고드립니다. 본 기출복원문제에 대한 무단복제 및 전제를 금하며 저작권은 시대에듀에 있음을 알려드립니다.

01 다음 중 운영체제의 파일 시스템 관리 기능은 무엇을 포함하는가?

① 데이터베이스 관리, 웹 서버 운영, 클라우드 서비스 제공
② 파일 생성 및 삭제, 디렉터리 생성 및 삭제, 파일 권한 관리
③ 하드웨어 드라이버 개발, 전원 관리, 사용자 인터페이스 디자인
④ 그래픽 사용자 인터페이스 디자인, 네트워크 트래픽 분석, 게임 개발

01 운영체제의 파일 시스템 관리 기능은 파일의 생성 및 삭제, 디렉터리 생성 및 삭제, 파일 및 디렉터리의 권한 관리를 포함한다. 이 기능은 파일 시스템을 통해 데이터를 구조화하고 접근할 수 있도록 하며, 데이터의 효율적 저장·관리·보호를 보장하고, 사용자와 응용 프로그램이 파일을 쉽게 접근하고 조작할 수 있도록 하는 핵심 요소이다.

02 다음 중 다중 프로그래밍 시스템과 가장 밀접하게 관련된 기능은?

① 작업을 정해진 시간 내에 처리
② 여러 프로그램이 동시에 실행
③ 여러 프로세서가 동시에 작업 수행
④ 네트워크를 통해 자원 공유

02 다중 프로그래밍 시스템은 하나의 프로세서에서 여러 프로그램이 동시에 실행되도록 하여 CPU 사용률을 최대화하는 시스템이다.
① 실시간 처리 시스템은 작업이 정해진 시간 내에 처리되어야 하는 시스템이다.
③ 다중 처리 시스템은 여러 프로세서가 동시에 작업을 수행하여 시스템의 성능과 신뢰성을 향상시키는 시스템이다.
④ 분산 처리 시스템은 여러 컴퓨터가 네트워크를 통해 연결되어 자원을 공유하며 작업을 처리하는 시스템이다.

정답 01 ② 02 ②

03 그리드 컴퓨팅은 자원을 여러 컴퓨터에 분산하여 병렬로 작업을 처리하는 시스템이고, 클라우드 컴퓨팅은 중앙 집중형 데이터 센터를 통해 필요한 자원을 인터넷을 통해 제공하는 서비스이다.
① 그리드 컴퓨팅과 클라우드 컴퓨팅은 개인 및 기업 모두에게 제공될 수 있으며, 연구나 고성능 컴퓨팅 작업에 많이 사용된다. 클라우드 컴퓨팅은 개인과 기업 모두에게 IT 리소스를 제공하여 필요에 따라 활용할 수 있게 해준다.
③ 그리드 컴퓨팅은 주로 대규모 연산 처리나 데이터 분석, 병렬 처리 등에 활용된다. 클라우드 컴퓨팅은 소프트웨어(SaaS), 플랫폼(PaaS), 인프라(IaaS) 서비스 모두를 제공하며, 단순히 하드웨어뿐만 아니라 소프트웨어 리소스도 포함한다.
④ 그리드 컴퓨팅은 종종 연구기관이나 학교 등에서 무료로 제공되는 경우가 있지만, 반드시 무료인 것은 아니다. 클라우드 컴퓨팅 또한 서비스에 따라 무료 또는 유료로 제공된다. 예를 들어 일부 클라우드 서비스는 제한된 무료 계층을 제공하며, 사용량에 따라 요금이 청구되기도 한다.

04 캐시 메모리의 효율성을 측정하는 주요 지표는 캐시 히트(적중)율이다. 캐시 히트(적중)율은 캐시 메모리에서 데이터가 성공적으로 검색된 비율을 나타내며, 높은 캐시 히트율은 시스템 성능 향상에 기여한다.

03 **다음 중 그리드 컴퓨팅과 클라우드 컴퓨팅의 주요 차이점으로 적절한 것은?**
① 그리드 컴퓨팅은 주로 개인 사용자를 대상으로 하고, 클라우드 컴퓨팅은 기업을 대상으로 한다.
② 그리드 컴퓨팅은 자원을 분산하여 처리하고, 클라우드 컴퓨팅은 중앙 집중형 데이터 센터를 통해 자원을 제공한다.
③ 그리드 컴퓨팅은 주로 소프트웨어 서비스 제공에 사용되고, 클라우드 컴퓨팅은 주로 하드웨어 제공에 사용된다.
④ 그리드 컴퓨팅은 항상 무료로 제공되고, 클라우드 컴퓨팅은 항상 유료로 제공된다.

04 **다음 중 캐시 메모리의 효율성을 측정하는 주요 지표로 가장 적절한 것은?**
① 메모리 용량
② 캐시 히트율
③ CPU 클록 속도
④ 전력 소비량

정답 03 ② 04 ②

05 다음 중 폰 노이만 구조에서 CPU가 명령어를 실행하는 기본 과정으로 적절한 것은?

① 명령어 인출 → 명령어 실행 → 명령어 해석 → 결과 저장
② 명령어 해석 → 명령어 인출 → 명령어 실행 → 결과 저장
③ 명령어 실행 → 명령어 인출 → 명령어 해석 → 결과 저장
④ 명령어 인출 → 명령어 해석 → 명령어 실행 → 결과 저장

05 폰 노이만 구조에서 CPU는 명령어를 실행하기 위해 기본적으로 명령어 인출(instruction fetch), 명령어 해석(instruction decode), 명령어 실행(instruction execute), 결과 저장(store result)의 과정을 거친다.

06 다음 중 인터럽트가 발생했을 때 CPU가 수행하는 첫 번째 단계는?

① 현재 작업의 상태를 저장한다.
② 인터럽트 플래그를 클리어한다.
③ 현재 명령어의 실행을 완료한다.
④ 인터럽트 벡터 테이블에서 주소를 검색한다.

06 인터럽트가 발생하면 CPU는 우선 현재 명령어의 실행을 완료하고, 인터럽트 요청을 처리하기 위해 현재 작업의 상태를 저장한 후, 인터럽트 서비스 루틴(ISR)을 실행하기 위해 인터럽트 벡터 테이블에서 적절한 주소를 검색한다.

07 다음 내용에서 괄호 안에 들어갈 용어를 순서대로 고른 것은?

> 마이크로 구조 커널에서는 (ⓐ) 기능만을 커널에서 처리하고, 나머지 시스템 서비스는 (ⓑ) 모드에서 실행된다. 이 구조는 커널의 (ⓒ)을(를) 줄이고, 시스템의 안정성을 높이는 데 도움을 준다.

	ⓐ	ⓑ	ⓒ
①	최소한의	사용자	크기
②	최소한의	커널	안정성
③	모든	커널	안정성
④	모든	사용자	크기

07 마이크로 구조 커널에서는 <u>최소한의</u> 기능만을 커널에서 처리하고, 나머지 시스템 서비스는 <u>사용자</u> 모드에서 실행된다. 이 구조는 커널의 <u>크기</u>를 줄이고, 시스템의 안정성을 높이는 데 도움을 준다.

정답 05 ④ 06 ③ 07 ①

08 절대 주소는 메모리의 특정 위치를 정확하게 나타내며, 프로그램의 로드 위치와 관계없이 고정된 주소를 참조한다. 반면, 상대 주소는 명령어의 위치를 기준으로 주소를 계산하여 코드의 이동에 유연하게 대응할 수 있다.
메모리 주소 지정 방식에 따라 프로그램의 이식성, 메모리 관리 및 주소 계산 방식에 영향을 받는다. 절대 주소는 고정된 주소를 사용하므로 직접적인 메모리 접근이 가능하지만, 코드의 이동에 대한 유연성이 부족할 수 있다. 상대 주소는 코드의 위치 이동에 대해 유연하게 대응할 수 있으며, 코드 재배치가 용이하다.

08 다음 내용에서 괄호 안에 들어갈 용어를 순서대로 고른 것은?

> 절대 주소는 메모리의 (ⓐ) 위치를 정확하게 나타내며, 프로그램의 (ⓑ) 위치와 관계없이 고정된 주소를 참조한다. 반면, 상대 주소는 명령어의 (ⓒ)를 기준으로 주소를 계산하여 코드의 이동에 유연하게 대응할 수 있다.

	ⓐ	ⓑ	ⓒ
①	고정	실행	위치
②	동적	로드	주소
③	특정	실행	주소
④	특정	로드	위치

09 고정 분할 방식에서는 메모리가 일정한 크기로 나뉘며, 이 크기는 시스템이 초기화될 때 정해진다. 따라서 각 분할 영역은 고정된 크기를 가지며, 프로그램의 요구에 따라 조정되지 않는다. 메모리 관리가 상대적으로 간단하지만, 프로그램의 실제 크기와 필요에 맞지 않는 고정된 크기로 인한 메모리 낭비가 발생할 수 있다.

09 다음 중 고정 분할 방식의 특징으로 올바른 것은?

① 메모리가 동적으로 분할되며, 각 분할 크기가 가변적이다.
② 메모리 분할이 고정된 크기로 이루어지며, 프로그램의 크기에 따라 조정되지 않는다.
③ 메모리의 크기가 가변적으로 할당되며, 사용하지 않는 메모리 공간이 발생할 수 있다.
④ 각 분할 영역이 동적으로 재조정되며, 프로그램의 요구에 따라 메모리 크기가 변경된다.

10 가변 분할 방식에서 외부 단편화 문제를 해결하기 위해 사용하는 기술 중 하나는 컴팩션(compaction)이다. 컴팩션은 메모리의 사용 가능한 공간을 재배치하여 빈 공간을 연속적으로 만들어 외부 단편화를 줄이는 방법이다.

10 다음 중 가변 분할 방식에서 외부 단편화(external fragmentation) 문제를 해결하기 위해 사용할 수 있는 기술로 가장 적절한 것은?

① 페이지 교환(paging)
② 컴팩션(compaction)
③ 세그먼트 교환(segmentation)
④ 가장 작은 빈 공간을 찾아 배치(best fit)

정답 08 ④ 09 ② 10 ②

11 다음 중 메모리 오버레이를 사용하는 주된 이유로 적절한 것은?

① 메모리의 용량을 증가시키기 위해
② 프로세스 간의 메모리 충돌을 방지하기 위해
③ 메모리의 모든 공간을 효율적으로 사용하기 위해
④ 대규모 프로그램을 작은 메모리 블록으로 나누어 실행하기 위해

11 메모리 오버레이는 대규모 프로그램을 작은 메모리 블록으로 나누어 실행하기 위해 사용되며, 메모리 용량이 부족한 상황에서도 큰 프로그램을 실행할 수 있다. 메모리의 용량을 실제로 증가시키지는 않지만, 제한된 메모리 공간을 효율적으로 활용할 수 있게 해준다.

12 다음 중 세그먼테이션 분할 방식에서 논리 주소를 물리 주소로 변환하기 위해 사용하는 데이터 구조는?

① 캐시 테이블
② 페이지 테이블
③ 프레임 테이블
④ 세그먼테이션 테이블

12 세그먼테이션 분할 방식에서는 논리 주소를 물리 주소로 변환하기 위해 세그먼테이션 (매핑) 테이블을 사용한다. 세그먼테이션 테이블은 각 세그먼트의 시작 주소와 크기를 기록하여, 논리 주소를 물리 주소로 변환할 수 있도록 도와준다.

13 다음 중 페이지 테이블 '직접 매핑 방식(direct mapping)의 장점으로 가장 적절한 것은?

① 메모리 검색 속도가 빨라진다.
② 메모리 단편화 문제를 해결한다.
③ 페이지와 프레임의 매핑이 유연하다.
④ 페이지 테이블의 크기를 동적으로 조정할 수 있다.

13 직접 매핑 방식의 장점 중 하나는 메모리 검색 속도가 빠르다는 것이다. 이 방식은 각 가상 페이지가 물리 메모리의 특정 위치에 고정적으로 매핑되기 때문에 주소 변환이 빠르게 이루어지지만, 유연성이 부족하고 단편화 문제가 발생할 수 있다.

정답 11 ④ 12 ④ 13 ①

14 '읽기 전용' 권한이 설정된 메모리 영역은 읽기만 가능하며, 프로그램의 실행 중에 변하지 않는 데이터를 저장하는 데 사용된다. 이는 코드나 상수 데이터를 저장하는 데 유용하며, 데이터의 무결성을 유지하는 데 도움이 된다.

14 다음 중 메모리 접근 권한에서 '읽기 전용' 권한이 설정된 메모리 영역의 주요 용도로 올바른 것은?

① 데이터를 수정할 수 있는 상수 데이터를 저장하는 데 사용된다.
② 실행 가능한 코드나 프로그램 데이터를 저장하는 데 사용된다.
③ 임시 데이터를 저장하여 수정할 수 있는 작업 영역으로 사용된다.
④ 읽기만 가능하며, 프로그램의 실행 중에 변하지 않는 데이터를 저장하는 데 사용된다.

15 가상 메모리에서 매핑은 각 프로세스가 고유한 가상 주소 공간을 가짐으로써 서로의 메모리 영역에 접근할 수 없게 한다. 이는 메모리 보호의 기본적인 메커니즘으로, 시스템의 보안과 안정성을 높인다. 페이지 테이블의 역할은 접근 권한을 설정하여 메모리 보호를 강화하는 데 기여하지만, 메모리 보호의 근본적인 기능은 가상 주소 공간의 독립성에 있다.

15 가상 메모리에서 매핑이 메모리 보호를 제공하는 방법에 대한 설명으로 가장 적절한 것은?

① 물리 메모리의 주소를 직접 관리하여 메모리 충돌을 방지한다.
② 모든 프로세스가 동일한 물리 메모리 영역을 공유할 수 있다.
③ 페이지 테이블의 크기를 동적으로 조절하여 메모리 보호를 제공한다.
④ 각 프로세스는 고유한 가상 주소 공간을 가지므로 다른 프로세스의 메모리 영역에 접근할 수 없다.

정답 14 ④ 15 ④

16 다음 중 페이지 부재(page fault)에 대한 설명으로 올바르지 <u>않은</u> 것은?

① 페이지 부재는 프로세스가 요청한 페이지가 물리 메모리에 존재하지 않을 때 발생한다.
② 페이지 부재가 발생하면 운영체제는 디스크에서 페이지를 로드하고 페이지 테이블을 업데이트한다.
③ 페이지 부재는 시스템 성능을 향상시키기 위해 설계된 기능이다.
④ 페이지 부재가 자주 발생하면 페이지 교체가 빈번해져 시스템 성능이 저하될 수 있다.

16 페이지 부재는 프로세스가 요청한 페이지가 물리 메모리에 없을 때 발생하며, 운영체제는 페이지를 디스크에서 물리 메모리로 로드하여 페이지 테이블을 업데이트한다. 페이지 부재는 실제로 시스템 성능을 저하시킬 수 있으며, 자주 발생하면 페이지 교체가 빈번해져서 성능이 저하될 수 있다.

17 페이지 크기 조정이 시스템 성능에 미치는 영향에 대한 설명으로 올바르지 <u>않은</u> 것은?

① 페이지 크기를 줄이면 내부 단편화는 줄어들지만, 페이지 교체 빈도는 증가할 수 있다.
② 페이지 크기를 늘리면 페이지 테이블의 크기가 줄어들지만, 내부 단편화가 증가할 수 있다.
③ 페이지 크기를 줄이면 페이지 테이블의 크기가 커져서 메모리 사용이 비효율적일 수 있다.
④ 페이지 크기를 늘리면 페이지 교체의 빈도가 줄어들어 시스템 성능이 저하된다.

17 페이지 크기를 늘리면 페이지 교체의 빈도가 줄어들어 시스템 성능이 향상될 수 있다. 큰 페이지는 디스크와 메모리 간의 스왑 횟수를 줄여서 성능을 개선하는 데 기여하지만, 페이지 크기를 너무 크게 설정하면 내부 단편화가 증가할 수 있다.

18 다음 중 Belady's anomaly가 발생할 수 있는 페이지 교체 정책은?

① LRU(Least Recently Used)
② FIFO(First In First Out)
③ OPT(Optimal Page Replacement)
④ LRU와 FIFO 모두 해당

18 Belady's anomaly는 FIFO 페이지 교체 정책에서 발생할 수 있는 현상으로, 페이지 수를 증가시키면 페이지 교체 횟수가 오히려 증가하는 현상을 말한다. LRU와 OPT 페이지 교체 정책에서는 이러한 이상 현상이 발생하지 않는다.

정답 16 ③ 17 ④ 18 ②

19　시간 지역성은 최근에 사용된 페이지를 다시 사용할 가능성을 설명하며, 공간 지역성은 인접한 메모리 주소를 반복적으로 접근하는 경향을 설명한다.
데이터 접근 패턴이 무작위로 변화하는 것은 지역성의 개념에 맞지 않으며, 지역성을 활용한 성능 향상 기법에 포함되지 않는다.

19　다음 중 시간 지역성 또는 공간 지역성의 개념과 관련이 없는 설명은?

① 최근에 사용된 페이지를 다시 사용할 가능성이 크다.
② 인접한 메모리 주소를 반복적으로 접근하는 경향이 있다.
③ 데이터 접근 패턴이 무작위로 변화한다.
④ 데이터 블록을 미리 로드하여 접근 효율성을 높인다.

20　Running 상태의 프로세스가 I/O 작업을 요청할 때는 Blocked 상태로 전이되며, 시간 할당량을 초과하거나 프로세스의 상태에 따라 Ready 상태로 돌아갈 수 있다. 또한 Terminated 상태로 직접 전이되지 않고, I/O 작업이 완료된 후 다시 Ready 상태로 돌아가게 된다.

20　프로세스의 상태 변화에 대한 설명으로 옳지 않은 것을 모두 고른 것은?

㉠ Ready 상태의 프로세스는 CPU 자원을 할당받으면 Running 상태로 전이된다.
㉡ Running 상태의 프로세스가 시간 할당량을 초과하면 Ready 상태로 돌아갈 수 있다.
㉢ Running 상태의 프로세스는 자발적으로 Blocked 상태로 전이될 수 있다.
㉣ Running 상태의 프로세스가 I/O 작업을 요청하면, Blocked 상태로 전이된다.
㉤ Ready 상태의 프로세스는 CPU 자원이 할당되기를 기다리고 있다.
㉥ Blocked 상태의 프로세스는 I/O 작업 완료를 기다리는 중이다.
㉦ Running 상태의 프로세스가 I/O 요청을 하면, 즉시 Terminated 상태로 전이된다.
㉧ Running 상태의 프로세스는 CPU를 사용하여 명령어를 실행한다.

① ㉠, ㉣
② ㉡, ㉣
③ ㉢, ㉦
④ ㉢, ㉥

정답　19 ③　20 ③

21 다음 중 프로세스 제어 블록(PCB)의 역할에 대한 설명으로 올바르지 않은 것은?

① 프로세스의 메모리 주소를 관리하고, 페이지 테이블 정보를 포함한다.
② 프로세스의 실행을 중단하고 재개하는 과정에서 필요한 정보를 저장한다.
③ 프로세스 간의 데이터 전송을 직접적으로 처리한다.
④ 프로세스의 현재 상태를 기록하고, 컨텍스트 스위치(문맥 교환) 시 프로세스의 상태를 복원한다.

21 PCB는 프로세스 간의 데이터 전송을 직접적으로 처리하지 않는다. PCB는 주로 프로세스의 상태 기록, 메모리 관리 정보 저장, 컨텍스트 스위치(문맥 교환) 시 필요한 정보를 관리하는 역할을 하며, 데이터 전송은 다른 시스템 구성 요소와 관련된 작업이다.

22 스레드와 프로세스의 주요 차이점에 대한 내용에서 괄호 안에 들어갈 내용을 순서대로 고른 것은?

> 스레드는 (ⓐ) 내에서 실행되는 기본 단위로, 각 스레드는 프로세스의 (ⓑ)을(를) 공유한다. 반면 프로세스는 독립적인 (ⓒ)을(를) 가지며, 스레드와는 달리 메모리 공간을 (ⓓ)한다.

	ⓐ	ⓑ	ⓒ	ⓓ
①	프로세스	스택	메모리 공간	공유
②	프로세스	자원	주소 공간	분리
③	프로세스	레지스터	파일 디스크립터	공유
④	프로세스	스택과 레지스터	자원	분리

22 스레드는 프로세스 내에서 실행되는 기본 단위로, 각 스레드는 프로세스의 자원(예 메모리, 파일 디스크립터 등)을 공유한다. 반면 프로세스는 독립적인 주소 공간을 가지며, 스레드와 달리 메모리 공간을 분리한다.

정답 21 ③ 22 ②

23	SJF 스케줄링은 짧은 작업을 우선적으로 처리하기 때문에 전체 프로세스의 평균 대기 시간을 줄이는 데 효과적이다. 긴 작업이 나중으로 밀리는 특성 덕분에 짧은 작업들이 먼저 완료되므로, 시스템의 응답성이 높아지고 평균 대기 시간이 감소한다. ① SJF 스케줄링은 각 프로세스의 예상 실행 시간(버스트 시간)에 따라 먼저 처리하므로, 도착 시간과는 무관하게 우선적으로 실행할 프로세스를 결정한다. ③ SJF 스케줄링은 각 프로세스의 CPU 버스트 시간을 기준으로 가장 짧은 작업을 먼저 처리하는 방식으로 작동한다. ④ SJF 스케줄링은 일반적으로 비선점형으로 동작하며, 한 작업이 시작되면 완료될 때까지 중단되지 않는다.	23	다음 중 SJF 스케줄링 알고리즘에 대한 설명으로 올바른 것은? ① SJF는 항상 프로세스 도착 시간을 고려하여 스케줄링 순서를 결정한다. ② SJF는 긴 작업보다 짧은 작업을 먼저 처리하므로, 평균 대기 시간이 감소하는 경향이 있다. ③ SJF는 다중 큐 우선순위 스케줄링 기법의 일종으로, 각 작업에 우선순위를 부여하고 순서대로 작업을 처리한다. ④ SJF는 선점형 스케줄링 기법으로, 도중에 더 짧은 작업이 들어오면 현재 실행 중인 작업을 중단하고 새로운 작업을 수행한다.
24	중앙 집중식 관리는 분산 시스템의 목표와 반대되는 개념이다. 분산 시스템의 주요 목표는 자원의 효율적 공유, 시스템의 확장성, 신뢰성, 가용성 및 데이터 일관성을 포함한다.	24	다음 중 분산 시스템의 주요 목표로 옳지 않은 것은? ① 확장성 ② 자원 공유 ③ 데이터 일관성 ④ 중앙 집중식 관리
25	부하 균형(load balancing)은 각 프로세서에 작업을 균등하게 분배하여 시스템의 성능을 최적화하고, 특정 프로세서에 과부하가 걸리지 않도록 하는 것이다. ① 부하 균형은 프로세서의 성능을 간접적으로 향상시킬 수 있지만, 이것이 주된 목적은 아니다. ② · ④ 부하 균형은 메모리 사용 최소화나 네트워크 대역폭 최적화와는 직접적인 관련이 없다.	25	다중 처리 시스템의 운영체제에서 부하 균형(load balancing)의 주된 목적으로 가장 적절한 것은? ① 프로세서의 성능 향상 ② 메모리 사용 최소화 ③ 프로세서 간 작업량의 균등 분배 ④ 네트워크 대역폭 최적화

정답 23 ② 24 ④ 25 ③

26 상호배제를 달성하기 위한 방법 중의 하나인 세마포어에 대한 설명으로 가장 적절한 것은?

① 세마포어는 주로 단일 사용자 시스템에서 사용된다.
② 세마포어는 하나의 프로세스만 접근할 수 있도록 한다.
③ 세마포어는 교착상태를 방지하는 데 사용되지는 않는다.
④ 세마포어는 정수 값을 가지며, 두 가지 기본 연산인 P와 V를 포함한다.

26 세마포어(semaphore)는 다중 프로세스 환경에서 상호배제를 달성하기 위해 사용되는 동기화 도구로, 두 가지 기본 연산인 P(wait)와 V(signal)를 포함한다.
세마포어는 다수의 프로세스가 자원을 공유할 수 있도록 하고, 교착상태를 방지하거나 해결하는데 사용될 수 있으며, 주로 다중 사용자 시스템에서 사용된다.

27 타스(TAS, Test-and-Set) 명령어를 사용하는 상호배제 알고리즘의 특성으로 가장 적절한 것은?

① 하드웨어 지원 없이 소프트웨어만으로 구현된다.
② 단일 프로세서 시스템에서만 사용할 수 있다.
③ 경쟁 조건(race condition)을 방지하기 위해 하드웨어 명령어를 사용한다.
④ 모든 프로세스가 진입 구역에 동시에 들어갈 수 있다.

27 타스(TAS, Test-and-Set) 명령어는 하드웨어 명령어를 사용하여 경쟁 조건을 방지하고, 다중 프로세서 시스템에서도 사용될 수 있다. 또한 상호 배제를 보장하여 모든 프로세스가 동시에 진입 구역에 들어갈 수 없다.

28 다음 중 교착상태를 예방하기 위한 방법으로 가장 적절한 것은?

① 비선점
② 순환 대기
③ 자원 요청을 분리하여 동시 접근을 허용
④ 자원 요청 시 모든 필요한 자원을 한 번에 요청하는 정책

28 자원 요청 시 모든 필요한 자원을 한 번에 요청하는 정책은 교착상태를 예방하는 방법 중 하나로, 이는 교착상태의 필요조건 중 점유와 대기(Hold and Wait)를 방지한다.
①・② 비선점(no preemption)과 순환 대기(circular wait)는 교착상태의 필요조건이다.
③ 자원 요청을 분리하면 교착상태를 해결하는 데 도움이 되지 않는다.

정답 26 ④ 27 ③ 28 ④

29 자원(리소스) 할당 그래프에서 순환이 발생하면 교착상태가 존재할 수 있다. 이 순환은 프로세스와 자원 간의 순환적 의존성을 나타내며, 각 프로세스가 서로 다른 자원을 대기하고 있는 상태를 의미한다.

29 자원(리소스) 할당 그래프에서 교착상태가 발생할 수 있는 상황을 식별할 수 있는 때는 언제인가?
① 자원의 총량이 부족한 경우
② 그래프에서 순환이 발생하는 경우
③ 그래프의 모든 노드가 서로 연결된 경우
④ 모든 프로세스가 자원을 점유하지 않고 대기하는 경우

30 은행원 알고리즘은 자원 요청 시 시스템의 안전성을 평가하여 교착상태를 회피하는 방법으로, 시스템의 자원 요청이 허용되기 전에 현재 상태가 안전 상태인지 확인하여 교착상태를 회피한다. 교착상태를 감지하거나 자원을 회수하는 것이 은행원 알고리즘의 목적은 아니다.

30 은행원 알고리즘(banker's algorithm)의 주요 목적으로 가장 적절한 것은?
① 교착상태를 감지하고 이를 해결하기 위한 방법을 제공하는 것
② 프로세스 간의 자원 우선순위를 설정하여 교착상태를 방지하는 것
③ 교착상태가 발생했을 때 자원을 회수하여 시스템을 복구하는 것
④ 자원 요청 시 시스템의 안전성을 보장하여 교착상태를 회피하는 것

31 자원 할당 우선순위를 조정하는 것은 교착상태 예방 또는 회피 기법에 가깝지만, 교착상태가 발생한 후 이를 회복하기 위한 방법에는 해당하지 않는다.

31 다음 중 교착상태 회복 방법에 해당하지 않는 것은?
① 자원 선점(preemption)
② 프로세스 중단(process termination)
③ 자원 요청 재구성(resource request reorganization)
④ 자원 할당 우선순위 변경(resource allocation priority change)

정답 29 ② 30 ④ 31 ④

32 다음 중 DMA 작동 과정에 대한 설명으로 옳지 <u>않은</u> 것은?

① DMA 컨트롤러는 입출력 장치와 메모리 간의 데이터 전송을 관리하며, CPU의 개입 없이 직접 데이터 전송을 수행한다.
② DMA 컨트롤러는 데이터를 전송하기 위해 메모리의 주소와 입출력 장치의 주소를 설정하고, 전송 완료 후 CPU에 인터럽트를 발생시킨다.
③ DMA는 CPU가 데이터 전송을 직접 제어하며, DMA 컨트롤러는 데이터 전송 작업을 지원하는 역할만 수행한다.
④ DMA 전송 모드에 따라 DMA가 데이터 전송을 연속적으로 수행하거나 간헐적으로 수행할 수 있다.

32 DMA에서는 CPU의 직접 개입 없이 DMA 컨트롤러가 데이터 전송을 제어한다. 즉 CPU는 데이터 전송 과정에서 개입하지 않고, DMA 컨트롤러가 전송을 직접 관리한다.

33 다음은 디스크 장치의 성능과 관련된 수치이다. 디스크에서 특정 트랙의 데이터 100MB를 전송하는 데 걸리는 시간과 디스크에서 데이터를 읽는 총 전송 시간은 각각 얼마인가?

- 디스크 회전 속도 : 7200(RPM)
- 트랙당 데이터 전송률 : 50(MB/s)
- 디스크의 평균 탐색 시간 : 9(ms)
- 디스크의 평균 지연 시간 : 4.17(ms)

① 데이터 전송 시간 : 2.0(s), 총 전송 시간 : 2.0137(ms)
② 데이터 전송 시간 : 2.0(s), 총 전송 시간 : 2.0137(s)
③ 데이터 전송 시간 : 4.0(s), 총 전송 시간 : 2.0142(ms)
④ 데이터 전송 시간 : 4.0(s), 총 전송 시간 : 2.0142(s)

33
- 데이터 전송 시간
  = 데이터 크기 / 트랙당 데이터 전송률
  = 100(MB) / 50(MB/s) = 2(s)
- 총 전송 시간
  = 데이터 전송 시간 + 평균 탐색 시간 + 평균 지연 시간
  = 2(s) + 9(ms) + 4.17(ms)
  = 2.01317(s)

정답 32 ③ 33 ②

34 SSTF(Shortest Seek Time First) 알고리즘은 디스크 헤드와 가장 가까운 요청을 우선 처리하여 디스크 헤드의 이동 거리를 최소화한다. 모든 I/O 요청이 동일한 우선순위를 가지는 것은 아니며, 특정 경우(특히 I/O 요청이 집중될 때) 비효율적일 수 있다.

34 다음 중 SSTF 디스크 스케줄링 알고리즘의 장점으로 올바르지 않은 것은?

① 디스크 헤드의 이동 거리를 최소화하려고 한다.
② 요청된 작업 중 디스크 헤드와 가장 가까운 작업을 우선 처리한다.
③ 모든 I/O 요청이 동일한 우선순위를 가지며, 무작위 분포에 대해 효율적이다.
④ 디스크 헤드의 이동을 최적화하여 평균 대기 시간을 줄인다.

35 RAID 10은 RAID 1과 RAID 0의 조합으로 구성되고, 두 개의 미러(mirror) 세트로 데이터를 저장하여 내결함성을 제공하며, 높은 읽기 성능과 쓰기 성능을 제공한다. RAID 10의 쓰기 성능은 RAID 5와 유사하거나 더 좋을 수 있으며, 데이터와 패리티 정보를 계산할 필요가 없으므로 일반적으로 RAID 5보다 더 나은 쓰기 성능을 제공한다.

35 다음 중 RAID 10의 특징으로 올바르지 않은 것은?

① RAID 10은 RAID 1과 RAID 0의 조합으로 구성된다.
② 데이터가 두 개의 미러(mirror) 세트로 저장되어 내결함성을 제공한다.
③ RAID 10은 최소 4개의 디스크가 필요하다.
④ RAID 10은 높은 읽기 성능을 제공하지만, 쓰기 성능은 RAID 5보다 떨어질 수 있다.

정답 34 ③ 35 ④

36 다음 중 파일 디스크립터에 대한 설명으로 올바르지 않은 것은?

① 파일 디스크립터는 프로세스가 현재 열려 있는 파일에 접근할 수 있도록 참조 정보를 제공한다.
② 파일 디스크립터는 파일을 식별하기 위해 운영체제가 사용하는 정숫값이다.
③ 파일 디스크립터는 파일에 대한 메타데이터를 참조하는 역할을 한다.
④ 파일 디스크립터는 파일에 대한 읽기, 쓰기 등의 권한을 관리한다.

36 파일 디스크립터는 파일에 대한 읽기, 쓰기 등의 권한을 직접 관리하지 않는다. 파일에 대한 권한(읽기, 쓰기, 실행)은 파일 시스템에서 관리하며, 보통 파일의 액세스 제어 리스트(ACL)나 파일 권한 비트로 정의된다.
① 프로세스는 파일 디스크립터를 통해 열린 파일에 접근한다.
② 프로세스가 파일을 열면 운영체제는 이 파일에 대해 고유한 정숫값을 할당하며, 이를 파일 디스크립터라고 부른다.
③ 파일 디스크립터는 파일에 대한 메타데이터(예 파일 이름, 위치, 크기 등)를 참조하는 역할을 한다.

37 파일 할당 방법 중 연속 할당과 연결 할당의 차이점으로 올바르지 않은 것은?

① 연속 할당은 블록이 연속된 위치에 저장되지만, 연결 할당은 블록이 임의의 위치에 저장된다.
② 연결 할당은 접근 속도가 빠르지만, 연속 할당은 느릴 수 있다.
③ 연속 할당은 디스크의 단편화를 유발할 수 있지만, 연결 할당은 단편화를 최소화한다.
④ 연결 할당은 블록이 디스크에서 순차적으로 연결되며, 연속 할당은 연속적으로 저장되므로 순차적이다.

37 연속 할당 방식은 파일 블록이 연속된 디스크 블록에 저장되어 접근 속도가 빠르지만, 연결 할당 방식에서는 각 블록이 다음 블록에 대한 포인터를 포함하므로 파일을 읽으려면 각 블록을 순차적으로 따라가야 하며, 이로 인해 접근 속도가 느릴 수 있다.

정답 36 ④ 37 ②

38 다음 중 파일 보호의 중요성에 대한 설명으로 올바르지 <u>않은</u> 것은?

① 파일 보호는 데이터의 기밀성을 유지하여 무단 접근을 방지한다.
② 파일 보호는 시스템의 불필요한 파일을 정리하는 방법으로 사용된다.
③ 파일 보호는 데이터의 무결성을 보장하여 의도하지 않은 변경을 방지한다.
④ 파일 보호는 데이터의 가용성을 보장하여 필요한 순간에 데이터를 사용할 수 있도록 한다.

39 다음 중 UNIX 프로세스와 관련된 설명으로 올바르지 <u>않은</u> 것은?

① 프로세스는 메모리에서 실행 중인 프로그램이다.
② fork 시스템 호출은 새로운 프로세스를 생성한다.
③ exec 시스템 호출은 현재 프로세스를 종료한다.
④ 각 프로세스는 고유한 프로세스 식별자(PID)를 가진다.

---

38 파일 보호의 주요 목적은 데이터의 무결성 보장, 가용성 보장, 기밀성 유지이다. 즉, 의도하지 않은 변경 방지, 필요한 순간에 데이터 접근 보장, 무단 접근 방지 등이 포함된다. 시스템의 불필요한 파일을 정리하는 것은 파일 보호와 관련이 없는 파일 관리 작업이다.

39 exec 시스템 호출은 현재 프로세스의 메모리 공간을 새로운 프로그램으로 덮어쓰는 데 사용되며, exec는 프로세스를 종료하지 않고, 기존 프로세스의 메모리 공간을 새로운 프로그램으로 교체한다.

정답 38 ② 39 ③

40 다음 중 가상 파일 시스템(VFS)의 주요 역할로 올바르지 <u>않은</u> 것은?

① 파일 시스템의 마운트 및 언마운트를 관리한다.
② 하드웨어의 물리적 접근을 직접적으로 제어한다.
③ 다양한 파일 시스템을 통합하여 일관된 파일 인터페이스를 제공한다.
④ 파일 시스템의 실제 데이터 저장 방식과 관계없이 파일 조작을 지원한다.

40 VFS는 파일 시스템의 추상화 계층으로서, 하드웨어의 물리적 접근을 직접 제어하지 않는다. 하드웨어 제어는 디스크 드라이버 및 장치 드라이버와 같은 하위 시스템의 역할이다. VFS는 파일 시스템의 인터페이스와 관련된 논리적 계층을 담당하는 반면, 하드웨어와 직접적인 상호작용은 파일 시스템 드라이버와 블록 장치 드라이버에서 담당한다.

정답 40 ②

VI. 이산수학
기출복원문제

※ 본 문제는 다년간 독학사 컴퓨터공학과 2단계 시험에서 출제된 기출문제를 복원한 것입니다. 문제의 난이도와 수험경향 파악용으로 사용하시길 권고드립니다. 본 기출복원문제에 대한 무단복제 및 전제를 금하며 저작권은 시대에듀에 있음을 알려드립니다.

01 집합 $X = \{a, \{b\}, \{c, d\}\}$일 때, 이에 대한 설명으로 옳은 것은?

① $\{b\} \in X$
② $b \subset X$
③ $a \subset X$
④ $\{a\} \in X$

01 $\{b\}$는 집합 X의 원소($\{b\} \in X$)이고, $\{\{b\}\}$는 집합 X의 부분집합 ($\{\{b\}\} \subset X$)이다.

02 집합 $S = \{a, b, c, d, e, f\}$, $A = \{a, c, d, e\}$, $B = \{b, c, e\}$일 때, $A \cap B^C$를 구하면?

① $\{a, c\}$
② $\{c, e\}$
③ $\{a, d\}$
④ $\{b, c, e\}$

02 B^C는 전체집합 S에 대한 B집합의 여집합이다. 그러므로 $B^C = \{a, d, f\}$이고 $A \cap B^C = \{a, d\}$이다. 한편, A와 B의 차집합은 $A - B = \{a, d\}$이다. 즉 $A - B = A \cap B^C$이다.

03 10진수 9와 7을 2진법으로 바꾸어 덧셈한 결과는?

① 10010111_2
② 00010001_2
③ 00010000_2
④ 11110001_2

03 9는 2진수로 1001_2이고 7은 2진수로 111_2이다. 두 값을 더하면 10000_2이다.

정답 01 ① 02 ③ 03 ③

04 다음 중 좋은 알고리즘의 특성에 해당하지 <u>않는</u> 것은?

① 알고리즘의 각 단계마다 결과가 확정되고 명확한 다음 단계를 가져야 한다.
② 문제 해결 과정이 구현할 수 있고 효율적이어야 한다.
③ 같은 문제로 정의된 입력들에 일반적으로 같은 알고리즘을 적용할 수 있어야 한다.
④ 무한개의 명령 단계를 작업할 수 있으며, 반드시 종료할 필요는 없다.

04 좋은 알고리즘의 특성은 유한개의 명령 단계를 작업한 이후에 반드시 종료해야 한다는 점이다.

05 명제의 조건연산자의 진릿값이 참이 <u>아닌</u> 것은?

① $(3 > 5) \rightarrow (5 \leq 3)$
② $(3 > 5) \rightarrow (5 \geq 3)$
③ $(3 < 5) \rightarrow (5 \leq 3)$
④ $(3 < 5) \rightarrow 3 \neq 5$

05 조건연산자 $p \rightarrow q$는 충분조건에 해당하는 p의 진릿값이 참이고 필요조건에 해당하는 q의 진릿값이 거짓일 때만 연산의 결과가 거짓이고 그렇지 않은 다른 모든 경우는 연산 결과가 참이다.

06 다음 중 $P \oplus Q$와 동치인 것은?

① $(\neg p \wedge q) \vee (p \wedge \neg q)$
② $(\neg p \vee q) \wedge (p \vee \neg q)$
③ $(\neg p \wedge \neg q) \vee (p \wedge q)$
④ $(\neg p \wedge \neg q) \wedge (p \wedge q)$

06 $P \oplus Q$는 배타적 논리합으로 두 명제의 진릿값이 서로 다를 때 참이다.

정답 04 ④ 05 ③ 06 ①

07 진리표에서 p도 참이고 $p{\rightarrow}q$가 참인 경우를 살펴보면 결론인 q도 참이므로 유효추론이다.

p	q	$p{\rightarrow}q$
F	F	T
F	T	T
T	F	F
T	T	T

07 다음 중 유효추론에 해당하는 것은?

① $p{\rightarrow}q,\ q \vdash p$
② $q,\ p{\rightarrow}q \vdash \neg p$
③ $\neg q,\ p{\rightarrow}q \vdash p$
④ $p,\ p{\rightarrow}q \vdash q$

08 [문제 하단의 내용 참고]

08 다음과 같은 불식의 간소화 결과로 옳은 것은?

$$xyzw + xy'zw' + x'yzw + x'y'z + yzw$$

① $yz(w+x)$
② $yzw + y'zw' + x'y'z$
③ $(x+y)(w+x)$
④ $yzw + y'zw' + xy'zw'$

》🔍

$xyzw + xy'zw' + x'yzw + x'y'z + yzw$
$= (x+x')yzw + xy'zw' + x'y'z + yzw$ (분배법칙)
$= 1 \cdot yzw + xy'zw' + x'y'z + yzw$ (보수법칙)
$= (yzw + yzw) + xy'zw' + x'y'z$
$= yzw + xy'zw' + x'y'z$ (멱등법칙)
$= yzw + xy'zw' + x'y'z \cdot 1$ (항등법칙)
$= yzw + xy'zw' + x'y'z(w+w')$ (보수법칙)
$= yzw + xy'zw' + x'y'zw + x'y'zw'$ (분배법칙)
$= yzw + xy'zw' + x'y'zw + x'y'zw' + x'y'zw'$ (멱등법칙)
$= yzw + (x+x')y'zw' + (w+w')x'y'z$ (보수법칙)
$= yzw + y'zw' + x'y'z$

정답 07 ④ 08 ②

09 다음 카르노맵의 간소화 결과로 옳은 것은?

X \ YZ	00	01	11	10
0	1	0	0	1
1	1	1	1	1

① $X'Z$
② $Y'Z + YZ' + X$
③ $X + Z'$
④ $X' + Z$

09 1을 묶어서 간소화한다.

X \ YZ	00	01	11	10
0	1	0	0	1
1	1	1	1	1

10 다음 진리표에 해당하는 게이트는 무엇인가?

A	B	F
0	0	1
0	1	0
1	0	0
1	1	1

① AND
② XOR
③ NOR
④ XNOR

10 XNOR 게이트는 XOR 게이트를 부정하는 것이다. XOR 게이트는 두 불 변수가 서로 다른 값을 가질 경우에만 출력이 1이 된다.

정답 09 ③ 10 ④

11 행렬의 각 행은 집합 A의 원소, 각 열은 집합 B의 원소를 표시하고, 관계의 원소인 순서쌍 $(a,b) \in R$에 대하여 대응되는 행렬의 원소를 1, 나머지는 0으로 표현한다.

11 집합 $A = \{2, 3, 4\}$, 집합 $B = \{2, 3, 5, 8\}$이고 $a \in A$, $b \in B$이며 "a는 b의 약수"일 경우, 관계행렬 R을 구하면?

① $\begin{array}{c} \,2\,3\,5\,8 \\ 2 \\ 3 \\ 4 \end{array} \begin{bmatrix} 1 & 0 & 0 & 1 \\ 0 & 1 & 0 & 0 \\ 0 & 0 & 0 & 1 \end{bmatrix}$

② $\begin{array}{c} \,2\,3\,4 \\ 2 \\ 3 \\ 5 \\ 8 \end{array} \begin{bmatrix} 1 & 0 & 0 \\ 0 & 1 & 0 \\ 0 & 0 & 0 \\ 1 & 0 & 1 \end{bmatrix}$

③ $\begin{array}{c} \,2\,3\,5\,8 \\ 2 \\ 3 \\ 4 \end{array} \begin{bmatrix} 0 & 1 & 1 & 0 \\ 1 & 0 & 1 & 1 \\ 0 & 1 & 1 & 0 \end{bmatrix}$

④ $\begin{array}{c} \,2\,3\,4 \\ 2 \\ 3 \\ 5 \\ 8 \end{array} \begin{bmatrix} 1 & 0 & 1 \\ 0 & 1 & 0 \\ 0 & 0 & 0 \\ 1 & 0 & 1 \end{bmatrix}$

12 부분 순서 관계의 조건은 반사 관계, 반대칭 관계, 추이 관계이다.

12 다음 중 부분 순서 관계에서 성립하지 <u>않는</u> 관계는?

① 반사 관계
② 반대칭 관계
③ 추이 관계
④ 비반사 관계

정답 11 ① 12 ④

13 $A = \{a, b, c\}$이고, $R = \{\{a,a\}, \{b,b\}, \{c,c\}\}$일 때, 이에 대한 설명으로 옳지 <u>않은</u> 것은?

① 관계 R은 A의 원소 x, y에 대하여 $x = y$인 경우이다.
② $R^{-1} = \{\{a,a\}, \{b,b\}, \{c,c\}\}$이다.
③ 관계 R은 반사 관계이다.
④ 관계 R의 역 관계는 A의 원소 a, b에 대하여 $a \neq b$인 경우이다.

13 관계 R의 역 관계는 R에서 순서쌍의 순서를 모두 바꾼다.

14 함수에 대한 설명으로 옳지 <u>않은</u> 것은?

① 관계(relation)의 특수한 형태로 첫 번째 원소가 모두 다른 순서쌍들의 집합이다.
② 집합 A의 원소는 집합 B의 원소 하나와 대응할 수 있다.
③ 정의역과 공변역의 대응 관계에 따라서 단사함수, 전사함수, 전단사함수 등으로 나눌 수 있다.
④ 전단사함수의 두 집합 사이의 원소는 중복 대응이 가능하다.

14 전단사함수는 두 집합 사이를 중복 없이 모두 일대일로 대응시키는 함수로, 단사함수를 만족하면서 전사함수를 만족하는 함수이다.

15 $X = \{a, b, c\}$, $Y = \{1, 2, 3, 4\}$일 때, 관계 R이 함수인 것은?

① $R = \{(a,1), (a,2), (b,3)\}$
② $R = \{(a,2), (b,1)\}$
③ $R = \{(a,2), (b,1), (c,4)\}$
④ $R = \{(a,2), (b,2), (c,3)\}$

15 함수에서는 집합 A의 모든 원소가 반드시 집합 B의 원소 하나와 대응해야 한다.

정답 13 ④ 14 ④ 15 ③

16 오일러 경로는 한 정점에서 출발해서 모든 연결선을 단 한 번씩만 통과하는 경로로, 정점의 차수로 빠르게 찾을 수 있다. 오일러 경로는 정점의 홀수 차수의 개수가 0 또는 2인 연결 그래프에 존재한다.

16 다음 중 오일러 경로가 존재하지 않는 그래프는?

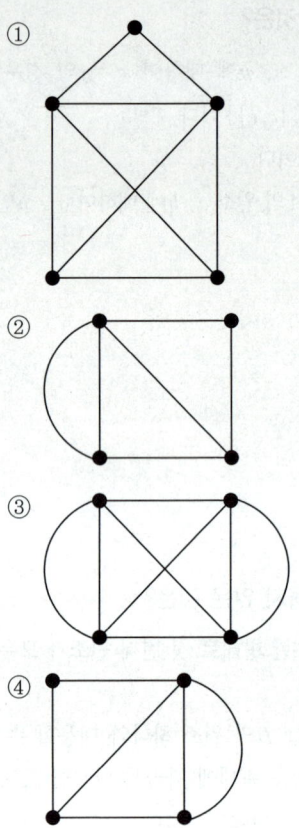

정답 16 ④

17 다음 그래프가 해당하지 <u>않는</u> 것은?

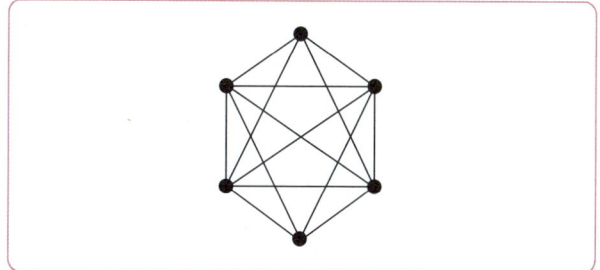

① 완전 그래프
② 평면 그래프
③ 연결 그래프
④ 정규 그래프

17 평면 그래프(planar graph)는 평면 상에 그래프를 그렸을 때, 두 변이 꼭짓점 이외에 만나지 않도록 그릴 수 있는 그래프이다.

18 연결된 평면 그래프 $G=<V, E>$에서 정점의 개수를 v, 간선의 개수를 e, 면의 개수를 s라고 할 때, $v-e+s$의 값은?

① 0
② 2
③ 4
④ 7

18 연결된 평면 그래프 $G=<V, E>$에서 정점의 개수(v), 간선의 개수(e), 면의 개수(s)에 대해 $v-e+s=2$이다.

정답 17 ② 18 ②

19 다음 그래프와 동형인 그래프는 무엇인가?

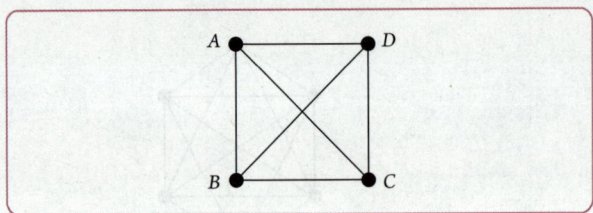

①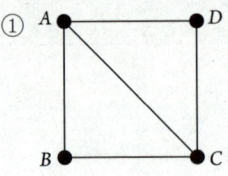

②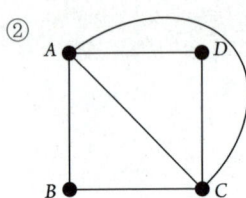

③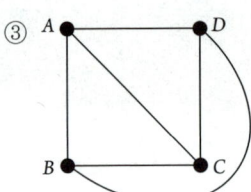

④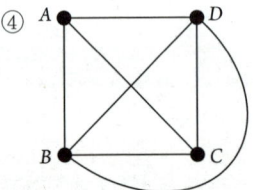

19 모든 정점과 간선이 동일하면 동형 그래프이다. ③은 간선 (B, D)를 정점 C 밖으로 그려서 동형 그래프를 만든 것이다.

정답 19 ③

20 행렬 $A = \begin{bmatrix} 1 & a \\ 0 & 1 \end{bmatrix}$ 이고, $A^2 = \begin{bmatrix} 1 & 1 \\ 0 & 1 \end{bmatrix}$ 일 때, a값을 구하면?

① 0
② 0.5
③ 1
④ 2

20 $A^2 = \begin{bmatrix} 1 & a \\ 0 & 1 \end{bmatrix}\begin{bmatrix} 1 & a \\ 0 & 1 \end{bmatrix} = \begin{bmatrix} 1 & 2a \\ 0 & 1 \end{bmatrix} = \begin{bmatrix} 1 & 1 \\ 0 & 1 \end{bmatrix}$

21 행렬 $A = \begin{bmatrix} 1 & 2 \\ 0 & 1 \end{bmatrix}$ 이고, $B = \begin{bmatrix} 0 & 1 \\ 2 & 1 \end{bmatrix}$ 일 때, 행렬식 $|AB|$의 값은?

① 1
② −1
③ 2
④ −2

21 $|AB| = |A| \cdot |B|$ 이다. $|A|$와 $|B|$를 구해서 곱한다.
$|AB| = |A| \cdot |B| = 1 \times (-2)$
$\qquad = -2$

22 행렬 $A = \begin{bmatrix} 1 & 2 \\ 3 & 1 \end{bmatrix}$ 이고, $B = \begin{bmatrix} 0 & 1 \\ 2 & 1 \end{bmatrix}$ 일 때, $2A - B$의 결과는?

① $\begin{bmatrix} 2 & 1 \\ 1 & 3 \end{bmatrix}$
② $\begin{bmatrix} 2 & 3 \\ 4 & 1 \end{bmatrix}$
③ $\begin{bmatrix} 1 & 1 \\ 1 & 0 \end{bmatrix}$
④ $\begin{bmatrix} 2 & 2 \\ 2 & 0 \end{bmatrix}$

22 행렬 A의 각 원소에 2를 곱한 후 행렬 B와 더한다.
$2A - B = 2\begin{bmatrix} 1 & 2 \\ 3 & 1 \end{bmatrix} - \begin{bmatrix} 0 & 1 \\ 2 & 1 \end{bmatrix}$
$\qquad = \begin{bmatrix} 2 & 4 \\ 6 & 2 \end{bmatrix} - \begin{bmatrix} 0 & 1 \\ 2 & 1 \end{bmatrix} = \begin{bmatrix} 2 & 3 \\ 4 & 1 \end{bmatrix}$

정답 20 ② 21 ④ 22 ②

23 2X2 행렬의 역행렬은 다음의 수식을 통해 구한다.
[문제 하단의 내용 참고]

23 행렬 $A = \begin{bmatrix} 1 & 2 \\ 1 & 3 \end{bmatrix}$ 일 때, 역행렬 A^{-1}을 구하면?

① $\begin{bmatrix} 1 & -2 \\ -1 & 3 \end{bmatrix}$

② $\begin{bmatrix} 1 & -1 \\ -2 & 3 \end{bmatrix}$

③ $\begin{bmatrix} 3 & 2 \\ 1 & 1 \end{bmatrix}$

④ $\begin{bmatrix} 3 & -2 \\ -1 & 1 \end{bmatrix}$

$$\begin{bmatrix} A_{11} & A_{12} \\ A_{21} & A_{22} \end{bmatrix}^{-1} = \frac{1}{A_{11}A_{22} - A_{12}A_{21}} \begin{bmatrix} A_{22} & -A_{12} \\ -A_{21} & A_{11} \end{bmatrix}$$

24 종료 상태인 q_1에서 멈추면 인식한 것이다.

24 다음 결정적 유한 오토마타에서 인식이 되는 스트링은?

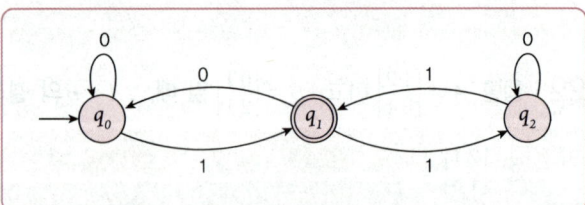

① 0110
② 1101
③ 0010
④ 1011

정답 23 ④ 24 ②

25. 문법 G가 있고 생성규칙 P가 다음과 같을 때, 생성되는 문자열은?

> S → Aa | a
> A → aaE
> E → a

① a^2
② a^3
③ a^4
④ a^5

25. 생성과정은 S ⇒ Aa ⇒ aaEa ⇒ aaaa이다.

정답 25 ③

교육은 우리 자신의 무지를 점차 발견해 가는 과정이다.

– 윌 듀란트 –

벼락치기

I. 논리회로

- 시험장에 가져가는 핵심요약집
- 기출동형 최종모의고사
- 최종모의고사 정답 및 해설

교육이란 사람이 학교에서 배운 것을 잊어버린 후에 남은 것을 말한다.

– 알버트 아인슈타인 –

I. 논리회로

시험장에 가져가는 핵심요약집

제1장 컴퓨터와 디지털 논리회로

제1절 디지털 시스템

디지털 시스템	간단한 산술연산을 수행하는 장치에서부터 컴퓨터, 방송, 통신 시스템처럼 복잡한 시스템에 이르기까지 다양하게 정의되어 쓰임
아날로그 시스템	연속적인 정보를 받아 처리하는 것으로, 연속적인 형태의 정보를 출력하는 시스템으로 정의되어 쓰임

1 아날로그 신호와 디지털 신호

(1) **아날로그 신호** : 아날로그 데이터란 연속적인 값을 의미하며, 아날로그 신호에 의한 정보 전송은 신호의 진폭, 위상, 전압의 주파수, 펄스의 진폭·간격, 축의 각도 등과 같은 신호의 크기나 값에 따라 행하여짐

(2) **디지털 신호** : 디지털 신호에 의한 정보 전송은 신호의 이산적 상태

2 2진수에 대한 전기적인 신호 정의(디지털 정보의 전압레벨)

(1) **2진 숫자** : 2진(binary)시스템에서 비트(bit)라고 불리는 두 개의 숫자 1과 0이 사용되며, 2진 자릿수(binary digit)를 줄여 2진수라고 함

(2) **논리레벨(Logic Level)** : 논리레벨은 1과 0을 표현하기 위해 사용되는 전압으로, 실제 디지털시스템에서 HIGH 또는 LOW는 규정된 최솟값과 최댓값 사이의 임의의 전압이 될 수 있으며 HIGH와 LOW를 나타내는 전압의 범위는 중복될 수 없음

3 컴퓨터 시스템의 세대별 발전과 주요 특징

(1) **고대의 계산기**

초기의 계산 장치는 주판

(2) 제1세대(진공관의 시대)

마크-1(1944)	전기 기계식 계산기
ENIAC(1946)	세계 최초의 전자식 계산기
EDSAC(1949)	프로그램 내장 방식을 처음으로 채용한 컴퓨터(최초의 2진수 사용)
UNIVAC(1950)	세계 최초의 상업용 컴퓨터
EDVAC(1951)	프로그램 내장 방식과 2진법을 채택한 컴퓨터가 등장

운영체제의 관점에서는 작업별로 일괄 처리하는 일괄 처리 시스템이 등장

(3) 제2세대(트랜지스터 시대)

전자회로에서 트랜지스터(TR) 소자는 기본기능인 증폭과 연산, 스위칭 기능 등으로 중요한 역할을 맡게 되었고, 운영체제 관점에서 보면 기억장치의 등장과 다중 프로그램, 다중 처리, 시분할 처리 개념이 등장하여 다중 프로그램 시스템, 시분할 시스템, 다중 처리 시스템, 실시간 처리 시스템이 등장

(4) 제3세대(IC의 시대)

운영체제 관점에서 보면 일괄 처리, 시분할 처리, 실시간 처리, 다중 프로그램 등을 제공하는 다중모드 시스템이 등장하였고, TCP/IP 통신 표준 활성화로 네트워크와 보안을 아우르는 수준으로 운영체제가 발전

(5) 제4세대(LSI/VLSI 집적회로 이용)

마이크로프로세서가 탑재된 극소형, 대용량, 저렴한 가격, 신뢰도가 급격히 향상

4 컴퓨터 종류

① 아날로그 컴퓨터(Analog computer)
② 디지털 컴퓨터(Digital computer)
③ 하이브리드 컴퓨터(Hybrid computer)

5 컴퓨터 소프트웨어

(1) **운영체제(OS : Operating System)** : 사용자가 컴퓨터를 쉽게 다루게 해주는 인터페이스로 하드웨어와 소프트웨어를 관리하는 소프트웨어 전체

(2) **응용 소프트웨어(Application Software)** : 시스템 소프트웨어의 보조 역할을 하고, 모바일 기기에서 사용되는 응용 소프트웨어는 단어 Application의 길이를 줄여서 앱(App)이라고 함

(3) **유틸리티(Utility)** : 프로그램의 일종으로, 컴퓨터를 사용하는 것을 보조하는 소위 도우미 프로그램들을 뜻함

(4) **악성코드**: 제작자가 악의를 가지고 만든 소프트웨어

(5) **펌웨어**(firmware): 소프트웨어의 일종으로 컴퓨터의 CPU가 아니라 그보다 한참 하위 단계의 장치들을 제어

(6) **프로그래밍**(Programing) **언어**

저급 프로그래밍 언어	특별한 변환 과정 없이 컴퓨터가 직접 처리할 수 있는 유일한 언어(기계어와 어셈블리어)
고급 프로그래밍 언어	사람이 이해하기 쉽게 작성된 프로그래밍 언어로서, 저급 프로그래밍 언어보다 가독성이 높고 다루기 간단하다는 장점이 있음 예 C언어, 자바, 베이직 등

6 자료의 표현

(1) 자료의 처리 단위

디지트(digit : 숫자)	0~9의 숫자
비트 (bit : binary digit)	하나의 비트는 0이나 1의 값
니블(nibble)	4비트, 바이트는 상위 니블(상위 4비트)과 하위 니블(하위 4비트)
바이트(byte)	컴퓨터의 기억장치의 크기를 나타내는 단위, 8비트는 1바이트 1 kilobyte(KB) = 10^3 Byte ≒ 1 kibibyte(KiB) = 2^{10} Byte 1 megabyte(MB) = 10^6 Byte ≒ 1 mebibyte(MB) = 2^{20} Byte 1 gigabyte(GB) = 10^9 Byte ≒ 1 gibibyte(GB) = 2^{30} Byte 1 terabyte(TB) = 10^{12} Byte ≒ 1 tebibyte(TB) = 2^{40} Byte
워드(word)	연산을 통해 저장된 장치로부터 레지스터에 옮겨 놓을 수 있는 정보 단위

(2) **기억용량의 단위**: 1Byte = 8Bit

① 1KB(Kilo Byte) = 2의 10제곱 Byte = 1024 Byte
② 1MB(Mega Byte) = 2의 20제곱 Byte = 1024 KB
③ 1GB(Giga Byte) = 2의 30제곱 Byte = 1024 MB

제2절 컴퓨터의 구성

1 컴퓨터의 구성

중앙처리장치(CPU), 주기억장치(RAM), 입력장치(키보드, 마우스 등), 출력장치(모니터, 프린터 등), 주변기기

2 연산논리장치(arithmetic logic unit)의 구성

산술연산장치	덧셈, 뺄셈, 곱셈, 나눗셈의 4칙 연산을 수행
논리연산장치	AND, OR, XOR, NOT 등의 논리 연산을 수행
시프트 레지스터	비트들을 왼쪽 또는 오른쪽으로 이동시키는 기능을 수행하는 레지스터
보수기(complement)	이진 데이터의 보수를 취하는 회로
상태 레지스터	연산 결과의 상태를 나타내는 플래그들을 저장

3 기억장치의 구분

(1) 컴퓨터 기억장치(하드웨어 관점) : 캐시 메모리, 주기억장치, 보조기억장치, 가상 메모리

(2) CAM(Content Addressable Memory, Associative Memory) : 연관기억장치

(3) 반도체 메모리 구분
   ① SAM(Sequential Access Memory), RAM(Random Access Memory)
   ② SRAM(Static RAM), DRAM(Dynamic RAM)
   ③ ROM : Mask ROM, PROM, EPROM, EEPROM
   ④ 플래시 메모리 : 데이터 저장형(NAND), 코드 저장형(NOR)

4 메모리의 계층구조(Memory hierarchy)

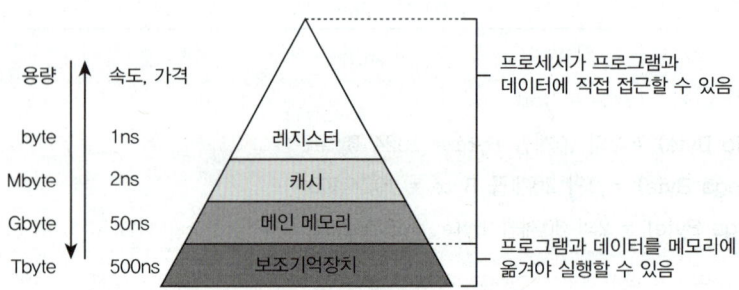

제2장 데이터 표현

제1절 수치데이터

1 10진수

10진수 시스템에서 0 ~ 9까지의 10개의 숫자로 표현하고, 기수는 10이 됨

> 가중치(weight) 구조 : $\cdots 10^2 10^1 10^0 . 10^{-1} 10^{-2} \cdots$

2 2진수

2진수 시스템에서 0과 1의 2개의 숫자로 표현하고, 기수는 2가 됨

> 가중치(weight)구조 : $\cdots 2^2 2^1 2^0 . 2^{-1} 2^{-2} \cdots$

> **[2진수에서 10진수로의 표현]**
> 가중치 : $2^6 \ 2^5 \ 2^4 \ 2^3 \ 2^2 \ 2^1 \ 2^0$
> 2진수 : $\ 1 \ \ 1 \ \ 0 \ \ 1 \ \ 1 \ \ 0 \ \ 1$
> $1101101_2 = 2^6 + 2^5 + 2^3 + 2^2 + 2^0 = 109$

> **[10진수의 2진수 변환]**
> ① 가중치의 합 방법
> $58 = 32 + 16 + 8 + 2 = 2^5 + 2^4 + 2^3 + 2^1 = 111010_2$
> ② 2로 반복하여 나누는 방법
>
> | 2 | 19 | → | 1 | LSB |
> |---|----|---|---|-----|
> | 2 | 9 | → | 1 | |
> | 2 | 4 | → | 0 | |
> | 2 | 2 | → | 0 | |
> | 2 | 1 | → | 1 | MSB |
> | | 0 | | | |

[10진 소수를 2진수로 변환]
① 가중치의 합 방법 : $0.625 = 0.5 + 0.125 = 2^{-1} + 2^{-3} \Rightarrow 0.101_2$
② 계속 2를 곱하는 방법

$$0.3125 = \begin{array}{cccc} 0.3125 \times 2 = 0.625 & 0.625 \times 2 = 1.25 & 0.25 \times 2 = 0.5 & 0.5 \times 2 = 1.0 \\ 0 & 1 & 0 & 1 \end{array}$$
$$= 0.0101_2$$

3 2진수 산술연산

(1) 2진 덧셈

$0 + 0 = 0$ (캐리가 0이고 합이 0)
$0 + 1 = 1$ (캐리가 0이고 합이 1)
$1 + 0 = 1$ (캐리가 0이고 합이 1)
$1 + 1 = 1\,0$ (캐리가 1이고 합이 0)

(2) 2진 뺄셈

$0 - 0 = 0$ (자리 내림이 0이고 뺄셈이 0)
$0 - 1 = 1\,1$ (자리 내림이 1이고 뺄셈이 1)
$1 - 0 = 1$ (자리 내림이 0이고 뺄셈이 1)
$1 - 1 = 0$ (자리 내림이 0이고 뺄셈이 0)

(3) 2진 곱셈

$0 \times 0 = 0$
$0 \times 1 = 0$
$1 \times 0 = 0$
$1 \times 1 = 1$

(4) 2진 나눗셈

$0 \div 0 = 0$
$0 \div 1 = 0$
$1 \div 0 = $ 불능
$1 \div 1 = 1$

4 2진수에서의 1의 보수와 2의 보수

2진수에서 1의 보수와 2의 보수는 음수를 표현하는 데 매우 유용하게 사용됨

(1) **2진수의 1의 보수** : 2진수의 1의 보수는 각 비트를 변환하면 되고, 모든 1을 0으로, 모든 0을 1로 바꾸면 됨

(2) **2진수의 2의 보수** : 컴퓨터(디지털 시스템)에서는 뺄셈(또는 음수표현)을 위해 2의 보수를 사용하며, 2의 보수를 구하는 방법에는 두 가지 방법이 있음

① 1의 보수에 1을 더하면 됨

```
      1 1 1 0 0 1 0 1 0    (2진수)
      0 0 0 1 1 0 1 0 1    (1의 보수)
   +                  1
   ─────────────────────
      0 0 0 1 1 0 1 1 0    (2의 보수)
```

② 2의 보수는 가장 우측에서 시작하여 첫 번째 1인 비트의 좌측의 모든 비트들을 변경함

```
         1 1 1 0 0 1 0   1 0    (2진수)
         1의 보수를 취한다.  변경 없이 그대로 쓴다.
         0 0 0 1 1 0 1   1 0    (2의 보수)
```

5 부호표시 수

(1) 부호비트(Sign bit) : 2진수에 가장 좌측 비트가 0이면 양수, 1이면 음수로 나타냄

```
   58₍₁₀₎ =    0      0111010
             부호 비트   크기 비트
```

(2) 부호표시 수의 표현방법

① 부호-크기 형식

```
   • + 26 =    0    0011010
   • - 26 =    1    0011010
```

② 1의 보수 형식

```
   • + 26 =    00011010
   • - 26 =    11100101 (00011010의 1의 보수를 취함)
```

③ 2의 보수 형식

```
   • + 26 =    00011010
   • - 26 =    11100110 (00011010의 2의 보수를 취함)
```

(3) 부호표시 수를 10진 값으로 변환

① 부호-크기 형식

$10010011_{(2)} =$ | 1 | 0 | 0 | 1 | 0 | 0 | 1 | 1 |
|---|---|---|---|---|---|---|---|
| | | | 2^4 | | | 2^1 | 2^0 |
| − | 19 | | | | | | |

② 1의 보수 형식

$10010011_{(2)} =$ | 1 | 0 | 0 | 1 | 0 | 0 | 1 | 1 |
|---|---|---|---|---|---|---|---|
| 2^7 | | | 2^4 | | | 2^1 | 2^0 |
| −128 | + 19 + 1 = −108(음수) | | | | | | |

01101100(1의 보수) → 108에 음수 부호 추가 → −108(음수)

③ 2의 보수 형식

$10010011_{(2)} =$ | 1 | 0 | 0 | 1 | 0 | 0 | 1 | 1 |
|---|---|---|---|---|---|---|---|
| 2^7 | | | 2^4 | | | 2^1 | 2^0 |
| −128 | + 19 = −109(음수) | | | | | | |

01101101(2의 보수) → 109에 음수 부호 추가 → −109(음수)

(4) 부호표시 수의 표현범위

① 부호-크기 형식 : $-(2^{n-1}-1) \sim (2^{n-1}-1)$

② 1의 보수 형식 : $-(2^{n-1}-1) \sim (2^{n-1}-1)$

③ 2의 보수 형식 : $-(2^{n-1}) \sim (2^{n-1}-1)$, 컴퓨터에서 가장 많이 사용하는 형식임

6 부호표시 수의 산술연산

(1) **덧셈** : 가수(addend)와 피가수(augend)라 하고, 그 결과를 합(sum)이라 함

(2) **뺄셈** : 피감수(minuend)와 감수(subtrahend)라 하고, 그 결과를 차(difference)라고 함
(피감수) − (감수) = (피감수) + (−감수) 와 같으므로 감수의 2의 보수를 취하여 덧셈을 하면 되고, 발생되는 캐리는 무시함

(3) **곱셈** : 피승수(multiplicand)와 승수(multiplier)라 하고, 그 결과를 곱(product)이라 함
곱셈을 하는 방법 : 직접 덧셈 방법(direct addition), 부분 곱 방법(partial products)

① **직접 덧셈 방법**: 피승수를 승수의 횟수만큼 더하는 과정으로, 승수가 매우 클 경우 연산이 길어진다는 단점이 있음

```
                          0 1 0 0 1 0 1 0    → 첫 번째 (74)
                        + 0 1 0 0 1 0 1 0    → 두 번째 (74)
                          1 0 0 1 0 1 0 0    → 부분 합 (148)
    0 1 0 0 1 0 1 0     + 0 1 0 0 1 0 1 0    → 세 번째 (74)
  × 0 0 0 0 0 1 0 0       1 1 0 1 1 1 1 0    → 부분 합 (222)
                        + 0 1 0 0 1 0 1 0    → 네 번째 (74)
                      1 0 0 1 0 1 0 0 0      →   합 (296)
```

② **부분 곱 방법**: 피승수를 승수의 최하위 숫자부터 곱해 나가는 방법

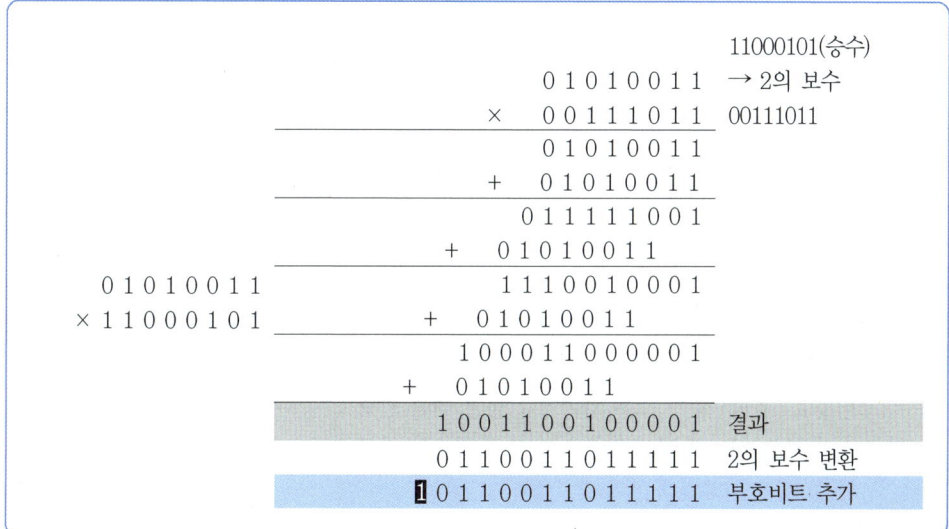

(4) **나눗셈**: 피제수(dividend), 제수(divisor), 몫(quotient)으로 정의됨
　① **직접 뺄셈 방법**: 나눗셈의 결과인 몫은 피제수에서 제수를 뺄 수 있는 횟수를 의미함
　　예 8(피제수) ÷ 4(제수) ⇒ 8 - 4(첫 번째 부분 나머지) - 4 = 0 (나머지 0)

② 부분 나눗셈 방법

```
    01100100          01100100
  ÷ 00011001    ①   + 11100111   2의 보수 덧셈을 이용
                   [1]01001011   캐리는 몫 1이 됨

                      01001011
                ②   + 11100111
                   [1]00110010   몫 1 + 1 = 2가 됨

                      00110010
                ③   + 11100111
                   [1]00011001   몫 2 + 1 = 3이 됨

                      00011001
                ④   + 11100111
                   [1]00000000   몫 3 + 1 = 4(00000100)가 됨
```

몫 : 00000100_2, 나머지 : 00000000

(5) 오버플로우(overflow) 조건

① 두 수를 더할 때 합을 나타내기 위하여 필요한 비트의 수가 두 수의 비트의 수를 초과하게 되면 오버플로우가 발생하여 부호 비트가 틀리게 됨
② 오버플로우는 두 수가 모두 양이거나 음일 때만 발생
③ 결과의 부호 비트가 더해지는 수의 부호 비트와 다를 경우 발생한 것으로 봄

7 16진수

16개의 숫자로 구성되어 2진수를 간단하게 표현할 때 주로 이용됨

(1) 각각의 진수로 변환

① 2진수를 16진수로 변환

```
100 / 0101 / 1111 / 0011
 4      5      F      3
```

② 16진수를 2진수로 변환

$$\begin{array}{cccc} 1 & 0 & D & 4 \\ 0001 & 0000 & 1101 & 0100 \end{array}$$

③ 16진수를 10진수로 변환

$$EA_{16} = (E \times 16) + (A \times 1) = (14 \times 16) + (10 \times 1) = 234$$

④ 10진수를 16진수로 변환

첫 번째 나눈 나머지가 최하위 숫자가 되고, 이 변환과정에서 몫에 소수 부분이 있을 경우 이 소수 부분을 제수로 곱해주면 나머지가 됨

$$\frac{40}{16} = 2.5 \longrightarrow 0.5 \times 16 = 8 \quad 8 \quad (LSD)$$

$$\frac{2}{16} = 0.125 \longrightarrow 0.125 \times 16 = 2 \quad 2 \quad (MSD)$$

↑읽는 방향

28_{16}

나눈 몫이 0일 때 중지함

(2) 16진수의 산술연산

① 16진수의 덧셈

$$\begin{array}{r} D\ A \\ +\ A\ B \\ \hline 1\ 8\ 5 \end{array}$$

$A_{16} + B_{16} = 10 + 11 = 21, 21 - 16 = 5 = 5_{16}$, 자리올림 1

$D_{16} + A_{16} + 1 = 13 + 10 + 1 = 24, 24 - 16 = 8_{16}$, 자리올림 1

② 16진수의 뺄셈

$$\begin{array}{r} C\ 3 \\ -\ \ B \\ \hline B\ 8 \end{array} \Rightarrow \begin{array}{r} C\ 3 \\ +\ F\ 5 \\ \hline \cancel{1}\ B\ 8 \end{array}$$

$B_{16} \Rightarrow FF_{16} - B_{16} = F4_{16} \Rightarrow F5_{16}$

방법2 사용

2의 보수 덧셈처럼 캐리는 무시

8 8진수

(1) 8진수를 10진수로 변환

$$\text{가중치}: \quad 8^3 \quad 8^2 \quad 8^1 \quad 8^0 \qquad 1234_8 = (1 \times 8^3) + (2 \times 8^2) + (3 \times 8^1) + (4 \times 8^0)$$
$$\qquad\qquad\quad 1 \quad\; 2 \quad\; 3 \quad\; 4 \qquad\qquad\quad = 512 + 128 + 24 + 4 = 668$$

(2) 10진수를 8진수로 변환

$$\frac{40}{8} = 5.0 \longrightarrow 0 \times 8 = 0 \qquad 0 \quad (\text{LSB})$$
$$\frac{5}{8} = 0.625 \longrightarrow 0.625 \times 8 = 5 \qquad 5 \quad (\text{MSB})$$

↑읽는 방향 50_8

몫이 0일 때 중지함

(3) 8진수를 2진수로 변환

$$150_8 \qquad 1 \;/\; 5 \;/\; 0$$
$$= 001101000_2 \quad 001 \quad 101 \quad 000$$

(4) 2진수를 8진수로 변환

$$1110011101011_2 \quad 001 \,/\, 110 \,/\, 011 \,/\, 101 \,/\, 011$$
$$= 16353_8 \qquad\quad 1 \quad\; 6 \quad\; 3 \quad\; 5 \quad\; 3$$

제2절 디지털코드

1 BCD 코드(2진화 10진수, Binary Coded Decimal)

(1) BCD의 종류

① **가중치방식 코드** : 각 자리마다 가중치(자릿값)를 두어 10진 값을 얻게 하는 코드

10진수	8421 코드	6311 코드	5421 코드	5311 코드	5211 코드	51111 코드
0	0000	0000	0000	0000	0000	00000
1	0001	0001	0001	0001	0001	00001
2	0010	0011	0010	0011	0011	00011
3	0011	0100	0011	0100	0101	00111
4	0100	0101	0100	0101	0111	01111
5	0101	0111	0101	1000	1000	10000
6	0110	1000	0110	1001	1001	11000
7	0111	1001	1010	1011	1100	11100
8	1000	1011	1011	1100	1101	11110
9	1001	1100	1100	1101	1111	11111

② **비가중치방식 코드** : 각 자리마다 가중치없이 10진 값을 얻게 하는 코드

10진수	8421 코드(예시)	3초과 코드	그레이 코드	2 out of 5 코드
0	0000	0011	0000	00011
1	0001	0100	0001	00101
2	0010	0101	0011	00110
3	0011	0110	0010	01001
4	0100	0111	0110	01010
5	0101	1000	0111	01100
6	0110	1001	0101	10001
7	0111	1010	0100	10010
8	1000	1011	1100	10100
9	1001	1100	1101	11000

(2) **8421코드** : BCD코드의 일종으로 8421은 4비트의 가중치 $2^3, 2^2, 2^1, 2^0$을 의미하며, 특별한 언급이 없으면 BCD는 8421코드를 의미하는 것으로 함

(3) **BCD의 연산** : BCD는 숫자코드이므로 가감승제 연산이 가능하며, 모두 덧셈 연산을 이용하여 계산할 수 있음

① **단계 1** : 2진수 덧셈 방법을 이용하여 각 4비트별 BCD수를 덧셈을 함
② **단계 2** : 4비트 합의 결과가 9이하이면, 유효한 BCD로 표현함
③ **단계 3** : 4비트 합의 결과가 9를 초과하면 무효코드에 해당되므로, 각 4비트 BCD 합의 결과 0110를 더하며, 만약 앞의 결과에 캐리가 발생하면 다음 4비트 BCD 수에 더함

```
        0110 0111              6 7
      + 0101 0011            + 5 3
      ───────────   ⇒       ───────
        1011 1010             1 2 0
      + 0110 0110
      ───────────────
      0001 0010 0000
```

(4) 3초과 코드: BCD(8421코드)로 표현된 값에 3을 더해준 값의 코드

① **10진수를 3초과 코드로 변환**: 먼저 각 숫자에 3을 더한 후, 2진수로 변환함

```
                    8 + 3     /    7 + 3     /    9 + 3
      879           = 11           = 10           = 12
    = 101110101100  1011          1010           1100
```

② **3초과 코드의 연산**
  ㉠ **단계 1**: 2진수 덧셈 방법과 같은 방법으로 더함
  ㉡ **단계 2**: 계산 결과의 4비트군에 자리올림(carry)이 없으면 6초과값이 되므로, 3초과값을 만들기 위해 결과에서 0011(3)을 뺌
  ㉢ **단계 3**: 계산 결과 4비트군에 자리올림이 발생하면 2진수값이 되므로 3초과값을 만들기 위해 결과에 0011(3)을 더해줌

```
      3 6             0110   1001    3초과 코드
    + 2 4           + 0101   0111
    ─────    ⇒     ───────────────
      6 0             1100   0000
                    - 0011  +0011    하위 4비트에서 자리올림 발생
                    ───────────────
                      1001   0011    3초과 코드 60
```

(5) 그레이코드(Gray code) : 가중치가 없는 코드, 고속 입·출력 장치와 A/D 변환에 이용

① 2진수의 그레이코드 변환

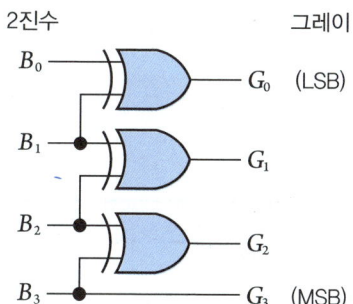

② 그레이코드의 2진수 변환

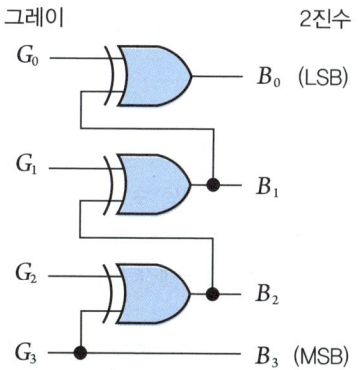

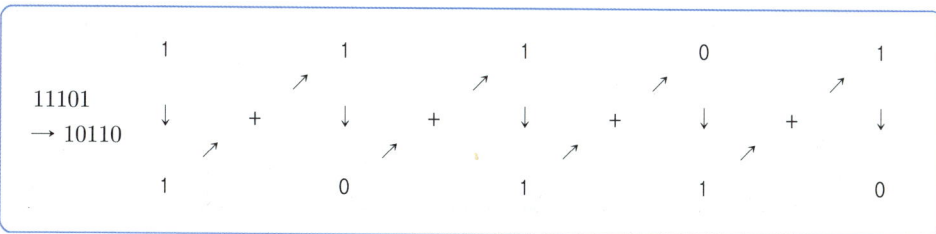

2 영문-숫자코드 : ASCII(American Standard Code for Information Interchange)

ASCII코드는 대부분의 컴퓨터나 디지털 시스템에서 사용되는 코드로, 7비트 표현방식이며 128개의 문자 조합으로 이루어짐

3 오류검출코드

(1) 오류검출을 위한 패리티 비트 방법

짝수 패리티		홀수 패리티	
패리티 비트	2진수	패리티 비트	2진수
0	1010	1	0101
1	1000	1	0011
1	1011	1	1111
0	0101	1	0000
0	0000	1	1100

(2) 순환 덧붙임 검사(CRC : Cyclic Redundancy Check)

디지털 데이터를 컴퓨터 단말기 간 또는 디지털 시스템과 디지털 저장장치(CD, DVD 등) 간에 통신하는 과정에서 1~2개의 비트 오류를 검출하는 방법으로, 검출 능력이 우수함

(3) 해밍 코드(hamming code) : 오류를 검출, 정정할 수 있는 코드, 짝수 패리티 비트를 사용

> **[데이터 비트와 패리티 비트와의 관계]**
> - $2^{p-1} - p + 1 \leq d \leq 2^p - p - 1$
>   p : 패리티 비트 수($p \geq 2$), d : 데이터 비트 수
>   패리티 비트 수 p = 4일 때, $2^{4-1} - 4 + 1 \leq d \leq 2^4 - 4 - 1$이므로 d는 $5 \leq d \leq 11$임. 즉, 데이터 비트 수가 5~11개일 때 패리티 비트는 4개가 필요함

비트 위치	1	2	3	4	5	6	7	8	9	10	11	12
기호	P_1	P_2	D_3	P_4	D_5	D_6	D_7	P_8	D_9	D_{10}	D_{11}	D_{12}
P_1 영역	√		√		√		√		√		√	
P_2 영역		√	√			√	√			√	√	
P_4 영역				√	√	√	√					√
P_8 영역								√	√	√	√	√

$P_1 = D_3 \oplus D_5 \oplus D_7 \oplus D_9 \oplus D_{11}$
$P_2 = D_3 \oplus D_6 \oplus D_7 \oplus D_{10} \oplus D_{11}$
$P_4 = D_5 \oplus D_6 \oplus D_7 \oplus D_{12}$
$P_8 = D_9 \oplus D_{10} \oplus D_{11} \oplus D_{12}$

제3장 부울대수와 논리게이트

제1절 논리연산과 논리게이트

1 NOT gate

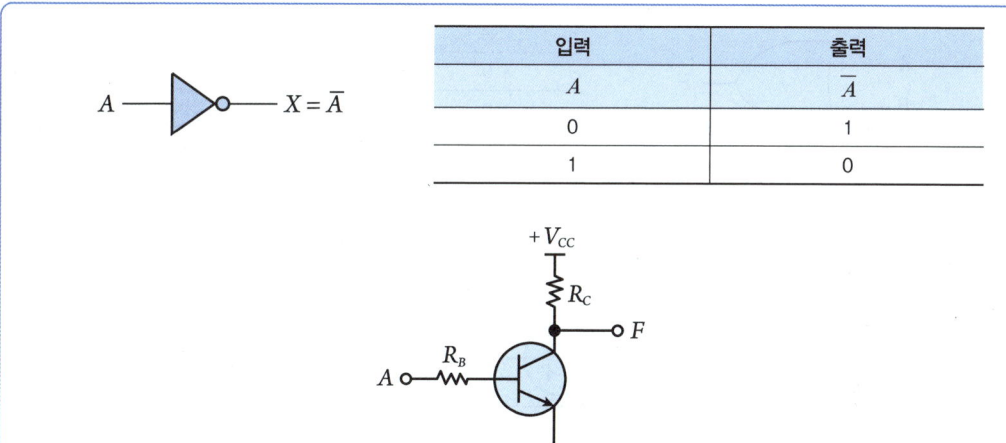

입력	출력
A	$\overline{A}$
0	1
1	0

2 AND gate

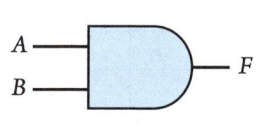

입력		출력
A	B	F
0	0	0
0	1	0
1	0	0
1	1	1

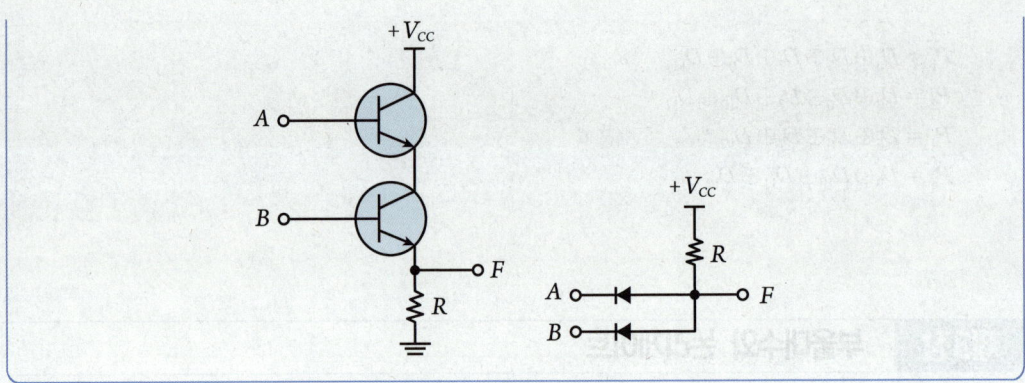

3 OR gate

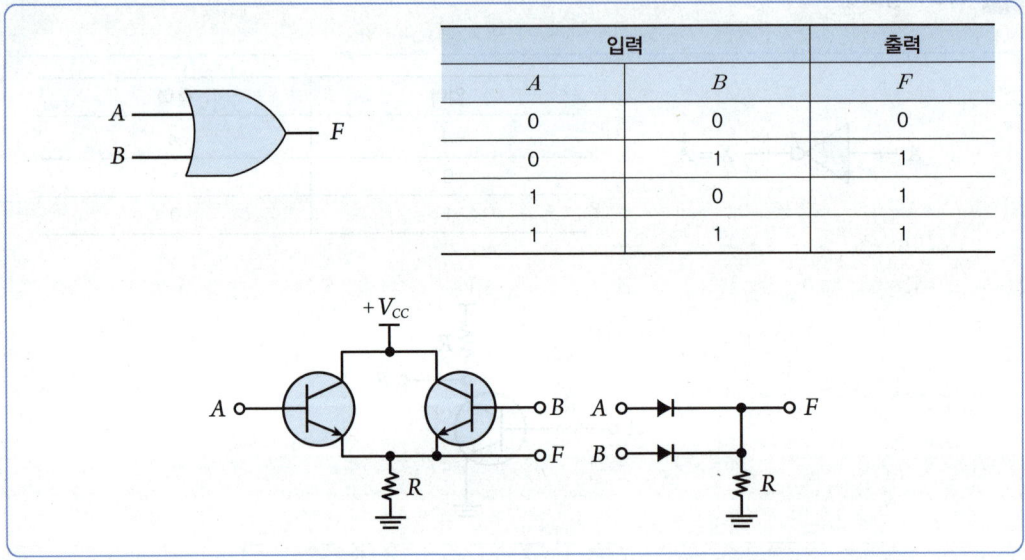

입력		출력
A	B	F
0	0	0
0	1	1
1	0	1
1	1	1

4 NAND gate

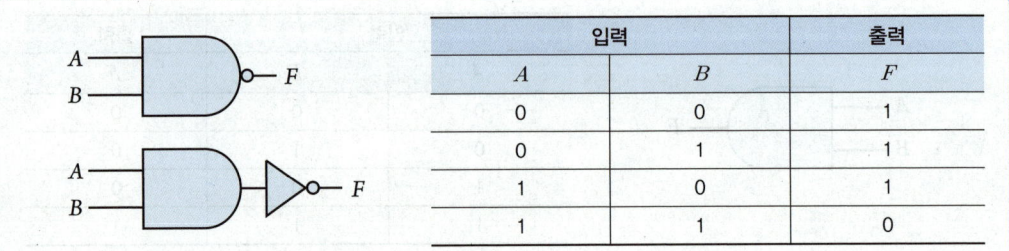

입력		출력
A	B	F
0	0	1
0	1	1
1	0	1
1	1	0

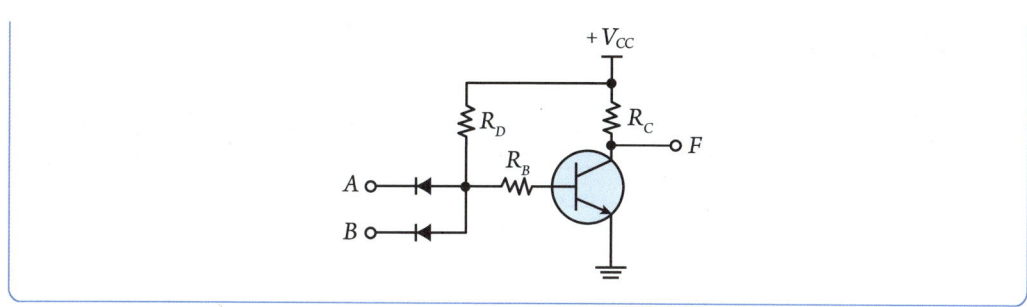

5 NOR gate

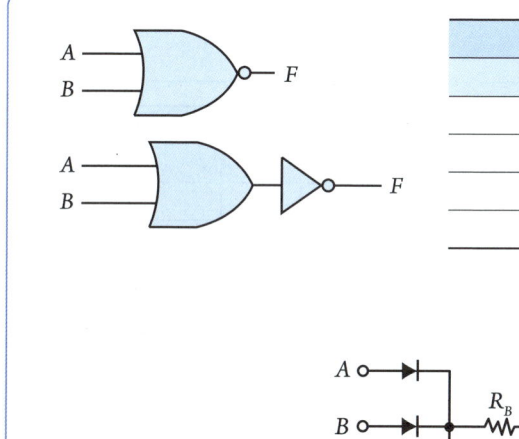

입력		출력
A	B	F
0	0	1
0	1	0
1	0	0
1	1	0

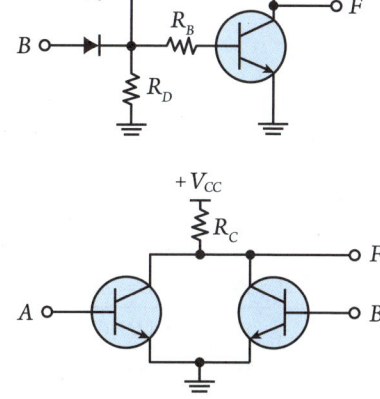

6 XOR gate

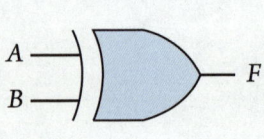

입력		출력
A	B	F
0	0	0
0	1	1
1	0	1
1	1	0

7 XNOR gate

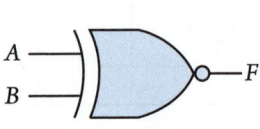

입력		출력
A	B	F
0	0	1
0	1	0
1	0	0
1	1	1

제2절 부울대수

1 부울대수의 기본 규칙

1	$A+0=A$			12	$(A+B)+C=A+(B+C)$	결합법칙
2	$A+1=1$			13	$A \cdot B = B \cdot A$	
3	$A \cdot 0 = 0$			14	$A \cdot (B+C) = A \cdot B + A \cdot C$	분배법칙
4	$A \cdot 1 = A$			15	$A+B \cdot C = (A+B) \cdot (A+C)$	
5	$A+A=A$			16	$\overline{A+B} = \overline{A} \cdot \overline{B}$	드모르간의 정리
6	$A+\overline{A}=1$			17	$\overline{A \cdot B} = \overline{A}+\overline{B}$	
7	$A \cdot A = A$			18	$A+A \cdot B = A$	흡수법칙
8	$A \cdot \overline{A} = 0$			19	$A \cdot (A+B) = A$	
9	$\overline{\overline{A}} = A$			20	$AB+BC+\overline{A}C = AB+\overline{A}C$	합의 정리
10	$A+B=B+A$		교환법칙	21	$(A+B)(B+C)(\overline{A}+C)$ $= (A+B)(\overline{A}+C)$	
11	$A \cdot B = B \cdot A$					

$A+A \cdot B = A$ $A+A \cdot B = A \cdot 1 + AB = A(1+B) = A \cdot 1 = A$
$A+\overline{A}B = A+B$ $A+\overline{A}B = (A+AB)+\overline{A}B = (AA+AB)+\overline{A}B$
$= AA+AB+A\overline{A}+\overline{A}B = (A+\overline{A})(A+B) = 1 \cdot (A+B)$
$= A+B$

2 드모르간의 정리

$$\overline{XY} = \overline{X} + \overline{Y}$$

$$\overline{X+Y} = \overline{X}\,\overline{Y}$$

제3절 부울함수의 표준형

1 곱의 합형(SOP : Sum-Of-Product)

곱항은 변수들의 곱으로 구성하는 항으로, 2개 이상의 곱항이 부울 덧셈에 의해 더해질 때 결과식을 곱의 합이라고 함

(1) 2변수 최소항의 표현

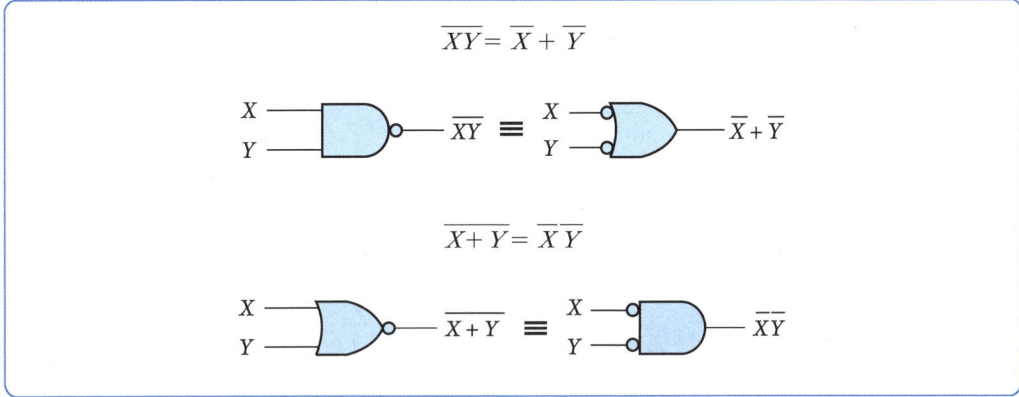

입력		최소항	기호	출력	
A	B			F	$\overline{F}$
0	0	$\overline{A}\overline{B}$	m_0	0	1
0	1	$\overline{A}B$	m_1	1	0
1	0	$A\overline{B}$	m_2	0	1
1	1	AB	m_3	1	0

$F(A,B) = \overline{A}B + AB$
$= m_1 + m_3$
$= \sum m(1,3)$

$\overline{F}(A,B) = \overline{A}\,\overline{B} + A\overline{B}$
$= m_0 + m_2$
$= \sum m(0,2)$

(2) 3변수 최소항의 표현

입력			최소항	기호	출력	
A	B	C			F	$\overline{F}$
0	0	0	$\overline{A}\,\overline{B}\,\overline{C}$	m_0	1	0
0	0	1	$\overline{A}\,\overline{B}C$	m_1	1	0
0	1	0	$\overline{A}B\overline{C}$	m_2	0	1
0	1	1	$\overline{A}BC$	m_3	1	0
1	0	0	$A\overline{B}\,\overline{C}$	m_4	0	1
1	0	1	$A\overline{B}C$	m_5	1	0
1	1	0	$AB\overline{C}$	m_6	0	1
1	1	1	ABC	m_7	1	0

$F(A,B,C) = \sum m(0,1,3,5,7)$
$= m_0 + m_1 + m_3 + m_5 + m_7$
$= \overline{A}\,\overline{B}\,\overline{C} + \overline{A}\,\overline{B}C + \overline{A}BC + A\overline{B}C + ABC$
$= \overline{\overline{F}} = \overline{\sum m(2,4,6)}$
$= \overline{\overline{A}B\overline{C} + A\overline{B}\,\overline{C} + AB\overline{C}}$

$\overline{F}(A,B,C) = \sum m(2,4,6)$
$= m_2 + m_4 + m_6$
$= \overline{A}B\overline{C} + A\overline{B}\,\overline{C} + AB\overline{C}$
$= \overline{\sum m(0,1,3,5,7)}$
$= \overline{\overline{A}\,\overline{B}\,\overline{C} + \overline{A}\,\overline{B}C + \overline{A}BC + A\overline{B}C + ABC}$

(3) 4변수 최소항의 표현

입력				최소항	기호	출력	
A	B	C	D			F	$\overline{F}$
0	0	0	0	$\overline{A}\,\overline{B}\,\overline{C}\,\overline{D}$	m_0	1	0
0	0	0	1	$\overline{A}\,\overline{B}\,\overline{C}D$	m_1	0	1
0	0	1	0	$\overline{A}\,\overline{B}C\overline{D}$	m_2	0	1
0	0	1	1	$\overline{A}\,\overline{B}CD$	m_3	0	1
0	1	0	0	$\overline{A}B\overline{C}\,\overline{D}$	m_4	1	0
0	1	0	1	$\overline{A}B\overline{C}D$	m_5	0	1
0	1	1	0	$\overline{A}BC\overline{D}$	m_6	0	1
0	1	1	1	$\overline{A}BCD$	m_7	1	0
1	0	0	0	$A\overline{B}\,\overline{C}\,\overline{D}$	m_8	0	1
1	0	0	1	$A\overline{B}\,\overline{C}D$	m_9	0	1
1	0	1	0	$A\overline{B}C\overline{D}$	m_{10}	0	1
1	0	1	1	$A\overline{B}CD$	m_{11}	1	0
1	1	0	0	$AB\overline{C}\,\overline{D}$	m_{12}	0	1
1	1	0	1	$AB\overline{C}D$	m_{13}	0	1
1	1	1	0	$ABC\overline{D}$	m_{14}	0	1
1	1	1	1	$ABCD$	m_{15}	1	0

$F(A,B,C,D) = \sum m(0,4,7,11,15)$
$= m_0 + m_4 + m_7 + m_{11} + m_{15}$
$= \overline{A}\,\overline{B}\,\overline{C}\,\overline{D} + \overline{A}B\overline{C}\,\overline{D} + \overline{A}BCD + A\overline{B}CD + ABCD$
$= \overline{\overline{F}} = \overline{\sum m(1,2,3,5,6,8,9,10,12,13,14)}$

$\overline{F}(A,B,C,D) = \sum m(1,2,3,5,6,8,9,10,12,13,14)$
$= m_1 + m_2 + m_3 + m_5 + m_6 + m_8 + m_9 + m_{10} + m_{12}$
$\quad + m_{13} + m_{14}$
$= \overline{A}\,\overline{B}\,\overline{C}D + \overline{A}\,\overline{B}C\overline{D} + \overline{A}\,\overline{B}CD + \overline{A}B\overline{C}D$
$\quad + \overline{A}BC\overline{D} + A\overline{B}\,\overline{C}\,\overline{D} + A\overline{B}\,\overline{C}D + A\overline{B}C\overline{D}$
$\quad + AB\overline{C}\,\overline{D} + AB\overline{C}D + ABC\overline{D}$
$= \overline{\sum m(0,4,7,11,15)}$

2 합의 곱형(POS : Product-Of-Sum)

(1) 2변수 최대항의 표현

입력		최대항	기호	출력	
A	B			F	$\overline{F}$
0	0	$A+B$	M_0	1	0
0	1	$A+\overline{B}$	M_1	0	1
1	0	$\overline{A}+B$	M_2	1	0
1	1	$\overline{A}+\overline{B}$	M_3	0	1

$F(A,B) = (A+\overline{B})(\overline{A}+\overline{B})$
$\quad\quad = M_1 \cdot M_3$
$\quad\quad = \prod M(1,3)$

$\overline{F}(A,B) = (A+B)(\overline{A}+B)$
$\quad\quad = M_0 \cdot M_2$
$\quad\quad = \prod M(0,2)$

(2) 3변수 최대항의 표현

입력			최대항	기호	출력	
A	B	C			F	$\overline{F}$
0	0	0	$A+B+C$	M_0	0	1
0	0	1	$A+B+\overline{C}$	M_1	0	1
0	1	0	$A+\overline{B}+C$	M_2	1	0
0	1	1	$A+\overline{B}+\overline{C}$	M_3	0	1
1	0	0	$\overline{A}+B+C$	M_4	1	0
1	0	1	$\overline{A}+B+\overline{C}$	M_5	0	1
1	1	0	$\overline{A}+\overline{B}+C$	M_6	1	0
1	1	1	$\overline{A}+\overline{B}+\overline{C}$	M_7	0	1

$F(A,B,C) = \prod M(0,1,3,5,7)$
$= M_0 \cdot M_1 \cdot M_3 \cdot M_5 \cdot M_7$
$= (A+B+C)(A+B+\overline{C})(A+\overline{B}+\overline{C})$
$\quad (\overline{A}+B+\overline{C})(\overline{A}+\overline{B}+\overline{C})$
$= \overline{\overline{F}} = \overline{\prod M(2,4,6)}$

$\overline{F}(A,B,C) = \prod M(2,4,6)$
$= M_2 \cdot M_4 \cdot M_6$
$= (A+\overline{B}+C)(\overline{A}+B+C)(\overline{A}+\overline{B}+C)$
$= \overline{\prod M(0,1,3,5,7)}$

(3) 4변수 최대항의 표현

입력				최대항	기호
A	B	C	D		
0	0	0	0	$A+B+C+D$	M_0
0	0	0	1	$A+B+C+\overline{D}$	M_1
0	0	1	0	$A+B+\overline{C}+D$	M_2
0	0	1	1	$A+B+\overline{C}+\overline{D}$	M_3
0	1	0	0	$A+\overline{B}+C+D$	M_4
0	1	0	1	$A+\overline{B}+C+\overline{D}$	M_5
0	1	1	0	$A+\overline{B}+\overline{C}+D$	M_6
0	1	1	1	$A+\overline{B}+\overline{C}+\overline{D}$	M_7

입력				최대항	기호
A	B	C	D		
1	0	0	0	$\overline{A}+B+C+D$	M_8
1	0	0	1	$\overline{A}+B+C+\overline{D}$	M_9
1	0	1	0	$\overline{A}+B+\overline{C}+D$	M_{10}
1	0	1	1	$\overline{A}+B+\overline{C}+\overline{D}$	M_{11}
1	1	0	0	$\overline{A}+\overline{B}+C+D$	M_{12}
1	1	0	1	$\overline{A}+\overline{B}+C+\overline{D}$	M_{13}
1	1	1	0	$\overline{A}+\overline{B}+\overline{C}+D$	M_{14}
1	1	1	1	$\overline{A}+\overline{B}+\overline{C}+\overline{D}$	M_{15}

제4절 집적회로

1 논리 패밀리

디지털 논리회로의 세가지 패밀리는 CMOS(Complementary Metal Oxide Semiconductor), 바이폴라(TTL : Transistor-Transistor Logic), BiCMOS이다.

TTL과 CMOS 특성 비교	
TTL	CMOS
• 전파지연시간이 짧음 • 소비전력이 큼 • 잡음여유도가 작음 • 온도에 따라 threshold 전압을 크게 함	• 소비전력이 작음 • 낮은 전압에서 동작함 • 잡음여유도가 큼 • 구조가 간단, 집적화가 쉬움 • 전원전압 범위가 넓음 • 정전 파괴가 쉬움

2 IC 패키지

(1) 패키징 방식에 따른 IC 칩의 종류

① 듀얼 인-라인 패키지(Dual In-line Package : DIP)
② 표면장착 기술(Surface-Mount Technology : SMT)

(2) 회로 집적도에 따른 IC 분류

① **소규모 집적회로**(SSI : Small Scale IC) : NAND, NOR, AND, OR, NOT회로를 구현
② **중규모 집적회로**(MSI : Medium Scale IC): 덧셈기, 레지스터, 카운터, 해독기, 멀티플렉서, 조합/순서논리회로 포함
③ **대규모 집적회로**(LSI : Large Scale IC) : 8비트-Microprocessor, 반도체기억장치 등
④ **초대규모 집적회로**(VLSI : Very Large Scale IC) : 16비트이상의 Microprocessor, 대용량 반도체 기억장치 등
⑤ **극초대규모 집적회로**(ULSI : Ultra Large Scale IC) : 32비트이상의 Microprocessor

3 논리 IC의 전기적 특성

① **전파지연시간** : 신호가 입력되고 출력될 때까지의 시간을 말하고, 게이트의 동작속도를 나타냄
② **전력소모** : 게이트가 동작할 때 소모되는 전력량을 말함
③ **잡음여유도** : 디지털회로에서 데이터의 값에 변경을 주지 않는 범위 내에서 최대로 허용된 잡음마진을 나타냄
④ **팬아웃** : 한 게이트의 출력으로부터 다른 여러 개의 입력으로 공급되는 전류를 말하며, 정상적인 동작으로 한 출력이 최대 몇 개의 입력으로 연결되는가를 나타냄

제4장　부울함수의 간소화 및 구현

제1절 부울함수의 간략화

부울대수 법칙을 이용한 논리식의 간소화 : 부울대수의 기본 법칙과 규칙을 이용

1 표준 SOP를 표준 POS로 변환

① **단계1** : SOP식의 각 곱항에 나타나는 2진수를 계산
② **단계2** : 단계1의 계산에서 포함되지 않는 모든 2진수를 구함
③ **단계3** : 단계2의 각 2진수에 대해 등가의 합항을 구하고 POS형태로 표현

2 표준 POS를 표준 SOP로 변환

① **단계1** : POS식의 각 합항에 나타나는 2진수를 계산함. 즉, 표준 POS로 표현된 2진수 값은 0이고, 이때 표현되지 않은 수는 1로 채워지므로, 표준 SOP식에서 표현됨
② **단계2** : 단계1의 계산에서 포함되지 않는 모든 2진수를 구함
③ **단계3** : 단계2의 각 2진수에 대해 등가의 곱항을 구하고 SOP형태로 표현

3 SOP식의 진리표로의 변환

① **단계1** : 부울대수식에 나타난 변수들의 가능한 모든 2진수 값을 나열
② **단계2** : SOP의 비표준 형태는 표준 형태로 변환
③ **단계3** : 표준 SOP식을 1로 만드는 2진수 값의 출력을 1로 정하고, 그 외는 0으로 함

4 POS식의 진리표로의 변환

① **단계1** : 부울대수식에 나타난 변수들의 가능한 모든 2진수 값을 나열
② **단계2** : POS의 비표준 형태는 표준 형태로 변환
③ **단계3** : 표준 POS식을 0으로 만드는 2진수 값의 출력을 0으로 정하고, 그 외는 1로 함

5 진리표로부터 표준식의 유도

입력변수				F	SOP항	POS항
A	B	C	D			
0	0	0	0	0		$A+B+C+D$
0	0	0	1	0		$A+B+C+\overline{D}$
0	0	1	0	0		$A+B+\overline{C}+D$
0	0	1	1	1	$\overline{A}\overline{B}CD$	
0	1	0	0	1	$\overline{A}B\overline{C}\overline{D}$	
0	1	0	1	1	$\overline{A}B\overline{C}D$	
0	1	1	0	1	$\overline{A}BC\overline{D}$	
0	1	1	1	0		$A+\overline{B}+\overline{C}+\overline{D}$
1	0	0	0	0		$\overline{A}+B+C+D$
1	0	0	1	0		$\overline{A}+B+C+\overline{D}$
1	0	1	0	0		$\overline{A}+B+\overline{C}+D$
1	0	1	1	1	$A\overline{B}CD$	
1	1	0	0	0		$\overline{A}+\overline{B}+C+D$
1	1	0	1	1	$AB\overline{C}D$	
1	1	1	0	1	$ABC\overline{D}$	
1	1	1	1	1	$ABCD$	

$F = \overline{A}\overline{B}CD + \overline{A}B\overline{C}\overline{D} + \overline{A}B\overline{C}D + \overline{A}BC\overline{D} + A\overline{B}CD + AB\overline{C}D + ABC\overline{D} + ABCD$

$\overline{F} = (A+B+C+D)(A+B+C+\overline{D})(A+B+\overline{C}+D)(A+\overline{B}+\overline{C}+\overline{D})$
$\quad(\overline{A}+B+C+D)(\overline{A}+B+C+\overline{D})(\overline{A}+B+\overline{C}+D)(\overline{A}+\overline{B}+C+D)$

제2절 도표방법

1 진리표로부터의 카르노맵 작성

(1) 2변수 카르노맵

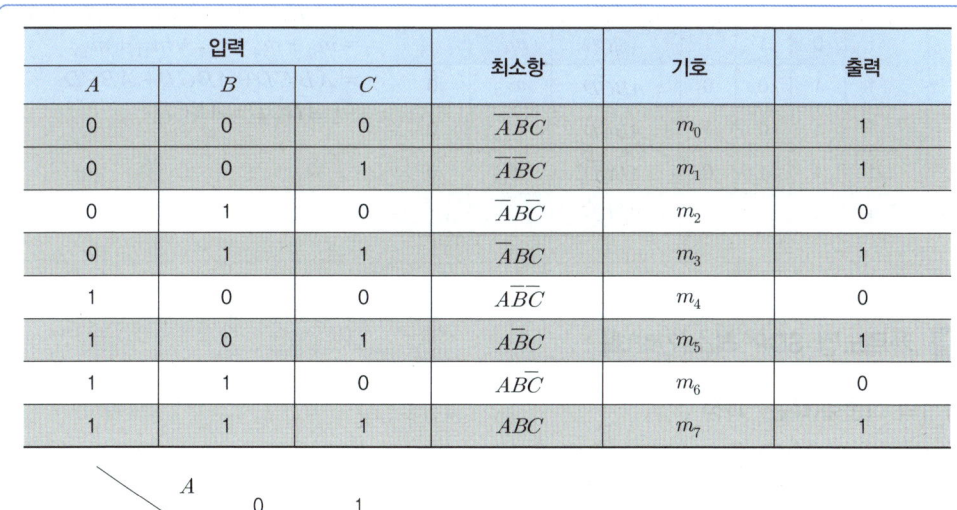

(2) 3변수 카르노맵

입력			최소항	기호	출력
A	B	C			
0	0	0	$\overline{A}\overline{B}\overline{C}$	m_0	1
0	0	1	$\overline{A}\overline{B}C$	m_1	1
0	1	0	$\overline{A}B\overline{C}$	m_2	0
0	1	1	$\overline{A}BC$	m_3	1
1	0	0	$A\overline{B}\overline{C}$	m_4	0
1	0	1	$A\overline{B}C$	m_5	1
1	1	0	$AB\overline{C}$	m_6	0
1	1	1	ABC	m_7	1

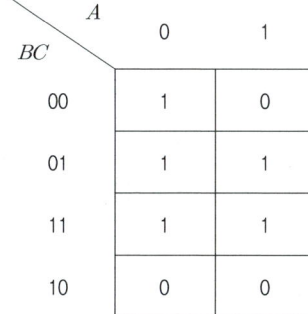

$F(A,B,C) = \sum m(0,1,3,5,7)$
$= m_0 + m_1 + m_3 + m_5 + m_7$
$= \overline{A}\overline{B}\overline{C} + \overline{A}\overline{B}C + \overline{A}BC + A\overline{B}C + ABC$

(3) 4변수 카르노맵

입력				최소항	기호	출력
A	B	C	D			
0	0	0	0	$\overline{A}\overline{B}\overline{C}\overline{D}$	m_0	1
0	0	0	1	$\overline{A}\overline{B}\overline{C}D$	m_1	0
0	0	1	0	$\overline{A}\overline{B}C\overline{D}$	m_2	0
0	0	1	1	$\overline{A}\overline{B}CD$	m_3	0
0	1	0	0	$\overline{A}B\overline{C}\overline{D}$	m_4	1
0	1	0	1	$\overline{A}B\overline{C}D$	m_5	0
0	1	1	0	$\overline{A}BC\overline{D}$	m_6	0
0	1	1	1	$\overline{A}BCD$	m_7	1
1	0	0	0	$A\overline{B}\overline{C}\overline{D}$	m_8	0
1	0	0	1	$A\overline{B}\overline{C}D$	m_9	0
1	0	1	0	$A\overline{B}C\overline{D}$	m_{10}	0
1	0	1	1	$A\overline{B}CD$	m_{11}	1
1	1	0	0	$AB\overline{C}\overline{D}$	m_{12}	0
1	1	0	1	$AB\overline{C}D$	m_{13}	0
1	1	1	0	$ABC\overline{D}$	m_{14}	0
1	1	1	1	$ABCD$	m_{15}	1

AB \ CD	00	01	11	10
00	1	0	0	0
01	1	0	1	0
11	0	0	1	0
10	0	0	1	0

$$F(A,B,C,D) = \sum m(0, 4, 7, 11, 15)$$
$$= m_0 + m_4 + m_7 + m_{11} + m_{15}$$
$$= \overline{A}\overline{B}\overline{C}\overline{D} + \overline{A}B\overline{C}\overline{D} + \overline{A}BCD$$
$$+ A\overline{B}CD + ABCD$$

2 카르노맵 SOP 최소(간략)화

(1) 1의 그룹화(묶는) 과정

① 출력이 같은 항을 1, 2, 4, 8, 16개로 그룹을 지어 묶음
② 바로 이웃한 항들끼리 묶음
③ 반드시 직사각형이나 정사각형의 형태로 묶어야 함
④ 최대한 크게 묶음
⑤ 중복하여 묶어서 간소화된다면 중복하여 묶음
⑥ 무관항의 경우 간소화될 수 있으면 묶어주고, 그렇지 않으면 묶지 않음

(2) 맵으로부터 최소 SOP식의 결정

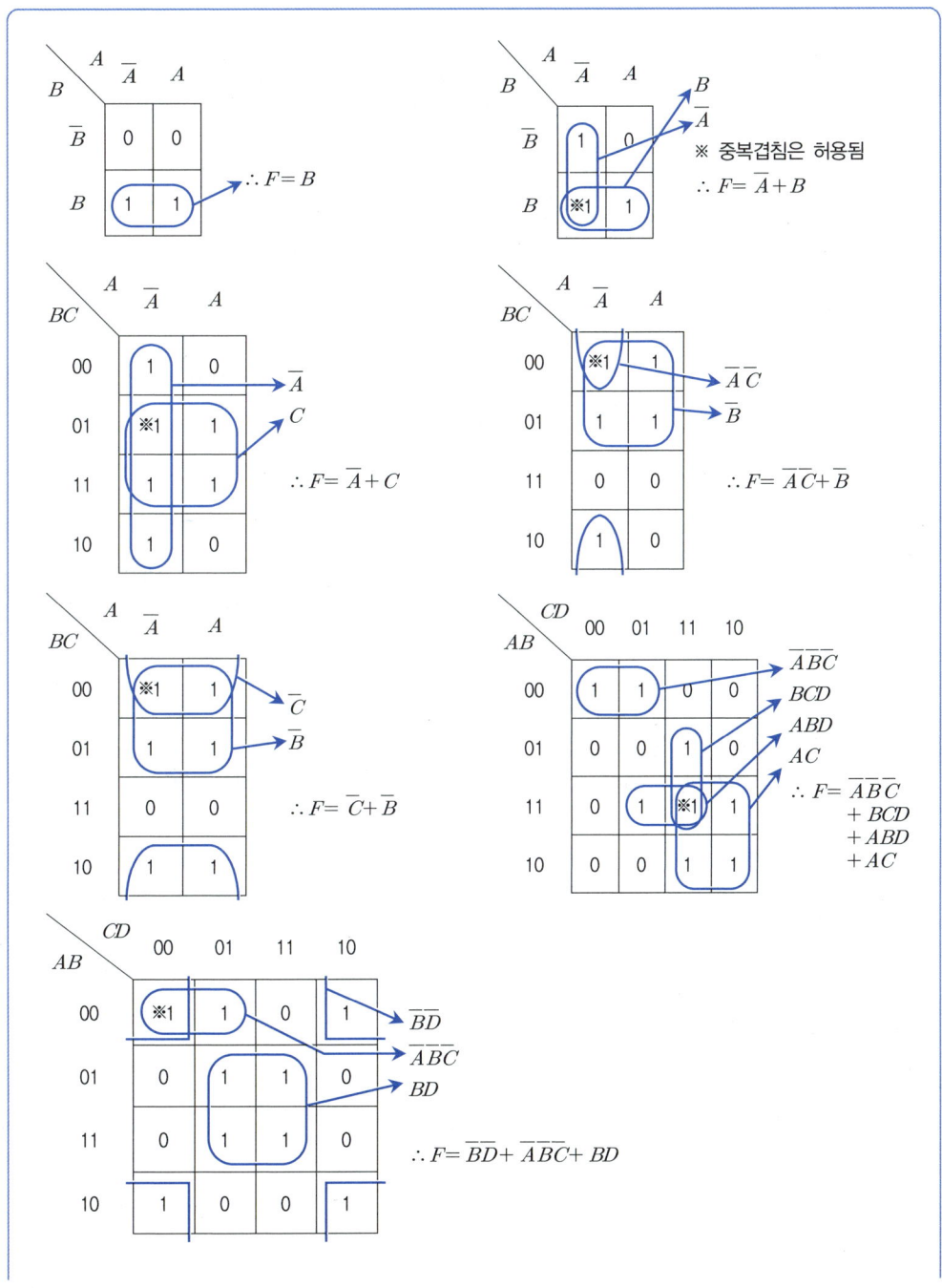

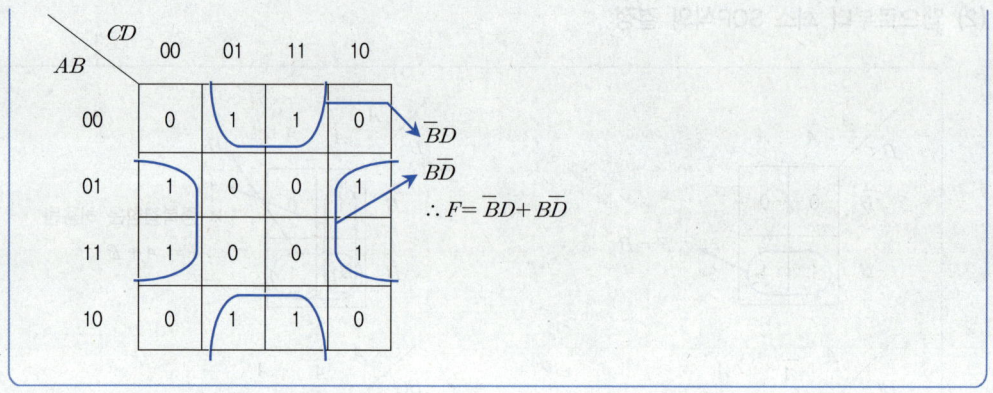

(3) 무정의(Don't care) 조건: 1을 그룹화할 때 더 큰 그룹을 만들기 위해 무정의항인 'X'를 1로 취급할 수 있으며, 도움이 되지 않으면 0으로 취급함

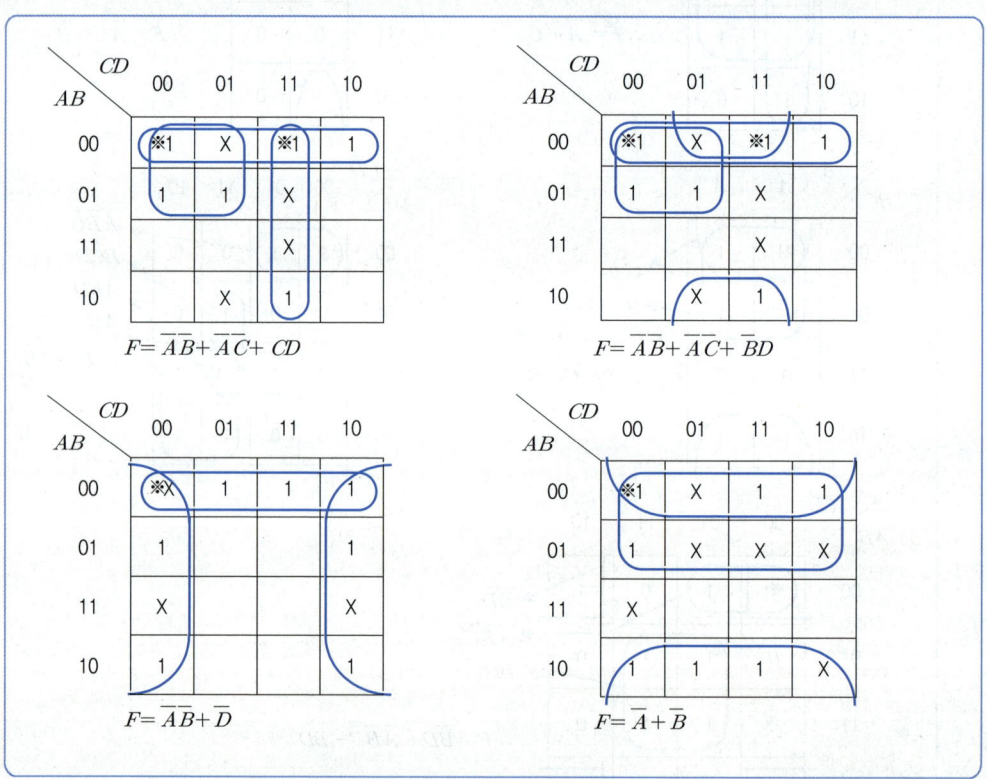

(4) 선택적 카르노맵 작성

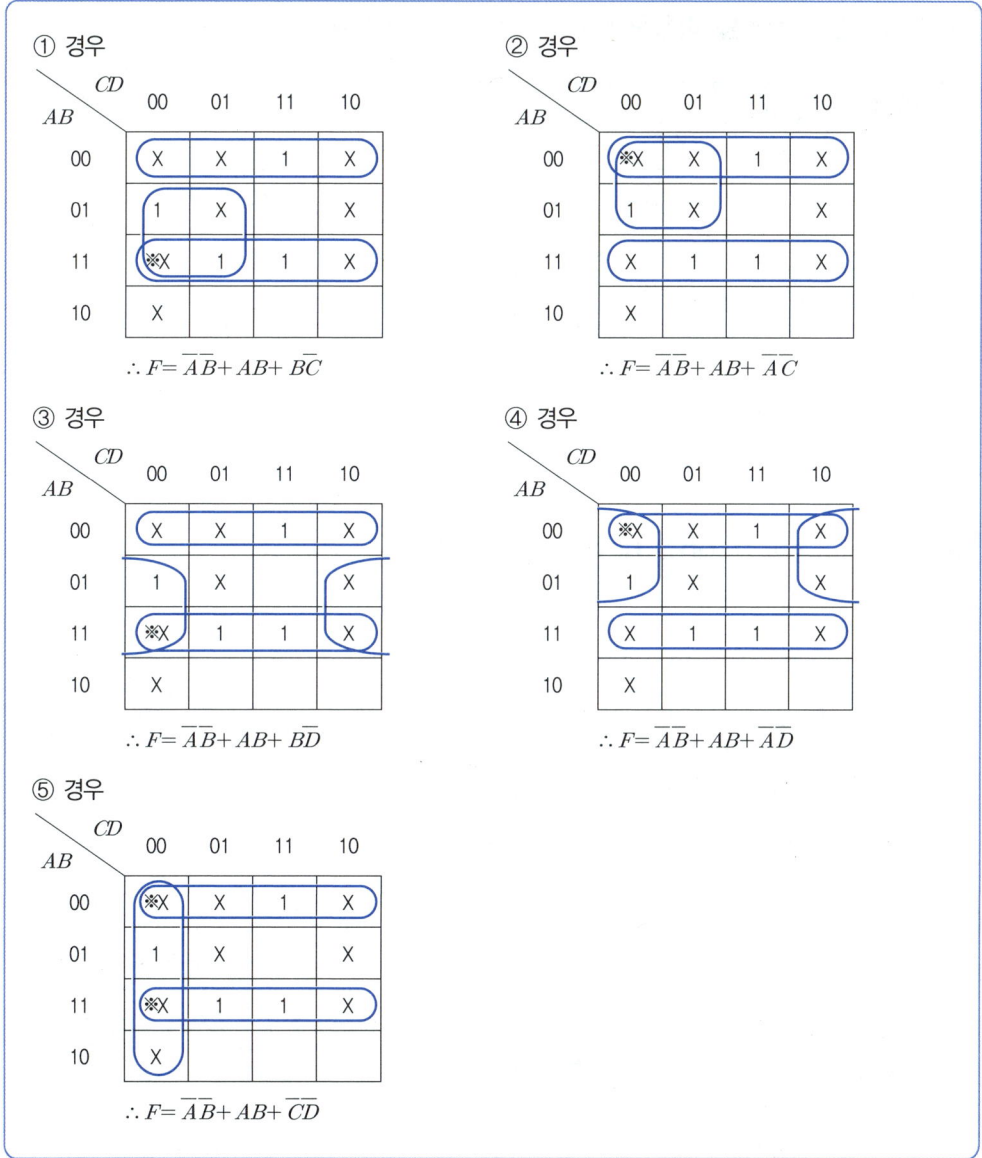

제3절 NAND게이트와 NOR게이트로의 변환

1 드모르간의 정리를 이용한 NAND와 NOR 식의 변환

기본게이트	드모르간의 정리를 이용한 식 표현
NOT	$\overline{A} = \overline{A+A} = \overline{A \cdot A}$
AND	$AB = \overline{\overline{AB}} = \overline{\overline{A}+\overline{B}}$
OR	$A+B = \overline{\overline{A+B}} = \overline{\overline{A} \cdot \overline{B}}$
NAND	$\overline{AB} = \overline{\overline{\overline{AB}}} = \overline{\overline{\overline{A}+\overline{B}}}$
NOR	$\overline{A+B} = \overline{\overline{\overline{A+B}}} = \overline{\overline{\overline{A} \cdot \overline{B}}}$
XOR	$\overline{A}B + A\overline{B} = \overline{\overline{\overline{A}B + A\overline{B}}} = \overline{\overline{\overline{A}B} \cdot \overline{A\overline{B}}} = \overline{(\overline{\overline{A}}+\overline{B})(\overline{A}+\overline{\overline{B}})} = \overline{(A+B)(\overline{A}+\overline{B})}$ $= \overline{\overline{(A+\overline{B})} + \overline{(\overline{A}+B)}} = \overline{\overline{(A+\overline{B})} + \overline{(\overline{A}+B)}}$

2 기본 게이트의 NAND와 NOR 게이트 변환

(1) NOT게이트

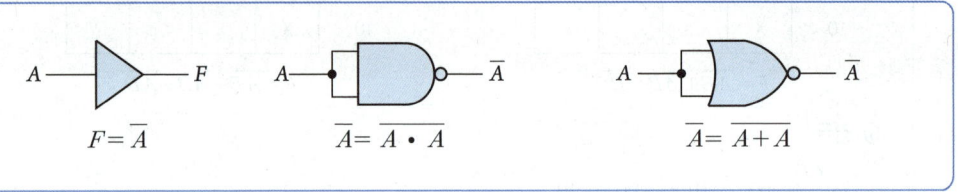

(2) AND게이트

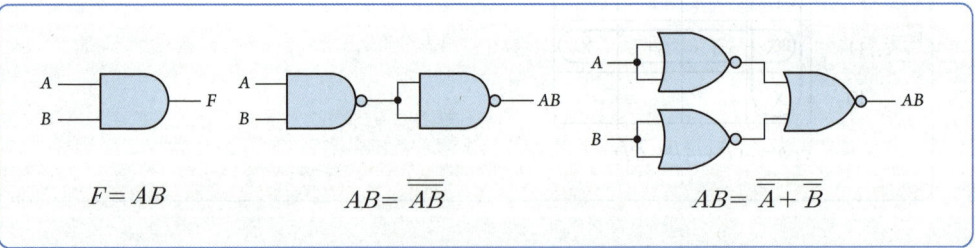

(3) OR게이트

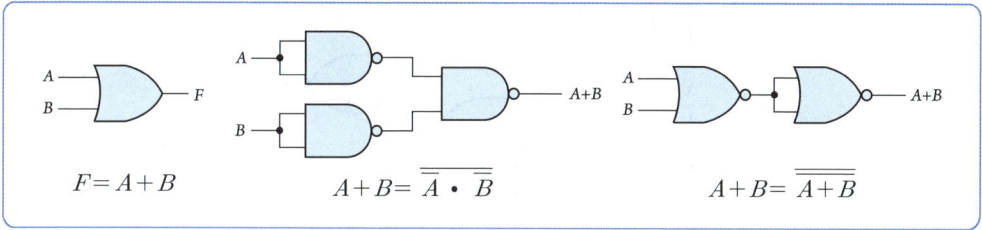

(4) NAND게이트

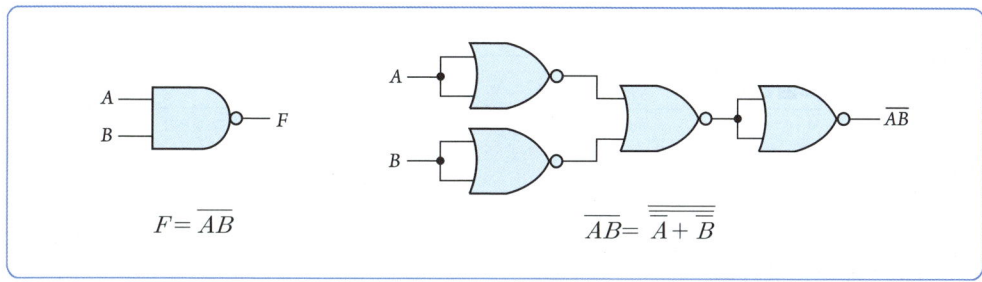

(5) NOR게이트

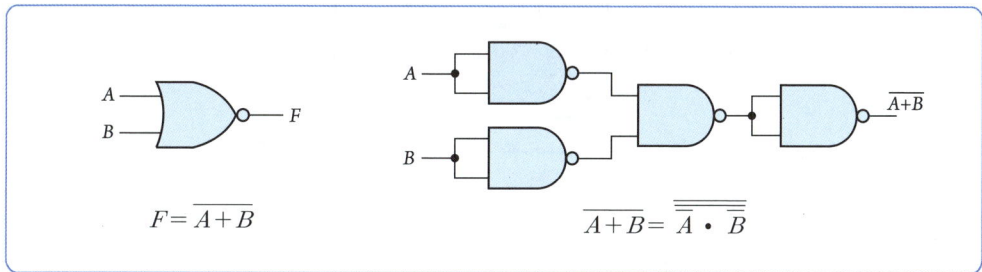

(6) XOR게이트

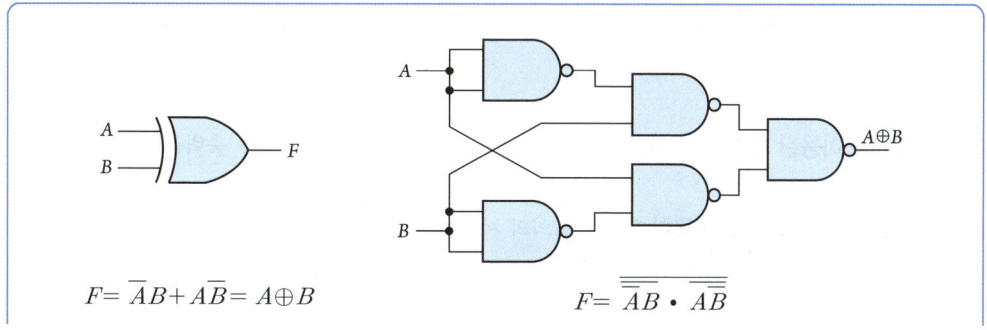

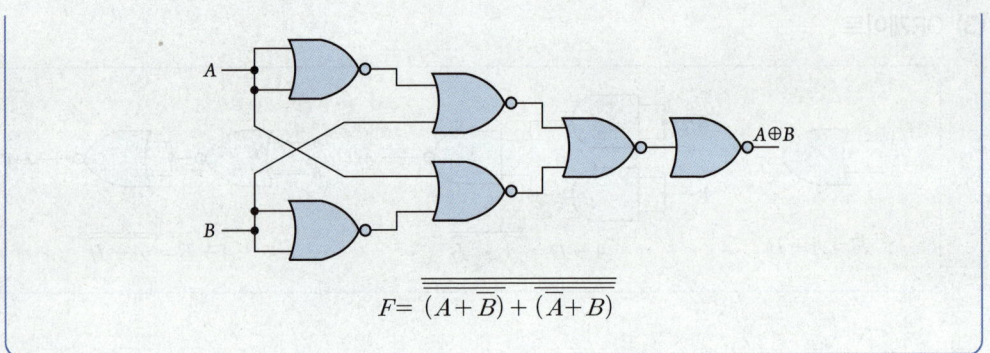

$$F= \overline{\overline{(A+\overline{B})} + \overline{(\overline{A}+B)}}$$

제5장 조합논리회로

제1절 조합논리회로의 개요

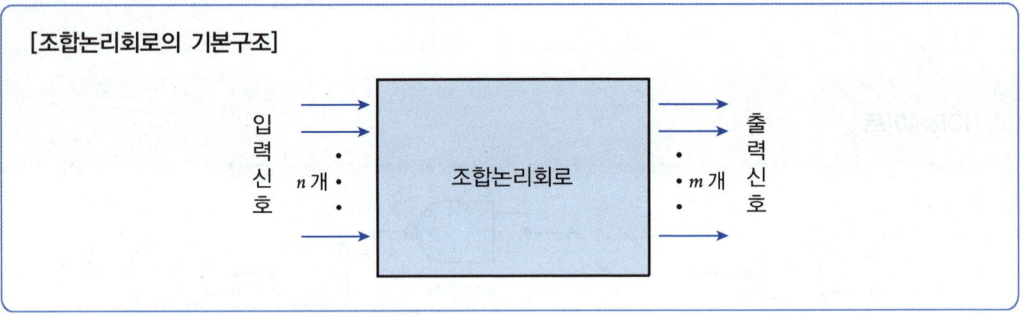

[조합논리회로의 기본구조]

제2절 조합논리회로의 분석과 설계

1 조합논리회로의 분석방법

(1) **부울대수식을 이용한 분석** : 모든 부울대수식은 논리회로로 표현되고, 모든 논리회로는 부울대수식으로 표현됨

(2) **진리표를 이용한 분석** : 각 게이트의 출력값을 단계적으로 구하여 최종 출력을 결정

(3) **입·출력 신호 파형을 이용한 분석** : 임의의 시간에서 논리회로의 출력은 그 시간에서의 입력에 따라 결정되므로, 시간에 따라 변하는 입력의 상호관계는 매우 중요함

2 조합논리회로의 설계

(1) 조합논리회로 설계의 목표
① 설계 시 게이트의 사용개수를 최소로 하여 소비되는 경제적 비용을 최소로 할 수 있음
② 간단한 회로를 설계하여 기판공간면적을 최소화할 수 있음
③ 공간을 최소로 하면 적은 수의 단계를 거치도록 설계하여 전송지연을 최소화하여 고속으로 동작시킬 수 있음

(2) 조합논리회로 설계 절차
① 설계자가 구현하고자 하는 기능을 블록도 같은 개념으로 표현하고, 입력 및 출력 변수를 결정
② 입·출력 관계를 분석하여 진리표를 작성
③ 카르노맵을 이용하여 간략화된 부울식을 유도
④ 유도된 식으로 회로를 구성

제3절 기본 연산회로

1 가산기

(1) 반가산기(Half-Adder)

$0_2 + 0_2 = 00_2$
$0_2 + 1_2 = 01_2$
$1_2 + 0_2 = 01_2$
$1_2 + 1_2 = 10_2$

입력		출력	
A	B	Carry	Sum
0	0	0	0
0	1	0	1
1	0	0	1
1	1	1	0

$Sum = A\bar{B} + \bar{A}B = A \oplus B$

$Carry = AB$

(2) 전가산기(Full-Adder)

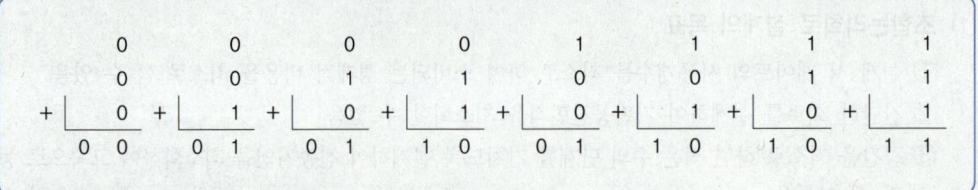

입력			출력	
A	B	C_{in}	C_{out}	Sum
0	0	0	0	0
0	0	1	0	1
0	1	0	0	1
0	1	1	1	0
1	0	0	0	1
1	0	1	1	0
1	1	0	1	0
1	1	1	1	1

2 감산기

(1) 반감산기(Half-Subtracter)

[반감산기의 뺄셈 기본법칙]

$$0_2 - 0_2 = 00_2$$
$$0_2 - 1_2 = 11_2$$
$$1_2 - 0_2 = 01_2$$
$$1_2 - 1_2 = 00_2$$

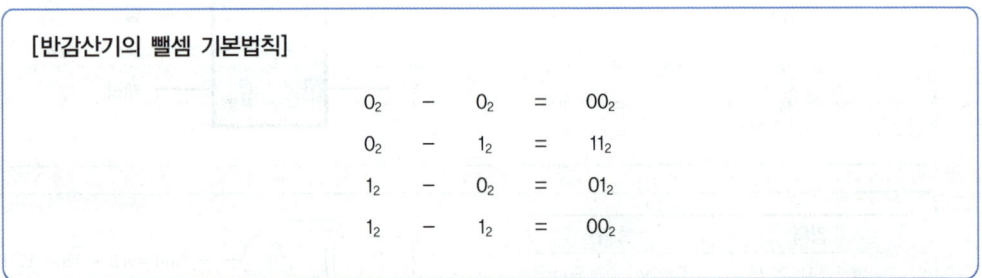

입력		출력	
A	B	B_0	D
0	0	0	0
0	1	1	1
1	0	0	1
1	1	0	0

(2) 전감산기(Full-Subtracter)

[전감산기의 뺄셈 기본법칙]

```
    0      0      0      0      1      1      1      1
    0      0      1      1      0      0      1      1
-   0  -   1  -   0  -   1  -   0  -   1  -   0  -   1
   ─────  ─────  ─────  ─────  ─────  ─────  ─────  ─────
   0  0   1  1   1  1   1  0   0  1   0  0   0  0   1  1
```

입력			출력	
A	B	B_i	B_o	D
0	0	0	0	0
0	0	1	1	1
0	1	0	1	1
0	1	1	1	0
1	0	0	0	1
1	0	1	0	0
1	1	0	0	0
1	1	1	1	1

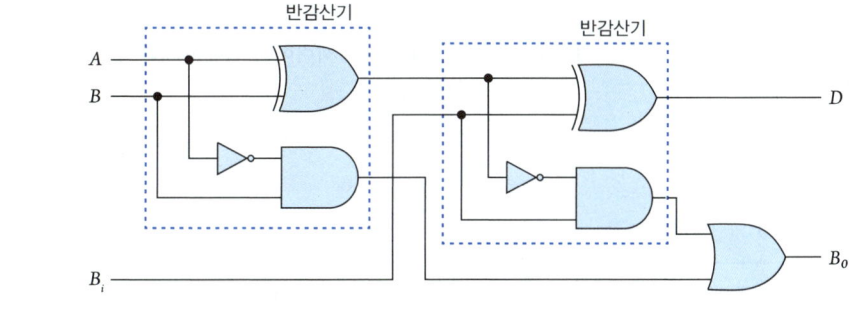

제4절 여러 가지 조합논리회로

1 비교기(Comparator)

두 개의 2진수 값의 크고 작음을 결정, XNOR을 이용하여 판정함

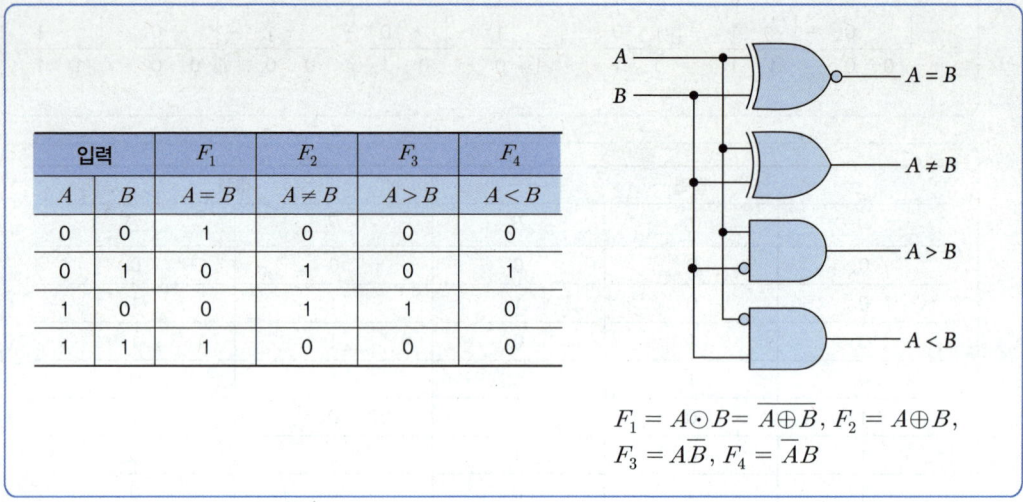

입력		F_1	F_2	F_3	F_4
A	B	A=B	A≠B	A>B	A<B
0	0	1	0	0	0
0	1	0	1	0	1
1	0	0	1	1	0
1	1	1	0	0	0

$F_1 = A \odot B = \overline{A \oplus B}$, $F_2 = A \oplus B$,
$F_3 = A\overline{B}$, $F_4 = \overline{A}B$

2 디코더(Decoder)

2진 코드를 숫자나 문자로 변환해주는 회로로, 디코더는 n비트를 처리하기 위해 n개의 입력선과 $1 \sim 2^n$개의 출력선을 가짐

(1) 기본적인 2비트 디코더

① 1×2 디코더

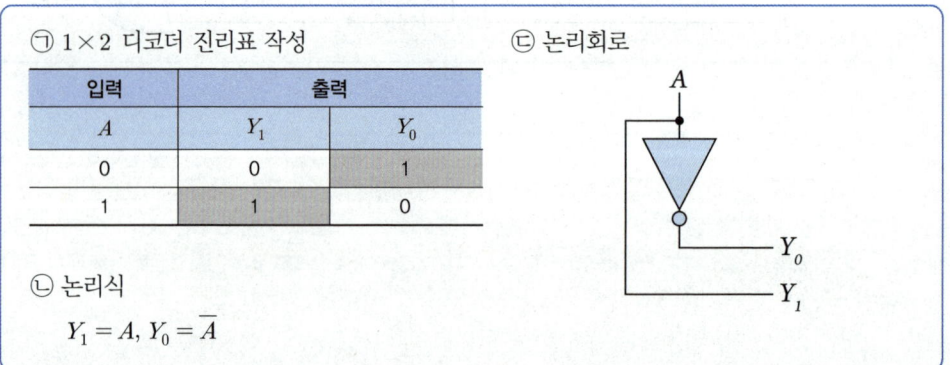

㉠ 1×2 디코더 진리표 작성

입력	출력	
A	Y_1	Y_0
0	0	1
1	1	0

㉡ 논리식

$Y_1 = A, Y_0 = \overline{A}$

㉢ 논리회로

② 2×4 **디코더** : 2비트 2진수의 값을 4개로 나눠 출력하여 2진수 코드를 복호화함

○ 2×4 디코더 진리표

입력		출력			
B	A	Y_3	Y_2	Y_1	Y_0
0	0	0	0	0	1
0	1	0	0	1	0
1	0	0	1	0	0
1	1	1	0	0	0

ⓒ 논리회로

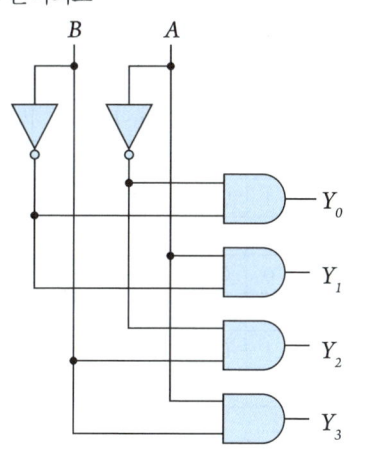

ⓛ 논리식

$Y_0 = \overline{B}\overline{A}$, $Y_1 = \overline{B}A$,
$Y_2 = B\overline{A}$, $Y_3 = BA$

③ 2×4 **NAND 디코더** : 실제 IC(74139)로 제작된 2×4디코더는 NAND게이트로 구성

○ 2×4 NAND 디코더 진리표

입력		출력			
B	A	Y_3	Y_2	Y_1	Y_0
0	0	1	1	1	0
0	1	1	1	0	1
1	0	1	0	1	1
1	1	0	1	1	1

ⓒ 논리회로

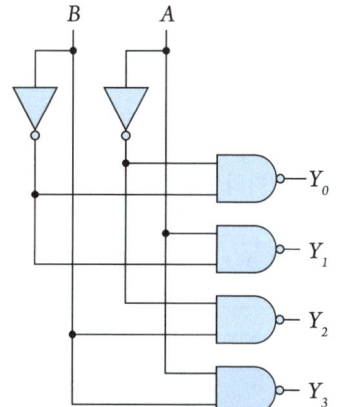

ⓛ 논리식

$Y_0 = \overline{\overline{B}\overline{A}}$, $Y_1 = \overline{\overline{B}A}$,
$Y_2 = \overline{B\overline{A}}$, $Y_3 = \overline{BA}$

(2) 3×8 디코더

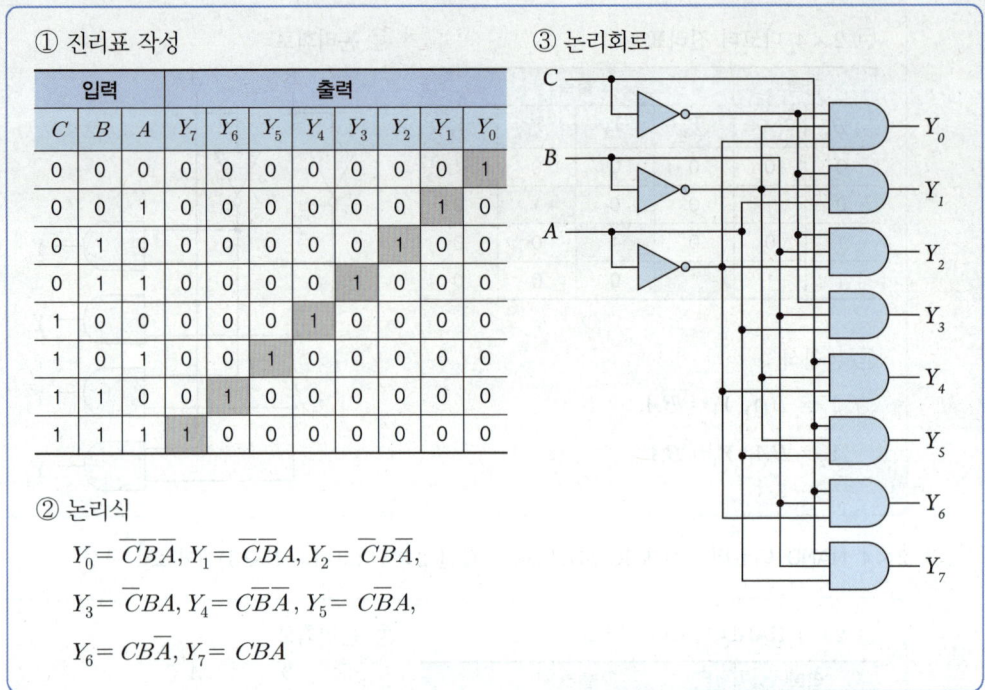

3 인코더(Encoder)

인코더는 디코더의 기능을 역으로 수행하는 조합논리회로로, 신호 2^n개를 입력받아 출력신호 n개를 만든다.

(1) 기본적인 2×1 인코더

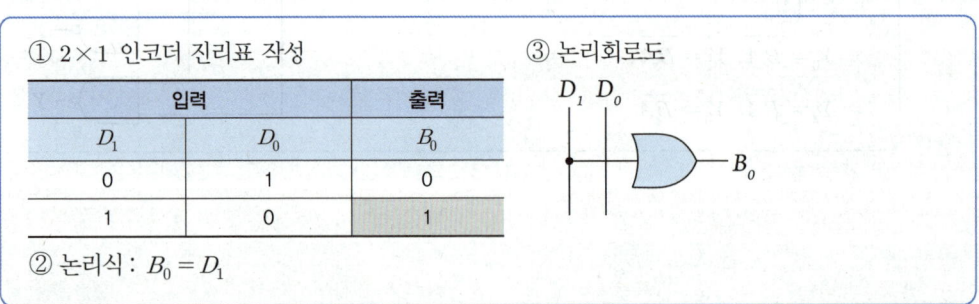

(2) 4×2 인코더

① 4×2 인코더 진리표 작성

입력				출력	
D_3	D_2	D_1	D_0	B_1	B_0
0	0	0	1	0	0
0	0	1	0	0	1
0	1	0	0	1	0
1	0	0	0	1	1

② 논리식

$B_0 = D_1 + D_3$, $B_1 = D_2 + D_3$

③ 논리회로도

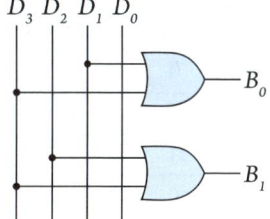

(3) 8×3 인코더

① 8×3 인코더 진리표 작성

입력								출력		
D_7	D_6	D_5	D_4	D_3	D_2	D_1	D_0	B_2	B_1	B_0
0	0	0	0	0	0	0	1	0	0	0
0	0	0	0	0	0	1	0	0	0	1
0	0	0	0	0	1	0	0	0	1	0
0	0	0	0	1	0	0	0	0	1	1
0	0	0	1	0	0	0	0	1	0	0
0	0	1	0	0	0	0	0	1	0	1
0	1	0	0	0	0	0	0	1	1	0
1	0	0	0	0	0	0	0	1	1	1

② 논리식

$B_0 = D_1 + D_3 + D_5 + D_7$, $B_1 = D_2 + D_3 + D_6 + D_7$, $B_2 = D_4 + D_5 + D_6 + D_7$

③ 논리회로

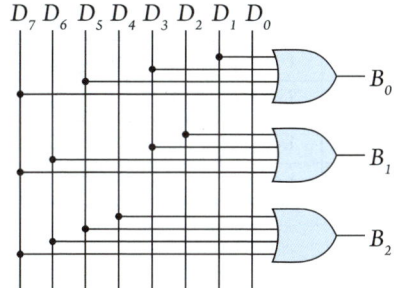

4 코드변환기

(1) 4비트 2진수를 그레이코드로 변환

2진 입력				그레이코드 출력				2진 입력				그레이코드 출력			
B_3	B_2	B_1	B_0	G_3	G_2	G_1	G_0	B_3	B_2	B_1	B_0	G_3	G_2	G_1	G_0
0	0	0	0	0	0	0	0	1	0	0	0	1	1	0	0
0	0	0	1	0	0	0	1	1	0	0	1	1	1	0	1
0	0	1	0	0	0	1	1	1	0	1	0	1	1	1	1
0	0	1	1	0	0	1	0	1	0	1	1	1	1	1	0
0	1	0	0	0	1	1	0	1	1	0	0	1	0	1	0
0	1	0	1	0	1	1	1	1	1	0	1	1	0	1	1
0	1	1	0	0	1	0	1	1	1	1	0	1	0	0	1
0	1	1	1	0	1	0	0	1	1	1	1	1	0	0	0

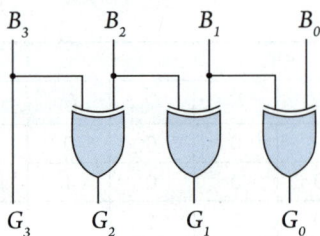

(2) 4비트 그레이코드를 2진수로 변환

그레이코드 입력				2진 출력				그레이코드 입력				2진 출력			
G_3	G_2	G_1	G_0	B_3	B_2	B_1	B_0	G_3	G_2	G_1	G_0	B_3	B_2	B_1	B_0
0	0	0	0	0	0	0	0	1	0	0	0	1	1	1	1
0	0	0	1	0	0	0	1	1	0	0	1	1	1	1	0
0	0	1	0	0	0	1	1	1	0	1	0	1	1	0	0
0	0	1	1	0	0	1	0	1	0	1	1	1	1	0	1
0	1	0	0	0	1	1	1	1	1	0	0	1	0	0	0
0	1	0	1	0	1	1	0	1	1	0	1	1	0	0	1
0	1	1	0	0	1	0	0	1	1	1	0	1	0	1	1
0	1	1	1	0	1	0	1	1	1	1	1	1	0	1	0

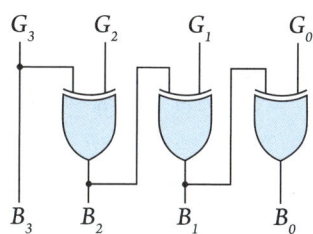

(3) BCD 코드 - 3초과 코드 변환

BCD 코드 입력				3초과 코드 출력				BCD 코드 입력				3초과 코드 출력			
B_3	B_2	B_1	B_0	E_3	E_2	E_1	E_0	B_3	B_2	B_1	B_0	E_3	E_2	E_1	E_0
0	0	0	0	0	0	1	1	1	0	0	0	1	0	1	1
0	0	0	1	0	1	0	0	1	0	0	1	1	1	0	0
0	0	1	0	0	1	0	1	1	0	1	0	X	X	X	X
0	0	1	1	0	1	1	0	1	0	1	1	X	X	X	X
0	1	0	0	0	1	1	1	1	1	0	0	X	X	X	X
0	1	0	1	1	0	0	0	1	1	0	1	X	X	X	X
0	1	1	0	1	0	0	1	1	1	1	0	X	X	X	X
0	1	1	1	1	0	1	0	1	1	1	1	X	X	X	X

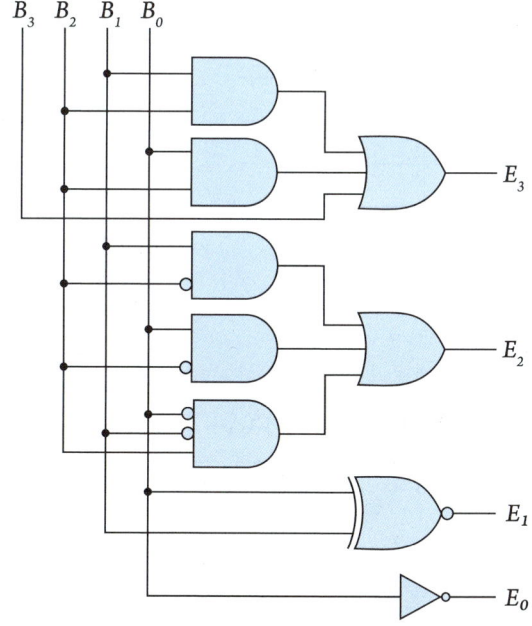

5 멀티플렉서(데이터 선택기)

2^n개의 입력선, n개의 선택선의 비트 조합에 따라 입력 중 하나를 선택

(1) 2×1 멀티플렉서

① 2×1 멀티플렉서 진리표 작성

선택선	출력
S	F
0	D_0
1	D_1

② 논리식

$$F = \overline{S}D_0 + SD_1$$

③ 논리회로도

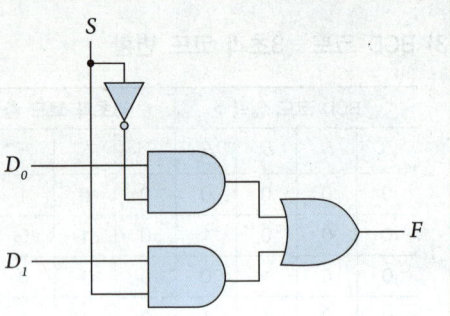

(2) 4×1 멀티플렉서

① 4×1 멀티플렉서 진리표 작성

선택선		출력
S_1	S_0	F
0	0	D_0
0	1	D_1
1	0	D_2
1	1	D_3

③ 논리회로도

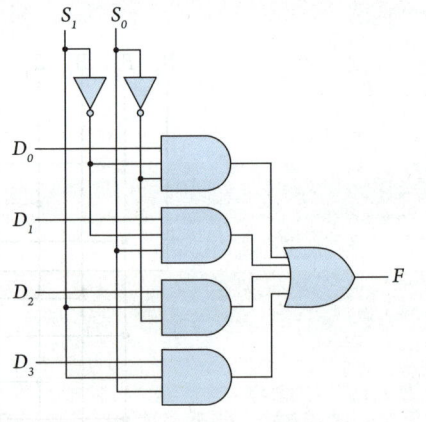

② 논리식

$$F = D_0\overline{S}_1\overline{S}_0 + D_1\overline{S}_1S_0 + D_2S_1\overline{S}_0 + D_3S_1S_0$$

(3) 8×1 멀티플렉서

① 8×1 멀티플렉서 진리표 작성

선택선			데이터	출력
S_2	S_1	S_0		F
0	0	0	D_0	$F = D_0\overline{S_2}\,\overline{S_1}\,\overline{S_0}$
0	0	1	D_1	$F = D_1\overline{S_2}\,\overline{S_1}S_0$
0	1	0	D_2	$F = D_2\overline{S_2}S_1\overline{S_0}$
0	1	1	D_3	$F = D_3\overline{S_2}S_1S_0$
1	0	0	D_4	$F = D_4S_2\overline{S_1}\,\overline{S_0}$
1	0	1	D_5	$F = D_5S_2\overline{S_1}S_0$
1	1	0	D_6	$F = D_6S_2S_1\overline{S_0}$
1	1	1	D_7	$F = D_7S_2S_1S_0$

③ 논리회로도

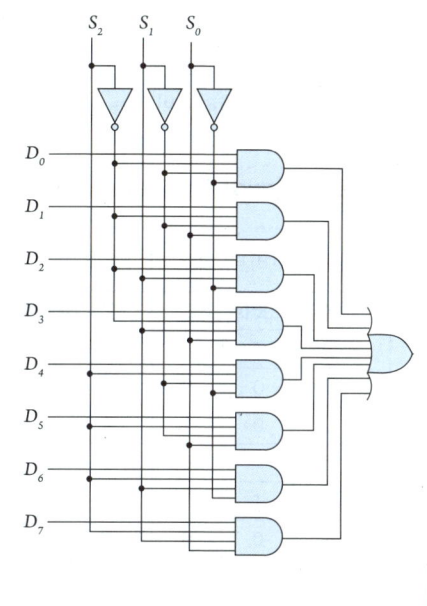

② 논리식

$$\therefore F = D_0\overline{S_2}\,\overline{S_1}\,\overline{S_0} + D_1\overline{S_2}\,\overline{S_1}S_0 + D_2\overline{S_2}S_1\overline{S_0}$$
$$+ D_3\overline{S_2}S_1S_0 + D_4S_2\overline{S_1}\,\overline{S_0} + D_5S_2\overline{S_1}S_0$$
$$+ D_6S_2S_1\overline{S_0} + D_7S_2S_1S_0$$

6 디멀티플렉서

하나의 선으로 디지털 정보를 받아서 여러 출력선으로 분배하며, 데이터 분배기라고도 함

[1×4 디멀티플렉서]

① 1×4 디멀티플렉서 진리표 작성

DATA	선택선		출력			
	S_1	S_0	D_3	D_2	D_1	D_0
D	0	0	0	0	0	1
	0	1	0	0	1	0
	1	0	0	1	0	0
	1	1	1	0	0	0

③ 논리회로도

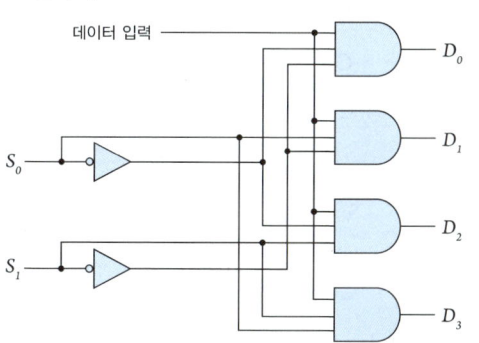

② 논리식

$D_0 = D\overline{S_1}\,\overline{S_0}$, $D_1 = D\overline{S_1}S_0$,
$D_2 = DS_1\overline{S_0}$, $D_3 = DS_1S_0$

7 패리티 발생회로

우수 패리티비트는 주어진 코드의 1의 개수가 홀수이면 출력되는 값까지 포함해서 짝수로 만들어 주는 회로이며, 1이 없는 것도 짝수로 봄. 이와 반대로 기수 패리티비트는 주어진 코드의 1의 개수가 짝수이면 출력되는 값까지 포함해서 홀수로 만들어 주는 회로임. 즉, 우수(짝수) 패리티비트는 전체 비트에서 1의 개수가 짝수이면 되고, 기수(홀수) 패리티비트는 전체 비트에서 1의 개수가 홀수이면 됨

(1) 3비트 기수(odd) / 우수(even) 패리티비트 발생회로

① 패리티비트 회로 진리표

주어진 3비트 코드			생성 패리티비트	
A	B	C	기수	우수
0	0	0	1	0
0	0	1	0	1
0	1	0	0	1
0	1	1	1	0
1	0	0	0	1
1	0	1	1	0
1	1	0	1	0
1	1	1	0	1

② 카르노맵을 사용하여 논리식 작성

- 짝수(우수) 패리티비트 회로

$$P = A\overline{B}\,\overline{C} + ABC + \overline{A}B\overline{C} + \overline{A}\,\overline{B}C$$
$$= A(\overline{B}\,\overline{C} + BC) + \overline{A}(B\overline{C} + \overline{B}C)$$
$$= A(\overline{B \oplus C}) + \overline{A}(B \oplus C)$$
$$= \overline{A \oplus B \oplus C}$$

- 홀수(기수) 패리티비트 회로

$$P = \overline{A}\,\overline{B}\,\overline{C} + \overline{A}BC + A\overline{B}C + AB\overline{C}$$
$$= \overline{A}(\overline{B}\,\overline{C} + BC) + A(\overline{B}C + B\overline{C})$$
$$= \overline{A}(\overline{B \oplus C}) + A(B \oplus C)$$
$$= A \oplus B \oplus C$$

③ 논리회로

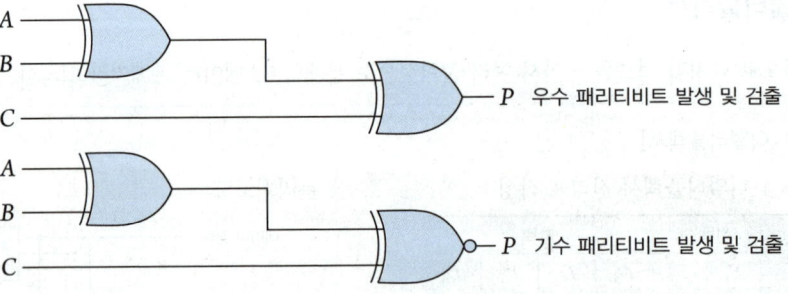

(2) 8비트 기수(odd)/우수(even) 패리티비트 발생회로

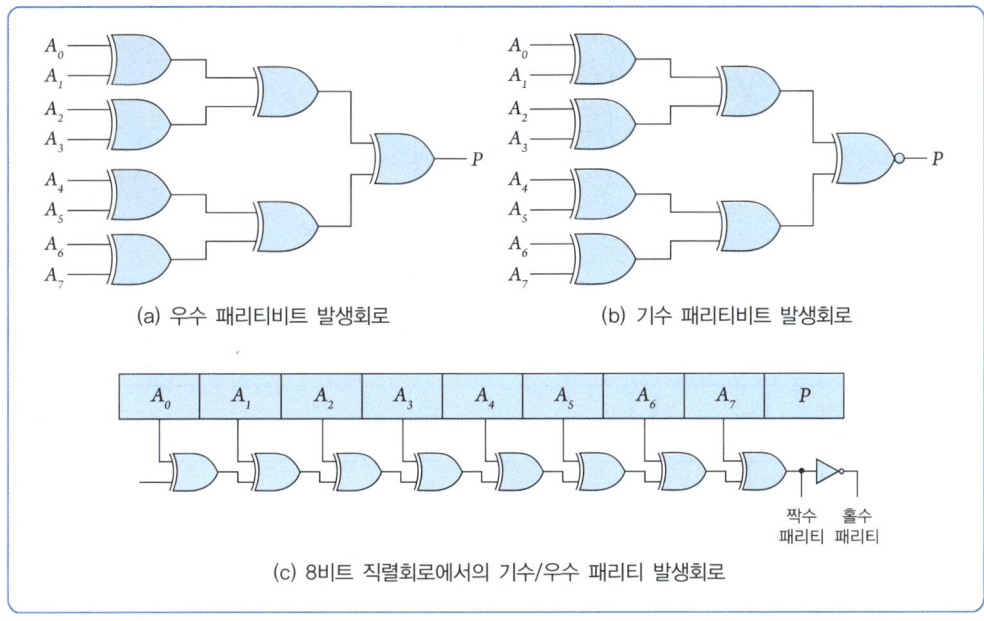

(a) 우수 패리티비트 발생회로 (b) 기수 패리티비트 발생회로

(c) 8비트 직렬회로에서의 기수/우수 패리티 발생회로

제5절 MSI를 이용한 조합논리회로

1 병렬 2진 가산기

병렬 2진 가산기는 2개 혹은 그 이상의 전가산기로 구성되며, 전가산기 여러 개를 병렬로 연결하여 입력이 2비트 이상인 가산기를 병렬-가산기(parallel-adder)라고 함

2 4비트 병렬 가산기 구성도와 논리기호 및 진리표

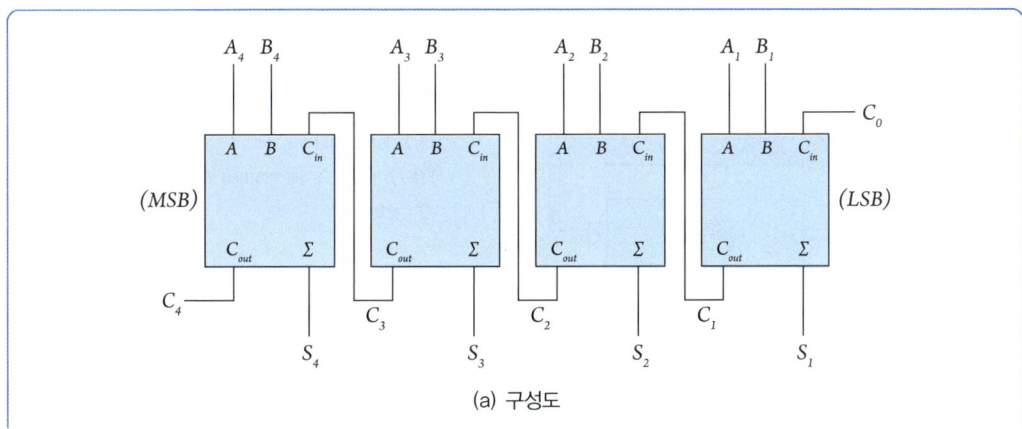

(a) 구성도

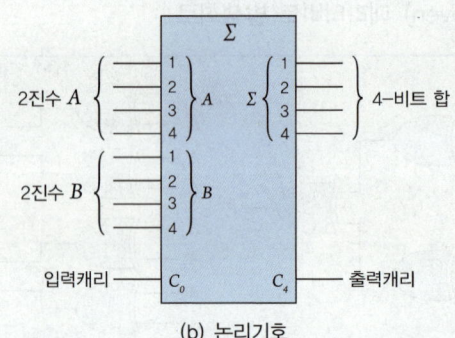

(b) 논리기호

입력			출력	
C_{n-1}	A_n	B_n	C_n	S_n
0	0	0	0	0
0	0	1	0	1
0	1	0	0	1
0	1	1	1	0
1	0	0	0	1
1	0	1	1	0
1	1	0	1	0
1	1	1	1	1

제6장 순서논리회로

제1절 순서논리회로의 개요

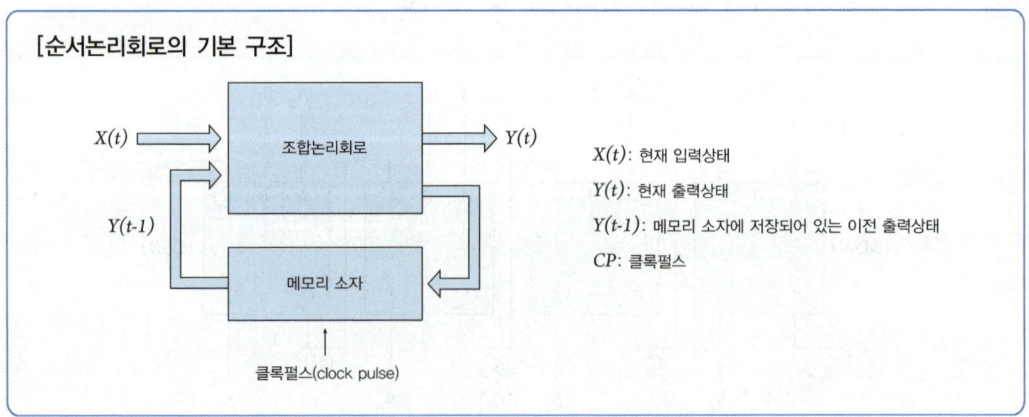

제2절 플립플롭

1 래치(Latch)회로

(1) SR(set-reset)래치

① NOR게이트로 구성된 SR래치

㉠ 진리표

S	R	$Q(t+1)$
0	0	$Q(t)$
0	1	0
1	0	1
1	1	부정

㉡ 회로도

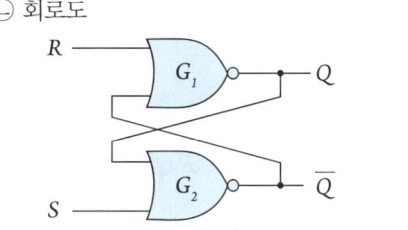

② NAND게이트로 구성된 SR래치

㉠ 진리표

$\overline{S}$	$\overline{R}$	$Q(t+1)$
0	0	부정
0	1	1
1	0	0
1	1	$Q(t)$

㉡ 회로도

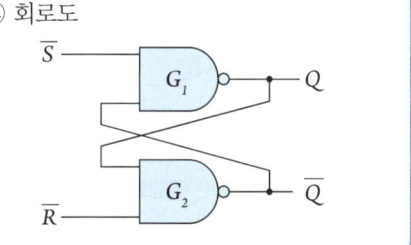

2 SR플립플롭

(1) 클록형 SR플립플롭

① 진리표

CP	S	R	$Q(t+1)$
0	관계없음		$Q(t)$
1	0	0	$Q(t)$
1	0	1	0
1	1	0	1
1	1	1	부정

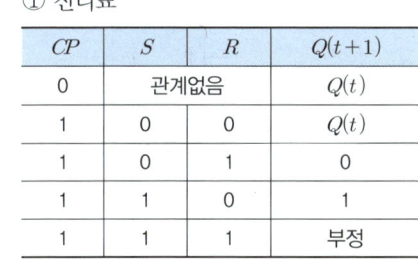

② 회로도

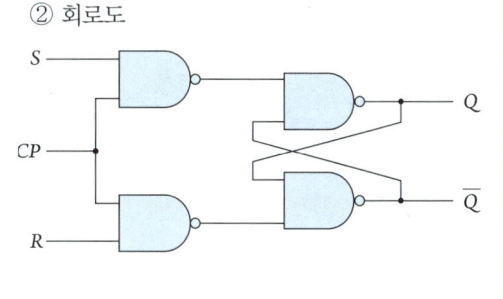

③ 특성표와 특성방정식

$Q(t)$ 현재값	S	R	$Q(t+1)$	설명
0	0	0	0	현재값 유지
0	0	1	0	reset
0	1	0	1	set
0	1	1	부정	Don't care
1	0	0	1	현재값 유지
1	0	1	0	reset
1	1	0	1	set
1	1	1	부정	Don't care

$Q(t+1) = S + \overline{R}\,Q(t)$ [단, $SR = 0$]

④ 상태도

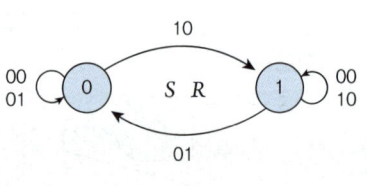

현재 상태		S	R	내용
0		0	0	현재 상태 유지
		0	1	
		1	0	set
1		0	0	현재 상태 유지
		1	0	
		0	1	reset

◯ : 0, 1은 플립플롭의 현재 상태

(2) 에지트리거 SR플립플롭

① 펄스전이검출기를 추가한 SR플립플롭 회로 및 논리기호

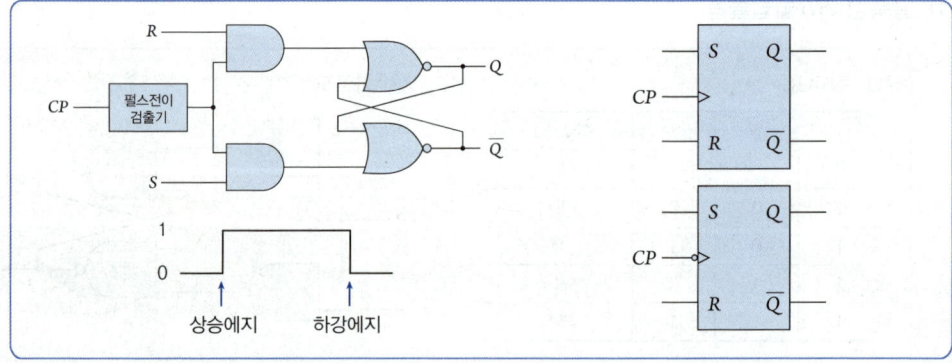

② 상승/하강 에지트리거 SR플립플롭의 진리표

㉠ 상승에지트리거 SR플립플롭

CP	S	R	$Q(t+1)$
↑	0	0	$Q(t)$
↑	0	1	0
↑	1	0	1
↑	1	1	부정

㉡ 하강에지트리거 SR플립플롭

CP	S	R	$Q(t+1)$
↓	0	0	$Q(t)$
↓	0	1	0
↓	1	0	1
↓	1	1	부정

(3) 주종형 SR플립플롭

클록형 트리거링(레벨트리거링)을 행하는 플립플롭의 문제를 해결할 목적으로 많이 사용하는 방법 중에 주종형(master-slave)플립플롭이 있음

① **주종형 SR플립플롭의 구조**: 주플립플롭(master flip-flop), 종플립플롭(slave flip-flop), 그리고 NOT게이트로 구성

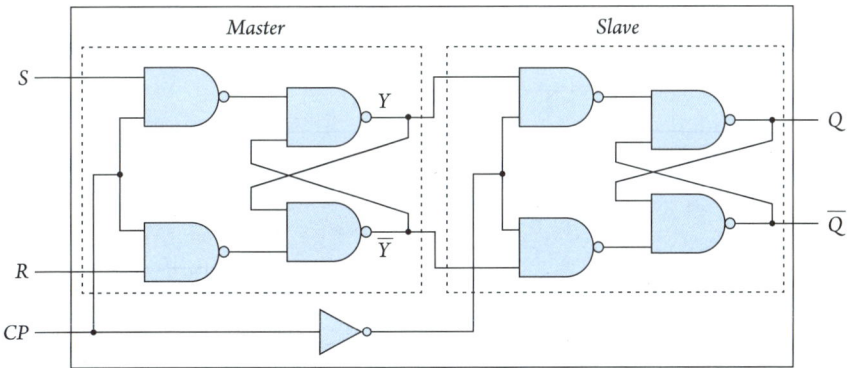

② 주종형 SR플립플롭의 동작

$CP=0$일 때	NOT게이트의 출력은 1이 되고, 종플립플롭의 $CP=1$이 되므로 $Q(t+1)=Y, \overline{Q}(t+1)=\overline{Y}$ 주플립플롭은 $CP=0$이므로 동작하지 않음
$CP=1$일 때	외부의 S, R의 입력이 주플립플롭에 전달되고, 종플립플롭은 $CP=0$이 되므로 동작하지 않음

3 D 플립플롭

1비트의 정보를 저장하거나, 지연할 때 사용

(1) 클록형 D 플립플롭

① 진리표

D	S	R	$Q(t+1)$
0	0	1	0
1	1	0	1

② 회로도

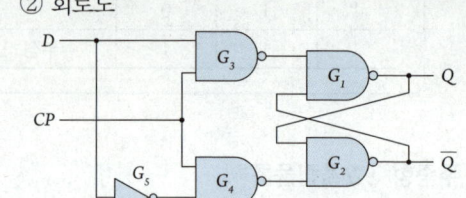

③ 특성표 및 특성방정식

$Q(t)$ 현재값	D	$Q(t+1)$	설명
0	0	0	
0	1	1	현재값에 상관없이 입력된 D값이 출력으로 전달됨
1	0	0	
1	1	1	

$Q(t+1) = D$

④ 상태도

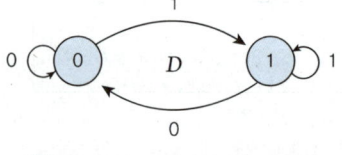

현재상태		D	내용
0		0	0, 현재 값 유지
		1	1, 현재 상태 변경
1		0	0, 현재 상태 변경
		1	1, 현재 값 유지

◯ : 0, 1은 플립플롭의 현재 상태

(2) 에지트리거 D 플립플롭의 진리표

① 상승에지트리거 D 플립플롭

CP	D	$Q(t+1)$
↑	0	0
↑	1	1

② 하강에지트리거 D 플립플롭

CP	D	$Q(t+1)$
↓	0	0
↓	1	1

(3) 주종형 D플립플롭의 구조

주종형 D플립플롭도 주종형 SR플립플롭과 마찬가지로 주플립플롭의 클록 입력에는 클록펄스가 그대로 입력되고, 종플립플롭의 클록 입력에는 반전된 클록펄스가 입력되도록 구성

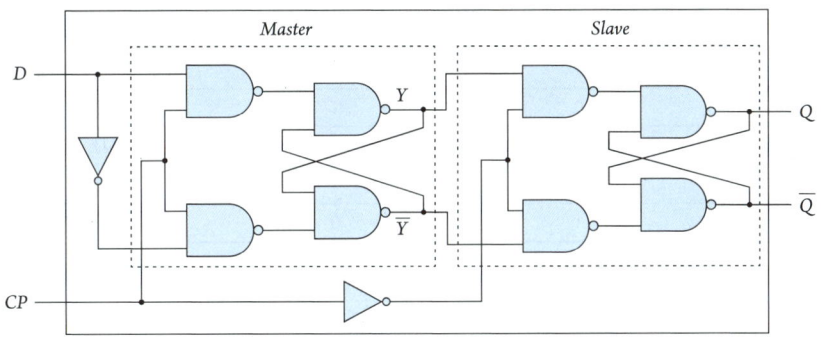

4 JK플립플롭

(1) 클록형 JK플립플롭

① 진리표

J	K	$Q(t+1)$
X	X	$Q(t)$
0	0	$Q(t)$
0	1	0
1	0	1
1	1	$\overline{Q(t)}$

② 회로도

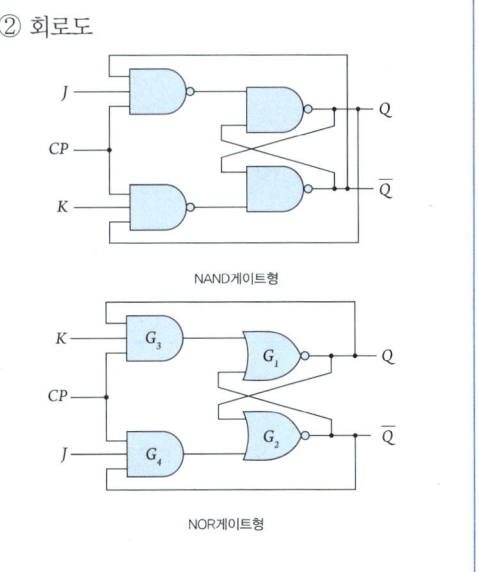

NAND게이트형

NOR게이트형

③ 특성표 및 특성방정식

$Q(t)$ 현재값	J	K	$Q(t+1)$	설명
0	0	0	0	이전 상태 유지
0	0	1	0	Reset
0	1	0	1	Set
0	1	1	1	Toggle(이전 상태 반전)
1	0	0	1	이전 상태 유지
1	0	1	0	Reset
1	1	0	1	Set
1	1	1	0	Toggle(이전 상태 반전)

$$Q(t+1) = J\overline{Q}(t) + \overline{K}Q(t)$$

④ 상태도

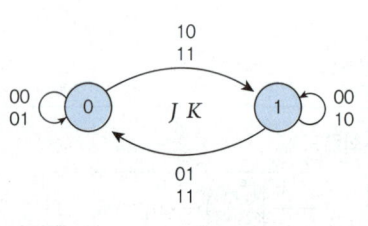

	J	K	내용
현재상태 0	0	0	0, 현재 상태 유지
	0	1	
	1	0	1, 현재 상태 변경
	1	1	
현재상태 1	0	0	1, 현재 상태 유지
	0	1	0, 현재 상태 변경
	1	0	1, 현재 상태 유지
	1	1	0, 현재 상태 변경

○ : 0, 1은 플립플롭의 현재 상태

(2) 에지트리거 JK 플립플롭

① 회로도 및 논리기호

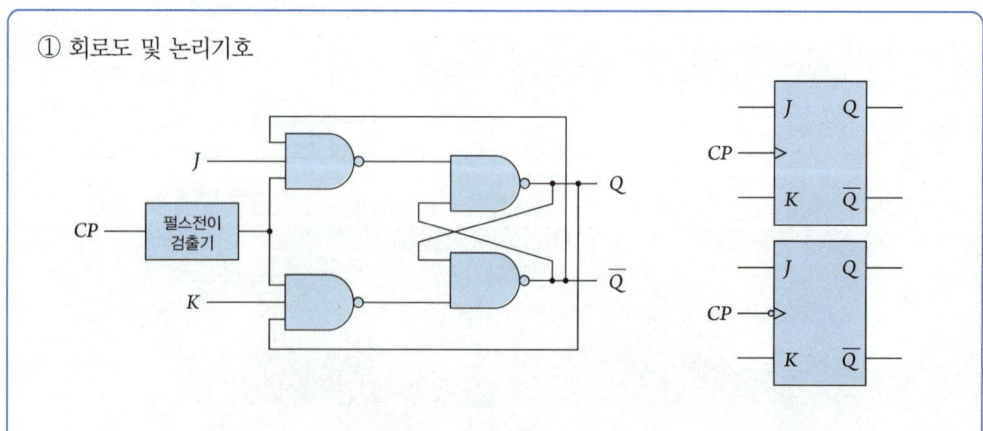

② 진리표

㉠ 상승에지트리거 JK플립플롭

CP	J	K	Q(t+1)
↑	0	0	Q(t)
↑	0	1	0
↑	1	0	1
↑	1	1	$\overline{Q}(t)$

㉡ 하강에지트리거 JK플립플롭

CP	J	K	Q(t+1)
↓	0	0	Q(t)
↓	0	1	0
↓	1	0	1
↓	1	1	$\overline{Q}(t)$

(3) 주종형 JK플립플롭 구성

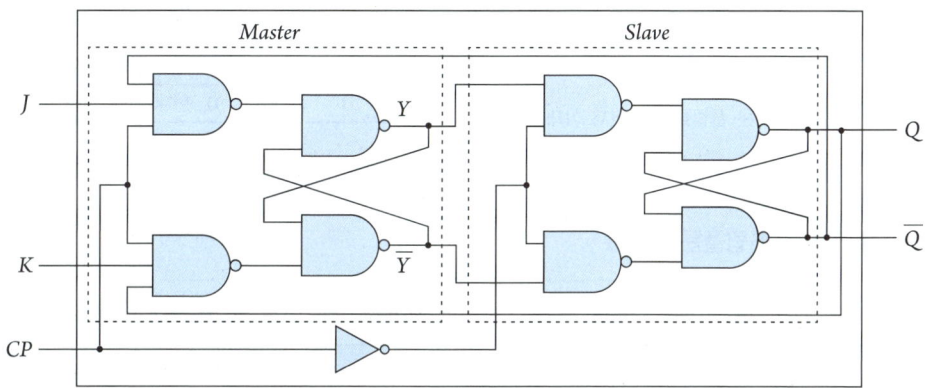

5 T플립플롭

(1) 클록형 T플립플롭

① 진리표

T	Q(t+1)
0	Q(t)
1	$\overline{Q}(t)$

② 회로도

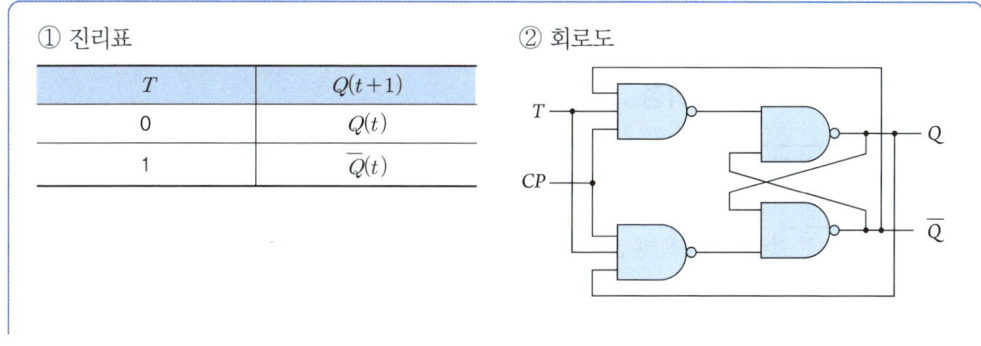

③ 특성표 및 특성방정식

$Q(t)$ 현재값	T	$Q(t+1)$	설명
0	0	0	이전 상태 유지
0	1	1	Toggle
1	0	1	이전 상태 유지
1	1	0	Toggle

$Q(t+1) = T\overline{Q}(t) + \overline{T}Q(t)$

④ 상태도

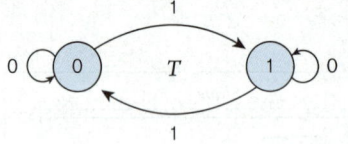

		T	내용
현재상태	0	0	0, 현재 상태 유지
		1	1, 현재 상태 변경
	1	0	1, 현재 상태 유지
		1	0, 현재 상태 변경

: 0, 1은 플립플롭의 현재 상태

(2) 에지트리거 T플립플롭 진리표

① 상승에지트리거 T플립플롭

CP	T	$Q(t+1)$
↑	0	$Q(t)$
↑	1	$\overline{Q}(t)$

② 하강에지트리거 T플립플롭

CP	T	$Q(t+1)$
↓	0	$Q(t)$
↓	1	$\overline{Q}(t)$

제3절 순서논리회로의 설계

1 순서논리회로의 설계과정

단계1	회로 동작 기술(상태도 작성)
단계2	정의된 회로의 상태표 작성
단계3	필요한 경우 상태 축소 및 상태 할당
단계4	플립플롭의 수와 종류 결정
단계5	플립플롭의 입력, 출력 및 각각의 상태에 대한 문자 기호 부여
단계6	상태표를 이용하여 회로의 상태 여기표 작성
단계7	간소화 방법을 이용하여 출력함수 및 플립플롭의 입력함수 유도
단계8	순서논리회로도 작성

2 상태도 분류

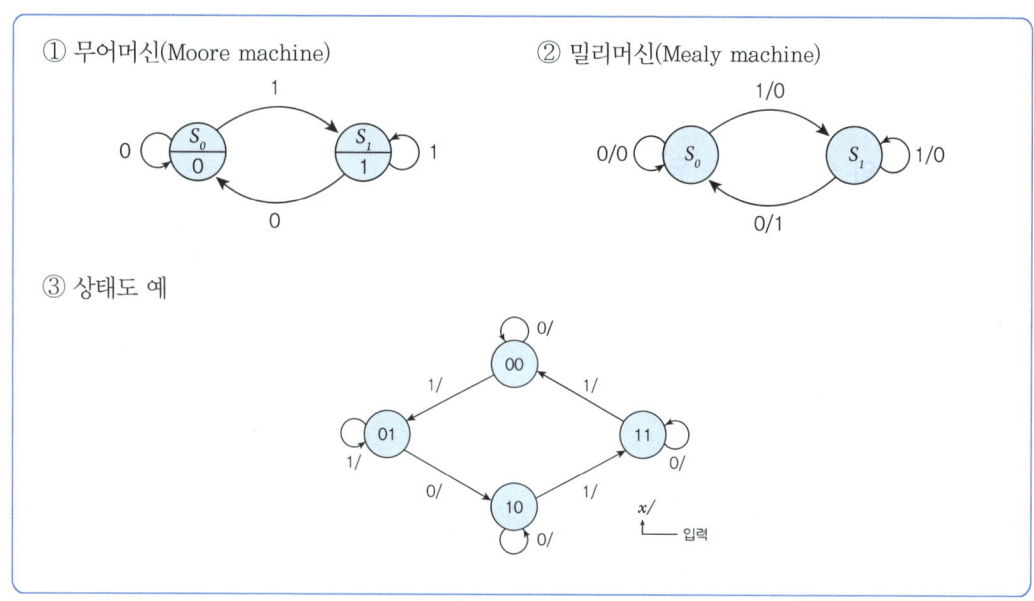

3 상태표 작성

상태표는 현재 상태와 외부 입력의 변화에 따라 다음 상태의 변화를 정의한 것으로 상태도로부터 유도할 수 있음

현재 상태		다음 상태			
		$x=0$		$x=1$	
A	B	A	B	A	B
0	0	0	0	0	1
0	1	1	0	0	1
1	0	1	0	1	1
1	1	1	1	0	0

4 플립플롭의 수와 형태 결정

순서논리회로를 구성하는 플립플롭의 수는 회로의 모든 가능한 상태에 대한 경우의 수에 따라 결정됨

(1) 플립플롭의 수 결정

상태도의 가능한 모든 상태 가지수에 따라 필요한 플립플롭의 수를 결정할 수 있음

(2) 플립플롭의 형태 결정

순서논리회로에서 사용되는 기본적인 기억소자는 SR플립플롭, D플립플롭, JK플립플롭, T플립플롭이 있으며, 카운터회로를 설계할 때는 회로의 특성상 JK플립플롭이나 T플립플롭을 이용하는 것이 유리함

5 플립플롭의 상태 여기표 유도

순서논리회로의 설계에서 주어진 상태변화에 대해 필요한 입력 조건을 결정하는 표를 말함

(1) SR플립플롭의 여기표

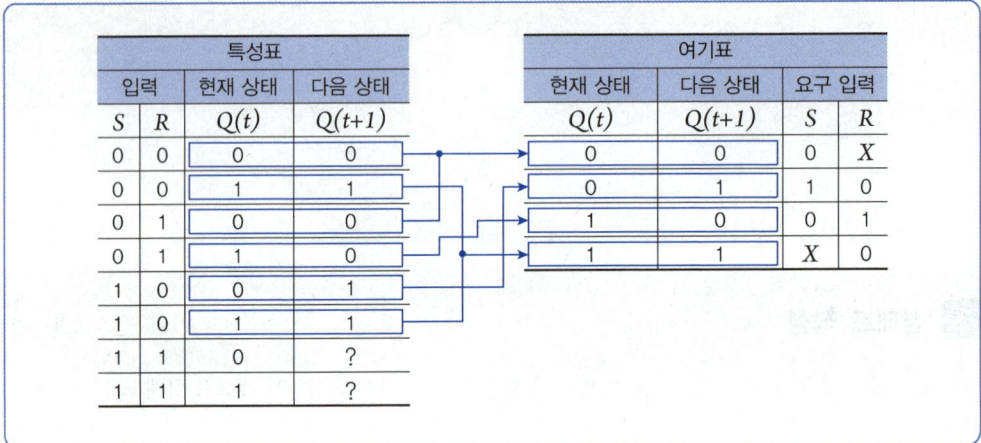

(2) JK플립플롭의 여기표

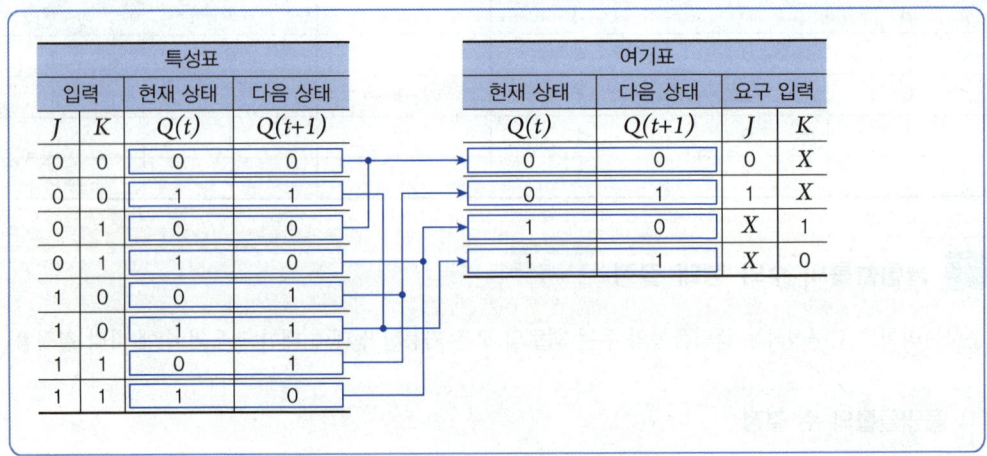

(3) D 플립플롭의 여기표

특성표			여기표		
입력	현재 상태	다음 상태	현재 상태	다음 상태	요구 입력
D	$Q(t)$	$Q(t+1)$	$Q(t)$	$Q(t+1)$	D
0	0	0	0	0	0
0	1	0	0	1	1
1	0	1	1	0	0
1	1	1	1	1	1

(4) T 플립플롭의 여기표

특성표			여기표		
입력	현재 상태	다음 상태	현재 상태	다음 상태	요구 입력
T	$Q(t)$	$Q(t+1)$	$Q(t)$	$Q(t+1)$	T
0	0	0	0	0	0
0	1	1	0	1	1
1	0	1	1	0	1
1	1	0	1	1	0

제4절 순서논리회로의 분석

순서논리회로의 해석과정	
단계1	회로 입력과 출력에 대한 변수 명칭 부여
단계2	조합논리회로가 있으면 조합논리회로의 부울대수식 유도
단계3	회로의 상태표 작성
단계4	상태표를 이용하여 상태도 작성
단계5	상태방정식 유도
단계6	상태표와 상태도를 분석하여 회로의 동작 설명

제7장 레지스터와 카운터

제1절 레지스터

1 레지스터의 개요

레지스터(register)는 데이터 저장과 데이터 이동의 두 가지 기본 기능을 갖는 디지털 회로로, 레지스터의 저장능력은 메모리 장치로 중요하게 사용됨

(1) 시프트 레지스터의 종류

① **직렬입력/직렬출력**: Serial Input/Serial Output

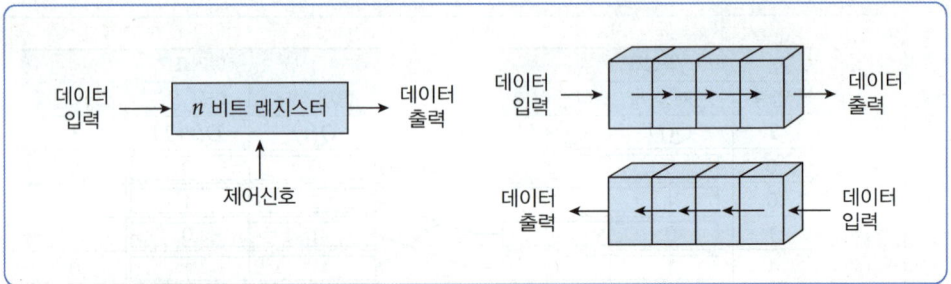

② **직렬입력/병렬출력**: Serial Input/Parallel Output

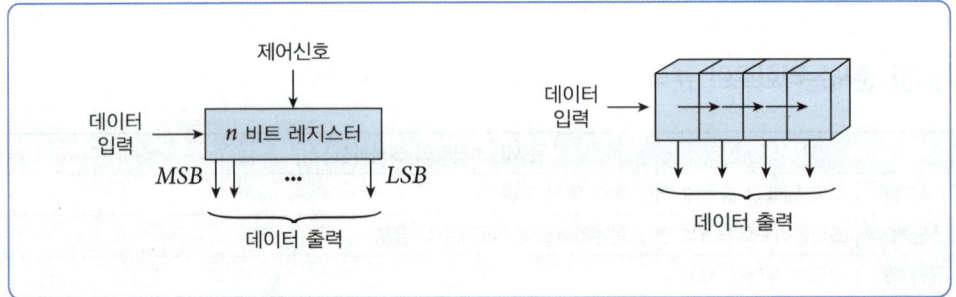

③ **병렬입력/직렬출력**: Parallel Input/Serial Output

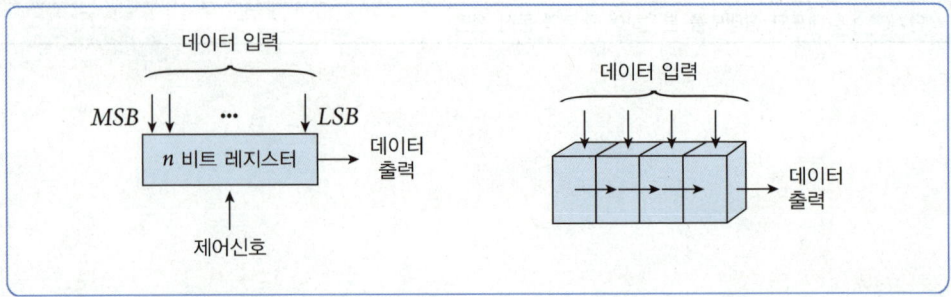

④ **병렬입력/병렬출력**: Parallel Input/Parallel Output

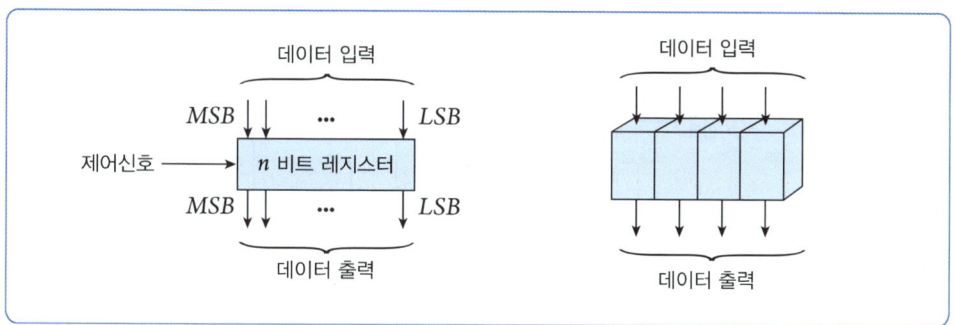

(2) **시프트 레지스터의 회로도**

① **직렬입력-직렬출력 레지스터(SISO)**

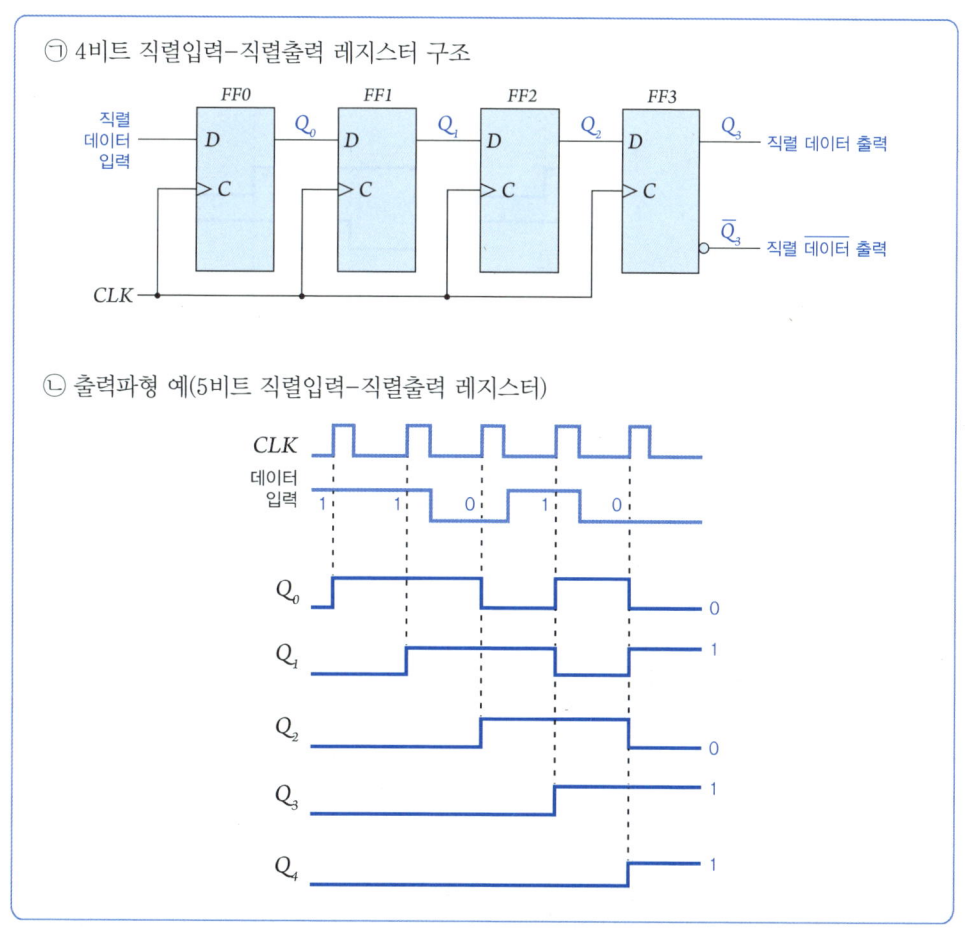

② **직렬입력-병렬출력 레지스터(SIPO)**

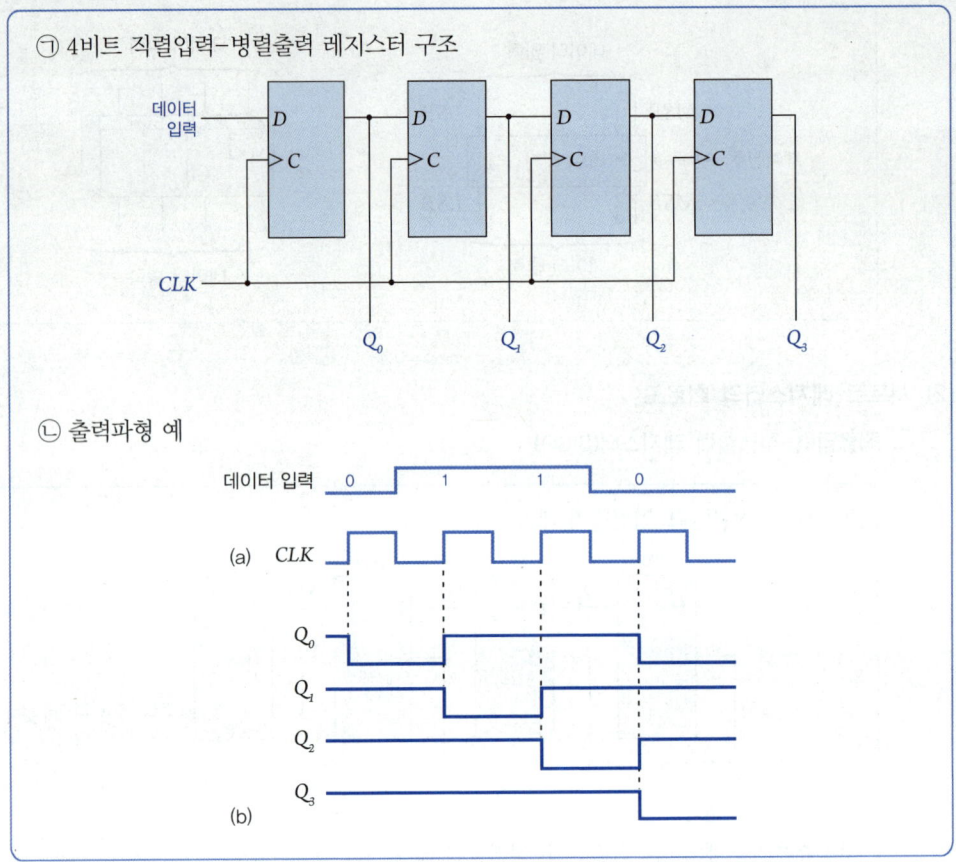

③ **병렬입력-직렬출력 레지스터(PISO)**

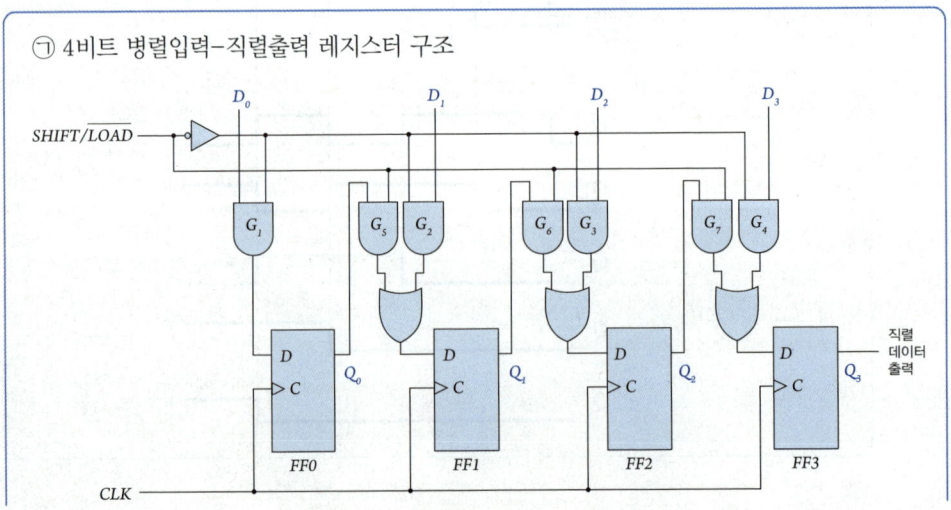

ⓛ 출력파형 예

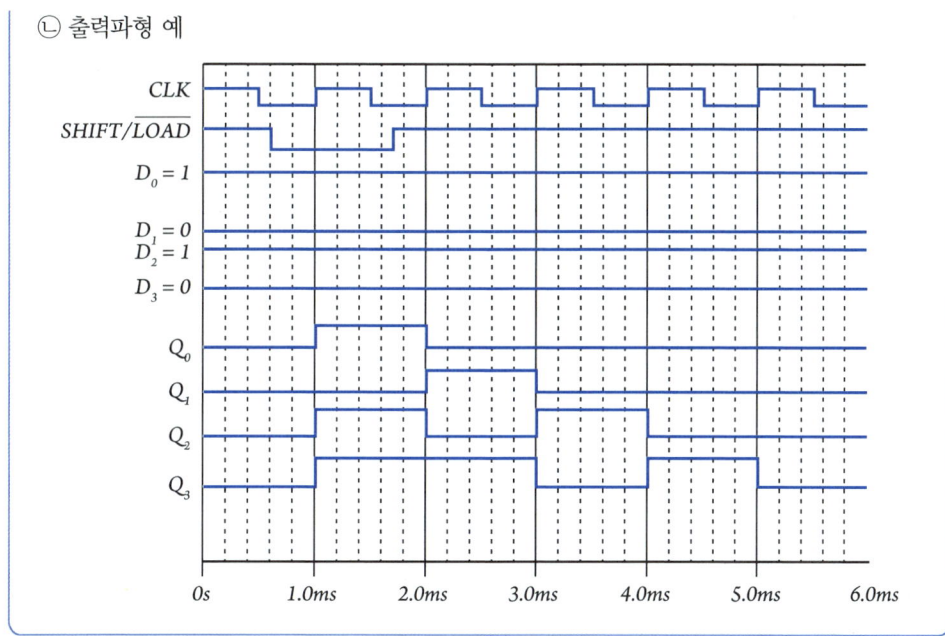

④ 병렬입력-병렬출력 레지스터(PIPO)

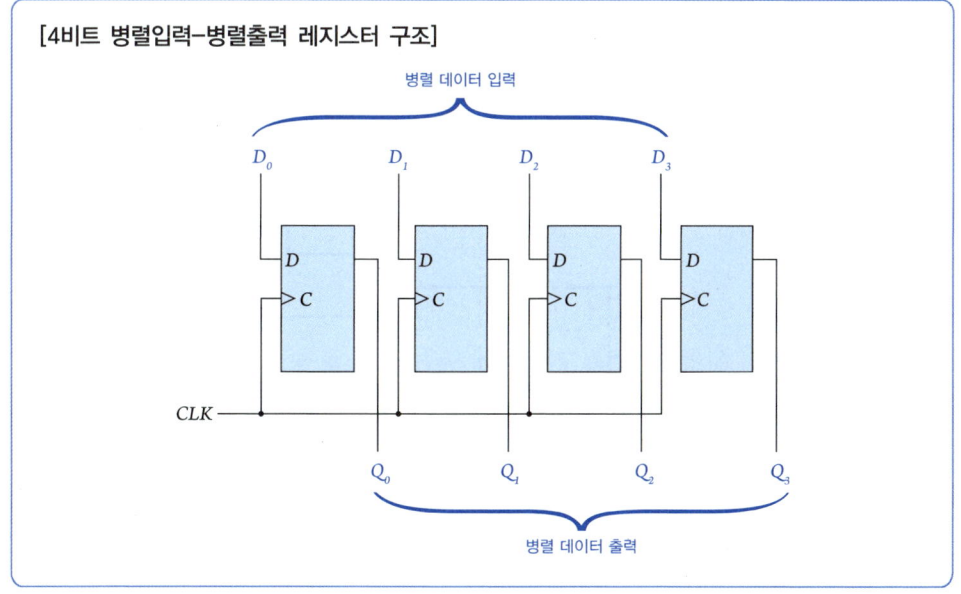

⑤ 양방향 시프트 레지스터

㉠ 4비트 양방향 시프트 레지스터 구조

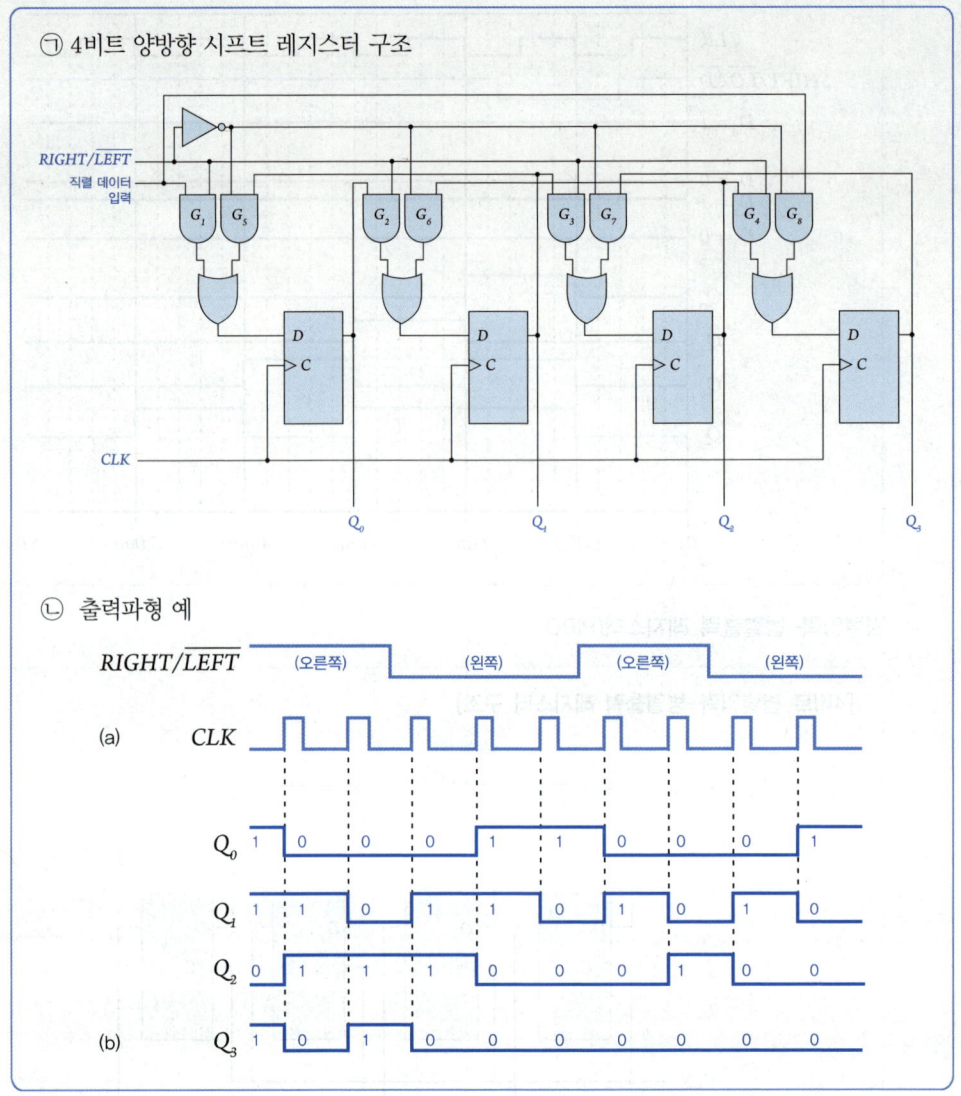

㉡ 출력파형 예

2 시프트 레지스터 카운터

(1) 4비트/5비트 존슨 카운터(Johnson counter) : 플립플롭 4개/5개로 구성된 링 카운터는 각각 8/10가지 상태를 출력함. 즉, $2n-$모듈러스 상태를 발생시킴

① 진리표

클록펄스	Q_0	Q_1	Q_2	Q_3
0	0	0	0	0
1	1	0	0	0
2	1	1	0	0
3	1	1	1	0
4	1	1	1	1
5	0	1	1	1
6	0	0	1	1
7	0	0	0	1

(a) 4비트 존슨 카운터

클록펄스	Q_0	Q_1	Q_2	Q_3	Q_4
0	0	0	0	0	0
1	1	0	0	0	0
2	1	1	0	0	0
3	1	1	1	0	0
4	1	1	1	1	0
5	1	1	1	1	1
6	0	1	1	1	1
7	0	0	1	1	1
8	0	0	0	1	1
9	0	0	0	0	1

(b) 5비트 존슨 카운터

② 회로도

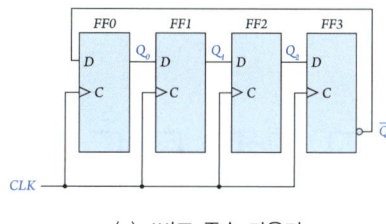
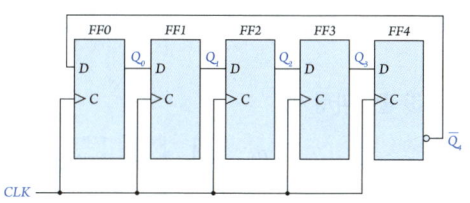

(a) 4비트 존슨 카운터   (b) 5비트 존슨 카운터

③ 출력파형 예

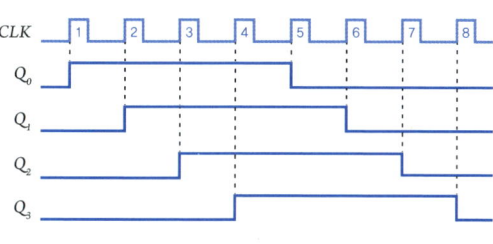

(a) 4비트 존슨 카운터

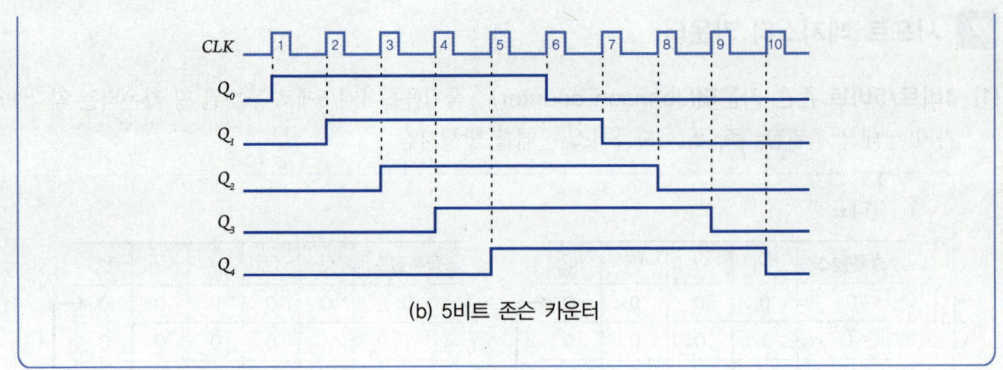

(b) 5비트 존슨 카운터

(2) 링 카운터(Ring counter) : 링 카운터는 각 순서의 상태에서 하나의 플립플롭을 사용하며, 임의의 시간에 한 플립플롭만 논리 1이 되고 나머지 플립플롭은 논리 0이 되는 카운터임

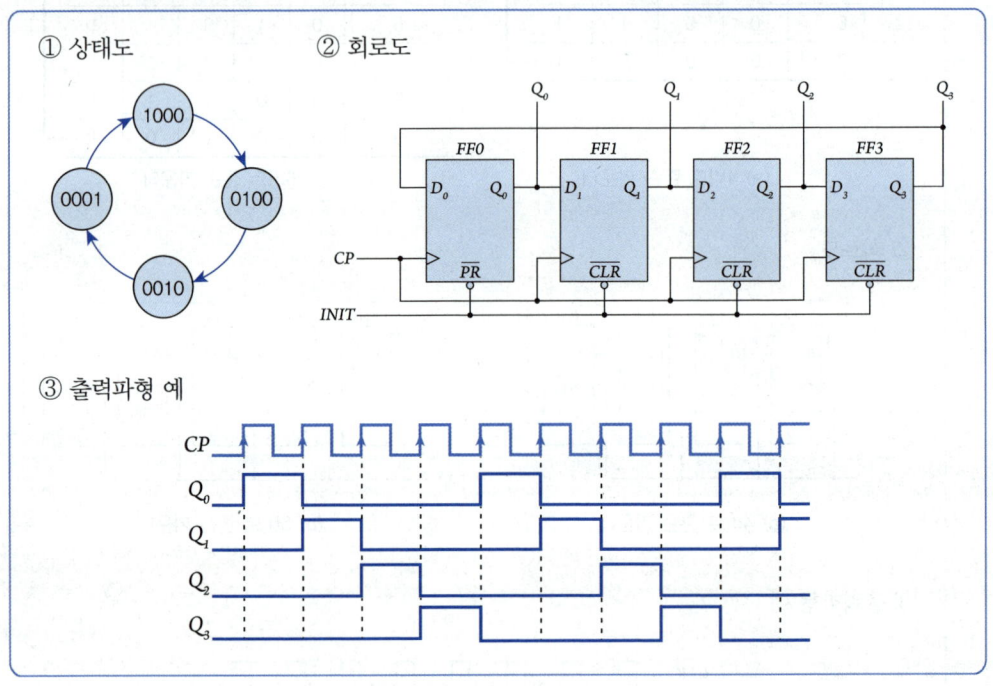

① 상태도
② 회로도
③ 출력파형 예

제2절 카운터

1 비동기식 카운터(asynchronous counter)

공통의 기준 클록을 사용하지 않으므로 카운터 내의 플립플롭은 동시에 상태를 변경하지 않는 카운터이고, 리플 카운터(ripple counter)라고도 함. 상태의 수가 m일 때 이 카운터의 모듈러스(modulus)는 m이며, modulo-m(mod-m : m진) 카운터라고도 함. 플립플롭 n개를 연결하면 $0 \sim 2^n - 1$까지 카운트할 수 있음

(1) 2비트 비동기 2진 상향 카운터

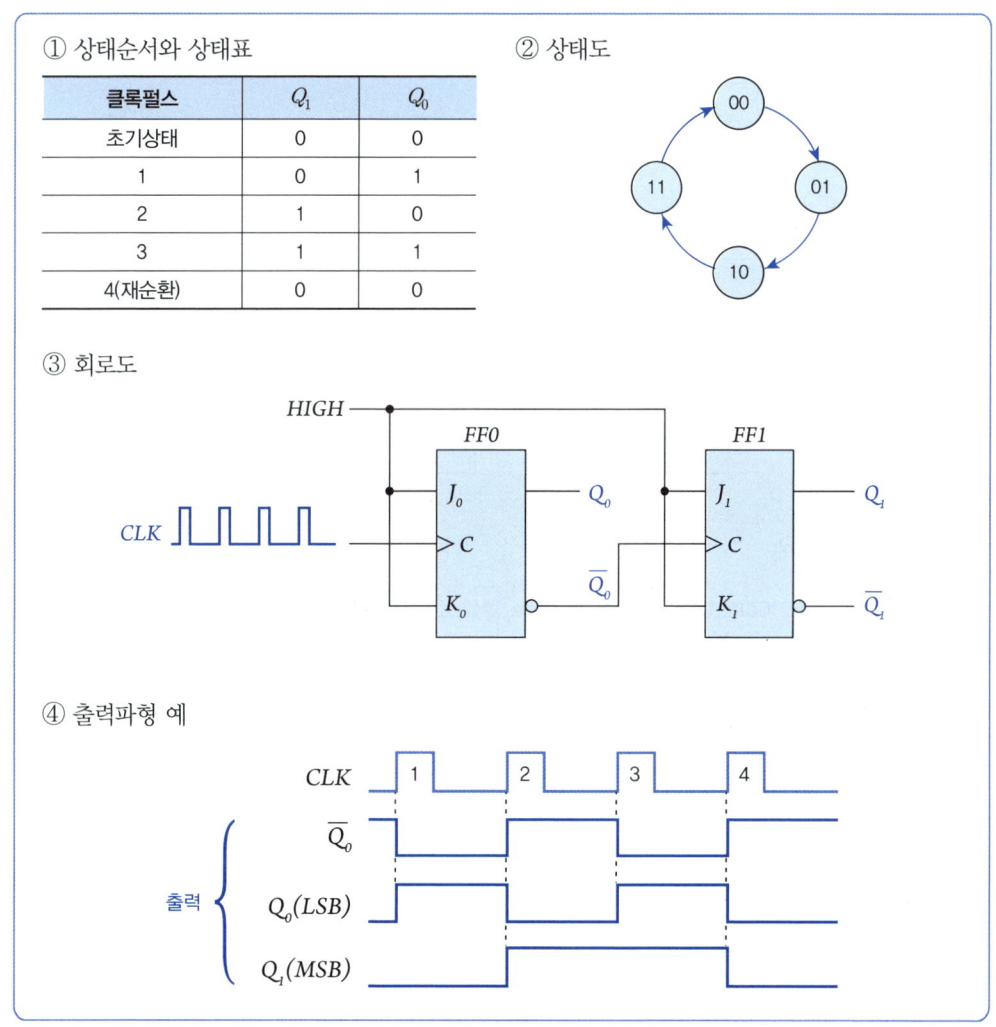

(2) 3비트 비동기 2진 상향 카운터

① 상태순서와 상태표

클록펄스	Q_2	Q_1	Q_0
초기상태	0	0	0
1	0	0	1
2	0	1	0
3	0	1	1
4	1	0	0
5	1	0	1
6	1	1	0
7	1	1	1
8(재순환)	0	0	0

② 상태도

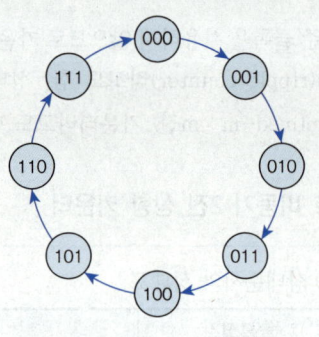

③ 회로도

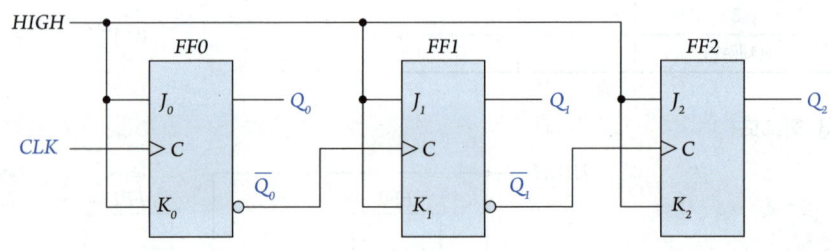

④ 출력파형 예

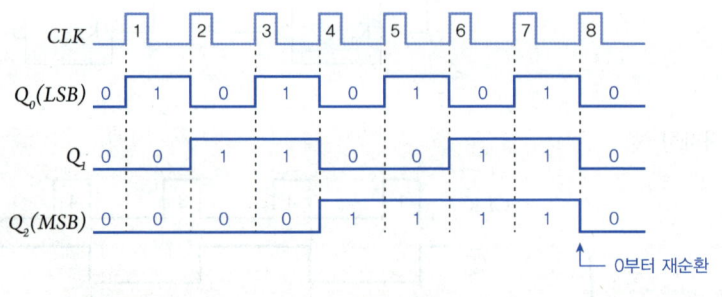

(3) 비동기 10진 카운터

카운터의 순차에서 10개의 상태를 갖는 카운터를 10진 카운터(decade counter)라고 하는데, 0(0000)~9(1001)까지 모두 10개의 상태를 갖고 있고, 10개의 상태가 바로 BCD 코드이기 때문에 BCD 10진 카운터라고도 함

① 4비트 2진 카운터

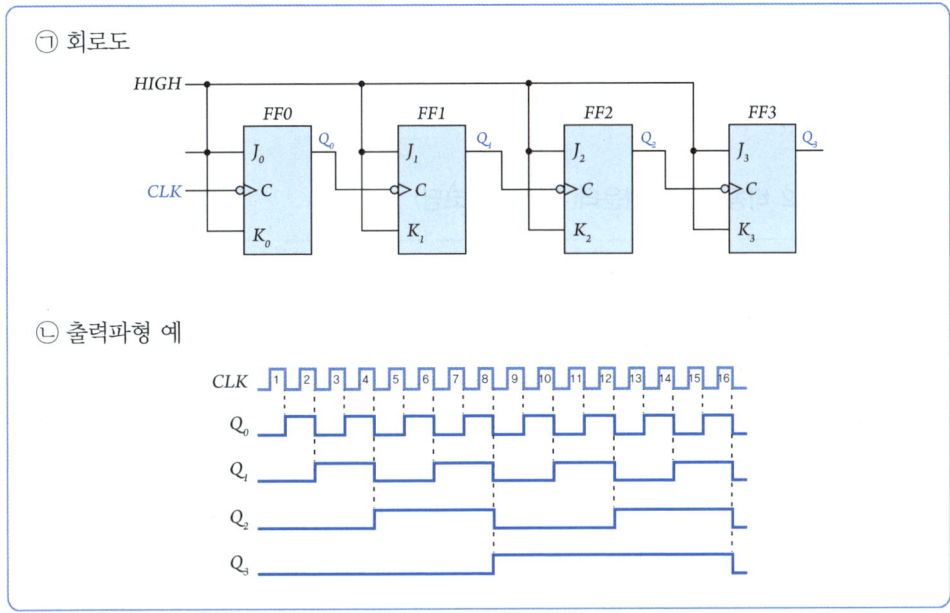

㉠ 회로도

㉡ 출력파형 예

② BCD 10진 카운터

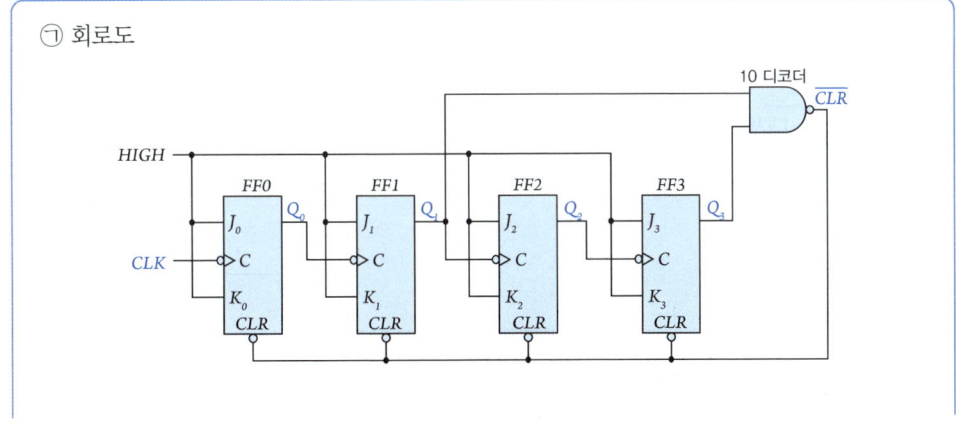

㉠ 회로도

ⓛ 출력파형 예

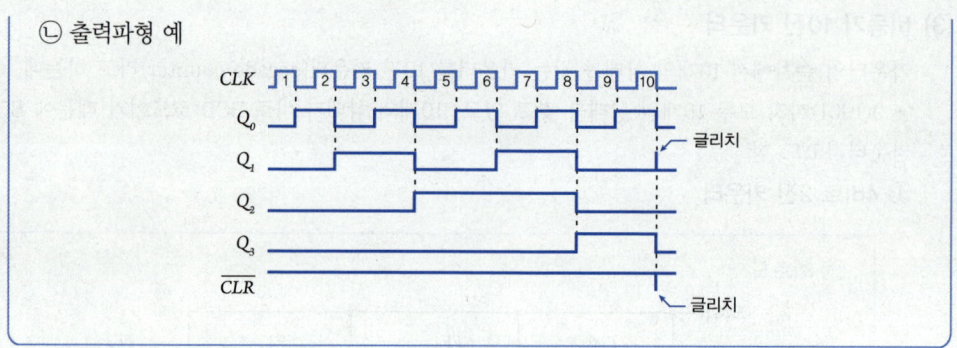

(4) 모듈러스-12 비동기 2진 카운터(부분적 디코딩)

① 진리표

클록순서	Q_3	Q_2	Q_1	Q_0
초기	0	0	0	0
1	0	0	0	1
2	0	0	1	0
3	0	0	1	1
4	0	1	0	0
5	0	1	0	1
6	0	1	1	0
7	0	1	1	1
8	1	0	0	0
9	1	0	0	1
10	1	0	1	0
11	1	0	1	1
12(재순환)	1	1	0	0

② 회로도

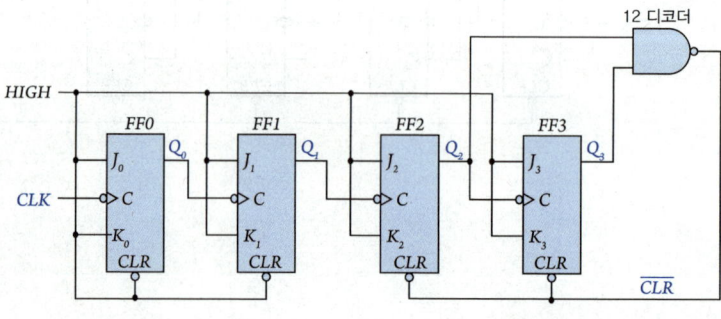

③ 출력파형

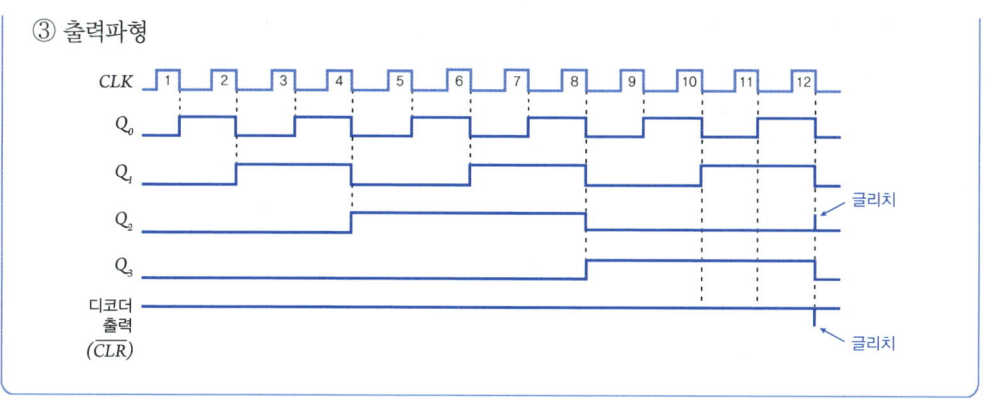

2 동기 카운터(synchronous counter)

동기(synchronous)라는 용어는 서로 일정한 시간 관계를 갖는 사건들을 의미하며, 동기 카운터(synchronous counter)는 카운터 내부에 있는 모든 플립플롭이 공통의 클록펄스에 의해 동시에 상태가 변하는 카운터임

(1) 2비트 동기 2진 카운터

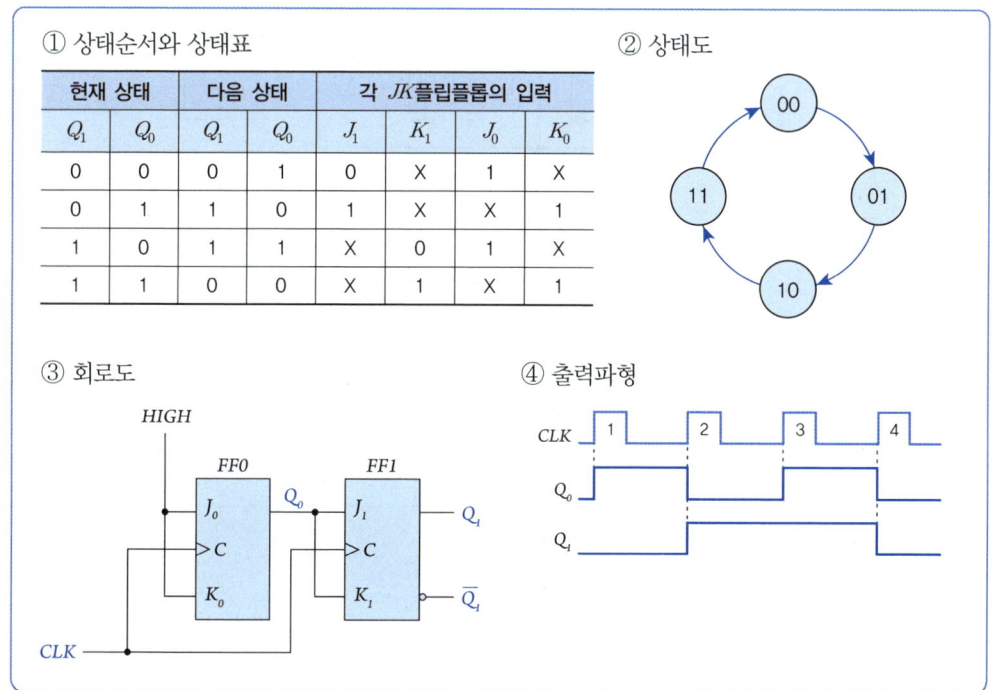

(2) 3비트 동기 2진 카운터

① 상태순서와 상태표

클록 펄스	출력			JK 플립플롭의 입력						
	Q_2	Q_1	Q_0	J_2	K_2	J_1	K_1	J_0	K_0
초기	0	0	0	0	X	0	X	1	X
1	0	0	1	0	X	1	X	X	1
2	0	1	0	0	X	X	0	1	X
3	0	1	1	1	X	X	1	X	1
4	1	0	0	X	0	0	X	1	X
5	1	0	1	X	0	1	X	X	1
6	1	1	0	X	0	X	0	1	X
7	1	1	1	X	1	X	1	X	1

② 상태도

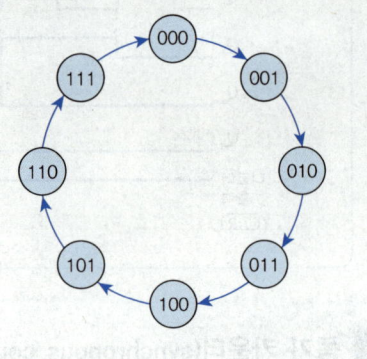

③ 회로도

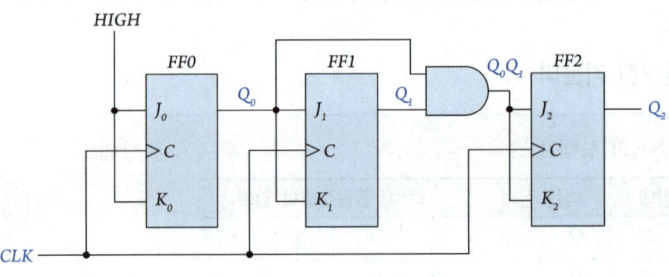

④ 타이밍도

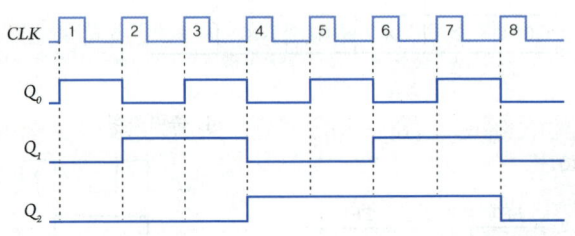

제8장 기억장치와 PLD

제1절 메모리

1 메모리의 개요

2진 데이터를 저장하는 컴퓨터 시스템의 한 부분이며, 반도체 메모리(IC memory)는 바둑판 모양으로 배열된 메모리 셀(memory cell)로 구성되고, 셀의 위치를 지정하기 위하여 2진 부호로 된 주소를 사용함

2 메모리의 기본 동작

(1) 쓰기 동작

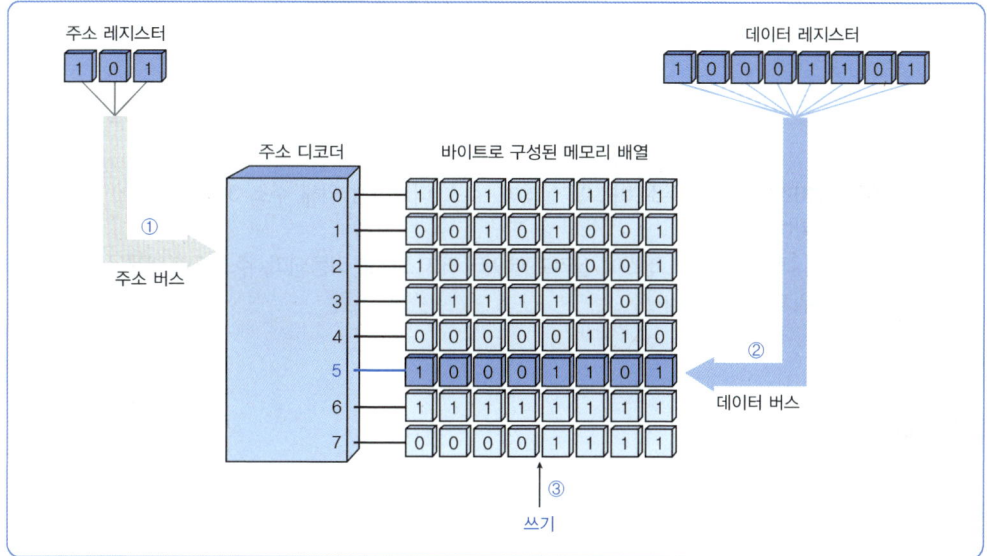

㉠ 주소 레지스터 101은 주소 버스에 실리며 주소 디코더에 의해 주소 5가 선택됨
㉡ 데이터 바이트 10001101가 데이터 버스에 실림
㉢ 쓰기 명령은 데이터 바이트를 주소 5에 저장하도록 하며 이전 데이터는 교체됨

(2) 읽기 동작

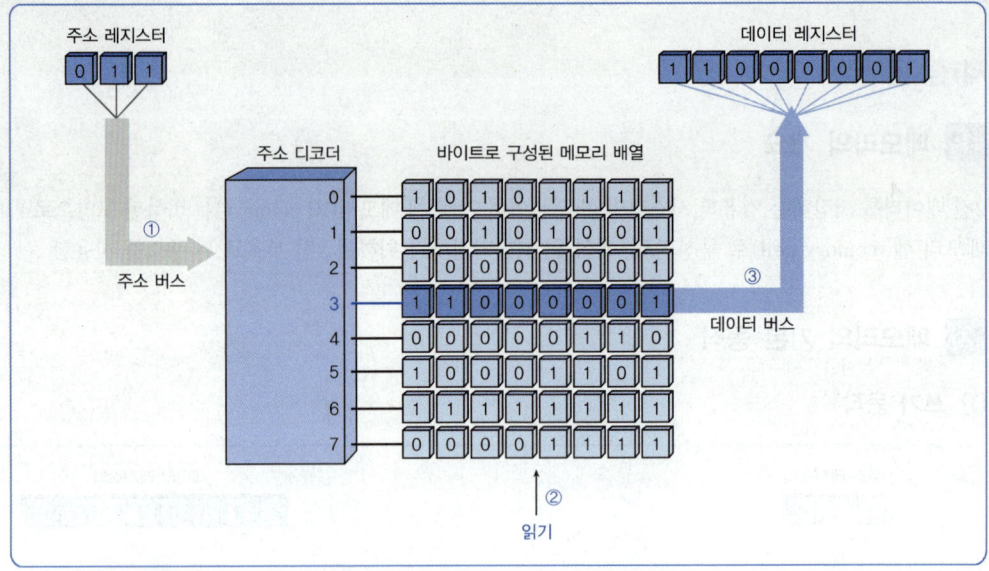

㉠ 주소 레지스터 011은 주소 버스에 실리며, 주소 디코더에 의해 주소 3이 선택됨
㉡ 읽기 명령이 전달됨
㉢ 주소 3의 내용이 데이터 버스에 실리고 데이터 레지스터로 이동되며, 주소 3의 내용은 읽기동작에 의해 지워지지는 않음

3 메모리의 분류

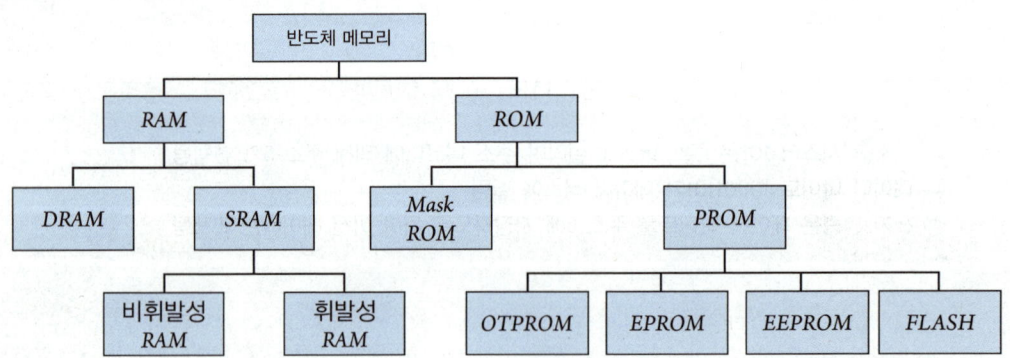

(1) 접근 방법에 의한 분류
    ① RAM(Random Access Memory) : 접근 시간은 어느 위치나 동일하게 걸리는 메모리 형태
    ② SAM(Sequential Access Memory) : 순차 액세스 메모리이며, 원하는 위치에 도달하는 데 일정한 시간이 경과되는 형태로, 접근 시간은 위치에 따라 달라짐 예 자기 테이프

(2) 기록 기능에 의한 분류
    ① RWM(Read and Write Memory) : 사용자가 기록과 판독 두 가지를 모두 수행 – RAM
    ② ROM(Read Only Memory) : 판독만 가능한 메모리 – 마스크ROM, PROM, EPROM, EEPROM 등

(3) 기억 방식에 의한 분류
    ① SRAM : 내부 플립플롭으로 구성, 저장된 정보는 전원이 공급되는 동안 보전됨, 사용하기 쉽고 읽기와 쓰기 사이클이 더 짧음
    ② DRAM : 커패시터에 공급되는 전하 형태로 보관함, 재충전(refresh) 필요

(4) 휘발성/비휘발성 메모리
    ① 휘발성 메모리(volatile memory) : RAM 등
    ② 비휘발성 메모리(nonvolatile memory) : 자기 코어, 자기 디스크 등

(5) 기억소자에 의한 분류
    바이폴라(bipolar) 메모리, MOS(Metal Oxide Semiconductor) 메모리, CCD(Charge Coupled Device), MBM(Magnetic Bubble Memory) 등

4 RAM(Ramdom Access Memory)

(1) RAM의 종류

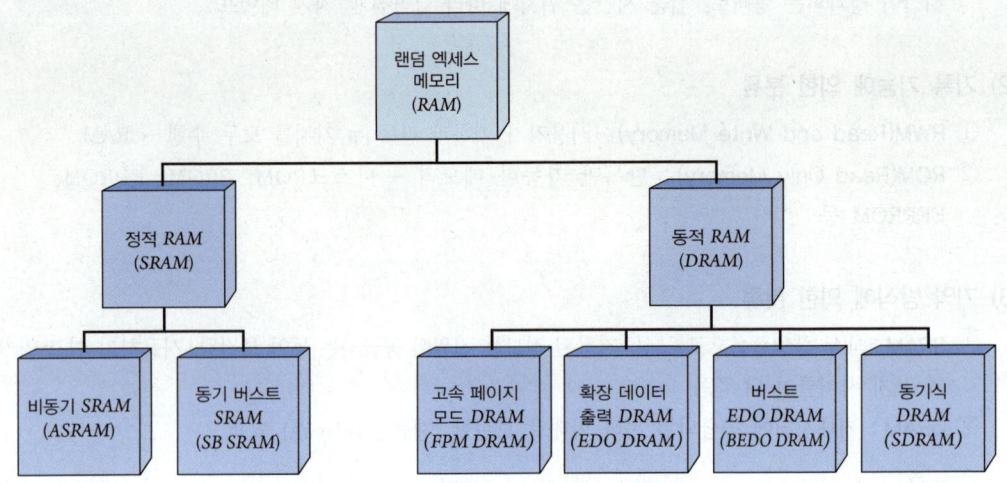

(2) 정적 RAM

① $32k \times 8$ SRAM의 기본구조의 읽기 사이클 타이밍도

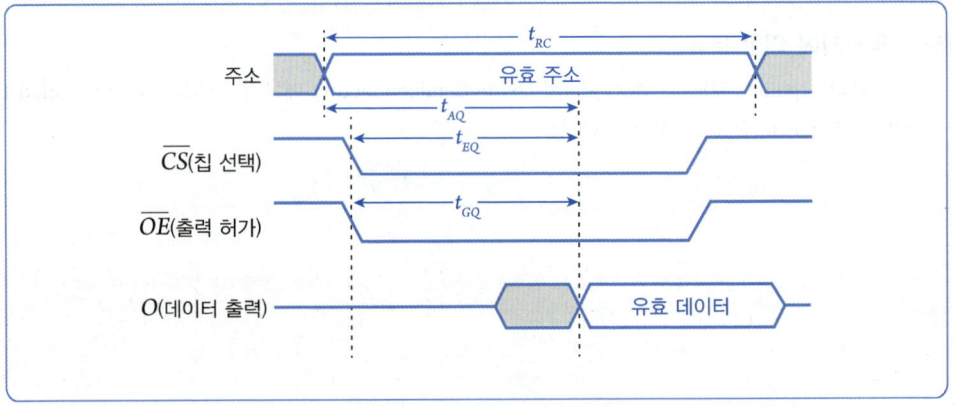

② $32k \times 8$ SRAM의 기본구조의 쓰기 사이클 타이밍도

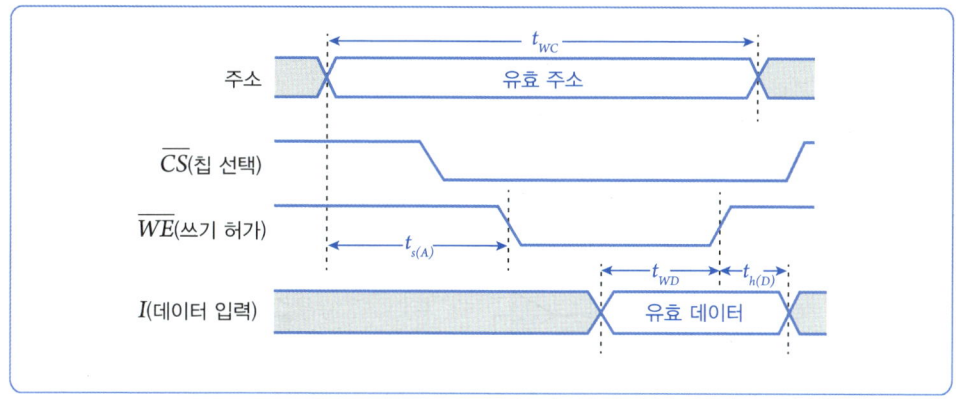

(3) 동적 RAM

DRAM(Dynamic RAM)의 셀은 데이터 비트를 래치가 아닌 작은 커패시터에 저장하며, 이 셀은 구조가 매우 간단하기 때문에 SRAM보다 비트당 더 저렴한 가격으로 대형 메모리 배열을 하나의 칩에 만들 수 있다는 장점이 있음. 그러나 데이터 기억용 커패시터는 일정 시간이 지나면 방전으로 인하여 전하를 유지할 수 없게 되므로 주기적으로 리플래시해야 하는 단점이 있음

① 셀에 논리 1을 쓰는 과정

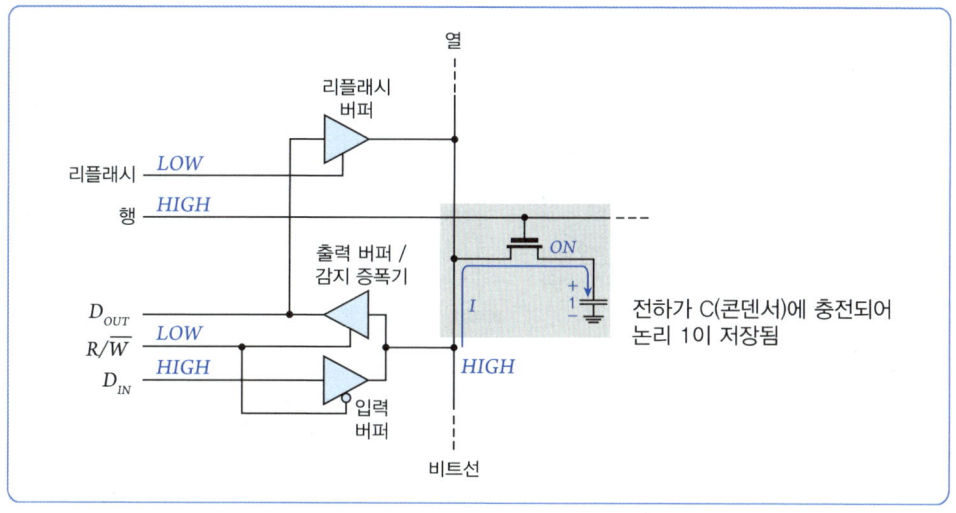

② 셀에 논리 0을 쓰는 과정

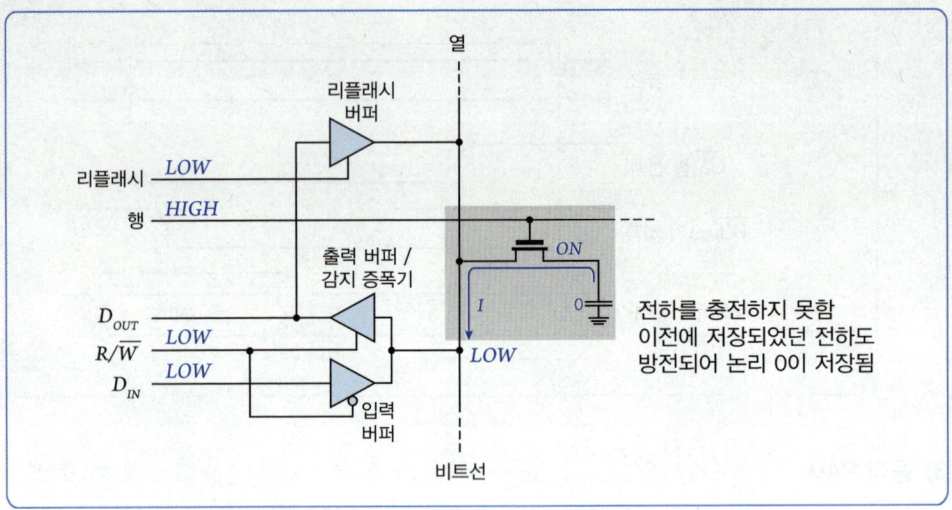

③ 메모리 셀로부터 1을 읽는 과정

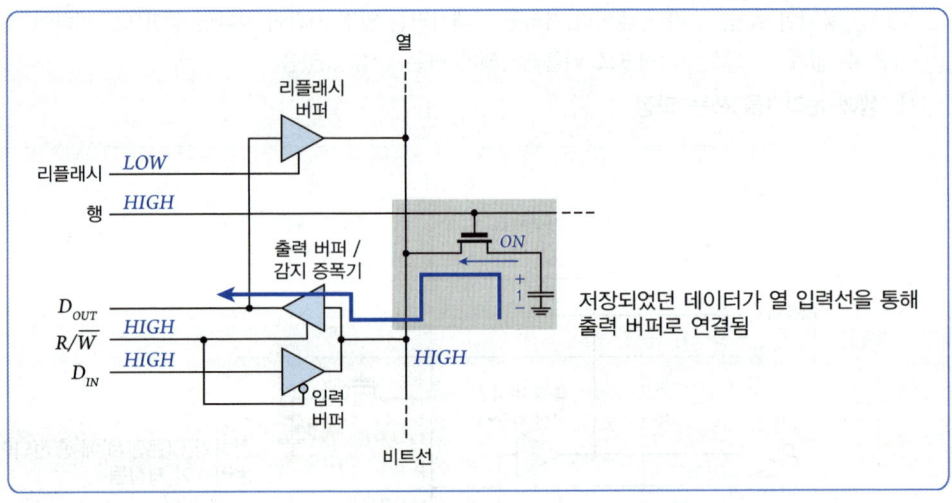

④ 메모리 셀에 논리 1을 재충전(refresh)하는 과정

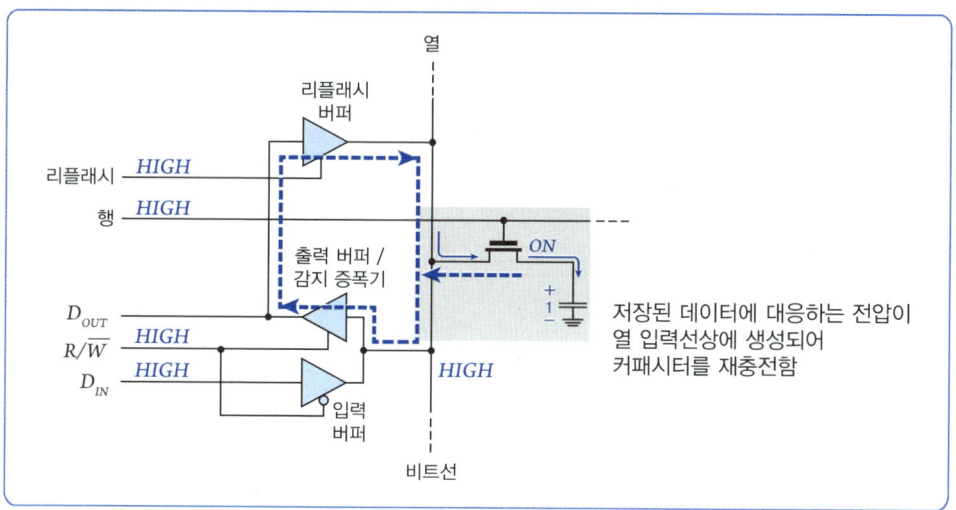

5 ROM(Read Only Memory)

(1) ROM의 종류

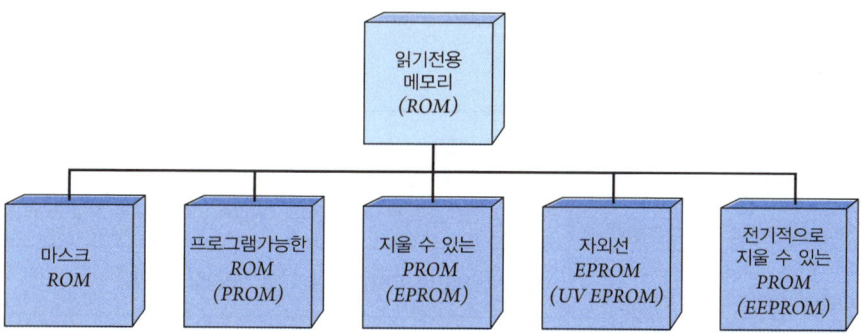

제2절 프로그래머블 논리장치(PLD)

1 PLD

주어진 논리기능을 수행하도록 프로그래밍할 수 있는 AND게이트와 OR게이트의 대형 배열 구조를 갖는 IC로, 각 게이트 입력에 퓨즈링크(fuse-link)가 연결되어 있음

(1) PLD의 퓨즈링크 구조

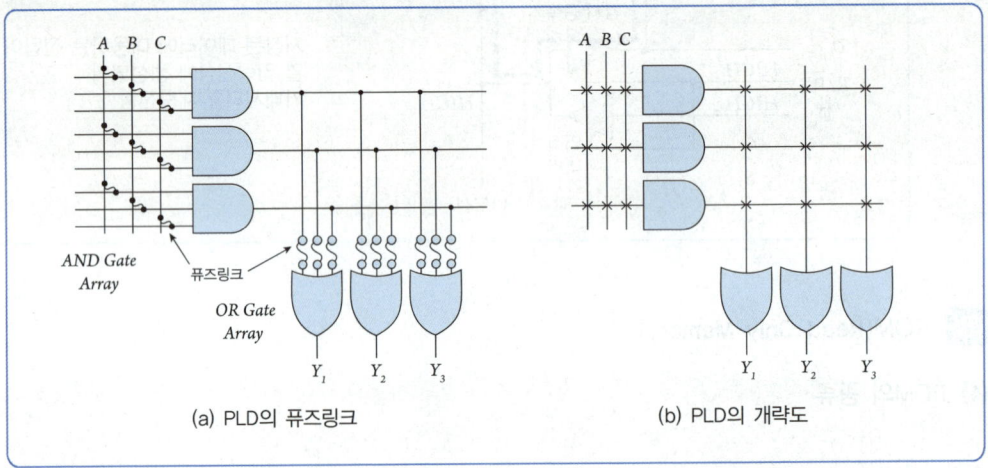

(a) PLD의 퓨즈링크   (b) PLD의 개략도

(2) PLD의 분류

구분	설명
PROM (Programmable ROM)	디코더의 역할을 하는 고정 AND배열, 프로그램이 가능한 OR배열로 구성
PLA (Programmable Logic Array)	PROM의 단점을 보완, AND입력과 OR입력 양쪽을 모두 프로그래밍할 수 있음
PLE (Programmable Logic Element)	AND입력은 고정, OR입력만을 프로그래밍할 수 있음
PAL (Programmable Array Logic)	AND입력만을 프로그래밍할 수 있음
GAL (Generic Array Logic)	프로그래밍이 가능한 AND배열과 고정 OR배열 및 출력 논리로 구성되어 있으나, 반복해서 프로그래밍할 수 있으며 출력 논리도 프로그래밍이 가능함

2 VHDL

하드웨어 기술 언어(HDL)는 프로그램 가능한 논리소자에 논리 설계를 구현하기 위해 사용되는, 문자입력(text entry)이라고 하는 논리 설계 입력을 위한 도구임

(1) VHDL의 기본 구성과 표현
   ① Entity 선언 : 외부와의 통신을 위한 입·출력선을 정의하는 것

   > [2입력 and게이트 회로]
   > entity logic_2and is
   >   port(in_a, in_b : in   std_logic;
   >   out_y   : out std_logic);
   > end logic_2and;

   ② Architecture Body 선언 : 사용자가 설계하고자 하는 시스템 내부의 동작을 세부적으로 정의하는 부분

   > [2입력 and게이트 회로]
   > architecture sample of logic_2and is
   >   begin
   >   out_y <= in_a and in_b;
   >   end sample;

(2) VHDL로 조합논리회로 구현하기
   ① 데이터플로우 기법

   예

   엔티티 이름이 AND_gate인 2입력 AND게이트와 엔티티 이름이 OR_gate인 2입력 OR게이트를 VHDL 데이터플로우 기법으로 기술하시오.

   해설

   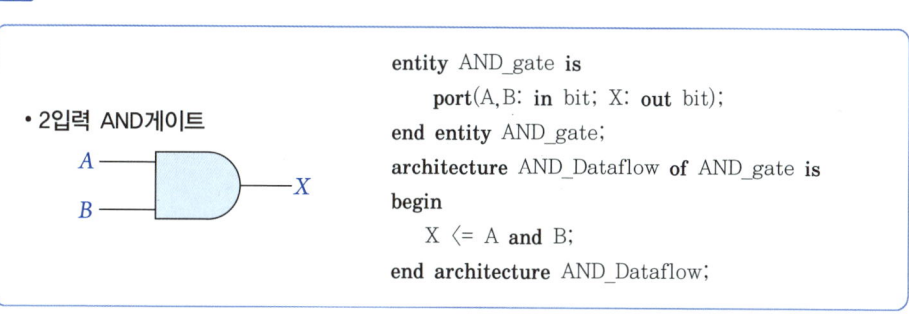

   - 2입력 AND게이트

   ```
   entity AND_gate is
       port(A,B: in bit; X: out bit);
   end entity AND_gate;
   architecture AND_Dataflow of AND_gate is
   begin
       X <= A and B;
   end architecture AND_Dataflow;
   ```

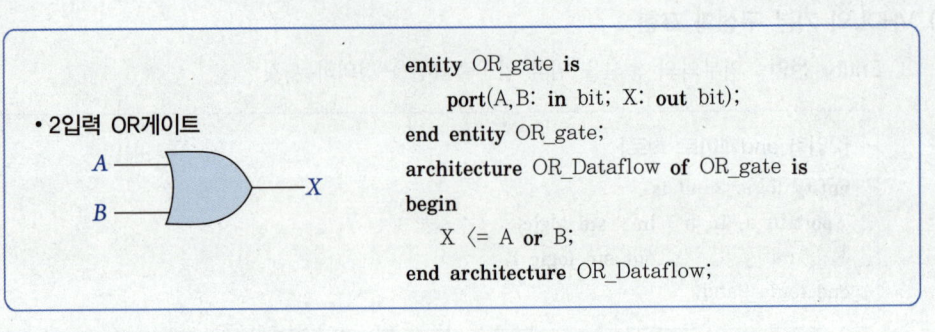

- 2입력 OR게이트

```
entity OR_gate is
    port(A,B: in bit; X: out bit);
end entity OR_gate;
architecture OR_Dataflow of OR_gate is
begin
    X <= A or B;
end architecture OR_Dataflow;
```

② 컴포넌트 선언

예

작성된 AND게이트와 OR게이트를 컴포넌트 선언을 통해 재사용할 수 있다. 컴포넌트 선언에서 port구문은 각 게이트에 대한 엔티티 선언의 port 구문과 일치해야 한다.

해설

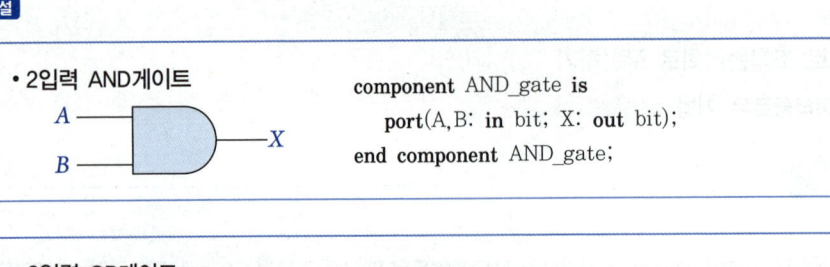

- 2입력 AND게이트

```
component AND_gate is
    port(A,B: in bit; X: out bit);
end component AND_gate;
```

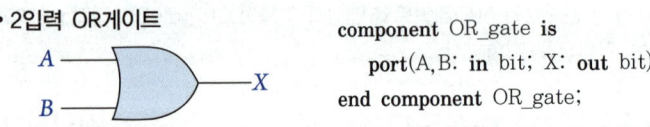

- 2입력 OR게이트

```
component OR_gate is
    port(A,B: in bit; X: out bit);
end component OR_gate;
```

③ 컴포넌트 사용하기

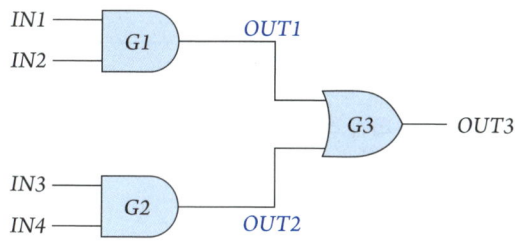

④ 신호 정의

```
entity AND_OR_Logic is
    port(IN1,IN2,IN3,IN4 : in bit; OUT3: out bit);
end entity AND_OR_Logic;
```

⑤ 아키텍처의 선언

```
architecture LogicOperation of AND_OR_Logic is

    component AND_gate is
        port(A,B: in bit; X: out bit);
    end component AND_gate;                   AND게이트에 대한 컴포넌트 선언

    component OR_gate is
        port(A,B: in bit; X: out bit);
    end component OR_gate;                    OR게이트에 대한 컴포넌트 선언

    signal OUT1, OUT2 : bit                   신호 정의
begin                                          컴포넌트의 구체화
G1: AND_gate port map(A=>IN1, B=>IN2, X=>OUT1);
G2: AND_gate port map(A=>IN3, B=>IN4, X=>OUT2);
G3: OR_gate port map(A=>OUT1, B=>OUT2, X=>OUT3);
end architecture LogicOperation;
```

⑥ 컴포넌트의 구체화

예

구체화 구문과 AND-OR 논리에 적용된 Port map

해설

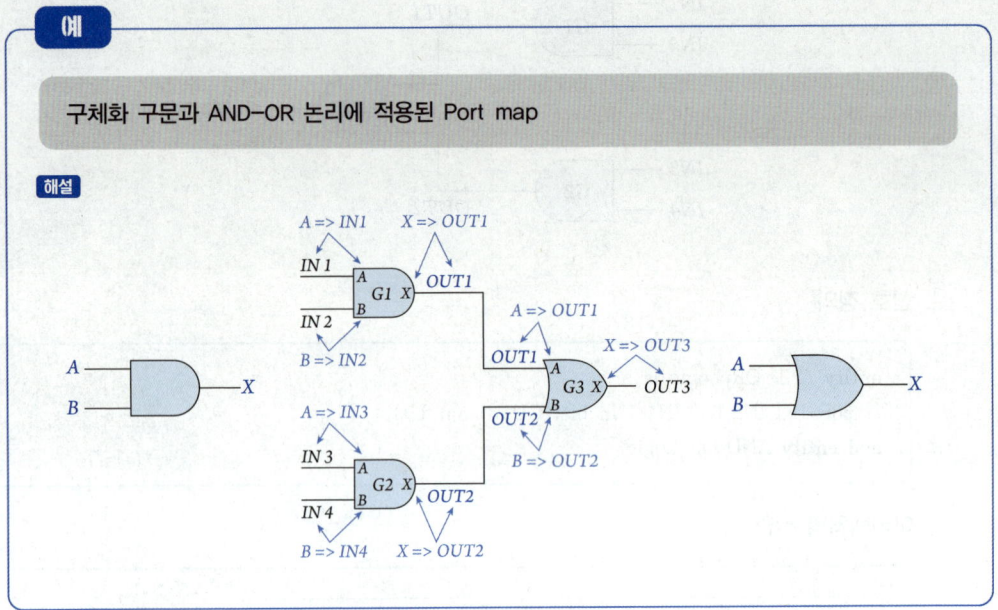

기출동형 최종모의고사 | 논리회로

제한시간: 50분 | 시작 ___시 ___분 - 종료 ___시 ___분

정답 및 해설 94p

01 전원 공급이 중단되어도 데이터 손실이 없는 비휘발성(Nonvolatile) ROM의 특성을 갖고 있는 메모리에 해당하지 <u>않는</u> 것은?

① DRAM
② FeRAM
③ EPROM
④ OTP ROM

02 10진수를 0부터 63까지 표현할 때 필요한 2진수의 최소 비트 수로 옳은 것은?

① 5비트
② 6비트
③ 7비트
④ 8비트

03 10진 소수 11.125를 2진수로 올바르게 변환한 것은?

① 11.001_2
② 11.1011_2
③ 1011.001_2
④ 1011.0011_2

04 8비트 2진수 10010011_2 + 00111111_2의 연산 결과로 옳은 것은?

① 11010011_2
② 11010000_2
③ 11010010_2
④ 11000110_2

05 8비트 데이터 D(11010011)를 홀수 패리티 비트를 부가하여 전송할 때 발생되는 코드로 옳은 것은? (단, 부가되는 패리티 비트는 데이터의 MSB 앞에 둠)

① D(011010011)
② D(110100110)
③ D(111010011)
④ D(110100111)

06 다음 회로에 대한 설명으로 옳은 것은?

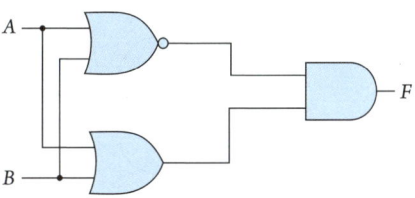

① OR게이트와 동일한 동작을 한다.
② XOR게이트와 동일한 동작을 한다.
③ AND게이트와 동일한 동작을 한다.
④ 출력은 항상 0이다.

07 다음 진리표를 이용하여 F를 최소항식으로 올바르게 나타낸 것은?

입력			출력
A	B	C	F
0	0	0	0
0	0	1	1
0	1	0	1
0	1	1	0
1	0	0	1
1	0	1	0
1	1	0	0
1	1	1	1

① $(A+B+\overline{C})(A+\overline{B}+C)(\overline{A}+B+C)(\overline{A}+\overline{B}+\overline{C})$
② $(\overline{A}+\overline{B}+\overline{C})(\overline{A}+B+C)(A+\overline{B}+C)(\overline{A}+B+\overline{C})$
③ $\overline{A}\overline{B}\overline{C}+\overline{A}BC+A\overline{B}C+AB\overline{C}$
④ $\overline{A}\overline{B}C+\overline{A}B\overline{C}+A\overline{B}\overline{C}+ABC$

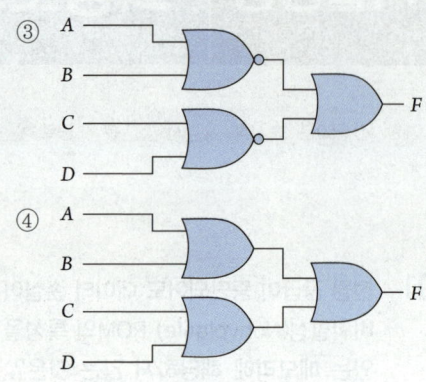

09 다음 진리표에서 F를 POS형으로 올바르게 나타낸 것은?

입력		출력
A	B	F
0	0	1
0	1	0
1	0	0
1	1	1

① $F=(\overline{A}+B)(\overline{A}+\overline{B})$
② $F=(A+\overline{B})(\overline{A}+\overline{B})$
③ $F=(A+B)(\overline{A}+\overline{B})$
④ $F=(A+\overline{B})(\overline{A}+B)$

08 부울대수식 $F=\overline{A+B+C+D}$를 2입력 게이트로 올바르게 표현한 것은?

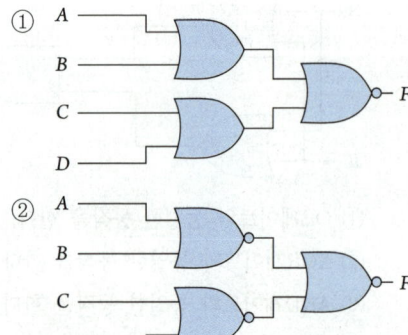

10 IC의 성능 평가 기준에서 전파지연에 대한 설명으로 옳지 않은 것은?

① 전파지연은 신호가 입력되어 출력될 때까지의 시간을 의미한다.
② 전파지연시간이 짧으면 IC 회로의 동작 주파수는 높아진다.
③ IC 게이트의 전파지연은 TTL이 CMOS에 비해 길다.
④ 게이트의 전파지연시간은 $t_{PLH} + t_{PHL}$이다.

11 부울대수식 $F=AB+\overline{A}\overline{B}$를 NAND게이트로만 표현한 부울대수식으로 올바르게 변환한 것은?

① $F=\overline{(\overline{AB})(\overline{\overline{A}\overline{B}})}$

② $F=(\overline{AB})(\overline{\overline{A}\overline{B}})$

③ $F=(\overline{\overline{A}+B})(\overline{A+\overline{B}})$

④ $F=\overline{(\overline{A}+B)(\overline{A+\overline{B}})}$

12 다음 SOP식을 표준 POS식으로 올바르게 변환한 것은?

$$F=\overline{A}BC+\overline{A}\overline{B}C+A\overline{B}\overline{C}+\overline{A}B\overline{C}+ABC$$

① $F=(\overline{A}+B+C)(\overline{A}+\overline{B}+C)$
   $(A+\overline{B}+\overline{C})(\overline{A}+\overline{B}+C)$
   $(A+B+C)$

② $F=(\overline{A}+B+\overline{C})(A+\overline{B}+C)$
   $(A+B+\overline{C})$

③ $F=(A+\overline{B}+\overline{C})(A+B+\overline{C})$
   $(\overline{A}+B+C)(A+B+C)$
   $(\overline{A}+\overline{B}+\overline{C})$

④ $F=(A+\overline{B}+C)(\overline{A}+B+\overline{C})$
   $(\overline{A}+\overline{B}+C)$

13 표준 POS식 $(\overline{A}+\overline{B}+\overline{C})(\overline{A}+B+\overline{C})$ $(A+\overline{B}+\overline{C})(A+B+\overline{C})(A+B+C)$에 대한 진리표를 올바르게 나타낸 것은?

①
A	B	C	F
0	0	0	1
0	0	1	0
0	1	0	1
0	1	1	0
1	0	0	1
1	0	1	0
1	1	0	1
1	1	1	0

②
A	B	C	F
0	0	0	0
0	0	1	0
0	1	0	1
0	1	1	0
1	0	0	1
1	0	1	0
1	1	0	1
1	1	1	0

③
A	B	C	F
0	0	0	0
0	0	1	1
0	1	0	0
0	1	1	1
1	0	0	0
1	0	1	1
1	1	0	0
1	1	1	1

④
A	B	C	F
0	0	0	1
0	0	1	1
0	1	0	1
0	1	1	1
1	0	0	0
1	0	1	0
1	1	0	0
1	1	1	0

14 $F(A,B,C)=\sum m(0,1,2,7)+\sum d(3,5,6)$과 같이 무관항이 있을 경우, 2가지 선택적 카르노맵으로 올바르게 최소화한 것은?

① $F=\overline{A}+C,\ F=\overline{A}+B$

② $F=\overline{B}+C,\ F=\overline{B}+\overline{C}$

③ $F=\overline{B}+C,\ F=\overline{A}+C$

④ $F=A+C,\ F=A+B$

15 2입력 NAND게이트의 동작 특성을 최대항 식으로 올바르게 나타낸 것은?

① $(A+B)(A+\overline{B})(\overline{A}+B)$
② $(A+\overline{B})(\overline{A}+B)(\overline{A}+\overline{B})$
③ $\overline{A}+\overline{B}$
④ $\overline{AB}$

16 2입력-XOR게이트를 2입력-NOR게이트만을 사용하여 구현할 때, NOR게이트는 몇 개가 필요한가?

① 4개
② 5개
③ 6개
④ 7개

17 부울대수식 $F=A\overline{B}+A\overline{C}$를 NAND게이트만으로 구성하기 위한 논리식으로 올바른 것은?

① $F=\overline{\overline{A+\overline{B}}+\overline{A+C}}$
② $F=\overline{\overline{A\overline{B}}+\overline{A\overline{C}}}$
③ $F=\overline{\overline{A\overline{B}}\,\overline{A\overline{C}}}$
④ $F=\overline{\overline{\overline{A\overline{B}}}\,\overline{\overline{A\overline{C}}}}$

18 다음 그림과 같은 논리회로에서 F는 어떻게 표시되는가?

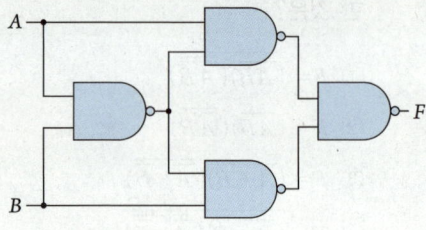

① $F=0$
② $F=\overline{A}B+A\overline{B}$
③ $F=AB+\overline{A}\,\overline{B}$
④ $F=1$

19 조합논리회로에서 다수의 입력되는 신호에 비해 출력선은 하나인 회로는?

① 멀티플렉서
② 데이터 분배기
③ 인코더
④ 디코더

20 다음 중 전가산기의 출력 $Carry$에 해당하는 부울대수식은? (단, 입력신호는 A, B, C_{in}으로 함)

① $Carry = ABC_{in}$
② $Carry = (A\oplus B)C_{in}$
③ $Carry = AB+(A\oplus B)C_{in}$
④ $Carry = \overline{A}B+(\overline{A}\oplus B)C_{in}$

21 조합논리회로의 디코더에서 입력되는 신호가 3개일 때 출력선의 최대 개수는 몇 개까지 가능한가?

① 1개
② 2개
③ 4개
④ 8개

22 조합논리회로의 전가산기 회로를 반가산기로 구현할 경우, 반가산기는 몇 개가 사용되는가?

① 1개
② 2개
③ 3개
④ 4개

23 조합논리회로에서 10진수 0 ~ 9까지의 입력에 대한 출력을 4비트로 변환하는 회로는?

① 인코더
② 디코더
③ 멀티플렉서
④ 디멀티플렉서

24 JK플립플롭에서 $J=0$, $K=1$인 경우의 출력 상태는?

① 불변(유지)
② Toggle
③ Set
④ Reset

25 순서논리회로에서 1비트의 저장 및 투과(전달) 능력을 갖고 있는 기억소자는?

① 카운터
② D플립플롭
③ T플립플롭
④ SR플립플롭

26 다음 상태도에 대한 설명으로 옳지 <u>않은</u> 것은?

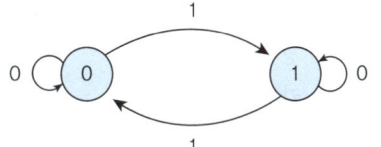

① 현재 상태 0에서 다음 상태 0으로 전이되려면, 외부입력이 0이어야 한다.
② 현재 상태 0에서 다음 상태 1로 전이되려면, 외부입력이 0이어야 한다.
③ 현재 상태 1에서 다음 상태 0으로 전이되려면, 외부입력이 1이어야 한다.
④ 현재 상태 1에서 다음 상태 1로 전이되려면, 외부입력이 0이어야 한다.

27 다음 JK플립플롭의 여기표에서 옳지 <u>않은</u> 것은?

	현재 상태 : $Q(t)$	다음 상태 : $Q(t+1)$	J	K
①	0	0	0	X
②	0	1	1	X
③	1	0	X	1
④	1	1	1	0

28 순서논리회로에서 레이스(race) 현상을 방지하기 위한 플립플롭의 구성은?

① T 플립플롭
② JK 플립플롭
③ SR 플립플롭
④ 마스터-슬레이브 플립플롭

29 순서논리회로에서 주어진 상태 변화에 대해 필요한 입력 조건을 결정하는 표는?

① 진리표
② 상태도
③ 카르노맵
④ 상태 여기표

30 순서논리회로의 설계과정에서 상태에 대한 변환관계를 명확히 정의하고 입출력 및 상태 변화를 일목요연하게 보여주는 그림을 무엇이라고 하는가?

① 상태도
② 진리표
③ 카르노맵
④ 상태 여기표

31 순서논리회로에서 일련의 플립플롭들이 클록을 공유하는 n비트 저장장치는?

① 마스터-슬레이브 플립플롭
② 비동기식 카운터
③ 동기식 카운터
④ 레지스터

32 다음 중 JK 플립플롭에서 입력 신호가 모두 1인 경우에 발생하는 결과와 똑같은 플립플롭은?

① D 플립플롭
② T 플립플롭
③ SR 플립플롭
④ 마스터-슬레이브 플립플롭

33 다음 상태도에서 필요한 플립플롭의 개수는?

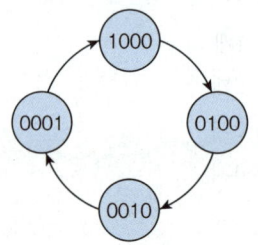

① 2개
② 4개
③ 8개
④ 16개

34 다음 회로의 명칭으로 옳은 것은?

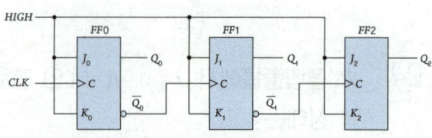

① 3비트 동기식 2진 상향식 카운터
② 3비트 동기식 2진 하향식 카운터
③ 3비트 비동기식 2진 상향식 카운터
④ 3비트 비동기식 2진 하향식 카운터

35 메모리 용량이 32MByte일 때 필요한 주소선의 개수는?

① 25개
② 32개
③ 48개
④ 64개

36 순서논리회로에서 0 ~ 999까지 계수하는 카운터를 설계할 때 필요한 플립플롭의 개수는?

① 2개
② 4개
③ 8개
④ 10개

37 다음 중 반도체 메모리 관련 용어에 대한 설명으로 옳지 않은 것은?

① 메모리 워드 : 한 번에 읽고 쓸 수 있는 비트 그룹
② 메모리 셀 : 메모리 칩 내부의 단위로, 8비트를 저장하는 소자
③ 메모리 셀 저장용량/밀도 : 메모리 칩 하나에서 저장할 수 있는 총 비트 수
④ 메모리 뱅크 : 기억장치를 분할시켜 독립적으로 접근할 수 있는 논리적으로 구성하는 단위

38 반도체 메모리에서 EEPROM과 비슷하나 저장된 내용의 전체를 지우거나 재수정할 수 있는 메모리 소자는?

① PROM
② EPROM
③ MASK ROM
④ Flash Memory

39 다음 반도체 메모리 소자 중에서 리프레시(refresh) 회로가 필요한 것은?

① SRAM
② DRAM
③ EEPROM
④ Flash 메모리

40 반도체 메모리 소자 중에서 순차적인 접근방식이 아닌 임의로 접근하고 싶은 곳에 바로 접근할 수 있는 주기억장치로, 전원이 차단되면 저장된 내용이 지워지는 메모리 소자는?

① ROM
② RAM
③ PROM
④ Hard Disk

정답 및 해설 | 논리회로

01	02	03	04	05	06	07	08	09	10	11	12	13	14	15	16	17	18	19	20
①	②	③	③	①	④	④	①	④	③	①	④	②	①	③	③	③	②	①	③

21	22	23	24	25	26	27	28	29	30	31	32	33	34	35	36	37	38	39	40
④	②	①	④	②	④	④	④	④	①	④	④	②	③	①	④	②	④	②	②

01 정답 ①
- 비휘발성(Non-volatile) ROM : OTP ROM, PROM, EEPROM, EPROM, Flash Memory
- 비휘발성이나 RAM의 특성을 갖는 비휘발성 RAM(NVRAM) : FeRAM, MRAM
- 휘발성(Volatile) RAM : SRAM, DRAM

02 정답 ②
10진수 0~63을 2진수로 변환하면 0_2 ~ 111111_2 이므로 6비트로 표현할 수 있다.

03 정답 ③
- 소수 윗자리수 : $11_{10} \rightarrow 1011_2$
- 소수 아래자릿수 :
  ㉠ $0.125_{10} \rightarrow 2^{-3} \rightarrow 0.001_2$
  또는,
  ㉡ $0.125 \times 2 = 0.25$ (2^{-1}자리 : 0)
  $0.25 \times 2 = 0.5$ (2^{-2}자리 : 0)
  $0.5 \times 2 = 1$ (2^{-3}자리 : 1)
  이므로 0.001_2가 된다.
  즉, $11.125_{10} = 1011.001_2$이다.

04 정답 ③
$10010011_2(147_{10}) + 00111111_2(63_{10})$
$= 11010010_2(210_{10})$

05 정답 ①
홀수 패리티 비트는 D의 1의 개수가 짝수이면 홀수로 만들기 위해 1이 추가되고, 1의 개수가 홀수이면 0이 추가된다.

06 정답 ④
주어진 회로의 부울대수는 다음과 같다.
$F = \overline{(A+B)}(A+B)$
$= \overline{A}\,\overline{B}(A+B)$
$= \overline{A}A\overline{B} + \overline{A}\overline{B}B = 0$
그러므로 입력 변수의 값과 상관없이 항상 출력은 0이 된다.

07 정답 ④

3변수 최소항의 표현방법은 다음과 같다.

입력			최소항	기호
A	B	C		
0	0	0	$\overline{A}\overline{B}\overline{C}$	m_0
0	0	1	$\overline{A}\overline{B}C$	m_1
0	1	0	$\overline{A}B\overline{C}$	m_2
0	1	1	$\overline{A}BC$	m_3
1	0	0	$A\overline{B}\overline{C}$	m_4
1	0	1	$A\overline{B}C$	m_5
1	1	0	$AB\overline{C}$	m_6
1	1	1	ABC	m_7

출력에 해당하는 최소항을 덧셈으로 표현하면 된다.

$$F = \sum m(1,2,4,7) = m_1 + m_2 + m_4 + m_7$$
$$= \overline{A}\overline{B}C + \overline{A}B\overline{C} + A\overline{B}\overline{C} + ABC$$

08 정답 ①

3입력 이상의 NAND, NOR, XNOR게이트를 2입력으로 표현할 때는 출력 부분에 보수(NOT)로 표현한다. 다음 그림은 3입력 게이트를 2입력 게이트로 표현한 예이다.

[1]

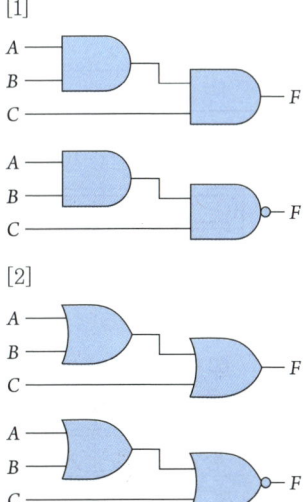

[2]

위의 그림과 같이 3입력 XNOR의 경우 3입력 XOR과 다르게 2입력 게이트로 표현할 때 주의해야 한다. 즉, XNOR게이트는 XOR출력의 반전(보수) 결과와 같다. 이는 NAND와 NOR도 마찬가지이다.

09 정답 ④

2변수 진리표를 POS형(Maxterm)으로 나타내면 다음과 같다.

입력		최대항	기호
A	B		
0	0	$A+B$	M_0
0	1	$A+\overline{B}$	M_1
1	0	$\overline{A}+B$	M_2
1	1	$\overline{A}+\overline{B}$	M_3

$$F = \prod M(1,2) = M_1 \times M_2$$
$$= (A+\overline{B})(\overline{A}+B)$$

10 정답 ③

IC 게이트 전파지연은 CMOS타입보다 TTL타입이 짧다. 그러므로 디지털 회로 구현 시 동작속도가 매우 중요할 때는 각 게이트마다 적은 전파지연시간이 필요하다.

11 정답 ①

$$F = AB + \overline{A}\overline{B} = \overline{\overline{F}}$$
$$= \overline{\overline{AB + \overline{A}\overline{B}}}$$
$$= \overline{(\overline{AB})(\overline{\overline{A}\overline{B}})}$$

로 변환할 수 있다. 이를 회로로 구현하면 다음과 같다.

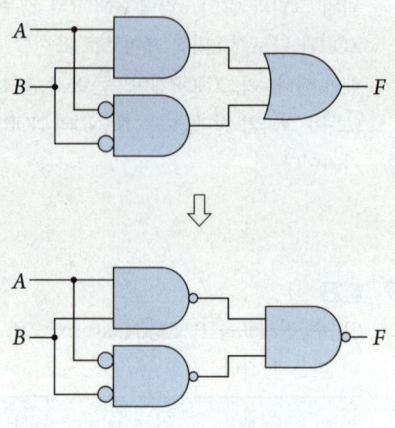

12 정답 ④

SOP식을 POS식으로 변환하는 방법은 다음 3단계로 쉽게 구분하여 할 수 있다.

- 단계1 : SOP를 2진으로 표현한다. (011 + 001 + 100 + 000 + 111)
- 단계2 : SOP식에서 보이지 않은 2진 조합은 010, 101, 110
- 단계3 : 단계2에서의 2진 조합을 표준 합항으로 구하면 다음과 같다.

$(A+\overline{B}+C)(\overline{A}+B+\overline{C})(\overline{A}+\overline{B}+C)$

3변수 진리표를 SOP형과 POS형으로 나타내면 다음과 같다.

입력			최소항	기호	최대항	기호
A	B	C				
0	0	0	$\overline{A}\overline{B}\overline{C}$	m_0	$A+B+C$	M_0
0	0	1	$\overline{A}\overline{B}C$	m_1	$A+B+\overline{C}$	M_1
0	1	0	$\overline{A}B\overline{C}$	m_2	$A+\overline{B}+C$	M_2
0	1	1	$\overline{A}BC$	m_3	$A+\overline{B}+\overline{C}$	M_3
1	0	0	$A\overline{B}\overline{C}$	m_4	$\overline{A}+B+C$	M_4
1	0	1	$A\overline{B}C$	m_5	$\overline{A}+B+\overline{C}$	M_5
1	1	0	$AB\overline{C}$	m_6	$\overline{A}+\overline{B}+C$	M_6
1	1	1	ABC	m_7	$\overline{A}+\overline{B}+\overline{C}$	M_7

13 정답 ②

표준 POS식을 진리표로 작성하기 위한 일반적인 변환 방법은 다음과 같다.

- 단계1 : POS식을 2진수로 표현한다.

$\overline{A}+\overline{B}+\overline{C}$ (111)
$\overline{A}+B+\overline{C}$ (101)
$A+\overline{B}+\overline{C}$ (011)
$A+B+\overline{C}$ (001)
$A+B+C$ (000)

- 단계2 : 모든 항을 표준 POS항 형태로 변환한다.
- 단계3 : 단계1에 나타난 2진 값을 표에 출력 0으로 정하고, 그 외는 1로 한다.

14 정답 ①

$F(A,B,C) = \sum m(0,1,2,7) + \sum d(3,5,6)$
의 진리표와 카르노맵은 다음과 같다.

A	B	C	F
0	0	0	1
0	0	1	1
0	1	0	1
0	1	1	X
1	0	0	0
1	0	1	X
1	1	0	X
1	1	1	1

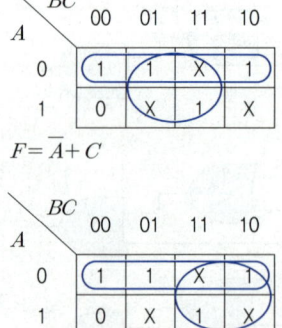

$F = \overline{A} + C$

$F = \overline{A} + B$

15 정답 ③

2입력 NAND게이트의 동작 특성을 진리표로 나타내면 다음과 같다.

입력		출력
A	B	F
0	0	1
0	1	1
1	0	1
1	1	0

$F(A,B) = \prod M(3) = \overline{A} + \overline{B}$

16 정답 ③

2입력-XOR게이트 회로는 다음과 같다.

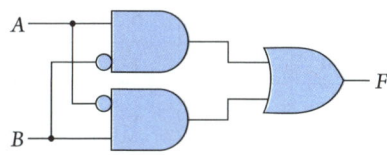

2입력-NOR게이트로 변환하는 과정에서 이중 부정은 생략된다.

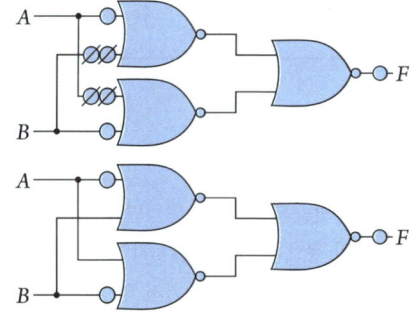

버블(NOT)은 다음과 같이 나타낸다.

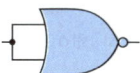

그러므로 2입력-NOR게이트는 6개가 필요하다.

17 정답 ③

주어진 부울대수식을 NAND게이트로 구성하기 위해 부울대수식을 회로로 구현한 후, NAND게이트로 변환하는 방법을 권장한다.

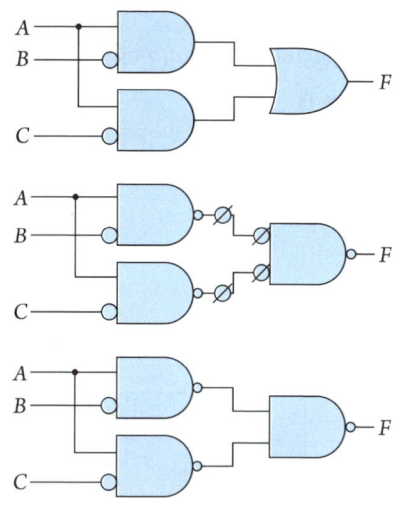

2입력-NAND게이트로만 구현된 회로를 보고 부울대수식을 완성하면 된다.

$F = \overline{\overline{AB}\,\overline{AC}}$

18 정답 ②

주어진 회로의 단계별 부울대수를 나타내면 다음과 같다.

$F = \overline{\overline{\overline{ABA}}\,\overline{\overline{ABB}}} = \overline{(\overline{AB}+\overline{A})(\overline{AB}+\overline{B})}$
$= \overline{(AB+\overline{A})(AB+\overline{B})} = \overline{(\overline{A}+B)(A+\overline{B})}$
$= \overline{\overline{A}\,\overline{B}+AB} = \overline{A \odot B} = A \oplus B$

19 정답 ①

① 멀티플렉서 : 데이터 선택기(입력 : 2^n개, 선택입력 : n개, 출력 : 1개)
② 디멀티플렉서 : 데이터 분배기(입력 : 1개, 선택입력 : n개, 출력 : 2^n개)
③ 인코더 : 부호화기(입력 : 1 ~ 2^n개, 출력 : n개 비트)
④ 디코더 : 복호화기(입력 : n개 비트, 출력 : 1 ~ 2^n개)

20 정답 ③

다음 그림은 전가산기의 블록도이다.

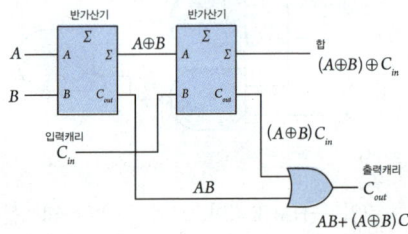

21 정답 ④

디코더는 복호화기로 사용되며, 입력은 n개 비트, 출력은 1 ~ 2^n개로 된다. 그러므로 출력은 2^n개까지 가능하다.

22 정답 ②

전가산기는 반가산기 2개와 OR게이트 1개로 구성되며, 회로도는 20번 문제의 해설을 참조한다.

23 정답 ①

인코더는 조합논리회로에서 여러 개의 입력 신호 중에서 하나의 입력 신호만 활성화된 경우 해당 입력을 이진 코드(Binary Code)로 변환하여 출력하는 회로이다. BCD는 숫자 0에서 9까지를 4비트로 표현하며, 각 4비트 조합은 10진수 한 자리수를 나타낸다. BCD 인코더는 10진수를 입력받아 각 숫자를 4비트 이진수로 변환한다.

24 정답 ④

다음은 JK플립플롭의 특성표이다.

$Q(t)$ 현재값	J	K	$Q(t+1)$	설명
0	0	0	0	이전 상태 유지
0	0	1	0	Reset
0	1	0	1	Set
0	1	1	1	Toggle (이전 상태 반전)
1	0	0	1	이전 상태 유지
1	0	1	0	Reset
1	1	0	1	Set
1	1	1	0	Toggle (이전 상태 반전)

25 정답 ②

D플립플롭은 2개의 입력만을 갖는 회로로, 1비트의 정보를 저장하거나 지연(전달)할 때 사용된다. 플립플롭에서 원하지 않는 상태(무효상태 : $S=1$, $R=1$)를 제거하는 한 가지 방법은 S와 R의 입력이 동시에 1이 되지 않도록 하는 것이다. 이러한 플립플롭은 플립플롭에 반전기를 추가하여 변형한 것이다.

26 정답 ②

주어진 상태도는 T플립플롭으로, 상태도의 특징은 다음과 같다.

		T	내용
현재 상태	0	0	0, 현재 상태 유지
		1	1, 현재 상태 변경
	1	0	1, 현재 상태 유지
		1	0, 현재 상태 변경

27 정답 ④

여기표란 주어진 상태변화에 대해 필요한 입력조건을 결정하는 표를 의미한다. 다음은 JK플립플롭의 특성표에 따른 여기표이다.

특성표					여기표			
입력		현재 상태	다음 상태		현재 상태	다음 상태	요구 입력	
J	K	$Q(t)$	$Q(t+1)$		$Q(t)$	$Q(t+1)$	J	K
0	0	0	0		0	0	0	X
0	0	1	1		0	1	1	X
0	1	0	0		1	0	X	1
0	1	1	0		1	1	X	0
1	0	0	1					
1	0	1	1					
1	1	0	1					
1	1	1	0					

28 정답 ④

레이스 현상이란 플립플롭에서 출력이 입력에 피드백되어 있으므로 클록의 레벨 폭이 플립플롭의 지연시간보다 크면 출력상태에 의해 입력상태가 바뀌고, 이로 인해 다시 출력상태가 바뀌어 플립플롭이 안정화되지 못하는 현상이다. 그래서 주종형(Master-Slave) 플립플롭으로 한 클록 주기 동안 한 번만 상태를 정의하는 방법을 통해 레이스 현상을 완화시킬 수 있다.

29 정답 ④

순서논리회로의 진리표는 회로의 입력과 현재 상태로 다음 상태의 결과를 얻을 수 있고, 플립플롭의 특성표로부터 여기표를 작성할 수 있다.

30 정답 ①

상태도는 입출력 및 상태 변화를 일목요연하게 보여주는 그림으로, 상태표와 등가적으로 표현할 수 있다. 상태표는 현재 상태와 외부 입력의 변화에 따라 다음 상태의 변화를 정의한 것으로, 상태도로부터 유도할 수 있다.

31 정답 ④

레지스터는 데이터 저장과 데이터 이동의 기본 기능을 갖는 디지털 회로로, 레지스터 상태 수 및 정보 비트는 n개의 플립플롭과 2^n개의 서로 다른 상태들이 존재하며, n비트 정보의 저장이 가능하다.

32 정답 ②

다음은 JK플립플롭과 T플립플롭의 진리표이다.

J	K	T	$Q(t+1)$	설명
0	0	0	$Q(t)$	이전 상태 유지
0	1			
1	0			
1	1	1	$\overline{Q(t)}$	Toggle (이전 상태 반전 유지)

33 정답 ②

주어진 상태도는 일반적인 링 카운터의 상태도로, 각 순서의 상태에서 하나의 플립플롭을 사용한다. 임의의 시간에 한 플립플롭만 논리 1이 되고, 나머지 플립플롭은 논리 0이 되는 카운터이며, D플립플롭 4개가 필요하다.

34 정답 ③

주어진 회로는 비동기 회로로 하나의 공통 클럭 신호에 동기화되지 않고 각 소자가 개별적으로 변화하는 회로이다. 회로의 상태표와 상태도는 다음과 같다.

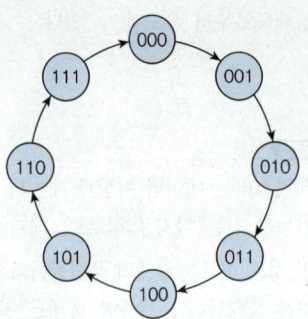

클록펄스	Q_2	Q_1	Q_0
초기상태	0	0	0
1	0	0	1
2	0	1	0
3	0	1	1
4	1	0	0
5	1	0	1
6	1	1	0
7	1	1	1
8(재순환)	0	0	0

35 정답 ①

메모리 용량이 $32 \times 10^6 \times$ 1Byte(8bit)이므로,
$32 \times 10^6 \times$ 1Byte(8bit)
$= 32 \times 10^3 \times 10^3 \times$ 1Byte(8bit)
$= 2^5 \times 2^{10} \times 2^{10} \times$ 1Byte(8bit)
MAR = 25bit, MBR = 8bit

36 정답 ④

계수되는 범위가 0~999까지 1000개의 경우의 수가 되므로, 2진 10비트가 있으면 충분히 계수할 수 있다.

37 정답 ②

메모리 셀은 메모리에서 각 저장요소로 1이나 0을 저장하며, 1비트를 저장하는 소자이다.

38 정답 ④

Flash Memory는 전기적으로 지울 수 있고 프로그래밍이 가능한 EEPROM의 한 종류이다. 일반적으로 휴대용 기기에서 사용하는 반도체로, 비휘발성 메모리이다. 비교적 소용량의 데이터 보존에 사용할 수 있고 블록 단위로 내용 전체를 지우거나 재수정할 수 있다.

39 정답 ②

DRAM은 SRAM보다 집적도가 높으며, Logic이 ROM보다 간단하고, 가격이 SRAM에 비해 저렴하다. DRAM의 내부 구조가 콘덴서로 되어 있으므로, 데이터의 손실을 방지하기 위해 주기적인 리프레시(refresh) 회로가 필요하다.

40 정답 ②

RAM은 데이터를 기록하고 판독이 가능한 메모리로, RAM에 공급된 전원이 꺼지면 내용이 사라진다.

벼락치기

Ⅱ. C프로그래밍

- 시험장에 가져가는 핵심요약집
- 기출동형 최종모의고사
- 최종모의고사 정답 및 해설

우리 인생의 가장 큰 영광은 결코 넘어지지 않는 데 있는 것이 아니라
넘어질 때마다 일어서는 데 있다.

– 넬슨 만델라 –

Ⅱ. C프로그래밍
시험장에 가져가는 핵심요약집

제1장 C언어의 개요

제1절 C언어의 역사 및 특징

1 컴퓨터 프로그램의 개념
프로그래밍을 하는 도구를 '개발자 도구' 또는 '개발환경(IDE : Integrated Development Environment)'이라고 부르고, 프로그래밍 언어는 프로그래밍을 하는 방식 또는 절차를 말하며, 프로그래밍을 하는 사람을 프로그래머라고 함

2 C언어의 탄생
C언어는 1972년 켄 톰슨과 데니스 리치가 벨 연구소에서 일할 당시 새로 개발된 유닉스 운영 체제에서 사용하기 위해 개발한 프로그래밍 언어임

ALGOL	1960년 국제위원회에서 제작
CPL	1963년 캠브리지와 런던대학에서 공동제작(Combined Programming Language)
BCPL	1967년 캠브리지대학의 리처드가 제작(Basic CPL)
B	1970년 벨 연구소의 켄 톰슨이 제작
C	1972년 벨 연구소의 데니스 리치가 개발
ANCI-C	1980년 미국표준협회(ANSI)에서 표준화
C++	1984년 객체지향 개념 추가

3 C언어의 특징
(1) **뛰어난 이식성** : 한 시스템에서 개발된 소프트웨어를 약간만 수정하면 다른 컴퓨터 시스템에서도 동일하게 실행할 수 있음

(2) **범용 프로그래밍 언어** : C언어는 운영체제와 같이 하드웨어와 밀접한 프로그램뿐만 아니라 운영체제 위에서 작동하는 워드프로세서, 게임, 개발도구와 같은 다양한 응용 프로그램을 작성할 수 있음

(3) **구문이 간결하고 명확함** : C프로그램은 함수를 사용해 간결하게 프로그램을 작성할 수 있음. 또한 포인터를 사용해 효율적으로 자료의 주소를 표현할 수 있으며, 동적으로 메모리를 관리할 수 있음. 그리고 전처리기를 이용해 파일 포함, 매크로, 조건 번역 등의 기능을 간단하게 수행할 수 있음

(4) C언어를 익히면 다른 프로그래밍 언어도 쉽게 이해할 수 있음

4 C언어의 사용분야

운영체제, 컴파일러, 게임, 유틸리티와 상용 소프트웨어, 산업용 소프트웨어

제2절 C프로그램의 작성 및 준비

[프로그램 작성과 실행 순서]

① 프로그램의 목적을 정의(요구사항 분석)	개발할 프로그램의 내용과 성격 파악
② 프로그램의 설계	알고리즘 설계
③ 프로그램 코딩(소스 파일 생성)	소스 프로그램을 코딩하고 확장자를 *.c로 함
④ 컴파일(오브젝트 파일 생성)	작성된 *.c를 기계어로 변환하고, 그 결과 obj(오브젝트) 파일을 생성
⑤ 링크(실행 파일 생성)	관련 파일을 하나로 결합하고, 그 결과로 실행 파일을 생성
⑥ 파일 실행	생성된 *.exe 파일을 실행
⑦ 테스트와 디버깅	

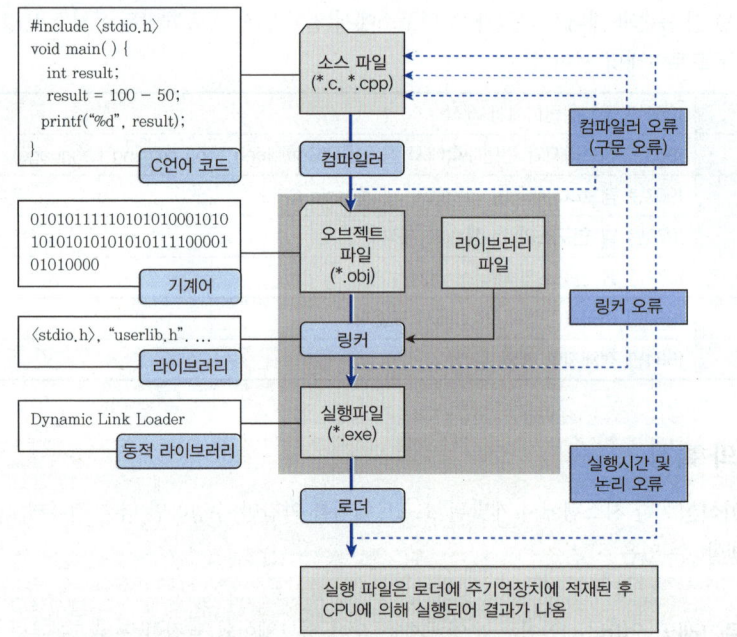

[C프로그램에서 소스파일 → 컴파일과정 → 링킹과정 → 실행 및 디버깅 과정]

제3절 C프로그램의 구성

1 C프로그램의 기본 구조
전처리기 지시영역, main함수, 추가적으로 호출된 함수 부분으로 구분할 수 있음

(1) 전처리기 지시영역
  컴파일을 시도할 경우 컴파일이 실행되기 전에 전처리기 명령부터 처리됨

(2) main 함수
  콘솔 응용 프로그램을 실행하면 처음으로 실행되는 함수로, 반드시 존재해야 하며 프로젝트에 하나만 존재해야 하는 함수임

(3) 사용자 정의 함수
  사용자가 용도에 맞게 작성하여 사용하는 사용자 정의 함수(user defined function)

> **C프로그램 작성 시 규칙**
> ① C프로그램은 반드시 하나 이상의 함수를 포함해야 함
> ② main() 함수가 반드시 존재해야 하며 한 번만 쓰여야 함
> ③ 중괄호 { }를 이용해서 함수의 시작과 끝을 알려야 하며, 중괄호 안에는 변수 선언문, 치환문, 연산문, 함수 등의 명령을 기입함
> ④ 문장의 끝에 세미콜론(;)을 사용하여 각 문장을 구분함. 단, 선행처리기(preprocessor) 끝에는 세미콜론(;)을 붙이지 않음
> ⑤ 주석(comment)은 프로그램 상의 어느 위치든 추가가 가능함

2 C프로그램의 구성요소

(1) 예약어(keyword)
  C언어에서 명령어나 의미있게 사용되는 단어들을 말하며, 프로그램 코드를 작성하는 사람은 키워드를 다른 용도로 사용해서는 안 됨

(2) 식별자(identifier)
  ① 변수의 이름, 상수의 이름, 함수의 이름, 사용자 정의 타입의 이름 등 '이름'을 일반화해서 지칭하는 용어
  ② 식별자(명칭)를 만들 때 규칙은 다음과 같음

  > ㉠ 영문 대소문자, 숫자, 밑줄(_)만 사용할 수 있음
  > ㉡ 키워드를 식별자로 사용할 수 없음
  > ㉢ C언어에서 밑줄은 특수문자로 보지 않음
  > ㉣ 명칭의 첫 글자는 반드시 영문자나 밑줄(_)을 사용함

ⓜ 문자 사이에 공백 및 예약어를 사용할 수 없음
ⓑ 모든 변수는 사용하기 전에 반드시 정의함
ⓢ 영문자의 경우 대문자와 소문자는 서로 구별됨
ⓞ 명칭의 길이는 컴파일러에 따라 차이가 있으나 일반적으로 32자까지 지원함
ⓩ Visual Studio 2010 이상 버전에서는 달러($)를 사용할 수 있음

(3) 상수
상수는 변환되지 않는 값을 말하며, 초기화가 되면 다시 재정의가 불가능함. 값이 불변인 자료로 문자형 상수, 숫자형 상수, 문자열 상수 등으로 구분함

(4) 연산자
선언된 변수에 값(상수)를 넣어 값을 계산하는데 사용되는 기호들로, 대입 연산자, 산술 연산자, 관계 연산자, 논리 연산자, 할당 연산자, 삼항 연산자, 비트 연산자 등이 있음

(5) 주석(설명문)
/* */, //는 C언어의 주석 기호로, 즉 코멘트/설명문임

제2장 자료형과 선행처리기

제1절 변수와 자료형

1 변수의 표현
변수는 프로그램 실행 중간에 새로운 값을 저장하고, 읽어오기 위해 기억 공간에 적절한 이름(식별자)으로 정의함

(1) 변수의 선언

> [형식] 변수 선언
> 자료형 변수명;
> 자료형 변수명 = 초깃값;
> 자료형 변수명1, 변수명2, 변수명3, ..., 변수명 n;

(2) 변수 선언의 의미
변수의 자료형(char, int형 등)에 맞게 주기억장치 공간에서 각 자료형의 크기만큼 기억공간을 확보하라는 의미임

2 자료형

문자, 정수, 실수를 표현하고, 자료의 표현 방법에 따라 char, int, double 세 가지 자료형의 변수만 있어도 되지만 기억공간의 낭비를 없애기 위해 다양한 크기의 자료형을 제공함

정수	문자	char	signed char	unsigned char
	정수	(signed) short (int)	(signed) int	(signed) long (int)
		unsigned short (int)	unsigned (int)	unsigned long (int)
실수		float	double	long double

(1) 문자형

문자 1개를 표현하기 위한 자료형

문자 자료형	크기(size)	유효(표현)범위
char	1 byte	−128 ~ 127
signed char	1 byte	−128 ~ 127
unsigned char	1 byte	0 ~ 255

① char, signed char, unsigned char

문자 1개를 저장하기 위한 기본 문자 자료형으로, 한글은 2바이트로 표현됨

② 아스키 코드(Ascii Code)

7비트 표현 방식으로 2^7, 즉 128개의 문자 조합을 갖는 0 ~ 9, a ~ z, A ~ Z, 특수문자 등 정보 표현용 문자들의 표현을 말함

(2) 정수형(고정 정수형)

정수형은 소수점을 포함하지 않는 수치를 위한 자료형으로, 크기(short, int, long)와 부호 비트의 사용 여부(signed, unsigned)에 따라 분류됨

정수 자료형	의미	크기(size)	유효(표현)범위
(signed) short (int)	작은 정수	2 byte	$-2^{15}(-32768) \sim 2^{15}-1(32767)$
unsigned short (int)	부호 없는	2 byte	$0 \sim 2^{16}-1(65535)$
(signed) int	정수	4 byte	$-2^{31}(약 -21억) \sim 2^{31}-1(약 21억)$
unsigned (int)	부호 없는	4 byte	$0 \sim 2^{32}-1(약 42억)$
(signed) long (int)	큰 정수	4 byte	$-2^{31} \sim 2^{31}-1$
unsigned long (int)	부호 없는 큰 정수	4 byte	$0 \sim 2^{32}-1$

정수의 표현범위는 n비트를 사용하면 $-(2^{n-1}) \sim (2^{n-1}-1)$까지 표현 가능함

(3) 실수형

실수형은 차지하는 기억공간의 크기에 따라 분류함

실수 자료형	크기(size)	유효자릿수	유효(표현)범위
float	4 byte	소수점 이하 6	약 $-3.4 \times 10^{38} \sim 3.4 \times 10^{38}$
double	8 byte	소수점 이하 15	약 $-1.79 \times 10^{308} \sim 1.79 \times 10^{308}$
long double	8 byte	소수점 이하 15	약 $-1.79 \times 10^{308} \sim 1.79 \times 10^{308}$

제2절 상수

1 리터럴 상수(Literal Constant)

리터럴 상수는 값 자체를 직접 사용하는 것을 의미하며, 종류로는 정수 상수, 실수 상수, 문자 상수, 문자열 상수 등이 있음

(1) 숫자 상수의 표현

① 정수 상수의 표현

```
10진수 : 2013, 2012u, 3333U, +213234, -234255
8진수 : 0223, -02342, 0234
16진수 : 0xfff, 0X44ab, 0xFA, -0xA34F
```

② 실수 상수의 표현

소수점 표기법	3.14는 double형 상수로 8byte, 0.876f는 float형 상수로 4byte로 표현
지수 표기법	지수 표기는 실수를 가수와 지수로 분리해서 표현(예 0.314e1, 0.314e+1)

(2) 문자, 문자열 상수의 표현

① 문자체계

문자는 고유 번호를 부여한 코드로 변환되어 표현되는데 ASCII(American Standard Code for Information Interchange)는 대표적인 문자 체계임

② 문자 상수의 표현

㉠ 문자 상수

문자 상수의 표현은 단일 인용부호로 한 개의 문자를 묶어서 표현하고, 문자열 상수는 이중 인용부호로 여러 문자를 묶어서 표현함(예 'A', "Hello World C")

㉡ escape 문자

단일 인용부호 안에 나타내기 곤란한 문자를 표현할 수 있도록 하고, 특별 문자 표현에 사용함

escape 문자	Ascii 문자	의미	escape 문자	Ascii 문자	의미
\0	Null	널 문자	\r	CR	열 복귀
\a	BEL	beep음	\"	"	이중 인용부호
\b	BS	백스페이스	\'	'	단일 인용부호
\t	HT	탭	\\	\	백슬래시
\n	LF	개행			

③ 문자열 상수의 표현

문자열은 한 문자가 여러 개 이어진 것으로, 이중 인용부호로 여러 문자를 묶어서 표현함

H	e	l	l	o		W	o	r	l	d	\0
char	char	char	char	char	char	char	char	char	char	char	char

2 심볼릭 상수(symbolic constant)

심볼릭 상수는 변수와 마찬가지로 이름을 가지고 있는 상수로 const 키워드를 사용하거나, 매크로를 이용하여 선언할 수 있음

(1) const 상수

상수를 기호화하여 변수처럼 이름이 있는 상수를 말함

> [형식] const 키워드 이용하기
> - const 자료형 변수명 = 초깃값; //const float PI = 3.1415;
> - 자료형 const 변수명 = 초깃값; //float const PI = 3.1415;
> - const 변수명 = 초깃값; //const PI = 3.1415;

(2) 매크로 상수(#define문 이용하기)

지정한 기호 상수를 프로그래머가 정의한 문자열로 대체하여 인수없이 단순히 치환만 하는 매크로 상수와 함수처럼 인수를 가지는 매크로 함수를 사용함

제3절 선행처리기

선행처리기(전처리기 : preprocessor)는 소스(source) 프로그램을 오브젝트(object) 프로그램으로 컴파일하기 전에 수행되며, 소스 파일이 컴파일 될 수 있도록 준비하는 역할을 함

1 #define 지시자

#define 지시자는 특정 기호 상수(symbolic constant)를 프로그래머가 정의한 치환 문자열로 대체하는 역할을 함

(1) 매크로 상수(인수가 없는 매크로)

- define MAX 200 　　　　//MAX를 200으로 정의
- define NUM MAX-1 　　　//NUM을 MAX-1로 정의
- define PI 3.141592 　　 //PI를 3.141592로 정의
- define HELLO "Hello, C Porgramming"　　//HELLO를 정의할 문자열로 정의
- define IINT int 　　　　//IINT를 C프로그램에서의 예약어 int로 정의
- define BEGIN { 　　　　//BEGIN을 C프로그램 〈stdio.h〉에 정의된 '{'으로 정의

(2) 매크로 함수(인수가 있는 매크로의 정의)

매크로 함수는 함수처럼 상황에 따라 인수를 지정하여 원하는 결과를 얻을 수 있음

- define EXE1(x) x * x
- define EXE2(x) ((x) * (x))
- result1 = EXE1(2 + 3);　　//result1 = 2 + 3 * 2 + 3;으로 치환되어 11이 저장됨
- result2 = EXE2(2 + 3);　　//result2 = ((2 + 3) * (2 + 3));으로 치환되어 25가 저장됨

2 #include 지시자

```
#include <stdio.h>            //라이브러리 헤더 파일
#include <stdlib.h>           //라이브러리 헤더 파일
#include "C:\user\userlib.h"  //사용자 정의 파일
#include "user_test.c"        //사용자 정의 파일
```

3 조건부 컴파일을 위한 지시자

(1) #if

#if는 조건에 따라 선택적으로 컴파일되는 문장임. #else문에서 또 다른 조건문을 검사하려면 #else와 #if를 결합한 #elif문을 사용함

```
#if (NATION == 1)
    #include "korea.h"
#elif (NATION == 2)
    #include "usa.h"
#else
    #include "japan.h"
#endif
```

다른 조건문을 검사하려면 #else와 #if를 결합한 #elif문을 사용함

(2) #ifdef, #ifndef, #undef

① #ifdef

[형식] #ifdef를 이용한 조건부 컴파일

#ifdef 매크로명
   문장 1;
#else
   문장 2;
#endif

매크로명의 매크로가 정의되어 있다면 '문장 1'을 소스코드에 포함하고, 매크로가 정의되어 있지 않을 때는 '문장 2'를 소스코드에 포함함. #ifdef문에서는 #else문을 생략할 수 있으며 #elif는 사용할 수 없음

② #ifndef

[형식] #ifndef를 이용한 조건부 컴파일

#ifndef 매크로명
   문장 1;
#else
   문장 2;
#endif

#ifndef는 "if not defined"의 약어이며, 매크로가 정의되어 있지 않은 경우에만 #ifndef ~ #endif 사이의 문장을 소스 파일에 삽입하여 컴파일되게 함. 사용 방법은 #ifdef와 같음

③ #undef

[형식] #undef를 이용한 매크로 정의 해제

#undef 매크로명

매크로 정의를 해제함. 이전에 정의된 매크로 정의를 무효로 함. 새로 정의할 때 사용함

제3장   입·출력함수와 연산자

제1절 표준 입·출력함수

C언어에서 제공하는 라이브러리 입·출력함수 scanf() 함수, printf() 함수를 사용함

1 표준 입·출력함수

C언어에서 표준 입·출력이란 키보드를 통한 입력과 모니터를 이용한 출력을 의미하고, 입·출력 라이브러리로 <stdio.h>라는 헤더 파일에 정의되어 사용됨

(1) 표준 출력함수의 종류
① printf() : 화면에 형식화된 여러 종류의 자료를 출력함
② putchar() : 화면에 1개의 문자를 출력함
③ puts() : 화면에 문자열을 출력함

(2) 표준 입력함수의 종류
① scanf() : 키보드로부터 1개 이상의 형식화된 자료를 입력받음
② getchar() : 키보드로부터 1개의 문자를 입력받음
③ gets() : 키보드로부터 문자열을 입력받음

2 출력함수 printf()

> [형식] printf 함수의 인수
>
> printf("형식 문자열", 인수1, 인수2, …, 인수n);

(1) 변환명세를 포함하지 않은 printf() 함수
① 단순한 특정 문자열 출력

> [형식] 인수가 한 개인 문자열 출력 printf() 함수
>
> printf("문자열");

② 이스케이프 문자 출력

표기	이름	설명
\r	carriage return 문자	커서를 현재 행의 맨 앞으로 이동시킴
\n	line feed 문자	커서를 현재 행의 맨 앞으로 이동시킨 후 다음 행으로 옮김
\t	Tab 문자	커서를 다음 탭 위치로 옮김
\'	작은 따옴표	작은 따옴표
\"	큰 따옴표	큰 따옴표
\\	back slash	백슬래시 문자를 출력
\b	back space	출력 위치를 왼쪽으로 한 칸 이동
\a	alarm	삐 신호음을 냄

(2) 변환명세를 포함한 printf() 함수

출력값	변환명세	자료형	출력형식
정수	%d, %i	int형	정수를 10진 형태로 출력
	%u	unsigned int형	부호 없는 정수를 10진 형태로 출력
	%o	int형	정수를 8진 형태로 출력
	%x	int형	정수를 16진 형태로 출력
실수	%f	float형	실수를 소수점 아래 6자리까지 출력
	%lf	double형	실수를 소수점 아래 6자리까지 출력
	%e	float형	지수형식(과학적 표기)으로 출력
문자	%c	char형	문자 1개만 출력
문자열	%s		문자열 출력

> [형식] 변환명세를 포함한 printf() 함수
> printf("변환명세를 n개 포함한 형식 문자열", 인수1, 인수2, …, 인수n);
> → 형식 문자열에 포함된 변환명세가 n개이면 뒤에 인수도 n개이어야 함

(3) 변환명세의 필드폭, 플래그, 정밀도

필드폭을 명시하지 않는 %d, %lf, %c의 일반적인 출력은 다음과 같음

① %d를 사용한 정수 출력

정수형 인수를 출력하고자 할 때 '%d' 변환명세를 사용해 다음과 같은 형식으로 정의

> [형식] %d 변환명세
> - %필드폭d : %5d(5: 자료를 출력하는데 사용하는 전체 확보된 칸수)
> - %+필드폭d : %+5d(+: 양수 부호 출력)
> - %-필드폭d : %-5d(-: 왼쪽을 기준으로 정렬하여 확보된 칸에 출력)
>   예 ("%-+5d", 10) : '+10' 왼쪽을 기준으로 정렬하고 '+'부호 출력

② %lf를 사용한 실수 출력

> [형식] %lf 변환명세
> - %필드폭.정밀도lf : %7.3lf (7 : 전체 자릿수로 소수점 위, 아래 포함한 수, .3 : 소수점 이하 자릿수까지 출력)
> - %.정밀도lf : %.3lf (.3 : 소수점 이하 자릿수까지 출력)
> - %필드폭lf : 소수점 위, 아래 포함한 필드폭, 소수점 아래는 6자리까지 확보하여 출력
> - %필드폭.lf : 소수점 아래 첫 자리에서 반올림하여 출력, 필드폭만큼 칸을 확보하여 출력 즉, %필드폭.0lf와 같음

③ %c을 사용한 문자 출력

[형식] %c 변환명세
- %필드폭c : %5c(5 : 전체 확보되는 칸의 수이고, c : 문자 형식으로 출력, 오른쪽 정렬)
- %-필드폭c : %-5c(5 : 전체 확보되는 칸의 수이고, 왼쪽 정렬하여 출력)

④ %s를 사용한 문자열 출력

[형식] %s 변환명세
- %필드폭s : %5s(5 : 전체 확보되는 칸의 수이고, s : 문자열형식으로 출력하고, 오른쪽 정렬)
- %-필드폭s : %-5s(5 : 전체 확보되는 칸의 수이고, 왼쪽 정렬하여 출력)

3 문자와 문자열 전용 출력함수

(1) 문자 전용 출력함수 : putchar() 함수

[형식] putchar() 함수

putchar('문자' 또는 문자형 변수);

(2) 문자형 자료의 ASCII code 값의 변환

기본적으로 문자형의 char자료형으로 선언하고 컴퓨터 메모리에서 1byte(8bit) 저장공간을 확보한 후 변수를 저장

(3) 문자열 전용 출력함수: puts() 함수

[형식] puts() 함수

puts("문자열" 또는 문자열을 저장한 변수);

4 입력함수 scanf()

입력값	변환명세	입력변수의 자료형	설명(%d, %lf, %c는 기본 자료형 변환명세)
정수	%d	int	10진수 정수를 입력받아 지정한 변수에 저장
	%u	unsigned int	입력값을 부호 없는 정수형 변수에 저장
	%o	int	입력값을 8진수 받아들여 10진수로 변환하여 정수형 변수에 저장
	%x	int	입력값을 16진수 받아들여 10진수로 변환하여 정수 변수에 저장

	%f	float	입력값을 float형 변수에 저장
실수	%lf	double	입력값을 double형 변수에 저장
	%e	float	'가수e지수' 형식으로 또는 실숫값으로 입력받아 실숫값을 float형 변수에 저장
	%le	double	'가수e지수' 형식으로 또는 실숫값으로 입력받아 실숫값을 double형 변수에 저장
문자	%c	char	입력된 문자 한 개를 문자형 변수에 저장
문자열	%s	문자열	입력된 문자열을 저장하기 위해 변수나 배열을 저장

(1) 한 개의 자료만 입력

> [형식] scanf() 함수
>
> scanf("변환명세", &변수명);
> - scanf() 함수가 실행되면 모니터 화면에서 커서가 깜빡거리고, 키보드로 자료가 입력되기를 기다림. 선언된 자료형에 맞는 값을 키보드로 입력하고 엔터를 눌러 입력을 완료하면 입력된 자료는 변환명세에 맞게 변환된 후 변수에 해당하는 기억장소에 저장됨

① 한 개의 자료만 입력 시 주의사항
  ㉠ 변환명세 후에 공백이나 이스케이프 문자를 사용하지 않음
  ㉡ 변환명세에 필드폭은 꼭 필요할 때에만 사용
  ㉢ 자료형에 맞는 변환 지시자(%d, %lf, %c, %s)를 사용

② %s를 사용한 문자열 입력

> [형식] scanf() 함수에서 문자열 입력
>
> scanf("%s", 문자열을 저장할 변수명);
> - 문자열을 저장할 변수의 자료형은 char형 포인터 또는 1차원 배열명이 됨. 포인터와 배열명 자체가 메모리의 시작 주소가 되므로 &을 붙이지 않음

(2) 여러 개의 자료를 한꺼번에 입력

키보드로부터 여러 개의 자료를 입력받을 수 있으나, 한 개의 자료를 입력받는 것보다 주의할 점이 많으므로 조심해야 함

> [형식] scanf() 함수에서 여러 자료 입력
>
> scanf("변환명세를 n개 포함한 형식 문자열", &변수명1, &변수명2, …, &변수명n);

① scanf("%d%d%d", &변수명1, &변수명2, &변수명3);

입력방법	• 100 99 98 ↵[엔터] • 100[TAB]99[TAB]98↵[엔터] • 100↵[엔터] 99↵[엔터] 98↵[엔터]

② scanf("%d,%d,%d", &변수명1, &변수명2, &변수명3);

| 입력방법 | • 100,99,98↵[엔터]
• 100,↵[엔터] 99,98↵[엔터]
• 100,↵[엔터] 99,↵[엔터] 98↵[엔터] |

③ 여러 개의 자료 입력 시 주의사항

scanf() 함수의 "형식 문자열" 안의 변환명세 개수와 입력변수의 개수가 같아야 함
㉠ 변환명세의 개수 〈 입력변수의 개수인 경우
㉡ 변환명세의 개수 〉 입력변수의 개수인 경우

5 문자와 문자열 전용 입력함수

(1) 문자 전용 입력함수 getchar()

> [형식] getchar() 함수
>
>   변수 = getchar();

(2) 문자열 전용 입력함수 gets()

> [형식] gets() 함수
>
>   gets(문자열을 저장할 변수);

제2절 C언어의 연산자

1 연산자의 종류

(1) 피연산자의 개수에 따른 구분

종류	연산자
단항 연산자(unary operator)	+ - ++ -- ! & ~ sizeof
이항 연산자(binary operator)	+ - * / % = 〉 〈 〉= 〈= == != && || & | ^ 〈〈 〉〉 += -= *= /= %= 〉〉= 〈〈= &= |= ^=
삼항 연산자(ternary operator)	?:

(2) 기능에 따른 연산자의 분류

구분	종류
대입 연산자	=
산술 연산자	+ - * / %
복합 대입 연산자	+= -= *= /= %= >>= <<= &= |= ^=
관계 연산자	> < >= <= == !=
논리 연산자	&& || !
조건 연산자	?:
증감 연산자	++ --
비트 연산자	& | ^ ~ << >>
형 변환 연산자	(자료형)
콤마 연산자	,
주소 연산자	&
sizeof 연산자	sizeof(피연산자)

2 대입 연산자(assignment operator)

대입 연산자는 연산자 오른쪽에 있는 수식의 결과를 왼쪽의 변수에 저장하는 연산자이고, 치환 연산자라고도 함

> [형식]
> 변수명 = 값; 변수명 = 변수; 변수명 = 수식; 변수명1 = 변수명2 = 변수명3;

3 산술 연산자(arithmetic operator)

산술 연산자는 기본 사칙연산(+, -, *, /)을 할 수 있는 연산자임. 정수만 가능한 나머지를 구하는 연산자(%)도 있음

4 복합 대입 연산자(compound assignment operator)

복합 대입 연산자	같은 표현	의미
a += b	a = a + b	변수 a, b의 덧셈 결과를 a에 대입 저장
a -= b	a = a - b	변수 a, b의 뺄셈 결과를 a에 대입 저장
a *= b	a = a * b	변수 a, b의 곱셈 결과를 a에 대입 저장
a /= b	a = a / b	변수 a, b의 나눗셈 결과를 a에 대입 저장
a %= b	a = a % b	변수 a를 b로 나눈 나머지의 결과를 a에 대입 저장
a &= b	a = a & b	변수 a, b의 비트 논리곱 연산의 결과(참, 거짓)를 a에 대입 저장. 참(1), 거짓(0)

a |= b	a = a	b	변수 a, b의 비트 논리합 연산의 결과(참, 거짓)를 a에 대입 저장
a ^= b	a = a ^ b	변수 a, b의 배타적 논리합 연산의 결과(참, 거짓)를 a에 대입 저장
a <<= b	a = a << b	변수 a를 왼쪽으로 b비트 이동한 연산결과를 a에 대입 저장. 즉, 우변은 $a \times 2^b$의 결과임
a >>= b	a = a >> b	변수 a를 오른쪽으로 b비트 이동한 연산결과를 a에 대입 저장. 즉, 우변은 $a \div 2^b$의 결과임

5 관계 연산자(relational operator)

관계 연산자	의미	연산결과(a = 1, b = 2인 경우)
a > b	a가 b보다 큼	거짓, false, 0
a >= b	a가 b보다 크거나 같음	거짓, false, 0
a < b	a가 b보다 작음	참, true, 1
a <= b	a가 b보다 작거나 같음	참, true, 1
a == b	a와 b가 같음	거짓, false, 0
a != b	a와 b가 같지 않음	참, true, 1

6 논리 연산자(logical operator)

변수		기능			
a	b	a && b	a || b	a !	b !
0	0	0	0	1	1
0	1	0	1	1	0
1	0	0	1	0	1
1	1	1	1	0	0

7 조건 연산자(conditional operator)

> [형식] 조건 연산자
>
> 조건식 ? 수식1 : 수식2 ;   조건식이 참이면 수식1의 결과가 전체 연산의 결과이고, 거짓이면 수식2의 결과가 연산의 결과가 됨

조건 연산자는 C언어에서 유일한 삼항 연산자임

8 증감 연산자(increment/decrement operator)

종류	증감 연산자	연산결과
전위형	++a	a값이 1 증가한 후, 증가한 값으로 연산을 수행
	--a	a값이 1 감소한 후, 감소한 값으로 연산을 수행
후위형	a++	현재 a의 값이 연산에 사용된 후, a값이 1 증가
	a--	현재 a의 값이 연산에 사용된 후, a값이 1 감소

9 비트 연산자(bit operator)

(1) 비트 논리 연산자

비트 변수		a & b	a | b	a^b	~a	~b
a	b					
0	0	0	0	0	1	1
0	1	0	1	1	1	0
1	0	0	1	1	0	1
1	1	1	1	0	0	0

(2) 비트 이동 연산자(bit shift operator)

① 왼쪽 비트 이동 연산자

> [형식] 왼쪽 비트 이동 연산자
>
> 피연산자 << n ; (곱셈 효과)왼쪽으로 n비트 이동 → 피연산자 $\times 2^n$

② 오른쪽 비트 이동 연산자

> [형식] 오른쪽 비트 이동 연산자
>
> 피연산자 >> n ; (나눗셈효과)오른쪽으로 n비트 이동 → 피연산자 $\div 2^n$

10 형 변환 연산자

(1) 자동(암시적) 형 변환
자동 형 변환은 프로그래머가 지정하지 않아도 컴파일러가 자동으로 형 변환을 하는 것으로, 자료형이 서로 다른 값을 같이 연산하는 경우에 발생

① 형 넓힘(promotion) 변환
두 피연산자의 자료형이 다를 때 작은 표현범위에서 큰 표현범위의 자료형으로 변환되는 것을 말함.
표현범위는 char 〈 short 〈 int, long 〈 float 〈 double

② 형 좁힘(demotion) 변환
변수에 값을 대입할 때 발생하고, 대입 연산자 오른쪽 값과 왼쪽 변수의 자료형이 다르면 왼쪽 변수의 자료형에 맞추어 형 변환이 발생함. 형 좁힘 변환은 의도적 사용(실숫값의 소수점 위의 값만 필요한 경우)이 아닌 경우엔 오차가 발생할 수 있으므로 주의해야 함

(2) 강제(명시적) 형 변환

[형식] 강제 형 변환

(자료형) 피연산자
- 피연산자의 값을 지정한 자료형 값으로 변환
- [주의] 변수 자체의 기억장소 크기가 변경되는 것이 아니므로 대입문 왼쪽의 변수는 사용 불가

11 콤마 연산자, 주소 연산자, sizeof 연산자

(1) 콤마 연산자(comma operator)
콤마 연산자는 수식을 분리하는 연산자로, C언어에서 제공하는 연산자 중 우선순위가 제일 낮음

(2) 주소 연산자(address operator)
앰퍼샌드(&)는 변수 앞에서 단항 연산자로, 변숫값을 키보드로 입력받았을 때 사용하는 scanf() 함수의 변수 앞에 사용하는 연산자임

(3) sizeof() 연산자

[형식]

sizeof(변수);
sizeof(상수);
sizeof(수식);
sizeof(자료형);

변수, 상수, 수식, 자료형이 차지하는 기억 공간의 크기 (byte)를 알 수 있음

12 연산자의 우선순위와 결합 방향

우선순위	분류	연산자	결합방향
0	단항	( )(함수 호출)	→
1		(후위 증감 단항 연산자) ++ −− (배열 인덱스) [ ] (구조체 멤버) . (구조체 포인터) →	→
2		(전위 증감 단항 연산자) ++ −− (부호) + − (논리 연산자) ! ~ (형변환) (type) (간접 참조 연산자) * (주소 추출 연산자) & (크기 계산 연산자) sizeof	←
3	산술	(산술 연산자) * / %	→
4		(산술 연산자) + −	→
5	이동	(비트 연산자) 〈〈 〉〉	→
6	관계	(비교 연산자) 〈 〈= 〉 〉=	→
7		(비교 연산자) == !=	→
8	비트	(비트 연산자 AND) &	→
9		(비트 연산자 XOR) ^	→
10		(비트 연산자 OR) |	→
11	논리	(논리 연산자 AND) &&	→
12		(논리 연산자 OR) ||	→
13	조건	(삼항 연산자) ? :	→
14	대입	(대입 연산자) = (산술 대입 연산자) += −= *= /= %= (복합 대입 연산자) 〈〈= 〉〉= &= ^= |=	←
15	콤마	(콤마 연산자) ,	→

제4장　제어문

제1절 조건분기 제어문

1 if문

(1) 단순 if문

① 형식과 흐름도

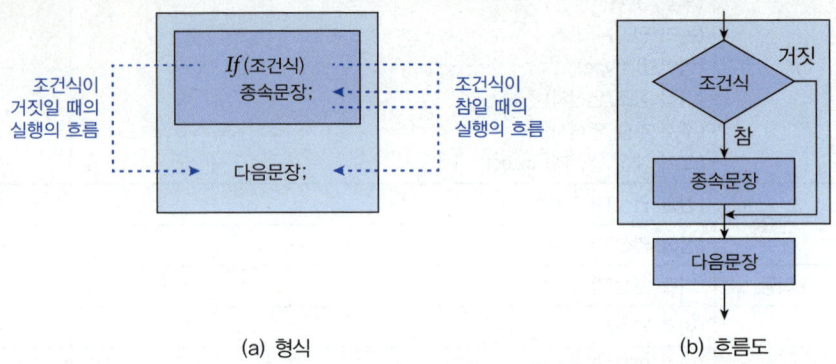

(a) 형식　　　　　　　(b) 흐름도

(2) if ~ else문

① 형식과 흐름도

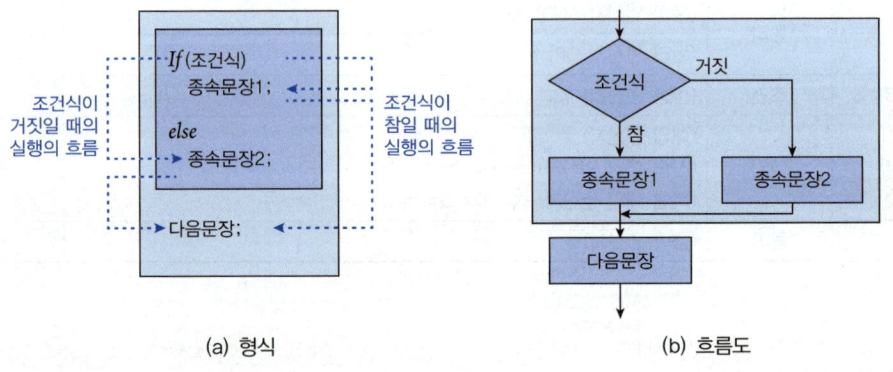

(a) 형식　　　　　　　(b) 흐름도

② 주의사항
　㉠ 조건식 뒤에 ;을 붙이지 않아야 함
　㉡ else 뒤에 조건식을 단독으로 사용할 수 없음

(3) 중첩된 if문
  ① 형식과 흐름도

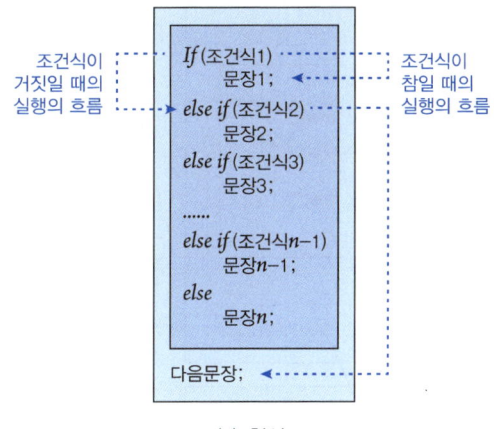

(a) 형식

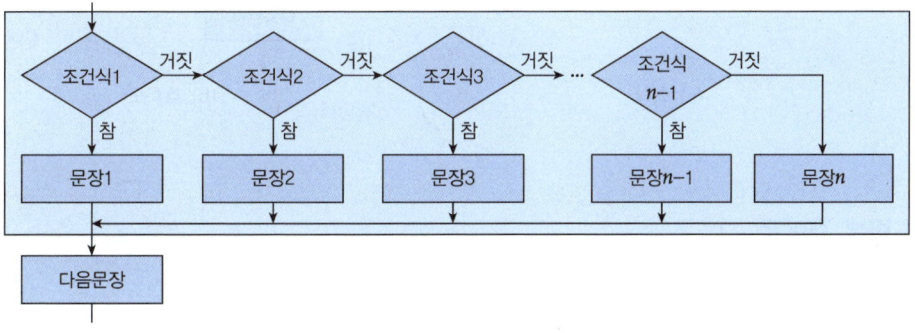

(b) 흐름도

  ② **주의사항**: 중첩된 if와 else의 매칭
    ㉠ 중첩된 if문이 else와 짝이 맞지 않을 때
    ㉡ 사용 범위를 명확하게 표시하기 위하여 { }로 표시함

2 switch문

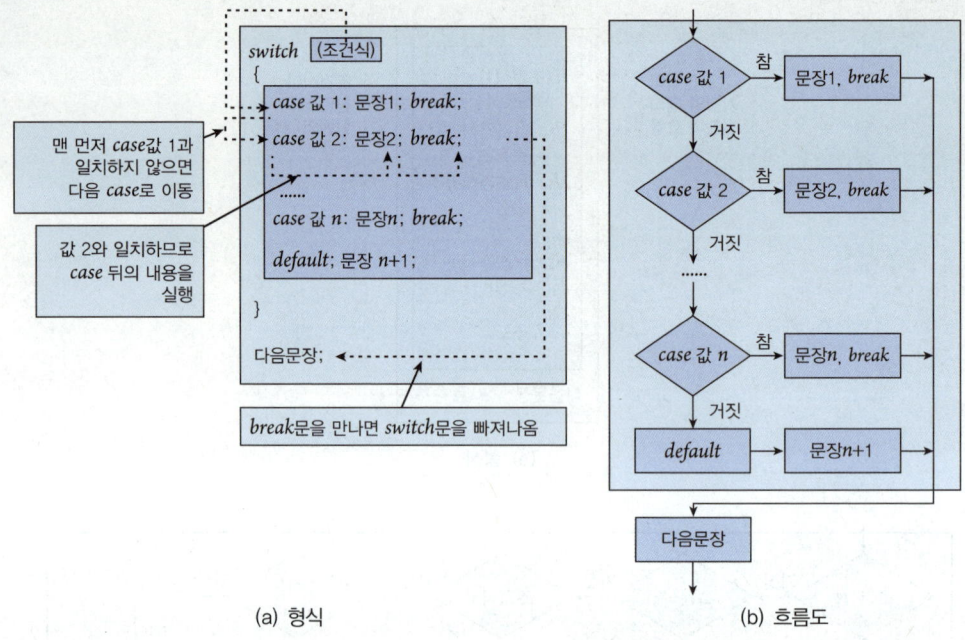

(a) 형식　　　　　　　　　　　　　　　　　(b) 흐름도

제2절 반복 제어문

1 for문

(1) for문의 형식과 실행 흐름

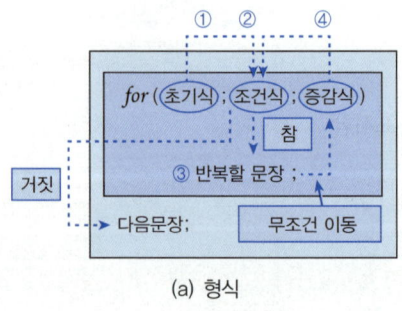

① 초기식을 실행
② 조건식을 평가
③ 조건식이 참이면 반복할 문장을 실행하고, 거짓이면 for문을 빠져나옴
④ 반복할 문장을 실행한 후에는 증감식으로 돌아가서 실행한 후 다시 ②를 실행

(a) 형식

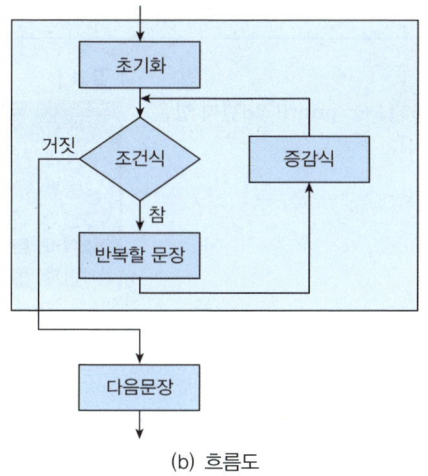

(b) 흐름도

> **주의사항**
> ① for문 헤더 뒤에 처리문장 없이 ;으로만 구성된 문장(NULL문장)
> ② for문의 헤더에서 초기식, 조건식, 증감식을 구분하기 위해 ;를 써야 함

(2) for문의 실행 과정

① 단순히 5번 반복을 위해 실행

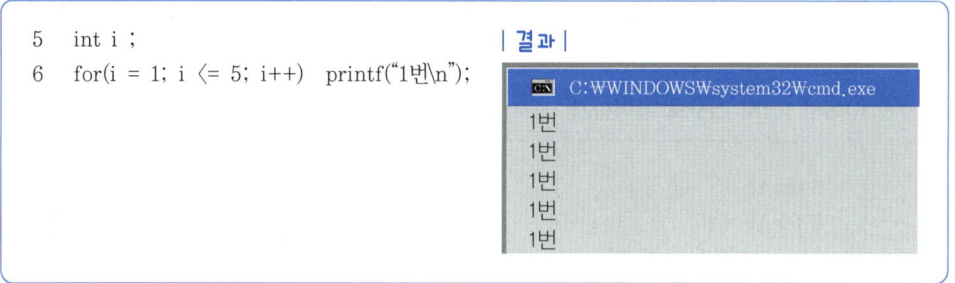

② 제어변수를 활용하여 1번에서 5번까지 차례로 출력을 실행

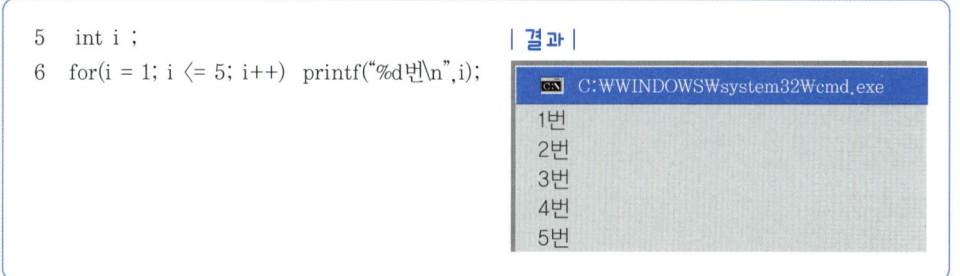

③ 제어변수를 활용하여 1에서 5까지의 합을 구하는 과정을 실행

```
5   int i,sum = 0 ;
6   for(i = 1; i <= 5; i++)  printf("%d번째 합은
    %d\n",i,sum+=i);
```

| 결과 |

C:\WINDOWS\system32\cmd.exe
1번째 합은 1
2번째 합은 3
3번째 합은 6
4번째 합은 10
5번째 합은 15

(3) 다양한 for문의 헤더

① 1에서 10까지의 합을 구하기

```
5   int i,sum ;
6   for (sum = 0, i = 1; i <= 10; i++) sum += i;
7   printf("합 : %d\n",sum);
```

| 결과 |

C:\WINDOWS\system32\cmd.e
합 : 55

② 1과 20 사이의 4의 배수의 합 구하기

```
5   int i,sum ;
6   for (sum = 0, i = 0; i <= 20; i += 4) sum += i;
7       printf("합 : %d\n", sum);
```

| 결과 |

C:\WINDOWS\system32\cmd.e
합 : 60

③ 10에서 1까지 거꾸로 출력하기

```
5 int i;
6 for (i = 10; i >= 1; i--)
7   printf("%2d ",i);
```

| 결과 |

C:\WINDOWS\system32\cmd.exe
10 9 8 7 6 5 4 3 2 1

(4) 중첩된 for문

[중첩된 for문의 형식과 실행 흐름]

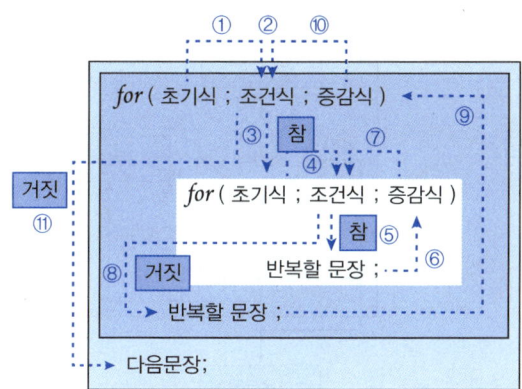

① 외부 for문 초기식을 실행
② 외부 for문 조건식을 평가
③ 외부 for문의 조건식이 참이면 내부 for문을 실행
④ 내부 for문 초기식을 실행
⑤ 내부 for문 조건식을 평가
⑥ 내부 for문의 조건식이 참이면 반복할 문장을 실행하고, 증감식으로 이동
⑦ 증감식을 실행한 후 조건식을 평가
⑧ 내부 for문의 조건식이 거짓이면 내부 for문을 빠져나와 외부 for문의 반복할 문장을 실행
⑨ 외부 증감식으로 이동
⑩ 증감식을 실행한 후 조건식을 평가
⑪ 외부 for문의 조건이 거짓이면 외부 for문을 탈출하여, 다음 문장을 실행

(a) 형식

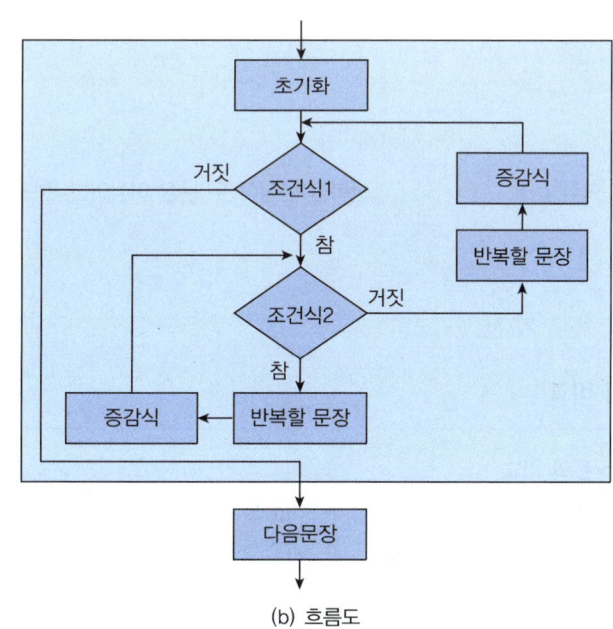

(b) 흐름도

2 while문

(1) while문의 형식과 실행 흐름

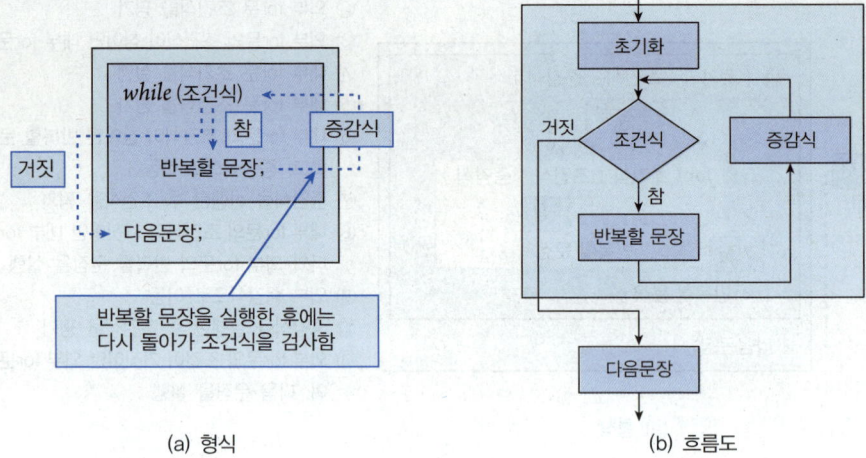

(a) 형식   (b) 흐름도

[형식]

    while(조건식)
    {
            반복할 여러 문장 ;   반복할 문장이 두 문장 이상이면 반드시 { }로 묶어야 함
    }
    다음 문장 ;

(2) while문과 for문의 비교

📁 while문과 for문의 비교

```
5   int i = 1, sum = 0;              5   int i, sum;
6   while (i <= 10)                  6   for (sum = 0, i = 1; i <= 10; i++)
7   {                                7       sum += i;
8       i++;                         8   printf("1~%d까지의 합은 %d이다.\n", i, sum);
9       sum += i;
10  }
11  printf("1~%d까지의 합은 %d이다.\n", i, sum);
```

(3) while문과 무한루프

while문에서 조건식을 항상 참이 되게 하면 되고, 반복을 끝내고 while문을 탈출할 수 있도록 break문을 이용함

3 do ~ while문의 형식과 실행 흐름

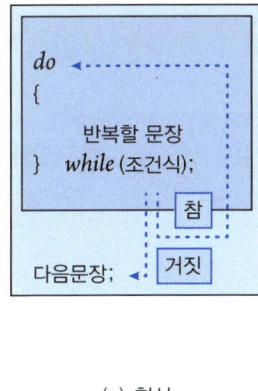

(a) 형식

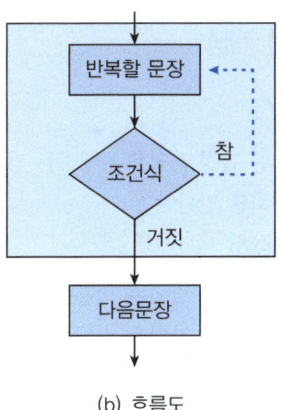

(b) 흐름도

제3절 기타 제어문

1 break문

break문은 switch문, for문, while문, do ~ while문을 실행하는 중간에 완전히 탈출할 때 사용하고, 특히 무한루프에서 특정 조건을 만족하면 루프를 끝내는데 매우 유용하게 사용됨

2 continue문

for문은 무조건 헤더의 증감식으로 이동하고, while문은 헤더의 조건식으로 이동하며, do ~ while문은 맨 끝 while 뒤의 조건식으로 이동함

3 goto문

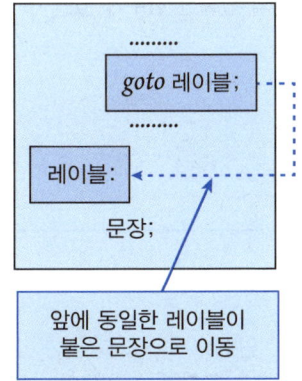

제5장 함수와 기억클래스

제1절 함수의 개념

1 함수란?

함수(function)는 특정 작업을 수행하는 명령어들의 모음에 이름을 붙인 것으로, 입력을 받아서 특정한 작업을 수행하고 결과를 반환함

(1) 함수의 필요성

① 함수는 서로 구별되는 이름을 가짐
② 함수는 특정한 작업을 수행
③ 함수는 입력을 받을 수 있고, 결과를 반환할 수 있음

(2) 함수의 중요성

함수는 한 번 만들어지면 다른 프로그램에서도 재사용할 수 있고, 가독성이 좋아지며, 유지관리도 쉬워짐

(3) 함수를 사용하는 이유

① 코드의 중복을 막을 수 있음
② 한 번 제작된 함수는 다른 프로그램을 제작할 때도 사용이 가능함
③ 복잡한 문제를 단순한 부분으로 분해할 수 있음

2 함수의 종류

(1) 라이브러리 함수(library function)

컴파일러에서 지원하는 함수들을 라이브러리 함수(library function)라고 함

(2) 사용자 정의 함수(user-defined function)

개발자가 프로그래밍 작성 시 자신만의 필요한 함수가 있을 수 있으므로 직접 만들어서 사용함

제2절 라이브러리 함수

1 라이브러리 함수의 호출

> [형식] 라이브러리 함수의 호출
>   함수명(인수목록)
>   • 인수목록 : 인수1, 인수2, …, 인수n
>   • 인수는 상수, 변수, 수식 등으로 표현할 수 있으며, 최종적으로 인수의 값이 전달됨
>   • 함수마다 인수의 순서, 자료형, 개수가 정해져 있음

2 라이브러리 함수의 종류

(1) 수학과 관련된 함수 : #include⟨math.h⟩가 필요

함수 호출의 예	수학 수식	의미
pow(x,n)	x^n	거듭제곱
sqrt(2*x+a)	$\sqrt{2x+a}$	제곱근
log(x)	$\ln x$	자연로그
log10(abs(2*x))	$\log_{10}|2x|$	상용로그
abs(−2)	$|-2|$	절대치(결과는 정수형)
fabs(−1.2)	$|-1.2|$	절대치(결과는 실수형)
exp(x)	e^x	자연상수 e의 거듭제곱
ceil(x)	$\lceil x \rceil$	실수 x와 같거나 x보다 큰 정수 중 가장 작은 정수
floor(x)	$\lfloor x \rfloor$	실수 x와 같거나 x보다 작은 정수 중 가장 큰 정수
sin(2*3.14159)	$\sin(360°)$	사인 값(인수는 각도가 아니라 라디안 단위)
cos(3.14159)	$\cos(180°)$	코사인 값(인수는 각도가 아니라 라디안 단위)
tan(3.14159/4)	$\tan(45°)$	탄젠트 값(인수는 각도가 아니라 라디안 단위)

(2) 문자와 관련된 함수 : #include⟨ctype.h⟩가 필요

함수 호출의 예	함수의 의미
isdigit(ch)	ch에 저장된 문자가 숫자문자면 논리값 참, 그렇지 않으면 거짓을 반환
isalpha(ch)	ch에 저장된 문자가 영문자면 참, 그렇지 않으면 거짓을 반환
islower(ch)	ch에 저장된 문자가 영문 소문자면 참, 그렇지 않으면 거짓을 반환
isupper(ch)	ch에 저장된 문자가 영문 대문자면 참, 그렇지 않으면 거짓을 반환

(3) 문자열과 관련된 함수 : #include⟨string.h⟩가 필요

함수 호출의 예	함수의 의미
strlen(str)	str에 저장된 문자열의 길이를 반환
strcmp(str1, str2)	str1과 str2에 저장된 문자열이 같다면 0을, str1이 작으면 −1, str1이 더 크면 1을 반환
strcpy(str1, str2)	str2의 문자열을 str1의 문자열에 복사

(4) 그 외 범용 함수 : #include⟨stdlib.h⟩가 필요

함수 호출의 예	함수의 의미
rand()	정수 0~32767 중의 한 개의 난수를 반환
srand(time(NULL))	현재시간(time(NULL))을 난수 발생기의 씨드(seed)로 설정
exit(0)	프로그램을 종료(인수는 0과 1을 사용) exit(0)은 정상적인 종료, exit(1)은 비정상적인 종료
system("cls")	문자열 인수에 해당하는 시스템 명령을 실행 system("cls")는 화면을 지우는 시스템 명령을 실행

제3절 사용자 정의 함수

1 사용자 정의 함수의 호출과 정의

[형식] 사용자 정의 함수의 호출
　　함수명(인수목록)
　　인수목록 : 인수1, 인수2, …, 인수n

[형식] 사용자 정의 함수의 정의
　　반환 값의 자료형 함수명(매개변수 선언 목록)　　　함수의 헤더(header)
　　{
　　　　함수에서 사용할 변수의 선언부
　　　　함수에서 처리할 명령의 선언부
　　　　return 반환 값;　　　　　　　　　　　　　　함수의 본체(body)
　　}

2 함수 원형 선언

[형식] 함수의 원형 선언
　　반환 값의 자료형 함수명(매개변수의 자료형 목록)
　　• 매개변수의 자료형 목록은 다음과 같이 선언문 형태와 또는 자료형만 명시하는 형태 두 가지 모두 가능
　　　① (자료형1 매개변수1, 자료형2 매개변수2, …, 자료형n 매개변수n)

　　　　int func_large(int x, int y);
　　　　㉠ 함수 원형 선언문은 문장의 끝에 반드시 ;을 붙여야 함
　　　　㉡ 함수의 최초 호출문보다 앞에 선언해야 함

　　　② (자료형1, 자료형2, …, 자료형n)

　　　　int func_large(int, int);
　　　　매개변수의 이름은 생략할 수 있으나 매개변수의 자료형은 반드시 명시해야 하며, 이 자료형은 함수의 정의에 나타나는 자료형과 같아야 함

3 함수의 인수 전달 : 값에 의한 호출

함수를 호출하면 호출할 때 명시한 인수의 값이 전달되어 호출된 함수의 매개변수에 저장됨. 인수의 값을 함수로 전달하기 때문에 값에 의한 호출(call-by-value)이라고 함

[형식] 값에 의한 호출 방식을 사용할 때의 함수의 호출과 정의

① 함수 호출

> 함수명(인수1, 인수2, …, 인수n)

```
func_sum(x)
func_large(a+100, a+10)
func_mul(sum, 7)
```

② 함수 정의

> 변환 값의 자료형 함수명(자료형1 매개변수1, 자료형2 매개변수2, …, 자료형n 매개변수n)
> {
> : 함수본체
> }

```
int func_sum(int n1) {...}
int func_large(int n1, int n2) {...}
int func_mul(double n1, int n2) {...}
```

③ 인수는 값을 전달하므로 상수, 변수, 수식이 될 수 있지만 매개변수는 값을 저장해야 하므로 변수만 가능함

4 여러 가지 함수의 유형

형식	구분	의미
매개변수가 없는 경우	선언	int func_pay(void); 또는 int func_pay();
	특징	호출할 때 인수 없이 괄호만 사용
반환값이 없는 경우	선언	void print_char(char ch, int ct);
	특징	반환할 때 return문을 쓰지 않거나 return문만 사용. 호출문장을 수식의 일부로 쓸 수는 없음
매개변수와 반환값이 모두 없는 경우	선언	void print_title(void);
	특징	두 가지 경우의 특징을 모두 포함

제4절 기억클래스

1 지역 변수

지역 변수는 함수(블록) 안에서 선언된 변수로, 변수가 선언된 함수(블록) 안에서만 참조할 수 있음

(1) 지역 변수의 선언 위치

[형식] 지역 변수 선언

```
반환 값의 자료형 함수명(매개변수 선언 목록)
{
    자료형 지역 변수1;
    자료형 지역 변수2;
    : 함수 본체의 나머지 코드
}
```

{ }는 지역 변수1, 지역 변수2의 참조영역임. 함수의 본체 블록{ } 안에서 윗부분에 지역 변수 선언문을 두며, 이 지역 변수는 이 함수 안에서만 참조할 수 있음

(2) 지역 변수의 생존기간

지역 변수는 변수가 선언된 블록이 시작할 때 시스템 스택(stack)이라 불리는 메모리 공간에 만들어지며 동시에 초기화됨. 지역 변수에 할당된 메모리 공간은 블록 끝에서 반환됨. 이때 지역 변수도 사라지게 됨

2 전역 변수

[형식] 전역 변수 선언

```
전처리기 지시자
사용자 정의 함수의 원형 선언 ;
자료형 전역 변수1 ;
int main()
{
    ……
}
int function1(…)
{
    ……
}
자료형 전역 변수2 ;
int function2(…)
{
    ……
}
```

- 전역 변수는 자동으로 0으로 초기화되고, 필요 시 다른 값으로 직접 초기화함

- 전역 변수1의 참조영역은 변수 선언 이후로 어디서나 참조할 수 있음

- 전역 변수2의 참조영역도 선언할 수 있지만 권장하지 않음

3 자동 변수

[형식] 자동 변수 선언

```
반환 값의 자료형 함수 (매개변수 선언 목록)
{
    auto 자료형 자동 변수명 ;
    : 나머지 함수 본체
}
```

- { }는 자동 변수의 지속기간이고 함수의 실행 기간임
- auto는 생략할 수 있으며, 지역 변수는 모두 자동 변수에 해당함

4 정적 변수

(1) 정적 지역 변수

정적 지역 변수는 'static'을 변수 앞에 붙여 함수 안에서 선언한 변수임

[형식] 정적 지역 변수 선언

```
반환 값의 자료형 함수 (매개변수 선언 목록)
{
    static 자료형 정적 변수1 = 초깃값 ;
    static 자료형 정적 변수2 ;
    : 나머지 함수 본체
}
```

초깃값을 주지 않아도 자동으로 0으로 초기화됨

(2) 정적 전역 변수

정적 전역 변수란 함수 외부에서 선언한 정적 변수로, 선언한 이후로 프로그램 어디서나 참조할 수 있음

[형식] 정적 전역 변수 선언

```
static 자료형 정적 전역 변수1 = 초깃값 ;
static 자료형 정적 전역 변수2 ;

함수의 정의1
함수의 정의2
```

이 선언문 이후로 어디서나 정적 전역 변수1을 참조할 수 있음. 초깃값을 주지 않으면 자동으로 0으로 초기화됨

5 레지스터 변수

컴퓨터 시스템의 중앙처리장치(CPU) 안의 레지스터(register)를 할당받는 변수를 레지스터 변수라고 하며, 레지스터 변수는 지역 변수만 가능함. 레지스터 변수의 목적은 프로그램이 실행되는 동안 빈번히 발생하는 변수의 참조 속도를 증가시켜 프로그램 실행 속도를 증가시키는 것임

> [형식] 레지스터 변수 선언
>
> register 자료형 레지스터 변수명;   register int sum;

6 외부 변수

프로그램을 구성하는 파일이 여러 개가 있을 때 외부 파일에서 선언된 변수나 다른 함수에서 선언된 변수를 공유해서 사용하고자 할 때 변수명 앞에 extern으로 지정해서 외부 변수가 할당된 메모리 영역을 공유하는 변수임. 따라서 메모리 영역 중 공유 데이터 영역에 위치하게 되고 프로그램이 종료될 때까지 유효하므로 프로그램 종료 시에 메모리를 반납하고 사라짐. 초기화하지 않으면 자동으로 0으로 초기화됨

제6장 배열과 포인터

제1절 배열

배열은 같은 자료형의 많은 자료를 저장할 수 있으므로 자료 개수만큼의 변수를 모아 둔 것으로 볼 수 있음

1 1차원 배열

배열은 자료형이 같은 값 여러 개를 연속된 기억공간에 같은 이름(배열명)으로 저장함. 배열은 여러 변수 중 자료형이 같은 것만 저장할 수 있으며, 배열의 크기에 맞게 주기억장치의 연속된 기억장소에 저장됨

(1) 1차원 배열의 선언과 배열 원소

① 1차원 배열의 선언

> [형식] 1차원 배열의 선언
>
> 자료형 배열명[배열 원소 수];
>
> int age[1000];
> int a[5];
> double average[10];
> char name[5];

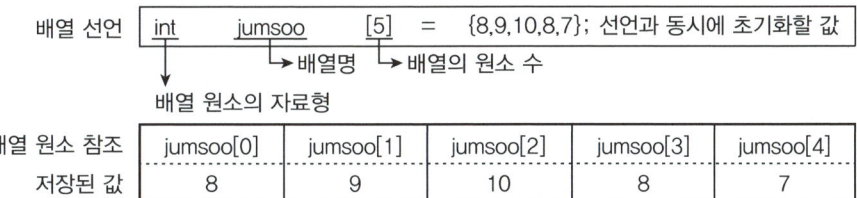

② 1차원 배열의 초기화

> [형식] 1차원 배열의 선언과 동시에 초기화하기
> 자료형 배열명[배열 원소 수] = {초깃값 목록};
> • { } 안에 나열한 값이 순서대로 배열 원소 값으로 저장됨

int b[5] = {1, 2, 3 ,4, 5};	{ } 안의 값이 배열원소에 순서대로 저장되어 b[0]에는 1, b[4]에는 5가 저장됨
int sum[10] = {0};	{ } 안에 초깃값 개수가 배열 원소 수보다 적으면 나머지 원소는 0으로 초기화됨. 많은 배열 원소를 한번에 0으로 초기화할 때 유용함
int error[] = {1, 2, 3, 1, 0, 1};	배열 원소 수를 명시하지 않으면 { } 안의 값 개수가 배열 원소수로 결정됨. int error[6] = {1, 2, 3, 1, 0, 1}과 같음

③ 1차원 배열의 원소 참조

> [형식] 1차원 배열의 원소 참조
> 배열명[첨자]
> • 첨자: 0 ~ (배열 원소 수 – 1) 범위의 정수
> • 배열에 저장된 첫 번째 원소는 첨자로 0, 마지막 원소는 첨자로 (배열 원소 수 – 1)을 사용

b[5] = 1;	배열 b의 여섯 번째 원소에 1을 저장
printf("%d", a[1]);	배열 a의 두 번째 원소에 저장되어 있는 값을 출력
c[2]++;	배열 c의 세 번째 원소에 저장된 값을 1 증가시킴

원소 참조 시 배열의 첨자는 0부터 시작된다는 점에 주의!

jumsoo[0]	jumsoo[1]	jumsoo[2]	jumsoo[3]	jumsoo[4]
8	9	10	8	7

int jumsoo[5]={8,9,10,8,7};
jumsoo배열의 첨자 5에 해당하는 원소는 7이 아니라 없다는 것임. 배열 참조 시 오류가 발생함

2 2차원 배열

2차원 배열은 1차원 배열이 여러 개 모인 배열로, 컴퓨터 주기억장치에서는 물리적으로 1차원의 연속된 기억장소에 저장됨

```
배열 선언   int   matrix   [2][3] = {{1,2,3},{4,5,6}}; 선언과 동시에 초기화할 값
             ↓     ↓        ↓
     배열 원소의 자료형  배열명  [행 개수][열 개수] 배열의 원소 수
```

배열 원소 참조

배열의 구조와 저장된 값

matrix[0][0]	1	matrix[0][1]	2	matrix[0][2]	3
matrix[1][0]	4	matrix[1][1]	5	matrix[1][2]	6

(1) 2차원 배열의 선언과 배열 원소

① 2차원 배열의 선언

[형식] 2차원 배열의 선언

자료형 배열명[행 개수][열 개수];

- 2행3열의 행렬을 저장하기 위한 배열
  int matrix[2][3];
- 3명의 4번 시험 점수를 저장하기 위한 배열
  int test[3][4];
- 1, 2, 3학년의 각 반별 평균 점수 8개를 저장하기 위한 배열
  double average[3][8];

② 2차원 배열의 초기화

[형식] 2차원 배열을 선언과 동시에 초기화하기

자료형 배열명[행수][열수] = {{1행 초깃값 목록}, {2행 초깃값 목록}, …, {마지막행 초깃값 목록}};

int matrix[2][3] = {{1, 2, 3}, {4, 5, 6}};	바깥 { } 안에 명시한 { } 순서대로 한 행씩 초기화
int matrix[ ][3] = {{1, 2, 3}, {4, 5, 6}};	1차원 배열에서 초깃값 목록이 있으면 원소수를 생략할 수 있는 것처럼 2차원 배열에서도 초깃값 목록이 있으면 행의 개수를 생략할 수 있음. 그러나 열의 개수는 반드시 명시해야 함
int matrix[ ][3] = {1, 2, 3, 4, 5, 6};	초깃값을 한 개의 { } 안에 모두 명시하더라도 열의 개수가 3으로 명시되어 있어 int matrix[2][3]과 같이 행의 수를 2로 간주함

③ 2차원 배열 원소의 참조

[형식] 2차원 배열 원소의 참조

배열명[행 첨자][열 첨자]
- 행 첨자 : 0 ~ (행 개수-1) 범위의 정수
- 열 첨자 : 0 ~ (열 개수-1) 범위의 정수

matrix[0][0]	실제 행렬의 1행 1열의 값을 저장하는 배열 원소
matrix[1][2]	실제 행렬의 2행 3열의 값을 저장하는 배열 원소

(2) 2차원 배열의 입력 : 행 단위 입력과 열 단위 입력

① 행 단위 입력

```
4  int matrix[2][3];
5  int row, col;
6  for (row = 0; row < 2; row++)
7  {
8    for (col = 0; col < 3; col++)
9    {
10     printf("%d행 %d열?", row, col);
11     scanf("%d", &matrix[row][col]);
12   }
13 }
```

| 결과 |

C:\WINDOWS\system32\cmd.exe
0행 0열?1
0행 1열?2
0행 2열?3
1행 0열?4
1행 1열?5
1행 2열?6

② 열 단위 입력

```
4  int matrix[2][3];
5  int row, col;
6  for (col = 0; col < 3; col++)
7  {
8    for (row = 0; row < 2; row++)
9    {
10     printf("%d열 %d행?", col, row);
11     scanf("%d", &matrix[row][col]);
12   }
13 }
```

| 결과 |

C:\WINDOWS\system32\cmd.exe
0열 0행?1
0열 1행?2
1열 0행?3
1열 1행?4
2열 0행?5
2열 1행?6

3 char형 배열을 이용한 문자열 처리

(1) char형 1차원 배열을 이용한 문자열 처리

배열 선언: char s [6] = "dwkim";
- char → 배열 원소의 자료형
- s → 배열명
- [6] → 배열의 원소 수

배열 원소 참조	s[0]	s[1]	s[2]	s[3]	s[4]	s[5]
문자열 참조	'd'	'w'	'k'	'i'	'm'	'\0'

1차원 배열명 s는 문자열을 의미하며, 실제로는 배열의 시작 주소에 해당됨

① 문자열을 저장할 배열 선언

char s[6];	널문자를 제외한 최대 5개의 문자를 저장할 수 있는 배열
char s[6] = {'d', 'w', 'k', 'i', 'm'};	선언과 동시에 초기화할 때 배열 원소가 char형이므로 초깃값 목록 { } 안에 문자 상수를 명시
char s[6] = "dwkim";	{ } 안에 문자 상수를 명시하는 것이 번거롭기 때문에 문자열일 경우에는 초깃값을 문자열 상수 그대로 표현할 수 있음

② scanf()/printf()를 이용한 문자열 입·출력

[형식] scanf()/printf() 함수를 이용한 문자열의 입·출력

scanf("%s", char형 1차원 배열명);   공백키, 탭키, 엔터키와 같은 공백문자를 입력하기 전까지의 문자열을 배열에 저장

printf("%s", char형 1차원 배열명);   배열에 저장된 문자열을 출력

---

char name[10] = "dwkim";   널문자를 제외한 최대 9개의 문자를 저장할 수 있음
printf("name : %s", name);   'name : dwkim'이 출력됨
scanf("%s", name);   키보드로부터 입력받는 문자열을 name에 저장

③ 문자열 전용 입력 함수 : gets()

> [형식] gets() 함수를 이용한 문자열 입력
> gets(char형 1차원 배열명);
> • 엔터키를 입력하기 전까지의 문자열을 배열에 저장

| char name[12]; | 널문자를 제외한 11개의 문자를 저장할 수 있는 배열을 선언 |
| gets(name); | 실행할 때 입력되는 문자열이 name에 저장됨 |

④ 문자열 전용 출력 함수 : puts()

> [형식] puts() 함수를 이용한 문자열 출력
> puts(char형 1차원 배열명);
> • 배열에 저장된 문자열을 출력한 후 행을 바꿈

| char name[12]= "Kim D.W."; | 'Kim D.W.'를 출력하고 자동으로 줄 바꿈을 함 |
| puts(name); | |

⑤ 문자열에 포함된 문자의 처리

```
4  char ID[14] = "8811111234567";
5  printf("%c%c년도에 태어난 ", ID[0], ID[1]);
6
7  if (ID[6] == '1') printf("남자\n");
8  else printf("여자\n");
```

| 결과 |
C:\WINDOWS\system32\cmd.exe
88년도에 태어난 남자

⑥ 문자열의 끝을 의미하는 널문자의 중요성

문자열을 저장하는 배열의 크기를 정할 때 저장할 문자의 개수보다 하나 더 많게 정해야 하는 이유는 문자열의 끝을 나타내는 특수문자인 널문자를 저장하기 위해서임. 만약 배열에 널문자를 포함하지 않으면 출력에 문제는 발생하지 않지만 결과를 예측할 수 없게 됨

(2) char형 2차원 배열을 이용한 여러 개의 문자열 처리

char형 1차원 배열에는 문자열을 1개만 저장할 수 있음. 여러 개의 문자열을 한 번에 저장하려면 char형 2차원 배열을 이용해야 함

배열 선언: <u>char</u> <u>city</u> [4][6] = {"SEOUL", "ICHON", "BUSAN", "DAEGU"};
- char → 배열 원소의 자료형
- city → 배열명
- [4][6] → [행 개수][열 개수] 배열의 원소 수

배열 원소 참조 / 문자열 참조:

	city[ ][0]	city[ ][1]	city[ ][2]	city[ ][3]	city[ ][4]	city[ ][5]
city[0]	'S'	'E'	'O'	'U'	'L'	'\0'
city[1]	'I'	'C'	'H'	'O'	'N'	'\0'
city[2]	'B'	'U'	'S'	'A'	'N'	'\0'
city[3]	'D'	'A'	'E'	'G'	'U'	'\0'

↳ 배열명 뒤에 행 첨자만 명시하면 해당 행에 저장된 문자열을 의미하며, 실제로는 해당 행의 시작 주소에 해당됨

[형식] char형 2차원 배열에 저장된 문자열의 입·출력

scanf("%s", 배열명[행첨자]);	(행첨자 + 1)째 행에 문자열을 입력
printf("%s", 배열명[행첨자]);	(행첨자 + 1)째 행의 문자열을 출력
gets(배열명[행 첨자]);	엔터키 이전까지의 문자열을 (행첨자+1)째 행에 입력
puts(배열명[행 첨자]);	(행첨자 + 1)째 행의 문자열을 출력 후 행을 바꿈

4 3차원 배열

배열 선언: int n [2][3][4] = {{{0,1,2,3},{10,11,12,13},{20,21,22,23}},
{{100,101,102,103},{110,111,112,113},
{120,121,122,123}}};

↳ [면 개수][행 개수][열 개수] 배열의 원소 수

배열 원소 참조

첫째 면:

n[0][0][0]	0	n[0][0][1]	1	n[0][0][2]	2	n[0][0][3]	3
n[0][1][0]	10	n[0][1][1]	11	n[0][1][2]	12	n[0][1][3]	13
n[0][2][0]	20	n[0][2][1]	21	n[0][2][2]	22	n[0][2][3]	23

둘째 면:

n[1][0][0]	100	n[1][0][1]	101	n[1][0][2]	102	n[1][0][3]	103
n[1][1][0]	110	n[1][1][1]	111	n[1][1][2]	112	n[1][1][3]	113
n[1][2][0]	120	n[1][2][1]	121	n[1][2][2]	122	n[1][2][3]	123

5 배열 원소를 함수로 전달하기

[형식] char형 2차원 배열에 저장된 문자열의 입·출력

① 함수의 호출
  함수명(배열명[첨자])
② 함수의 정의
  반환 값의 자료형 함수명(자료형 매개변수)
  {
      : 함수의 본체
  }

배열명[첨자]와 자료형 매개변수는 인수가 일차원 배열 원소이든 이차원 배열 원소이든 간에 값이 하나만 전달되므로, 매개변수는 전달되는 값의 자료형으로 선언

함수의 호출	함수의 정의

positive(score[3])
 int score[5];으로 선언한 배열의 네 번째 원소를 함수로 전달
	int positive(int n)
	 {
	   …
	 }

positive(matrix[1][2])
 int matrix[2][3];으로 선언한 배열의 2째 행 3째 열의 원소를 전달
	int positive(int n)
	 {
	   …
	 }

제2절 포인터

포인터 변수는 데이터가 저장된 주기억장치의 주소만 저장할 수 있음

1 포인터

(1) 포인터를 사용하기 위한 세 가지 과정

① 포인터 변수도 일반 변수처럼 선언해야 사용할 수 있음
② 포인터 변수가 특정 기억장소를 가리키게 하려면 가리키고 싶은 기억장소의 주소를 대입해야 함
③ 포인터 변수에 저장된 주소를 이용해 다른 기억장소를 참조하려면 특별한 연산자인 간접 연산자 '*'를 이용해야 함

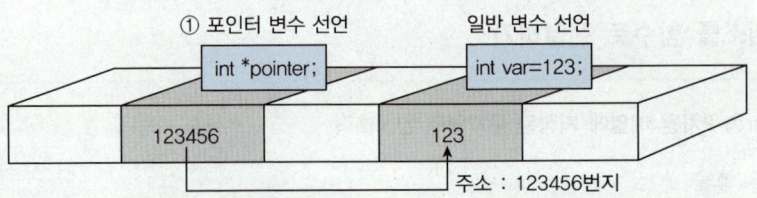

② 포인터 변수에 주소를 지정 : pointer = &var;
③ pointer가 가리키는 곳을 참조하기 : printf("%d", *pointer);

2 포인터의 사용

(1) 포인터 변수 선언

> **[형식] 포인터 변수 선언**
>
> 자료형 *포인터 변수명;
> (가장 많이 사용하는 방법)
>
> 자료형* 포인터 변수명; , 자료형 * 포인터 변수명;
> int* ptr1, ptr2; (ptr1만 포인터 변수로 선언됨)
> int *ptr1, *ptr2 (ptr1과 ptr2 둘 다 포인터 변수로 선언됨)

① '*'은 간접 참조 연산자이지만, 여기서는 선언하는 변수가 일반 변수가 아닌 단순히 포인터 변수임을 표시하는 기호임
② 자료형은 포인터 변수가 가리키는 기억장소에 저장될 자료의 형임. 자료형(int형, char형)의 일반 변수와 달리 포인터 변수는 언제나 주기억장치 주소만 저장하므로 포인터 변수에 저장하는 내용에 대한 자료형은 의미가 없음. 그러므로 포인터 변수를 선언할 때는 이 포인터가 어떤 형의 변수를 가리키는데 사용할지를 명시함
③ 변수의 자료형이 다르면 해당 변수가 차지하는 기억장소의 크기도 다르므로 포인터를 선언할 때와 다른 자료형의 변수는 가리키게 할 수 없음
④ 포인터 변수가 차지하는 기억장소의 크기는 컴파일러가 16bit이면 2바이트, 32bit이면 4바이트, 64bit이면 8바이트가 됨. 일반적으로 컴파일러는 32bit임

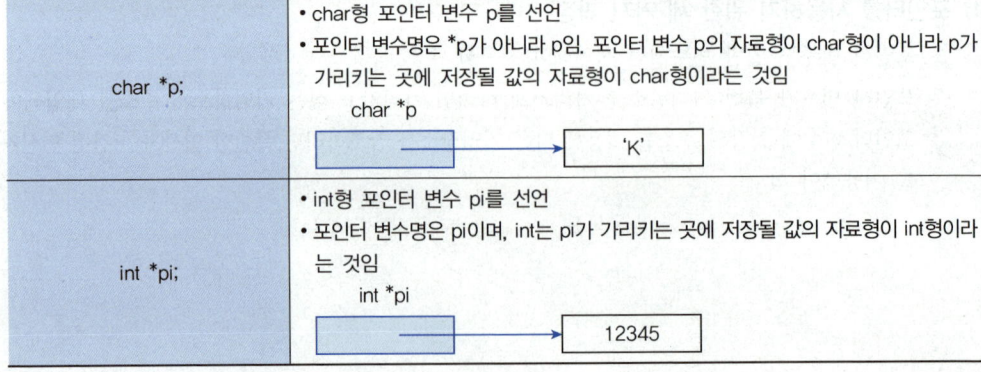

(2) 주소 연산자 &와 주소 대입

> [형식] 변수의 주소 구하기
> &변수명;
> - &는 변수가 실제로 주기억장치의 몇 번지에 해당하는 기억장소를 차지하는지 즉, 변수의 주소를 구함
>
> [형식] 주소의 대입
> 포인터 변수명 = &변수명;
> - 포인터 변수에 변수의 주소를 대입함으로써 결과적으로 포인터 변수가 해당 변수를 가리키게 됨

(3) 간접 연산자 *

① 일반 변수의 직접 참조

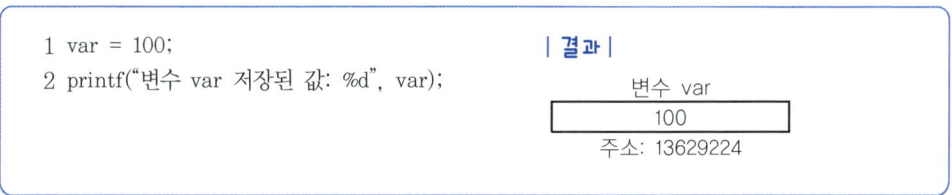

```
1 var = 100;
2 printf("변수 var 저장된 값: %d", var);
```

㉠ 1행: (변수 var 참조) 대입연산자로 var에 저장
㉡ 2행: (변수 var 참조) var에 저장된 값을 읽어 변환명세에 따라 100을 출력

② 포인터 변수의 직접 참조

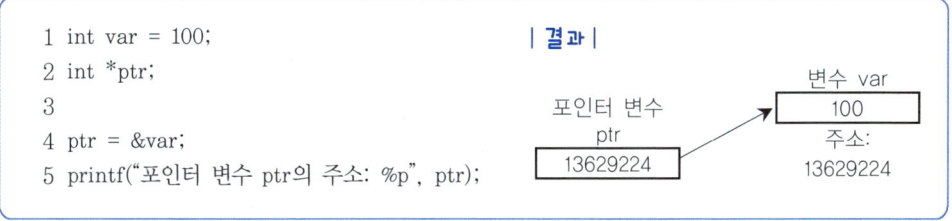

```
1 int var = 100;
2 int *ptr;
3
4 ptr = &var;
5 printf("포인터 변수 ptr의 주소: %p", ptr);
```

㉠ 4행: (포인터 변수 ptr 참조) 변수 var의 주소가 ptr에 저장되고 ptr은 var을 가리킴
㉡ 2행: (포인터 변수 ptr 참조) ptr에 저장된 값을 읽어 들여 13629224를 출력

③ 포인터 변수의 간접 참조
*는 피연산자의 값을 직접 사용하는 것이 아니라 피연산자인 주소 값을 이용해 주소로 찾아가 참조하기 때문에 간접적인 방법으로 참조한다고 하여 간접 연산자라고 함

> [형식] 포인터를 통한 간접 참조
>
> *포인터 변수명
>
> 포인터 변수에 저장된 주소에 해당하는 기억장소를 참조함. 포인터 변수가 가리키는 곳으로 해석할 수 있음. int *ptr;의 정확한 의미는 ptr이 가리키는 곳(*ptr)에는 int형 자료가 저장된다는 것임

```
1  int var = 100;
2  int *ptr;
3
4  ptr = &var;
5  printf("포인터 변수 ptr의 값: %d", ptr);
6  printf("변수 var의 주소: %d", &var);
```

|결과|

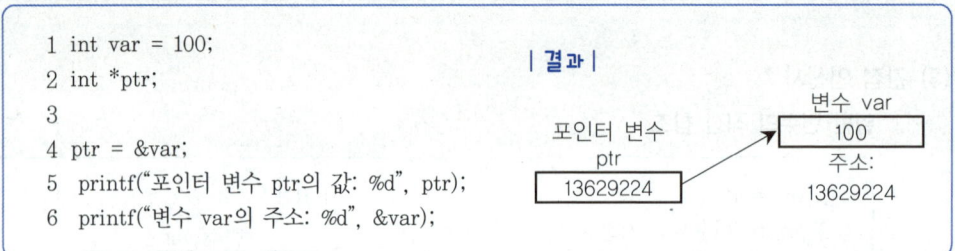

5행: ptr을 참조하면 13629224를 읽어 들여 이 주소에 해당하는 기억장소를 참조하면 100이 출력됨

(4) 포인터 변수의 가감산
포인터에 대한 가감산은 다음 표와 같이 실제 피연산자의 값만큼 가감하는 것이 아니라(포인터의 자료형*피연산자)만큼 가감함

포인터 선언	ptr + 1의 실제 연산	ptr - 2의 실제 연산
char *ptr;	ptr + 1 (char의 크기)	ptr -2 * 1
int *ptr;	ptr + 4 (int의 크기)	ptr -2 * 4
double *ptr;	ptr + 8 (double의 크기)	ptr -2 * 8

연산자 우선 순위는 ++, -- 〉 간접연산자(*) 〉 +, - 이므로 *p++은 *(p++)로 처리됨. 간접 참조를 먼저 하고 싶으면 (*p)++로 사용해야 함

3 포인터와 배열

(1) 배열명은 배열의 시작 주소

> 배열명 array == 배열의 시작 주소 == 첫 원소의 시작 주소 (&array[0])

배열명은 배열의 시작 주소인 포인터 상수이기 때문에 포인터에 대한 가감 연산이 가능함

> *(array + 0) or *array : 배열의 시작 주소에 해당하는 기억장소이므로 array[0]이다.
> *(array + 1) : 배열의 시작 주소에서 int형 자료 한 개 크기만큼 더한 곳이므로 array[1]이다.
> *(array + 2) : 배열의 시작 주소에서 int형 자료 두 개 크기만큼 더한 곳이므로 array[2]이다.
> 즉, *(array + i) == array[i] 이다.

(2) 포인터 변수를 이용한 배열 원소 참조

> [형식] 포인터 변수가 배열을 가리키기
>
> 포인터 변수명 = 배열명;   포인터 변수의 자료형이 배열 원소와 같아야 함

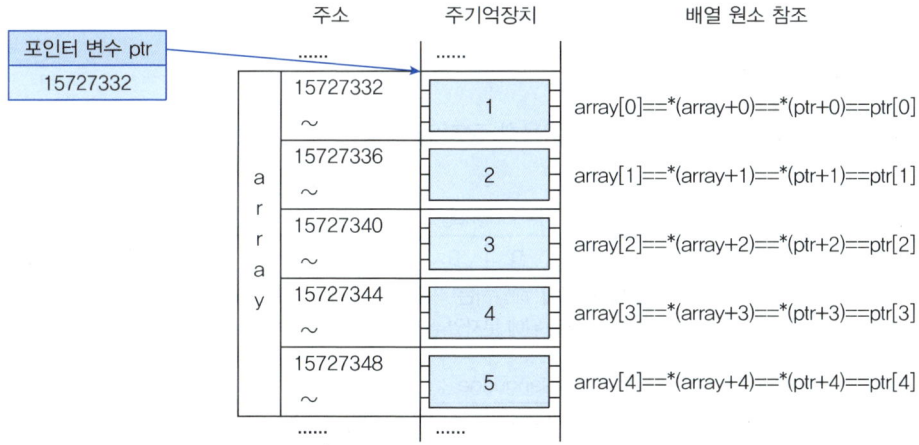

4 포인터와 함수

포인터를 이용한 주소에 의한 호출은 함수 간 독립성을 위해 함수는 다른 함수에서 선언한 변수를 참조하지 못함. 그러나 포인터를 이용하면 다음 swap() 함수와 같이 포인터를 이용한 간접 참조를 통해 다른 함수의 변수(인수)를 참조하여 수정할 수 있음

> **[형식] 함수의 호출**
>
>   함수명(&인수명)
>
> **[형식] 함수의 정의**
>
>   반환값의 자료형 함수명(자료형 *포인터 변수명)
>   {
>   : 함수 본체
>   }

- 포인터 변수명 = &인수명 ;
- 포인터 변수가 인수를 가리키게 되며, 포인터 변수명의 자료형은 전달받는 인수와 자료형이 동일해야 함

함수의 호출	함수의 정의

swap(&a, &b);
 	
//int a, b; 로 선언된 인수의 주소를 전달
	void swap(int *x, int *y)
	 {
	   *x = 0; //간접 참조를 통해 인수 a를 수정할 수 있음
	 }

5 포인터와 문자열

(1) char형 배열과 char형 포인터를 이용한 문자열 저장

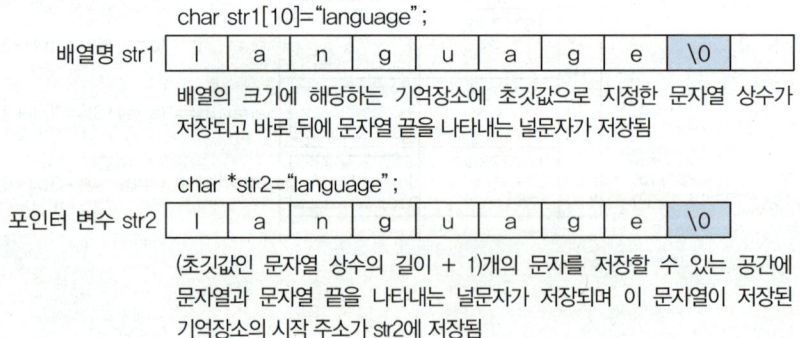

배열명 str1에 `char str1[10]="language";`
배열의 크기에 해당하는 기억장소에 초깃값으로 지정한 문자열 상수가 저장되고 바로 뒤에 문자열 끝을 나타내는 널문자가 저장됨

포인터 변수 str2에 `char *str2="language";`
(초깃값인 문자열 상수의 길이 + 1)개의 문자를 저장할 수 있는 공간에 문자열과 문자열 끝을 나타내는 널문자가 저장되며 이 문자열이 저장된 기억장소의 시작 주소가 str2에 저장됨

(2) 문자열과 관련된 대표적인 함수의 사용

> [예] char s1[10] = "start";
> char s2[10] = "end";

문자열 처리 함수			함수 사용
strlen(s);			문자열의 길이(널문자는 제외)를 반환
strlen(s1);	결과	5	
strlen(s2);	결과	3	
strcmp(s1,s2);	결과	양수	s1과 s2를 사전적 순서에 의해 대소관계를 비교한 결과를 양수(s1 > s2), 음수(s1 < s2), 0(s1 = s2) 값을 반환
strcmp(s2,s1);	결과	음수	
strcmp(s2,"end");	결과	0	
strcmp("135","15");	결과	음수	
strcpy(s1,s2);	결과	s1에 "end"저장	s1의 문자열이 s2의 문자열로 변경된 후 s1 시작 주소를 반환
strcpy(s2,s1);	결과	s2에 "start"저장	
strcpy(s1,"C");	결과	s1에 "C"저장	
strcat(s1,s2);	결과	s1에 "startend"저장	s1문자열 뒤에 s2문자열을 붙인 후 s1의 시작주소를 반환
strcat(s1,"!");	결과	s1에 "start!"저장	

제7장 구조체와 공용체

제1절 구조체

1 구조체

구조체는 프로그래머가 직접 정의해서 사용할 수 있는 사용자 정의 자료형(user-defined data type)으로, 서로 관련된 다양한 자료형의 여러 값을 하나의 단위로 묶어서 편리하게 관리하고 사용할 수 있게 함

이름	회사	나이	평가점수
"Dongwook"	"SGS"	20	4.5

2 구조체의 정의와 변수의 선언

(1) 구조체의 정의

[형식] 구조체의 정의

```
struct 구조체 태그명
{
    자료형 멤버명1;
    …
    자료형 멤버명n;
};
```

- struct : 구조체임을 표시하는 예약어
- 구조체 태그명 : 사용자가 직접 정하는 구조체 자료형 이름
- 자료형 멤버 : 멤버는 선언문 형태로 순서대로 명시
- 멤버 : 변수, 배열, 이미 정의된 다른 구조체 등
- 끝에는 반드시 ;을 붙여야 함

```
//학생의 정보를 저장할 구조체
struct student_info
{
    char id_no[10]; //학번
    char name[10]; //이름
    int grade; //학년
};
```

```
//도서 정보를 저장할 구조체
struct book_info
{
    char ISBN_no[20]; //도서번호
    char author[20]; //저자
    int year; //출판연도
};
```

```
//전자제품 정보를 저장할 구조체
struct product_info
{
    char SN[10]; //제품코드
    int price; //가격
    int sales[4]; //판매수
};
```

```
//3차원 공간의 한 점을 저장할 구조체
struct coordinate
{
    int x; //x좌표
    int y; //y좌표
    int z; //z좌표
};
```

(2) 구조체 변수 선언

[형식] 구조체 변수 선언

struct 구조체 태그명 구조체 변수명;

태그명 : 구조체 정의에서 struct 뒤에 지정한 식별자임

예약어	구조체 태그명	구조체 변수명	
struct	student_info	stud;	//학생의 정보를 저장할 구조체 변수
	book_info	c_language;	//도서 정보를 저장할 구조체 변수
	product_info	TV;	//전자제품의 정보를 저장할 구조체 변수
	coordinate	point;	//3차원 공간의 한 점을 저장할 구조체 변수

① 구조체 변수에 할당된 기억장소

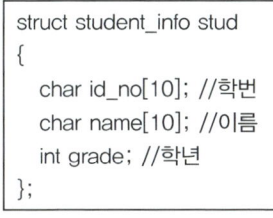
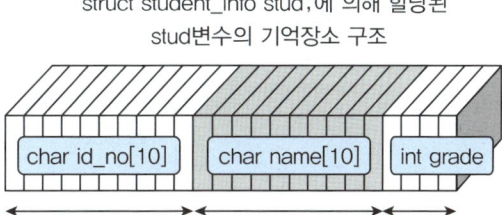

② 구조체 변수의 선언 위치

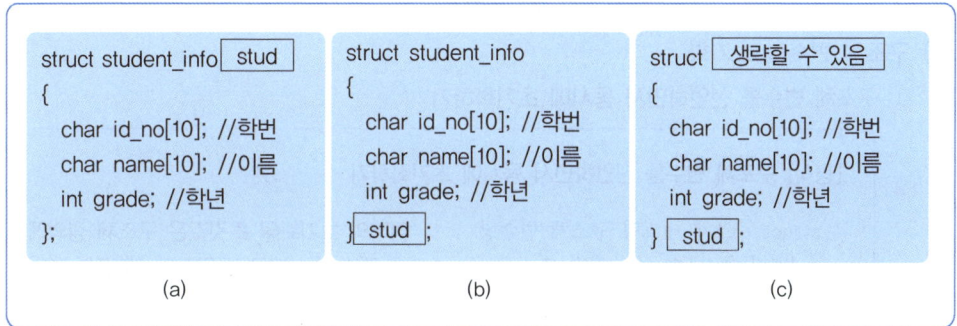

(3) 구조체 멤버 참조

[형식] 구조체 멤버 참조	
구조체 변수명.멤버명	• '구조체 변수명.멤버명' 전체를 한 개의 변수명처럼 사용함 • scanf() 함수에서 입력 값을 저장할 주소를 구하는 &는 '&구조체 변수명.멤버명'과 같이 맨 앞에 붙여야 함

stud.grade = 1;	학생 정보 중에 stud(구조체 변수)의 학년(멤버)에 1을 대입
c_language.year = 2019;	도서 정보 중에 c_language(구조체 변수)의 제작연도(멤버)에 2019를 대입
TV.price = 120000;	제품 정보 중에 TV(구조체 변수)의 가격(멤버)에 120000을 대입
point.x = 10;	3차원 공간의 한 점에 point(구조체 변수)의 x좌표(멤버)에 10을 대입
scanf("%d",&point.x);	키보드로부터 point(구조체 변수)의 x좌표(멤버)값을 입력받음

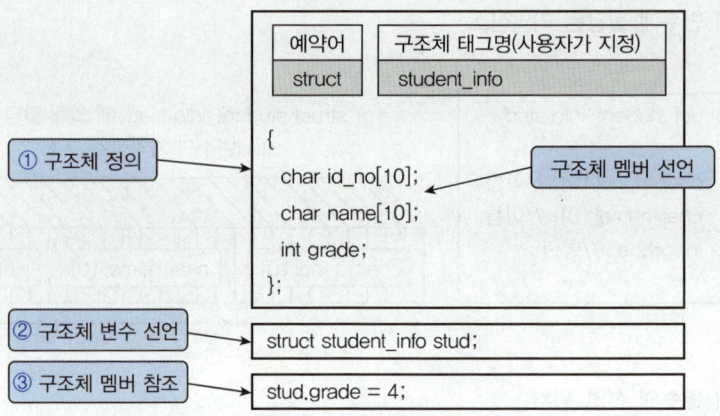

(4) 구조체 변수의 초기화

① 구조체 변수를 선언하면서 동시에 초기화하기

> **[형식] 구조체 변수를 선언하면서 동시에 초기화하기**
>
> struct 구조체 태그명 구조체 변수명
> = {멤버 초깃값1, …, 멤버 초깃값n};
>
> 멤버의 초기화될 초깃값은 구조체 정의에서 나타난 멤버 순서대로 초깃값이 멤버에 저장됨

struct student_info **stud** = {"20191111", "김철수", 4};
⇨ 구조체 내의 멤버의 순서대로 멤버 초기화

struct book_info **c_language** = {"20180001", "김철순", 2019};
⇨ 구조체 내의 멤버의 순서대로 멤버 초기화

struct product_info **TV** = {"LCD50-15", 120000, {100, 200, 300, 400}};
⇨ 세 번째 멤버 판매수가 배열이므로 { } 안에 초깃값을 나열

struct coordinate **point** = {10, 20, 30};
⇨ x, y, z 좌표를 초기화

② 구조체 정의, 선언, 초기화를 한 번에 하기

> **[형식] 구조체 정의, 선언, 초기화를 한 번에 하기**
>
> struct 구조체 태그명
> {
>   자료형 멤버1;
>   …,
>   자료형 멤버n};
> } 구조체 변수명 = { 멤버 초깃값 1,…,멤버 초깃값 n };
>
> 구조체 변수명 앞에 static을 붙이면 정적 변수가 되고, 멤버의 초깃값은 멤버를 명시한 순서대로 초깃값이 멤버에 저장됨

```
struct person {
    char name[7];
    char gender[3];
    int age;
} user = {"김철수","남",20};
```

(5) 구조체 간의 대입

[형식] 구조체 변수 간의 대입
　　구조체 변수명1 = 구조체 변수명2;

```
struct coordinate point1 = {10,20,30}, point2;
point2 = point1;
다음 세 개의 대입문과 같음
```
→
```
point2.x = point1.x;
point2.y = point1.y;
point2.z = point1.z;
```

(6) 자료형 이름 재정의 : typedef

[형식] 자료형 이름의 재정의 : typedef
　　typedef 기존의 자료형 이름 새로운 자료형 이름;

typedef double REAL ;
double average; → REAL average;

typedef double* DBLPTR ;
double* ptr; → DBLPTR ptr;

typedef struct person PERSON ;
struct person user; → PERSON user;

```
typedef struct point
{
    int x, y, z;
} POINT;
POINT start, end = {1,2,3}; //struct point start, end = [1,2,3];과 같은 표현
```

3 구조체 배열

배열은 자료형이 같은 여러 값을 저장할 수 있으므로 구조체형 배열도 가능

(1) 구조체 배열 선언

① 구조체 배열 선언

> [형식] 구조체 배열 선언
>   struct 구조체 태그명 구조체 배열명[원소의 개수];
> - 구조체 템플릿을 정의할 때 사용한 이름으로 배열 원소의 자료형을 의미

struct person user[100];	사용자 100명에 대한 person형 구조체 정보를 저장할 배열
struct student_info stud[200];	학생 200명에 대한 student_info형 구조체 배열
struct product smart[10];	스마트 기능을 가진 제품 10개에 대한 product형 구조체 정보를 저장할 배열

② 구조체 배열의 선언과 동시에 초기화

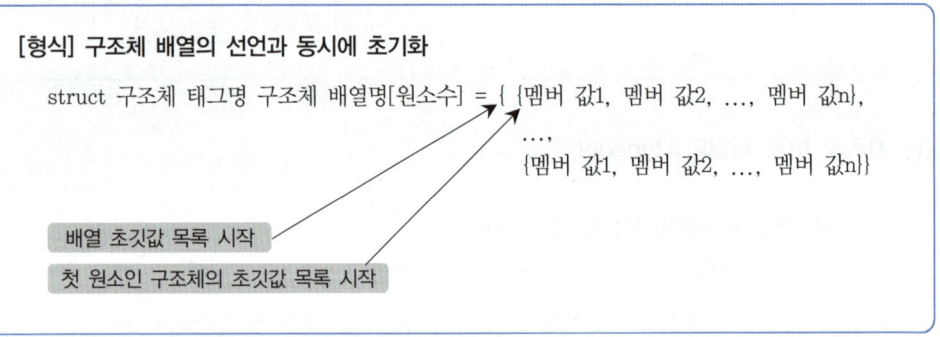

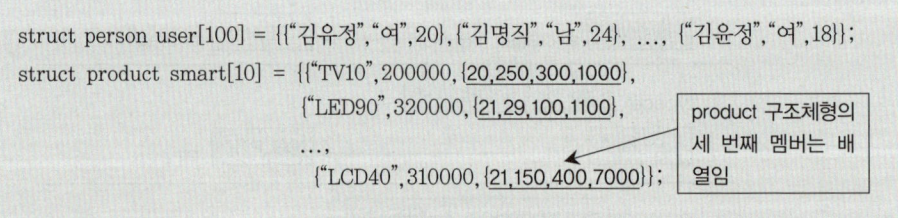

(2) 구조체 배열 원소와 멤버 참조

[형식] 구조체 배열의 원소 참조

 구조체 배열명[첨자]　　　　첨자는 0 ~ (원소 수 - 1)까지의 원소 저장 순서에 따른 정수

[형식] 구조체 배열의 원소 참조

 구조체 배열명[첨자].멤버명　　　.(dot)은 멤버 연산자

```
user[0].age = 20 ;              //첫 번째 사용자의 나이에 20을 대입
user[99].age = 32 ;             //백 번째 사용자의 나이에 32를 대입
smart[0].price = 70000;         //첫 번째 제품의 가격에 70000을 대입
smart[0].sale[2] = 300;         //첫 번째 제품의 3사분기 판매량에 300을 대입
```

smart배열의 첫 번째 원소로 product 구조체형

product 구조체형의 세 번째 멤버인 sale배열의 세 번째 원소

4 구조체 포인터

구조체의 시작 주소 값을 저장하는 구조체 포인터에 대해 *(간접 연산자)와 .(멤버연산자)를 조합하거나 ->(멤버 연산자)를 사용하여 구조체를 참조할 수 있음

(1) 구조체 포인터 선언

① 구조체 포인터 선언하기

[형식] 구조체 포인터 변수 선언

struct 구조체 태그명 *구조체 포인터 변수명;
- *는 간접 참조 연산자로 포인터 변수가 가리키는 곳을 의미함. 즉, 이 선언문은 구조체 포인터가 가리키는 곳에 구조체 태그명의 구조체가 있다는 것을 의미함

struct person *ptr;
- ptr은 person형의 구조체 데이터를 가리키는 포인터임을 선언함. 그러므로 ptr에 저장되는 것은 person형 구조체가 저장된 곳의 시작주소임
- 주소를 저장하므로 일반 포인터 변수와 마찬가지로 4바이트가 할당됨

ptr ← person형 구조체의 시작주소만 저장됨

② 포인터가 구조체를 가리키게 하기

[형식] 포인터가 구조체를 가리키게 하기
구조체 포인터 변수명 = &구조체 변수명;
- 포인터 변수에 구조체 변수의 시작주소를 대입하므로 포인터 변수는 구조체 변수에 해당하는 기억장소를 가리키게 함
- 구조체 포인터 변수를 선언할 때 명시한 자료형과 구조체 변수명의 자료형은 같은 구조체이어야 함

ptr = &shopper;
- shopper변수가 struct person shopper; 로 선언되었다면 ptr포인터 변수도 struct person *ptr;로 선언된 경우에만 가능

(2) 구조체 포인터를 사용한 간접참조

① *(간접참조연산자)와 .(멤버연산자)를 이용한 포인터를 통해 구조체 멤버 참조하기

[형식] 포인터를 통한 구조체 멤버 참조: *(간접참조연산자)와 .(멤버연산자) 사용하기
  (*구조체 포인터 변수명).멤버명

(*ptr).age=20;
- ptr이 가리키는 구조체의 age멤버에 20을 저장함. 'shopper.age=20;'과 같은 표현
  printf("%d",(*ptr).age);   //결과는 '20'임
- ptr이 가리키는 구조체의 age멤버를 참조하여 저장된 값을 출력
- '*ptr'은 ptr에 저장된 주소에 해당하는 기억장소를 의미함. 이 기억장치에는 person형 구조체가 저장되어 있으므로 '*ptr'에 저장된 age멤버를 참조하려면 (*ptr).age로 표현해야 함

② '->' 이용한 포인터를 통해 구조체 멤버 참조하기

[형식] 포인터를 통한 구조체 멤버 참조 : ->(멤버연산자) 사용하기
  구조체 포인터 변수명 -> 멤버명

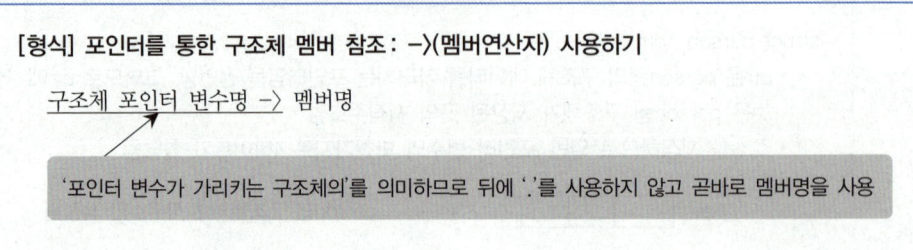

```
printf("%s", ptr -> age);
```
- ptr이 가리키는 구조체의 age멤버에 저장된 값을 출력

```
ptr -> age = 30;
```
- ptr이 가리키는 구조체의 age멤버에 30을 저장
- (*ptr).age와 의미는 같지만 '*', '.'로 표시하는 것보다 편리하게 사용할 수 있음

5 함수 간의 구조체 전달

(1) 값에 의한 호출

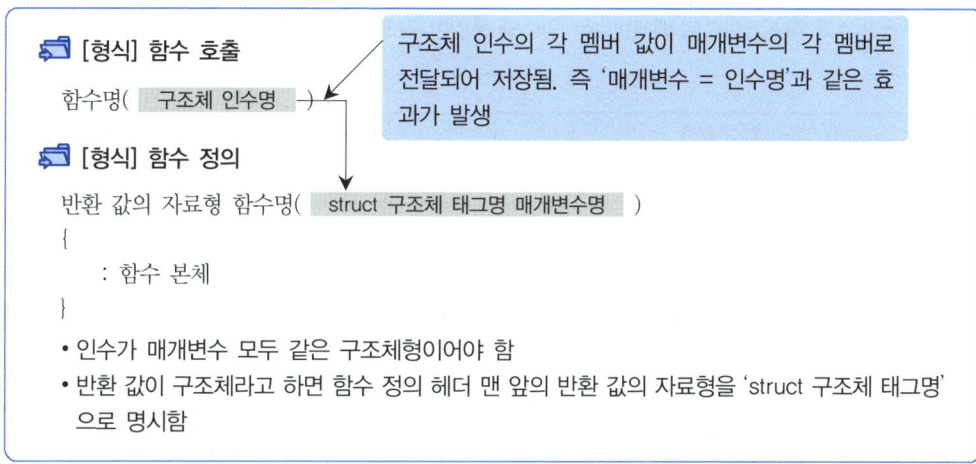

- 인수가 매개변수 모두 같은 구조체형이어야 함
- 반환 값이 구조체라고 하면 함수 정의 헤더 맨 앞의 반환 값의 자료형을 'struct 구조체 태그명'으로 명시함

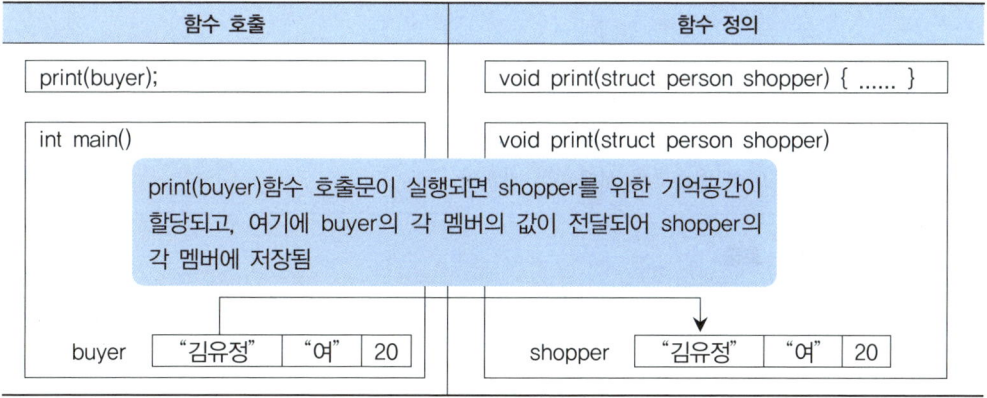

(2) 주소에 의한 호출

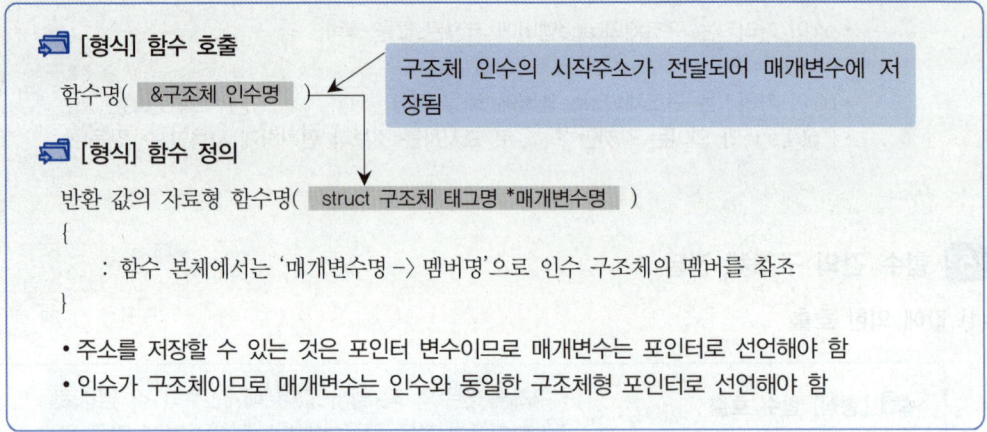

함수 호출	함수 정의
print(&buyer);	void print(struct person *ptr) { ...... }
int main()	void print(struct person *ptr)

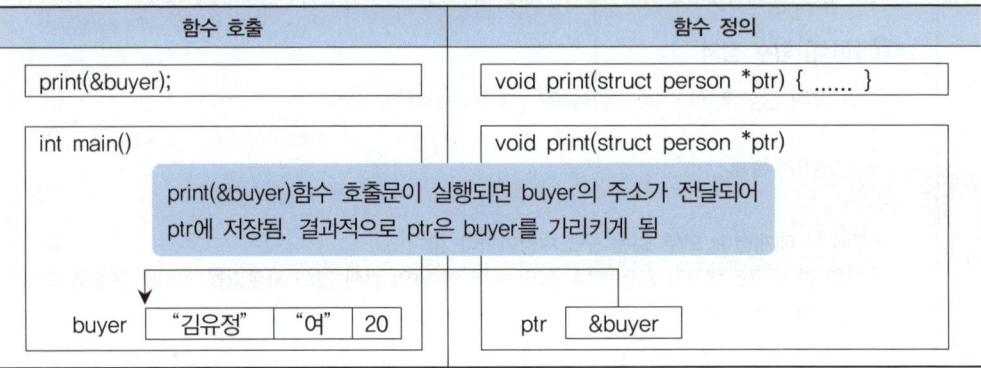

(3) 구조체 배열 전달

① 배열 선언 방식

함수를 정의할 때 매개변수를 배열로 선언하였더라도 실제로 새로운 배열이 만들어지는 것이 아니라 배열명이 포인터 변수로써 사용되는 것뿐임

[형식] 함수 호출

　함수명(구조체 배열명)

[형식] 함수 정의

　반환 값의 자료형 함수명 (struct 구조체 태그명 배열명[원소수])
　{
　　: 함수 본체
　}

구조체 배열명은 배열명만 씀

() 배열을 선언

② 포인터 선언방식

> [형식] 함수 호출
>
>   함수명(구조체 배열명)   구조체 배열명은 배열명만 씀
>
> [형식] 함수 정의
>
>   반환 값의 자료형 함수명 (struct 구조체 태그명 *포인터 변수명)   전달받는 구조체 배열의 자료
>   {   형과 동일해야 함
>   : 함수 본체
>   }

제2절 공용체와 열거형

1 공용체

같은 메모리 영역을 여러 개의 변수들이 공유할 수 있게 하는 기능으로 메모리를 절약하기 위해 사용함. 공용체는 멤버들이 같은 공간을 공유하기 때문에 동시에 멤버 변수들의 값을 저장할 수 없으면 어떤 순간에는 하나의 멤버만 존재할 수 있음. 구조체에서 각 멤버는 독립된 공간을 할당받고, 공용체에서는 가장 큰 멤버의 크기만큼의 메모리가 할당됨

(1) 공용체의 선언

    공용체 변수의 크기는 멤버 중에서 크기가 가장 큰 멤버로 결정됨

> [형식] 공용체의 선언
>
>   union 공용체형 태그명   구조체의 struct 대신 union을 씀
>   {
>   자료형 멤버명1;
>   자료형 멤버명2;
>   …
>   };
>   union   공용체형 태그명 공용체 변수명;

(2) 공용체 변수의 초기화

> **[형식] 공용체 변수 초기화**
>
> union 공용체형 태그명 공용체 변수명 = {123};
> - 공용체 변수의 선언과 초기화
>
> union 공용체형 태그명 공용체 변수명 = {.멤버명 = 123};
> - 첫 번째 멤버가 아닌 멤버를 초기화할 때 .(멤버연산자)를 직접 지정

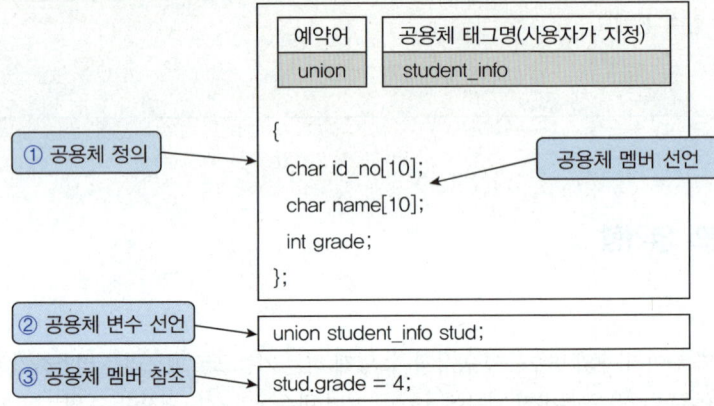

2 열거형

열거형이란 변수가 가질 수 있는 값들을 나열해 놓은 자료형임. 즉 변수가 가질 수 있는 값들을 나타내는 상수들을 모아 놓은 자료형임. 열거형으로 선언된 변수는 열거형에 정의된 상수들만을 가질 수 있음

(1) 열거형의 정의와 선언

① 열거형의 정의

> **[형식] 열거형의 정의**
>
> enum 열거형 태그 {열거행 변수에 저장할 수 있는 기호화된 정수 값들};

```
enum days{SUN, MON, TUE, WED, THU, FRI, SAT};
```
- 열거형 days을 저장하기 위한 문장
- SUN, MON, TUE, WED, THU, FRI, SAT와 같은 기호상수들이 모여 있는 자료형

② 열거형의 선언

> [형식] 열거형의 선언
> enum 열거형 태그 열거형 변수;
> 열거형 변수 = 기호상수;

enum days today; today = SUN;	today는 열거형 변수로 열거형 태그 days에 정의된 값들을 가질 수 있음. 즉 SUN, MON, TUE, WED, THU, FRI, SAT 중에서 하나만을 가질 수 있음
today = MY_Day;	정의되지 않은 값을 대입하면 오류가 발생

③ 열거형의 예

> enum colors { white, red, blue, green, black };
> enum boolen { false, true };
> enum levels { low, medium, high };
> enum car_types { sedan, suv, sports_car, van_pickup, convertible };

(2) 기호상수들의 값

열거형 days안에 들어 있는 상수들은 0에서 시작하여 1씩 증가하는 정수 값으로 자동으로 설정됨. 즉 SUN은 0이고 MON은 1임

> enum days{SUN, MON, TUE, WED, THU, FRI, SAT};
> SUN=0, MON=1, …

이러한 값들의 배정은 사용자가 변경할 수 있고, 만약 1부터 시작하려면 첫 번째 식별자 뒤에 =1을 붙여줌

> enum days{SUN=1, MON, TUE, WED, THU, FRI, SAT};
> SUN=1, MON=2, …

필요한 경우에 사용자가 모든 식별자들의 값을 지정할 수도 있음

> enum days{SUN=7, MON=1, TUE, WED, THU, FRI, SAT=6};
> SUN=7, MON=1, TUE=2, SAT=6, …

(3) 다른 방법과의 비교

정수 사용	기호상수	열거형

switch(code){
case 1:
printf("LCDTV\n");break;
case 2:
printf("OLEDTV\n");break;
}
	#define LCD 1
	#define OLED 2
	…
	switch(code){
	case LCD:
	printf("LCDTV\n");break;
	case OLED:
	printf("OLEDTV\n");break;
	}
		enum tvtype{LED,OLED};
		enum tvtype code;
		…
		switch(code){
		case LCD:
		printf("LCDTV\n");break;
		case OLED:
		printf("OLEDTV\n");break;
		}

컴퓨터는 알기 쉬우나 사람은 기억하기 쉽지 않음	기호 상수를 작성할 때 오류를 예방할 수 있음	컴파일러에 중복이 일어나지 않도록 가독성과 이해도를 높일 수 있음

제3절 동적 기억장소 할당

정적 할당은 실행 전 컴파일 시점에 변수나 배열에 필요한 기억장소의 크기가 결정됨. 반면 동적 할당은 프로그램을 실행하면서 실제로 필요한 만큼의 기억장소를 힙 영역에서 할당받아 사용하고 더 이상 필요하지 않다면 다음 동적 할당이나 다른 프로그램에서 사용할 수 있도록 해제함. 그러므로 동적 메모리 할당을 이용하면 기억장소를 낭비하지 않고 효율적으로 사용할 수 있음

> **더 알아두기**
>
> **주기억장치의 네 가지 영역**
>
> | ① 코드 영역 | ← CPU에게 내리는 명령어 코드 |
> | ② 데이터 영역 | ← 전역 변수와 정적 변수 |
> | ③ 힙 영역 | ← 동적으로 할당할 기억 장소 |
> | ④ 스택 영역 | ← 함수의 매개변수와 지역 변수 |
>
> ① 코드 영역 : C프로그램을 컴파일하면 CPU에게 내리는 명령어 코드를 모아둔 영역
> ② 데이터 영역 : 코드에서 처리할 데이터만 모아둔 영역으로, 저장되는 변수는 프로그램의 전역 변수와 정적 변수뿐임
> ③ 힙 영역 : 프로그램이 실행되는 동안 요청한 기억장소가 할당되는 곳으로, 동적 배열과 같이 프로그램 실행 동안 크기가 결정되는 동적 자료가 저장되는 곳임
> ④ 스택 영역 : 지역 변수는 프로그램이 실행되면서 함수가 실제로 호출되면 기억공간을 할당받으므로, 함수가 호출되었을 때 매개변수와 함수의 지역 변수를 위해 할당하는 기억장소임

1 동적 할당 함수 : malloc() 함수

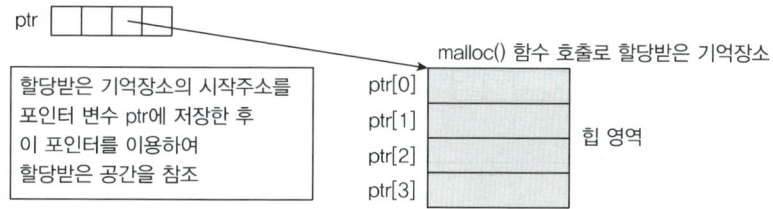

> 📂 [형식] malloc() 함수 호출
>
> 자료형 *포인터 변수명;
> 포인터 변수명 = (자료형*) malloc(기억장소 크기 : 바이트 단위)
>
> 지정한 크기의 기억장소를 할당받아 시작주소를 반환
>
> 동적 할당 기억장소의 시작주소를 저장한 자료형의 포인터로 캐스팅함
>
> 캐스팅 동적 할당 기억장소의 시작주소를 포인터 변수에 저장함. 즉 포인터 변수는 할당받은 기억장소를 가리키게 함

- malloc() 함수 : #include〈stdlib.h〉를 추가
- (자료형*) : malloc() 함수는 할당받은 기억장소의 시작 주소를 void형 포인터로 반환하므로 할당된 기억장소를 용도에 맞게 여러 개의 int형, double형 값을 저장할 공간으로 사용하려면 원하는 자료형으로 캐스팅해야 함. 즉 주소를 저장할 포인터 변수의 자료형과 동일한 자료형으로 캐스팅해야 함
- 힙 영역에 할당가능한 기억장소가 없다면 malloc() 함수는 NULL 매크로 상수를 반환하므로 동적 할당을 요청한 후에는 반드시 할당 여부를 확인하는 것을 권장함

int *ptr;

ptr = (int*)malloc(sizeof(int));   //sizeof 뒤의 () 안에 자료형의 크기를 구함
- 정수 한 개를 저장할 수 있는 공간이 할당되고 ptr이 이를 가리킴

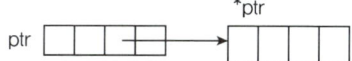

char *ch;

ch = (char*)malloc(sizeof(char)*10);
- 문자 열 개를 저장할 수 있는 공간이 할당되고 ch가 이를 가리킴

int *score = (int*)malloc(sizeof(int)*5);
- 정수 다섯 개를 저장할 수 있는 공간이 할당되고 score가 이를 가리킴

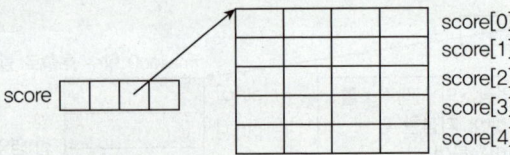

2 동적 할당 기억장소 해제함수 : free() 함수

[형식] free() 함수
　　free(포인터 변수명); //() 안에는 해제할 동적 할당 기억장소를 가리키는 포인터 변수

free(ptr);	ptr = (int*)malloc(sizeof(int));로 할당받은 기억장소를 해제
free(ch);	ch = (char*)malloc(sizeof(char)*10);로 할당받은 기억장소를 해제
free(score);	int *score = (int*)malloc(sizeof(int)*5);로 할당받은 기억장소를 해제

3 동적 할당 관련 함수

함수	구분	내용
malloc	원형	void *malloc(unsigned int size);
	기능	size바이트 수만큼 할당하고 시작 위치 반환
	예	int *p = (int*)malloc(sizeof(int));
calloc	원형	void *calloc(unsigned int ab, unsigned int size);
	기능	(ab*size)바이트 수만큼 할당하고 0으로 초기화한 후 시작 위치 반환
	예	double *p = (double*)calloc(5,sizeof(double));
realloc	원형	void *realloc(void *p, unsigned int size);
	기능	p가 연결한 영역의 크기를 size바이트의 크기로 조정하고 시작 위치 반환
	예	char *p = (char*)realloc(p,2*strlen(str));
free	원형	void free(void *p);
	기능	p가 연결한 영역 반환

제8장 파일처리함수

제1절 파일 입·출력

1 파일

파일(file)은 디스크나 자기 테이프 등과 같은 보조기억장치에 파일명으로 저장된 물리적인 데이터 집합체임

(1) **프로그램과 데이터**
   ① **프로그램** : 특정 문제를 해결하기 위해 CPU가 실행할 명령을 모아둔 파일로, 한글프로그램, 파워포인트 프로그램, 엑셀 프로그램, 포토샵 프로그램, C프로그램이 이에 해당됨
   ② **데이터** : 프로그램 파일이 실행되면서 처리할 데이터 또는 프로그램 실행 동안 처리한 결과를 모아둔 파일임

(2) **파일의 저장된 데이터 형식에 따른 분류**
   ① **텍스트(text) 파일** : 파일 내용을 화면이나 프린터로 출력해서 볼 때 사람이 알고 있는 문자로 표시되고, 지금까지 사용자가 키보드로 직접 입력해서 만든 프로그램 소스 파일이나 메모장에서 작성한 파일들임
   ② **이진(binary) 파일** : 사람에게는 의미가 없는 이상한 문자로 표시되어 컴퓨터의 특정 프로그램에 의해서만 읽을 수 있는 파일로, 그 예로 프로그램 실행 파일, 음악 파일, 이미지 파일 등이 있음

(3) **파일의 접근 방식에 따른 분류**
   ① **순차(sequential) 파일** : 데이터를 처음부터 순차적으로 읽거나 쓰기 때문에 이미 읽은 데이터를 다시 읽으려면 파일을 닫은 다음 다시 열고, 파일의 맨 처음부터 읽어서 원하는 위치까지 이동하여 데이터를 읽어야 하는 파일
   ② **랜덤(random) 파일** : 파일의 어느 위치든지 곧바로 이동하여 읽고 쓰는 것이 가능한 파일로, 어떤 파일이든지 순차적으로 접근할 수도 있고 임의적으로 접근할 수도 있음

2 파일 처리 과정

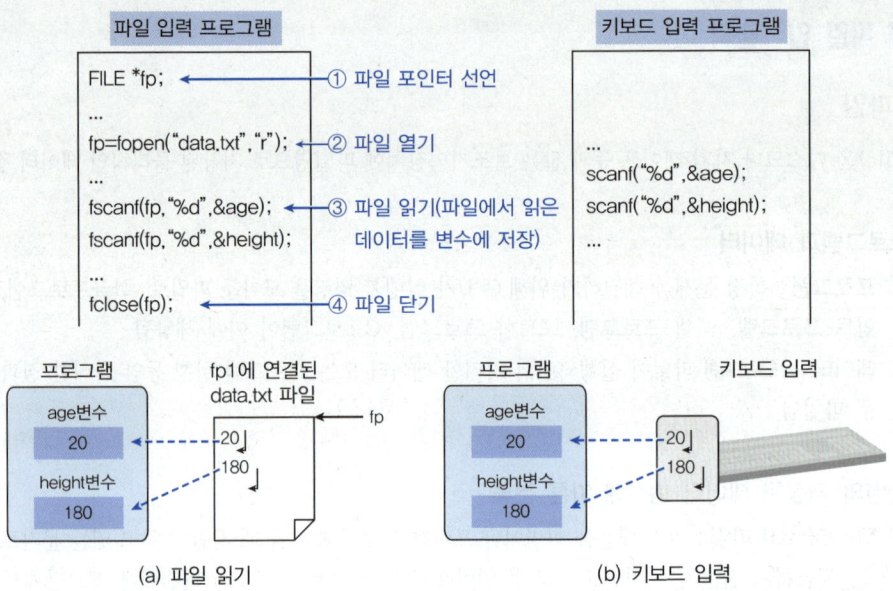

(a) 파일 읽기   (b) 키보드 입력

① 파일 포인터 선언 : 수많은 파일 중 하나를 지정하고, 이 파일에서 읽기/쓰기를 하는데 필요한 정보를 가리키는 FILE형 포인터를 선언해야 함
② 파일 열기 : 입·출력을 원하는 파일을 사용할 수 있도록 open한 후에 FILE형 포인터와 연결
③ 파일 읽기 : 파일 입·출력 함수를 이용하여 이 포인터에 연결된 파일로부터 데이터 읽기/쓰기를 함
④ 파일 닫기 : 파일의 모든 입·출력이 끝나면 열린 파일과 FILE형 포인터와의 연결을 해제하여 파일을 닫음

(1) 파일 포인터 선언

> [형식] 파일 포인터 선언
>   FILE *파일 포인터 변수명

```
FILE *fp, *fw; //fp와 fw를 파일 포인터로 선언
```

(2) 파일 열기: fopen() 함수

> [형식] 파일 열기: fopen() 함수
> 파일 포인터 변수명 = fopen("파일명", "모드");

① 파일 참조 모드

모드	용도	모드	용도	주의사항
r	읽기 전용	r+	읽기/쓰기	"파일명"의 파일이 없다면 오류로 NULL을 반환
w	쓰기 전용	w+	읽기/쓰기	파일의 원래 내용을 모두 지운 후 처음부터 씀. "파일명"의 파일이 없다면 새로 만듦
a	추가 전용	a+	읽기/쓰기	파일의 내용 끝에 데이터를 추가(append) "파일명"의 파일이 없다면 새로 만듦

② 파일 형태 모드

모드	파일 형태	사용 예
t	텍스트 파일	"wt": 텍스트 파일로서 쓰기 전용으로 open
b	이진 파일	"wb": 이진 파일로서 쓰기 전용으로 open "w": 파일 형태 모드가 없으면 텍스트 모드로 지정됨

(3) 파일 입·출력 함수

처리대상	처리단위	파일입력	표준입력	파일출력	표준출력
텍스트 파일	지정형식 단위	fscanf()	scanf()	fprintf()	printf()
	문자 단위	fgetc()	getchar(), getch()	fputc()	putchar(), putch()
	문자열 단위	fgets()	gets()	fputs()	puts()
이진 파일	블록	fread()		fwrite()	

(4) 파일 닫기: fclose() 함수

> [형식] 파일 닫기: fclose() 함수
> fclose(파일 포인터 변수명);
> • 파일 포인터명과 연결된 파일이 닫히며 파일 포인터와의 연결이 해제됨
> • 연결이 해제된 파일 포인터는 다음 파일에서 다시 연결하여 사용할 수 있음
> • 파일 닫기에 성공하면 0을, 실패하면 -1에 해당하는 EOF(End Of File)라는 상수를 반환함

fclose(fp);
• fp = fopen("data.txt", "w");로 fp에 연결된 data.txt 파일을 닫고 fp와의 연결을 해제

3 형식을 지정한 파일 입·출력

(1) 형식을 지정한 파일 출력 : fprintf() 함수

> [형식] 지정한 형식으로 파일 쓰기 : fprintf() 함수
>
> fprintf(파일 포인터 변수, "변환 명세를 포함한 형식 문자열", 변수명);
> - 변수에 저장된 값을 "형식 문자열"에 맞게 변환하여 파일 포인터에 연결된 파일에 기록함. 변수명 대신 상수 또는 수식을 사용해도 됨
> - 파일 포인터 변수 외 나머지 인수는 printf() 함수와 똑같은 역할을 함. 그러므로 파일 포인터 변수 명을 stdout으로 지정하면 모니터로 출력됨

(2) 형식을 지정한 파일 입력 : fscanf() 함수

> [형식] 지정한 형식으로 파일 읽기 : fscanf() 함수
>
> fscanf(파일 포인터 변수, "변환명세", &변수명)
> - 파일 포인터에 연결된 파일에서 변환명세에 맞게 데이터를 한 개 읽어서 변수명에 저장
> - 파일 포인터 변수명 외 나머지 인수는 scanf() 함수와 똑같은 역할을 함. 그러므로 파일 포인터 변수명을 stdin으로 지정하면 키보드에서 입력받음
> - 읽기에 실패하거나 파일의 끝에 도달했다면 EOF를 반환

(3) 파일 추가

파일 참조에 추가모드로 파일을 열어 파일의 끝에 자료를 추가함. 이전 실행결과와 새 실행결과를 같은 파일에 저장하고 싶을 때는 추가 모드로 열어야 함. 기본 파일 내용을 삭제하지 않으므로 안정적으로 파일에 저장한 후 편집기에서 파일을 열어 필요 없는 데이터를 직접 제거하거나 편집하는 목적으로도 사용됨

(4) 파일의 끝 확인

① feof() 함수 활용하기

> [형식] 파일의 끝을 지났는지 확인하기 : feof() 함수
>
> feof(파일 포인터 변수명)
> - 파일 포인터에 연결된 파일의 끝을 지나갔다면 0이 아닌 값(참)을, 아직 파일의 끝을 지나지 않았다면 0(거짓)을 반환
> - feof() 함수는 파일 포인터 변수가 가리키는 FILE 구조체에서 파일의 끝을 지났음을 알려주는 플래그를 참조하여 반환 값을 반환

```
if(feof(fp)) fclose(fp);
```
- fp에 연결된 파일의 끝을 지났다면 파일을 닫음

② fscanf() 함수의 반환 값을 활용하기

```
15   //파일에 저장된 모든 나이를 읽어서 모니터에 출력하기
16   //일단 파일에서 정수를 한 개 읽어온 후 성공했다면 출력하기를 반복
17   while(fscanf(fp, "%d", &age) ! = EOF)
18     printf("%2d \n", age);    //파일에서 읽은 정수(나이)를 모니터로 출력하기
19
20   fclose(fp);                              //fp에 연결된 파일 닫기
21
```

㉠ 17행 : 일단 파일에서 정수를 한 개 읽어온 후 성공했다면 출력하고, while문이 참이 되므로 다시 반복하여 파일의 정수 값을 읽어옴. 읽어들인 파일의 마지막까지 출력한 후 while문이 거짓이 되면 20행으로 이동
㉡ 20행 : 읽어들인 파일의 마지막까지 출력 후 fp에 연결된 파일을 닫고 프로그램을 종료

4 문자 단위 파일 입·출력

(1) 문자 단위로 파일에 쓰기 : fputc() 함수

[형식] 문자를 파일에 쓰기 : fputc() 함수
　fputc(문자, 파일 포인터 변수명);   //문자를 파일 포인터 변수가 가리키는 파일에 씀
　fputc(정수, 파일 포인터 변수명);   //ASCII 코드 값이 정수에 해당하는 문자 한 개를 파일 포인터
　　　　　　　　　　　　　　　　　　　변수가 가리키는 파일에 씀

| fputc(67,fp); | • fp에 연결된 파일에 ASCII code값이 67인 문자 'C'를 씀 |
| ch = 'A';
fputc(ch,fp); | • fp에 연결된 파일에 'A'를 씀 |

(2) 문자 단위로 파일 읽기 : fgetc() 함수

[형식] 파일에서 문자 한 개 읽기 : fgetc() 함수

fgetc(파일 포인터 변수명);
- 파일 포인터 변수명에 연결된 파일에서 문자 한 개를 읽어서 반환
- 반환형은 읽은 문자의 ASCII code값이 반환되기 때문에 int형으로 함
- 읽기 오류가 발생하거나 파일의 끝에 도달하면 −1에 해당하는 매크로 상수 EOF를 반환함

```
char ch;
FILE *fp = fopen("data.txt", "r");
ch = fgetc(fp);
```
fp에 연결된 data.txt 파일에서 문자 한 개를 읽은 후 ch에 저장함

5 문자열 단위 파일 입·출력

(1) 문자열 단위 출력 : fputs() 함수

[형식] 파일에 문자열 쓰기 : fputs() 함수

fputs(문자열 시작 주소, 파일 포인터 변수명)
- 문자열 시작 주소에 저장된 문자열을 파일 포인터에 연결된 파일에 씀. 이때 문자열의 끝을 나타내는 널문자는 파일에 쓰지 않으며 그 뒤에 개행 문자도 자동으로 들어가지 않음
- 출력이 성공하면 출력한 바이트 수를 반환하고, 실패하면 EOF를 반환

```
fputs("문자열 단위 출력", fp);
```
문자열 "문자열 단위 출력"을 fp에 연결된 파일에 씀. 문자열 내용 뒤에 추가로 개행문자를 출력하지 않음

(2) 문자열 단위 입력 : fgets() 함수

[형식] 파일의 문자열 읽기 : fgets() 함수

fgets(문자열 저장 주소, 최대 입력 문자수, 파일 포인터 변수명)
- 파일 포인터에 연결된 파일에서 (최대 입력 문자수−1)개의 문자를 읽은 후 뒤에 널문자(\0)를 합친 문자열을 지정한 문자열 저장 주소부터 저장함. 만일 최대 입력 문자 개수만큼 읽지 않았는데 중간에 개행 문자(\n)를 읽었다면 읽기를 중단하고 뒤에 널문자(\0)를 합친 문자열을 저장함. 즉 gets()와 달리 개행 문자도 문자열에 포함한다는 것에 주의
- 파일을 읽는 중 파일의 끝에 도달하거나 오류가 발생하면 NULL포인터를 반환

```
char string1[20], string2[20], string3[20];
FILE *fp = fopen("address.txt", "r");
fgets(string1, 20, fp);
```

파일에서 20개의 문자를 읽기 전에 개행 문자를 읽으므로 뒤에 널문자를 합친 "DWKIM, Incheon.\n"을 string1(배열명은 배열의 시작 주소) 배열에 저장

```
fgets(string2, 20, fp);
```
- 파일에서 (20-1)개의 문자를 읽은 후 뒤에 널문자를 합친 "Dongwook-Kim, Inche"을 string2에 저장

```
fgets(string3, 20, fp);
```
- 이전에 읽은 곳 다음부터 읽다가 20개의 문자를 읽기 전에 개행 문자를 읽게 됨. 따라서 그 뒤에 널문자를 합친 "on-Seoul.\n"을 string3에 저장

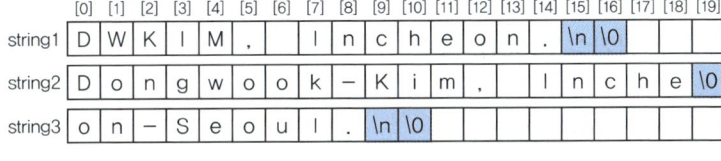

address.txt 파일

제2절 이진 파일 입·출력

1 이진 파일에 쓰기 : fwrite() 함수

[형식] 이진 파일에 쓰기 : fwrite() 함수

　FILE *fp = fopen("파일명", "wb");
　　• 이진 파일 열기(w : 쓰기, b : 이진파일)

fwrite(데이터 시작 주소, 블록 크기, 블록 개수, 파일 포인터 변수명);
　　• 데이터 시작 주소부터 저장된 (블록 크기*블록 개수)바이트의 데이터를 파일 포인터 변수에 연결된 이진 파일에 쓴 후 파일에 쓴 블록의 개수를 반환
　　• 블록 크기는 바이트 단위로, 블록 개수는 정수로 지정
　　• 이진 파일에 쓰는 데이터의 형은 달라도 되지만 이럴 경우 이진 파일에서 읽어 올 때 데이터를 기록한 순서와 정확히 일치하도록 읽어야 함

2 이진 파일에 읽기 : fread() 함수

[형식] 이진 파일 읽기 : fread() 함수

　FILE *fp = fopen("파일명", "rb");
　　• 이진 파일 열기(r : 읽기, b : 이진파일)

fread(데이터 저장 시작 주소, 블록 크기, 블록 개수, 파일 포인터 변수명);
　　• 파일 포인터 변수에 연결된 파일에서 (블록 크기*블록 개수)바이트의 데이터를 읽어서 시작 주소에 저장한 후 읽은 블록 개수를 반환
　　• 블록 크기는 바이트 단위로, 블록 개수는 정수로 지정
　　• 첫 인수인 데이터 저장 시작 주소에 해당하는 기억장소는 (블록 크기*블록 개수)바이트의 데이터를 저장하기에 충분한 기억장소여야 함

제3절 파일의 임의 접근

1 파일 위치 지시자 이동하기 : fseek() 함수

[형식] 파일 위치 지시자 이동하기 : fseek() 함수
fseek(파일 포인터 변수명, 오프셋, 기준점)
- 파일 포인터 변수에 연결된 파일의 파일 위치 지시자가 기준점으로부터 오프셋만큼 떨어진 곳을 가리키게 함. 즉 읽기/쓰기를 시작할 위치를 (기준점 + 오프셋)바이트 위치로 변경
- 기준점(whence) : 오프셋을 적용할 기준점으로 다음 세 매크로 상수 중 한 개를 사용
  - SEEK_SET : 0이며 파일의 시작 지점을 의미
  - SEEK_CUR : 1이며 파일의 현재 지점을 의미
  - SEEK_END : 2이며 파일의 끝 지점을 의미
- 오프셋(offset) : 기준점에서 몇 바이트 이동할지를 나타내는 long형 정수로 기준점 이전이라면 음수를, 이후라면 양수를 사용
- 이동에 성공하면 0을 반환하고, 실패하면 0이 아닌 값을 반환

fseek(fp, 100, SEEK_SET);
- 다음 읽기/쓰기 위치를 파일 시작 지점에서 100바이트 이후로 이동

fseek(fp, 200, SEEK_CUR);
- 다음 읽기/쓰기 위치를 현재 위치에서 200바이트 이후로 이동

fseek(fp, -100, SEEK_END);
- 다음 읽기/쓰기 위치를 파일의 끝 지점에서 100바이트 이전으로 이동

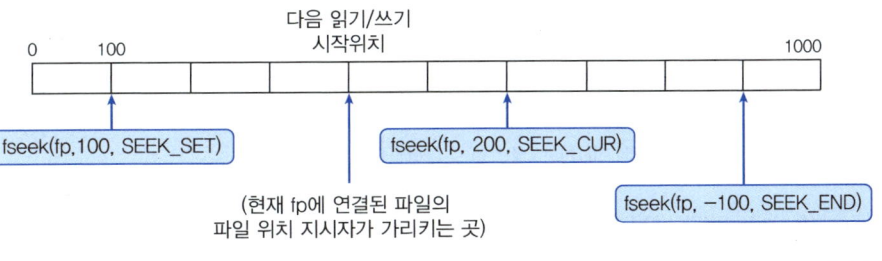

2 rewind() 함수

[형식] rewind() 함수
rewind(파일 포인터 변수명)
- 파일 포인터에 연결된 파일의 다음 읽기/쓰기 위치를 파일의 시작 지점으로 이동

3 ftell() 함수

[형식] ftell() 함수
 ftell(파일 포인터 변수명);
  • 파일 포인터 변수에 연결된 파일에서 다음 읽기/쓰기를 시작할 위치를 반환

rewind(fp);
position=ftell(fp);

rewind() 함수에 의해 파일 위치 지시자가 파일의 시작 위치로 변경된 직후 ftell() 함수를 호출했으므로 position에는 0이 저장

```
1  #include <stdio.h>
2
3  int main(void)
4  {
5    FILE *fp;
6
7    char buffer[100];
8
9    fp = fopen("sample.txt", "wt");
10   fputs("ABCDEFGHIJKLMNOPQRSTUVWXYZ", fp);
11   fclose(fp);
12
13   fp = fopen("sample.txt", "rt");
14
15
16   fseek(fp, 3, SEEK_SET);
17   printf("fseek(fp, 3, SEEK_SET) = %c \n", fgetc(fp));
18
19   fseek(fp, -1, SEEK_END);
20   printf("fseek(fp, -1, SEEK_END) = %c \n", fgetc(fp));
21
22   fclose(fp);
23   return 0;
24 }
```

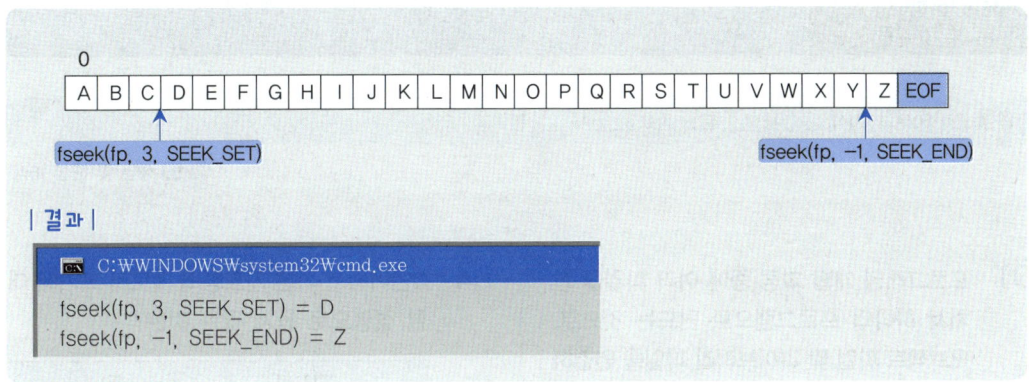

| 결과 |

```
C:\WINDOWS\system32\cmd.exe

fseek(fp, 3, SEEK_SET) = D
fseek(fp, -1, SEEK_END) = Z
```

기출동형 최종모의고사 | C프로그래밍

제한시간: 50분 | 시작 ___시 ___분 – 종료 ___시 ___분

정답 및 해설 184p

01 프로그래밍 개발 과정 중에 여러 파일을 합쳐서 하나의 프로그램으로 만드는 것으로, 오브젝트 파일 및 라이브러리 파일을 연결하는 것을 무엇이라고 하는가?

① 로더(loader)
② 링커(linker)
③ 컴파일러(compiler)
④ 어셈블러(assembler)

02 C프로그램에 대한 설명으로 옳지 않은 것은?

① 반드시 하나 이상의 함수를 포함해야 한다.
② 함수의 시작과 끝은 중괄호({})를 사용한다.
③ 시스템 프로그램을 작성하기에 적합한 언어이다.
④ 응용 프로그램 개발에 사용되므로 하드웨어를 제어하기 쉽지 않아 이식성이 떨어진다.

03 C언어에서 조건부 컴파일을 지원하는 주요 전처리기(선처리 지시자)로 옳지 않은 것은?

① #if
② #ifdef
③ #ifndef
④ #include

04 C언어에서 기본 자료형의 메모리 크기에 대한 설명으로 옳지 않은 것은?

	자료형	설명
①	char	• 메모리의 크기 : 1byte • 허용범위 : −128 ~ +127
②	short	• 메모리의 크기 : 2byte • 허용범위 : −32768 ~ +32767
③	unsigned short	• 메모리의 크기 : 2byte • 허용범위 : −32768 ~ +32767
④	sizeof(int)	기본 자료형의 메모리 크기 확인 연산자로, int형의 크기 4를 반환

05 C언어에서 함수의 프로토타입(함수 원형)이 들어 있고, 미리 컴파일하여 라이브러리 파일 형태로 되어 있는 것을 무엇이라 하는가?

① 실행 파일
② C 파일
③ 헤더 파일
④ 오브젝트 파일

06 다음 코드의 출력값으로 옳은 것은?

> printf("값 = %08.2f\n", 123.4);

① 값 = 123.4
② 값 = 00123.40
③ 값 = 123.40
④ 값 = 00123.4

07 다음 코드의 출력값으로 올바른 것은?

> printf("a = %.2lf, b = %.2lf\n", (double)(15/2), (double)15/(double)2);

① a = 7, b = 7.5
② a = 7.00, b = 7.50
③ a = 7.00, b = 7.5
④ a = 7, b = 8

08 다음 중 연산결과의 값이 나머지와 다른 것은?

① printf("a = %d\n", 16);
② printf("b = %d\n", 2 << 3);
③ printf("c = %d\n", 4 * 4);
④ printf("d = %d\n", 2 >> 3);

09 다음 코드의 출력결과로 옳지 않은 것은?

> 1행 int a , b , c , d;
> 2행 a = b = c = d = 1;
> 3행 printf("a = %d\n", ++a);
> 4행 a = b = c = d = 1;
> 5행 printf("b = %d\n", b++);
> 6행 a = b = c = d = 1;
> 7행 printf("c = %d\n", c--);
> 8행 printf("d = %d\n", d);

① a = 1
② b = 1
③ c = 1
④ d = 1

10 주어진 while문의 반복횟수와 결과로 옳은 것은?

> 1행 int i = 0;
> 2행 while (i < 10){
> 3행 i++;
> 4행 printf("%3d", ++i);
> 5행 }
> 6행 printf("%3d", i);

	반복횟수	출력결과
①	5	1 3 5 7 9
②	5	2 4 6 8 10 10
③	6	2 4 6 8 10 10
④	6	1 3 5 7 9 10

11 다음 코드의 출력결과로 옳은 것은?

```
for (int x = 5; x >= 0; x--) {
   for (int star = 5; star >= x; star--)
printf("*");
   printf("\n");
}
```

① ******
   ******
   ******
   ******
   ******
   ******

② *
   **
   ***
   ****
   *****
   ******

③ *
   **
   ***
   ****
   *****
   ******

④ ******
   *****
   ****
   ****
   *****
   ******

12 다음 코드의 출력결과로 옳은 것은?

```
1행    int sum = 0;
2행    for (int i = 1; i <= 5; i++) {
3행       printf("%d", i);
4행       sum += i;
5행       if (i < 4) continue;
6행       if (sum > 5) break;
7행    }
8행    printf("까지의 합 = %d\n", sum);
```

① 1까지의 합 = 1
② 1 2 3까지의 합 = 6
③ 1 2 3 4까지의 합 = 10
④ 1 2 3 4 5까지의 합 = 10

13 다음 순서도에 대한 설명으로 옳지 않은 것은?

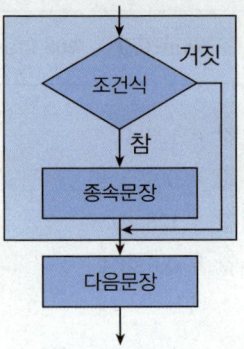

① 조건식이 참일 때 종속문장을 실행한다.
② 조건식이 거짓일 때 다음문장을 실행한다.
③ 조건식에 따라 조건식에 종속된 문장만 실행한다.
④ 단순 if문으로, 두 문장 중 하나를 선택하여 처리한다.

14 다음 코드의 출력결과로 옳은 것은?

```
1행    int sum = 0;
2행    for (int i = 1; i <= 5; i++) {
3행       sum += i;
4행       printf("%d ", i);
5행       if (sum > 5) goto sum_out;
6행    }
7행    sum_out: printf("까지의 합 = %d\n", sum);
```

① 1 3 6까지의 합 = 4
② 1 2 3까지의 합 = 6
③ 1 2 3 4까지의 합 = 10
④ 1 2 3 4 5까지의 합 = 15

15 다음 코드의 출력결과로 옳은 것은?

```
1행    static int a = 1;
2행    int main()
3행    {
4행        printf("a = %d\n", a);
5행        { int a = 2; printf("a = %d\n", a);
6행        { int a = 3; printf("a = %d\n", a); }
7행        } printf("a = %d\n", a);
8행    }
```

① a = 1, a = 1, a = 1, a = 1
② a = 1, a = 2, a = 3, a = 1
③ a = 1, a = 2, a = 3, a = 3
④ a = 2, a = 2, a = 3, a = 2

16 C언어에서 입출력함수를 사용하려면 함수의 원형이 포함된 어떤 파일을 포함시켜야 하는가?

① stdio.h
② math.h
③ ctype.h
④ string.h

17 다음 중 함수를 사용하는 이유로 적절하지 않은 것은?

① 복잡한 문제를 단순한 부분으로 분해하여 모듈로 관리할 수 있다.
② 한 번 제작된 함수는 다른 프로그램을 제작할 때도 사용이 가능하다.
③ 한 번 만들어진 함수를 여러 번 호출하여 사용함으로써 코드의 중복을 막을 수 있다.
④ 한 번 제작된 함수는 다른 프로그램을 제작할 때 사용할 수 없어 독립성을 보장한다.

18 다음 중 수학 관련 함수가 아닌 것은?

① log(x)
② exp(x)
③ exit(0)
④ pow(x,n)

19 다음 중 반환값과 매개변수가 없는 함수의 원형 선언에 해당하는 것은?

① char user_func(void);
② void user_func(void);
③ int user_func(char a, int b);
④ void user_func(char a, int b);

20 유효범위에 따라 변수를 구분할 때 일반적으로 블록(함수) 내에서만 사용되는 변수는?

① 정적변수
② 자동변수
③ 지역변수
④ 전역변수

21 다음 코드의 출력결과로 옳은 것은?

```
1행    int array[5] = {0};
2행    array[4] = 1234;
3행    for (int i = 0; i <= 4; i++) {
4행        printf("%2d,", array[i]);
5행    }
```

① 1234
② 1,2,3,4
③ 0, 1234,
④ 0, 0, 0, 0,1234,

22 다음 중 배열의 구성요소로 옳지 않은 것은?

① 배열 변수
② 배열 크기
③ 배열의 주소
④ 배열 요소(원소)

23 다음 중 C언어에서 배열의 특징으로 옳지 않은 것은?

① 배열의 원소들은 메모리에 연속으로 저장되어 있다.
② 다차원 배열로 배열 안에 배열을 보관하여 처리할 수 있다.
③ 배열의 접근은 정수 또는 실수 인덱스를 사용하여 각 원소에 접근할 수 있다.
④ 배열의 크기는 정수로 표시하고, 정수 인덱스를 사용하여 각 원소에 접근할 수 있다.

24 다음 코드의 출력결과로 옳은 것은?

```
1행    int mat[3][4] = {10,11,12,13,
                       20,21,22,23,30,31,32,33};
2행    for (int x = 0; x < 4; x++) {
3행        for (int y = 0; y < 3; y++) {
4행            printf("%3d", mat[y][x]);
5행        } printf("\n");
6행    }
```

① 10 11 12 13   ② 10 20 30 11
  20 21 22 23   21 31 12 22
  30 31 32 33   32 13 23 33
③ 10 11 12   ④ 10 20 30
  13 20 21   11 21 31
  22 23 30   12 22 32
  31 32 33   13 23 33

25 다음에 정의되어 있는 함수가 호출된 후 결과를 반환하는 값의 유형은?

```
char user_func(int a, float b, long c);
```

① int
② char
③ float
④ long

26 다음 코드의 출력결과로 옳은 것은?

```
1행    char user_name[ ][20]
       = {"kim", "dong", "wook",
         "dwkim"};
2행    for (int i = 0; i < 3; i++)
3행      printf("%s", user_name[i]);
4행    printf("\n");
5행    puts(user_name[3]);
```

① kdw
  dwkim
② kimdongwook
  dwkim
③ kdwdwkim
④ kimdongwookdwkim

27 C언어의 포인터에 대한 설명으로 옳지 <u>않은</u> 것은?

① 포인터 변수에서 선언된 자료형은 포인터 변수 자신의 타입이다.
② 포인터 변수의 선언은 변수명 앞 또는 자료형 뒤에 *를 붙여서 일반변수와 구분한다.
③ 포인터 변수는 변수가 메모리에서 할당받은 기억공간의 주소를 값으로 갖는 특별한 변수이다.
④ 포인터가 변수를 가리키지 않을 경우 포인터 변수에는 0번지에 해당하는 NULL 값을 저장한다.

28 다음 코드의 출력결과를 참고할 경우, 'ptr + 2'로 옳은 것은? (단, 결과는 다음 그림과 같음)

```
1행    int a = 1;
2행    int *ptr = &a;
3행    printf("ptr_주소 ==> %d", ptr);
```

```
C:\WINDOWS\system32\cmd.ex
ptr_주소 ==> 1900260
```

① 1900268
② 1900264
③ 1900256
④ 1900276

29 다음 코드의 출력결과로 옳은 것은?

```
1행    int matrix[2][2] = {1, 2, 3, 4};
2행    int *ptr = matrix;
3행    printf("%d ", (*(ptr + 2) + 2));
```

① 3
② 4
③ 5
④ 6

30 다음 중 구조체 포인터의 멤버를 참조하는 방법으로 옳은 것은?

① 배열명[i].멤버명
② 포인터명 -> 멤버명
③ .포인터명 -> 멤버명
④ .포인터명* -> .멤버명

※ 다음 코드를 참고하여 물음에 답하시오.
[31 ~ 32]

```
1행   #include <stdio.h>
2행   struct coordinate {
3행       int x;
4행       int y;
5행       int z;
6행   };
7행   int main() {
8행       struct coordinate xyz[2] = {{1, 10, 100}, {2, 20, 200}};
9행       struct coordinate *ptr = xyz;
10행      for(int i = 0; i <= 1; i++)
11행          printf("%d %d %d \n", ptr[i].x, ptr[i].y, ptr[i].z);
12행  }
```

31 위 코드의 출력결과로 옳은 것은?

① 10 10 10 ② 1 1 1
   20 20 20   2 2 2

③ 100 100 100 ④ 1 10 100
   200 200 200   2 20 200

32 위 코드에서 10 ~ 12행을 구조체 포인터를 사용하여 올바르게 작성한 것은?

① 10행   for (int i = 0; i <= 1; i++) {
   11행   printf("%d %d %d \n", ptr -> x, ptr -> y, ptr -> z);
   12행   ptr++;
   13행   }

② 10행   for (int i = 0; i <= 1; i++) {
   11행   printf("%d %d %d \n", ptr[i] -> x, ptr[i] -> y, ptr[i] -> z);
   12행   }
   13행

③ 10행   for (int i = 0; i <= 1; i++) {
   11행   printf("%d %d %d \n", ptr[i] -> . x, ptr[i] -> . y, ptr[i] -> . z);
   12행   }
   13행

④ 10행   for (int i = 0; i <= 1; i++) {
   11행   printf("%d %d %d \n", *ptr -> x, *ptr -> y, *ptr -> z);
   12행   ptr++;
   13행   }

33 다음 코드에서 정의된 공용체 gong의 기억장소의 크기를 결정하는 멤버 변수와 크기는?

```
union gong {
  int a;
  short b;
  float c;
  double d;
};
```

멤버 변수	크기
① int a	4byte
② short b	2byte
③ float c	4byte
④ double d	8byte

34 다음 코드의 출력결과로 옳은 것은?

```
1행  #include <stdio.h>
2행  enum days {SUN = 7, MON =
     1, TUE, WED, THU, FRI, SAT
     = 6};
3행  int main() {
4행     printf("%d", MON + 2);
5행  }
```

① 2   ② 3
③ 8   ④ 9

35 다음 코드의 출력결과로 옳은 것은?

```
1행  int *ptr = (int *)malloc(100 *
     sizeof(int));
2행  printf("%d", sizeof(ptr));
```

① 4   ② 20
③ 200   ④ 400

36 하드디스크에서 메모리로 읽어 들일 파일의 위치 주소 및 버퍼링에 대한 추상화된 정보를 가지고 있는 포인터를 무엇이라고 하는가?

① 표준 입력
② 표준 출력
③ 파일 포인터
④ 표준 에러 출력

37 다음 중 이진 파일을 열 때 읽기 전용으로 사용되는 모드는?

① rb   ② ra
③ r+   ④ rw

38 파일 처리 함수에서 문자 단위로 파일에 쓰기를 할 때 사용되는 함수는?

① fgets()
② fputs()
③ fputc()
④ fgetc()

39 다음 중 파일의 임의 접근 함수에 해당하지 않는 것은?

① ftell()
② rewind()
③ fwrite()
④ fseek()

40 다음 코드의 출력결과로 옳은 것은?

```
1행   #include <stdio.h>
2행   int main() {
3행     FILE *fp;
4행     int S;
5행     fp = fopen("S.txt", "w");
6행     fputs("Final_Test", fp);
7행     fclose(fp);
8행     fp = fopen("S.txt", "r");
9행     fseek(fp, -1, 2);
10행    fprintf(stdout, "%c \n", fgetc
        (fp));
11행    fclose(fp);
12행    return 0;
13행  }
```

① T
② \0 (null 문자)
③ s
④ t

정답 및 해설 | C프로그래밍

최종 모의고사

01	02	03	04	05	06	07	08	09	10	11	12	13	14	15	16	17	18	19	20
②	④	④	③	③	②	②	④	①	②	②	②	③	④	②	②	①	④	③	②	③

21	22	23	24	25	26	27	28	29	30	31	32	33	34	35	36	37	38	39	40
④	③	③	④	②	②	①	①	③	②	④	①	④	②	①	③	①	③	③	④

01 정답 ②

어셈블러에 의해 기계어로 번역된 오브젝트 파일이 바로 실행 파일이 되는 것이 아니고, 링커 및 로더가 실행 파일을 생성하게 되며, 링커는 여러 파일을 합쳐서 하나의 프로그램으로 만드는 것을 의미한다. 링크(링킹)는 오브젝트 파일을 최종 사용 가능하게 변환하는 것을 의미한다.

02 정답 ④

C프로그램은 시스템 프로그램 및 응용 프로그램 개발에 모두 사용되며, 한 시스템에서 C프로그램을 이용하여 개발된 소프트웨어를 약간만 수정하면 다른 컴퓨터 시스템에서도 동일하게 실행할 수 있다.

03 정답 ④

C언어에서 주요 전처리기(선처리 지시자)는 다음과 같이 구분할 수 있다.

특정 파일 병합	#include
매크로 지원	#define
조건부 컴파일 지원	#if : 조건 처리 문장에서 조건이 참일 경우를 의미 #else : 조건 처리 문장에서 조건이 거짓일 경우를 의미 #endif : 조건 처리 문장 종료 #ifdef : 조건 처리 문장에서 매크로가 정의되어 있는 경우 #ifndef : 조건 처리 문장에서 매크로가 정의되어 있지 않은 경우

04 정답 ③

C언어에서 기본 자료형의 변형 연산자의 의미는 다음과 같다.

정수 자료형	의미	크기 (size)	유효(표현)범위
(signed) short (int)	작은 정수	2byte	$-2^{15}(-32768) \sim 2^{15}-1(32767)$
unsigned short (int)	부호 없는	2byte	$0 \sim 2^{16}-1(65535)$
(signed) int	정수	4byte	-2^{31}(약 -21억) $\sim 2^{31}-1$(약 21억)
unsigned (int)	부호 없는	4byte	$0 \sim 2^{32}-1$(약 42억)
(signed) long (int)	큰 정수	4byte	$-2^{31} \sim 2^{31}-1$
unsigned long (int)	부호 없는 큰 정수	4byte	$0 \sim 2^{32}-1$

05 정답 ③

C언어에서는 자주 사용하는 함수들을 미리 작성하여 두고, 미리 컴파일하여 라이브러리 파일 형태로 저장해서 함수 프로토타입을 포함하고 있는 헤더 파일을 프로그램 처음에 포함(#include)시켜 사용한다.

06 정답 ②

주어진 코드는 실수 123.4를 8자리 공간을 확보해서 출력하되, 소수점 이하 두 번째 자리까지만 출력하고, 왼쪽의 남는 공간은 0으로 채운다.

07 정답 ②

- (double)(15/2) : 정수형 상수 15/2의 결과인 7을 double형으로 강제 형 변환한다.
- (double)15/(double)2 : 각각의 정수형 상수를 double형으로 강제 형 변환한 후 연산한다.
- %.2lf는 실수를 출력하는 형식을 지정하며, 소수점 이하 2자리까지 long double형 또는 double형을 %lf로 출력할 수 있다.

08 정답 ④

① printf("a = %d\n", 16); ⇒ 정수형 상수 16 출력
② printf("b = %d\n", 2 << 3); ⇒ $2 \times 2^3 = 16$ 출력
③ printf("c = %d\n", 4 * 4); ⇒ $4 \times 4 = 16$ 출력
④ printf("d = %d\n", 2 >> 3); ⇒ $2 \div 2^3 = 0.25$가 되어 정수형 0 출력

09 정답 ①

- 2, 4, 6행 : 상수 1을 d에서 c, b, a 순서대로 대입하고 저장한다.
- 3행 : 전위형 증가 a = 2 출력
- 5행 : 후위형 증가 b = 1 출력
- 7행 : 후위형 감소 c = 1 출력
- 8행 : 정수형 변수 d에 저장된 값 1을 출력

10 정답 ②

- 2행 : while문의 조건이 거짓이 될 때까지 반복하므로, 5번 반복한다.
- 6행 : while문을 탈출하여 변수 i에 저장된 값을 출력한다. 즉, 조건식이 거짓이 되면 변수 i값을 알 수 있다.

11 정답 ②

다중 for문으로 첫 번째 반복은 *를 6줄로 출력하게 하고, 두 번째 반복은 star 변수 값의 변환에 따라 *의 개수를 출력한다.

12 정답 ③

주어진 코드의 순서도는 다음과 같다.

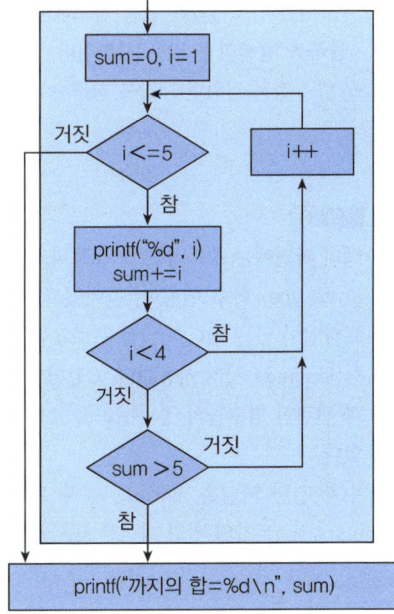

- 5행 : 변수 i값이 3이 될 때까지 2행으로 진행한다.
- 6행 : sum값이 5를 초과할 때 for문을 탈출한다.

13 정답 ④

일반적으로 단순 if문의 순서도로, 조건식에 따라 조건식에 종속된 문장만 실행한다. 두 문장 중 하나를 선택하여 처리하는 if ~ else문과 구분된다.

14 정답 ②

5행의 조건식이 참이면 goto의 지정된 레이블로 이동하여 실행한다. 즉, 5행의 조건이 참이면 for문을 탈출할 수 있다.

15 정답 ②

- 1행 : 정적 전역변수를 지정하고 초기화한다.
- 4행 : 정적 전역변수 값을 참조하여 출력한다.
- 5 ~ 6행 : 각각의 블록({}) 내에 선언된 지역변수 선언과 초기화된 값을 참조하여 출력한다. 블록을 탈출하면 값은 사라진다.
- 7행 : 정적 전역변수 값을 참조하여 출력한다.

16 정답 ①

헤더 파일에는 주로 함수 프로토타입(Function prototype, 함수 원형)이 들어있고, 함수 프로토타입이 있는 헤더 파일을 프로그램 처음에 포함(#include)시켜 사용한다. C언어에서 입출력과 관련한 함수들의 정의는 stdio.h에 포함되어 있다.
수학 관련 파일은 math.h, 문자 관련 파일은 ctype.h, 문자열 관련 파일은 string.h에 있다.

17 정답 ④

한 번 제작된 함수는 다른 프로그램을 작성할 때도 사용이 가능하며, 소스 코드를 그대로 옮기기만 하면 사용할 수 있다.

18 정답 ③

exit(인수) 함수는 프로그램을 종료할 때 사용한다(인수는 0과 1을 사용). exit(0)은 정상적인 종료, exit(1)은 비정상적인 종료를 할 때 사용한다. 수학 관련 함수의 종류는 다음과 같다.

함수 호출의 예	수학 수식	의미
pow(x,n)	x^n	거듭제곱
sqrt(2*x+a)	$\sqrt{2x+a}$	제곱근
log(x)	$\ln x$	자연로그
log10(abs(2*x))	$\log_{10}|2x|$	사용로그
abs(-2)	$|-2|$	절대치 (결과는 정수형)
fabs(-1.2)	$|-1.2|$	절대치 (결과는 실수형)
exp(x)	e^x	자연상수 e의 거듭제곱
ceil(x)	$\lceil x \rceil$	실수 x와 같거나 x보다 큰 정수 중 가장 작은 정수
floor(x)	$\lfloor x \rfloor$	실수 x와 같거나 x보다 작은 정수 중 가장 큰 정수
sin(2*3.14159)	$\sin(360°)$	사인 값 (인수는 각도가 아니라 라디안 단위)
cos(3.14159)	$\cos(180°)$	코사인 값 (인수는 각도가 아니라 라디안 단위)
tan(3.14159/4)	$\tan(45°)$	탄젠트 값 (인수는 각도가 아니라 라디안 단위)

19 정답 ②

void user_func(void);는 반환값과 매개변수가 모두 없는 함수의 원형 선언이다.
① 반환값은 있고 매개변수가 없는 함수의 원형 선언이다.
③ 반환값과 매개변수가 모두 있는 함수의 원형 선언이다.
④ 반환값은 없고, 매개변수는 있는 함수의 원형 선언이다.

20 정답 ③

변수를 유효범위에 따라 구분하면 범위가 전체 프로그램인 것은 전역변수이고, 블록(함수) 내에서만 정의되어 사용되는 것은 지역변수이다.

21 정답 ④

- 1행 : 배열의 크기를 선언하고, 배열 원소들을 0으로 초기화한다.
- 2행 : 배열 4번째 원소에 1234를 대입한다. 즉, 배열 첨자가 4란 0번째 배열 첨자로부터 4번째 배열원소를 의미한다.
- 3~4행 : for문을 사용하여 배열의 원소값들을 참조하여 출력한다.

22 정답 ③

배열의 구성은 다음과 같다.
- 배열 변수(array variable) : 배열 전체 이름을 갖는 변수처럼 활용한다.
- 배열 요소(array element) : 배열의 각 성분 원소들이다.
- 배열 크기(array size) : 배열 요소의 개수이다.
- 배열 인수/키/인덱스/첨자(array index) : 특정 요소를 참조하는 수단(상대적 위치)이고, 정수를 사용하며, 0부터 시작한다.

23 정답 ③

배열의 인덱스는 0부터 시작하고, '배열의 크기(size)-1'까지 표시한다. 배열의 원소에 접근할 때는 정수 인덱스를 사용한다.

24 정답 ④

- 1행 : mat 배열은 3행 4열로, 크기가 12개이고, 원소가 초기화되었다.
- 2~3행 : x는 0~3까지 4번 반복되고, y는 0~2까지 3번 반복된다.
- 4행 : 배열의 원소 값을 참조한다. 배열의 행과 열에 채워진 원소들을 열과 행으로 변환하여 출력한다.

25 정답 ②

사용자 정의 함수의 매개변수 인수(전달받는 자료형)는 각기 다른 자료형을 갖고 있으며, 결괏값을 반환하는 값은 사용자 정의 함수 선언 앞에 char형으로 정의되어 있으므로 리턴값은 char형이어야 한다.

26 정답 ②

2차원 배열을 초기화할 때 열의 개수를 지정하면 행의 개수는 생략이 가능하다. 원소의 자료를 참고하면 4행 20열로, 80byte가 메모리에 할당된다. 2차원 배열의 각 행의 첫 번째는 user_name[0][0], user_name[1][0], user_name[2][0], user_name[3][0]로 나타내며, user_name[0], user_name[1], user_name[2], user_name[3]으로도 표시할 수 있다.

27 정답 ①
포인터 변수의 자료형은 포인터 변수가 가리키게 될 변수의 타입으로 결정된다.

28 정답 ①
포인터 변수가 int형 자료를 가리키고 있고, '메모리 + 2'는 '4byte × 2'가 되므로, 메모리상으로는 8byte를 가리키게 된다.

29 정답 ③
포인터 변수 ptr은 배열 matrix의 첫 번째 원소를 가리킨다. 따라서 *(ptr + 0)과 matrix[0][0]는 같은 값을 갖는다. *(ptr + 1) = 2, *(ptr + 2) = 3, *(ptr + 3) = 4가 된다. 그러므로 (*(ptr + 2) + 2) = 3 + 2 = 5가 된다.

30 정답 ②
구조체 포인터에서 멤버의 참조는 포인터명 -> 멤버명으로 표시한다.

31 정답 ④
- 1~6행 : 구조체의 선언 및 멤버 변수들을 정의한다.
- 8행 : 구조체 배열 xyz에 각 멤버를 초기화한다.
- 9행 : ptr이 배열의 첫 번째 주소를 가리킨다.
- 10행 : 구조체 배열의 원소를 참조하기 위해 반복을 2번 한다.
- 11행 : 구조체 배열의 멤버를 참조하는 방법으로 참조하여 출력한다.

32 정답 ①
- 11행 : 구조체 포인터의 멤버를 참조하는 방법은 포인터변수명 -> 멤버명이다.
- 12행 : 포인터 배열의 주소를 하나 증가시킨다.

33 정답 ④
공용체는 같은 메모리에 영역에 여러 개의 변수들이 공유되어 사용되므로, 가장 큰 멤버의 크기만큼 메모리가 할당된다. 다음 코드를 통해 공용체의 할당된 메모리의 크기를 알 수 있다.

```
union gong {
   int a;
   short b;
   float c;
   double d;
};
int main() {
   printf("%d", sizeof(union gong));
}
```

34 정답 ②
34번 문제에 제시된 코드와 같이 열거형 days는 필요한 경우에 사용자가 모든 식별자들의 값을 지정할 수도 있다.
- 2행 : SUN = 7, MON = 1, TUE = 2, SAT = 6이 된다.
- 4행 : MON + 2 = 1 + 2가 된다.

35 정답 ①
- 1행 : 100개의 정수 크기의 메모리를 할당하고, 포인터 변수는 할당된 주소를 가리킨다.
- 2행 : 메모리에서 포인터 변수의 크기는 4byte가 할당된다. 1행의 400byte 값이 출력되는 것은 아니다.

36 정답 ③

파일 포인터는 파일 스트림을 가리키는 포인터로서, 파일 스트림이라고도 한다.
- 표준 입력(stdin) : getchar(), gets(), scanf() 등이 키보드로 데이터를 읽게 되는 파일이다.
- 표준 출력(stdout) : putchar(), puts(), printf() 등이 디스플레이로 데이터를 쓰게 되는 파일이다.
- 표준 에러 출력(stderr) : 에러 발생 시 디스플레이로 출력되는 파일이다.

37 정답 ①

다음 표는 파일 참조 모드이고, 이진 파일 형태로 사용되는 모드는 모드 사용 시 'b'가 추가되어야 한다. rb, wb, ab, rb+, wb+, ab+ 등이 있다.

모드	용도	모드	용도	주의사항
r	읽기 전용	r+	읽기/쓰기	"파일명"의 파일이 없다면 오류로 NULL을 반환한다.
w	쓰기 전용	w+	읽기/쓰기	• 파일의 원래 내용을 모두 지운 후 처음부터 쓴다. • "파일명"의 파일이 없다면 새로 만든다.
a	추가 전용	a+	읽기/쓰기	• 파일의 내용 끝에 데이터를 추가(append)한다. • "파일명"의 파일이 없다면 새로 만든다.

38 정답 ③

문자 단위 파일 입출력 함수에는 fputc()와 fgetc()가 있고, 문자열 단위 파일 입출력 함수에는 fputs()와 fgets()가 있다.

39 정답 ③

fwrite() : 이진 파일에 쓰기를 할 때 사용하는 함수이다.
① ftell() : 파일 포인터 변수에 연결된 파일에서 다음 읽기/쓰기를 시작할 위치를 반환한다.
② rewind() : 파일 포인터에 연결된 파일의 다음 읽기/쓰기 위치를 파일의 시작 지점으로 이동한다.
④ fseek() : 파일 포인터 변수에 연결된 파일의 파일 위치 지시자가 기준점으로부터 오프셋만큼 떨어진 곳을 가리키게 한다.

40 정답 ④

- 3~7행 : 파일 포인터 선언과 쓰기모드 파일의 이름 정의 및 파일의 내용을 출력하고, 파일을 닫는다.
- 9행 : 파일을 열어 파일 내용의 끝 지점에서 1byte 이전으로 이동한다(문자열의 끝은 널문자가 있으므로, 끝 지점에서 1byte 이전으로 이동하면 't'가 된다).
- 10행 : 9행에서 참조된 값을 표준 출력하며, 모니터로 출력한다.

우리 인생의 가장 큰 영광은 결코 넘어지지 않는 데 있는 것이 아니라
넘어질 때마다 일어서는 데 있다.

– 넬슨 만델라 –

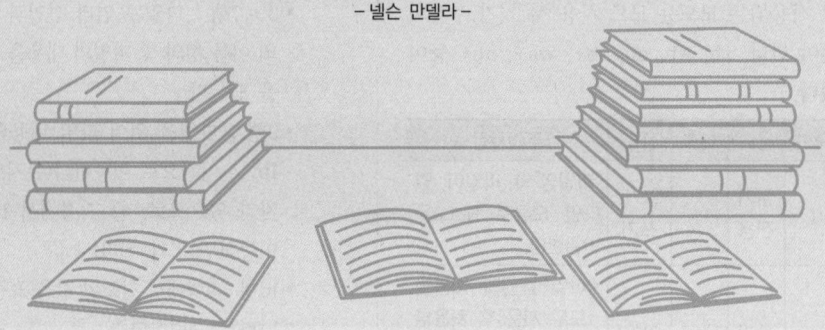

벼락치기

Ⅲ. 자료구조

- 시험장에 가져가는 핵심요약집
- 기출동형 최종모의고사
- 최종모의고사 정답 및 해설

얼마나 많은 사람들이 책 한 권을 읽음으로써 인생에 새로운 전기를 맞이했던가.

– 헨리 데이비드 소로 –

Ⅲ. 자료구조
시험장에 가져가는 핵심요약집

제1장 기본 개념

제1절 자료구조와 알고리즘

1 자료

단순한 관찰이나 측정을 통해 수집된 사실이나 어떤 값

2 정보

자료들을 특정 목적을 위하여 가공 및 처리하여 실제 문제에 도움이 되는 유용한 형태로 변환한 것

3 자료구조

① 자료를 효율적으로 사용하기 위해서 자료의 특성에 따라서 분류하여 구성하고 저장 및 처리하는 모든 작업
② 자료의 사용 방법이나 성격에 따라 효율적으로 사용하기 위하여 조직하고 저장하는 방법
③ 알고리즘을 구성하는 일종의 부품
④ 자료가 얼마나 잘 구조화되어 있느냐에 따라 프로그램의 속도, 개발 시간, 유지 보수의 비용이 달라짐
⑤ 프로그램 = 자료구조 + 알고리즘
⑥ 동일한 알고리즘이라도 자료구조가 달라지면 전혀 다른 프로그램이 될 수 있기 때문에 자료에 알맞은 자료구조를 만드는 것이 매우 중요

4 자료의 형태에 따른 분류

(1) 단순 구조

정수, 실수, 문자, 문자열

(2) 선형 구조

① 데이터를 저장할 때 연속적인 기억 공간에 배정하는 자료구조
② 자료들 간의 앞뒤 관계가 일대일의 선형 관계임
③ 리스트, 연결 리스트, 스택, 큐, 데크

(3) 비선형 구조
① 비순차적인 성질을 지닌 자료들을 표현하는 데 적합한 구조
② 자료 간의 앞뒤 관계가 일대다 또는 다대다의 관계
③ 트리, 그래프

(4) 파일 구조
① 파일에서 자료 처리를 쉽게 하기 위하여 사용되는 자료구조
② 순차 파일, 색인 파일, 직접 파일

5 자료구조를 선택할 때 고려해야 하는 요인

① 포함된 데이터의 양
② 데이터를 사용하는 방법과 횟수
③ 데이터의 정적 혹은 동적인 특성
④ 자료구조에 의해 요구되는 기억장치의 양
⑤ 하나의 데이터를 수정하는 데 걸리는 시간, 프로그래밍의 복잡도

6 자료의 단위와 종류

① **비트(bit)** : 정보 표현의 최소 단위로 2진수 0 또는 1을 나타냄
② **니블(nibble)** : 4개의 Bit로 구성되며 16(=2^4)개의 정보를 표현할 수 있음
③ **바이트(byte)** : 8개의 Bit를 모아 바이트라고 하며 하나의 문자를 표현하는 기본 단위
④ **문자(character)** : 컴퓨터가 기억하거나 처리하는 기호, 숫자, 영문자, 한글 등이며 컴퓨터 내부에서의 단어 구성 요소가 되기도 함
⑤ **단어(word)** : 바이트의 모임으로 컴퓨터 내부의 명령 처리 단위
⑥ **필드(field)** : 파일을 구성하는 최소 단위로 항목(item)이라고도 하며 레코드를 구성하는 논리적 자료 단위
⑦ **레코드(record)** : 레코드는 하나 이상의 필드들이 모여서 구성된 자료 처리 단위
⑧ **파일(file)** : 파일은 여러 개의 레코드가 모여 구성되며 디스크의 저장 단위로 사용

7 알고리즘

① 주어진 문제를 해결하기 위한 문제 해결 과정을 묘사하는 것으로 절차와 방법, 명령 등을 명확하게 기술해 놓은 것
② 프로그램 내부에서 프로그램이 만들어진 목적대로 작업을 수행하도록 하는 것
③ 어떤 입력에 대해 계산을 수행하여 결과를 생성하는 역할
④ 여러 알고리즘 중 가장 효율적이고 효과적인 알고리즘을 선택하는 것이 중요

8 알고리즘의 요구조건

① **입력** : 외부에서 제공되는 0개 이상의 입력 데이터가 존재해야 함
② **출력** : 입력값으로부터 적어도 하나 이상의 결과가 출력되어야 함
③ **명확성** : 기술된 명령들이 애매모호하지 않고 명확해야 함
④ **유한성** : 제한된 수의 명령 단계를 거친 후에는 반드시 종료해야 함
⑤ **유효성** : 모든 명령들은 실행 가능해야 함

9 알고리즘의 기술 방법

(1) 자연어
① 사람이 사용하는 문장으로 설명하여 쉽고 편리하게 알고리즘을 작성할 수 있으나 알고리즘이 매우 길어질 수도 있고 의미가 애매할 수도 있음
② 명령어로 쓰이는 단어들을 명백하게 해야만 알고리즘이 될 수 있음
③ 복잡한 알고리즘을 기술하는 데는 적절하지 않음

(2) 순서도
① 알고리즘의 논리적인 흐름이나 연결 관계 등을 쉽게 파악하기 위해 다양한 도형으로 표현하는 방법
② 문제를 해결하는 데 필요한 작업들을 도형들의 관계로 표현하는 방법
③ 도형들의 관계가 작업의 논리적인 흐름을 나타냄

(3) 의사코드
① 프로그램 코드는 아니지만 프로그램 코드와 유사한 형식을 갖는 코드이며 알고리즘을 표현할 때 흔히 사용됨
② 일반적인 언어로 코드를 흉내 내어 알고리즘을 써놓은 것
③ 자연어보다 더 체계적이지만 프로그래밍 언어보다는 덜 엄격한 언어
④ 가장 선호되는 표기법
⑤ 일반적으로 C언어 형식으로 작성

제2절 자료 추상화

1 추상화

① 불필요한 부분을 삭제하거나 중요한 특징을 찾아낸 후 간단하게 표현하는 것으로 요소들의 공통 부분을 별도로 만들어서 사용하는 것
② 크고 복잡한 문제를 단순화시켜 쉽게 해결하기 위한 방법

2 추상 자료형

① 자료형의 일반화로 정의
② 데이터가 무엇이고 무슨 기능을 수행하는가만을 정의
③ 데이터 구조 및 연산의 구현 방법은 불포함(이유: 프로그램 언어마다 구현 방법이 다름)
④ 객체와 연산을 정의

제3절 SPARKS

1 개념

SPARKS(Structured Programming : A Reasonably Komplete Set)는 알고리즘을 기술하는 데 사용되는 언어의 일종

2 선언문

① 프로그램의 일반적인 특성과 그 프로그램을 다루는 데이터의 특성을 지정하는 비실행문
② 자료형을 사용하여 여러 가지 형태의 변수를 선언

3 지정문

상수나 변수 또는 연산식의 결과를 변수에 지정하는 문장

> 변수 ← 값

4 조건문

① 주어진 조건이 참 또는 거짓에 따라 서로 다른 명령을 처리하도록 하는 프로그램 명령문
② 조건문으로는 if 문이 있으며, if 문은 주어진 조건이 참이냐 거짓이냐에 따라 다른 명령을 처리하도록 만든 수행문으로 대체로 참일 때만 명령을 실행하는 형태와 참과 거짓일 때 서로 다른 명령을 실행하는 형태가 있음

```
if (조건식) then
    명령문1;
else
    명령문2;
```

5 CASE 문

① 여러 조건식 중에서 해당 조건을 찾아서 그에 대한 명령문을 수행하는 문장
② 중첩 if 문으로도 표현이 가능하나 중첩 if 문보다 구문을 깔끔하게 표현 가능

```
case {
    조건식1 : 명령문1;
    조건식2 : 명령문2;
    ...
    조건식n : 명령문n;
    else : 명령문n+1;
}
```

6 반복문

① 같은 명령을 반복하는 것을 지정하는 제어 구조
② 프로그래밍 언어에서 반복 구조를 작성할 수 있도록 만든 명령문
③ 반복 횟수를 지정하는 형태와 반복 조건을 제시하는 형태가 있음
④ for 문, while 문
  ㉠ for 문
    - 가장 많이 사용하며 초깃값, 조건식, 증감값 등의 세 부분으로 구성
    - 초깃값은 반복문을 시작하는 시작값이고 한번 수행할 때마다 증감값에 따라 증가 또는 감소하면서 조건식을 검사하여 참이면 명령문을 반복 수행함

```
for (초깃값; 조건식; 증감값)
    명령문;
```

  ㉡ while 문
    - 조건식이 참인 동안 명령문을 반복 수행
    - 먼저 조건식을 비교하여 참이면 해당 명령문을 수행하고 거짓이면 while 문을 벗어남

```
while (조건식)
    명령문;
```

7 Procedure 문

① 특정 동작이나 연산을 위한 명령들을 별도로 마련하고 필요할 때마다 호출하여 사용
② 일련의 반복적인 명령을 수행하는 블록을 별도의 블록으로 표현한 것

③ 전체 프로그램 중 같은 작업을 프로시저로 작성하면 프로그램 크기가 줄어들고 수정이나 관리도 쉽고 재사용 가능
④ 서브루틴이나 함수가 될 수도 있음

```
procedure NAME(parameter list)
  명령문
end
```

8 프로시저 간의 자료 전달 방법

(1) call by value

실 매개변수 값 자체를 서브 프로시저의 형식 매개변수에 전달하는 방법

(2) call by reference

실 매개변수 값이 저장된 기억 장소를 가리키는 포인터나 실제 주소를 형식 매개변수에 전달하는 방법

(3) call by name

형식 매개변수의 이름이 사용될 때마다 그에 대응되는 실 매개변수의 이름으로 대치하는 방식

9 입출력문

① 입출력에 관련 동작을 하는 문장
② read 문은 데이터 값을 입력받을 때 사용하고 print 문은 변수의 내용이나 계산 결과를 출력할 때 사용

```
read(argument list)
print(argument list)
```

10 기타 명령과 규칙

(1) 주석

① 프로그램에 영향을 주지 않으며 소스 코드의 기능이나 동작의 설명을 위해 사용되는 문장
② 2개의 슬래쉬(//)를 사용하거나 여러 문장으로 작성할 때는 /*와 */ 사이에 작성

(2) stop 문

현재 진행 중인 프로그램을 중단하는 구문

(3) SPARKS 언어의 사용 규칙
① 변수를 사용할 때는 변수의 의미를 알 수 있게 정의해야 함
② 입출력 변수는 명확히 명세해야 하며 알고리즘의 제어 흐름은 되도록 순차적으로 표현함
③ 들여쓰기를 사용
④ 주석은 짧으면서 의미는 명확히 기술해야 함

제4절 순환 알고리즘

1 순환

① 정의하려는 개념 자체를 정의 속에 포함하여 사용하는 방법
② 어떤 문제 안에 크기만 다를 뿐 성격이 똑같은 작은 형태의 문제들이 포함되어 있는 것
③ 문제 내에 문제 자체의 작은 형태가 또 존재하는 형태로 자기 자신을 다시 호출하여 문제를 해결하는 기법
④ 분할 정복의 특성을 가진 문제에 적합
⑤ 직접 순환과 간접 순환이 있으며 직접 순환은 함수가 직접 자신을 호출하는 것
⑥ 간접 순환은 다른 제3의 함수를 호출하고 그 함수가 다시 자신을 호출하는 방법
⑦ **순환의 예**: 팩토리얼, 피보나치, 수열의 점화식, 이항 계수, 하노이의 탑, 병합 정렬 등

제5절 성능 분석

(1) 하나의 문제를 해결하는 알고리즘은 여러 개 존재할 수 있음

(2) 효율적인 알고리즘이란 전체 실행 시간이 짧으면서 메모리와 같은 컴퓨터의 자원들을 적게 사용하는 알고리즘

(3) 알고리즘의 복잡도에는 시간 복잡도와 공간 복잡도가 있음
① **시간 복잡도**
㉠ 알고리즘을 실행시켜 완료하는 데까지 걸리는 시간
㉡ 알고리즘을 이루고 있는 연산들이 몇 번이나 실행되는지를 숫자로 표시

> [연산 횟수를 시간 복잡도로 계산할 경우의 장점]
> ① 실행이 필요하지 않음(즉, 코딩이 필요없음)
> ② 하드웨어, 소프트웨어가 필요하지 않음(의사 코드로 충분히 계산 가능함)
> ③ 모든 플랫폼에서 동일한 결과를 산출함

② 공간 복잡도
  ㉠ 어떤 알고리즘이 수행될 때 필요한 메모리 공간(고정 공간과 가변 공간 모두 포함)
  ㉡ 알고리즘을 실행시켜 완료하는 데까지 소요되는 총 저장 공간

> 공간 복잡도 = 고정 공간 + 가변 공간

(4) 연산 시간 표기법

① 빅-오(Big-O) 표기법
알고리즘 수행 시간의 점근적 상한선을 의미

> $f(n)$과 $g(n)$이 주어졌을 때 모든 $n \geq n_0$에 대하여 $f(n) \leq cg(n)$을 만족하는 상수 c와 n_0가 존재하면 $f(n) = O(g(n))$이다.

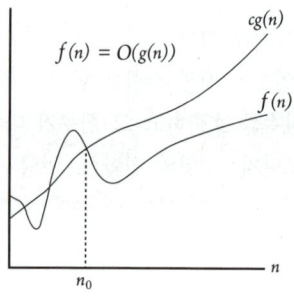

> [연산 시간의 크기 순서]
> $O(1) < O(\log n) < O(n) < O(n \log n) < O(n^2) < O(n^3) < O(2^n) < O(n!)$

② 빅-오메가(Big-Ω) 표기법
알고리즘 수행 시간의 하한을 의미

> $f(n)$과 $g(n)$이 주어졌을 때 모든 $n \geq n_0$에 대하여 $f(n) \geq cg(n)$을 만족하는 상수 c와 n_0가 존재하면 $f(n) = \Omega(g(n))$

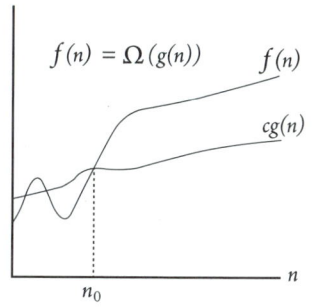

③ **빅-세타(Big-Θ) 표기법**
점근적 상한선과 점근적 하한선의 교집합

> f(n)과 g(n)이 주어졌을 때 모든 $n \geq n_0$에 대하여 $c_1 g(n) \leq f(n) \leq c_2 g(n)$을 만족하는 상수 c_1, c_2와 n_0가 존재하면 $f(n) = \Theta(g(n))$

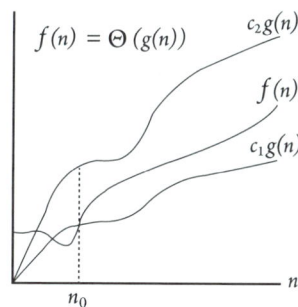

(5) 실용적인 복잡도

① **최선의 경우** : 실행 시간이 가장 적은 경우
② **평균적인 경우** : 알고리즘의 모든 입력을 고려하고 평균적인 실행 시간을 의미
③ **최악의 경우** : 알고리즘의 실행 시간이 가장 오래 걸리는 경우

제2장 배열

제1절 개요

1 배열

① 프로그램에서 한꺼번에 많은 자료를 표현해야 하는 경우 사용
② 여러 개의 동일한 자료형의 데이터를 한꺼번에 만들 때 사용
③ 배열은 연속적인 기억 공간에 배정함
④ 같은 자료형의 변수를 여러 개 만드는 경우에 사용
⑤ 배열의 원소를 구별하기 위해 사용하는 번호를 인덱스(index)라고 함
⑥ 구성 형태에 따라 1차원 배열, 2차원 배열, 3차원 배열, … 등

2 1차원 배열

① 가장 단순한 배열의 형태
② 배열 이름에 인덱스를 사용하여 배열 안에서 그 원소의 상대적인 위치를 나타냄

> 자료형 배열이름[배열의 개수];

예) int A[6];

3 2차원 배열

① 2개의 1차원 배열로 구성되며 첨자는 2개 사용
② 2차원 배열에서 가로 줄을 행, 세로 줄을 열이라고함
③ 2개의 첨자인 행과 열을 이용하여 각각의 원소를 나타냄

> 자료형 배열이름[행의 개수][열의 개수];

예) int A[4][3];

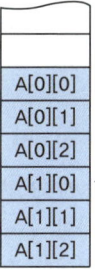

A[0][0]	A[0][1]	A[0][2]
A[1][0]	A[1][1]	A[1][2]
A[2][0]	A[2][1]	A[2][2]
A[3][0]	A[3][1]	A[3][2]

[2차원 배열]   [실제 메모리 안에서의 위치]

4 3차원 배열

① n개의 2차원 배열로 구성
② 면, 행, 열 3개의 첨자를 이용하여 각각의 원소를 대응
③ 3차원 배열을 선언하려면 2차원 배열 선언 형식에서 차수만큼 대괄호([ ])를 추가하고 그 안에 면의 개수를 지정함

> 자료형 배열이름[면의 개수][행의 개수][열의 개수];

예 int A[2][3][4];

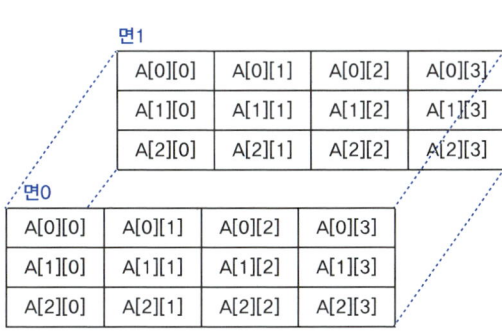

논리적 구조   물리적 구조

제2절 순서 리스트

1 리스트

① 관련된 자료들이 일정한 순서를 이루어 나열되어 있는 구조
② 리스트의 각 원소에 순서대로 번호를 붙일 수도 있으며 이 번호를 사용해서 임의의 원소를 찾을 수 있는 연산을 추가할 수도 있기 때문에 배열을 리스트의 일종으로 볼 수도 있음
③ 필요에 따라 확장이나 축소가 가능하며 어느 위치에서나 원소를 삽입하거나 삭제 가능
④ 리스트 구조는 컴퓨터 내에서 배열이나 연결 리스트로 표현 가능

2 표현 방법

① 순서 리스트는 매우 간단하고 일반적인 자료구조
② 리스트의 원소들이 연속적으로 기억 장치의 저장 공간에 있다는 것을 의미함
③ 순서 리스트에서 원소를 나열한 순서는 원소들의 순서가 됨
④ 순서 리스트는 원소들의 논리적 순서와 같은 순서로 메모리에 저장됨
⑤ 리스트의 표현 형식

> 리스트이름 = (원소1, 원소2, …, 원소n)

⑥ 공백 리스트는 원소가 하나도 없는 리스트이며 빈 괄호를 사용하여 표현

> 공백 리스트이름 = ( )

⑦ 순서 리스트는 인덱스를 사용하여 주소를 계산 가능하므로 특정 원소를 쉽게 액세스 가능
⑧ 원소의 삽입, 삭제 시 원소들을 뒤로 밀거나 앞으로 당겨서 연속 저장 순서를 유지해야 하므로 오버헤드가 발생
⑨ 삽입, 삭제 연산이 많이 필요한 문제에서는 순서 리스트가 비효율적
⑩ 연결 리스트로 구현하면 삽입, 삭제 연산이 효율적

제3절 배열의 표현

1 다차원 배열의 행우선과 열우선

다차원 배열 저장 기법은 행우선(row major) 방식과 열우선(column major) 방식이 있음

(1) 행우선 방식
① 배열의 원소들이 물리적 저장 장치에 저장될 때 1행, 2행, 3행, … 순으로 즉, 행의 순서대로 저장되는 방식
② 2차원 배열의 첫 번째 인덱스인 행 번호를 기준으로 하는 방법

(2) 열우선 방식
① 배열의 원소들이 1열, 2열, 3열, … 순으로 즉, 열의 순서대로 저장되는 방식
② 2차원 배열의 마지막 인덱스인 열 번호를 기준으로 하는 방법

(3) 2차원 배열 A[m][n]의 시작 주소가 α, 각 데이터가 k byte인 경우
① A[i][j]의 행 우선 주소는 $\alpha + (i \times n + j) \times k$
② 열 우선 주소는 $\alpha + (j \times m + i) \times k$

제4절 희소 행렬

1 행렬

① 여러 개의 숫자를 가로와 세로의 직사각형 모양으로 배열한 것
② m개의 행과 n개의 열로 이루어진 행렬을 m×n 행렬이라 함
③ 물리학에서는 전기 회로, 광학, 양자 역학 등에서 쓰이고 컴퓨터 그래픽스에서는 3차원 이미지를 2차원 평면에 투영하거나 사실적인 움직임을 그려내기 위해서 사용

예 행렬의 표현

$$A = \begin{bmatrix} a_{11} & a_{12} & \cdots & a_{1n} \\ a_{21} & a_{22} & \cdots & a_{2n} \\ & & \cdots & \\ a_{m1} & a_{m2} & \cdots & a_{mn} \end{bmatrix}$$

2 희소 행렬

① 행렬 안의 많은 항들이 0으로 되어 있는 행렬
② 큰 희소 행렬인 경우에는 메모리 낭비가 심해짐
③ 희소 행렬의 원소 전부를 기억 장소에 저장하는 것은 필요하지 않은 데이터인 0을 많이 저장해야 하므로 낭비가 됨

(a) 3×4 행렬 A와 배열 A[3][4]

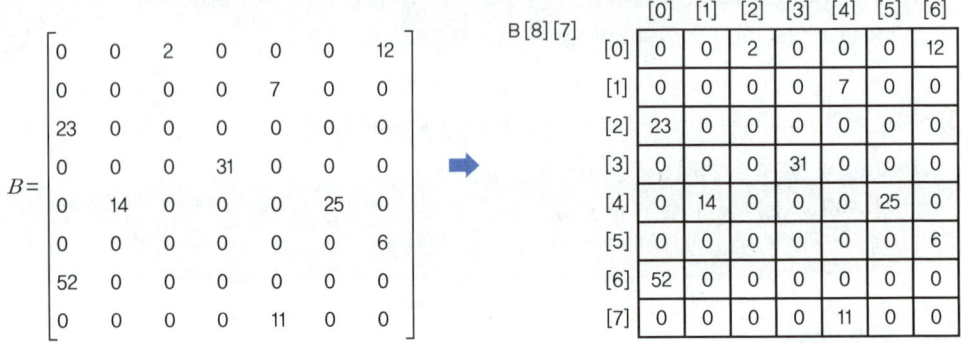

(b) 8×7 행렬 B와 배열 B[8][7]

④ 희소 행렬 배열에서 0이 아닌 원소만을 저장하게 되면 낭비되는 기억 장소를 줄일 수 있음
⑤ 0이 아닌 각 원소만을 〈행, 열, 값〉 쌍으로 배열에 저장

예 희소 행렬에 대한 2차원 배열 표현

B[8][7]	[0]	[1]	[2]	[3]	[4]	[5]	[6]	
[0]	0	0	2	0	0	0	12	〈0, 2, 2〉
[1]	0	0	0	0	7	0	0	〈0, 6, 12〉
[2]	23	0	0	0	0	0	0	〈1, 4, 7〉
[3]	0	0	0	31	0	0	0	〈2, 0, 23〉
[4]	0	14	0	0	0	25	0	〈3, 3, 31〉
[5]	0	0	0	0	0	0	6	〈4, 1, 14〉
[6]	52	0	0	0	0	0	0	〈4, 5, 25〉
[7]	0	0	0	0	11	0	0	〈5, 6, 6〉
								〈6, 0, 52〉
								〈7, 4, 11〉

	[0]	[1]	[2]
[0]	8	7	10
[1]	0	2	2
[2]	0	6	12
[3]	1	4	7
[4]	2	0	23
[5]	3	3	31
[6]	4	1	14
[7]	4	5	25
[8]	5	6	6
[9]	6	0	52
[10]	7	4	11

⟨0, 2, 2⟩
⟨0, 6, 12⟩
⟨1, 4, 7⟩
⟨2, 0, 23⟩
⟨3, 3, 31⟩
⟨4, 1, 14⟩
⟨4, 5, 25⟩
⟨5, 6, 6⟩
⟨6, 0, 52⟩
⟨7, 4, 11⟩

[배열에 의한 희소 행렬의 표현]

3 전치 행렬

① 행렬의 행과 열을 서로 교환하여 구성한 행렬
② 임의의 행렬 A, B의 모든 i, j에 대하여 $b_{ij} = a_{ji}$이면 B는 A의 전치 행렬
③ m×n 행렬을 n×m 행렬로 변환한 행렬 A^T는 행렬 A의 전치 행렬

$$A = \begin{bmatrix} a_{11} & a_{12} & \cdots & a_{1n} \\ a_{21} & a_{22} & \cdots & a_{2n} \\ \vdots & \vdots & \vdots & \vdots \\ a_{m1} & a_{m2} & \cdots & a_{mn} \end{bmatrix} \quad A^T = \begin{bmatrix} a_{11} & a_{21} & \cdots & a_{m1} \\ a_{12} & a_{22} & \cdots & a_{m2} \\ \vdots & \vdots & \vdots & \vdots \\ a_{1n} & a_{2n} & \cdots & a_{mn} \end{bmatrix}$$

제3장 스택과 큐

제1절 스택

1 스택

(1) 접시를 차곡 차곡 쌓아 올리듯이 자료를 하나씩 쌓아 올린 형태
(2) 가장 먼저 입력된 데이터가 맨 아래에 놓이고 그다음 입력되는 데이터가 그 위에 쌓이는 구조
(3) 후입선출(LIFO : Last-In First-Out) 구조
(4) 스택에서 입출력이 이루어지는 부분을 스택 상단(top)이라고 하고 반대쪽인 바닥 부분을 스택 하단(bottom)이라고 함

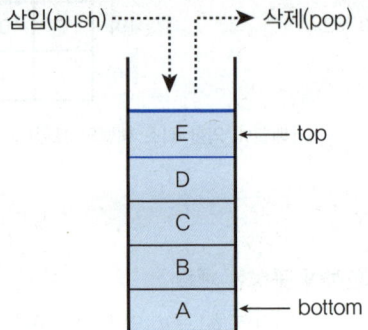

① top
  ㉠ 스택에서 데이터의 삽입과 삭제가 일어나는 곳
  ㉡ 스택의 top 포인터가 가리키는 위치의 데이터는 가장 최근에 삽입된 데이터를 의미
  ㉢ 스택의 모든 작업은 top 부근에서 제한되어 일어남
② bottom
  스택의 바닥 부분

(5) 데이터를 삽입하려면 top의 값을 하나 증가시키는 top+1 연산이 있어야 함
(6) 데이터를 삭제할 때는 삭제한 후 top의 위치를 하나 감소시키는 top-1 연산이 있어야 함
(7) 스택에 데이터가 하나도 없는 경우는 공백(empty) 상태
(8) 데이터가 꽉 차서 더 이상 데이터를 삽입할 수 없는 상태는 포화(full) 상태
(9) 스택의 크기를 벗어나는 오버플로우(overflow)와 삭제 시에 빈 스택으로 인한 언더플로우(underflow)가 발생할 수 있음
(10) 오버플로우는 데이터를 저장할 수 있는 공간이 가득 차서 더 이상 삽입할 수 없는 상태임에도 삽입 연산이 일어나는 경우 발생

(11) 언더플로우는 스택에 삭제할 데이터가 남아 있지 않은 비어 있는 상태임에도 삭제 연산이 일어나는 경우 발생

(12) 스택의 주요 동작은 push와 pop 연산

(13) push는 현재 스택의 top 바로 위에 새로운 데이터를 삽입하는 동작

(14) pop은 스택의 top이 가리키는 위치의 데이터를 삭제하는 동작

(15) push와 pop을 하기 위해서는 현재 스택이 비어 있는지 혹은 꽉 차 있는지를 확인하는 동작도 필요함

(16) 스택은 배열이나 연결 리스트로 구현 가능

예) 1차원 배열을 이용한 스택의 표현(stack[n]을 사용)

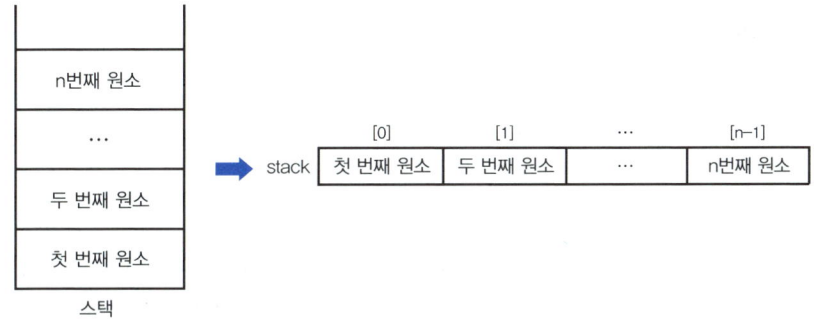

① n은 배열의 원소의 개수이며 이것은 스택의 크기가 됨
② 스택의 첫 번째 원소는 배열에서 stack[0]에 저장되고 두 번째 원소는 stack[1]에 저장됨
③ 스택의 n번째 원소는 stack[n-1]에 저장됨
④ 스택의 마지막 원소의 인덱스는 스택의 top이 됨
⑤ 스택이 공백 상태이면 top = -1이고 포화 상태이면 top = n-1

예) 연결 리스트를 이용한 스택의 표현

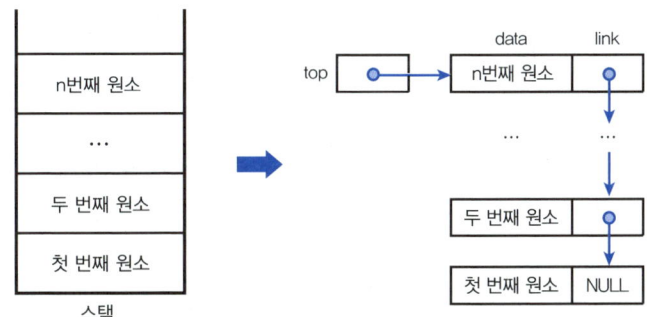

① 연결 리스트를 이용하여 스택을 구현하면 배열처럼 크기가 제한되지 않아 유연한 리스트 구현 가능
② 연결 리스트는 필요할 때마다 언제든지 중간에 추가할 수 있음
③ 연결 리스트의 스택은 삽입과 삭제 연산이 연결 방향에 따라 쉽게 이루어짐
④ 크기의 제한이 없으므로 꽉 차 있는지를 확인하는 연산도 필요없음
⑤ 연결 리스트로 구현할 때의 스택의 top은 헤드(head) 포인터가 가리키는 첫 노드가 됨
⑥ 스택에 원소를 삽입할 때마다 연결 리스트에 노드를 하나씩 연결함
⑦ 스택 원소의 순서는 연결 리스트 노드의 링크를 사용하여 표현
⑧ 연결 리스트의 시작 위치를 가리키는 헤드 포인터를 스택의 top 포인터로 정의
⑨ 스택의 초기 상태(공백 상태)는 포인터 top을 null 포인터로 설정하여 표현

2 시스템 스택

① 수행 중인 프로그램의 함수나 서브 프로그램들의 복귀 주소와 관련 정보들을 저장하기 위해 사용
② 프로그램에서 함수의 호출 순서에 따라 정보가 저장되어야 하고 복귀 시에는 호출 순서와는 반대 순서로 이루어져야 하므로 정보들이 저장된 역순으로 필요하게 되어 스택 필요
③ 시스템 스택은 프로그램의 실행 중 필요한 정보를 저장하기 위해 사용하는 스택
④ 시스템 스택은 프로그램에서의 호출과 복귀에 따른 수행 순서를 관리하기 위한 스택
⑤ 함수 호출 시 함수 수행에 필요한 지역변수, 매개변수 및 수행 후 복귀할 주소 등의 정보를 스택 프레임(stack frame)에 저장하여 시스템 스택에 삽입
⑥ 함수의 실행이 끝나면 시스템 스택의 top 원소(스택 프레임)를 삭제(pop)하면서 프레임에 저장되어 있던 복귀 주소를 확인하고 복귀

예 함수 호출과 복귀에 따른 전체 프로그램 수행 순서

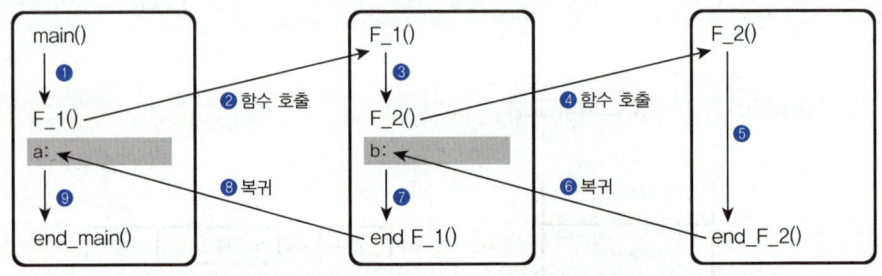

⑦ 시스템 스택에는 호출 순서대로 함수의 복귀 주소 등이 레코드의 형태로 저장되고 호출된 함수의 실행을 마친 후 시스템 스택으로부터 정보를 얻어 호출 역순으로 복귀하게 됨

3 스택의 추상화 자료구조

자료를 삽입하는 push와 삭제하는 pop

예 스택의 초기 상태에서 A 삽입

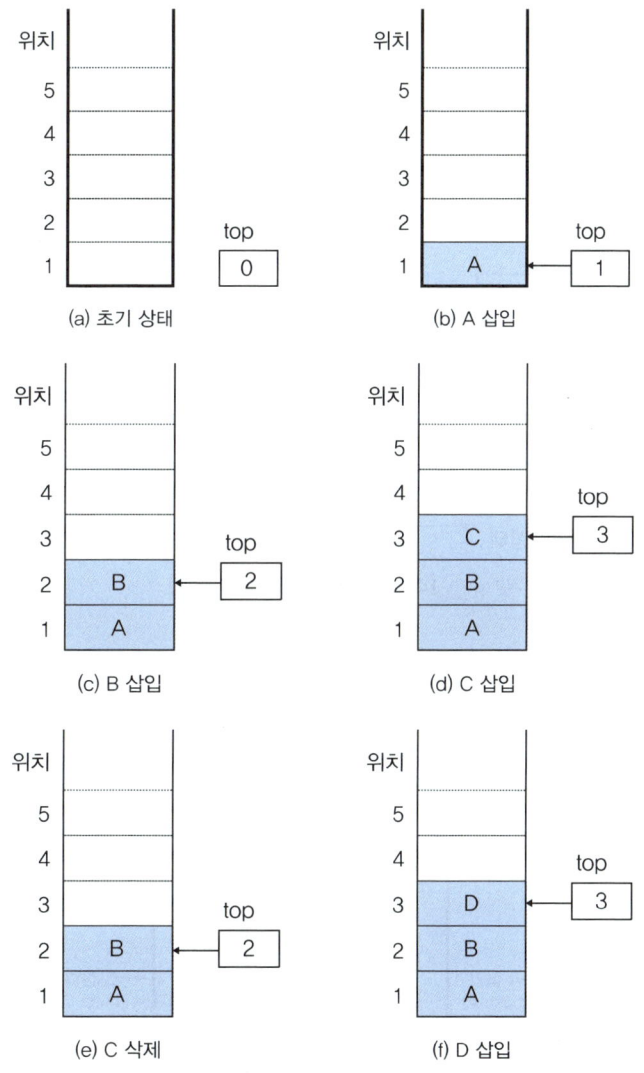

① 스택이 비어있는 초기 상태에서 top 포인터는 0이 됨
② 스택에 삽입하려면 초기 상태에서 0이었던 top 포인터를 하나 증가시키고 top이 가리키는 위치에 A를 삽입함
③ 스택의 삭제 연산은 현재 top이 가리키는 위치의 데이터를 삭제하고 top을 하나 감소시킴

- 데이터 : 후입선출(LIFO)의 접근 방법을 유지하는 원소들의 모음
- 연산
  ① init() : 스택을 초기화
  ② is_empty() : 스택이 비어있으면 TRUE를 아니면 FALSE를 반환
  ③ is_full() : 스택이 가득 차 있으면 TRUE를 아니면 FALSE를 반환
  ④ size() : 스택 내의 모든 데이터들의 개수를 반환
  ⑤ push(x) : 주어진 데이터 x를 스택의 맨 위에 추가
  ⑥ pop() : 스택의 맨 위에 있는 데이터를 삭제하고 반환
  ⑦ peek() : 스택의 맨 위에 있는 데이터를 삭제하지 않고 반환

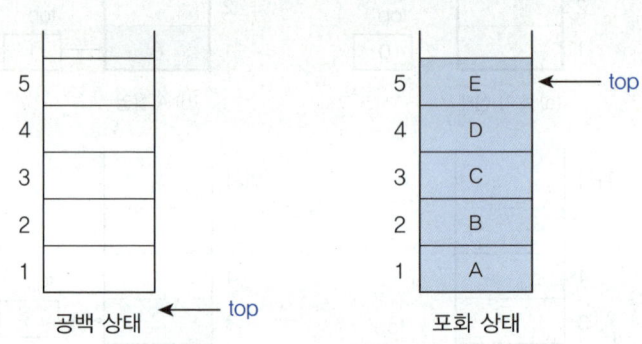

[스택의 공백 상태와 포화 상태]

4 스택의 삽입(push)

새로운 항목은 항상 스택의 맨 위에 올라가야 하며 top도 하나 증가시켜야 함

예 공백 스택에서 원소 A, B, C를 순서대로 삽입하는 과정

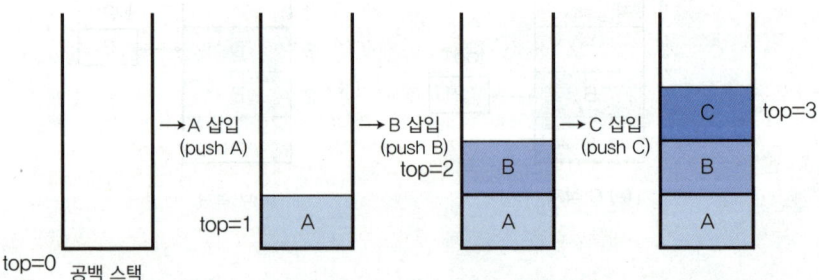

[스택의 삽입 알고리즘]
```
push(S, x)
    top = top + 1;
    if (top > stack_SIZE) then
        overflow;
    else
        S(top) = x;
end push()
```

5 스택의 삭제(pop)

① 스택의 마지막 원소, 즉 top 위치에 있는 원소를 스택에서 삭제하고 삭제한 데이터를 반환
② 만약 top이 0이라면 공백 스택이므로 삭제 연산을 수행하지 못함

예) 스택에 원소 A, B, C가 저장된 상태에서 삭제하는 과정

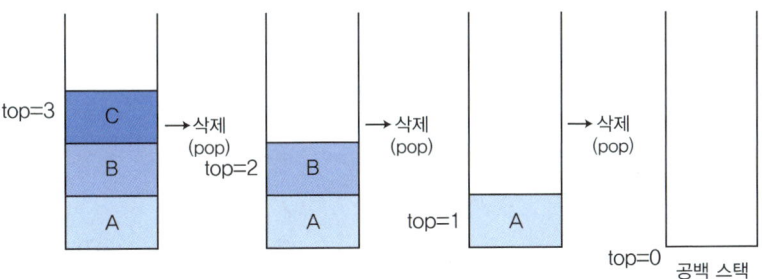

[스택의 삭제 알고리즘]
```
pop(S)
    if (top = 0) then
        underflow;
    else {
        return S(top);
        top = top - 1;
    }
end pop()
```

6 스택의 적용 분야들

스택에는 여러 가지 종류의 데이터를 저장할 수 있으며 다양한 분야에서 활용됨

[스택의 활용 분야]
① 문서 편집기에서 기능 취소나 이전 상태로 되돌아가고 싶을 때 되돌리기(undo) 기능
② 컴퓨터 프로그램의 함수 호출을 구현할 때에도 사용
③ 고급 언어의 명령문을 컴파일러가 번역 시 사용(산술식 계산 시)
④ 문자열 뒤집기와 같이 자료의 출력 순서가 입력 순서의 역순으로 표시되어야 하는 경우

예

문자열 뒤집기 예

- 문자열이 (A, B, C, D)의 순서로 들어올 때 (D, C, B, A)처럼 역순으로 출력하고 싶은 경우 스택 이용
- 주어진 문자열을 순서대로 전부 스택에 입력했다가 순차적으로 다시 꺼내면 됨
- 문자열 뒤집기는 스택의 후입선출(LIFO) 성질을 이용한 것

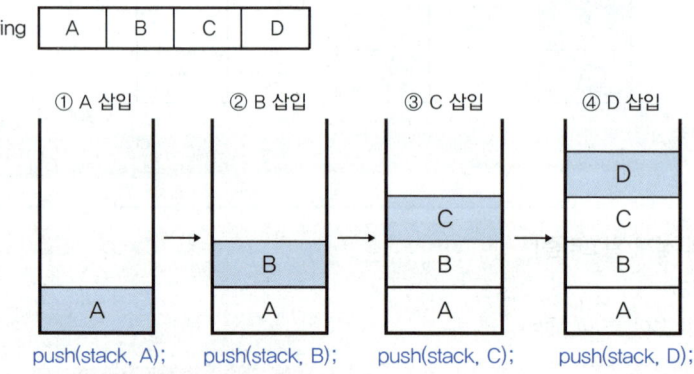

[문자열 뒤집기를 위한 push 동작]

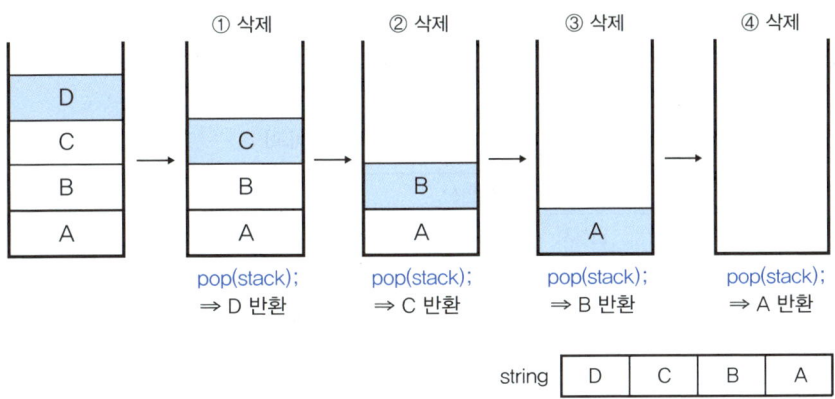

[문자열 뒤집기를 위한 pop 동작]

① 문서나 소스 코드의 괄호 닫기가 정상적으로 되었는지를 검사하는 경우
② 운영체제에서 인터럽트가 발생한 경우에 복귀 주소의 저장이나 산술 계산에도 사용
③ 데이터를 검색하는 방법 중의 하나인 백트래킹(backtracking) 기법을 구현하는 데 활용
④ 미로 탐색에서 출구를 찾기 위해서도 사용

제2절 큐

1 큐의 정의

① 병원이나 은행 등에서 서비스를 받기 위해서 줄을 서는 것과 같은 형태의 자료구조
② 데이터의 삽입은 맨 뒤에서, 삭제는 맨 앞에서 이루어짐
③ 삽입은 rear에서, 삭제는 front에서 수행
④ 선입선출(FIFO : First-In First-Out) 구조
⑤ 큐는 여러 데이터 항목을 일정한 순서로 입출력하기 위한 선형 데이터 구조

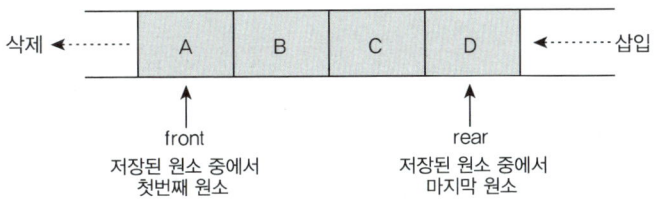

⑥ 큐에서 새로운 데이터가 삽입될 때는 rear 포인터가 가리키는 한 쪽 끝에서만 삽입이 일어나서 rear 포인터가 증가함

⑦ 큐의 특정 원소가 삭제될 때는 front 포인터에서 삭제가 수행되어 front 포인터가 증가
⑧ 삽입 연산은 enqueue이고 삭제 연산은 dequeue임

[스택과 큐의 연산 비교]

자료구조	항목	삽입 연산		삭제 연산	
		연산자	삽입 위치	연산자	삭제 위치
스택		push	top	pop	top
큐		enqueue	rear	dequeue	front

2 큐의 추상화 자료 구조

① 큐의 공백 상태
  ㉠ 큐를 처음 생성하여 front와 rear가 -1인 경우
  ㉡ 마지막에 삽입한 원소인 rear의 원소를 삭제하여 front와 rear가 같은 위치가 된 경우
  ㉢ 따라서 front = rear의 조건으로 큐가 공백 상태인지 검사할 수 있음
② 추상 자료형 큐는 큐에 가해지는 작업들을 추상적으로 나열함으로써 정의함

> [큐의 추상 자료형]
> • 데이터 : 선입선출(FIFO)의 접근 방법을 유지하는 요소들의 모음
> • 연산
>   ① init() : 큐를 초기화
>   ② enqueue(e) : 주어진 요소를 큐의 맨 뒤에 추가
>   ③ dequeue() : 큐가 비어있지 않으면 맨 앞 요소를 삭제하고 반환
>   ④ is_empty() : 큐가 비어있으면 TRUE를, 아니면 FALSE를 반환
>   ⑤ peek() : 큐가 비어있지 않으면 맨 앞 요소를 삭제하지 않고 반환
>   ⑥ is_full() : 큐가 가득 차 있으면 TRUE를, 아니면 FALSE를 반환
>   ⑦ size() : 큐의 모든 요소들의 개수를 반환

3 큐의 삽입, 삭제

① 새로운 원소가 삽입(enqueue)될 때는 rear 포인터가 가리키는 한쪽 끝에서만 삽입이 일어나 rear 포인터가 증가함
② 큐의 특정 원소가 삭제(dequeue)될 때는 front 포인터에서 삭제가 수행되어 front 포인터가 증가함
③ 따라서 원소들의 삽입과 삭제 시에 포인터의 값이 증가하게 됨

예 큐에서 데이터의 삽입과 삭제가 이루어지는 과정

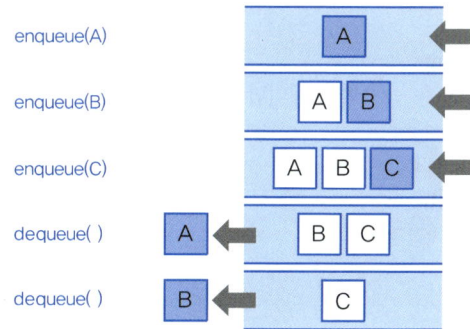

[큐의 공백 상태 검사 알고리즘]
```
isempty(Q)
  if (front = rear) then
      return true;
  else
      return false;
end isempty()
```

[큐의 포화 상태 검사 알고리즘]
```
isfull(Q)
  if (rear = n - 1) then
      return true;
  else
      return false;
end isfull()
```

[큐의 삽입 알고리즘]
```
enqueue(Q, x)
  if (isfull(Q)) then
      queue_full();    //포화 상태이면 삽입 연산 중단
  else {
      rear = rear + 1;
      Q[rear] = x;
  }
end enqueue()
```

[큐의 삭제 알고리즘]
```
dequeue(Q)
    if (isempty(Q)) then
        queue_empty();      //포화 상태이면 삭제 연산 중단
    else {
        front = front + 1;
        return Q[front];
    }
end dequeue()
```

① 큐의 삽입이나 삭제 시 front와 rear의 값이 계속 증가하기만 함
② 큐를 배열과 같은 순차 자료구조로 구현하게 되면 삽입과 삭제 연산을 여러 번 수행하면서 front와 rear의 값이 계속 증가하게 됨(반복되면 배열의 끝에 도달하게 됨)
③ 배열의 앞부분이 비어 있더라도 삽입 알고리즘의 처리 과정에서 큐가 꽉 찬 상태(queue full)로 인식하게 되어 더 이상 삽입하지 못하게 됨
④ 큐의 기억 공간이 존재하는데도 불구하고 더 이상 삽입할 곳이 없는 것으로 판단함

예

선형 큐에서 잘못 인식된 포화 상태

선형 큐에서 삽입과 삭제를 반복하면서 앞부분에 빈자리가 있지만 rear = n-1 상태이므로 포화 상태로 잘못 인식하고 더 이상의 삽입을 수행하지 않음

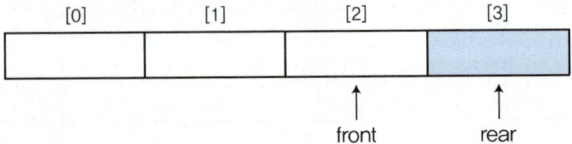

㉠ 이러한 문제점을 해결하기 위해 큐에 저장되어 있는 원소들을 배열의 앞부분으로 이동시킴
㉡ 더 이상 삽입할 곳이 없으면 사용 가능한 기억 공간을 만들기 위해 모든 원소들을 왼쪽으로 이동시켜야 함

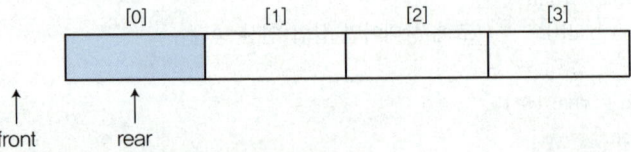

㉢ 큐의 원소들을 이동하면 오버플로우는 해결할 수 있지만 비효율적인 방법임
㉣ 이동 작업은 연산이 복잡하여 효율성이 떨어짐
㉤ 이러한 문제점을 해결하기 위해 원형 큐를 사용함

4 원형 큐

① 큐를 원형으로 표현하는 방식이며 순차 큐의 이동 방식이 갖는 단점을 보완하기 위한 방법
② 크기가 n인 1차원 배열을 사용하면서 배열의 처음과 끝을 연결해서 원형으로 구성
③ 개념상으로 원형으로 배열의 인덱스를 변화시켜주는 것임
④ 원형 큐는 오버플로우가 발생했을 때 큐의 구조가 원형으로 구성되어 있으므로 데이터의 삽입 시에 rear 포인터 값을 증가시켜 계속 새로운 가용 공간을 확보할 수 있어서 원소들을 이동시킬 필요가 없게 됨

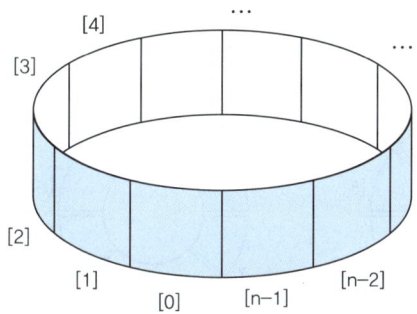

⑤ 원형 큐에서 공백 상태는 front와 rear가 같은 위치를 가리키기만 하면 됨
⑥ front는 항상 큐의 첫 번째 원소의 하나 앞을 가리키고, rear는 마지막으로 입력된 원소를 가리킴

[순차 큐와 원형 큐의 비교]

종류	삽입 위치	삭제 위치
순차 큐	rear = rear + 1	front = front + 1
원형 큐	rear = (rear + 1) mod n	front = (front + 1) mod n

[원형 큐의 공백 상태, 포화 상태]
① 공백 상태: front = rear
② 포화 상태: front = (rear + 1) % n
③ 공백 상태와 포화 상태를 구별하기 위해 front는 항상 빈자리로 남겨둠
④ 삽입과 삭제 시의 배열의 위치는 나머지 연산(% 연산)을 이용하여 계산함

예 원형 큐의 삽입과 삭제 과정

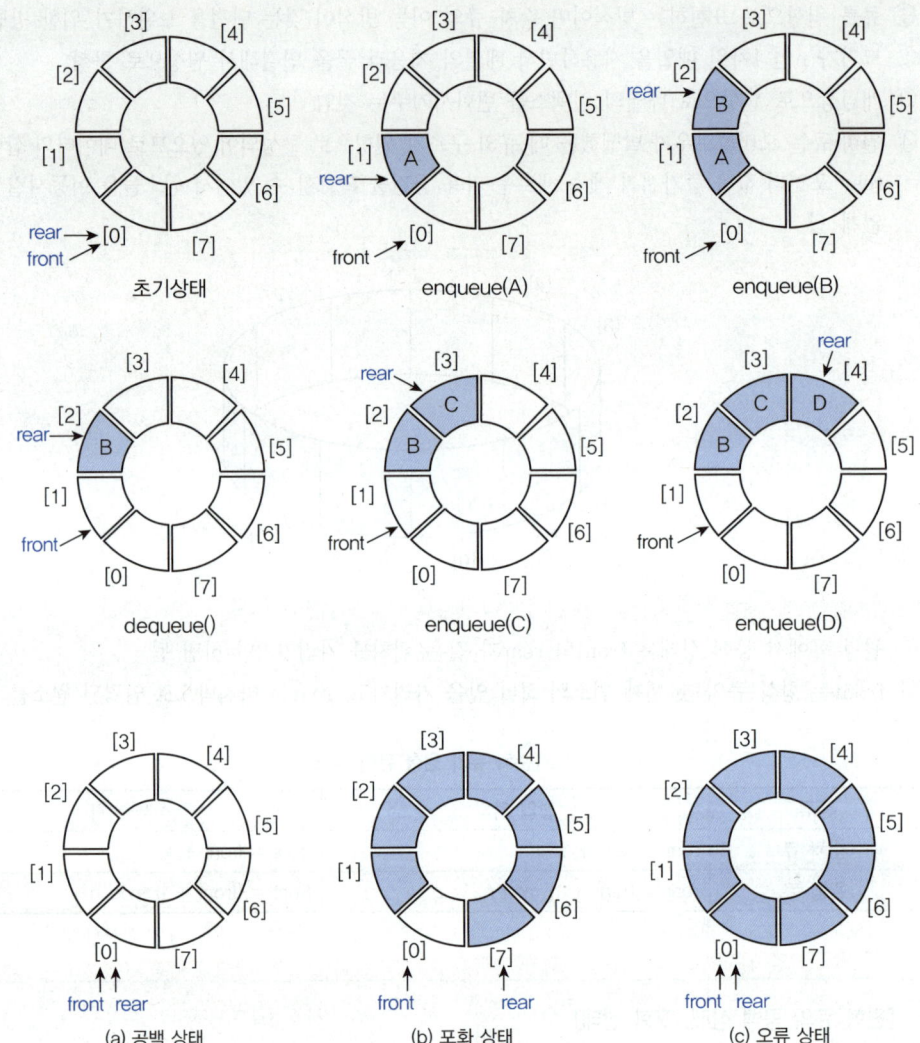

[원형 큐의 공백 상태와 포화 상태 및 오류 상태]

[원형 큐의 생성 알고리즘]
    createqueue()
        cQ[n];
        front = 0;
        rear = 0;
    end createqueue()

[원형 큐의 공백 상태 검사 알고리즘]
```
isempty(cQ)
    if (front = rear) then
        return true;
    else
        return false;
end isempty()
```

[원형 큐의 포화 상태 검사 알고리즘]
```
isfull(cQ)
    if (front = ((rear + 1) mod n)) then
        return true;
    else
        return false;
end isfull()
```

[원형 큐의 상태에 따른 front와 rear 관계]

구분	조건
공백 상태	front = rear
포화 상태	front = (rear + 1) mod n

[원형 큐의 삽입 알고리즘]
```
enqueue(cQ, item)
    if (isfull(cQ) then
        queue_full();
    else{
        rear = (rear + 1) mod n;
        cQ[rear] = item;
    }
end enqueue()
```

[원형 큐의 삭제 알고리즘]
```
dequeue(cQ)
    if (isempty(cQ) then
        queue_empty();
    else{
        front = (front + 1) mod n;
        return cQ[front];
    }
end dequeue()
```

예 크기가 4인 원형 큐를 생성하여 데이터의 삽입, 삭제 과정

① createqueue();

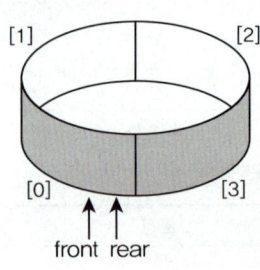

② enqueue(cQ, A);

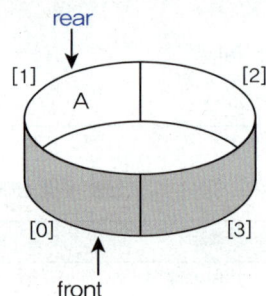

③ enqueue(cQ, B);

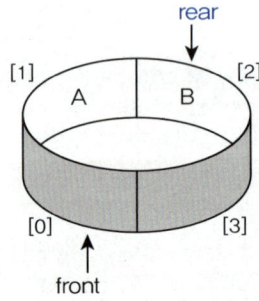

④ dequeue(cQ);

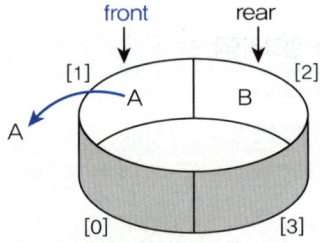

⑤ enqueue(cQ, C);

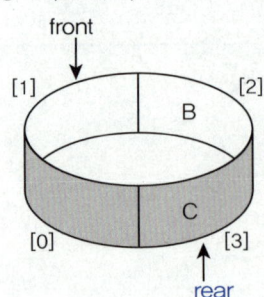

⑥ enqueue(cQ, D);

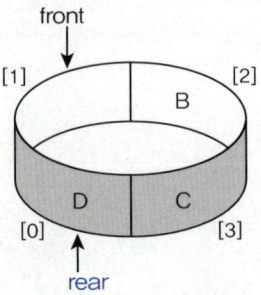

5 큐의 적용 분야들

① 큐는 매우 광범위한 분야에서 활용
② 컴퓨터를 이용하여 현실 세계의 실제 상황을 시뮬레이션하는 분야(어떤 것을 시뮬레이션을 하기 위해 대기 행렬과 대기 시간 등을 모델링하는 데 큐의 개념을 사용)
③ 컴퓨터 장치들 사이의 속도 차이 극복위한 임시 기억 장치인 버퍼(buffer) 사용
④ 인터넷을 이용하여 동영상 스트리밍 자료들을 실시간으로 다운로드하는 경우
⑤ 시뮬레이션의 대기열(공항의 비행기들, 은행에서의 대기열)

제3절 데크

(1) 큐의 특수한 형태로 원소의 삽입과 삭제가 큐의 양쪽 끝에서 모두 허용되는 구조

(2) 큐의 전단(front)과 후단(rear)에서 모두 삽입, 삭제가 가능한 큐를 의미

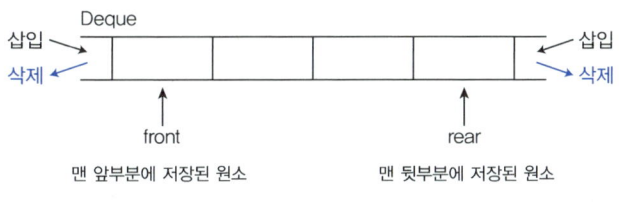

[데크의 구조]

[데크의 추상 자료형]
- 데이터: 전단과 후단을 통한 접근을 허용하는 요소들의 모음
- 연산
  ① init() : 데크를 초기화
  ② add_front(e) : 주어진 요소 e를 데크의 맨 앞에 추가
  ③ delete_front() : 전단 요소를 삭제하고 반환
  ④ add_rear(e) : 주어진 요소 e를 데크의 맨 뒤에 추가
  ⑤ delete_rear() : 후단 요소를 삭제하고 반환
  ⑥ is_empty() : 공백 상태이면 TRUE를 아니면 FALSE를 반환
  ⑦ get_front() : 전단 요소를 삭제하지 않고 반환
  ⑧ get_rear() : 후단 요소를 삭제하지 않고 반환
  ⑨ is_full() : 데크가 가득 차 있으면 TRUE를 아니면 FALSE를 반환
  ⑩ size() : 데크 내의 모든 요소들의 개수를 반환

① 데크는 스택과 큐의 연산들을 모두 가지고 있음
② 데크의 add_front()와 delete_front()와 같이 전단과 관련된 연산들만을 사용하면 스택이 됨
③ add_front()와 delete_front() 연산은 스택의 push와 pop 연산과 같음
④ add_rear()와 delete_front()와 같이 삽입은 후단, 삭제는 전단만을 사용하면 큐가 됨
⑤ add_rear()와 delete_front() 연산은 큐의 enqueue와 dequeue 연산과 같음
⑥ 데크는 융통성이 많은 자료구조
⑦ 데크는 양방향으로 연산이 가능한 이중 연결 리스트를 사용하여 구현하는 것이 더 효율적

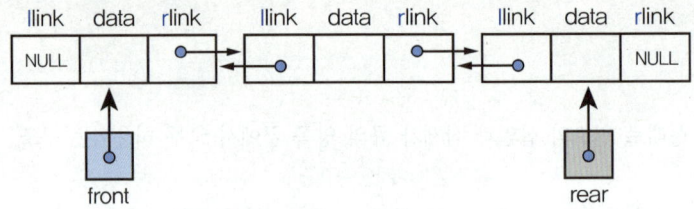

[이중 연결 리스트로 구현한 데크]

① 데크의 양쪽 끝에서 원소들의 삽입과 삭제에 제한을 두어 리스트의 어느 한쪽 끝에서만 삽입과 삭제가 가능하도록 할 수 있음
② 새로운 원소의 삽입이 리스트의 한쪽 끝에서만 가능하도록 제한한 것은 입력 제한 데크 또는 스크롤(scroll)
③ 스크롤은 새로운 데이터를 데크에 입력할 때 한쪽에서만 가능하고 출력할 때는 양쪽에서 수행되는 자료구조
④ 특정 원소의 삭제를 리스트의 한쪽 끝에서만 가능하도록 제한한 것은 출력 제한 데크 혹은 셀프(shelf)라 함
⑤ 셀프는 새로운 데이터를 데크에 입력할 때에는 양쪽에서 가능하고 출력할 때는 한쪽에서 수행되도록 알고리즘을 구성한 자료구조

제4절 스택의 응용: 수식 계산

1 연산자의 우선순위

① 연산자는 어떤 연산을 할지 지정하는 것을 의미
② 연산의 대상이 되는 것을 피연산자라고 함
③ 연산은 왼쪽에서 오른쪽 순서로 처리됨
④ 하나의 수식에 여러 개의 연산자가 사용될 때 어떤 것을 먼저 처리할지 정하는 것을 연산자의 우선순위라고 함

⑤ 연산자의 우선순위는 모호하게 해석 가능한 수식에서 어느 연산을 먼저 계산할 것인가를 결정하는 규칙
⑥ 연산자들은 우선순위에 따라 연산 순서가 결정

2 수식의 표기법

수식은 연산자와 피연산자로 구성되는데 연산자와 피연산자의 위치에 따라 수식을 표기하는 방법에는 전위 표기법, 중위 표기법, 후위 표기법 3가지로 표현

수식 표기법	표현 방법	적용 예
전위 표기법	연산자 – 피연산자 – 피연산자	+AB
중위 표기법	피연산자 – 연산자 – 피연산자	A+B
후위 표기법	피연산자 – 피연산자 – 연산자	AB+

예

수식 표기법의 예

산술식 A / B + C - D * E + A * C
- 전위 표기법: + - + / ABC * DE * AC
- 중위 표기법: A / B + C - D * E + A * C
- 후위 표기법: AB / C + DE * -AC * +

산술식 5 + A * B
- 전위 표기법: + 5 * AB
- 중위 표기법: 5 + A * B
- 후위 표기법: 5AB * +

산술식 2 * 3 - 4
- 전위 표기법: - * 234
- 중위 표기법: 2 * 3 - 4
- 후위 표기법: 23 * 4 -

3 후위 표기식의 연산

① 중위 표기법은 사람이 이해하고 계산하기에 가장 익숙하고 자연스러운 표기법
② 컴퓨터가 중위 표기법으로 작성된 수식을 직접 계산하려면 괄호 처리와 연산자 우선순위 처리 등이 있어 복잡함
③ 컴퓨터 내부에서 수식을 처리할 때는 후위 표기법이 가장 효율적
④ 괄호와 연산자 우선순위 처리 등의 기존 중위 표기 방식이 가지고 있던 계산의 복잡성이 후위 표기법에는 없음
⑤ 후위 표기식은 괄호나 연산자 우선순위를 따로 처리하지 않고 왼쪽에서 오른쪽으로 표기된 순서대로 처리할 수 있음
⑥ 후위 표기식은 괄호나 연산자 우선순위를 따로 처리하지 않고 왼쪽에서 오른쪽으로 표기된 순서대로 처리 가능
⑦ 컴퓨터에 중위 표기법 형태의 수식을 입력하면 컴퓨터 내부에서는 효율적인 처리를 위해 스택을 사용하여 입력된 수식을 후위 표기법으로 변환함

예 스택을 이용하여 후위 표기 수식 82 / 3 − 32 * +의 전체 계산 과정

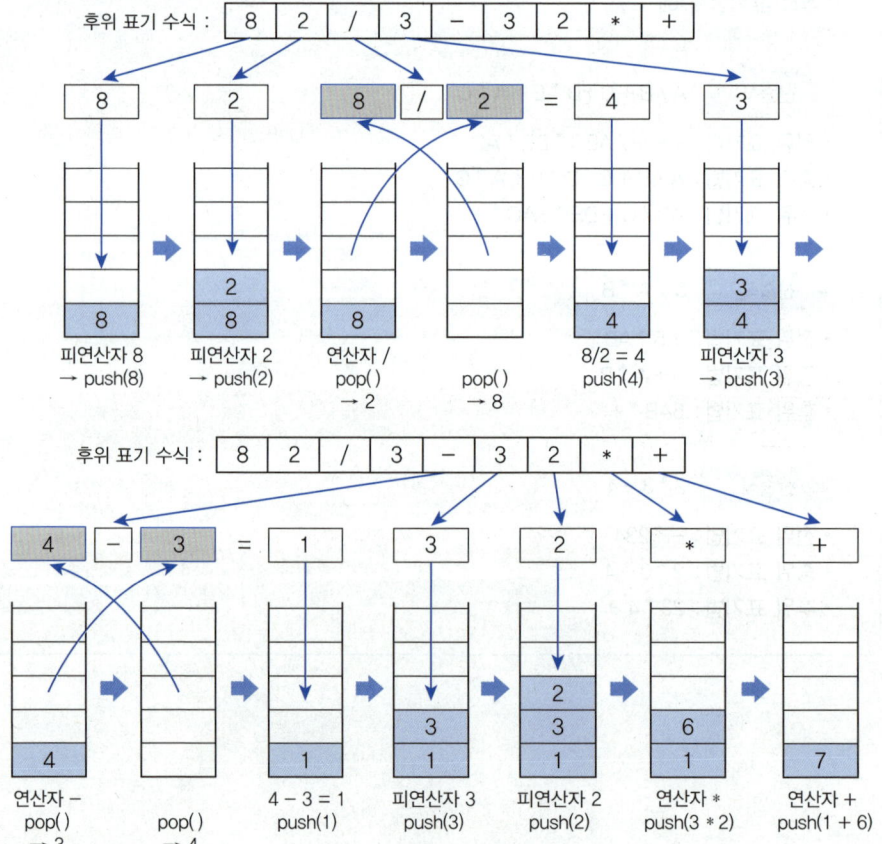

[후위 표기법 수식의 연산 알고리즘]
```
evalpostfix(exp)
{
    while (true) {
        symbol = getsymbol(exp);
        case {
            symbol = operand:
                        push(stack, symbol);
            symbol = operator:
                        opr2 = pop(stack);
                        opr1 = pop(stack);
                        result = opr1 op(symbol) opr2;
                        push(stack, result);
            symbol = null:
                        print(pop(stack));
        }
    }
}
```

4 중위 표기를 후위 표기로 변환

[중위 표기법을 후위 표기법으로 바꾸는 방법]
① 왼쪽 괄호를 만나면 무시하고 다음 문자를 읽음
② 피연산자를 만나면 출력
③ 연산자를 만나면 스택에 삽입
④ 오른쪽 괄호를 만나면 스택을 pop하여 출력
⑤ 수식이 끝나면 스택이 공백이 될 때까지 pop하여 출력

예 스택을 사용해 수식 A*B-C/D를 후위 표기법으로 바꾸는 과정

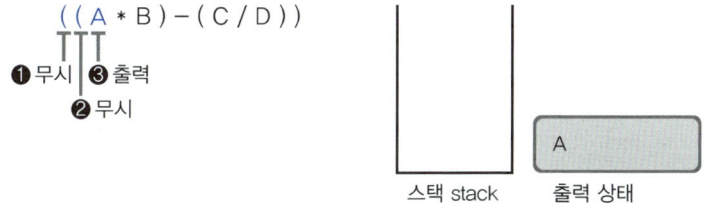

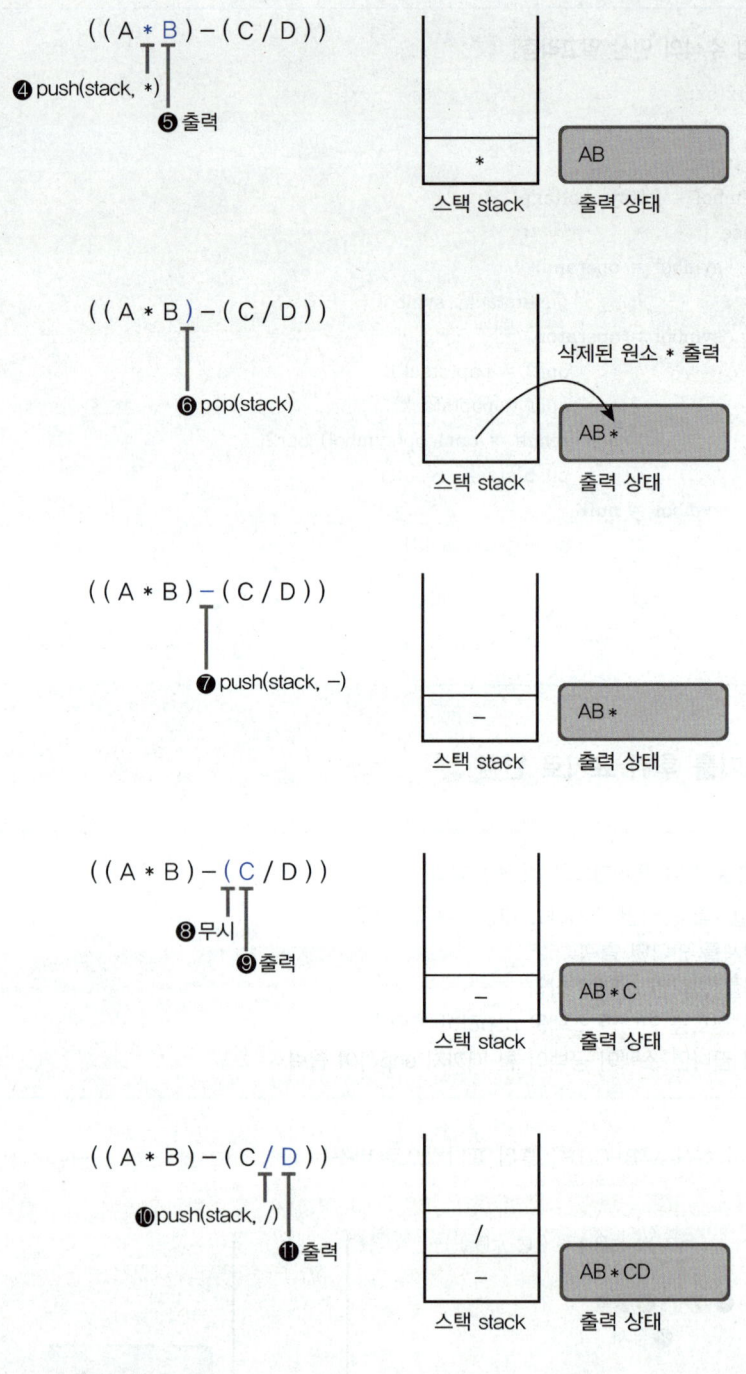

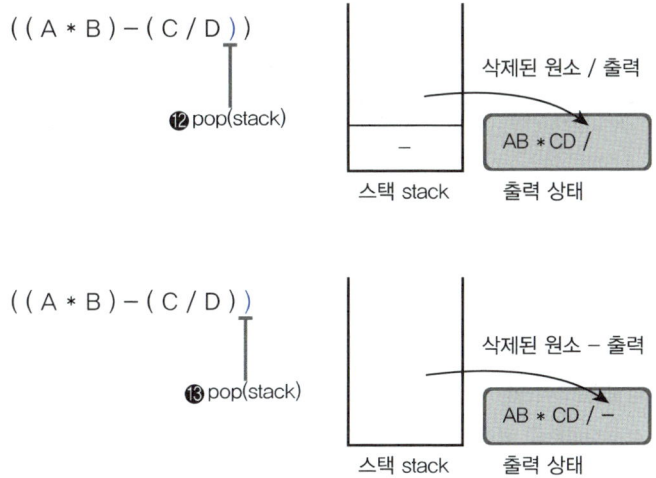

제6절 다중 스택과 큐

1 다중 스택의 정의

① 하나의 기억 장소에 두 개 이상의 스택이 들어가 있는 형태
② 하나의 1차원 배열에 여러 개의 스택을 표현할 수도 있는데 이를 다중 스택이라고 함
③ 다중 스택은 2개의 스택을 연결하여 사용하는 방법과 n개의 스택을 연결하여 사용하는 방법이 있음
④ 배열의 양쪽 끝에는 각 스택의 bottom이 위치하게 됨
⑤ 배열의 사용 가능 공간은 2개의 스택이 top 포인터를 하나씩 증가시키면서 사용함
⑥ 스택1의 top 포인터는 top1이 되고 bottom은 bottom1이 됨
⑦ 스택2의 top 포인터는 top2가 되고 bottom은 bottom2가 됨
⑧ 다중 스택에서 데이터의 삽입과 삭제 연산이 수행되는 중 top1과 top2가 같아지는 경우 기억 장소가 꽉 찬 상태임을 의미

[2개의 스택이 연결된 다중 스택]

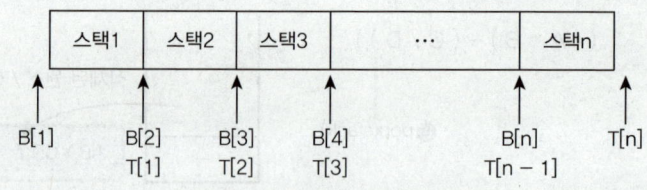

[n개의 스택이 연결된 다중 스택]

2 다중 스택의 삽입

[다중 스택의 삽입 알고리즘]
```
void multi_stackpush(i, item)    /* i번째 스택에서의 삽입 */
int i, item;
{
    if (t[i] = b[i+1]) printf("i-th Stack full");
    else {
        t[i]++;                   /* i번째 스택의 top 증가 */
        stack[t[i]] = item;       /* i번째 스택의 top 위치에 데이터 증가 */
    }
}
```

3 다중 스택의 삭제

[다중 스택의 삭제 알고리즘]
```
void multi_stackpop(i, item)     /* i번째 스택에서의 삭제 */
int i, item;
{
    if (t[i] = b[i]) printf("i-th Stack Empty");
    else {
        item = stack[t[i]];       /* i번째 스택의 top에서 데이터 삭제 */
        t[i]--;                   /* i번째 스택의 top 감소 */
    }
}
```

제4장 연결 리스트

제1절 연결 리스트의 필요성

① 배열의 경우 데이터의 삽입과 삭제 시에 발생하는 빈번한 이동 연산과 오버플로우를 방지하기 위해 최대 크기의 기억 공간 확보해야 하므로 기억 장소 낭비 발생
② 연결 자료구조는 기억 장소의 어디나 흩어져서 존재하며 각각의 데이터는 순서를 유지하기 위해 다음 데이터를 가리키는 포인터를 가짐

[연결 리스트와 배열의 특징]

연결 리스트	배열
• 포인터로 자료를 순차적으로 연결 • 논리적 위치에 순차적으로 연결됨 (물리적 위치는 순차적일 필요 없음) • 동적으로 자료 추가 • 필요할 때마다 추가할 수 있으므로 최대 항목 개수를 지정하는 과정이 필요 없음 • 삽입과 삭제 시 항목의 이동 연산 불필요	• 물리적 위치에 순차적으로 연결됨 • 최대 항목 개수를 지정하는 과정이 반드시 필요 • 삽입과 삭제 시 항목의 이동 연산 필요

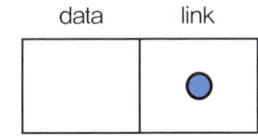

[노드의 구조]

• 각 노드는 데이터를 저장하는 데이터 필드와 다음 노드의 주소를 저장하는 링크 필드로 구성

[연결리스트의 노드 구성]

데이터 필드	리스트의 항목인 데이터 값을 저장하는 곳
링크 필드	다른 노드의 주소 값을 저장하는 장소(포인터)

③ **연결 리스트 장점**
  ㉠ 크기가 고정되지 않으며 기억 장소를 할당할 수 있는 한 계속 자료를 삽입할 수 있음
  ㉡ 중간에 데이터를 삽입하거나 삭제하는 연산이 용이함
  ㉢ 데이터 저장을 위한 기억 공간이 필요할 때마다 동적으로 만들어 쉽게 추가할 수 있음(한꺼번에 많은 공간을 할당해야 하는 배열에 비해 상당한 장점)

④ **연결 리스트 단점**
  ㉠ 구현이 복잡하고 어려움
  ㉡ 탐색 연산 비용 높음

제2절 단순 연결 리스트

1 정의

① 단순 연결 리스트는 리스트의 각 노드에 다른 노드를 가리키는 포인터가 하나씩만 있는 것
② 리스트를 구성하는 노드들이 한쪽 방향으로 연결된 구조
③ 단순 연결 리스트의 생성, 단순 연결 리스트의 삽입, 단순 연결 리스트의 삭제 연산이 있음

2 노드 생성

① 데이터 필드와 다음에 연결되는 노드를 가리키는 링크 필드
② 데이터 필드는 데이터에 대한 데이터형으로 정의되고 링크 필드는 다른 노드를 가리키는 포인터로 정의

[노드 구조의 정의]
```
struct listnode {
int data;
struct listnode *link;
};
struct listnode node_s;    /* 정의된 listnode형 노드 구조의 변수 node_s 선언 */
```

[노드의 생성]
```
struct listnode *getNode()
{
  struct listnode *temp;
  temp = (struct listnode *)malloc(sizeof(node_s));
  return temp;
}
```

[연결 리스트 생성 알고리즘]
```
struct listnode *list_Create(int value)
{
  struct listnode *temp;
  temp = getNode();        /* 노드의 생성 */
  temp→data = value;       /* 생성된 temp 노드의 데이터 필드에 값을 저장 */
  if (head = NULL)         /* 공백 연결 리스트일 경우 */
```

```
                    temp→link = NULL;
         else                     /* 이미 생성된 연결 리스트일 경우 */
             temp→link = head;
         head = temp;         /* head 포인터가 생성되어 삽입된 노드를 가리킴 */
    }
```

3 노드 삽입

[단순 연결 리스트에서 노드를 삽입하는 방법]
① 삽입할 노드를 생성
② 새 노드의 데이터 필드에 값을 저장
③ 새 노드의 링크값을 지정
④ 리스트의 이전 노드에 새 노드를 연결

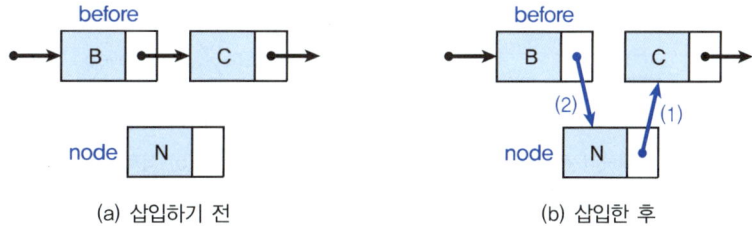

(a) 삽입하기 전   (b) 삽입한 후

[단순 연결 리스트의 노드 삽입 알고리즘]
```
    void insertNode(x, int value)
    struct listnode *x;
{
    struct listnode *temp;
    temp = getNode();
    if (temp = NULL) return(-1);   /* 노드의 미생성 */
    else if (x = NULL)              /* 연결 리스트의 맨 앞 삽입 */
    {
        temp→data = value;
        temp→link = head;
        head = temp;
    }
```

```
        else {      /* 연결 리스트에 x가 가리키는 임의의 노드 뒤에 삽입 */
            temp→data = value;
            temp→link = x→link;
            x→link = temp;
        }
    }
```

4 노드 삭제

[단순 연결 리스트에서 노드를 삭제하는 방법]
① 삭제할 노드의 앞 노드를 찾음
② 앞 노드에 삭제할 노드의 링크 필드값을 저장
③ 삭제한 노드의 앞 노드와 삭제한 노드의 다음 노드를 연결

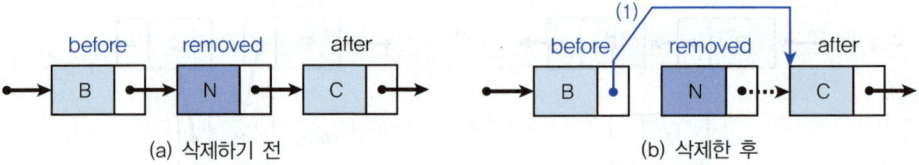

(a) 삭제하기 전   (b) 삭제한 후

[단순 연결 리스트의 노드 삭제 알고리즘]
```
void deleteNode(x, y)
struct listnode *x, *y;
{
    if (y = NULL)              /* 단순 연결 리스트의 맨 앞의 노드 삭제 */
        head = x→link;
    else                       /* 단순 연결 리스트의 임의 노드 삭제 */
        y→link = x→link;
        free(x);
}
```

5 노드 출력

① 첫 노드부터 마지막 노드까지 따라가며 해당 노드의 데이터를 출력하면 됨
② 마지막 노드에 도달할 때까지 데이터 필드의 출력과 다음 노드로의 이동을 계속하면 됨

제3절 동적 연결된 스택과 큐

1 연결된 스택의 노드 추가

① 스택과 큐는 배열이나 연결 리스트로 구현 가능
② 배열을 이용하면 간단하게 구현 가능하나 스택이나 큐의 크기가 고정적이어서 최대 크기 이상의 데이터를 삽입할 수 없고 고정된 크기로 인해 메모리의 낭비가 발생
③ 여러 개의 스택이나 큐가 동시에 있을 때 이를 순차적으로 표현할 효율적인 방법이 없음
④ 연결된 스택과 큐는 연결 리스트를 이용하여 구현한 것을 의미
⑤ **연결된 스택**
  ㉠ 크기가 제한되지 않으며 필요할 때마다 노드를 만들어 추가할 수 있음
  ㉡ 스택과 큐를 연결 리스트로 만들면 메모리를 좀 더 효율적으로 쓸 수 있고 배열로 표현했을 경우의 메모리 한계를 극복 가능
  ㉢ 크기가 고정되어 있지 않고 필요한 만큼 커질 수 있음

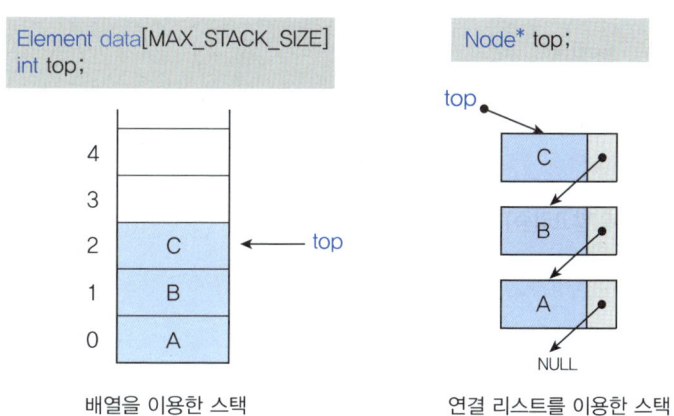

[배열을 이용한 스택과 연결 리스트를 이용한 스택의 비교]

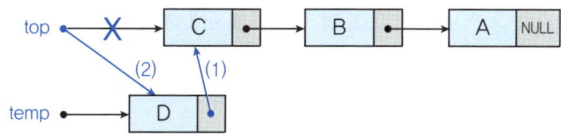

[연결된 스택에서의 노드 삽입(노드 D를 삽입)]

[연결된 스택의 삽입 알고리즘]
```
void push(Element e)
{
  Node* temp = (Node*)malloc(sizeof(Node));   /* temp 노드 동적 생성 */
  temp→data = e;          /* temp 노드의 데이터 필드에 값 저장 */
  temp→link = top;        /* temp 노드의 링크 필드에 top 포인터 값 저장 */
  top = temp;                              /* top 포인터에는 temp 값을 저장 */
}
```

2 연결된 스택의 노드 삭제

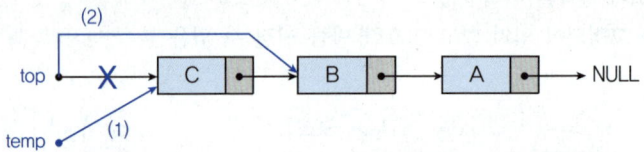

[연결된 스택에서의 노드 삭제(스택 상단의 노드 C를 삭제)]

[연결된 스택의 삭제 알고리즘]
```
Element pop()
{
  Node* temp;
  Element e;
  if (is_empty())  error("에러");
  else {
     temp = top;
     top = temp→link;   /* top 포인터는 삭제 노드의 링크 값 복사 */

     e = temp→data;   /* 삭제할 노드의 데이터를 e에 저장 */
     free(temp);       /* 삭제 노드의 동적 메모리 해제 */
  }
  return e;           /* 삭제 노드의 데이터 반환 */
}
```

3 연결된 큐의 노드 추가

① 큐도 연결 리스트를 이용하여 구현가능하며 이러한 큐를 연결된 큐라고 함
② 연결된 큐는 스택과 마찬가지로 사용 가능한 기억 공간만 존재한다면 필요한 메모리만큼 사용할 수 있음
③ 연결된 큐는 메모리 공간에서 물리적으로 흩어져 있는 노드들로 이루어지며 각 노드의 링크 필드를 이용하여 다음 노드를 가리키도록 함으로써 모두 연결 가능

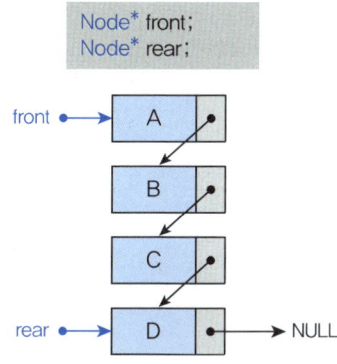

[연결 리스트를 이용한 큐]

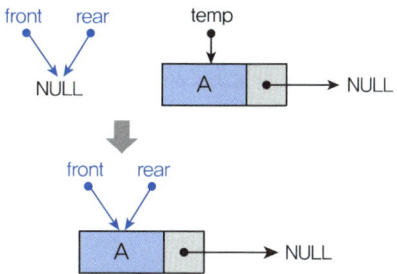

[연결된 큐가 공백 상태일 때의 삽입 연산]

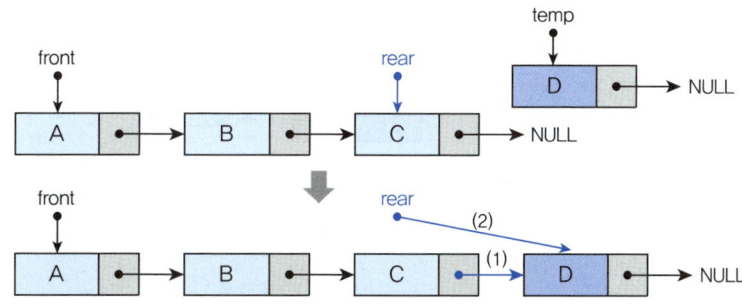

[연결된 큐가 공백 상태가 아닐 때의 삽입 연산]

[연결된 큐의 삽입 알고리즘]

```
void enqueue(Element e)
{
    Node* temp = (Node*)malloc(sizeof(Node));   /* 추가할 temp 노드 동적 생성 */
    temp→data = e;                              /* temp 노드의 데이터 필드에 값 저장 */
    temp→link = NULL;                           /* temp 노드의 링크 필드 초기화 */

    if (is_empty()) front = rear = temp;        /* 공백이면 front와 rear에 temp 저장 */
    else {
        rear→link = temp;     /* rear의 링크 필드에 temp 주소값 저장 */
        rear = temp;          /* 새 노드 추가 후 rear에 temp의 주소 저장 */
    }
}
```

4 연결된 큐의 노드 삭제

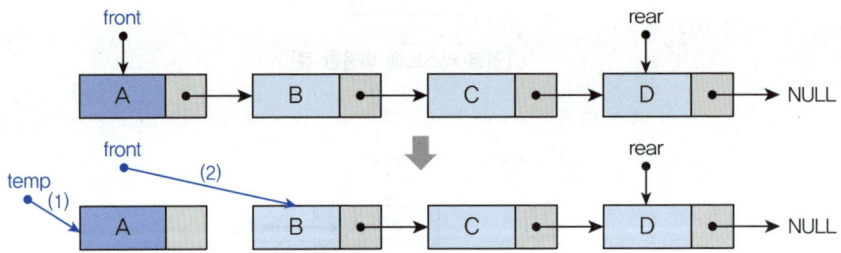

[노드가 둘 이상인 큐에서의 삭제 연산]

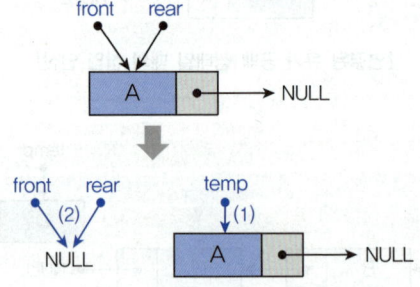

[노드가 하나 있는 연결된 큐에서의 삭제 연산]

```
[연결된 큐의 삭제 알고리즘]
Element dequeue()
{
   Node* temp;
   Element e;

   if (is_empty())
      error("큐 공백 에러");     /* 큐가 공백이면 삭제할 수 없으므로 오류 표시 */

   temp = front;
   front = front→link;

   if (front = NULL)
      rear = NULL;

   e = temp→data;               /* 삭제하고자 하는 temp의 데이터를 복사 */
   free(temp);                  /* 삭제 노드를 동적 메모리 해제 */
   return e;                    /* 삭제 노드의 데이터 반환 */
}
```

제4절 비사용 기억 공간

1 순차 가용 공간에서의 노드 획득

① **순차 가용 공간** : 사용하기 전의 메모리나 사용이 끝난 메모리의 관리를 용이하게 하기 위해 노드로 구성하여 연결한 리스트
② 순차 가용 공간을 사용하기 위해 연결 리스트를 이용하면 불연속한 메모리 공간을 효율적으로 사용할 수 있으며 다음 주소를 알기 위해 포인터를 이용
③ 가용 공간들을 연결 리스트로 관리하면 메모리를 효율적인 사용할 수 있음

2 초기 가용 공간에서의 연결 리스트 생성

① 가용 공간 리스트를 사용하기 위해서는 초기에 가용 공간 연결 리스트를 생성해 주어야 함
② 가용 공간 리스트의 포인터를 가지는 avail을 생성하고 초기값은 NULL을 가짐

3 연결 리스트 가용 공간에서의 노드 획득

새로운 노드를 삽입해야 할 때 만약 연결 리스트의 가용 공간이 존재한다면 가용 공간에서 하나의 노드를 획득하여 사용

4 연결 리스트로 된 가용 공간에 삭제 노드의 반환

노드가 더 이상 사용되지 않는 경우 이 노드가 사용하던 공간을 해제하여 시스템에 반환하지 않고 가용 공간 리스트에 반환하여 다음에 기억 공간이 필요하면 언제든지 재활용 가능

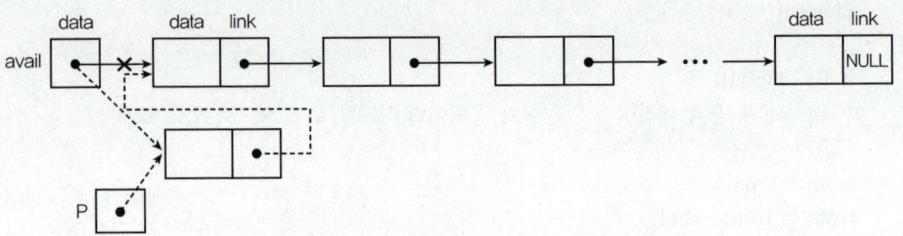

[반환된 노드가 가용 공간 리스트에 삽입되는 과정]

제6절 연결 리스트의 응용

1 다항식의 단순 연결 리스트 표현

다항식 p(x)가 다음과 같을 때 a_i를 계수(coefficient)라고 하며 i를 지수(exponent)라 부르고 p(x)의 가장 큰 차수를 그 다항식의 차수(degree)라고 함

$$p(x) = a_n x^n + a_{n-1} x^{n-1} + ... + a_1 x + a_0$$

[다항식 노드의 구조]

계수	지수	링크
coef	expo	link

계수를 저장하는 coef와 지수를 저장하는 expo 필드, 다음 항을 연결하는 포인터인 링크 필드로 구성

[노드에 대한 구조체 정의]
```
public class Node {
    float coef;  /* 계수를 저장하기 위한 변수 */
    int expo;    /* 지수를 저장하기 위한 변수 */
    Node link;   /* 링크 필드이며 다음 항을 가리키는 포인터 */
};
```

- 다항식 $A(x) = 4x^3 + 3x^2 + 5x$
- 다항식 $B(x) = 3x^4 + x^3 + 2x + 1$

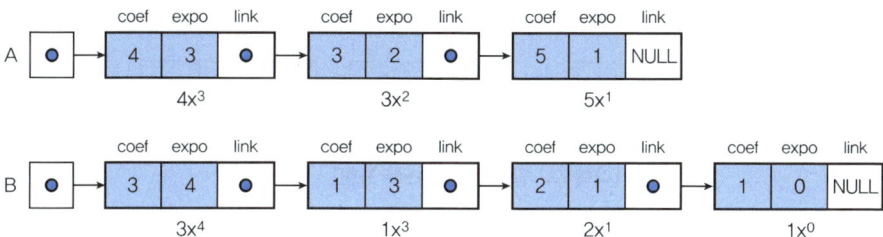

2 다항식의 덧셈

① $A(x) = 4x^3 + 3x^2 + 5x$, $B(x) = 3x^4 + x^3 + 2x + 1$
② A(x)와 B(x)를 더하여 $C(x) = 3x^4 + 5x^3 + 3x^2 + 7x + 1$를 구함

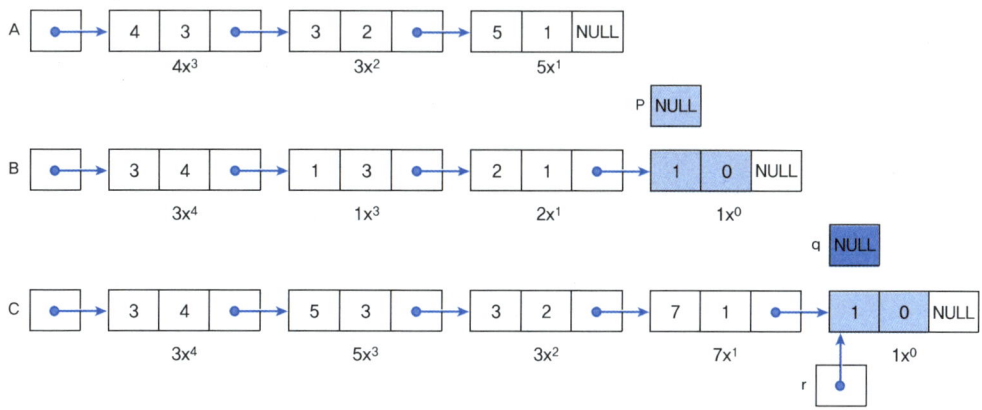

3 단순 연결 리스트로 표현된 다항식의 노드 반환

다항식은 연산이 끝나면 기억 공간을 재활용하기 위하여 노드를 반환

4 다항식의 원형 연결 리스트 표현

단순 연결 리스트의 마지막 노드가 리스트의 첫 번째 노드를 가리키게 하여 리스트의 구조를 원형으로 만든 연결 리스트

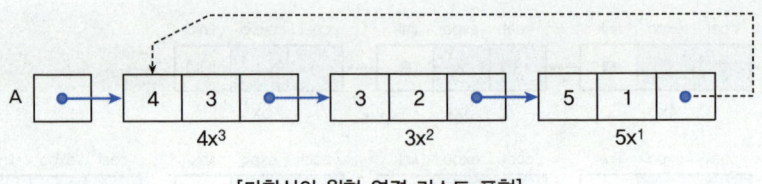

[다항식의 원형 연결 리스트 표현]

제7절 연결 리스트의 기타 연산

1 단순 연결 리스트의 역순

① 단순 연결 리스트는 노드의 순서를 역순으로 변환하여 연결할 수 있음
② 연결 리스트 $L = (a_1, a_2, ..., a_n)$을 역순 연산하면 $L = (a_n, a_{n-1}, ..., a_1)$로 변환됨

2 단순 연결 리스트의 연결

① 두개의 단순 연결 리스트는 하나로 연결할 수 있음
② 리스트 $L_1 = (a_1, a_2, ..., a_n)$이고 리스트 $L_2 = (b_1, b_2, ..., b_m)$가 있을 때 리스트 L_1과 L_2를 연결하면 $L = (a_1, a_2, ..., a_n, b_1, b_2, ..., b_m)$이 됨

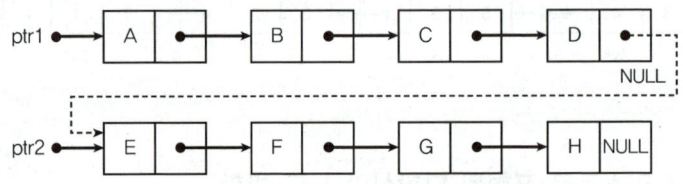

[2개의 단순 연결 리스트 ptr1, ptr2를 연결]

3 원형 연결 리스트의 앞 또는 뒤에 노드 삽입

원형 연결 리스트에서 헤드 포인터가 첫 번째 노드를 가리키도록 구성할 수도 있고 헤드 포인터가 마지막 노드를 가리키도록 구성할 수도 있음

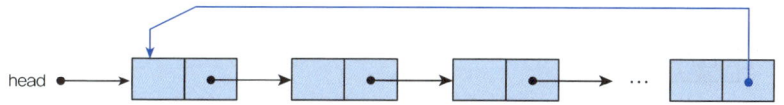

[헤드 포인터가 첫 번째 노드를 가리키도록 구성한 원형 연결 리스트]

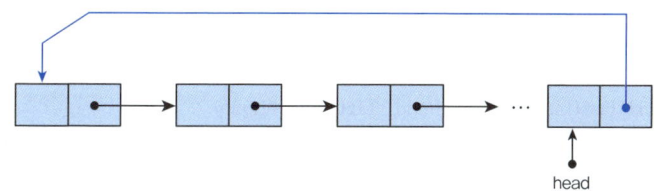

[헤드 포인터가 마지막 노드를 가리키도록 구성한 원형 연결 리스트]

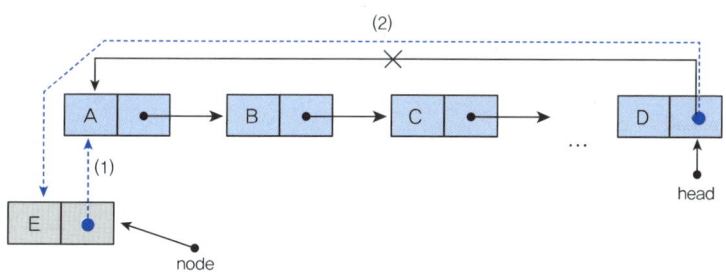

[원형 연결 리스트의 앞에 노드 삽입]

[원형 연결 리스트의 앞에 노드 삽입 알고리즘]

```
void insert_first(ListNode **phead, ListNode *node)
{
    if (*phead = NULL) { /* 원형 연결 리스트가 공백 상태인 경우 */
        *phead = node;
        node→link = node;
    }
    else {      /* 원형 연결 리스트에 기존 노드가 존재할 경우 */
        node→link = (*phead)→link;
        (*phead)→link = node;
    }
}
```

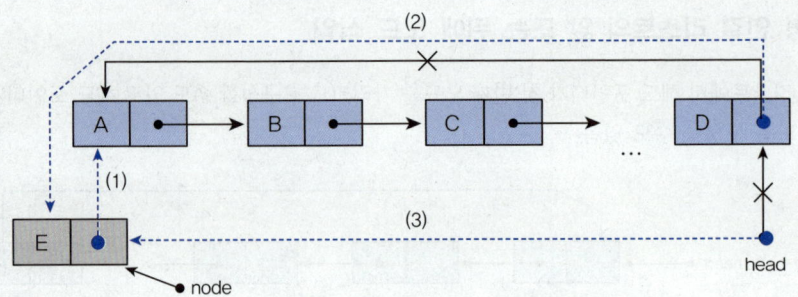

[원형 연결 리스트의 뒤에 노드 삽입]

[원형 연결 리스트의 뒤에 노드 삽입 알고리즘]
```
void insert_last(ListNode **phead, ListNode *node)
{
    if (*phead = NULL) { /* 원형 연결 리스트가 공백 상태인 경우 */
        *phead = node;
        node→link = node;
    }
    else {      /* 원형 연결 리스트에 기존 노드가 존재할 경우 */
        node→link = (*phead)→link;
        (*phead)→link = node;
        *phead = node;
    }
}
```

4 원형 연결 리스트의 길이 계산

원형 연결 리스트의 각 노드의 링크를 확인하여 다음 노드가 존재하면 길이를 1씩 증가시킴

제8절 이중 연결 리스트

① 단순 연결 리스트는 현재 노드의 반대 방향에 존재하는 선행 노드를 접근하기는 어려움
② 이중 연결 리스트는 하나의 노드가 두개의 링크 필드를 갖도록 하여 각각 이전 노드와 다음 노드를 가리키도록 하는 자료구조

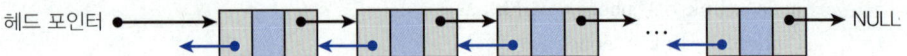

[이중 연결 리스트의 노드 구조]

[노드 구조의 정의]
```
typedef struct Dnode{
    struct Dnode *llink;
    char data[5];
    struct Dnode *rlink;
}
```

[이중 연결 리스트에서의 삭제 연산 과정]
① 삭제할 노드의 오른쪽 노드와 왼쪽 노드를 찾음
② 삭제할 노드의 오른쪽 노드의 주소(old → rlink)를 삭제할 노드의 왼쪽 노드(old → llink)의 오른쪽 링크(rlink)에 저장
③ 삭제할 노드의 왼쪽 노드의 주소(old → llink)를 삭제할 노드의 오른쪽 노드(old → rlink)의 왼쪽 링크(llink)에 저장
④ 삭제한 노드의 메모리를 반환

[이중 연결 리스트에서 노드 삭제 알고리즘]
```
deleteNode(DL, old)
{
    old → llink → rlink = old → rlink;
    old → rlink → llink = old → llink;
    returnNode(old);
}
```

[이중 연결 리스트에서의 삽입 연산 과정]
① 삽입할 노드를 준비
② 새 노드의 데이터 필드에 값을 저장
③ 새 노드의 왼쪽 노드의 오른쪽 링크(rlink)를 새 노드의 오른쪽 링크(rlink)에 저장
④ 왼쪽 노드의 오른쪽 링크(rlink)에 새 노드의 주소를 저장
⑤ 새 노드의 오른쪽 노드의 왼쪽 링크(llink)를 새 노드의 왼쪽 링크(llink)에 저장
⑥ 오른쪽 노드의 왼쪽 링크(llink)에 새 노드의 주소를 저장
⑦ 노드를 순서대로 연결

[이중 연결 리스트에서 노드 삽입 알고리즘]
```
insertNode(DL, pre, x)
{
    new = getNode();    /* 삽입할 새로운 노드 new를 생성 */
    new→data = x;       /* 새 노드 new에 데이터 필드에 값 저장 */
    new→rlink = pre→rlink;
    pre→rlink = new;
    new→llink = pre;
    new→rlink→llink = new;
}
```

제9절 일반 리스트

1 정의

0개 이상의 원소 또는 서브 리스트를 가지는 유한 선형 리스트

일반 리스트는 n〉=0개 원소의 유한 수열, 즉 $a_0, a_1, a_2, ..., a_{n-1}$이고 여기서 a_i는 원자값이거나 또는 리스트임. 원자가 아닌 원소 a_i는 서브 리스트라고 함

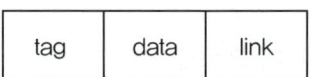

[일반 리스트의 노드 구조]

2 다중 변수 다항식의 일반 리스트 표현

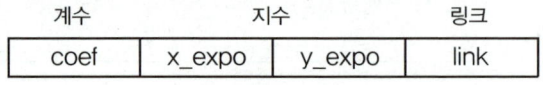

[이원 다항식의 노드 구조]

[이원 다항식의 노드에 대한 구조체 정의]
```
public class Node {
    float coef;      /* 계수를 저장하기 위한 변수 */
    int x_expo;      /* 변수 x의 지수를 저장하기 위한 변수 */
    int y_expo;      /* 변수 y의 지수를 저장하기 위한 변수 */
    Node link;       /* 링크 필드이며 다음 항을 가리키는 포인터 */
};
```

제5장 트리

제1절 트리

1 트리

① 표현하려는 대상 정보들의 각 항목들을 계층적으로 연관되도록 구조화시킬 때 사용
② 원소들 간에 일대다 관계를 가지는 비선형 자료구조
③ 루트(root)라는 특별한 노드가 하나 있는 비순환(acyclic)하며 연결된 그래프

2 용어

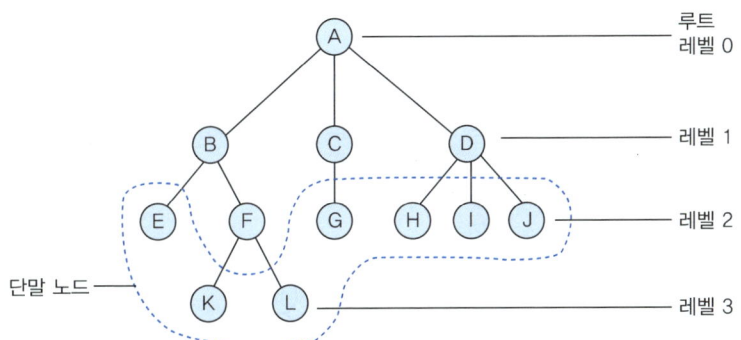

① **노드**: 노드는 트리를 구성하는 원소들
② **루트 노드**: 트리의 시작 노드
③ **간선**: 노드를 연결하는 선이며 부모 노드와 자식 노드를 연결함
④ **부모 노드**: 어느 한 노드에 대하여 이 노드의 상위에 연결된 노드
⑤ **자식 노드**: 현재 위치한 노드 아래에 연결되어 있는 노드
⑥ **형제 노드**: 같은 부모를 갖는 노드들
⑦ **조상 노드**: 간선을 따라 루트 노드까지 이르는 경로에 있는 모든 노드들
⑧ **자손 노드**: 서브 트리에 있는 하위 레벨의 노드들
⑨ **서브 트리**: 부모 노드와 연결된 간선을 끊었을 때 생성되는 트리
⑩ **노드의 차수**: 노드에 연결된 자식 노드의 수
⑪ **트리의 차수**: 트리에 있는 노드의 차수 중에서 가장 큰 값
⑫ **단말 노드(리프 노드)**: 차수가 0이며 자식 노드가 없는 노드
⑬ **비단말 노드**: 자식을 가지는 노드
⑭ **레벨(level)**: 트리의 각 층에 번호를 매기는 것으로서 루트의 레벨은 0이 되고 한 층씩 내려갈수록 1씩 증가

⑮ **노드의 높이(height)** : 루트에서 해당 노드에 이르는 간선의 수 즉, 노드의 레벨
⑯ **트리의 높이** : 트리에 있는 노드의 높이 중에서 가장 큰 값
⑰ **포리스트(forest)** : 루트를 제거하여 만든 서브 트리의 집합

3 트리의 표현

① 집합의 형태나 중첩된 괄호를 이용하여 표현 가능
② 컴퓨터에서 트리를 표현하기 위해서는 배열과 같은 순차 구조를 이용할 수도 있고 링크를 이용한 연결 리스트로 표현할 수도 있음

제2절 이진 트리

1 이진 트리

모든 노드들의 자식 노드가 2개 이하인 트리 즉, 차수가 2 이하인 트리

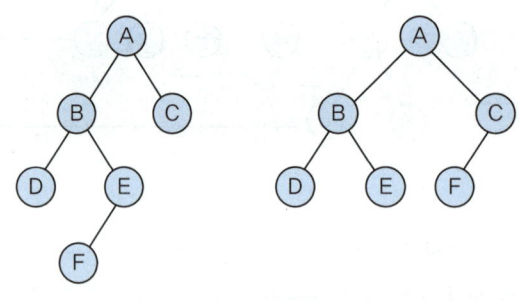

[이진 트리]

2 이진 트리의 종류

(1) **포화 이진 트리** : 트리의 모든 레벨에 노드가 꽉 차 있는 이진 트리

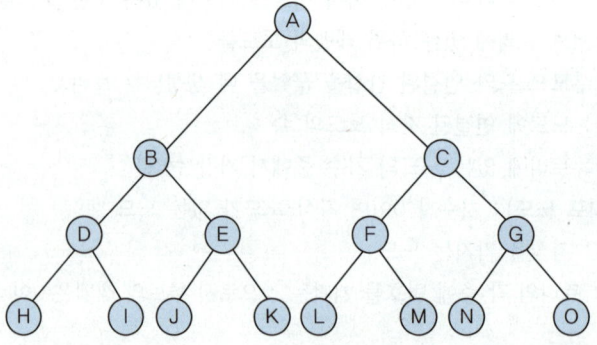

(2) **완전 이진 트리** : 마지막 레벨을 제외한 각 레벨이 노드들로 꽉 차 있고 마지막 레벨에는 노드들이 왼쪽부터 빠짐없이 채워진 트리

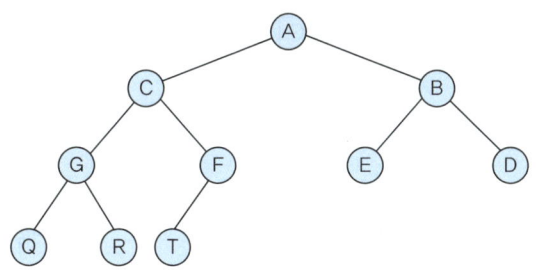

(3) **편향 이진 트리** : 왼쪽이나 오른쪽 서브 트리만 가지는 트리

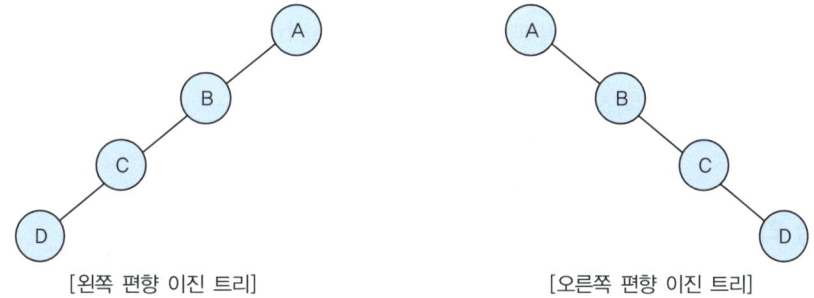

[왼쪽 편향 이진 트리]   [오른쪽 편향 이진 트리]

제3절 이진 트리의 표현 방법

1 배열 표현법

(1) 이진 트리를 포화 이진 트리라고 가정하고 각 노드에 번호를 붙여서 그 번호를 배열의 인덱스로 삼아 노드의 데이터를 배열에 저장하는 방법

(2) **이진 트리를 배열로 표현할 때의 인덱스**

루트 노드의 인덱스는 1이고 형제 노드 중 왼쪽 노드의 인덱스 순서가 오른쪽 노드보다 빠름

① 인덱스 0번 : 실제로 사용하지 않고 비워둠
② 인덱스 1번 : 루트 노드를 저장

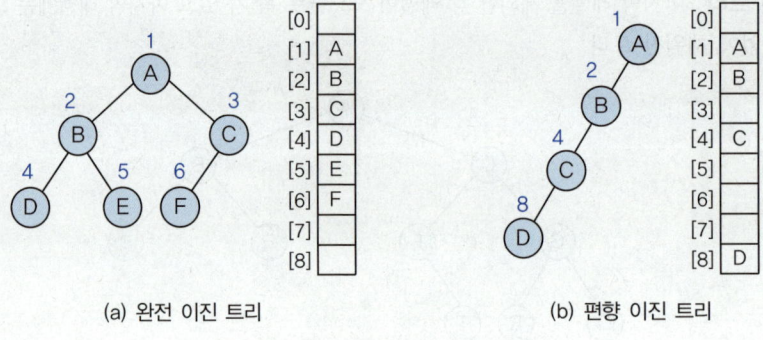

(a) 완전 이진 트리   (b) 편향 이진 트리

[이진 트리의 배열 표현 방법]

[부모와 자식의 인덱스 관계]
① 자식 노드의 인덱스가 i일 때 부모 노드의 인덱스 : $\lfloor i/2 \rfloor$
② 부모 노드의 인덱스가 i일 때 왼쪽 자식 노드 인덱스 : 2i
③ 부모 노드의 인덱스가 i일 때 오른쪽 자식 노드 인덱스 : 2i+1

2 연결 리스트 표현법

연결 리스트는 부모 노드와 자식 노드를 포인터로 연결하므로 연속된 메모리 영역이 아니더라도 부모와 자식 노드를 연결 가능

[이진 트리의 노드 구조]

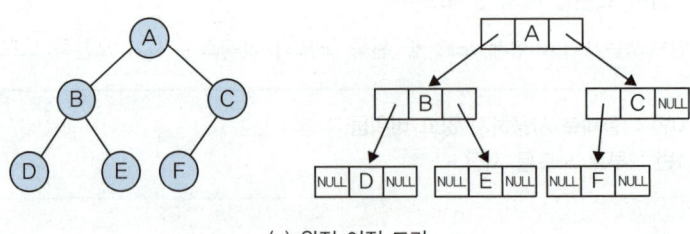

(a) 완전 이진 트리

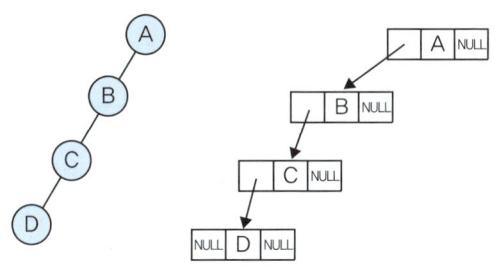

(b) 편향 이진 트리

[이진 트리의 연결 리스트 표현 방법]

[이진 트리 노드에 대한 구조체 정의]
```
typedef struct TreeNode {
    int data;                   /* 노드에 저장할 데이터 */
    struct TreeNode *left;      /* 왼쪽 자식 노드의 포인터 */
    struct TreeNode *right;     /* 오른쪽 자식 노드의 포인터 */
} TreeNode;
```

제4절 이진 트리 순회

(1) 트리를 구성하는 모든 노드들을 특정한 순서대로 한 번씩 방문하는 것

(2) 전위 순회, 중위 순회, 후위 순회

① 전위 순회

루트 노드를 방문하고 왼쪽 서브 트리를 방문한 후 오른쪽 서브 트리를 방문하는 순회 방법

[전위 순회 알고리즘]
```
void preorder(T)
{
    if (T != NULL) {
        visit T→data;
        preorder(T→left);
        preorder(T→right);
    }
}
```

② 중위 순회
왼쪽 서브 트리를 방문하고 루트 노드를 방문한 후 오른쪽 서브 트리를 방문하는 순회 방법

[중위 순회 알고리즘]
```
void inorder(T)
{
   if (T != NULL) {
   inorder(T→left);
   visit T→data;
   inorder(T→right);
   }
}
```

③ 후위 순회
왼쪽 서브 트리를 방문하고 오른쪽 서브 트리를 방문한 후 루트 노드를 방문하는 순회 방법

[후위 순회 알고리즘]
```
void postorder(T)
{
    if (T != NULL) {
    postorder(T→left);
    postorder(T→right);
    visit T→data;
    }
}
```

(3) 레벨 순회
① 각 노드를 레벨 순서대로 방문하는 방법
② 가장 낮은 레벨인 루트 노드부터 아래로 내려가면서 높은 레벨 순으로 노드들을 차례대로 순회

제5절 이진 트리의 응용

1 이진 트리에 의한 정렬

루트 노드보다 작으면 왼쪽 자식 노드로 삽입하고 루트 노드보다 크면 오른쪽 자식 노드로 삽입하여 이진 트리를 완성한 후 중위 순회하게 되면 데이터들이 오름차순으로 정렬됨

2 명제 논리

논리의 기본 구성 요소이며 참이나 거짓을 명확히 판단할 수 있는 문장이나 수식

제6절 스레드 이진 트리

자식 노드가 없는 경우 링크 필드에 NULL 대신 순회 순서상의 다른 노드를 가리키도록 설정

[스레드 이진 트리의 노드 구조]

```
[스레드 이진 트리의 노드 정의]
typedef struct treenode{
    char data;
    struct treenode *left;
    struct treenode *right;
    int isthreadleft;    /* 만약 왼쪽 링크가 스레드이면 TRUE */
    int isthreadright;   /* 만약 오른쪽 링크가 스레드이면 TRUE */
} treenode;
```

제7절 트리의 이진 트리 변환

(1) 이진 트리가 아닌 일반 트리들은 자식들의 노드 개수도 예상하기 힘들고 자료구조로 구현하는 게 어렵고 비효율적

(2) 일반 트리를 이진 트리로 변환하여 표현하면 기억 장소의 낭비를 줄일 수 있음

① 각각의 모든 형제 노드들을 수평선으로 연결

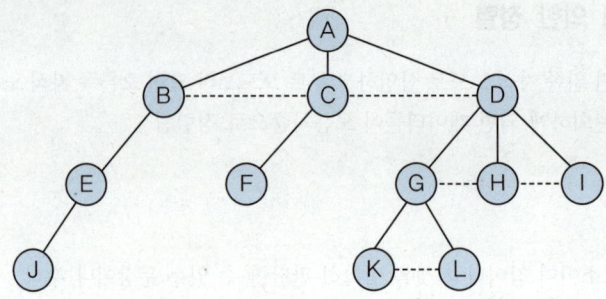

② 부모 노드에서 자식 노드로 연결된 연결선 중 맨 왼쪽 자식 노드와 연결된 연결선만 제외하고 모두 제거

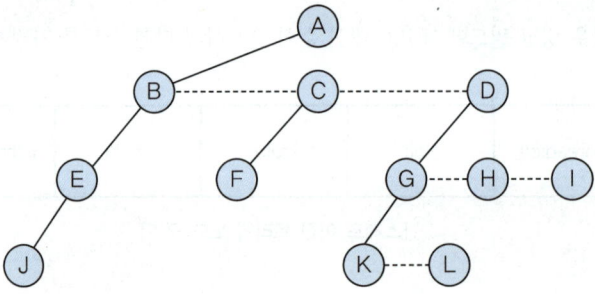

③ 마지막으로 이진 트리의 모습이 되도록 트리를 시계 방향으로 45도 정도 회전시킴
   (일반 트리에서 이진 트리로 변환 완료)

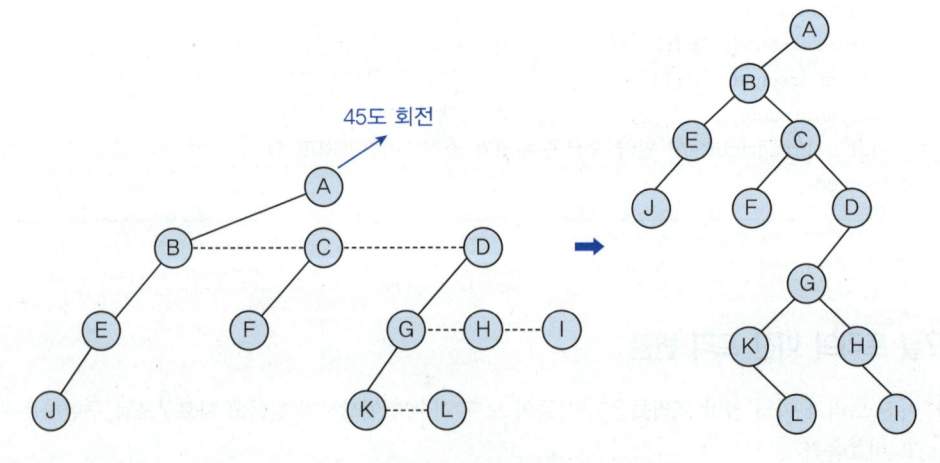

[일반 트리를 이진 트리로 변환하는 과정]

제8절 히프

1 히프 추상 데이터 타입

① 여러 값들 중에서 가장 큰 값이나 가장 작은 값을 찾아내는 연산을 빠르게 하기 위해 고안된 자료구조
② **최대 히프와 최소 히프**

[최대 히프와 최소 히프]

최대 히프	• 키값이 가장 큰 노드를 찾기 위한 완전 이진 트리 {부모 노드의 키값 ≥ 자식 노드의 키값} • 루트 노드: 키값이 가장 큰 노드
최소 히프	• 키값이 가장 작은 노드를 찾기 위한 완전 이진 트리 {부모 노드의 키값 ≤ 자식 노드의 키값} • 루트 노드: 키값이 가장 작은 노드

2 우선 순위 큐

① 우선 순위 개념을 큐에 도입한 자료구조
② 우선 순위를 가진 항목들을 저장하는 큐이며 각 항목들은 우선 순위를 갖음
③ 데이터가 입력된 순서와는 상관없이 우선 순위가 높은 데이터가 가장 먼저 처리됨

[우선 순위 큐의 추상 자료형]
- 데이터: n개의 우선 순위를 가진 항목들의 모임
- 연산
  ① create(): 우선 순위 큐를 생성
  ② init(q): 우선 순위 큐 q를 초기화
  ③ is_empty(q): 우선 순위 큐 q가 비어 있는지를 검사
  ④ is_full(q): 우선 순위 큐 q가 가득 찼는가를 검사
  ⑤ insert(q, x): 우선 순위 큐 q에 항목 x를 추가
  ⑥ delete(q): 우선 순위 큐로부터 가장 우선 순위가 높은 항목을 삭제하고 이 항목을 반환
  ⑦ find(q): 우선 순위가 가장 높은 항목을 반환

3 최대 히프에서의 삽입

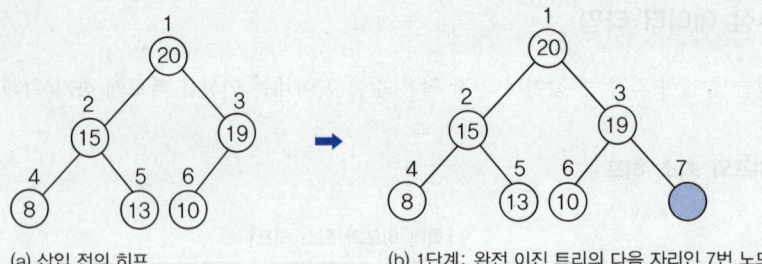

(a) 삽입 전의 히프   (b) 1단계: 완전 이진 트리의 다음 자리인 7번 노드 확장

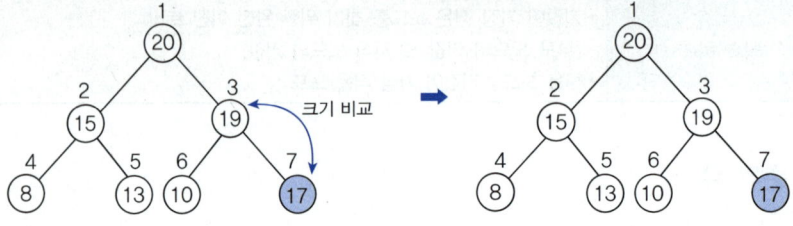

(c) 2단계: 삽입 원소 17의 자리 확정

[최대 히프에서의 삽입 연산(원소 17 삽입하기)]

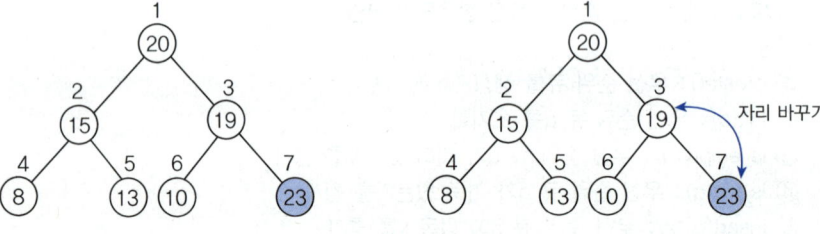

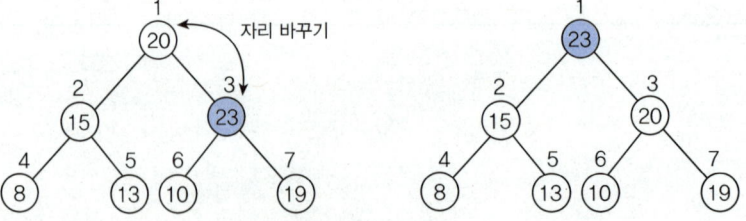

[최대 히프에서의 삽입 연산(원소 23 삽입하기)]

4 최대 히프에서의 삭제

① 루트 노드의 원소 삭제

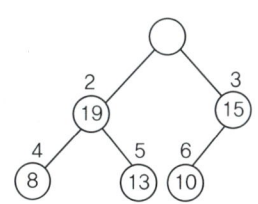

② 마지막 노드 삭제 후 원소를 루트로 이동

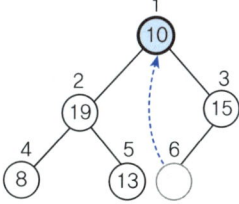

③ (삽입 노드 10 < 자식 노드 19)이므로 자리 바꾸기   ④ (삽입 노드 10 < 자식 노드 13)이므로 자리 바꾸기

⑤ 자리 확정

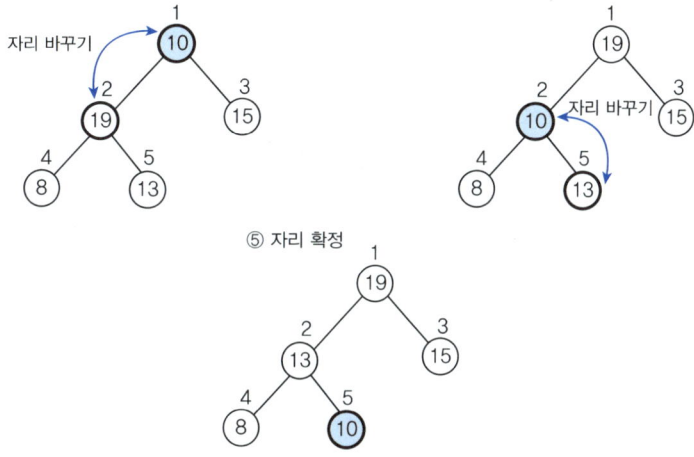

[최대 히프에서의 삭제 연산(루트 원소 삭제)]

제9절 이진 탐색 트리

1 이진 탐색 트리

① 모든 노드는 서로 다른 유일한 킷값을 가짐
② 임의의 노드의 킷값은 왼쪽 서브 트리의 킷값보다 큼
③ 임의의 노드의 킷값은 오른쪽 서브 트리의 킷값보다 작음
④ 왼쪽 서브 트리와 오른쪽 서브 트리도 이진 탐색 트리임

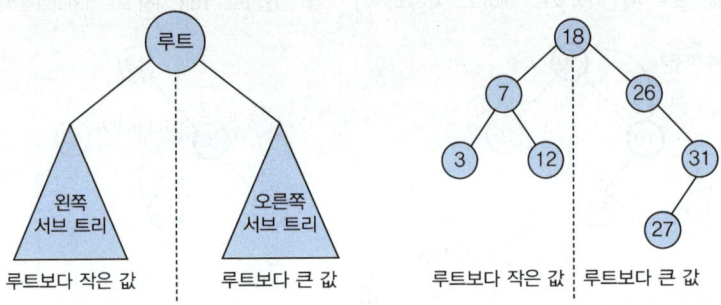

2 이진 탐색 트리의 탐색

① (킷값 x = 루트 노드의 킷값)인 경우: 원하는 원소를 찾았으므로 탐색 연산 성공
② (킷값 x < 루트 노드의 킷값)인 경우: 루트 노드의 왼쪽 서브 트리에 대해서 탐색 연산 수행
③ (킷값 x > 루트 노드의 키값)인 경우: 루트 노드의 오른쪽 서브 트리에 대해서 탐색 연산 수행

[이진 탐색 트리의 탐색 알고리즘]
```
searchbst(bst, x)
{
    p = bst;            /* 이진 탐색 트리를 포인터 p로 지정 */
    if (p = NULL) then  /* 이진 탐색 트리가 공백인 경우 */
        return NULL;
    if (x = p→key) then /* 탐색 키가 현재 트리의 루트 키값과 같은 경우 */
        return p;
    if (x < p→key) then /* 탐색 키가 현재 트리의 루트 키값보다 작은 경우 */
        return searchbst(p→rleft, x);
    else                /* 그 이외의 경우 */
        return searchbst(p→right, x);
}
```

3 이진 탐색 트리에 대한 삽입

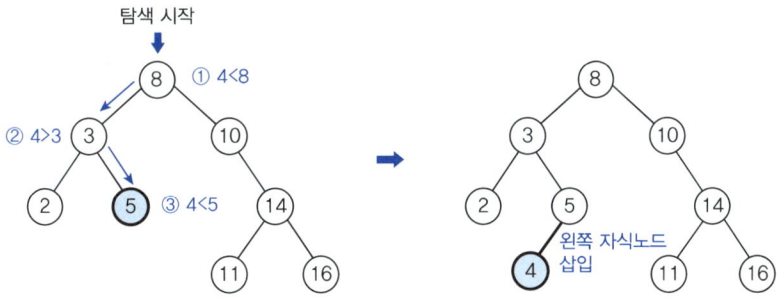

[이진 탐색 트리의 삽입 과정]

[이진 탐색 트리의 삽입 알고리즘]
```
insertbst(bst, x)
{
    p = bst;
    while (p ≠ NULL) {
        if (x = p→key) then return;
        q = p;
        if (x < p→key) then p = p→left;
        else p = p→right;
    }
    new = getNode();
    new→key = x;
    new→left = NULL;
    new→right = NULL;

    if (bst = NULL) then bst = new;
    else if (x < q→key) then q→left = new;
    else q→right = new;
    return;
}
```

4 이진 탐색 트리에서의 삭제

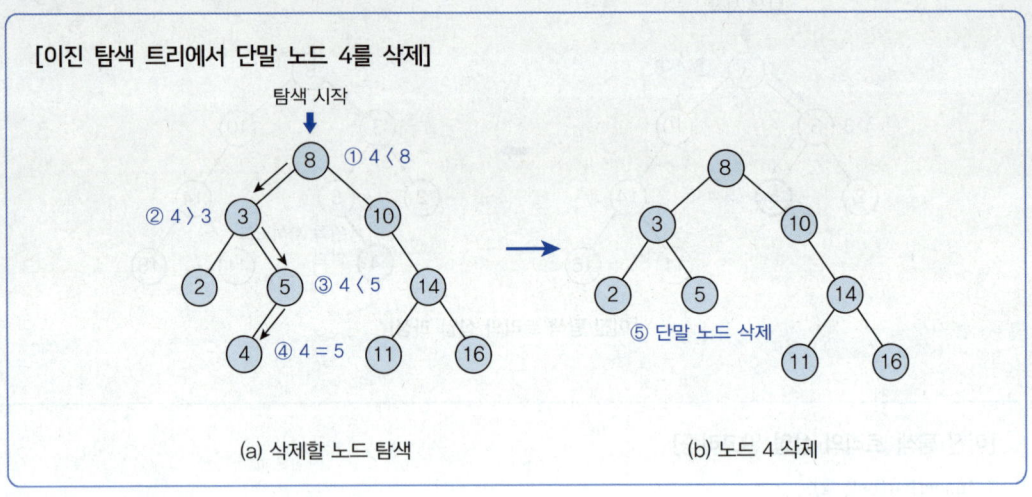

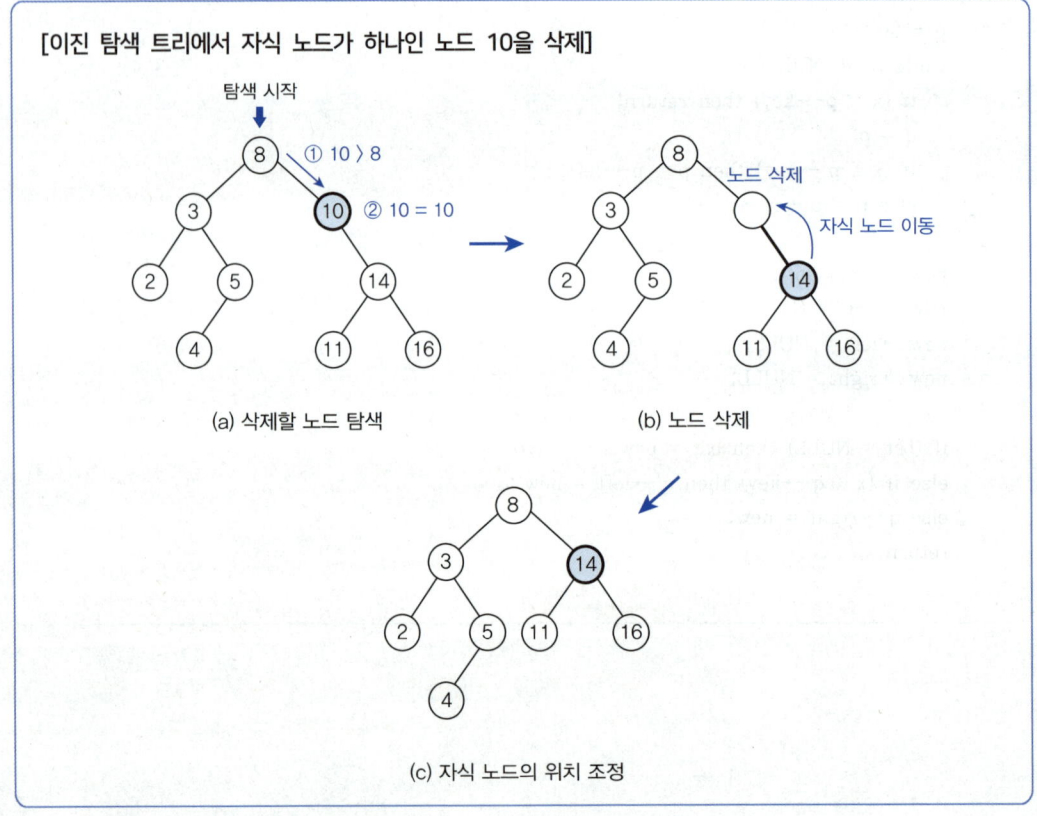

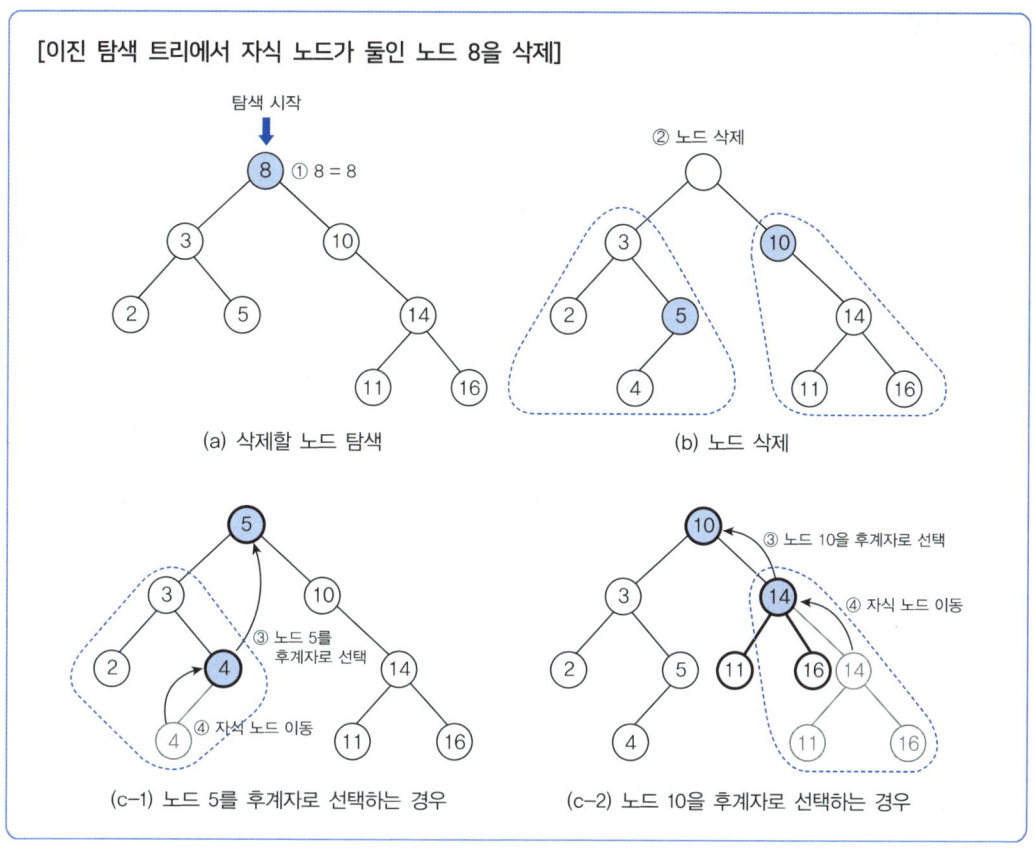

5 이진 탐색 트리의 높이

이진 탐색 트리에서의 탐색, 삽입, 삭제 연산의 시간 복잡도는 트리의 높이와 비례

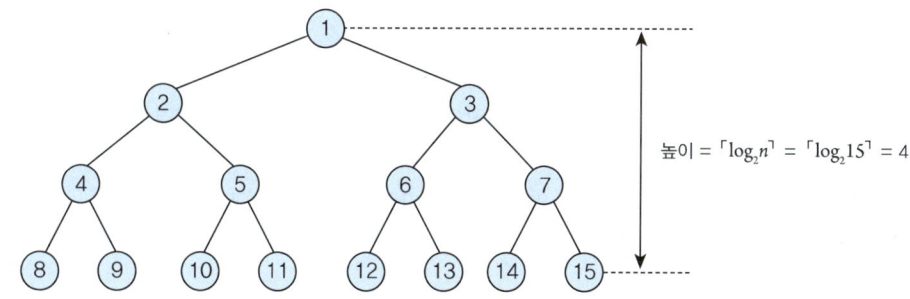

높이 = $\lceil \log_2 n \rceil$ = $\lceil \log_2 15 \rceil$ = 4

제6장　그래프

제1절 정의 및 용어

1 그래프의 정의

공집합이 아닌 정점(vertex)의 집합 V와 서로 다른 정점의 쌍(v_i, v_j)을 연결하는 간선(edge)의 집합으로 구성되는 구조

> [그래프의 정의]
> 공집합이 아닌 정점(vertex)의 집합 V와 서로 다른 정점의 쌍(v_i, v_j)을 연결하는 간선(edge)의 집합 E로 구성되는 구조 G
> - G = (V, E)
> - V = $\{v_1, v_2, ..., v_n\}$
> - E = $\{e_1, e_2, ..., e_m\}$ = $\{(v_i, v_j), ...\}$

2 그래프의 용어

① **무방향 그래프** : 두 정점을 연결하는 간선의 방향이 없는 그래프
② **방향 그래프** : 간선이 방향을 가지고 있는 그래프
③ **인접과 부속**
　㉠ 그래프에서 두 정점 v_i와 v_j를 연결하는 간선 (v_i, v_j)가 있을 때 두 정점 v_i와 v_j를 서로 인접하다고 표현
　㉡ 간선 (v_i, v_j)는 정점 v_i과 v_j에 부속되어 있다고 표현
④ **차수** : 정점에 연결되어 있는 간선의 수
⑤ **경로와 사이클**
　㉠ 경로 : 그래프에서 간선을 따라 갈 수 있는 길을 순서대로 나열한 것
　㉡ 사이클 : 단순 경로 중에서 경로의 시작 정점과 마지막 정점이 같은 경로
⑥ **연결 그래프** : 그래프를 구성하는 모든 정점 사이에 경로가 있는 그래프
⑦ **부분 그래프** : 그래프에 포함되는 일부 정점과 간선으로만 그린 그래프
⑧ **평면 그래프** : 그래프의 간선들이 정점 이외에서는 서로 교차되는 일이 없도록 평면으로 그릴 수 있을 경우
⑨ **완전 그래프** : 모든 정점들의 쌍 사이에 간선이 존재하는 그래프
⑩ **동형 그래프** : 두 그래프가 모양은 다르지만 똑같은 정점과 똑같은 간선으로 구성되어 있는 그래프
⑪ **가중 그래프** : 정점을 연결하는 간선에 비용이나 거리 등의 가중치가 할당된 그래프

제2절 그래프 표현 방법

1 인접 행렬

그래프의 표현을 위해 행렬을 이용하는 방식

> [그래프 G = (V, E)에서 |V| = n일 때 n × n 행렬로 나타내는 방법]
> - 그래프 G에 대한 인접 행렬 $A = [a_{ij}]$의 각 원소
> $$a_{ij} = \begin{cases} 1 & (v_i, v_j) \in E \\ 0 & otherwise \end{cases}$$

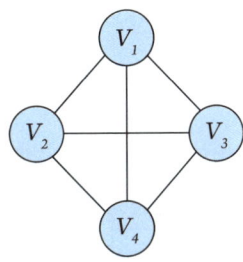

무방향 그래프   인접 행렬

[무방향 그래프와 인접 행렬]

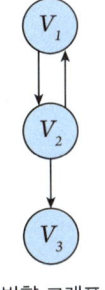

방향 그래프   인접 행렬

[방향 그래프와 인접 행렬]

2 인접 리스트

각각의 정점에 대해 간선으로 연결되어 있는 정점들을 연결 리스트로 표현하는 방법

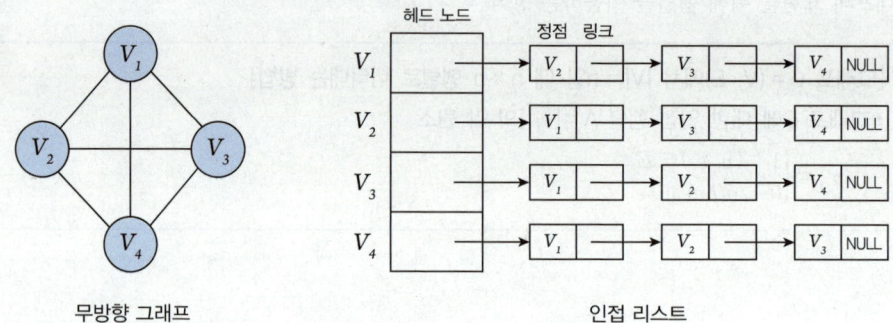

[무방향 그래프와 인접 리스트]

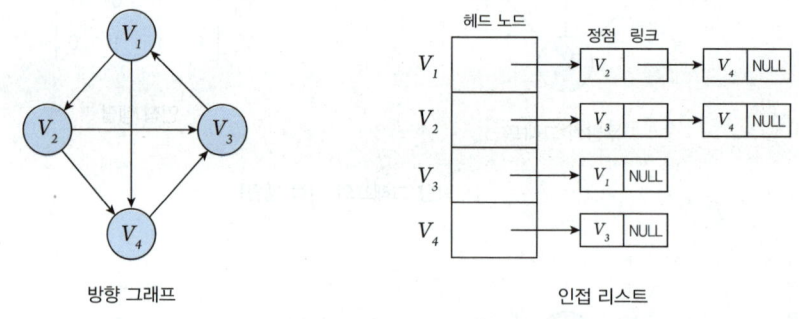

[방향 그래프와 인접 리스트]

제3절 그래프의 순회

1 깊이 우선 탐색

시작 정점에서 출발하여 한 방향으로 갈 수 있는 경로가 있는 곳까지 깊이 탐색하는 방법

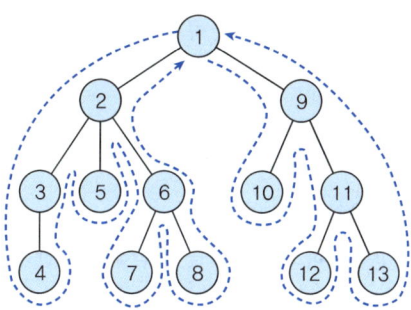

[깊이 우선 탐색 방법]
① 시작 정점 v를 정하여 방문
② 정점 v에 인접한 정점 중에서
  ㉠ 아직 방문하지 않은 정점 w가 있으면 정점 v를 스택에 push하고 w를 방문, 그리고 w를 v로 하여 다시 ②를 반복
  ㉡ 더 이상 방문하지 않은 정점이 없으면 스택을 pop하여 받은 가장 마지막에 방문한 정점을 v로 설정한 뒤 다시 ②를 수행
③ 스택이 공백이 될 때까지 ②를 반복

2 너비 우선 탐색

① 시작 정점에 가까운 정점들을 먼저 방문하고 멀리 있는 정점들은 나중에 방문하는 순회 방법
② 시작 정점으로부터 인접한 정점들을 모두 차례로 방문하고 나서 방문했던 정점을 시작으로 하여 다시 인접한 정점들을 차례로 방문하는 방식

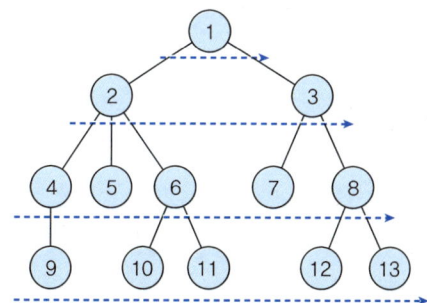

> [너비 우선 탐색 방법]
> ① 시작 정점 v를 결정하여 방문
> ② 정점 v에 인접한 정점 중에서 방문하지 않은 정점을 차례로 방문하면서 큐에 삽입(enQueue)
> ③ 방문하지 않은 인접한 정점이 없으면 방문했던 정점에서 인접한 정점을 다시 차례로 방문하기 위해 큐에서 제거(deQueue)하여 받은 정점을 v로 설정하고 ②를 반복
> ④ 큐가 공백이 되면 탐색이 끝난 것이므로 큐가 공백이 될 때까지 ②∼③을 반복

3 신장 트리

① 그래프 내의 모든 정점을 포함하는 트리
② 모든 정점들이 연결되어 있어야 하고 사이클을 포함해서는 안 됨

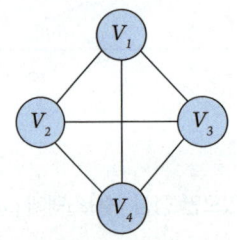

(a) 그래프 G1

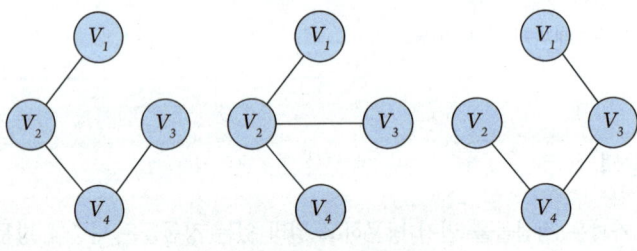

(b) 그래프 G1의 신장 트리

[신장 트리]

제4절 최소 비용 신장 트리

(1) 무방향 가중치 그래프에서 신장 트리를 구성하는 간선들의 가중치 합이 최소인 신장 트리

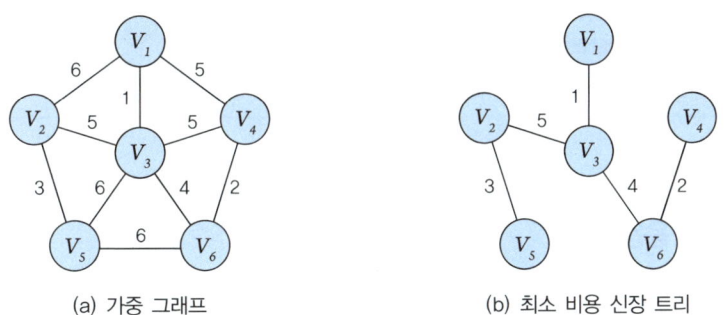

(a) 가중 그래프　　　　　　(b) 최소 비용 신장 트리

[최소 비용 신장 트리]

(2) Prim 알고리즘과 Kruskal 알고리즘

① Prim의 방법

가중 그래프에서 가중치가 가장 작은 간선을 하나 선택하고 선택된 간선에 연결된 모든 간선들 중 가중치가 가장 작은 간선을 선택해가며 최소 비용 신장 트리를 구성해 나가는 방식

> [Prim 알고리즘의 적용 과정]
> ① 현재 간선들 중에서 가중치가 가장 작은 간선을 선택
> ② 선택된 간선으로 두 정점을 연결했을 때 사이클이 생기면 간선을 버리고 그렇지 않으면 신장 트리에 삽입
> ③ 기존의 신장 트리를 이루는 간선의 한 끝 정점에 연결된 간선들을 검사
> ④ 검사한 간선들 중에서 아직 트리에 들어있지 않으면서 가중치가 가장 작은 간선을 선택
> ⑤ n-1개의 간선을 삽입할 때까지 ③을 반복
> 　　(간선이 n-1개가 되면 최소 비용 신장 트리가 완성됨)

② Kruskal의 방법
　㉠ 사이클을 만들지 않는 범위에서 최소 비용 간선을 하나씩 더해가면서 최소 신장 트리를 만드는 방식
　㉡ 가중치를 기준으로 간선을 정렬한 후 최소 신장 트리가 될 때까지 하나씩 선택해 가는 방법

[Kruskal 알고리즘의 적용 과정]
① 그래프의 모든 간선을 가중치에 따라 오름차순으로 정렬
② 그래프의 가중치가 가장 작은 간선을 선택. 이때 사이클을 형성하는 간선은 삽입할 수 없으므로 이런 경우에는 그 다음으로 가중치가 작은 간선을 선택
③ n-1개의 간선을 삽입할 때까지 ②를 반복
  (간선이 n-1개가 되면 최소 비용 신장 트리가 완성됨)

제5절 그래프의 응용

|T| > 0인 그래프 G = (V, T)에서 정점 $v_1, v_2 \in$ V 사이의 가장 짧은 거리의 경로
- 출발점(source) : 경로의 시작점
- 도착점(destination) : 경로의 목적지

[다익스트라 알고리즘의 적용 과정]
① 정점 v_1을 시작으로 정점들의 집합 S와 T를 정의
② 시작 정점 v_1과 연결된 정점 v_i의 가중치(거리)를 dist[i](1≤i≤n)로 정의. dist[1] = 0으로 초기화하고, 나머지 정점들 ($v_2 \sim v_n$)의 dist[i]는 ∞로 초기화
③ 시작 정점 v_1을 집합 S에 포함되도록 함
④ 정점 v_n을 마지막으로 모든 정점들이 집합 S에 포함될 때까지 다음의 과정을 반복
  ㉠ 집합 S에 최근 포함된 정점 v를 주축으로 연결된 집합 T의 정점 w의 가중치 cost(v, w)와 dist[v]의 합을 dist[w]의 값과 비교하여 작은 값을 dist[w]의 값으로 다시 정의
    dist[w] = min(dist[w], dist[v] + cost(v, w))
  ㉡ S에 포함되지 않은 정점들(집합 T의 정점) 중에서 가장 작은 dist[ ] 값을 갖는 정점을 선택하여 S에 포함시키고, 이 정점을 w라 함

제7장 탐색과 정렬

제1절 탐색

기억 장치에 저장되어 있는 여러 자료들 중에서 원하는 자료가 어디에 있는지 찾아내는 과정

1 순차 탐색

① 일렬로 나열된 데이터를 처음부터 마지막까지 순서대로 탐색하는 방법
② 배열이나 선형 리스트의 맨 앞에서부터 차례로 하나씩 비교해 가는데 찾고자 하는 데이터가 발견될 때까지 혹은 끝까지 검사하는 탐색 방법
③ 구현이 매우 쉽고 간단하지만 탐색이 비효율적

```
[순차 탐색 알고리즘]
/* int 배열 list의 순차 탐색 */
int seq_search(int list[], int key, int low, int high)
{
    for (int i = low; i <= high; i++)
        if (list[i] = key) then
            return i;   /* 탐색에 성공하면 키값의 인덱스 반환 */
    return -1;          /* 탐색에 실패하면 -1을 반환 */
}
```

2 이진 탐색

① 정렬된 데이터 집합을 이분화하면서 탐색하는 방법
② 데이터 집합의 중간에 있는 데이터부터 비교하여 원하는 데이터가 중간의 데이터보다 더 크면 중간의 오른쪽 부분인 뒤쪽에서 찾고 원하는 데이터가 중간의 데이터보다 작으면 중간의 왼쪽 부분인 앞쪽에서 찾는 것을 반복하는 방법

- 찾는 킷값 > 원소의 킷값 : 오른쪽 부분에 대해서 검색 실행
- 찾는 킷값 < 원소의 킷값 : 왼쪽 부분에 대해서 검색 실행

[이진 탐색 알고리즘]
```
binary_search(list, low, high, key)
{
    if (low > high) return -1;
    middle = (low + high) / 2;   /* 중간 위치 계산 */

    if (key = list[middle])      /* 탐색 성공 */
        return middle;
    else if (key < list[middle])      /* 왼쪽 부분 리스트 탐색 */
        return binary_search(list, low, middle - 1, key);
    else if (key > list[middle])      /* 오른쪽 부분 리스트 탐색 */
        return binary_search(list, middle + 1, high, key);
}
```

3 피보나치 탐색

① 피보나치 수열에 따라 다음에 비교할 대상을 선정하여 탐색하는 방법
② 데이터가 반드시 정렬되어 있어야 함
③ 이진 탐색은 나눗셈을 이용해야 하지만 피보나치 탐색은 덧셈과 뺄셈만을 사용하면 되므로 이진 탐색보다 더 빠름
④ 피보나치 수열은 $F_0 = 0$, $F_1 = 1$이고 $F_i = F_{i-1} + F_{i-2}$(i ≥ 2)로 정의됨

$F_0 = 0$, $F_1 = 1$
$F_i = F_{i-1} + F_{i-2}$
(단, i는 정수 2, 3, 4, 5, …)

제2절 정렬

1 삽입 정렬

① 새로운 데이터를 정렬된 데이터에 삽입하는 과정을 반복하여 전체 데이터를 정렬하는 방식
② 이미 정렬된 데이터들에 새로운 데이터 하나를 순서에 맞게 삽입시키는 것
③ 평균적인 시간 복잡도는 최악의 시간 복잡도와 같이 $O(n^2)$

> **[삽입 정렬 방법]**
> ① 처음 A[0]은 정렬된 데이터로 취급
> ② 다음 데이터 A[1]은 정렬된 데이터 A[0]과 비교하여 적절한 위치에 삽입
> ③ 다음 데이터 A[2]는 정렬된 데이터 A[0], A[1]과 비교하여 적절한 위치에 삽입
> ④ 같은 방식으로 나머지 데이터들을 삽입하여 정렬

2 쉘 정렬

① 이웃하는 데이터들끼리의 자리를 이동하면서 정렬이 이루어짐
② 일정한 간격으로 떨어져있는 데이터들끼리 부분 리스트를 구성하고 각 부분 리스트에 있는 데이터들에 대해서 삽입 정렬을 수행하는 작업을 반복하면서 전체 데이터들을 정렬하는 방법
③ 평균적인 경우의 시간 복잡도는 $O(n^{1.5})$

3 퀵 정렬

① 정렬할 전체 데이터에 대해서 정렬을 수행하지 않고 기준키를 중심으로 왼쪽 부분 리스트와 오른쪽 부분 리스트로 분할하여 정렬하는 방법
② 기준이 되는 기준키를 피벗이라고 함
③ 평균적인 시간 복잡도 또한 $O(n\log_2 n)$

> **[퀵 정렬 방법]**
> ① 리스트의 첫 원소를 피벗으로 선택
> ② 피벗의 다음 위치로부터 오른쪽으로 움직이면서 크기를 비교하여 피벗보다 큰 데이터를 찾음
> ③ 동시에 리스트의 마지막부터 왼쪽으로 움직이면서 피벗보다 작은 데이터를 찾아 서로 교환함
>
>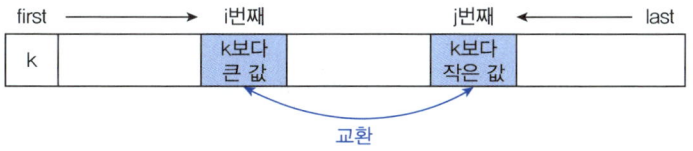
>
> ④ 피벗을 중심으로 나누어진 각 서브 리스트에서 ①부터 다시 반복

4 버블 정렬

① 이웃하는 데이터를 비교하여 작은 데이터를 앞쪽으로 이동시키는 과정을 반복하여 정렬
② 주어진 파일에서 인접한 2개의 데이터를 비교하여 그 크기에 따라 데이터의 위치를 서로 교환하는 정렬 방식

> [버블 정렬 방법]
> ① 인접한 두 데이터 A[i]와 A[i+1]의 값들을 비교
> ② A[i+1]의 값이 A[i]의 값보다 작으면 두 데이터를 교환
> ③ 이 과정을 반복하면 큰 데이터가 배열의 끝에 오도록 정렬됨

5 2원 합병 정렬

① 하나의 리스트를 두 개의 균등한 크기로 반복해서 분할한 뒤 분할된 부분 리스트를 정렬한 다음 두 리스트를 합하여 전체가 정렬된 리스트를 만드는 방법
② 분할 과정을 거쳐 두 개로 분할된 부분 리스트를 각각 정렬하고 완전히 정렬된 서로 다른 두 개의 부분 리스트를 합병하여 완전히 정렬된 한 개의 리스트로 만드는 것
③ 합병 정렬의 시간 복잡도는 $O(n \log_2 n)$

> [합병 정렬 방법]
> ① 분할(divide) : 입력 데이터를 같은 크기의 부분 리스트 2개로 분할
> ② 정복(conquer) : 부분 리스트의 데이터들을 정렬
> ③ 결합(combine) : 정렬된 부분 리스트들을 하나의 리스트로 통합

6 힙 정렬

① 힙이라는 특수한 자료구조를 사용하는 정렬 알고리즘
② 최대 힙은 부모 노드의 킷값이 자식 노드의 킷값보다 항상 크거나 같은 크기 관계
③ 최소 힙은 부모 노드의 킷값이 자식 노드의 킷값보다 항상 작거나 같은 크기 관계
④ 정렬하고자 하는 데이터들이 있을 때 모든 데이터들을 힙에 삽입하여 힙을 완성한 후 하나씩 삭제하면 정렬된 순서대로 데이터들이 정렬됨
⑤ 시간 복잡도는 $O(n \log_2 n)$

[히프 정렬 방법]
① 히프에서 루트 노드의 킷값을 출력
② 히프의 마지막 노드를 루트 노드로 가정하여 나머지 노드들로 새로운 히프를 만듦
③ 새로 만들어진 히프 트리의 루트 노드를 출력하고 앞에서 만든 히프의 마지막 노드를 루트 노드로 가정하여 새로운 히프를 만드는 과정을 반복
④ ③의 과정을 모든 노드가 제거될 때까지 반복

7 선택 정렬

① 전체 데이터들 중에서 기준 위치에 맞는 데이터를 선택하여 자리를 교환하는 방식
② 정렬되지 않은 데이터들에 대해 오름차순으로 정렬하고자 한다면 가장 작은 데이터를 찾아 가장 앞의 데이터와 교환해나가는 방법을 반복
③ 선택 정렬의 시간 복잡도는 $O(n^2)$

[선택 정렬 방법]
① 전체 데이터 중에서 가장 작은 데이터를 찾아서 선택하여 첫 번째 위치와 자리를 교환
② 그 다음 두 번째로 작은 데이터를 찾아 선택하여 두 번째 위치와 자리를 교환
③ 그 다음에는 세 번째로 작은 데이터를 찾아서 세 번째 위치와 자리를 교환
④ 이 과정을 반복하면서 정렬을 완성

8 기수 정렬

① 제한적인 범위 내에 있는 숫자에 대해서 각 자릿수별로 정렬하는 알고리즘
② 숫자를 각 자릿수에 대해 부분적으로 비교하는 정렬 방법

[기수 정렬 방법]
① 먼저 정렬하고자 하는 숫자들을 먼저 가장 낮은 자릿수만 가지고 모든 수를 재배열(정렬)
② 그런 다음 가장 낮은 자릿수는 제외하고 나머지 자릿수에 대해 다시 앞과 같이 반복
③ 더 이상 자릿수가 남지 않을 때까지 계속하면 마지막에는 정렬된 배열을 갖게 됨

[정렬 방법의 성능 비교]

알고리즘	최선의 경우	평균적인 경우	최악의 경우
삽입 정렬	$O(n)$	$O(n^2)$	$O(n^2)$
쉘 정렬	$O(n)$	$O(n^{1.5})$	$O(n^{1.5})$
퀵 정렬	$O(n\log_2 n)$	$O(n\log_2 n)$	$O(n^2)$
버블 정렬	$O(n^2)$	$O(n^2)$	$O(n^2)$
2원 합병 정렬	$O(n\log_2 n)$	$O(n\log_2 n)$	$O(n\log_2 n)$
힙 정렬	$O(n\log_2 n)$	$O(n\log_2 n)$	$O(n\log_2 n)$
선택 정렬	$O(n^2)$	$O(n^2)$	$O(n^2)$
기수 정렬	$O(d(n+r))$	$O(d(n+r))$	$O(d(n+r))$

제8장 해싱

제1절 심볼 테이블과 해싱 개념

심볼 테이블(symbol table)이란 컴파일러나 인터프리터와 같은 언어 변환기에서 사용되는 자료구조

제2절 정적 해싱

1 해싱 테이블(hashing table)

① 데이터가 저장될 위치가 데이터의 값에 의해 결정되는 자료구조
② 데이터가 저장되는 버킷(bucket)들의 배열로 만들어지며 한 버킷은 하나 이상의 레코드를 수용할 수 있음
③ 해싱 테이블에는 키(key)라는 인덱스로 자료를 접근하고 키와 배열 사이에서 해싱 함수를 이용하여 매핑(mapping)을 함

2 해싱 함수와 종류

(1) 해싱 함수
① 입력된 킷값을 해싱 테이블의 주소로 변환시켜주는 함수
② 주어진 킷값으로부터 레코드가 저장되어 있는 주소를 직접 계산할 수 있도록 하는 수식
③ 키를 전달받아 키의 해시값(hash value)을 반환하게 됨
④ 킷값을 해싱 함수에 넣어서 계산하면 해싱 테이블의 주소 값이 나오게 됨

(2) 해싱 함수의 대표적인 예
① 중간 제곱(mid-square) 함수
킷값을 제곱한 후에 그 결과의 중간에 있는 적당한 수의 비트를 취하여 해싱 테이블의 버킷 주소로 만드는 방법
② 나누기(division-remainder) 함수
나누기 함수는 해싱 함수로 나눗셈을 이용하는 방법으로 킷값을 해싱 테이블의 크기로 나누어서 그 나머지를 버킷 주소로 변환하는 방법
③ 접지(folding) 함수
㉠ 종이를 접듯이 숫자를 접어 일정한 크기 이하의 수로 만드는 방법
㉡ 각 부분을 더하는 방식은 shift folding과 boundary folding 방법이 있음

3 충돌과 오버플로우

(1) 충돌(collision)
① 해싱 테이블의 한 주소를 놓고 두 개 이상의 원소가 자리를 다투는 것으로 한 원소를 해싱해서 저장하려는데 다른 원소가 이미 그 자리를 차지한 상황
② 해싱 함수를 통해 만들어진 해시 주소가 중복되면 데이터 값이 충돌함

(2) 오버플로우
더 이상 슬롯에도 빈자리가 없는 경우

4 오버플로우 처리 기법

(1) 개방 주소법(open addressing)
해시 충돌이 발생하면 다른 버킷에 데이터를 삽입하는 방식
① 선형 조사(linear probing)
㉠ 가장 간단한 충돌 해결 방법으로 충돌이 일어난 바로 뒷자리를 보는 것
㉡ 해시 충돌 시 다음 버킷, 혹은 몇 개 건너뛰어 데이터를 삽입함

② 이차원 조사(quadratic probing)
  ㉠ 충돌 시 바로 뒷자리를 보는 대신에 보폭을 이차 함수로 넓혀가면서 찾는 방법
  ㉡ 이차원 조사는 선형 조사의 문제점을 해결하기 위한 방법이며 가능하면 충돌이 발생한 위치에서 먼 곳의 버킷에 저장되도록 함
③ 더블 해싱(double hashing)
  ㉠ 2개의 해싱 함수를 사용하는 충돌 해결 방법
  ㉡ 해시 충돌이 발생하면 다른 해싱 함수를 한 번 더 적용한 결과를 이용함
  ㉢ 두 개의 함수를 사용하며 충돌이 생겨 다음에 볼 주소를 계산할 때 두 번째 해싱 함수값만큼씩 점프함

(2) 폐쇄 주소법(closed addressing)
① 키에 대한 해시값에 대응되는 곳에만 키를 저장하는 충돌 해결 방법[대표적인 방법으로는 체이닝(chaining)이 있음]
② 동일한 주소로 해싱된 모든 키들을 하나의 연결 리스트(linked list)로 저장하는 것

기출동형 최종모의고사 | 자료구조

제한시간: 50분 | 시작 ___시 ___분 – 종료 ___시 ___분

→ 정답 및 해설 284p

01 동적 메모리 할당을 받아 노드를 생성하고 노드는 레퍼런스를 이용하여 다음 노드를 가리키도록 만들어 노드들을 한 줄로 연결시킨 자료구조를 무엇이라 하는가?

① 배열
② 단순 연결 리스트
③ 이중 연결 리스트
④ 환형 연결 리스트

02 다음 내용에서 괄호 안에 알맞은 용어를 순서대로 고른 것은?

> 알고리즘의 성능은 (㉠) 복잡도와 (㉡) 복잡도에 기반하여 분석한다.

	㉠	㉡
①	연산	비교
②	실행시간	컴파일시간
③	시간	공간
④	접근적	분석적

03 단순 연결 리스트로 구현된 스택에서 삽입과 삭제 연산의 수행 시간은 얼마인가?

① $O(n)$
② $O(1)$
③ $O(n^2)$
④ $O(\log n)$

04 삽입과 삭제가 양 끝에서 각각 수행되는 자료구조는 무엇인가?

① 스택
② 큐
③ 연결 리스트
④ 배열

05 하나의 노드가 이전 노드와 다음 노드를 가리키도록 두 개의 포인터를 갖는 자료구조는 무엇인가?

① 배열
② 이중 연결 리스트
③ 원형 연결 리스트
④ 단순 연결 리스트

06 초기에 empty인 스택에서 push(A), push(B), pop, push(C), push(D), pop, pop, push(E), pop 연산을 차례로 수행한 후, 스택의 top에 있는 데이터는?

① A
② B
③ C
④ D

07 현재 큐에 A, B, C, D의 순으로 데이터가 삽입되었다. 가장 먼저 삭제되는 데이터에 해당하는 것은?

① A
② B
③ C
④ D

08 이진 트리는 자식 노드가 2 이하인 트리이다. 이러한 이진 트리에서 널(null) 링크를 활용하여 트리를 순회할 수 있도록 한 자료구조에 해당하는 것은?

① 완전 이진 트리
② 포화 이진 트리
③ 스레드 이진 트리
④ 편향 이진 트리

09 다음 이진 트리에 대한 순회 방식의 설명으로 잘못된 것은?

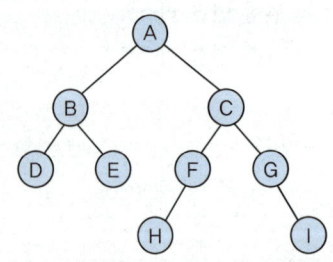

① 전위 순회하면 A - B - D - E - C - F - H - G - I가 된다.
② 중위 순회하면 D - B - E - A - H - F - C - G - I가 된다.
③ 후위 순회하면 D - E - B - A - H - F - I - G - C가 된다.
④ 레벨 순회하면 A - B - C - D - E - F - G - H - I가 된다.

10 균형 이진 트리에 대한 설명으로 옳은 것은?

① 루트로부터 단말 노드들까지의 평균 경로 길이가 $O(2^n)$이다.
② 루트로부터 단말 노드들까지의 경로들 중에서 가장 긴 길이가 $O(\log n)$이다.
③ 루트로부터 단말 노드들까지의 경로들 중에서 가장 짧은 길이가 $O(n)$이다.
④ 루트로부터 단말 노드들까지의 경로들 중에서 가장 짧은 길이가 $O(1)$이다.

11 다음 중 랜덤한 입력에 대해 원소 교환 횟수가 최소인 정렬 알고리즘은 무엇인가?

① 퀵 정렬
② 버블 정렬
③ 삽입 정렬
④ 선택 정렬

12 다음의 입력에 대해 퀵 정렬을 수행하려 한다. 피벗이 50일 때 퀵 정렬로 한 번 분할된 상태는 어느 것인가?

50 60 80 90 30 40 70 10 20

① 20 30 10 80 50 40 90 60 70
② 30 20 10 40 50 90 70 80 60
③ 30 60 20 10 80 70 40 90 50
④ 40 70 80 10 20 30 50 60 90

13 다음 중 기수 정렬에 대한 설명으로 잘못된 것은?

① 기수 정렬은 제한적인 범위 내에 있는 숫자(문자)에 대해서 좋은 성능을 보이는 정렬 알고리즘이다.
② 기수 정렬은 선형 크기의 추가 메모리를 필요로 한다.
③ 기수 정렬은 다양한 데이터에 대해 정렬이 가능하다.
④ 기수 정렬은 범용 정렬 알고리즘이 아니다.

14 N개의 정점과 M개의 간선을 가진 그래프를 인접 리스트로 표현할 때 필요한 단순 연결 리스트의 개수는?

① N개
② M개
③ M+N개
④ M×N개

15 다음 그래프 중 신장 트리에 해당하지 않는 것은?

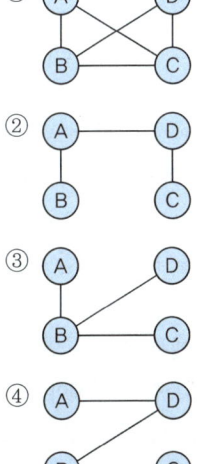

16 N개의 정점을 가진 무방향 그래프 G에 대한 설명 중 틀린 것은?

① G가 N-1개의 간선을 가지면서 사이클이 없으면, G는 트리이다.
② G의 각 쌍의 정점 사이에 1개의 경로만 존재하면, G는 트리이다.
③ 무방향 그래프에서 연결된 두 정점은 진출 차수와 진입 차수의 수가 다르다.
④ G가 1개의 연결 성분으로 되어 있고 N-1개의 간선을 가지면, G는 트리이다.

※ 다음 가중치 그래프를 참고하여 물음에 답하시오. [17 ~ 18]

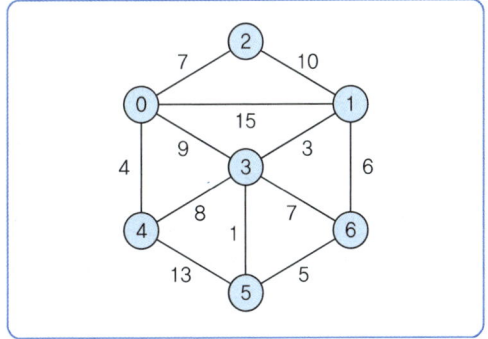

17 위 그래프에서 Kruskal의 알고리즘에 의해 선택된 처음 3개의 트리 간선의 가중치의 합은?

① 8   ② 9
③ 10   ④ 12

18 그래프에서 Prim의 알고리즘에 의해 선택된 처음 3개의 트리 간선의 가중치의 합은? (단, 시작 정점은 0임)

① 8   ② 9
③ 13   ④ 19

19 다음 그래프에서 Dijkstra 알고리즘을 이용하여 정점 0에서 각 정점까지의 최단 거리를 계산한 결과로 옳은 것은?

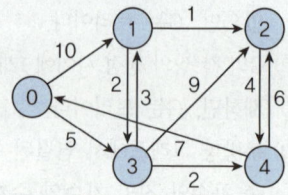

① 정점 0에서 1까지의 최단 거리는 10이다.
② 정점 0에서 2까지의 최단 거리는 9이다.
③ 정점 0에서 3까지의 최단 거리는 12이다.
④ 정점 0에서 4까지의 최단 거리는 11이다.

20 다음 중 그래프에 대한 설명으로 옳지 않은 것은?

① 그래프는 사이클을 형성하면 안 된다.
② 그래프를 저장하기 위해 일반적으로 인접 행렬 또는 인접 리스트를 사용한다.
③ 무방향 그래프를 인접 행렬로 표현하면 a[i][j]와 a[j][i]에 간선 정보를 중복 저장한다.
④ 무방향 그래프를 인접 리스트로 표현하면 간선 (i, j)에 대해 정점 i와 정점 j의 리스트에 각각 간선 정보를 저장해야 한다.

21 다음의 시간 복잡도를 작은 것부터 큰 순서대로 바르게 나열한 것은?

$$O(n), O(n\log n), O(\log n)$$

① $O(\log n) < O(n) < O(n\log n)$
② $O(n\log n) < O(n) < O(\log n)$
③ $O(n) < O(n\log n) < O(\log n)$
④ $O(\log n) < O(n\log n) < O(n)$

22 선형 리스트 A를 2차원 배열 A[5][3]으로 표현했을 때, 행우선 순서 방법으로 저장하는 경우 A[3][1]원소는 몇 번째 원소인가? (단, 인덱스는 0부터 시작함)

① 8   ② 10
③ 11 ④ 12

23 희소 행렬에 저장된 원소 중 0이 아닌 원소들을 각각 <행, 열, 값> 3원소 쌍으로 구성하는 경우, 1차원 배열로 저장한 경우와 비교할 때 가장 큰 장점은 무엇인가?

① 희소 행렬의 임의 원소를 검색하기가 용이하다.
② 행렬의 역 행렬을 구하는 알고리즘의 작성이 쉽다.
③ 행렬의 전치 행렬을 구하는 알고리즘의 작성이 쉽다.
④ 규모가 큰 희소 행렬에서 기억 공간을 절약할 수 있다.

24 순차 자료구조 방식과 연결 자료구조 방식에 대한 설명으로 잘못된 것은?

① 연결 자료구조는 다음 원소의 주소에 의해 순서가 연결되는 방식이다.
② 순차 자료구조에서의 저장 공간에 대한 문제를 개선한 것이 연결 자료구조이다.
③ 연결 자료구조는 순차 자료구조와 같이 물리적인 순서를 맞추기 위한 오버헤드가 발생한다.
④ 연결 자료구조에서 원소는 연결될 다음 원소에 대한 주소를 저장해야 하기 때문에 <원소, 주소>의 단위 구조인 노드를 사용한다.

25 다음 중 연결 리스트에 대한 설명으로 옳지 않은 것은?

① 연결 리스트는 헤드 노드를 갖도록 구성할 수 있다.
② 단순 연결 리스트에서는 한쪽 방향으로만 이동이 가능하다.
③ 이중 연결 리스트는 단순 연결 리스트보다 모든 면에서 우수하다.
④ 일반적으로 이중 연결 리스트의 노드는 적어도 3개의 필드를 가진다.

26 다음 중 이중 연결 리스트에 대한 설명으로 옳지 않은 것은?

① 단순 연결 리스트의 노드에 비하여 링크 필드가 더 필요하다.
② 임의의 노드에 대한 포인터 값이 그 노드의 왼쪽 노드와 오른쪽 노드에 저장된다.
③ 원형으로 만들 경우 어떤 노드의 포인터 필드 값 1개를 잃어버려도 복구할 수 있다.
④ 같은 리스트를 단순 연결 리스트에 저장했을 때보다 시작 노드부터 n번째 노드를 찾는 시간이 더 빠르다.

27 다음 중 스택 메모리에 대한 정보의 입/출력 방식은?

① 우선순위 큐(Priority Queue)
② FIFO(First In First Out)
③ LILO(Last In Last Out)
④ LIFO(Last In First Out)

28 다음 식에 대하여 Postfix 기법으로 옳게 기술된 것은?

$$(A \times B) + (C \times D)$$

① + A B × × C D
② + × A B × C D
③ A B × C D × +
④ × A B + × C D

29 다음 중 원형 큐에서 포화 상태의 조건에 해당하는 것은?

① front = rear
② (front + 1) = rear
③ (rear + 1) mod n = front
④ (front + 1) mod n = rear

30 데크에 대한 옳은 설명으로 짝지어진 것은?

가. 양 끝에서 노드의 삽입과 삭제가 가능하다.
나. 하나의 포인터를 사용한다.
다. Delete ended queue의 약자다.
라. 선형 자료구조다.

① 가, 나
② 나, 다
③ 다, 라
④ 가, 라

31 n개의 노드로 구성된 트리를 만들고자 한다. 다음 중 트리의 높이가 가장 커지게 되는 트리의 형태는 무엇인가?

① 균형 이진 트리
② 포화 이진 트리
③ 완전 이진 트리
④ 편향 이진 트리

32 다음 트리를 후위 순서(Post order)로 운행할 때 노드 E는 몇 번째로 검사되는가?

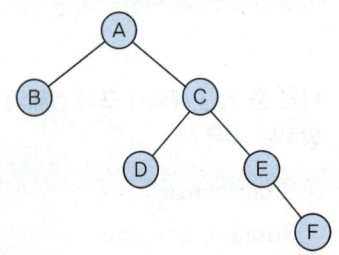

① 2번째
② 3번째
③ 4번째
④ 5번째

33 다음 가중치 그래프에서 정점 A를 시작으로 프림 알고리즘을 통해 최소 비용 신장 트리를 구하고자 한다. 네 번째로 선택되는 간선의 가중치는 얼마인가?

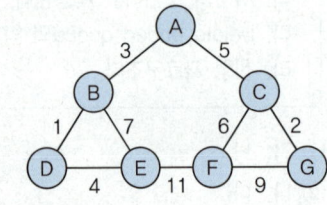

① 1
② 4
③ 5
④ 7

34 정렬 방법 중에서 별도의 메모리가 추가로 필요한 방법은 무엇인가?

① 퀵 정렬   ② 선택 정렬
③ 기수 정렬   ④ 삽입 정렬

35 자료들이 순서대로 정렬되어 있을 때에만 탐색이 가능하며, 탐색 대상 데이터 중에서 관계없는 1/2을 제외시키면서 탐색해 나가는 방법은 무엇인가?

① 순차 탐색
② 이진 탐색
③ 해싱 탐색
④ 피보나치 탐색

36 다음 이진 탐색 알고리즘에서 빈칸에 해당하는 내용으로 옳은 것은?

```
binary_search(list, low, high, key)
{
    if (low > high) return -1;
    middle = (low + high) / 2;

    if (key = list[middle])
        return middle;
    else if (key < list[middle])
        return binary_search(list, low, middle - 1, key);
    else if (              )
        return binary_search(list, middle + 1, high, key);
}
```

① key = list[middle]
② key > list[middle]
③ key > list[middle + 1]
④ key < list[middle - 1]

37 다음 자료를 버블 정렬을 이용하여 오름차순으로 정렬할 경우 PASS 2의 결과는?

> 9, 6, 7, 3, 5

① 3, 5, 6, 7, 9
② 3, 5, 9, 6, 7
③ 6, 3, 5, 7, 9
④ 6, 7, 3, 5, 9

38 삽입 정렬을 사용하여 다음의 자료를 오름차순으로 정렬하고자 한다. 3회전 후의 결과는?

> 9, 7, 5, 4, 2

① 2, 4, 5, 7, 9
② 4, 5, 7, 9, 2
③ 5, 7, 9, 4, 2
④ 7, 9, 5, 4, 2

39 다음 내용에 해당하는 정렬 방법은 무엇인가?

> • 인접한 데이터를 비교해서 순서화되어 있지 않으면 교환하는 방식이다.
> • 첫 번째 값과 두 번째 값을 비교하여 첫 번째 값이 더 크면 교환한 후 두 번째와 세 번째, 세 번째와 네 번째 등과 같은 방법으로 끝까지 비교해가는 방식이다.

① 삽입 정렬
② 선택 정렬
③ 병합 정렬
④ 버블 정렬

40 해시 테이블에서 충돌과 오버플로우에 대한 설명으로 옳지 않은 것은?

① 오버플로우는 충돌 해결 기법을 사용하여 해결할 수 있다.
② 충돌은 서로 다른 두 키가 동일한 해시 값을 가지는 경우 발생한다.
③ 충돌이 발생하면 해시 테이블은 자동으로 크기를 조정하여 문제를 해결한다.
④ 오버플로우는 해시 테이블이 가득 차서 더 이상 데이터를 저장할 수 없을 때 발생한다.

정답 및 해설 | 자료구조

01	02	03	04	05	06	07	08	09	10	11	12	13	14	15	16	17	18	19	20
②	③	②	②	②	①	①	③	③	②	④	②	③	①	①	③	①	④	②	①
21	22	23	24	25	26	27	28	29	30	31	32	33	34	35	36	37	38	39	40
①	③	④	③	③	④	④	③	③	④	④	③	③	③	③	①	②	③	④	③

01 정답 ②
단순 연결 리스트는 필요할 때마다 동적으로 메모리를 할당받아 노드를 생성하고 포인터로 다음 노드를 가리킨다.

02 정답 ③
좋은 알고리즘은 실행 시간이 빠르고 알고리즘이 필요로 하는 메모리가 적은 알고리즘이다. 이것을 알고리즘의 복잡도라고 하는데, 시간 복잡도와 공간 복잡도가 있다. 시간 복잡도는 알고리즘이 수행되는 시간을 의미하며, 공간 복잡도는 알고리즘이 수행될 때 필요한 메모리 공간을 의미한다.

03 정답 ②
단순 연결 리스트는 삽입과 삭제가 용이하다. 삽입과 삭제 시 O(1)의 시간이 걸리며, 삽입/삭제에 필요한 시간을 절약할 수 있다.

04 정답 ②
큐는 선형 자료구조이며, 리스트의 한쪽에서는 삽입 작업이 이루어지고, 다른 한쪽에서는 삭제 작업이 이루어지도록 구성한 자료구조이다.

05 정답 ②
이중 연결 리스트는 각 노드가 두 개의 포인터를 가지며 이전 노드와 다음 노드를 가리키도록 하는 것이다.

06 정답 ①
스택 연산은 LIFO(Last In First Out) 구조이다. 입력 데이터가 스택에 차곡차곡 쌓였다가 위에서부터 하나씩 삭제된다.

07 정답 ①
큐는 선형 자료구조이며, 큐에 삽입된 순서대로 삭제된다. 따라서 A가 가장 먼저 삭제된다.

08 정답 ③
스레드 이진 트리는 이진 트리의 null 링크가 순회 순서상 이전 노드나 다음 노드를 가리키는 포인터가 되도록 설정한 트리이다.

09 정답 ③
순회는 트리의 모든 노드들을 빠짐없이 방문하는 것을 의미한다. 이 중 후위 순회는 '왼쪽 서브트리 – 루트 노드 – 오른쪽 서브트리' 순으로 방문한다. 따라서 트리를 후위 순회하면 D – E – B – H – F – I – G – C – A가 된다.

10 정답 ②

균형 이진 트리에서 루트로부터 단말 노드들까지의 평균 경로 길이는 대략 $O(\log n)$에 비례한다. 균형 이진 트리에서 가장 짧은 경로의 길이는 루트에서 가장 가까운 단말 노드까지의 깊이를 의미하며, 트리의 높이 특성에 따라 $O(\log n)$ 범위 내에 존재한다.

11 정답 ④

선택 정렬은 정렬을 위한 비교 횟수는 많으나 교환 횟수는 상당히 적다는 것이 장점이다. 따라서 교환이 많이 이루어져야 하는 자료 상태에서 가장 효율적으로 적용될 수 있는 정렬 방식이다.

12 정답 ②

퀵 정렬은 정렬할 전체 데이터에 대해서 정렬을 수행하지 않고 피벗을 중심으로 왼쪽 부분 리스트와 오른쪽 부분 리스트로 분할하여 정렬하는 방법이다. 왼쪽에서 오른쪽으로 이동하면서 피벗인 50보다 큰 데이터를 찾고, 맨 오른쪽에서 왼쪽으로 이동하면서 50보다 작은 데이터를 찾아 서로 교환하는 과정을 반복하면 된다.

13 정답 ③

기수 정렬은 제한적인 범위 내에 있는 숫자에 대해서 각 자릿수별로 정렬하는 알고리즘이다. 기수 정렬은 문자나 실수 등과 같은 데이터를 정렬하기에는 적합하지 않다.

14 정답 ①

인접 리스트는 그래프를 구성하는 각각의 정점에 대해 간선으로 연결되어 있는 정점들을 연결 리스트로 표현하는 방법이다. 따라서 정점의 개수만큼의 연결 리스트가 생성된다.

15 정답 ①

그래프의 모든 정점을 포함하는 트리를 신장 트리라고 한다. 신장 트리는 모든 정점들이 연결되어 있어야 하고, 트리이므로 사이클을 포함해서는 안 된다. ①은 사이클을 형성하므로 신장 트리가 아니다.

16 정답 ③

진출 차수와 진입 차수는 방향 그래프에 해당한다. 방향 그래프에서 진입 차수는 한 정점으로 들어오는 간선의 개수이며, 진출 차수는 한 정점에서 나가는 간선의 개수이다.

17 정답 ①

Kruskal의 알고리즘은 가중치를 기준으로 간선을 정렬한 후 최소 신장 트리가 될 때까지 하나씩 선택해 가는 방법이다. 따라서 맨 처음 선택되는 3개의 가중치 간선은 1, 3, 4이며 1 + 3 + 4 = 8이 된다.

18 정답 ④

프림 알고리즘은 선택된 정점에 연결된 간선들 중 가중치가 가장 작은 간선을 선택해가며 최소 비용 신장 트리를 구성해 나가는 방식이다. 따라서 선택되는 3개의 가중치 간선은 4, 7, 8이 된다. 따라서 4 + 7 + 8 = 19이다.

19 정답 ②

다익스트라 알고리즘은 시작점부터 최단 경로를 갖는 정점들을 차례로 탐색해 가는 알고리즘이다. 하나의 출발점에서 다른 모든 정점까지의 최단 경로를 구해주며, 시작 정점은 거리를 0으로 하고 다른 모든 정점은 거리를 무한대(∞)로 놓고 시작한다. 그런 다음 거리가 최소인 정점을 선택하고 이것에 인접한 정점의 거리를 최단 거리로 변경하는 과정을 반복한다. 정점 0에서 2까지의 최단 거리는 9이다.

20 정답 ①

그래프는 사이클을 형성할 수 있으며, 트리는 사이클을 형성하면 안 된다.

21 정답 ①

연산 시간의 크기 순서

$$O(1) < O(\log n) < O(n) < O(n \log n) < O(n^2) < O(n^3) < O(2^n) < O(n!)$$

22 정답 ③

선형 리스트 A를 2차원 배열 A[5][3]으로 표현하면 다음과 같다.

A[0][0]	A[0][1]	A[0][2]
A[1][0]	A[1][1]	A[1][2]
A[2][0]	A[2][1]	A[2][2]
A[3][0]	A[3][1]	A[3][2]
A[4][0]	A[4][1]	A[4][2]

배열이 행우선 방식으로 저장되었다면 m개의 행과 n개의 열을 가진 2차원 배열 A[m][n]에서 i행 j열의 원소인 A[i][j]는 'i × n + j' 위치에 저장되게 된다. 따라서 A[3][1] 원소가 저장되는 인덱스는 i × n + j = 3 × 3 + 1 = 10이다. 인덱스는 0부터 시작하며, 계산된 인덱스가 10이므로 11번째 저장 원소가 된다.

23 정답 ④

희소 행렬을 〈행, 열, 값〉 쌍으로 표현하면 0이 아닌 원소만을 저장하게 되어 낭비되는 기억 장소를 줄일 수 있다.

24 정답 ③

연결 자료구조는 순차 자료구조와 달리 물리적인 순서를 맞추기 위한 오버헤드가 발생하지 않는다.

25 정답 ③

이중 연결 리스트는 단순 연결 리스트와 모양은 비슷하지만 각 노드가 두 개의 포인터를 갖고 있으며 다음 노드뿐만 아니라 이전 노드도 가리키도록 하는 것이다. 따라서 두 개의 포인터를 저장할 공간이 추가로 필요하므로 메모리를 더 사용한다.

26 정답 ④

이중 연결 리스트는 하나의 노드가 두 개의 링크 필드를 갖도록 하여 각각 이전 노드와 다음 노드를 가리키도록 하는 자료구조이다. 특정 노드에서 양방향으로 자유롭게 움직일 수 있으며 리스트의 양쪽 방향으로 모두 순회할 수 있도록 노드를 연결하였으나, 시작 노드부터 n번째 노드를 찾는 시간은 단순 연결 리스트와 같다.

27 정답 ④

스택은 먼저 삽입한 데이터는 밑에 쌓이고 나중에 삽입한 데이터는 위에 쌓인다. 따라서 맨 마지막에 삽입(Last-in)한 데이터는 맨 위에 쌓여 있다가 가장 먼저 삭제(First-out)된다. 이러한 구조를 후입선출(LIFO, Last In First Out) 구조라고 한다.

28 정답 ③

후위 표기법은 연산자를 피연산자 뒤에 표기하는 방법이다. 후위 표기법은 '피연산자 – 피연산자 – 연산자'의 형태로 수식을 표기한다.

29 정답 ③

원형 큐는 큐를 원형으로 표현하는 방식이다. 원형 큐의 포화 상태는 (rear + 1) mod n = front 이다.

30 정답 ④

데크(Deque, Double-Ended Queue)는 큐의 특수한 형태로, 원소의 삽입과 삭제가 큐의 양쪽 끝에서 모두 허용되는 선형 자료구조이며, 일반적으로 두 개의 포인터를 사용한다.

31 정답 ④

트리는 왼쪽과 오른쪽 서브트리의 균형이 같은 경우 높이가 가장 작아진다. 따라서 n개의 노드로 구성된 트리를 만들 때 트리의 높이가 높아지는 경우는 편향 이진 트리이다. 편향 이진 트리는 왼쪽이나 오른쪽 서브트리만 가지는 형태이므로, 트리의 높이가 높아져 탐색 효율이 떨어진다.

32 정답 ③

후위 순회는 '왼쪽 서브트리 – 오른쪽 서브트리 – 루트 노드' 순으로 방문한다. 따라서 트리를 후위 순회하면 먼저 왼쪽 서브트리에 해당하는 B를 방문하고 오른쪽 서브트리에 해당하는 DFEC를 방문한 후 마지막으로 루트 노드인 A를 방문한다. 따라서 노드의 방문 순서가 B – D – F – E – C – A이므로, 노드 E는 4번째로 방문된다.

33 정답 ③

프림 알고리즘으로 최소 비용 신장 트리를 구하면 다음과 같다. 정점 A를 시작하여 선택되는 간선의 가중치는 3, 1, 4, 5, 2, 6이 된다.

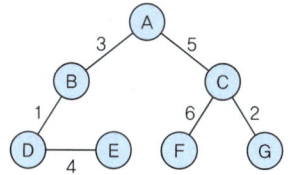

34 정답 ③

기수 정렬은 정렬할 원소의 키 값에 해당하는 버킷(bucket)에 원소를 분배하였다가 버킷의 순서대로 원소를 꺼내는 방법을 반복하면서 정렬한다. 따라서 원소의 키를 표현하는 기수만큼의 버킷이 사용되므로, 정렬하려는 데이터의 개수 이외에 버킷에 대한 메모리 공간이 추가로 필요하다.

35 정답 ②

이진 탐색은 자료들이 정렬이 되어있어야 가능하며 데이터의 중간값과 찾고자 하는 킷값을 비교하는 과정을 반복해간다. 따라서 한번 비교를 할 때마다 탐색해야 하는 대상 데이터가 절반으로 줄어든다.

36 정답 ②
key > list[middle]이면 오른쪽 부분 리스트를 탐색해야 한다.

37 정답 ③
버블 정렬은 주어진 파일에서 인접한 2개의 데이터를 비교하여 그 크기에 따라 데이터의 위치를 서로 교환하는 정렬 방식이다.

> - 초기 상태 : 9, 6, 7, 3, 5
> - 1단계 : 6, 7, 3, 5, 9
> - 2단계 : 6, 3, 5, 7, 9

38 정답 ②
삽입 정렬은 이미 정렬된 데이터들에 새로운 데이터 하나를 순서에 맞게 삽입시키는 것이다.

> - 초기 상태 : 9, 7, 5, 4, 2
> - 1단계 : 7, 9, 5, 4, 2
> - 2단계 : 5, 7, 9, 4, 2
> - 3단계 : 4, 5, 7, 9, 2

39 정답 ④
버블 정렬은 오름차순으로 정렬하는 경우 인접한 두 값을 비교해서 큰 값을 계속 뒤로 보내는 과정을 반복한다. 즉, 이웃하는 데이터끼리 비교하여 작은 데이터를 앞쪽으로, 큰 데이터는 뒤쪽으로 이동시키는 과정을 반복한다.

40 정답 ③
해시 충돌은 서로 다른 두 개 이상의 키가 동일한 해시 값을 가져서, 동일한 인덱스에 저장될 때 발생하는 문제이다. 해시 충돌을 해결하기 위해 체이닝, 선형 조사법, 이중 해싱 등의 다양한 방법이 사용된다. 해시 충돌이 발생했을 때 해시 테이블은 자동으로 크기를 조정하지 않는다. 해시 테이블의 크기 조정은 일반적으로 성능 최적화를 위해 테이블이 일정 비율 이상 차거나 성능이 저하될 때 수동으로 이루어진다.

벼락치기

IV. 컴퓨터구조

- 시험장에 가져가는 핵심요약집
- 기출동형 최종모의고사
- 최종모의고사 정답 및 해설

지식에 대한 투자가 가장 이윤이 많이 남는 법이다.

– 벤자민 프랭클린 –

Ⅳ. 컴퓨터구조
시험장에 가져가는 핵심요약집

제1장 컴퓨터시스템 개요

제1절 컴퓨터의 역사 및 발전과정

1 컴퓨터의 정의

(1) 컴퓨터는 '산술 및 논리 연산을 수행하는 전자 장치' 혹은 '데이터를 처리하여 정보로 변환하는 장치'로 표현할 수 있음

(2) 데이터(data)는 순서가 없는 기본적인 숫자를 말하고, 데이터를 가공하여 얻는 의미 있는 결과물을 정보(Information)라고 하며, 정보를 또다시 가공하면 지식(knowledge)을 얻음

2 컴퓨터의 역사 및 세대별 발전과정

(1) 컴퓨터의 역사

① 근대 컴퓨터 이전의 역사
  ㉠ 컴퓨터라는 이름에 어울리는 형태의 전자기기가 등장한 것은 1900년대 이후(일반적으로는 2차 대전을 기점으로 함)의 일임
  ㉡ 그 이전까지는 주판, 네이피어 본, 프랑스의 유명한 수학자인 파스칼(Pascal)이 발명한 덧셈과 뺄셈을 자동으로 수행하는 톱니바퀴 계산기, 라이프니츠의 계산기와 베비지의 분석엔진 등이 사칙연산(덧셈, 뺄셈, 곱셈, 나눗셈)과 다항함수를 계산하기 위한 목적으로 발명되었음

② 근대 컴퓨터 이후의 역사

마크원	• 마크원(MARK-1)은 최초의 대규모 자동 디지털 컴퓨터이며, 세계 최초의 기계식 컴퓨터임 • 하버드 대학교의 하워드 에이컨 교수가 고안하였음
에니악	• ENIAC : Electronic Numerical Integrator And Computer • 1943년부터 1946년까지 약 3년에 걸쳐 펜실베이니아 대학교의 존 모클리와 존 에커트가 제작한 전자식 컴퓨터임 • 현재와 같은 프로그램 기억식이 아니라, 프로그램을 배선판에 일일이 배선하는 외부 프로그램 방식으로 내부구조에는 10진수를 사용했음
에드삭	• EDSAC : Electronic Delay Storage Automatic Calculator • 에드삭은 최초의 프로그램 내장 컴퓨터로서 소프트웨어만 바꿔 끼우면 되기 때문에, 기존 애니악에서 다른 일을 하려면 전기회로를 모두 바꿔줘야 하는 불편함을 제거하였음
에드박	• EDVAC : Electronic Discrete Variable Automatic Computer • 이전의 에니악, 에드삭 컴퓨터와는 달리 10진수가 아닌 이진수로 처리하였고, 최초의 이진수를 사용한 프로그램 내장 컴퓨터임

유니박-1	• UNIVAC-1 : Universal Automatic Computer - 1 • 세계 최초의 상업용 컴퓨터

(2) 컴퓨터의 세대별 발전과정

구분	1세대	2세대	3세대	4세대	5세대

처리
소자
	진공관	트랜지스터	집적회로	• 고밀도집적회로
				  (LSI)
				• 초고밀도 집적회로
				  (VLSI)
					울트라
					고밀도집적회로
					(ULSI)

처리 속도	1000분의 1초 밀리세크 (ms, 10^{-3})	100만분의 1초 마이크로세크 (μs, 10^{-6})	10억분의 1초 나노세크 (ns, 10^{-9})	1조분의 1초 피코세크 (ps, 10^{-12})	1천조분의 1초 펨토세크 (fs, 10^{-15})
주요 기능	과학계산용	• 과학계산용 • 사무계산용	• 과학계산용 • 사무계산용 • 공장자동화	범용업무지원	범용업무지원
특징	기술의 태동	기술의 발전	기술의 응용	기술의 결합	기술의 융합
사용 언어	기계어	어셈블리어 (Assembler)	• 포트란 (FOTRAN) • 코볼(COBOL) • C, JAVA, BASIC	• Python • Visual C++ • Visual Basic	• 객체지향언어 • 자연어

제2절 컴퓨터의 기본구조

- 컴퓨터는 크게 하드웨어(H/W, Hardware)와 소프트웨어(S/W, Software)로 구성됨
- 하드웨어는 전자회로와 기계장치, 입출력장치(Input/Output), 중앙처리장치(CPU : Central Processing Unit) 및 기억장치(Memory Unit)의 주요 4가지 장치와 각 구성 장치 간에 데이터를 전달하는 통로인 버스(Bus)로 구성됨
- 소프트웨어는 하드웨어를 제어하여 작업을 수행하는 프로그램으로서, 명령문과 데이터로 구성되며, 사람이 이해하기 쉬운 컴퓨터 언어를 사용하여 작성할 수 있음

1 하드웨어(Hardware)의 구성요소

(1) 입력장치(Input Device)
① 입력장치는 데이터 및 제어 신호를 컴퓨터 또는 전자 장치와 같은 정보 처리 시스템에 제공하기 위해 사용되는 전기/전자적인 하드웨어 장치임
② 입력장치의 예로는 키보드, 마우스, 스캐너, 디지털카메라 등 다양한 장치들이 있고, 오디오 입력장치는 음성 인식을 포함한 목적으로 사용될 수 있음

(2) 중앙처리장치(CPU : Central Processing Unit)
① 중앙처리장치(CPU)는 기본 산술, 논리, 제어 및 입력 및 출력(I/O) 작업을 수행하여 컴퓨터 프로그램의 명령어를 수행하는 컴퓨터 내의 전자회로임
② 대부분의 최신 CPU는 단일 집적회로(IC) 칩에 들어있는 마이크로프로세서로, CPU가 포함된 IC에는 메모리, 주변 장치 인터페이스 및 기타 컴퓨터 구성요소가 포함될 수 있음
③ 일부 컴퓨터는 멀티 코어 프로세서를 사용하는데, 이 칩은 '코어'라고 하는 두 개 이상의 CPU가 포함된 단일 칩을 의미함
④ CPU는 기계어로 쓰인 컴퓨터 프로그램의 명령어를 해석하여 실행하고, 프로그램에 따라 외부에서 정보를 입력받아, 이를 기억하고, 연산하며, 결과를 외부로 출력할 뿐만 아니라, 컴퓨터 부품과 정보를 교환하면서 컴퓨터 전체의 동작을 제어함
⑤ 기본 구성으로는 CPU에서 처리할 명령어를 저장하는 역할을 하는 프로세서 레지스터, 비교·판단·연산을 담당하는 산술논리연산장치(ALU), 명령어의 해석과 올바른 실행을 위하여 CPU를 내부적으로 제어하는 제어부(control unit)와 내부 버스(Internal Bus) 등이 있음

(3) 기억장치(Memory Device)
① 기억장치는 명령어와 데이터를 저장하는 공간으로, 주기억장치(Main Memory Unit)와 보조기억장치(Secondary Memory Unit)로 구성되며, RAM, ROM, FLASH와 같은 유형의 칩이 사용됨
② 주기억장치는 CPU가 현재 처리 중인 데이터나 명령어를 저장하는 공간이고, 보조기억장치는 주기억장치의 제한적 용량을 확장시켜주는 역할을 함

(4) 출력장치(Output Device)
① 출력장치는 CPU에서 처리되어 전자적으로 생성된 정보를 사람이 읽을 수 있는 형식으로 변환하는 컴퓨터 하드웨어 장비의 일부임
② 출력 단위는 사용자가 읽을 수 있는 형태로 텍스트, 그래픽, 오디오 및 비디오일 수 있음
③ 출력장치로는 모니터, 프린터, 그래픽 출력장치, 플로터, 스피커 등의 VDU(Visual Display Units)가 있으며, 최근에는 음성 합성기와 같은 새로운 유형의 출력장치도 개발되었음

2 소프트웨어(Software)의 분류

- 하드웨어 장치를 제어하는 소프트웨어는 크게 시스템 소프트웨어(System Software)와 응용 소프트웨어(Application Software)로 구분할 수 있으며, 일상적으로 이 용어는 응용 소프트웨어의 의미로 자주 쓰임
- 컴퓨터과학과 컴퓨터공학에서 '컴퓨터 소프트웨어'는 컴퓨터 시스템, 프로그램, 데이터에 의해 처리된 모든 정보를 말하며, 저장장치에 저장된 특정한 목적의 하나 또는 다수의 컴퓨터 프로그램을 뜻함
- 소프트웨어는 컴퓨터 하드웨어에 직접 명령어를 주거나 다른 소프트웨어에 입력을 제공함으로써, 그것이 수행하도록 구현된 기능을 수행함

(1) 시스템 소프트웨어(System Software)

시스템 소프트웨어는 컴퓨터를 효과적으로 운영할 수 있도록 컴퓨터 하드웨어 및 응용 프로그램의 동작을 지시, 제어 및 실행하도록 설계된 컴퓨터 프로그램 유형으로, 컴퓨터 시스템을 계층 모델로 생각하면 하드웨어와 사용자 응용 프로그램 간의 인터페이스임

① 운영체제(OS : Operating System)
운영체제(OS)는 컴퓨터 하드웨어 및 소프트웨어 리소스를 관리하고 컴퓨터 프로그램에 대한 공통 서비스를 제공하는 시스템 소프트웨어임

② 장치 드라이버
㉠ 드라이버 소프트웨어는 컴퓨터 장치 및 주변 장치를 작동시키는 시스템 소프트웨어로서, 드라이버를 사용하면 연결된 모든 구성요소와 외부에서 연결되는 장비 간 의도한 작업을 OS에서 지시한 대로 수행할 수 있음
㉡ 드라이버가 없다면 OS는 장치에 대해서 아무런 행위를 지시할 수 없음

③ 펌웨어(Firmware)
㉠ 펌웨어는 특정 하드웨어 장치에 포함된 소프트웨어로서, 플래시나 ROM 또는 EPROM 메모리 칩에 내장된 운영 소프트웨어로 하드웨어의 모든 활동을 직접 관리하고 제어함
㉡ 오늘날 펌웨어는 플래시메모리에 저장이 되어, 반도체 칩을 바꾸지 않아도 업그레이드할 수 있게 되었음
㉢ PC의 전원을 켜면 운영체제의 기동이 시작되기 전에 검은색 바탕에 PC 제조사의 이름, CPU, 메모리 및 하드디스크 용량 등의 하드웨어 정보 목록이 표시되는데, 이를 BIOS(Basic Input Output System)라고 하며, 이 BIOS가 대표적인 펌웨어임

④ 프로그램 언어 번역기(Programming Language Translators)
㉠ 상위레벨 언어 소스 코드를 기계어 코드로 변환하는 프로그램으로서, Java, C++, Python, PHP, BASIC과 같은 상위레벨 프로그램 언어를 프로세서가 이해하는 언어로 변환시키는 프로그램을 의미함
㉡ 대표적인 언어 번역기로는 컴파일러, 어셈블러, 인터프리터가 있음

⑤ 유틸리티 프로그램(Utilities)
㉠ 유틸리티는 시스템과 응용 프로그램 사이에 위치하는 시스템 소프트웨어로서, 시스템을 진단, 구성 및 최적화 또는 유지/관리하도록 설계되었음
㉡ 즉, 컴퓨터 하드웨어, 운영체제 및 응용 소프트웨어를 관리하는 데 필요하며, 대체로 OS와 번들로 제공됨

(2) 응용 소프트웨어(Application Software)

① 워드프로세서와 스프레드시트, 그 밖에 몇몇 응용 프로그램들이 함께 포함된 마이크로소프트 오피스의 경우와 같이 소프트웨어 개발업체가 업무를 효율적으로 처리하도록 묶음으로 제공하는 프로그램을 의미하며, 이들은 사용자의 편의를 위해 응용 프로그램과의 사이에 상호 작용하는 기능을 가짐
② 오피스 제품군뿐만 아니라, 컴퓨터 통신용 웹 브라우저, 멀티미디어를 위한 멀티미디어 재생기와 그래픽 프로그램, 분석소프트웨어(DADiSP, MathCAD 등), 협업소프트웨어(오픈소스, 블로그, 위키위키 등), 데이터베이스(DBMS) 등이 대표적인 응용 소프트웨어임

3 프로그래밍 언어의 종류

(1) 프로그래밍 언어는 특정 알고리즘이나 계산의 결괏값을 출력하기 위해 사용하는 표기법임

(2) 프로그램 언어를 바라보는 관점에 따라서 초급언어, 중급언어 및 고급언어로 구분하기도 하지만 여기서 말하는 초급·중급·고급의 의미는 '수준의 높고 낮음'을 의미하는 것은 아님

(3) 지구상에는 수천 가지의 프로그램 언어가 사용되고 있지만, 그중 가장 많이 사용되는 대표적인 언어는 다음과 같음

> 어셈블러(Assembler), 알골(ALGOL), 베이직(BASIC), C계열 언어(C, C++, C#), COBOL, 델파이(Delphi), 포트란(FOTRAN), 파스칼(PASCAL), 파이썬(Python), 비주얼계열 언어(Visual Basic, Visual Prolog,) JAVA, Scala, Clarion, Clipper 등

(4) 이러한 컴퓨터 언어는 저급언어, 중급언어, 고급언어로 구분함
   ① **고급언어** : 베이직(basic), 파스칼(pascal), 코볼(cobol) 등
   ② **중급언어** : C언어 등
   ③ **저급언어** : 컴퓨터가 이해할 수 있는 어셈블리 언어

(5) 컴파일러 언어, 데이터 중심 언어 또는 4세대 언어 등 다양한 방식으로 분류할 수 있지만, 가장 중요한 것은 개발자가 구현하고자 하는 프로그램의 목적을 위해서 가장 필요한 언어를 적절하게 선택해서 사용해야 한다는 사실임

제3절 폰 노이만 구조(Von Neumann Architecture)

(1) 프린스턴 구조(Princeton Architecture)로도 불리는 '폰 노이만 구조'는 수학자이자 물리학자인 폰 노이만이 1945년 「EDVAC 컴퓨터의 설계 초안」에서 언급한 개념으로, 현대 전자 디지털 컴퓨터의 모델이 됨

(2) 폰 노이만 모델은 다음의 3가지 특징으로 요약할 수 있음
   ① 컴퓨터는 4가지의 하부 시스템(sub-system)으로 구성됨
      ㉠ 기억장치
      ㉡ 산술연산장치(ALU : Arithmetic & Logical Unit)
      ㉢ 제어장치(Control Unit)
      ㉣ 입출력장치(Input/Output Unit)
   ② 실행하는 동안에 프로그램은 기억장치에 저장됨
   ③ 프로그램 명령어는 순차적으로 처리됨

(3) 폰 노이만 구조는 기억장치, 중앙처리장치 및 입출력장치들 서로 간에 필요한 데이터를 주고받을 수 있도록 시스템 버스로 연결되어 있음

(4) 시스템 버스는 제어 버스, 주소 버스 그리고 데이터 버스로 구성됨

(5) CPU 내의 제어장치, ALU, 레지스터를 연결하는 버스를 내부 버스라고 함

제4절 컴퓨터의 분류

1 크기와 용량에 의한 분류

(1) 슈퍼컴퓨터(Supercomputer)
① 슈퍼컴퓨터는 가장 강력하고 물리적으로도 크기가 가장 큰 컴퓨터임
② 슈퍼컴퓨터는 엄청난 양의 데이터를 처리하도록 설계되었고 1초에 1조 개 이상의 계산을 수행할 수 있음
③ 정확성과 상상을 초월하는 빠른 속도 및 처리 능력을 갖추고 있어 매우 복잡한 문제를 풀거나 엄청난 양의 계산을 수행하기에 적합함

(2) 메인프레임 컴퓨터(Mainframe)
① 메인프레임 컴퓨터는 1초에 수백만 개의 명령어를 처리할 수 있고, 일반적으로 보험회사나 은행 또는 정부기관처럼 큰 조직에서 업무처리용으로 사용함
② 메인프레임 환경에서 사용자는 메인프레임에 접속된 수십만 대의 많은 터미널을 사용하여 비행기 예약 및 티켓팅, 내부 회계관리, 통계조사, 투표 계산, 개인의 세금정보 등과 같은 업무를 처리함

(3) 미니컴퓨터(Mini computer)
① 미니컴퓨터는 메인프레임보다 크기가 작고 가격이 저렴함
② 데스크탑 PC보다는 성능이 뛰어나고 가격이 비싸며, 흔히 '중형 서버' 또는 '중형 컴퓨터'라고 부름
③ 사용자는 데스크탑 PC, 노트북 또는 더미 터미널 등을 사용해서 통신망을 통해 일반적으로 '서버'라고 하는 중형 컴퓨터에 접속하여 업무를 처리함

(4) 마이크로컴퓨터(Micro computer)
① 마이크로컴퓨터란 가장 일반적인 컴퓨터의 형태를 의미함
② 개인용 PC(Personal Computer)로도 불리는 마이크로컴퓨터는 한 사람이 사용하도록 설계된 작은 크기의 컴퓨터로, 포터블 컴퓨터(portable computer)도 마이크로컴퓨터의 부류에 포함됨

(5) 임베디드 컴퓨터(Embedded computer)
① 임베디드 컴퓨터란 특별한 기능을 수행할 수 있도록 설계된 제품 내에 고정된 컴퓨터를 말함
② 대체로 마이크로웨이브, 세탁기, 커피머신 등과 같은 가전제품이나 자체 결함 체크, 오일 필터, 자동 공기 주입 타이어, 에어백 관리시스템 등과 같이 자동차 제품에서 찾아볼 수 있음

2 사용 목적에 의한 분류

(1) 범용 컴퓨터(General Purpose Computer)
① 여러 가지 다양한 업무를 처리하기 위해서 설계되었고, 수많은 프로그램을 저장할 수 있는 능력이 있지만 처리속도나 효율성 면에서는 다소 부족함
② 우리 주변에서 자주 접하는 개인용 컴퓨터, 회사의 컴퓨터 등이 범용 컴퓨터에 속함

(2) 전용 컴퓨터(Special Purpose Computer)
전용 컴퓨터는 특별한 목적의 업무를 처리하기 위해 설계된 컴퓨터로서 일련의 명령어가 기계에 내장되어 있음

3 데이터 처리방식에 의한 분류

(1) 아날로그 컴퓨터(Analog Computer)
① 아날로그 컴퓨터는 측정 원리를 바탕으로 측정 결과를 데이터로 변환하는 컴퓨터임
② 현대의 아날로그 컴퓨터는 전기 또는 유압량과 같은 처리량을 나타내기 위해 전압, 저항 또는 전류와 같은 전기 매개 변수를 사용함
③ 이러한 컴퓨터는 숫자를 직접 처리하지 않고, 곡선이나 그래프 등으로 값을 출력함

(2) 디지털 컴퓨터(Digital Computer)
① 디지털 형식으로 표현된 숫자 또는 기타 정보로 작동하는 컴퓨터로서, 데이터를 이진수로 처리하므로, 결과를 더 정확하고 빠른 속도로 제공하는 컴퓨터임
② 디지털 데이터로 계산이나 논리 연산을 처리하는 컴퓨터로써 광범위하게 활용되고 있음

(3) 하이브리드 컴퓨터(Hybrid Computer)
① 하이브리드 컴퓨터는 아날로그 컴퓨터의 측정 기능과 디지털 컴퓨터의 기능을 통합한 컴퓨터임
② 디지털 및 아날로그 신호로 입출력이 가능한 컴퓨터의 조합이며, 하이브리드 컴퓨터 시스템 설정은 복잡한 시뮬레이션을 수행할 때 비용 효율적인 방법을 제공함

4 처리방식에 의한 분류

(1) 일괄처리 시스템(Batch Processing system)

1950년대 전자 컴퓨팅 초기 시절 이후 메인프레임 컴퓨터와 함께 발전한 일괄처리 시스템은 테이프나 디스크 등으로 모든 데이터를 일정한 장소에 모은 후 정해진 시간에 컴퓨터를 이용하여 처리하는 것을 말함

(2) 즉시처리 시스템(Real-time Processing system)

① 즉시처리 시스템은 데이터를 입력하는 즉시 결과물이 출력되는 컴퓨터 처리방식임
② 은행의 ATM 기기, 교통통제시스템, 레이더 시스템 등은 즉시처리 시스템의 좋은 예임

제5절 클라우드 컴퓨팅

클라우드 컴퓨팅(Cloud Computing)은 구성 가능한 컴퓨터 시스템 리소스와 상위 수준 서비스를 누구든지 공유하여 사용할 수 있는 시스템으로, 필요한 자원이나 서비스 또는 정보를 자신의 컴퓨터가 아닌 인터넷에 연결된 다른 컴퓨터로 처리하는 기술을 의미함

(1) IaaS(Infrastructure as a Service)

① 이아스(IaaS)는 데이터센터를 구축하는 대신 인터넷을 통해 서버와 스토리지 등 타사의 데이터 센터의 자원을 빌려서 사용할 수 있는 서비스를 의미함
② 사용자는 서버나 스토리지를 구입하고 운영하는 비용을 줄일 수 있음
③ 이렇게 빌려온 인프라에서 사용자는 운영체제를 설치하고, 애플리케이션 등을 설치한 다음 원하는 서비스를 운영하면 됨

(2) PaaS(Platform as a Service)

① 파스(PaaS)는 소프트웨어 서비스를 개발할 때 필요한 플랫폼을 제공하는 서비스임
② 사용자는 PaaS에서 필요한 서비스를 선택해 애플리케이션을 개발함
③ 고객은 데이터와 응용 프로그램에 대해서만 관리하면 됨
④ PaaS 운영 업체는 개발자가 소프트웨어를 개발할 때 필요한 API를 제공해 개발자가 좀 더 편하게 앱을 개발할 수 있게 지원함

(3) SaaS(Software as a Service)

① 사스(SaaS)는 클라우드 환경에서 운영되는 애플리케이션 서비스를 말함
② 모든 서비스가 클라우드에서 이루어지고, 소프트웨어를 구입해서 PC나 기업 서버에 설치하지 않아도 웹에서 소프트웨어를 빌려 쓸 수 있음

제6절 4차 산업혁명의 핵심 기술

4차 산업혁명 시대의 신기술, 신산업으로 떠오르고 있는 핵심 기술에는 사물인터넷(IoT, Internet of Thing), 인공지능(AI), 나노기술, 자율주행차량, 3D프린터, 빅데이터, 블록체인 등이 있음

제2장 디지털 논리회로

- 논리회로는 AND, OR, NOT, XOR, XNOR, NAND, NOR 등의 논리 게이트에 의해서 구성되며, 입력과 출력조건에 따라서 진리표를 만들 수 있음
- 진리표를 이용하여 논리식을 작성하고, 논리식을 간략화하기 위해 카르노맵을 활용함(부울함수를 사용하여 논리식을 작성하면 간략화하기가 어려워서 카르노맵을 사용하는 것이 더욱 효과적임)
- 논리회로는 조합논리회로 및 순차논리회로로 구분됨
- 조합논리회로에는 가산기, 감산기, 인코더, 디코더, 멀티플렉서, 디멀티플렉서 등이 있음
- 순차논리회로에는 RS 플립플롭, JK 플립플롭, D 플립플롭, T 플립플롭 등이 있음

제1절 부울대수

- 수학 및 수학 논리에서 부울대수(Boolean algebra)는 변수의 값이 참(true)과 거짓(false) 즉, 1과 0의 진릿값으로 표시되는 대수의 일종임
- 변수의 값이 숫자이고 사칙연산이 더하기, 빼기, 곱하기, 나누기인 일반 대수와는 달리, 부울연산은 '∨'로 표시되는 합, '∧'로 표시되는 곱 및 '~'(또는 ' ' ')로 표시되는 부정(NOT)이 기본 연산임

(1) 부울대수의 기본 논리기호

① 부울대수는 두 값 중에서 하나의 값만 가질 수 있음
② 일반적인 논리에서는 '참' 또는 '거짓'으로 표현되지만, 디지털 컴퓨터에서는 'ON' 또는 'OFF', '1' 또는 '0', 'HIGH' 또는 'LOW'의 값으로 표시됨
③ 부울 연산자는 논리기호와 진리표로 값을 표시할 수 있음
④ 논리기호는 다음과 같이 그림으로 표시되고, 디지털 입력은 논리기호의 연산에 의해 해당하는 결괏값을 출력함

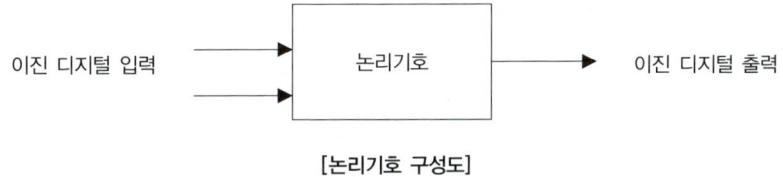

[논리기호 구성도]

논리기호명	논리기호	논리함수	의미
AND	A, B → X	$X = AB$	입력값이 모두 '1'일 경우에만 '1'을 출력하고, 그 외의 경우는 '0'을 출력
OR	A, B → X	$X = A + B$	입력값이 모두 '0'일 경우에만 '0'을 출력하고, 그 외의 경우는 '1'을 출력
NAND (NOT AND)	A, B → X	$X = \overline{AB}$	입력값이 모두 '1'일 경우에만 '0'을 출력하고, 그 외의 경우는 '1'을 출력
NOR (NOT OR)	A, B → X	$X = \overline{A + B}$	입력값이 모두 '0'일 경우에만 '1'을 출력하고, 그 외의 경우는 '0'을 출력
XOR (Exclusive OR)	A, B → X	$X = A \oplus B$	입력값이 서로 다를 경우에만 '1'을 출력하고, 그 외의 경우는 '0'을 출력
XNOR (Exclusive NOR)	A, B → X	$X = \overline{A \oplus B}$	입력값이 모두 같을 경우에만 '1'을 출력하고, 그 외의 경우는 '0'을 출력
NOT	A → X	$X = \overline{A}$	입력값의 반대 값을 출력

(2) 부울대수의 기본 정리

부울대수는 디지털 회로를 단순화하는 유용하고 효과적인 방법으로, 회로의 제작비용을 낮추고 디지털 회로의 속도와 효율을 높일 수 있을 뿐만 아니라, 회로의 구조를 간략화할 수 있음

① **교환법칙**

논리곱이나 논리합을 연산(즉, 곱하거나 더할 때)할 때 그 순서가 바뀌어도 동일하다는 법칙

$$A + B = B + A, \quad A \cdot B = B \cdot A$$

② **결합법칙**

AND나 OR 연산을 할 때 3개 이상의 논리합이나 논리곱은 어느 것이나 2개씩 묶어서 먼저 계산해도 그 곱이나 합은 변하지 않는다는 법칙

$$A + (B + C) = (A + B) + C, \quad A \cdot (B \cdot C) = (A \cdot B) \cdot C$$

③ **분배법칙**

세 개의 변수 A, B, C는 다음과 같이 결합하여 사용함

$$A \cdot (B + C) = A \cdot B + A \cdot C$$

④ 부울대수의 규칙

- $A + 0 = A$
- $A + 1 = 1$
- $A \cdot 0 = 0$
- $A \cdot 1 = A$
- $A + A = A$
- $A + A' = 1$
- $A \cdot A = A$
- $A \cdot A' = 0$
- $(A')' = A$
- $A + AB = A$
- $A + A'B = A + B$
- $(A + B)(A + C) = A + BC$

⑤ 드 모르간의 법칙
  ㉠ 어떤 수의 곱의 부정은 각각의 부정의 합과 같고, 어떤 수의 합의 부정은 각각의 부정의 곱과 같다고 정리하였음
  ㉡ 드 모르간의 제1법칙과 제2법칙

- 드 모르간 제1법칙 : $(A + B)' = A'B'$
- 드 모르간 제2법칙 : $(AB)' = A' + B'$

(3) 카르노맵(Karnaugh map)

- 여러 개의 부울대수 규칙을 사용해서 수식을 간소화하였지만, 수식을 기억하고 적절하게 적용하지 못하면 간소화하기가 쉽지 않음
- 또한, 수식을 체계적으로 적용하기 어렵고, 간소화를 더 할 수 있는데 간혹 그 부분을 놓쳐 완전한 간소화를 못하는 경우도 있음
- 이러한 문제점을 보완하기 위해 카르노맵 방법을 사용함

① 입력 변수를 기준으로 맵을 만듦 (n = 입력 변수의 개수, 맵 = 2^n)
② 입력 변수의 한 개의 비트만 변하도록 배열함 (00, 01, 11, 10)
③ 출력이 '1'인 최소항을 맵에 표시함
④ 가능한 큰 묶음으로 그룹화함
⑤ 묶음은 2^n으로 1, 2, 4, 8개의 셀로 묶음 (n = 0, 1, 2, …)
⑥ 보수 관계에 있는 변수는 서로 상쇄함
⑦ 카르노맵에서 유도한 부울함수는 논리곱의 합(SOP : Sum of Production)으로 표시함

※ 돈케어(Don't care) 조건
- 간소화를 위해 맵의 민텀항에 '1'의 값을 넣어 간소화에 도움을 주는 조건을 '돈케어' 조건이라 하고, 맵에 표시할 때는 'x' 또는 'd'로 표시함
- 이러한 입력값은 출력값에 영향을 주지 않기 때문에 회로를 설계할 경우 또는 고도로 최적화된 어셈블리 또는 기계 코드 개발에도 사용될 수 있음

제2절 조합논리회로

- 조합논리회로(Combinational logic circuits)는 기억 능력이 없는 디지털 논리회로로, 출력은 주어진 순간의 현재 입력 상태, 즉 논리 '0' 또는 논리 '1'의 논리적 기능에 의해서만 결정되는 회로임
- 조합논리회로에는 기본 논리 게이트인 AND, OR, NAND, NOR, XOR, XNOR, NOT 게이트들과 논리 게이트를 이용하여 구성할 수 있는 반가산기와 전가산기, 디코더와 인코더, 멀티플렉서와 디멀티플렉서가 있음
- 조합논리회로는 입력값에 대한 출력값이 항상 투명하게 정해져 있음

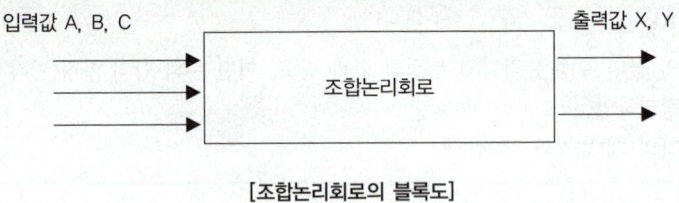

[조합논리회로의 블록도]

- 조합논리회로의 기능은 부울함수, 진리표 및 논리회로로 표시할 수 있고, 조합논리회로는 다음과 같이 분류함

1 산술연산기능 조합논리회로

(1) 가산기(Adder)

- 가산기는 숫자의 덧셈을 수행하는 디지털 회로로서, 많은 컴퓨터 및 다른 종류의 프로세서에서 산술 논리 장치 또는 ALU에 가산기가 사용됨
- 가산기는 2진화 10진수(BCD 코드, 8421 코드) 또는 3초과 코드(excess-3)와 같이 다양한 수의 표현 방식으로 표시할 수 있지만, 가장 일반적인 가산기는 2진수로 동작함

① **반가산기(HA : Half Adder)**
  ㉠ 반가산기는 두 개의 이진수 A와 B를 더하여 두 개의 출력인 합(S : Sum)과 캐리(C : Carry)를 출력함
  ㉡ 캐리 신호는 다중 비트 가산에서 다음 비트로의 오버플로우를 나타냄

[반가산기 블록도와 진리표]

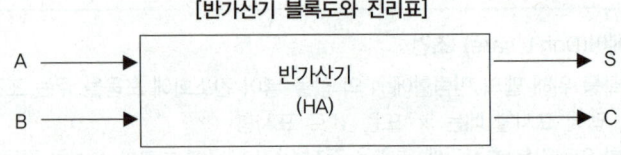

입력		출력	
A	B	합(S, sum)	올림수(C, carry)
0	0	0	0
0	1	1	0
1	0	1	0
1	1	0	1

② 전가산기(FA : Full Adder)
  ㉠ 전가산기는 반가산기와 달리 캐리의 값을 고려하여 계산하는 가산기임
  ㉡ 1비트 전가산기는 입력 변수 A, B 및 C_{in} 등 3개의 1비트 변수를 더하여 계산을 처리함
  ㉢ A와 B는 입력 피연산자이고, C_{in}은 아랫자리에서 발생한 올림수임
  ㉣ 전가산기 회로는 2개의 반가산기 회로를 OR 게이트로 연결하여 간단히 구현할 수 있음

[전가산기 블록도와 진리표]

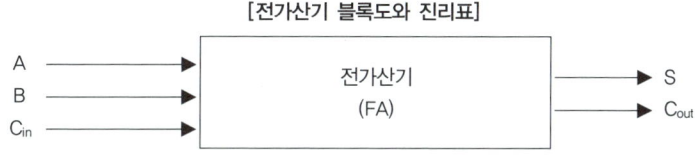

입력			출력	
A	B	올림수(C_{in})	합(S)	올림수(C_{out})
0	0	0	0	0
0	0	1	1	0
0	1	0	1	0
0	1	1	0	1
1	0	0	1	0
1	0	1	0	1
1	1	0	0	1
1	1	1	1	1

(2) 감산기(Subtracter)
  ① 반감산기(HS : Half Subtracter)
    반감산기는 뺄셈을 위해 사용되고, 감수(A)와 피감수(B)의 두 개 입력은 차이(Difference) 출력과 빌림수(Borrow) 출력을 제공함

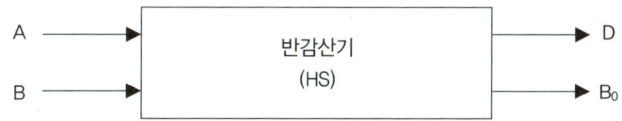

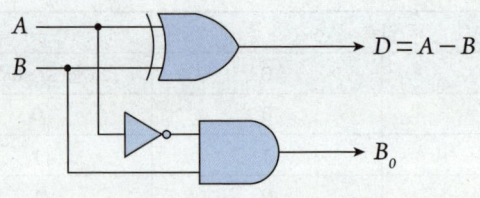

[반감산기 블록도와 회로도]

② 전감산기(FS : Full Subtracter)
  ㉠ 전감산기도 반감산기처럼 2비트 뺄셈을 수행하며, 하나는 피감수이고 다른 하나는 감수임
  ㉡ 전감산기에서 '1'은 이전에 인접한 하위 비트에 의해 차용됨
  ㉢ 따라서 전감산기의 입력에는 3비트가 필요하고, 차이(D : Difference)와 빌림(B : Borrow)의 2개의 출력이 발생함

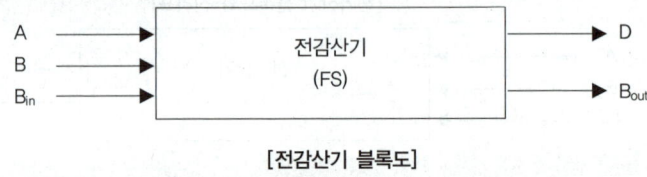

[전감산기 블록도]

(3) 2진 비교기(Binary comparator)

디지털 비교기(Digital comparator)라고도 불리는 2진 비교기는 AND, NOR 및 NOT 게이트로 구성되어 입력 단자에 있는 디지털 신호를 비교하고 해당 입력 조건에 따라 출력을 생성함

(4) 패리티 생성기/검사기(Parity generator/checker)
  ① 배타적 OR(XOR) 게이트의 중요한 응용 분야가 바로 패리티를 생성하는 것임
  ② 패리티는 잡음 등의 원인으로 전송한 데이터에서 에러를 탐지하는 용도로 사용함
  ③ 패리티 비트는 데이터 워드에 추가되는 여분의 비트이며, 홀수 또는 짝수 패리티일 수 있음
  ④ 짝수 패리티(even parity) 시스템에서는 모든 비트(패리티 비트 포함)의 합계는 짝수여야 하고, 홀수 패리티(odd parity) 시스템에서는 모든 비트의 합은 홀수여야 함
  ⑤ 송신기에서 패리티 비트를 생성하는 회로를 패리티 생성기(parity generator)라고 하고, 수신된 데이터가 정확한지를 결정하는 회로는 패리티 검사기(parity checker)라고 함
  ⑥ 패리티는 단일 비트 오류만 탐지하는 데 적합함
  ⑦ 패리티 생성기와 패리티 검사기는 모두 배타적-OR 게이트를 사용하여 구축할 수 있음
  ⑧ 짝수 패리티를 생성하기 위해 데이터 비트는 하나의 출력만 남을 때까지 두 그룹으로 함께 XOR 연산을 하고, 이 출력이 패리티 비트임
  ⑨ 홀수 패리티를 생성하려면 짝수 패리티를 반전시킴

2 데이터전송기능 조합논리회로

(1) 인코더(Encoder)

① 인코더는 2^n개의 입력 라인이 있고 그중 하나만이 하이(High)일 때, 2진 코드가 n비트 출력 라인을 생성하는 회로임
② 예를 들어 4 × 2 단순 인코더는 4개의 입력 비트를 취하여 2개의 출력 비트를 생성함

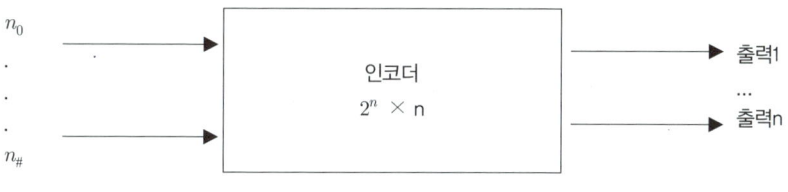

[인코더 블록도]

(2) 디코더(Decoder)

① 2진 디코더는 n개의 2진 입력 정보를 2^n개의 출력 정보로 변환하는 회로로서, 인코더의 반대 기능을 수행함
② 디코더는 여러 개의 장치 중에서 특정 값을 선택하는 용도로 사용됨

[디코더 블록도]

(3) 멀티플렉서(MUX : Multiplexer)

① 하나 이상의 아날로그 또는 디지털 신호를 서로 다른 시간 또는 다른 속도로 통신회선을 통해 전송하는 작업을 위해 사용되는 장치를 멀티플렉서라고 함
② 멀티플렉서는 제어 신호의 적용으로 여러 입력 라인 중 하나를 단일 공통 출력 라인으로 전환하도록 설계된 조합논리회로임
③ 멀티플렉서는 '채널'이라고 하는 여러 입력 라인을 한 번에 하나씩 출력에 연결하거나 제어하는 스위치처럼 작동함

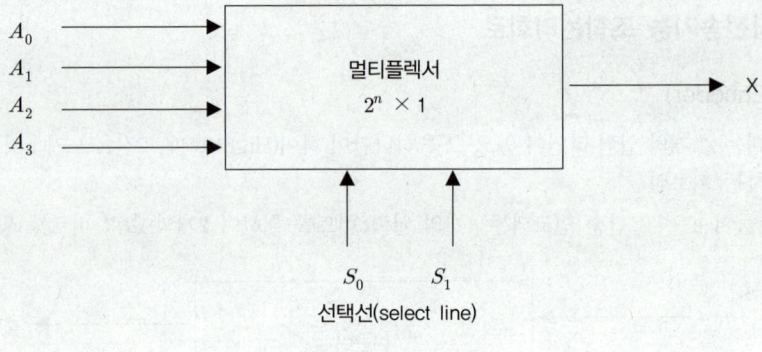

[멀티플렉서 블록도]

(4) 디멀티플렉서(DEMUX : Demultiplexer)
① 디멀티플렉서는 멀티플렉서의 반대 기능을 수행하는 회로로, 데이터 분배기 또는 디먹스(demux)라고도 함
② 하나의 입력선과 n개의 선택선 그리고 2^n개의 출력선으로 회로가 구성됨
③ 1개의 입력선을 선택선이 하나의 출력선으로 출력하는 논리회로임

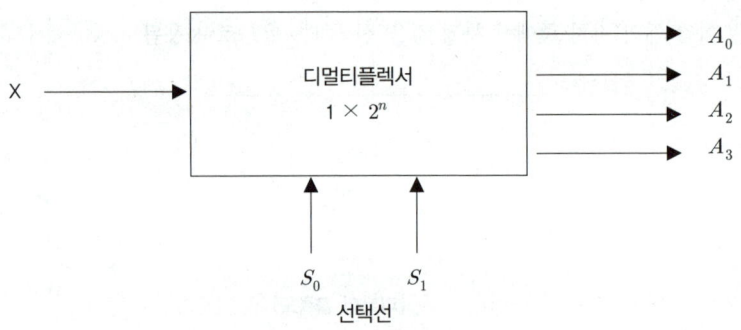

[디멀티플렉서 블록도]

3 코드변환기(Code converter)

(1) 이진 코드를 똑같은 값의 그레이 코드로 변환하는 논리회로를 바이너리-그레이 코드 변환기라고 함

(2) 그레이 코드는 값이 증가할 때마다 하나의 비트만 변화하는 특성이 있고, 주로 데이터 전송을 위한 용도나 아날로그 신호를 디지털 신호로 변환하는 용도로 많이 사용함

(3) 코드 변환은 바이너리 코드를 그레이 코드로 변환(binary to gray)하거나, 그레이 코드를 바이너리 코드로 변환(gray to binary)하는 두 가지 경우가 있음

제3절 순차논리회로

- 순차논리회로(Sequential logic circuit)는 입력 신호에 적용되는 상태에 따라 상태를 변경하는 조합논리회로와는 달리 '플립플롭(F/F : Flip-Flop)'이라고 하는 고유한 '메모리'가 내장되어 있는데, 이는 순차논리회로가 이전의 입력 상태뿐만 아니라 현재의 상태를 고려할 수 있다는 것을 의미함
- 따라서, 순차논리회로의 출력 상태는 '현재 입력', '과거 입력' 및 (또는) '과거 출력'의 세 가지 상태를 나타낼 수 있음
- '순차적'이란 의미는 순서에 의거해서 연속적으로 발생하는 것을 의미하며, 순차논리회로에서 클록 신호(Clock signal)는 다음의 행위가 일어날 시기를 결정함

1 순차논리회로의 종류

(1) 비동기식(asynchronous) 순차논리회로

① 비동기 순차논리회로는 클록 신호에 의해 동기화되지 않으며, 회로의 출력은 입력 신호의 변화 순서에 따라 직접 변화함
② 비동기식의 장점은 회로가 입력을 처리하기 위해 클록 신호를 기다릴 필요가 없으므로 동기식보다 빠르다는 것임
③ 장치의 속도는 잠재적으로 사용된 논리 게이트의 전파지연에 의해서만 제한될 뿐임
④ 비동기식은 설계하기가 어려우며, 주된 문제는 플립플롭이 입력 신호가 도착하는 순서에 민감하다는 것임
⑤ 거의 동시에 두 신호가 플립플롭 또는 래치에 도달하면 회로의 상태는 어느 신호가 먼저 게이트에 도착하느냐에 따라서 결정됨
⑥ 따라서 논리 게이트의 전파 지연의 작은 차이에 따라 회로가 원하지 않은 이상한 상태로 빠질 수 있는데, 이를 경쟁 조건(race condition)이라고 함
⑦ 비동기 순차 회로는 일반적으로 마이크로프로세서 및 디지털 신호 처리 회로와 같이 속도가 중요한 동기 시스템의 핵심 부분에서만 사용됨
⑧ 비동기식의 디자인은 동기식과는 다른 수학적 모델과 기법을 사용하며, 아직도 활발한 연구가 진행 중임
⑨ 그리고 비동기식은 장치가 사용되지 않을 때도 전원이 소모됨

(2) 동기식(synchronous) 순차논리회로

① 동기식 순차논리회로는 클록 신호와 입력 신호의 순서에 따라 출력 신호가 발생하는 회로이고, 현재 대부분의 순차논리회로는 동기식 회로임
② 동기식 회로에서는 전자 발진기(또는 클록 발생기)가 회로 내의 모든 메모리 소자에 분배되는 클록 신호를 생성함
③ 순차 논리의 기본 메모리 요소는 플립플롭으로, 각 플립플롭의 출력은 클록 펄스에 의해 트리거 될 때만 변경되므로 회로 전체의 논리 신호에 대한 변경 사항은 모두 클록에 의해서 일정한 간격으로 동시에 시작됨

④ 동기식에는 두 가지 단점이 있음
  ㉠ 최대 클록 속도는 회로에서 가장 느린 논리 경로(임계 경로)로 결정되는데, 그 이유는 가장 단순한 것부터 가장 복잡한 것까지의 모든 논리 계산은 한 클록 사이클에서 완료되어야 하기 때문임
  ㉡ 따라서 계산을 완료하는 논리 경로는 다음 클록 펄스를 기다리며 많은 시간을 유휴 상태로 유지해야 하기 때문에 비동기 논리보다 느려질 수 있음
⑤ 동기식 회로를 가속화하는 한 가지 방법은 복잡한 연산을 연속적인 클록 사이클에서 수행할 수 있는 몇 가지 간단한 연산으로 분할하는 파이프라이닝 기법을 이용하는 것임
⑥ 동기식 순차논리회로에는 무어(Moore)의 순차논리회로와 밀리(Mealy)의 순차논리회로가 있음
⑦ 무어의 순차논리회로는 출력이 현재의 상태 값에 의해서만 결정되는 회로이고, 밀리의 순차논리회로는 현재의 입력과 상태 값에 의해서 결정되는 회로임

[동기식 순차논리회로와 비동기식 순차논리회로의 비교]

동기식 순차논리회로	비동기식 순차논리회로
이산적 신호에 따라서 동작이 결정되는 시스템	입력 신호에 의해 동작이 결정되는 시스템
클록 신호가 플립플롭에 영향을 줌	클록이 없기 때문에 상태 변화는 논리회로의 시간 지연에 따라서 발생함
설계가 쉬움	설계가 어려움
기억소자를 플립플롭이라고 함	기억소자를 래치나 시간 지연 소자라 함

(3) 순차논리회로의 설계
① 순차논리회로에서는 입력, 출력 및 현재 상태에 의해 결정되는 다음의 상태를 발생한 순서대로 이해하기 위해 상태표를 가장 먼저 작성해야 함
② 조합논리회로에서는 진리표로 표시하지만, 순차논리회로에서는 상태표를 구함
③ 상태표에서 원은 상태(status)를 표시하고, 화살표는 상태 간의 전이(transition)를 표시함

2 플립플롭

- 플립플롭(F/F : Flip-Flop)은 두 개의 안정된 상태를 갖고 상태 정보를 저장하는 데 사용할 수 있는 회로로서, 순차논리회로의 기본 저장 요소임
- 플립플롭은 출력이 Q와 Q'인 두 개의 쌍안정(bi-stable) 상태를 가짐
- 회로는 하나 이상의 제어 입력에 적용되는 신호에 의해 상태가 변경되도록 만들 수 있으며 하나 또는 두 개의 출력을 함
- 플립플롭은 지속적으로 전기가 공급되어야 정보를 유지할 수 있음
- 플립플롭은 이진 데이터 '1' 또는 '0'의 한 개 비트를 저장하는 기억소자임
- 플립플롭은 작동방식에 따라서 RS 플립플롭, D 플립플롭, JK 플립플롭, T 플립플롭의 4가지 종류로 구분

(1) RS 플립플롭

① RS(Reset/Set) 플립플롭은 두 개의 입력선을 갖는 순차논리회로임
② RS 플립플롭은 두 개의 NOR 게이트와 NAND 게이트를 사용하여 설계하고, SET, RESET 및 현재의 상태와 관련이 있는 출력 Q를 가짐
③ 두 개의 NOR 게이트로만 구성되고 클록 신호가 없는 상태의 플립플롭을 래치(Latch)라고 함

입력		출력	동작
S	R	Q(t+1)	
0	0	Q(t)	현재의 상태가 그대로 출력(불변)
0	1	0	0을 출력(reset)
1	0	1	1을 출력(set)
1	1	X	상태가 불안정하여 출력을 인정하지 않음

(2) JK 플립플롭

① RS 플립플롭은 입력이 모두 1인 경우에는 불안정한 상태가 되기 때문에 출력을 인정하지 않는 문제점이 있는데, 이를 개선한 것이 JK 플립플롭임
② JK 플립플롭은 출력값이 RS 플립플롭과 같고 모두가 1인 경우의 출력은 현재의 상태와 반대가 됨

입력		출력	동작
J	K	Q(t+1)	
0	0	Q(t)	현재의 상태가 그대로 출력(불변)
0	1	0	0을 출력(reset)
1	0	1	1을 출력(set)
1	1	Q'(t)	값이 반전됨(toggle)

(3) D 플립플롭

D 플립플롭은 RS 플립플롭의 상태 변화를 유도하는 RS 입력이 '01' 또는 '10'만이 존재하는 플립플롭임

입력	출력	동작
D	Q(t+1)	
0	0	reset
1	1	set

(4) T 플립플롭

T 플립플롭은 JK 플립플롭에서 J와 K를 하나로 합쳐서 1과 0이 서로 교대로 바뀌는 반전 신호를 만드는 회로임

입력	출력	동작
T	Q(t+1)	
0	Q(t)	현재의 상태가 그대로 출력(불변)
1	Q'(t)	반전된 상태가 출력

3 레지스터

(1) 앞에서 설명한 플립플롭은 레지스터와 카운터의 구성요소가 됨

(2) 레지스터는 연산의 결과를 일시적으로 기억하는 중앙처리장치 내의 임시 기억장치임

(3) 주기억장치보다 처리속도가 빠르며, 범용 레지스터와 특수 목적에 사용하는 프로그램 카운터, 인덱스 레지스터, 베이스 레지스터, 누산기 등과 같은 특수 목적 레지스터로 구분됨

(4) 일반적으로 n비트 레지스터는 간단하게 저장된 데이터를 처리할 수 있는 로직과 함께 n개의 플립플롭으로 구성됨

4 카운터

(1) 카운터(counter)는 레지스터의 내용을 증가시키거나 감소시킬 수 있는 레지스터로서, 클록이 들어올 때는 항상 변화함

(2) 카운터는 비동기식과 동기식으로 구성할 수 있음

(3) 동기식은 클록이 발생하면 카운터 내의 모든 비트는 변화하고, 비동기식은 동시에 모든 비트가 변하지 않는데, 비동기 회로는 모든 플립플롭이 공통된 클록을 사용하지 않기 때문임

제3장 데이터 표현 및 연산

- 컴퓨터는 외부의 입력 데이터를 컴퓨터가 이해할 수 있는 내부적 표현으로 변환하여 처리한 후 컴퓨터의 기억장치에 저장함
- 그리고 필요할 때 저장된 내용을 외부적 표현방식으로 변환하여 출력함

제1절 진법과 진법변환

(1) 진법(notation of number)
  ① 어떤 수의 묶음을 진법(notation)이라고 함
  ② 즉, 2진수는 2개의 숫자로 구성되었고, 8진수는 8개의 숫자, 16진수는 16개의 숫자로 구성된 수의 집단임

[진수의 체계]

10진수	2진수	8진수	16진수
0	0000	0	0
1	0001	1	1
2	0010	2	2
3	0011	3	3
4	0010	4	4
5	0101	5	5
6	0100	6	6
7	0111	7	7
8	1000	10	8
9	1001	11	9
10	1010	12	A
11	1011	13	B
12	1100	14	C
13	1101	15	D
14	1110	16	E
15	1111	17	F

10진법 (decimal notation)		10진법은 0부터 9까지의 10개의 수를 사용하고 밑수(base)를 10으로 하며, 각각의 자리는 10^n의 가중치가 부여됨
2진법 (binary notation)		2진법은 0과 1의 2개의 수를 사용하고 밑수(base)를 2로 하며, 각각의 자리는 2^n의 가중치가 부여됨
8진법 (octal notation)		8진법은 0부터 7까지의 8개의 수를 사용하고 밑수(base)를 8로 하며, 각각의 자리는 8^n의 가중치가 부여됨
16진법 (hexadecimal notation)		16진법은 0부터 F까지의 16개의 수를 사용하고 밑수(base)를 16으로 하며, 각각의 자리는 16^n의 가중치가 부여됨

(2) 진법변환(notation conversion)

- 컴퓨터는 '0'과 '1'의 2진법을 사용하고, 인간은 10진법을 사용함
- 프로그램 개발자들은 내부자료가 컴퓨터에 어떻게 저장되는지 알아야 할 필요가 있기 때문에 2진법으로 표현된 데이터를 읽기 쉽도록 우리가 사용하는 10진법이나 주소체계에서 사용되는 16진법 등으로 변환해서 이해할 필요가 있음
- 이처럼 어떤 진법으로 표현된 수를 다른 진법으로 바꾸는 것을 진법변환이라고 함
- 8진수는 2진수 3자리로 표현할 수 있고, 16진수는 2진수 4자리로 표현할 수 있음
- 8진수를 16진수로 변환할 때는 8진수를 2진수로 변환하고 변환된 2진수를 4비트씩 묶으면 16진수로의 변환이 완료됨
- 반대로 16진수를 8진수로 변환할 때는 16진수를 2진수로 바꾸고 바꾼 2진수를 3비트씩 묶으면 8진수로의 변환이 완료됨

① **10진수를 2진수로 변환하기**
  ㉠ 양의 정수 변환하기
    10진수를 반복해서 2로 나누어 몫이 1이 될 때까지 반복 후 나머지를 밑에서부터 역순으로 쓰면 2진수로 변환이 완료됨
  ㉡ 양의 실수 변환하기
    - 소수값에 반복해서 2를 곱하여 정수 부분의 올림수를 순서대로 씀
    - 소수 부분이 0이 나올 때까지 반복함

② **2진수를 10진수로 변환하기**
  가중치를 취한 값을 더하면 10진수로 변환됨

③ **8진수를 16진수로 변환하기**
  ㉠ 8진수의 1자리를 2진수 3비트로 변환하여 표현함
  ㉡ 8진수의 수를 2진수 4비트로 변환하면 16진수로의 표현이 완료됨

제2절 보수

(1) 컴퓨터에서 보수는 음수와 논리연산을 간단하게 처리하기 위해 사용하는 방법임

(2) 어떤 진수(r) 체계든지, 'r'과 'r-1'의 2개의 보수가 존재하는데, 예를 들어, 2진수의 경우는 2의 보수와 1의 보수가 존재하고, 10진수는 10의 보수와 9의 보수, 8진수는 8의 보수와 7의 보수가 존재함

(3) 부호화 절댓값(signed magnitude)은 최상위 비트(MSB)를 양수와 음수를 표현하기 위해 할당하는 방식으로, 음수의 경우는 '1', 양수의 경우는 '0'으로 간단하게 표현할 수 있지만 연산할 때마다 부호를 처리하기 위한 추가적인 절차가 필요하므로 경제적인 방법은 아님

(4) 1의 보수는 음수를 표현하는 방법이기 때문에, 양수를 표현하는 것은 부호화 절댓값과 같은 방식이며, 음수는 같은 수의 양의 표현에서 2진수의 각 비트를 0은 1로, 1은 0으로 바꾸어 표현함

(5) 2의 보수는 1의 보수 표현에서 최하위 비트(LSB)에 1을 더하는 것과 같은 값을 가지는데, 2의 보수 표현 방법을 사용하면 1의 보수 문제가 해결됨

[음수의 표현방법]

2진수	부호화 절댓값	1의 보수	2의 보수
0000	0	0	0
0001	1	1	1
0010	2	2	2
0011	3	3	3
0100	4	4	4
0101	5	5	5
0110	6	6	6
0111	7	7	7
1000	-0	-7	-8
1001	-1	-6	-7
1010	-2	-5	-6
1011	-3	-4	-5
1100	-4	-3	-4
1101	-5	-2	-3
1110	-6	-1	-2
1111	-7	-0	-1

제3절 데이터의 표현

- 컴퓨터는 외부의 데이터를 컴퓨터가 이해할 수 있는 내부의 이진 데이터로 변환하여 저장하며, 또한 컴퓨터의 내부 실행 결과를 인간이 이해할 수 있는 외부 표현으로 변환하여 출력장치로 전송함
- 데이터는 크게 수치 데이터와 비수치 데이터로 구분할 수 있음

1 비수치 데이터(non-numeric data)

비수치 데이터에는 문자를 표현하는 BCD, EDCDIC 및 ASCII 코드가 있고, 특수한 목적의 숫자를 표현하는 가중치 코드, 비가중치 코드, 에러 탐지 코드 및 에러 수정 코드 등이 있음

(1) BCD 코드
① 2진화 10진 코드 또는 8421 코드라고도 불림
② 일반적으로 이진수 체계를 사용하여 10진수를 표현하는 가장 기본적인 코드임
③ 8421 코드의 의미는 1자리의 10진수를 표현하는데 4자리의 2진수가 필요하기 때문임

(2) 표준 BCD 코드
① 숫자 코드인 BCD 코드를 확장한 문자 코드로, 6개의 데이터 비트와 1개의 패리티 비트로 구성됨
② BCD 코드로는 문자, 숫자 등의 비수치 데이터를 표현하기가 어렵기 때문에, BCD 코드에 존 비트(zone bit)를 두어 비수치 데이터를 표현한 것임

(3) EBCDIC 코드
① 확장 2진화 10진 코드로도 불리며, 표준 BCD 코드가 문자를 64가지(2^6)만 표현할 수 있는 단점을 보완하기 위하여 8비트의 코드를 사용하여 256가지(2^8)의 문자, 숫자 등의 데이터를 표현할 수 있는 코드임
② 맨 앞에 패리티 비트를 첨가하여 총 9비트로 사용함
③ 존(zone)을 zone-1과 zone-2로 구분하여, zone의 값에 따라서 숫자, 대문자, 특수문자, 소문자 등의 데이터를 표현하였음
④ EBCDIC 코드는 컴퓨터의 내부 코드용으로 주로 사용함

(4) ASCII 코드
① 영문 알파벳을 사용하는 대표적인 문자 코드임
② 아스키는 컴퓨터와 통신 장비를 비롯한 문자를 사용하는 많은 장치에서 사용되며, 대부분의 문자 인코딩이 아스키에 기초를 두고 있음
③ 아스키는 7비트 인코딩으로, 33개의 출력 불가능한 제어 문자들과 공백을 비롯한 95개의 출력 가능한 문자들로 이루어짐

④ 출력 가능한 문자들은 52개의 영문 알파벳 대소문자와 10개의 숫자, 32개의 특수 문자, 그리고 하나의 공백 문자로 이루어짐
⑤ ASCII 코드는 EBCDIC 코드와 달리 오른쪽에서 왼쪽으로 비트 번호가 부여됨

(5) 가중치 코드
① 4비트 그룹으로 표시했을 때 각 비트의 위치에 따라 특정 가중치가 부여되는 코드를 의미함
② 8421 코드 외에도 2421, 5421, 51111, 6311, 7421, 74-2-1, 642-3, 84-2-1 코드 등 다양한 가중치 코드가 있음
③ 특히 각 자리의 자릿수를 0은 1로, 1은 0으로 변환함으로써 해당 코드의 10진 값에 대한 보수를 얻는 코드를 자보수 코드 또는 자기 보수 코드라고 함
④ 84-2-1 코드, 2421 코드, 51111 코드는 자기 보수 코드임
⑤ 자기 보수 코드를 사용하면 비트의 상호 교환만으로도 간단하게 보수를 구할 수 있다는 장점이 있음

(6) 비가중치 코드
가중치를 갖지 않는 코드로서, '그레이 코드'와 '3초과 코드'가 대표적임

① 그레이 코드(gray code)
그레이 부호 또는 그레이 코드는 이진법 부호의 일종으로, 연속된 수가 1개의 비트만 다른 특징을 지니며, 연산에는 쓰이진 않고 주로 데이터 전송, 입출력장치, 아날로그-디지털 장비 간의 변환과 주변장치에 사용함

2진수 → 그레이 코드	• 2진수의 MSB(맨 좌측비트)는 그대로 그레이 코드의 첫 번째 비트가 됨 • 이웃해 있는 두 비트를 XOR 연산한 결과가 두 번째 그레이 코드 값이 됨 • 이 과정을 반복
그레이 코드 → 2진수	• 그레이 코드 MSB 비트는 그대로 2진수 코드의 첫 번째 비트가 됨 • 2진수의 첫 번째 비트와 그레이 코드의 두 번째 비트를 XOR 연산하여 두 번째 2진 비트로 사용함 • 이 과정을 반복

② 엑세스-3(3초과 코드 또는 3초과 부호) 코드
㉠ 자기 보수 코드이며, 이는 BCD 코드에 0011을 더해서 만든 코드이기 때문임
㉡ 3초과 코드의 이점은 비트를 반전하는 것만으로도 10진수에서 9의 보수를 얻을 수 있으므로 감산에 유용하다는 점임
㉢ 또한 최상위 비트(MSB)가 4(0100) 이하일 때 0, 5(0101) 이상일 때 1이 되므로, 반올림에 유용함
㉣ 모든 비트가 동시에 0이 되는 일이 없으므로, 단선 등에 의한 신호단절을 구별할 때 이용할 수 있음

[BCD 코드와 excess-3 코드의 관계]

10진수	BCD 코드	excess-3 코드
0	0000	0011
1	0001	0100
2	0010	0101
3	0011	0110
4	0100	0111
5	0101	1000
6	0110	1001
7	0111	1010
8	1000	1011
9	1001	1100

(7) 에러 탐지 코드

바이콰이너리 코드, 2 out-of 5, 패리티 코드 등이 있음

① 바이콰이너리 코드
  ㉠ 초기 컴퓨터에서 사용되던 코드 형태로서, 5043210 코드라고도 함
  ㉡ 한 개의 비트에 에러가 발생하면 1의 개수가 달라지는 것으로 에러를 검출하지만, 두 개의 비트가 서로 0이 1로, 1이 0으로 바뀌는 경우는 1의 개수가 그대로이므로 에러가 아니라고 판단하여 에러 검출이 불가능하게 됨

② 2-out of-5 코드
  ㉠ 통신 분야에서 많이 사용하는데, 각 십진수는 5비트로 구성된 이진 숫자로 표현되며 그중 두 비트는 '1'로, 나머지 3비트는 '0'으로 표현됨
  ㉡ 비트 위치에 할당된 일반적인 가중치는 0-1-2-3-6임

③ 패리티 코드
  ㉠ 패리티 비트를 이용하여 에러를 검사함
  ㉡ 패리티 검사는 통신 중 노드 간(송신 측과 수신 측)에 정확한 데이터 전송을 보장하는 프로세스임
  ㉢ 패리티 비트는 원래 데이터 비트에 첨부되어 짝수(even) 또는 홀수(odd) 비트 번호를 생성함
  ㉣ 송신 측에서는 짝수 또는 홀수인 패리티 비트가 부여된 데이터를 전송하고 수신 측에서는 수신된 데이터 내의 패리티 비트를 확인하여 에러를 검출함

(8) 에러 수정 코드

에러가 발생하면 에러를 검출하여 교정할 수 있는 능력을 갖춘 코드를 말하며, 해밍 코드(Hamming code)가 대표적임

(9) 한글 코드
① 한글 코드는 조합형 코드와 완성형 코드의 두 가지 방식이 있음
② 국내에 컴퓨터가 보급되던 초기에 사용한 방식은 조합형 코드로서, 2바이트(Byte), 즉 16비트로 한 글자(초성·중성·종성)를 표현하는 방식임
③ 완성형 코드는 한글을 완전한 글자로 만들어 메모리값에 하나씩 하나씩 저장하는 방식으로, 이러한 방식은 아스키 코드와 사용방법이 유사하며, 한 글자에 2바이트를 사용했음
④ 현대의 완성형 한글 체계는 Unicode를 기반으로 모두 11,172개의 한글 음절을 모두 코드로 제공하고 있음

2 수치 데이터(numeric data)

(1) 2진수 데이터 표현방식

① **정수(integer) 표현방식**
2진수의 정수 표현방법에는 부호화 절댓값, 1의 보수 및 2의 보수 방식이 있으며, 정수는 양의 정수, 0, 음의 정수를 의미함

㉠ 부호화 절댓값
- 부호화 절댓값 방식은 최상위 비트(MSB)를 양수(0)와 음수(1)를 표현하고 나머지 비트로 수를 표현하는 방식임
- 부호화 절댓값에서 표현할 수 있는 값의 범위는 $-(2^{n-1}-1) \sim (2^{n-1}-1)$

㉡ 1의 보수
- 1의 보수 방식은 음수를 표현하는 방법으로, 양수를 표현하는 것은 부호화 절댓값과 같음
- 음수는 같은 수의 양의 표현에서 2진수의 각 비트를 0은 1로, 1은 0으로 바꾸어 표현함
- 1의 보수에서 표현할 수 있는 값의 범위는 $-(2^{n-1}-1) \sim (2^{n-1}-1)$로, 부호화 절댓값과 동일함

㉢ 2의 보수
- 1의 보수 표현에서 최하위 비트(LSB)에 1을 더하여 값을 취하는 방식
- 2의 보수 표현방법을 사용하면 '+0'과 '-0'의 문제가 해결됨
- 2의 보수로 표현할 수 있는 수의 범위는 $-(2^{n-1}) \sim (2^{n-1}-1)$로, 1의 보수보다 음수의 표현이 하나 더 많음

② **실수(real number) 표현방식**
실수의 표현방식에는 고정소수점 표현방식과 부동소수점 표현방식이 있음

㉠ 고정소수점 표현방식
- 고정소수점(fixed point) 표현방식은 실행 프로세서에 부동소수점 장치(FPU : Floating Point Unit)가 없거나, 현재 사용 중인 응용 프로그램의 성능이나 정확도를 향상하는 경우에 사용함
- 예전의 컴퓨터 또는 저가 임베디드 마이크로프로세서 및 마이크로 컨트롤러에는 FPU가 없어서 고정소수점 방식을 사용함
- 고정소수점 표현방식은 매우 큰 실수나 매우 작은 실수를 표현할 때 비트 수를 많이 차지하므로 비경제적임

ⓒ 부동소수점 표현방식
- 부동소수점(floating point) 방식은 매우 작거나 매우 큰 실수를 표현할 때 정밀도가 높은 표현 방법
- 부동이라는 의미는 소수점의 위치 이동이 가능하다는 의미로서, 고정소수점 방식보다 비트의 수를 줄일 수 있어 경제적이라는 장점이 있지만, 고정소수점 방식보다는 복잡한 연산을 수행해야 하므로 처리 속도가 느린 단점이 있음
- 부호는 양수(0)와 음수(1)를 표현하고, 지수부는 소수점의 위치를 나타내며, 소수부(가수부)는 유효숫자를 나타냄

부호	지수부	소수부(가수부)
0 1	8 9	31

> ※ 부동소수점 방식으로 표현하기 위한 절차
> ① 유효숫자를 소수점 다음에 위치시키는 정규화를 수행
> ② 지수부의 값을 계산함
>   ㉠ 양수 승의 지수와 음수 승의 지수를 구분하기 위해 기준값을 설정하여 좌측값은 음수 승, 우측값은 양수 승을 표현함
>   ㉡ 이처럼 기준값을 조정하기 위해 더해지는 값을 바이어스(bias)라고 하고 조정된 지수값을 특성값(characteristics)이라고 부름

(2) 10진수 데이터(decimal data) 표현방식

10진수 데이터를 표현하는 방식에는 팩 10진수 방식과 언팩 10진수 방식이 있음

① 팩 10진수(packed decimal) 방식
  ㉠ 1바이트(byte)에 2개의 10진수를 표시하는 방식임
  ㉡ 부호 비트는 맨 우측 4비트를 사용하여 양수는 1100, 음수는 1101로 표시함

② 언팩 10진수(unpacked decimal) 방식
  ㉠ 부호는 팩 방식과 동일하지만 표시 위치가 다름
  ㉡ 맨 우측 바이트의 첫 4비트(0 ~ 3)에는 데이터가 표시되고, 부호는 4 ~ 7비트에 표시됨
  ㉢ 그리고 각 바이트의 우측 4비트에는 데이터가 표시되고, 나머지 4비트에는 존(zone) 영역으로 '1111'이 들어감
  ㉣ 언팩 방식은 팩 방식에 비해 기억장소를 낭비하고 연산의 효율도 떨어지는 단점이 있음

제4절 연산

- 단항 연산은 보수, 이동(move), 논리 시프트(shift), 로테이트(rotate) 등을 말하며, 이항 연산은 사칙연산, AND, OR, XOR 등이 있음
- 또한, 데이터의 성격에 따라서 산술연산(수치 연산)과 논리연산(비수치 연산)으로 구분함
- 산술연산은 덧셈, 뺄셈, 곱셈, 나눗셈이고, 논리연산은 AND, OR, NOT, 논리 시프트(shift), 로테이트(rotate) 등임

(1) 수치 연산
① 수치 연산에는 10진 연산, 고정소수점 연산과 부동소수점 연산이 있고, 모든 수치 연산은 덧셈, 뺄셈, 곱셈, 나눗셈의 사칙연산을 기본으로 함
② 시프트(shift)의 경우에는 산술 시프트와 논리 시프트가 있는데, 산술 시프트는 수치 연산을 함
③ **산술 시프트**
  ㉠ 산술 시프트에서 좌측 시프트는 곱하기 효과를 가지며, 우측 시프트는 나누기 효과를 가짐
  ㉡ 피연산자의 모든 비트는 주어진 비트 위치 수만큼 이동되고, 비어있는 비트 위치가 채워짐
  ㉢ 오른쪽으로 시프트하면 가장 왼쪽 비트(일반적으로 부호가 있는 정수 표현의 부호 비트)가 빈 위치를 채우기 위해 복제됨

(2) 비수치 연산
수치 데이터 이외의 모든 연산, 즉 부울연산의 기본이 되는 논리연산과 문자 데이터 처리에 대한 연산을 의미하며, 논리 시프트, 로테이트 등이 있음
① **논리 연산**
  ㉠ 선택적 세트 연산은 2진수의 특정 비트를 선택하여 1로 바꾸는 연산을 의미하고, OR 연산을 사용함
  ㉡ 선택적 보수 연산은 2진수의 특정 비트를 보수로 만들기 위하여 사용하고, XOR 연산을 사용함
  ㉢ 마스크 연산은 2진수의 특정 비트를 클리어(0)하기 위한 목적으로 사용하며, AND 연산을 사용함
  ㉣ 삽입 연산은 2진수 데이터 내의 특정 위치에 데이터를 삽입하기 위해서 사용하고, AND 연산과 OR 연산을 사용함
  ㉤ 비교 연산은 두 데이터를 비교하는 연산으로, XOR 연산을 사용함
② **로테이트 연산**
  ㉠ 시프트 연산은 수를 표시하는 방법에 따라서, 그리고 시프트 방향에 따라서 다른 값이 입력되지만, 로테이트는 좌측, 우측 끝단에서 밀려 나오는 비트들이 반대편으로 다시 입력되는 연산임
  ㉡ 직렬로 데이터의 손실 없이 자료를 전송할 때 사용함

제4장　CPU의 구조와 기능

- 중앙처리장치(CPU)는 산술, 논리, 제어 및 입출력(I/O) 작업을 수행하여 컴퓨터 프로그램의 명령어를 실행하는 컴퓨터 내의 전자회로임
- 전통적으로 'CPU'라는 용어는 메인 메모리 및 I/O 회로와 같은 외부 구성요소와 컴퓨터의 핵심 구성요소를 구별하는 프로세서, 특히 처리장치 및 제어장치(CU)를 의미함
- CPU의 주요 구성요소는 산술 및 논리 연산을 수행하는 산술논리연산장치(ALU), 산술 연산자를 ALU에 공급하고 ALU 연산 결과를 저장하는 프로세서 레지스터, 메모리에서 명령어를 읽어서(Fetch) 해독하고 실행을 주관하는 제어장치(CU)임
- CPU의 또 다른 중요한 구성요소는 클록(Clock)으로, 클록은 CPU의 실행을 시작시키거나 정지시키는 역할을 함
- 대부분의 CPU 기본 작동은 프로그램을 실행하기 위해 저장된 일련의 명령어를 실행하는 것임
- 실행될 명령은 기억장치에 보관되며, 거의 모든 CPU는 인출 사이클, 해독 사이클, 실행 사이클 단계를 반복하여 하나의 명령어 사이클을 처리함
- 클록의 주기에 따라서 실행되는 CPU 내의 동작을 마이크로 연산이라고 하며, 마이크로 연산은 최소 단위의 명령어임
- 일반적으로 마이크로 연산은 레지스터 간 또는 중앙처리장치(CPU)의 레지스터와 외부 버스 간 데이터 전송, 레지스터에 대한 산술 및 연산 또는 논리 연산 수행과 같이, 하나 이상의 레지스터에 저장된 데이터에 대한 기본 연산을 수행하고, 일반적인 명령어 사이클에서 매크로 명령의 각 단계는 실행 중에 분해되어 CPU가 작업을 결정하고 단계별로 진행함
- 이렇게 분해된 마이크로 연산의 실행은 CPU의 제어 하에 수행되며, CPU의 제어장치는 재정렬, 융합 및 캐싱과 같은 다양한 최적화를 수행하면서 실행을 결정하게 됨
- 마이크로 연산의 몇 단계가 모여 매크로 연산을 수행하게 됨

제1절　CPU의 구성요소

- CPU는 명령어 인출(fetch), 명령어 해독(decode), 데이터 인출(operand fetch), 명령어 실행(execution) 및 데이터 쓰기 등의 주요 기능을 처리함
- ALU는 산술 연산과 논리 연산을 수행하는 회로들로 이루어진 하드웨어 장치임
- 레지스터는 CPU 내의 기억장치로서 레지스터의 집합으로 구성되며, 컴퓨터의 기억장치 중 가장 속도가 빠름
- 제어장치는 명령어를 해석하고 명령어를 실행하기 위한 제어신호를 순차적으로 발생시키는 하드웨어 장치이며, 내부 버스는 레지스터와 ALU 간의 데이터 이동을 위한 데이터선과 제어장치에서 발생하는 제어신호선으로 구성됨
- IR은 명령어를 위한 레지스터이고, PC는 현재 실행 중인 주소를 저장하고 명령이 실행되면 다음의 명령어를 읽어 오기 위해 값이 증가함
- MAR은 기억장치의 주소를 저장하는 레지스터이고, MBR은 기억장치의 주소가 저장하고 있는 데이터를 저장하는 레지스터로서, MDR이라고도 표시함
- AC는 누산기라고도 하며, 연산 결과를 저장함

(1) 산술논리연산장치(ALU)

① ALU는 덧셈 및 뺄셈과 같은 기본 산술 연산, AND, OR 및 NOT과 같은 논리 연산 및 시프트를 수행하는 중앙처리장치 내부의 회로 장치로, 독립적으로 데이터 처리를 수행하지 못하며 반드시 레지스터들과 조합하여 처리함
② ALU를 CPU 내부의 작은 계산기로 상상할 수 있음
③ ALU를 설계할 때 가장 중요한 결정사항 중 하나는 명령어당 얼마나 많은 레지스터를 사용하고 얼마나 많은 피연산자를 메모리에서 수신할지 정하는 것인데, 이는 CPU를 설계하는 것은 레지스터의 수와 관련이 있기 때문임
④ 산술논리연산장치는 산술장치와 논리장치로 구성되어 있음
⑤ 2개의 상태선에 의해 논리장치와 연결된 2개의 입력값(2^2) 중 하나가 선택되어 논리장치와 산술장치로 입력되고, 산술장치에는 캐리값이 추가되어 연산된 결괏값이 출력됨
⑥ 산술연산은 덧셈, 전송, 증가, 감소 등을 실행함

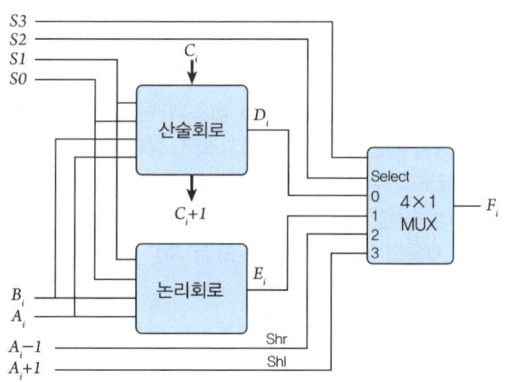

[산술논리연산장치]

[ALU의 각 내부 구성요소]

산술연산장치	덧셈, 뺄셈, 곱셈, 나눗셈의 사칙연산을 수행
논리연산장치	AND, OR, XOR, NOT 등의 논리연산을 수행
시프트 레지스터	비트를 왼쪽 또는 오른쪽으로 이동시키는 기능을 수행하는 레지스터
보수기	데이터를 보수로 취하는 회로
상태 레지스터	연산 결과의 상태를 나타내는 플래그들을 저장

[ALU 출력 테이블]

선택선		입력 캐리 (C_{in})	입력값 (B)	출력값(F)	실행 동작
S0	S1				
0	0	0	B	F= A + B	가산
0	0	1	B	F= A + B + 1	가산 (캐리 포함)
0	1	0	B′	F= A + B′	1의 보수
0	1	1	B′	F= A + B′ + 1	2의 보수
1	0	0	0	F= A	전송 (A를 전송)
1	0	1	0	F= A + 1	증가 (A값이 1 증가)
1	1	0	1	F= A − 1	감소 (A값이 1 감소)
1	1	1	1	F= A	A 전송

(2) 레지스터(Register)

- 레지스터(또는 프로세서 레지스터, CPU 레지스터)는 명령어, 주소 또는 임의의 종류의 데이터를 저장하는 목적으로 사용하는 기억장치임
- 레지스터의 크기를 나타내는 비트 수는 CPU 버스의 핀 수와 일치하는 것이 일반적임
- CPU에는 누산기, 프로그램 카운터, 명령어 레지스터, 상태 레지스터, 스택 레지스터, 인덱스 레지스터, 베이스 레지스터, 메모리 주소 레지스터와 메모리 버퍼 레지스터처럼 특별한 목적을 위해 사용하는 레지스터가 있는데, 이를 '특수 레지스터(Special Register)'라고 함
- 일반적인 목적을 위해 사용하는 '범용 레지스터'는 R0, R1, R2, … 등으로 레지스터 이름(주소)을 표시함

① **누산기(AC : Accumulator)**
  ㉠ CPU에서 산술 및 논리 데이터의 입력값 또는 처리된 결괏값을 일시적으로 저장하는 레지스터임
  ㉡ 최신 컴퓨터에서는 어떤 레지스터라도 누산기로 사용할 수 있기 때문에, 누산기는 현재는 더 이상 사용하지 않는 용어임

② **프로그램 카운터(PC : Program Counter)**
  ㉠ 현재 실행 중인 명령어의 주소를 포함하는 레지스터임
  ㉡ 각 명령어가 인출되면 프로그램 카운터는 저장된 값을 증가시킴
  ㉢ 컴퓨터가 다시 시작되거나 재설정되면 프로그램 카운터는 일반적으로 0으로 되돌아감

③ **인덱스 레지스터(Index Register)**
  ㉠ 일반적으로 벡터, 배열 연산을 수행하기 위해 프로그램 실행 중 피연산자 주소를 수정하는 데 사용함
  ㉡ 인덱스 레지스터의 내용은 간접 주소지정 방식에서 실제 데이터(피연산자)의 '유효주소'를 계산할 때 변위값으로 사용됨

④ **베이스 레지스터(Base Register)**
   기준이 되는 주소를 기억하고 있는 레지스터로서, 유효주소를 계산할 때 변위값이 여기에 더해짐
⑤ **스택 레지스터(Stack Register)**
   ㉠ 스택 포인터(SP)를 사용하여 데이터를 읽고 씀
   ㉡ 서브루틴이나 인터럽트, 루프 등이 발생하면 현재 레지스터의 내용을 저장해야 인터럽트 수행 후의 다음 명령어를 처리할 수 있는데, 이를 위한 스택 영역 메모리의 주소를 기억함
   ㉢ 스택 구조에서는 READ, WRITE라는 용어 대신에 POP과 PUSH라는 연산을 사용함
⑥ **상태 레지스터(Status Register)**
   ㉠ 프로세서에 대한 상태를 플래그 비트로 표시해 주는 레지스터임
   ㉡ 일반적으로 상태 레지스터의 플래그는 산술 및 비트 조작 연산의 결과에 따라서 기록됨

[상태 레지스터의 일반적인 플래그 목록]

플래그	플래그 이름	플래그의 기능
Z	제로 플래그	연산의 결과가 0일 때 1로 세트됨
C	캐리 플래그	연산의 결과 자리올림이나 자리빌림이 발생하면 1로 세트됨
S	부호 플래그 (사인 플래그)	연산 결과가 음수면 1, 양수면 0으로 세트됨
V	오버플로우 플래그	• 양수끼리 가산하여 음수가 발생하거나 음수끼리 가산하여 양수가 발생하는 경우를 범람이라고 하는데, 이 경우 1로 세트됨 • 오버플로우 플래그는 캐리 비트와 부호 비트를 XOR하여 얻을 수 있음

⑦ **메모리 주소 레지스터(MAR : Memory Address Register)**
   CPU에서 데이터를 가져올 메모리 주소나 데이터를 저장할 주소를 위한 레지스터임
⑧ **메모리 버퍼 레지스터(MBR : Memory Buffer Register)**
   저장장치 간에 전송되는 데이터를 저장하는 레지스터임
⑨ **명령어 레지스터(IR : Instruction Register)**
   ㉠ 명령어를 실행하기 위해서 잠시 정보를 보관하는 레지스터임
   ㉡ 기억장치에서 넘어온 동작 코드는 명령어 해독기(decoder)에 의해서 하나씩 해독되어 명령어로 변환됨

(3) **레지스터 전송**
   ① 레지스터와 레지스터 사이의 데이터를 주고받는 것을 레지스터 전송이라고 함
   ② 레지스터의 전송은 클록 펄스에 따라서 실행되는 마이크로 연산을 기본으로 함

[레지스터 전송 기호]

기호	설명	예
대문자, 숫자	레지스터를 표시	MAR, IR
괄호	레지스터의 일부를 표시	R2(0-7), MBR(AD)
화살표	데이터의 전송을 표시	R2 ← R1
쉼표	마이크로 연산을 구분	R0 ← R1, R1 ← R2

(4) 논리연산장치

논리연산장치는 입력되는 데이터값이 AND, OR, XOR, NOT의 연산을 실행하며, 전가산기와 디코더로 구성됨

(5) 제어장치

① 제어장치(Control Unit)는 CPU의 내부에서 각 명령어의 실행을 제어하고 관리하는 장치로서, 명령어의 실행 단계에 따라서 필요한 제어신호를 발생함
② 컴퓨터의 기억장치, ALU 장치 및 입출력장치들 상호 간의 타이밍 및 제어신호를 제공하여 다른 장치의 작동을 지시함
③ 제어장치의 기본 동작은 마이크로 연산(Micro Operation)으로, 레지스터 간의 이동, 레지스터와 외부 버스 간의 이동 또는 간단한 ALU 연산 등을 수행함
④ 제어장치는 순서를 제어하고 실행을 제어하기 위한 내부적인 논리회로를 가지고 있음
⑤ 제어 주소 레지스터로 입력된 주솟값을 가지고 제어 메모리에서 해당되는 명령어를 찾아서 제어 버퍼 레지스터로 넣으면 이에 해당하는 적절한 제어신호가 발생함
⑥ 제어신호는 명령어의 순서를 제어하기 위한 제어신호와 입출력장치에 대한 제어신호 등 두 가지 신호를 생성함
⑦ 제어장치를 구성하는 방법에는 하드와이어 방식과 마이크로프로그램 방식이 있음

제2절 명령어 사이클

(1) 명령어 사이클(instruction cycle)은 인출, 해독, 실행 과정을 계속 순차적으로 반복하는 것으로, 각 명령어 사이클은 하나 이상의 마이크로 연산(micro operation)으로 구성되고, 마이크로 연산은 마이크로 사이클(micro cycle)에 의해서 수행됨

(2) 마이크로 연산에 걸리는 시간을 마이크로 타임이라고 하며, CPU의 속도를 나타냄

(3) 마이크로 사이클을 제어하는 방식에는 동기 고정식, 동기 가변식, 비동기식이 있음

동기 고정식 (fixed synchronous)	마이크로 연산 중에서 실행 시간이 가장 긴 것을 클록 주기로 고정하는 방식
동기 가변식 (variable synchronous)	실행 시간이 유사한 마이크로 연산들을 모아서 집단마다 서로 다른 마이크로 사이클 시간을 제공하는 방식
비동기식 (asynchronous)	모든 마이크로 연산에 대해서 서로 다른 마이크로 사이클 시간을 제공하는 방식

(4) 클록 속도(clock rate)

① 클록 속도는 CPU의 속도를 표시하는 데 사용하는 지표로서, 주파수(Hz, 헤르츠)로 표기함
② 대부분의 CPU 속도는 GHz이기 때문에, 클록 속도의 단위도 GHz로 표기하는 것이 일반적임
③ 2.4GHz 클록 속도의 의미는 매 초당 2백4십만 개의 명령어를 처리한다는 것을 의미함

제3절 명령어 파이프라이닝

(1) 파이프라인은 데이터 처리 단계의 출력이 바로 다음 단계의 입력으로 연결되는 처리 기술임

(2) 여러 단계가 서로 동시에 또는 병렬로 명령어를 처리할 수 있어 처리 효율성이 향상됨

(3) 파이프라인은 CPU의 명령어 실행을 중첩하여 성능을 향상하기 위해 사용하는 기법임

제5장　컴퓨터 명령어

- 명령어 형식에서 가장 많이 사용되는 필드는 다음과 같음
  - 실행할 연산을 지정하는 연산 코드(operation code) 필드
  - 메모리 주소 또는 프로세서 레지스터를 지정하는 주소(address) 필드
  - 피연산자 또는 유효주소(effective address)의 결정 방법을 지정하는 모드(mode) 필드
- 연산 필드는 덧셈, 뺄셈, 보수 및 시프트 등과 같은 다양한 프로세서 연산을 정의하는 비트 그룹으로, 3비트씩 3개의 필드로 구성되고, 연산 필드 각각은 7개의 마이크로 동작을 실행함
- 주소 필드는 분기가 발생하면 분기해야 할 해당 목적지의 주소를 표시함
- 모드 필드를 정의하는 비트는 주어진 주소에서 피연산자를 선택하기 위한 여러 가지 다양한 대안을 제공함

제1절 명령어 형식

- 명령어는 실행할 내용을 나타내는 동작 코드(OP code)와 유효주소를 계산할 데이터가 들어가 있는 피연산자 부분으로 구분함
- 명령어는 피연산자의 개수에 의해서 0-주소 명령어, 1-주소 명령어, 2-주소 명령어, 3-주소 명령어 등으로 구분됨

모드	연산 코드	주소

[명령어 형식]

- 모드는 1비트로서 직접 주소 모드(모드 = 0)와 간접 주소 모드(모드 = 1)를 구분하고, 연산 코드는 3비트를 사용하여 표시함
- 직접 주소 모드는 유효주소가 해당 주소에 있는 방식이고, 간접 주소 모드는 유효주소를 찾기 위해 명령어의 주소를 한 번 더 참고하는 방식임

1 연산 코드

연산 코드는 데이터 전송, 데이터 처리, 제어 분기 명령, 입출력 명령으로 구분함

(1) 데이터 전송(data transfer)

데이터 전송은 레지스터, 주기억장치, 스택 또는 I/O 장치 간의 데이터 이동에 관련된 동작으로, store, load, exchange, move, push, pop 같은 연산 코드가 있음

(2) 데이터 처리

① 데이터 처리 명령어는 일반적인 산술 명령어 또는 논리 명령어를 말함
② 산술 명령어는 기본적인 가산, 감산, 곱셈, 나눗셈의 사칙연산을 처리함
③ 논리 연산 명령은 피연산자를 비트별 처리하여, 비트를 변경하거나 비트열을 0이나 1로 하거나 새로운 비트를 피연산자에 넣을 수 있으며 ADD, AND, OR, XOR, CLC, ROL, ROR 등의 명령어가 있음

(3) 제어와 분기 명령

① 제어 및 분기에 대한 명령에는 BUN, BSA, ISZ, SPA, SNA, SZA, HLT, JMP, RET, CALL 등의 명령어가 있음
② CALL과 JMP의 차이는 CALL은 복귀주소가 존재하지만, JMP는 복귀주소가 존재하지 않는다는 것임

(4) 입출력 명령
입력과 출력에 관한 명령에는 INP, OUT, ION, IOF 등의 명령어가 있음

2 명령어 체계

명령어는 피연산자의 개수에 따라서 0-주소 명령어, 1-주소 명령어, 2-주소 명령어, 3-주소 명령어로 구분함

(1) 0-주소 명령어
① 0-주소 명령어는 명령어에 피연산자를 부여하지 않음
② 스택 구조의 컴퓨터에서 사용되며, 스택 구조에서의 주소는 스택 포인터(SP : Stack Pointer)가 대신함
③ 스택 구조에서는 스택에서 데이터를 제거(remove)하는 명령어(메모리에서 레지스터로 데이터 이동) 'POP'과 스택에 데이터를 추가(add)하는 명령어(레지스터에서 메모리로 데이터 이동) 'PUSH'의 두 가지 명령어가 있음
④ **수식 표현법**
  모든 표현법을 변환할 때는 사칙연산의 우선순위에 따름

중위 표현법 (infix)	일반적으로 수학이나 대수에서 수를 표현할 때 사용하는 방법으로, 피연산자와 피연산자 사이에 연산자가 위치하는 형식
전위 표현법 (prefix)	연산자-피연산자-피연산자의 순서로 수를 표현하는 방법
후위 표현법 (postfix)	피연산자-피연산자-연산자의 순서로 수를 표현하는 방법으로, 연산자를 가장 마지막에 표현하는 방법

(2) 1-주소 명령어
① 피연산자가 하나만 있는 명령어를 1-주소 명령어라고 함
② 주로 하나의 누산기(AC)만 가지고 있는 컴퓨터에서 사용하며, 주소의 내용과 누산기의 내용을 연산한 후 결괏값은 누산기에 저장함

(3) 2-주소 명령어
① 2-주소 명령어는 가장 일반적인 상업용 컴퓨터에서 사용함
② 2-주소 명령어 형식은 주소-1과 주소-2의 내용을 연산하여 그 결과를 주소-1(명령어의 좌측 부분)에 저장함
③ 주소-1의 내용은 연산의 결과로 바뀌지만, 주소-2(명령어의 우측 부분)의 내용은 연산 후에도 변하지 않음

(4) 3-주소 명령어
① 3-주소 명령어 형식은 3개의 주소 필드를 가지고 있음
② 주소-2와 주소-3의 내용은 연산 후에도 값을 잃지 않음
③ 연산 후의 결괏값은 주소-1(명령어의 좌측 부분)에 저장됨
④ 3-주소 명령어 형식의 장점은 연산 표현을 위한 프로그램이 짧아진다는 것이고, 단점은 3-주소를 표현하기 위한 바이너리 비트값이 너무 많아진다는 것임

제2절 주소지정 방식

- 제어장치는 인출 사이클, 해독 사이클, 그리고 실행 사이클로 구성됨
- 프로그램 카운터(PC : Program Counter)는 다음에 실행될 명령어를 보관하고 명령어가 메모리에서 인출될 때마다 값이 증가함
- 해독 사이클은 실행할 연산, 명령어의 주소지정 모드와 피연산자의 주소를 결정함
- 그러면 컴퓨터는 명령어를 실행하고 연속적으로 다음 명령어를 인출하기 위해 처음의 인출 단계로 되돌아감
- 연산 코드는 실행할 연산을 지정하고 있고, 모드 필드는 연산을 위한 피연산자의 위치를 지정하고 있음
- 명령어에는 주소 필드가 있을 수도 있고 없을 수도 있음
- 만일 주소 필드가 있다면, 메모리 주소나 레지스터 주소를 나타내는 것임

(1) 묵시적 주소지정 방식
① 묵시적(암묵적) 주소지정 방식에서 피연산자는 명령어의 정의에 의해서 묵시적으로 지정됨
② 누산기를 지정하는 모든 레지스터 참조 명령어, 스택 구조 컴퓨터에서 0-주소 방식 명령어도 묵시적 명령어임

(2) 즉치 주소지정 방식
① 즉치 주소지정 방식에서 피연산자는 명령어 그 자체에 있음
② 즉치 명령어는 주소 필드가 아니라 하나의 피연산자를 가지고 있음
③ 피연산자 필드에는 명령어에서 지정하는 연산과 연결되어 사용될 실제 데이터가 들어가 있음
④ 즉치 주소지정 방식은 상숫값으로 레지스터를 초기화하기 위해 사용함

(3) 레지스터 주소지정 방식
① 레지스터 주소지정 방식에서 피연산자는 레지스터에 들어있음
② 해당 레지스터는 명령어의 레지스터 필드에서 지정함
③ 레지스터를 참조할 경우는 기억장치에 접근하여 데이터를 인출하는 시간보다 짧아 인출시간을 절약할 수 있음

(4) 레지스터 간접 주소지정 방식
① 명령어는 레지스터를 통하여 실제 데이터가 저장된 기억장치를 지정함
② 즉, 선택된 레지스터는 피연산자가 아니라 피연산자의 주소를 보관하고 있음
③ 레지스터 간접 모드 명령어의 장점은 명령어의 주소 필드가 직접 메모리 주소를 지정하는 데 필요한 것보다 적은 비트로 레지스터를 선택할 수 있다는 것임

(5) 직접 주소지정 방식
① 이 방식에서 유효주소는 명령어의 주소 부분과 같음
② 피연산자는 기억장치에 존재하고 그것의 주소는 명령어의 주소 필드에 의해서 지정됨
③ 분기 형식 명령어 주소 필드에서는 실제 분기 주소를 나타냄
④ 레지스터 주소지정 방식과 다른 점은 접근해야 하는 주소가 주기억장치에 있다는 것임

(6) 간접 주소지정 방식
① 명령어의 주소 필드는 메모리에 저장된 유효주소의 주소를 가리킴
② 제어장치는 메모리에서 명령어를 인출하여 그 명령어의 주소 필드를 유효주소를 읽기 위해 다시 메모리에 접근하기 위한 주소로 사용함
③ 레지스터 간접 지정 방식과 다른 점은 접근해야 하는 주소가 주기억장치에 있다는 것임

(7) 변위 주소지정 방식
① 변위(displacement) 주소지정 방식은 명령어의 주소 필드에 레지스터의 값을 더하여 유효주소를 결정하는 방식임
② 상대 주소지정 방식, 베이스 레지스터 주소지정 방식, 인덱스 레지스터 주소지정 방식의 세 가지 종류가 있음

상대 주소지정 방식	• 상대 주소지정 방식에서는 유효주소를 얻기 위해 프로그램 카운터(PC)의 내용이 명령어의 주소 필드에 더해짐 • 이 숫자가 프로그램 카운터의 내용에 추가되면 결과는 메모리의 위치가 다음 명령어의 주소와 관련된 실제 주소를 생성하게 됨 • 상대 주소지정 방식에서는 PC의 값을 베이스로 간주하고 이 값에 명령어의 주소 필드의 값이 변위값으로 더해져 유효주소를 얻게 됨
인덱스 레지스터 주소지정 방식	• 인덱스 레지스터 주소지정 방식은 인덱스 레지스터의 내용이 명령어의 주소 필드에 더해져 유효주소를 얻는 방식임 • 인덱스 레지스터는 특수 레지스터의 하나로, 변위값으로 사용할 인덱스의 값을 저장하고 있음 • 인덱스 레지스터 주소지정 방식은 배열과 같은 구조에서 편리하게 사용할 수 있으며, 명령어의 주소 필드는 기억장치에서 데이터 배열(data array)의 시작 주소를 나타냄
베이스 레지스터 주소지정 방식	• 베이스 레지스터 주소지정 방식에서는 베이스 레지스터의 내용이 유효주소 값을 계산하기 위해 주소 필드의 내용에 더해짐 • 인덱스 레지스터는 명령어의 주소 부분에 대한 상대적인 값을 저장하고 있는 반면에, 베이스 레지스터는 기준 주소를 보관하고 있다는 점에서 차이가 있음 • 베이스 레지스터 주소지정 방식은 메모리에서 프로그램을 재할당하기 위하여 사용함

제3절 RISC와 CISC

CPU 구조는 RISC와 CISC의 두 종류가 있음

[CISC와 RISC 비교]

구분	RISC	CISC
의미	단축 명령어 세트 컴퓨터	복잡한 명령어 세트 컴퓨터
명령어 평균 처리시간	1.5 CPI(Clock Per Instruction)	2 ~ 15 CPI
실행	소프트웨어 위주의 최적화	하드웨어에 의한 최적화
기억장치	기억장치가 없고 별도의 하드웨어를 사용함	복잡한 명령어를 실행하기 위한 기억장치를 가지고 있음
제어장치	하드와이어 방식	마이크로프로그램 방식
복잡한 주소지정	소프트웨어를 사용해서 처리	복잡한 주소지정 방식 지원
레지스터	여러 레지스터 세트 보유	단지 하나의 레지스터 세트 보유
파이프라인	파이프라이닝이 잘되어 있음	파이프라이닝이 없거나 아주 적음
복잡성의 원인	컴파일러 때문	마이크로프로그램 때문
실행시간	매우 적음	매우 큼
코드확장	문제가 될 수 있음	문제없음
명령어 디코딩	간단함	복잡함
마이크로프로세서	ARM, MIPS, SPARC 등	Intel x86, AMD 등
적용 분야	비디오처리, 통신 등 높은 수준의 응용 프로그램	보안 제품, 가정 자동화 등의 낮은 수준의 응용 프로그램

제6장 제어장치

- 하나의 명령어는 인출 사이클, 간접 사이클, 실행 사이클과 인터럽트 사이클을 구성하는데, 각 사이클은 교대로 마이크로 연산(micro operation)이라고 하는 기본 연산을 연속으로 실행하도록 구성되어 있음
- 하나의 마이크로 연산은 레지스터 간 전송, 레지스터와 외부 버스 간의 전송 또는 간단한 ALU 연산 등을 포함함
- 프로세서의 제어장치는 프로세서가 실행 중인 프로그램을 마이크로 연산으로 적절하게 순서대로 수행하도록 하고, 각 마이크로 연산이 실행되도록 제어신호를 생성함
- 제어기억장치에 저장된 마이크로 명령어를 인출, 처리하여 발생하는 출력 신호를 제어신호(control signal)라고 하고, 마이크로 명령어를 제어워드(control word)라고 함
- 제어장치를 구현하는 기법에는 조합논리회로로 구성하는 하드와이어방법과 마이크로프로그램으로 구성하는 방법이 있음

제1절 제어장치의 기능

- 프로그램을 실행할 때 컴퓨터의 동작은 사이클당 하나의 기계 명령어를 갖는 일련의 명령 사이클로 구성됨
- 각 명령어 사이클은 더 작은 단위인 인출 사이클, 간접 사이클, 실행 사이클 그리고 인출과 실행이 함께 발생하는 인터럽트 사이클로 더 나눌 수 있음
- 이러한 사이클은 더 세분화된 단계로 구성되어 있고, 이를 '마이크로 연산'이라고 함

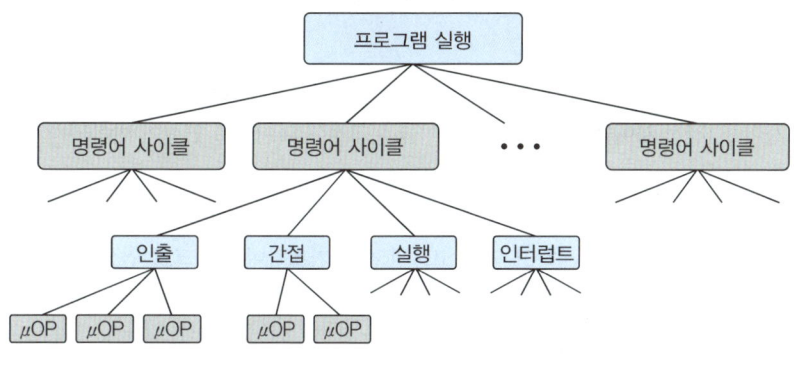

[프로그램 실행 계층]

- 명령어는 명령어 사이클 동안에 실행이 되며, 각 서브 사이클의 실행은 프로세서의 가장 최소 동작인 마이크로 연산들로 구성됨
- 각 명령어는 인출되고, 해독되고, 피연산자를 인출하고, 명령어를 실행하고 피연산자를 저장하고, 인터럽트를 처리하는 과정으로 구성됨
- 명령어들을 마이크로프로그램이라고 하고, 각 명령어는 패치, 디코드, 인터럽트 등의 여러 단계로 이루어짐

(1) 인출 사이클(Fetch Cycle)
① 인출 사이클은 명령어 사이클의 시작 단계이며, 기억장치에서 명령어를 읽어 오는 것임
② 명령어를 인출하기 위해서는 기억장치 주소 레지스터(MAR), 기억장치 버퍼 레지스터(MBR), 프로그램 카운터(PC)와 명령어 레지스터(IR) 등 4개의 레지스터가 필요함
③ MAR은 시스템 버스의 주소선과 연결되어 있고, MBR은 데이터선에 연결되어 있음
④ PC는 인출할 다음 명령어의 주소를 보관하고 있고, IR은 인출된 명령어를 담고 있음

(2) 간접 사이클(Indirect Cycle)
① 인출 사이클이 끝난 다음에 연산에 필요한 피연산자(operand)를 인출하는 단계를 간접 사이클이라고 함
② 명령어가 직접 주소 모드를 지정하고 있다면, 실행 사이클로 이동함
③ 만일 명령어가 간접 주소 모드를 지정하고 있다면, 유효주소를 계산하기 위해 한 번 더 기억장치에 접근하는 동작이 필요함

(3) 인터럽트 사이클(Interrupt Cycle)
① 실행 사이클이 끝나면 인터럽트가 발생했는지 확인하기 위한 테스트를 진행함
② 만일 인터럽트가 발생했으면 현재 실행 중인 명령어를 실행한 후 인터럽트 사이클을 시작함
③ 가장 먼저, PC의 내용을 MBR에 저장하여 인터럽트가 끝나면 복귀할 수 있도록 조치함
④ 다음에는 MAR에 PC 내용이 저장될 주소가 로드되고 PC에 인터럽트 처리 루틴의 시작 주소가 로드됨
⑤ 인터럽트의 작업이 완료되면 인터럽트 이전의 주소로 복귀함

(4) 실행 사이클(Execution Cycle)
① 인출 사이클, 간접 사이클 및 인터럽트 사이클은 고정된 마이크로 연산이 반복되기 때문에 간단하고 예측이 가능함
② 그러나 실행 사이클은 다양한 연산 코드(연산자)가 있기 때문에 별도의 마이크로 제어 순서가 있음
③ 제어장치는 연산 코드를 검사하고 연산 코드의 값에 기초하여 마이크로 연산의 순서를 생성하게 되는데, 이것을 명령어 디코딩(decoding)이라고 함
④ 실행 사이클 각 연산 코드에 대한 몇 가지 예
  ㉠ ADD R1, X

  - t_1 : MAR ← IR(Address)
  - t_2 : MBR ← Memory
  - t_3 : R1 ← R1 + MBR

  ㉡ ISZ(Increment and Skip if Zero) X

  - t_1 : MAR ← IR(Address)
  - t_2 : MBR ← Memory
       MBR ← MBR + 1
       Memory ← MBR
  - t_3 : If MBR = 0 then PC ← PC + 1

⑤ 간접 사이클 후에는 항상 실행 사이클이 오며, 일반적으로 인터럽트 사이클 후에는 인출 사이클이 옴
⑥ 인출 사이클과 실행 사이클의 다음 사이클은 시스템의 상태에 따라 달라짐

제2절 제어장치와 제어신호

(1) 프로세서는 ALU, 레지스터, 제어장치, 내부 버스 등으로 구성됨

(2) 레지스터는 데이터를 저장하며 일부 레지스터는 명령어의 순서를 관리하기 위해 프로그램 상태 워드(PSW : Program Status Word)의 정보를 포함하기도 함

(3) 내부 버스(local bus)는 레지스터 간 데이터 전송과 레지스터와 ALU 간의 데이터 전송을 위해 사용하며, 외부 버스(system bus)는 레지스터와 기억장치, 입출력장치 간의 데이터 전송을 위해 사용함

(4) 제어장치는 프로세서 내부에서 일어나는 동작을 제어함

(5) 프로그램의 실행은 이와 같은 프로세서 구성요소를 포함한 동작들로 구성되고, 이러한 동작이 일련의 마이크로 연산에 의해 진행되며, 모든 마이크로 연산은 다음 중 하나의 분류에 해당함
  ① 레지스터에서 다른 레지스터로 데이터 전송
  ② 레지스터에서 시스템 버스로 데이터 전송
  ③ 외부 인터페이스에서 레지스터로 데이터 전송
  ④ 레지스터를 사용하여 산술논리연산 실행

(6) 제어장치의 두 가지 기본적인 작업 중에서, 순서 제어(control sequencing)는 제어장치가 실행될 프로그램에 기반하여 마이크로프로그램을 설정하는 것이고, 실행(execution)은 해당 마이크로 연산을 실행하는 것임

(7) 제어장치의 기능을 수행하려면 시스템의 상태를 결정할 수 있는 입력과 시스템의 동작을 제어할 수 있는 출력이 있어야 함

(8) 제어장치에서 출력되는 제어신호에는 ALU 기능을 활성화하는 제어신호, 데이터 경로를 활성화하는 제어신호, 외부 시스템 버스 또는 기타 외부 인터페이스의 신호를 활성화하는 제어신호가 있음

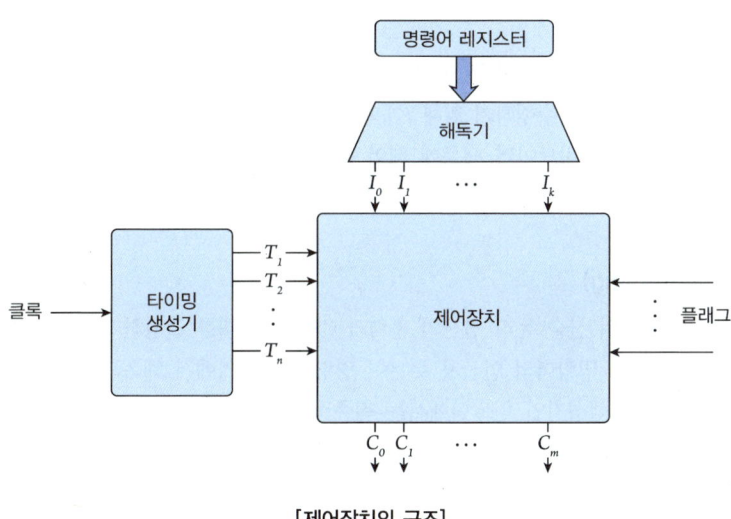

[제어장치의 구조]

제3절 제어장치의 구현 방법

- 하드와이어(hardwired) 제어방식은 제어장치의 일부인 '제어신호 발생기'가 특별한 방식으로 배선된 플립플롭, 논리게이트, 디지털 회로, 인코더 및 디코더 회로의 하드웨어로 구성되는 방식임
- 마이크로프로그램(microprogrammed) 제어방식은 마이크로프로그램 제어기억장치를 사용해서 마이크로 명령어를 인출하여 명령어 실행에 필요한 인코딩된 제어신호를 발생함

1 하드와이어 제어장치

- 하드와이어 제어장치는 조합논리회로를 사용하여 하드웨어가 제어신호를 생성하는 방식임
- 제어선(control wire)들이 제어신호를 보내면 제어장치가 이러한 신호들을 판별하여 적절한 제어를 실행하는 것임
- 하드와이어 제어장치는 명령어 레지스터, 명령어 해독기, 인코더, 제어 순서 카운터, 순서 해독기, 상태 플래그, 제어 코드로 구성됨

(1) 제어 순서 카운터(control sequence counter)
① 제어 순서 카운터는 현재 어떤 단계를 수행 중인지 파악하기 위해 사용함
② 예를 들어, 어떤 명령어를 실행하기 위한 최대 제어 순서를 n이라고 할 때, 제어 단계 카운터의 크기(k)는 $\log_2 n$(밑의 수가 2인 로그함수) 비트가 됨

(2) 순서 해독기(step decoder)
① 순서 해독기는 $n \times 2^n$의 디코더로 구성하며, $t_1, t_2, \cdots, t_n$의 순서 제어신호(클록)를 생성함
② 예를 들어, 어떤 명령어를 수행하기 위해 7개의 순서 제어신호를 생성해야 한다면(n = 7) 제어 순서 카운터의 크기는 k = 3비트이기 때문에 제어 순서 카운터는 3비트의 카운터가 되는 것임
③ 다시 말해서 제어 순서 카운터는 3×8의 디코더로 구성이 됨

(3) 상태 플래그(status flag)
① 상태 플래그는 이전의 산술 논리 연산의 출력과 CPU의 상태를 결정하기 위해서 입력되는 신호임
② 명령어 레지스터에서 명령어의 연산자 부분이 명령어 해독기에서 해독되면 적절한 명령어 코드가 생성되고, 제어신호 생성기인 인코더에서는 최종적인 제어신호를 생성함
③ 제어신호에 따라서 제어장치는 마이크로 연산을 실행함
④ 그리고 순서 해독기에서 발생하는 제어 클록($t_1, t_2, \cdots, t_n$)은 명령어 주기 끝에서 다시 t_1에서 시작할 수 있도록 순서 해독기를 초기화시킴

(4) 하드와이어 제어장치의 장단점
① 하드와이어 제어장치는 단순하게 회로를 구성하면 제어신호 생성을 위한 지연시간을 최소화할 수 있지만, 실제로는 많은 명령어를 처리하기 위해 회로 구성이 복잡할 수밖에 없어 실행속도가 불필요하게 느려질 수 있음
② 또한, 유사한 제어선들을 함께 연결하기가 매우 어렵고, 일부 기능이 변경되는 경우에는 전체 설계를 다시 해야 하는 등의 단점이 있음

2 마이크로프로그램 제어장치

- 마이크로프로그램 제어장치는 제어 변수를 기억장치에 저장한 제어장치임
- 제어 메모리는 마이크로프로그램을 저장하기 위한 제어장치 내의 저장 공간을 말함
- 마이크로프로그램이나 명령어는 필요에 따라서 수정이나 변경할 수 있어야 하므로 제어 메모리는 쓰기 가능한 제어 메모리(writable control memory)임
- 제어단어(control word)는 '1'과 '0'으로 표현된 제어 변수임

(1) 마이크로(micro)의 정의
① **마이크로 연산(micro operation)**
마이크로 연산(micro operation)은 복잡한 기계 명령어(매크로 명령어: macro instruction)를 실행하기 위해서 더는 분해할 수 없는 가장 최소의 명령어임

② **마이크로 명령어(micro instruction)**
㉠ 마이크로프로그램은 어셈블러에 의해서 그와 동일한 이진수의 형태로 변환이 되는데 이때 어셈블리 언어는 한 개 이상의 명령어로 작성되며, 각 라인을 마이크로 명령어라고 할 수 있음
㉡ 마이크로 명령어는 라벨, 마이크로 연산, 조건 필드, 분기 필드 그리고 주소 필드의 5개 필드로 구분함

③ **마이크로 프로그램(micro program)**
㉠ 일련의 마이크로 명령어가 마이크로 프로그램을 구성함
㉡ 제어장치가 작동했을 때, 마이크로 프로그램이 변경되는 것을 방지하기 위해서 제어장치는 ROM으로 구현됨
㉢ ROM에 저장된 워드 데이터들이 마이크로 명령어임

④ **마이크로 코드(micro code)**
㉠ 마이크로 코드 작성을 마이크로 프로그래밍이라고 함
㉡ 마이크로 코드는 짧은 마이크로 명령어, 다중 마이크로 명령어 및 레지스터 제어 연산을 수행함
㉢ 기계어는 하드웨어 추상화의 상위 계층에서 작동하고, 마이크로 코드는 하위 레벨 또는 회로 기반 조작을 처리함
㉣ 그리고 마이크로 코드는 일반적으로 하드웨어에 내장되어 있어 변경할 수 없음

(2) 주소 순서 제어(address sequencing, 순서 제어 모듈)

마이크로 명령어는 제어 메모리에 그룹으로 저장되며 각 그룹은 루틴을 지정하는데, 마이크로프로그램 제어장치에서 단일 컴퓨터 명령어를 실행하는 과정은 다음과 같음

1단계	• 컴퓨터의 전원을 켜면 초기 주소가 제어 주소 레지스터로 로드되고, 이 주소는 명령어 인출 루틴을 활성화하는 첫 번째 마이크로 명령의 주소임 • 인출 루틴은 마이크로 명령어를 통해 제어 주소 레지스터를 증가시킴으로써 순서를 제어하며, 인출 루틴이 끝나면 명령어는 컴퓨터의 명령어 레지스터에 있게 됨
2단계	• 기계 명령어는 간접 주소 레지스터, 직접 주소 레지스터와 같은 여러 가지 주소지정 방식을 지정하는 비트들을 가지고 있고, 제어 메모리에서 유효주소 산출 루틴은 분기 마이크로 명령어를 통해서, 인출 루틴은 마이크로 명령어를 통해 처리되는데, 이러한 분기 명령어는 명령어의 모드 비트 상태에 따름 • 유효주소 계산 루틴이 끝나면, 피연산자의 주소를 MAR에서 사용할 수 있음
3단계	• 메모리에서 인출된 명령어를 실행하는 마이크로 연산을 생성함 • 프로세서 레지스터에서 생성된 마이크로 연산 단계는 명령어의 연산코드 부분에 따르며, 각 명령어는 제어 메모리의 주어진 장소에 저장된 그 자신의 마이크로프로그램 루틴을 가지고 있음 • 명령어 코드를 그 루틴이 위치한 제어 메모리의 주소 비트로 변환하는 것을 매핑(mapping) 처리라고 함
4단계	• 필요한 루틴에 도달하면, 명령어를 실행하는 마이크로 명령어는 CAR(제어 주소 레지스터)를 증가시킴으로써 순서 제어를 함 • 서브 루틴을 사용하는 마이크로프로그램은 복귀주소를 저장하기 위한 외부 레지스터가 필요함 • 명령어의 실행이 완료되면 제어는 인출 루틴으로 복귀해야 함 • 이것은 인출 루틴의 첫 번째 주소로 무조건 분기 마이크로 명령을 실행하여 수행됨

> ※ 위의 단계를 요약해 보면 다음과 같음
> ① 제어 주소 레지스터(CAR)를 증가시킴
> ② 상태 비트 조건에 따라서 무조건 분기나 조건부 분기를 함
> ③ 명령어의 비트를 제어 메모리를 위한 주소로 매핑함
> ④ 서브루틴 호출과 복귀 기능이 있음

3 제어방식

제어신호를 발생하는 방식에는 수평적 마이크로 명령어와 수직적 마이크로 명령어가 있음

(1) 수평적 마이크로 명령어(horizontal micro instruction)

① 분기 조건은 실행할 다음 마이크로 명령어를 선택하고, 마이크로 명령어 주소는 어떤 조건이 참이면 실행될 다음(next) 마이크로 명령어의 주소를 저장하고 있음
② 만일 조건이 거짓이면 제어 메모리의 다음 마이크로 명령어가 실행됨
③ 즉, 각각의 내부 CPU 제어신호에 대해 하나의 비트가 있고 각 시스템 버스 제어신호에 대해 하나의 비트가 있음
④ 조건 필드는 분기가 마이크로프로그램에서 실행되는 조건을 나타내고, 주소 필드는 분기가 수행될 때 실행될 다음 마이크로 명령의 주소를 포함하고 있음

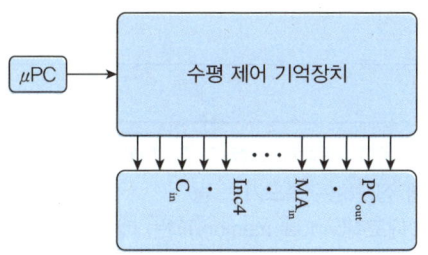

[수평적 마이크로프로그램]

(2) **수직적 마이크로 명령어(vertical micro instruction)**
   ① 수직적 마이크로프로그램 방식은 특별한 디코더를 사용하여 제어워드의 폭을 감소시킴
   ② n비트 제어워드로 2^n비트의 제어신호를 만들 수 있음
   ③ 해독기를 사용하여 제어신호를 생성하기 때문에 해독기 통과시간만큼의 지연시간이 발생하고, 설계가 복잡함

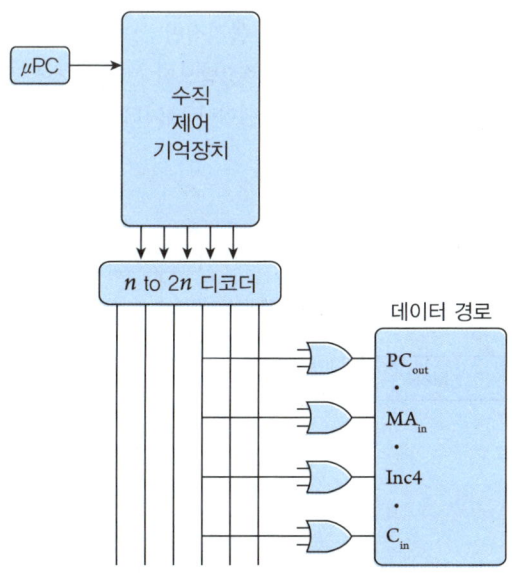

[수직적 마이크로 프로그래밍]

제7장 기억장치

- 주기억장치는 고속으로 동작하고, 중앙처리장치와 직접 데이터를 주고받지만, 보조기억장치는 대용량을 제공하는 반면에, 데이터에 접근하는 속도가 느림
- 컴퓨터의 기억장치는 가상 메모리(virtual memory)라는 메모리 관리 기법을 사용해서 컴퓨터 기억장치의 내용을 보조기억장치로 전달함
- 주기억장치(main memory)를 구성하는 반도체 메모리에는 휘발성(volatile) 메모리와 비휘발성(non-volatile) 메모리의 두 가지 종류가 있음
- 주기억장치와 CPU의 속도 차이를 보완하기 위해 캐시기억장치를 이용하며, 캐시기억장치는 접근하는 방식에 따라서 직접 사상, 연관 사상, 집합 연관 사상으로 구분함

제1절 기억장치의 개요

(1) 기억장치의 정의

① 기억장치란 프로그램과 데이터를 저장하는 물리적인 장치임
② 주기억장치는 중앙처리장치와 직접 명령을 주고받으며 현재 실행에 직접 필요한 프로그램이나 데이터를 저장하고, 현재 필요하지 않은 프로그램이나 데이터는 보조기억장치에 저장해 두었다가 필요한 시점에 접근하여 사용함

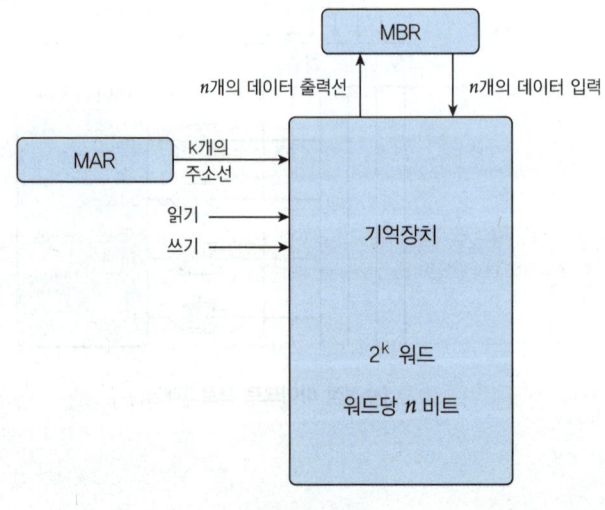

[메모리 구조]

③ 주기억장치는 RAM과 ROM으로 구성하며, 보조기억장치는 HDD와 SSD 등으로 구성함
④ RAM은 읽고 쓰기가 가능한 집적회로이고, ROM은 읽기만 가능하고 쓰기는 할 수 없는 집적회로임

⑤ 하드디스크는 데이터를 읽고 쓰는 비휘발성(non-volatile) 장치이고, SSD도 하드드라이브와 같이 데이터를 저장하는 저장장치로 사용되는데, 플래시 메모리(flash memory) 칩에 데이터가 저장된다는 점이 서로 다름

[SSD와 HDD 비교]

SSD(Solid State Drive)	HDD(Hard Disk Drive)
• 액세스가 빠름 • 진동과 충격에 강함 • 소음이 거의 없음 • 전력을 적게 사용함 • 용량당 가격이 비쌈 • 용량이 적음 • 읽고 쓰는 횟수에 제한이 있음 • 장기간 사용하지 않으면 데이터 손실이 발생함	• 액세스 속도가 느림 • 진동과 충격에 약함 • 소음과 열이 발생함 • 소비전력이 높음 • 용량당 가격이 저렴함 • 대용량임 • 데이터의 장기간 보존이 가능함

(2) 기억장치의 계층구조

계층구조의 가장 하단에는 자기디스크, 자기테이프, 자기드럼이 있으며, 빠른 속도를 지원할수록 기억장치의 가격은 비싸짐

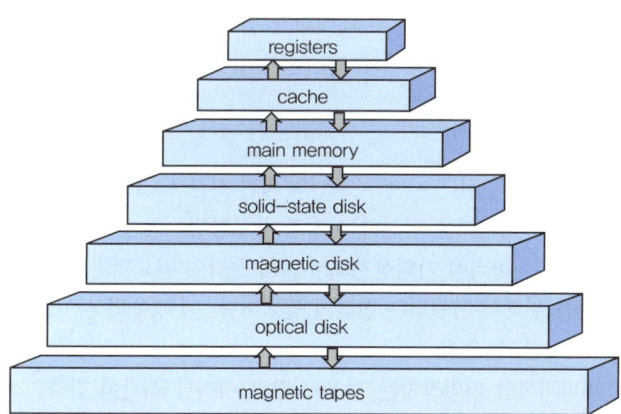

[기억장치의 계층구조]

(3) 기억장치의 종류

레지스터 (register)	레지스터는 CPU 내에 위치하는 매우 빠른 고속의 기억장치로서, 연산의 값을 임시로 저장하기 위하여 사용함
캐시메모리 (cache memory)	캐시메모리는 주기억장치의 느린 속도를 보완하기 위해 중앙처리장치와 주기억장치 사이에 있는 소용량의 고속 메모리로, CPU가 빈번히 사용하는 프로그램이나 데이터를 저장함
주기억장치 (main memory)	주기억장치는 처리할 데이터, 처리할 프로그램, 처리된 데이터 등을 기억하는 기억공간으로, 중앙처리장치가 직접 접근할 수 있는 유일한 대량 저장장치임

보조기억장치 (auxiliary memory, secondary memory)	• 주기억장치를 보조하는 기억장치로, 데이터나 프로그램을 저장했다가 필요할 때 주기억장치로 보내 처리를 하는 대용량의 기억장치임 • 가상화의 개념을 가짐 • SSD, DISC, Magnetic Tape 등이 있음

(4) 기억장치의 접근방법
CPU가 데이터를 읽거나 쓰기 위해서는 기억장치에 접근해야 하는데, 이를 액세스(access)라고 함

① **직접 접근 방식(Direct Access)**
  ㉠ 직접 접근 방식은 주소의 순서와 관계없이 무작위로 기억장치의 어떤 위치를 찾아가는 방식이기 때문에 임의(random)라고도 표현함
  ㉡ 어느 위치를 찾아가도 걸리는 시간은 일정함
  ㉢ RAM과 ROM이 대표적인 직접 접근 기억장치임

② **순차 접근 방식(Sequential Access)**
  ㉠ 순차 접근 방식은 데이터의 시작점부터 순차적으로 원하는 데이터의 위치가 있는 곳까지 찾아가는 방식이기 때문에, 원하는 데이터가 저장된 위치에 따라서 접근 시간의 차이가 크게 남
  ㉡ 자기테이프나 자기드럼과 같은 보조기억장치 등이 대표적임

③ **접근 시간(Access Time)**
  ㉠ 접근 시간은 읽기 신호가 발생한 후 데이터가 읽혀 나올 때까지 걸리는 시간을 뜻함
  ㉡ 직접 접근 방식은 접근 시간이 동일하지만, 순차 접근 방식의 접근 시간은 데이터가 저장된 위치에 따라서 다름

④ **사이클 타임(Cycle Time)**
  ㉠ 사이클 시간은 '메모리의 접근 시간 + CPU의 처리 시간 + CPU가 동작하는 시간'으로, 명령어를 해독하는 시간이나, 데이터를 연산하는 시간이 포함됨
  ㉡ 자기코어의 경우에는 파괴적 기억장치로서 읽기 동작이 완료되면 내용이 파괴되기 때문에 다음의 데이터 접근을 위해서 복원되는 시간이 필요하며, 이 경우의 사이클 타임은 '접근 시간 + 복원 시간'으로 표시할 수 있음
  ㉢ 일반적으로 비파괴적인 기억장치는 접근 시간과 사이클 시간이 같음
  ㉣ 하드디스크의 경우에는 '탐색 시간 + 전송 시간 + 대기 시간'으로 계산할 수 있음

⑤ **데이터 전송률(data transfer rate)**
  ㉠ 데이터 전송률은 대역폭(bandwidth)이라고도 하며, 초당 전송되는 정보량을 말함
  ㉡ 기억장치의 전송속도는 데이터 전송률로 측정함

(5) 기억장치의 구성방법
① 기억장치는 워드(word) 단위로 주소가 부여되는 워드 컴퓨터와 바이트(byte) 단위로 주소가 부여되는 바이트 컴퓨터가 있음
② 바이트 컴퓨터는 바이트 단위로 데이터를 저장하고, 워드 컴퓨터는 워드 단위로 데이터를 저장하며, 64비트 컴퓨터라면 한 워드는 64비트가 됨

(6) 기억장치의 기억방식과 물리적 특성
   ① **기억방식**
      ㉠ 파괴적 기억장치는 한 번 읽으면 그 내용이 파괴되어 원래 데이터를 복원하기 위해서 쓰기 동작이 필요한 기억장치이고, 비파괴적 기억장치는 데이터를 읽어 와도 데이터가 파괴되지 않고 원래대로 유지하고 있는 기억장치임
      ㉡ 일반적인 반도체 소자는 비파괴적 기억장치임
   ② **물리적 특성**
      ㉠ 휘발성 기억장치는 전원이 공급되는 동안에는 데이터를 기억하고 있고 전원이 차단되면 기억된 내용이 소멸하는 기억장치로서, RAM이 대표적임
      ㉡ 비휘발성 기억장치는 전원이 차단되어도 데이터를 기억하는 장치로서, ROM이나 보조기억장치는 비휘발성 기억장치에 속함
   ③ **정적 램과 동적 램**
      정적 램은 전원이 공급되는 동안에는 저장하고 있는 데이터를 계속 유지할 수 있는 기억장치이고, 동적 램은 전원이 공급되고 있더라도 일정 시간마다 충전해야 저장된 데이터가 계속 유지되는 기억장치를 말함

제2절 주기억장치

- 주기억장치(main memory)는 현재 실행 중인 프로그램과 프로그램 실행에 필요한 데이터를 일시적으로 저장하는 장치이며, 시스템 프로그램과 사용자 프로그램 영역으로 구분할 수 있음
- 운영체제(OS)는 시스템 프로그램 영역으로, 현재 사용되고 있는 주기억장치 영역과 사용되지 않고 있는 영역에 대한 정보를 유지하면서 주기억장치가 필요한 프로세스에게 주기억장치를 할당하고, 프로세스가 종료되면 사용했던 주기억장치 영역을 회수하는 방식으로 주기억장치를 관리함
- 사용자 프로그램 영역은 일반 프로그램이 사용하는 영역으로, 시스템 프로그램이 제어하여 동작함
- 현재 실행하지 않는 다른 프로그램들은 디스크에 저장되었다가 필요할 때 비상주 영역으로 이동함

(1) 주기억장치의 관리
   ① 프로그램이 실행되기 위해서는 반드시 기억장치로 이동되어야 함
   ② 기억장치는 물리적 주소를 갖고 있고 CPU는 가상주소를 가지고 있으므로, 이러한 차이를 해결하지 않으면 데이터나 프로그램을 기억장치로 이동시킬 수 없으며, 이러한 이유로 인해 주소지정 모드가 필요함
   ③ 기억 관리 장치(MMU)는 가상주소를 물리주소로 매핑시키는 하드웨어 장치임

(2) 주기억장치의 기능
① 주기억장치는 실행에 필요한 프로그램과 데이터를 저장하고, CPU는 주기억장치에서 명령어를 읽어 와서 실행하며 처리 결과는 주기억장치에 저장함
② 주기억장치의 소자는 RAM이나 ROM과 같은 집적회로를 사용함

(3) RAM(Random Access Memory)
① RAM은 임의의 영역에 접근하여 읽고 쓰기가 가능함
② RAM은 임의의 저장 위치의 주소를 즉시 읽을 수 있어 데이터의 위치가 어디에 있든지 값을 읽는데 시간 차이가 발생하지 않음

[SRAM과 DRAM 비교]

SRAM	DRAM
플립플롭에 정보를 저장함	전하를 충전하여 정보를 저장함
정보 유지를 위한 재충전이 필요 없음	정보 유지를 위해 주기적인 재충전이 필요함
속도를 중요시하는 메모리로 사용함	저비용 고용량의 주기억장치로 사용함
집적도가 낮고 소비전력이 큼	전력 소비가 적음

(4) ROM(Read Only Memory)
① ROM은 제조 때 특정 데이터로 프로그램된 집적회로로서, 컴퓨터를 구동하기 위한 기본적인 정보가 담겨있으며, 그 정보들을 기억하기 위해 다른 정보들은 기억하지 않음
② ROM은 전원을 꺼도 데이터가 지워지지 않기 때문에 바이오스(BIOS)나 운영체제(OS) 또는 펌웨어(firmware)의 저장에 쓰였으나, 최근에는 읽고 쓰기가 일부분 가능한 플래시 메모리 등으로 일부 대체되었음

마스크 ROM	제조할 때 마스크를 이용하여 내용을 영구적으로 기록하고, 기록된 내용은 다시 변경할 수 없음
PROM	프로그램이 가능한 ROM으로, 쓰기 장비를 이용해서 사용자가 데이터를 넣을 수 있지만, 한번 기록되면 다시 변경할 수 없음
EPROM	삭제가 가능한 PROM으로 한 번 쓴 내용을 지우고 몇 번이고 다시 사용할 수 있고, 강한 자외선으로 내용을 지울 수 있음
EEPROM	• 전기적 EPROM으로, 한 번 쓴 내용을 지우고 몇 번이고 다시 사용할 수 있음 • 일정한 전압을 가하면 저장된 데이터를 지우고 쓸 수 있음
플래시 메모리	• 전원 공급이 중단되어도 저장된 정보를 그대로 보존할 수 있는 ROM의 장점뿐 아니라 데이터의 읽고 쓰기가 자유로운 RAM의 장점을 동시에 지니고 있음 • 속도가 빠르고 전력 소모가 적음

(5) 기억용량의 계산
① 주기억장치를 구성하는 RAM과 ROM은 칩당 저장할 수 있는 용량의 한계가 있어서 필요한 용량을 얻기 위해서는 여러 개의 칩을 사용해야 함
② 기억용량을 계산하기 위해서는 워드의 수와 워드의 크기를 파악해야 함
㉠ 워드의 수 = 입력번지의 수 = 주소선의 수 = MAR = PC
㉡ 워드의 크기 = 출력 데이터선의 수 = 데이터 버스 비트의 수 = MBR = IR

제3절 캐시기억장치

- 캐시기억장치는 CPU의 속도와 주기억장치의 속도 차이를 줄이기 위해 사용하는 고속의 버퍼 기억장치로, 캐시를 이용하면 주기억장치에 접근하는 횟수가 줄기 때문에 컴퓨터의 처리속도가 향상됨
- CPU와 캐시기억장치 사이는 워드 전송을 하고, 캐시기억장치와 주기억장치 사이는 블록 전송을 함
- 캐시기억장치로는 일반적으로 SRAM을 사용함

(1) 캐시의 원칙 및 특성
① CPU가 주기억장치에서 데이터를 읽으려고 할 때는 해당하는 워드가 캐시에 있는지를 우선 확인하고, 만일 캐시에 원하는 워드가 있으면 그 워드를 읽으면 됨
② 해당하는 데이터가 캐시기억장치에 없으면 주기억장치의 블록을 캐시로 이동하고, 해당하는 데이터를 CPU로 전달함
③ 캐시에 원하는 데이터가 있는 것을 히트(hit)라고 하고, 히트율(적중률)로 표시함

$$\text{히트율(적중률)} = \frac{\text{히트수}}{\text{기억장치 접근횟수}}$$

(2) 캐시의 교체(대체) 알고리즘
① 캐시 미스가 발생하여 기억장치에서 원하는 데이터를 포함한 블록을 캐시로 불러올 때 비어있는 캐시 공간이 없다면 캐시에서 불필요한 블록을 선별하여 공간을 마련해야 함
② 교체 알고리즘은 직접 사상 방식에는 적용되지 않음
③ FIFO, LRU, LFU, 랜덤 방식 등이 있음

(3) 캐시의 지역성
① 캐시의 적중률은 참조의 지역성(또는 지역성)이란 용어와 관련이 있음
② 이것은 기억장치에 접근하는 패턴에 따라 동일한 값 또는 관련 저장 위치가 자주 액세스되는 현상에 대한 용어로서, 자주 사용되는 부분이 계속 사용되게 된다는 것임

③ 지역성에는 공간적 지역성, 시간적 지역성 및 순차적 지역성이 있음
  ㉠ 공간적 지역성은 프로그램이 최근에 사용된 기억장소와 가까운 곳에 있는 기억장소를 사용한다는 것으로, 어레이(배열)나 명령어처럼 인접한 기억장치가 참조되는 경향이 있기 때문임
  ㉡ 시간적 지역성은 프로그램의 루프나 반복과 같은 코드로 인해서 상대적으로 짧은 시간 내에 특정 데이터 또는 자원이 재사용된다는 것을 의미함
  ㉢ 순차적 지역성은 특수한 경우에 데이터 요소가 일차원 배열의 요소를 순회하는 것처럼 선형적으로 배열되고 액세스하는 것을 의미함
④ 캐시기억장치는 L1, L2, L3으로 구성할 수 있음
  ㉠ L1, L2 캐시는 수 KB 정도의 용량에 불과하며 CPU 내에 포함되고, L3는 CPU 외부에 있으며 MB 정도의 용량을 갖고 있음
  ㉡ CPU는 L1, L2, L3의 순서로 캐시의 데이터를 체크함
⑤ 캐시를 계층적으로 구성하면 접근 시간이 짧아져 컴퓨터의 성능이 향상됨
⑥ 주기억장치에서 캐시로 데이터를 전송하는 것을 매핑(사상)이라고 하는데, write through(즉시 쓰기), write back(나중 쓰기)과 같은 캐시 쓰기 정책을 사용하여 캐시가 CPU에 의해 사용될 때 캐시에 데이터가 쓰이는(writing) 것을 말함

(4) 캐시의 읽기

캐시의 크기는 주기억장치보다 작기 때문에 주기억장치의 블록(block)을 캐시의 라인(line)에 매핑시켜야 함

(5) 캐시의 쓰기 정책

캐시의 블록이 변경되면 그 내용을 주기억장치와 항상 일치시켜야 하는데, 갱신하는 시간과 방법을 결정하는 것을 쓰기 정책이라고 하며, 즉시 쓰기(write through) 정책과 나중 쓰기(write back) 정책이 있음

즉시 쓰기	• 즉시 쓰기는 변경되는 블록이 캐시기억장치와 주기억장치에 동시에 쓰이는 것을 말함 • 이 방식은 캐시에 적재된 블록 내용과 주기억장치의 블록 내용이 항상 일치함 • 다만 쓰기 동작에 주기억장치 쓰기 시간이 포함되므로, 쓰기 시간이 길어짐
나중 쓰기	• 나중 쓰기는 캐시기억장치에서 데이터가 변경되어도 주기억장치에는 갱신되지 않는 방식임 • 기억장치에 대한 쓰기 동작의 횟수가 줄어들어 쓰기 시간이 단축되지만, 캐시기억장치의 내용과 주기억장치의 갱신 시간이 다르므로 해당 내용이 서로 다를 수 있음

(6) 캐시의 매핑 방법

주기억장치의 블록을 캐시기억장치의 라인으로 매핑시키는 방법에는 직접 매핑, 연관 매핑, 집합 연관 매핑의 세 가지가 있음

직접 매핑 (direct mapping)	직접 매핑은 주기억장치의 각 블록을 단지 하나의 캐시 라인에 매핑시킴
연관 매핑 (associative mapping)	• 연관 매핑은 주기억장치의 블록이 캐시기억장치의 어느 위치라도 저장될 수 있음 • 융통성은 있으나 모든 태그를 검사해야 하므로 시간이 오래 걸림 • 만약 주기억장치에서 읽어 캐시에 쓰려고 할 때 캐시가 가득 차 있으면 교체 알고리즘을 적용해야 함
집합 연관 매핑 (set associative mapping)	• 집합 연관 매핑은 캐시기억장치의 같은 인덱스 주소에 여러 개의 블록을 저장하는 것이 가능하도록 하여 직접 매핑의 단점을 보완한 방식임 • 데이터 워드는 태그와 함께 저장되며 캐시의 한 워드는 한 세트로 구성됨 • 같은 집합 내에서는 연관 사상을 적용함

[사상 방식의 비교]

매핑 방법	매핑의 복잡성	태그 연관검색	캐시 효율	교체 알고리즘
직접 매핑	단순함	필요 없음	효율이 떨어짐	불필요
연관 매핑	복잡함	필요함	효율이 매우 좋음	필요
집합 연관 매핑	약간 복잡함	인덱스와 태그로 찾음	효율이 좋음	필요

제4절 가상기억장치

(1) 가상기억장치의 정의
① 주기억장치 안에서 프로그램의 양이 많아질 때, 사용하지 않는 프로그램을 보조기억장치 안의 특별한 영역으로 옮겨서 그 보조기억장치 부분을 주기억장치처럼 사용할 수 있는 개념임
② 가상기억장치는 컴퓨터의 속도 증가보다 주소 공간의 확대를 목적으로 함
③ 가상기억장치를 사용하는 이유는 사용자가 기억공간을 할당하는 불편을 없애고, 프로그램과 프로그램 실행 중에 사용하는 기억장치의 구성이나 용량이 무관하도록 하며, 다수의 사용자가 기억공간을 효율적으로 사용하도록 하기 위함

(2) 가상주소와 물리주소
① 지금 당장 실행에 필요한 프로그램은 가상기억장치에서 주기억장치로 보내고(roll-in), 당장 필요하지 않은 프로그램은 가상 기억장치로 보내면(roll-out) 기억공간을 효율적으로 사용할 수 있음
② 일반적으로 프로그램에 사용하는 주소를 가상주소라 하고, 주기억장치의 주소를 물리주소라 함
③ CPU에서 사용하는 가상주소는 주기억장치의 실제 주소로 변환되어야 하는데, 이것을 사상이라고 함
④ 사상에는 페이징 기법과 세그먼트 기법이 있음
⑤ 가상공간과 주기억장치의 기억공간이 일정한 크기의 연속된 기억공간으로 나눈 것을 페이지(page)라고 하고, 크기가 일정하지 않은 연속된 기억공간으로 구분하는 것을 세그먼트(segment)라고 함
⑥ 메모리를 할당하는 것은 쉬운 일이지만 운영체제의 입장에서는 프로세스마다 페이지 테이블을 할당해야 하는데, 이 경우 외부 단편화는 없지만 내부 단편화가 발생함

(3) 내부 단편화와 외부 단편화

① 내부 단편화(internal fragmentation)는 모든 기본적인 입출력이 블록 단위로 이뤄져서 발생함
  ㉠ 페이징 기법에서 내부 단편화는 프로세스에게 할당된 마지막 페이지에 남은 영역에서 발생함
  ㉡ 페이지 크기가 작을수록 내부 단편화 영역은 줄어들지만, 무작정 페이지 크기를 줄일 수만은 없음
② 이와는 반대로 분할한 영역보다 프로그램이 커서 할당 자체를 할 수 없어 영역 전체가 낭비될 때, 이 부분을 외부 단편화(external fragmentation)라고 함

제5절 기억장치 인터리빙

(1) 기억장치 인터리빙은 주기억장치에 대한 접근하는 속도를 빠르게 하기 위해 사용함

(2) 주소 지정방식을 적절하게 조정하여 순차적으로 실행되는 명령어나 데이터를 기억장치 모듈에 분산 저장하는 기술임

(3) 인접한 메모리 위치를 서로 다른 뱅크(bank)에 둠으로써 동시에 여러 곳에 접근할 수 있게 하는 것으로, 병렬 처리가 가능함

(4) 다른 기억장소에 분산 배치하면 CPU에서 n개의 연속된 명령어를 순차적으로 실행하더라도 차례대로 처리해야 할 필요가 없어 시간을 절약할 수 있음

(5) 기억장치 인터리빙은 블록 단위 전송이 가능하게 하므로 캐시나 기억장치, 주변장치 사이의 빠른 데이터 전송을 위한 DMA(Direct Memory Access)에서 많이 사용함

제8장 보조기억장치

- 보조기억장치는 상대적으로 저가의 기억소자를 이용하여 용량을 필요한 만큼 확장할 수 있음
- 현재 실행에 필요한 프로그램이나 데이터는 주기억장치에 넣어 두고 처리하지만, 보조기억장치는 현재 사용하지 않는 데이터 등을 보관하고 있다가 필요한 시점에 인출하여 사용하므로 주기억장치의 용량 문제를 해결해주는 역할을 함
- 보조기억장치의 특성은 매체(media), 용량(capacity), 저장 장치(storage devices) 및 접근 속도(access speed)의 4가지 요소임
- 보조기억장치는 직접접근기억장치(DASD : Direct Access Storage Devices)와 순차접근기억장치(SASD : Sequential Access Storage Devices)로 구분함

제1절 자기디스크

자기디스크는 프로그램을 포함한 데이터를 저장할 수 있는 입출력장치로서, 디스크 제어 레지스터가 메모리 매핑 입출력을 통해서 직접 액세스할 수 있지만, 디스크에 저장된 데이터는 디스크와 메모리 간의 블록 전송을 통해서만 액세스할 수 있음

(1) 디스크의 구성
① 디스크는 플래터(platter), 트랙(track), 실린더(cylinder)와 섹터(sector)로 구성되고, 섹터는 주소가 지정되는 최소 단위 영역을 말함
② 섹터는 디스크를 포맷하는 동안에 설정되고, 윈도우에서 섹터의 크기는 512바이트임
③ 디스크에서 데이터를 읽어 오고 쓰기 위한 순서는 다음과 같음
　㉠ 헤드를 해당 트랙으로 이동함
　㉡ 원하는 데이터가 저장된 섹터의 주소를 찾아감
　㉢ 데이터를 저장함

(2) 데이터 접근시간
① **탐색시간(seek time)** : 원하는 데이터가 저장된 트랙을 찾는데 걸리는 시간
② **회전지연시간(rotational delay time)** : 원하는 데이터가 있는 섹터에 디스크 헤드가 도달하는 시간
③ **데이터 전송시간(data transfer time)** : 디스크 헤드가 데이터를 읽기 위한 시간
④ **데이터 접근시간(data access time)** : 탐색시간 + 회전지연시간 + 전송시간

(3) 디스크 처리량
① 디스크 처리량(disk throughput)은 초당 데이터 처리 능력을 말하는 것으로, 스토리지의 성능을 평가하는 중요한 지표로 활용됨
② 일반적으로 초당 입출력(IOPS : Input Output Per Sec)을 활용하지만, 제조사에 따라 블록 크기, 액세스, 트랜잭션 등에 따라 측정 결과가 다른 경우가 많음
③ 처리량은 데이터 크기를 데이터 전달시간으로 나눈 값으로 표시함

(4) 인터페이스의 종류

병렬 ATA	• PATA : Parallel Advanced Technology Attachment • 개인용 컴퓨터 안에서 하드디스크, CD-ROM 드라이브와 같은 기억장치를 연결하는 표준 인터페이스임 • 40개의 많은 핀을 사용하다 보니 데이터 전송 도중에 신호의 누락이나 오류가 발생할 여지가 컸고, 이는 데이터 전송 시 안정성과 속도를 저하시키는 요인으로 작용함 • 수년 동안 가장 일반적이면서 가장 값싼 인터페이스를 제공하였고, 직렬 ATA로 대체되었음
직렬 ATA	• SATA : Serial ATA • 병렬 ATA에 비해 빠른 전송을 지원하고, 전원이 켜진 상태에서도 하드디스크 드라이브를 교체할 수 있는 핫스왑(hot swap) 기능을 제공함

SCSI	• SCSI : Small Computer System Interface • 스카시라고도 불리는 SCSI는 직렬 방식으로 컴퓨터에 주변기기를 연결할 때 사용하는 표준 인터페이스임 • 입출력 버스를 접속하는 데에 필요한 기계적, 전기적인 요구 사항과 모든 주변기기 장치를 중심으로 명령어 집합에 대한 규격을 말함
광 채널	광 채널(Optical Channel)은 광섬유 케이블에 의해 전송된 광신호로 입출력 자료를 실행하는 인터페이스임
SAS	SAS(Serial Attached SCSI)는 주기억장치로 데이터를 송/수신할 수 있는 점대점 직렬 프로토콜임

제2절 광기억장치

(1) CD-ROM(Compact Disk Read Only Memory)
① CD-ROM은 오디오용 콤팩트 디스크와 크기와 작동방식이 같으며, CD-ROM 안의 데이터를 지우거나 바꾸거나 새로운 내용을 더 삽입할 수는 없음
② 표준 규격의 CD-ROM은 약 650메가바이트(MB)의 용량을 저장할 수 있음
③ 사용자가 데이터를 한 번만 기록할 수 있는 CD-R(CD-recordable)과 데이터를 지우고 쓰는 것이 언제나 가능한 CD-RW(CD-writable)가 있음
④ CD-RW는 사용자가 약 1,000번 정도 읽고 쓸 수 있음

(2) DVD(Digital Versatile Disk)
① DVD는 CD에서 더 발전한 저장 매체로 UDF라는 형식으로 파일을 저장함
② 싱글 레이어 DVD의 용량은 4.7GB이고, 듀얼 레이어 DVD는 8.5GB의 데이터를 저장할 수 있고, 최대 9.4GB를 저장할 수 있는 DVD-RAM도 있음
③ DVD-R은 DVD를 기록할 수 있는 포맷이고, DVD-RW는 언제든지 데이터의 지우고 쓰기가 가능한 포맷임

(3) Flash Drive
① 플래시 드라이브는 USB 포트에 꽂아 쓰는 플래시 메모리를 이용한 이동형 저장장치를 말함
② 크기가 매우 작아 휴대하기도 매우 간편하고, 큰 용량의 파일을 가지고 다닐 때나 파일을 옮길 때 편리하며 보안용 암호장치도 있어 자료를 안전하게 보관할 수 있음

제3절 레이드(RAID)

(1) 개요
① CPU나 Memory의 속도는 나노세크(ns, nano second, 10^{-9}초, 10억 분의 1초)를 사용하지만, hard disk의 속도 단위는 밀리세크(ms, mili second, 10^{-3}초, 1000분의 1초)임

② 이러한 속도의 차이를 줄이기 위해 비용 면에서 경제적인 레이드(RAID)라는 데이터 저장 가상화 기술(data storage virtualization)을 사용함
③ 데이터 저장 가상화 기술은 데이터 중복성, 성능 향상 또는 그 모두를 위해 여러 대의 물리적 디스크 드라이브를 마치 1개의 디스크처럼 결합하는 기술로서, 고가의 대용량 디스크를 사용하는 것과 비교하면 신뢰성은 다소 떨어지지만 저렴하게 데이터의 저장을 가능하도록 한 기술로, 운영체제에서 레이드를 구성함

(2) RAID 구성방식

① **RAID-0**
  ㉠ RAID-0는 스트라이프(stripe) 방식이라고도 부르며, 데이터를 블록으로 나누어 블록별로 서로 다른 디스크에 저장하는 방식임
  ㉡ 예를 들어, A, B, C, D라는 데이터를 입력하면 디스크 1에 A, 디스크 2에 B, 디스크 3에 C, 디스크 4에 D를 입력하고, 불러들일 때도 1, 2, 3, 4에 저장된 순으로 A, B, C, D를 불러들이기 때문에 I/O 로드가 1/4이 되어 속도가 4배가 됨
  ㉢ 하드디스크의 용량을 증설할 때 주의할 점은 서로 동일한 용량의 하드디스크를 사용해야 한다는 것임
  ㉣ 매우 빠른 속도를 지원하지만, 드라이브가 하나라도 고장 나면 전체 디스크 배열이 고장 날 수 있다는 단점이 있으며, 이러한 단점 때문에 디스크를 추가할수록 위험이 증가함

② **RAID-1**
  ㉠ RAID-1은 미러링(mirroring) 방식이라고도 하며, 저장되는 모든 데이터는 N개의 물리적인 디스크에 각각 저장되고 모든 데이터는 복제됨
  ㉡ 데이터의 손실이나 유실을 방지하기 위한 목적으로 사용함
  ㉢ RAID-1은 드라이브 하나가 고장 나더라도 똑같은 내용의 다른 드라이브가 하나 더 있기 때문에 매우 안전하다는 장점이 있음
  ㉣ 그러나 각 드라이브는 복제되기 때문에 전체 용량의 절반밖에 사용하지 못하는 단점이 있음
  ㉤ 드라이브 두 개에 동일한 데이터를 써야 하기 때문에 쓰기 성능이 나쁘지만, 다른 RAID 방식의 쓰기 성능보다는 훨씬 우수함

③ **RAID-2**
  ㉠ 오류 정정 부호(ECC : Error Correcting Code)를 기록하는 전용의 하드디스크를 이용해서 안정성을 확보한 방식으로, RAID-2는 비트 단위에 해밍코드를 적용한 것임
  ㉡ 하나의 멤버 디스크가 고장 나도 ECC를 이용하여 정상적으로 작동할 수 있지만, 추가적인 연산이 필요하여 입출력 속도가 매우 떨어지며, 현재는 사용하지 않음

④ **RAID-3**
  ㉠ RAID-3 방식에서 데이터는 바이트 단위로 쪼개져서 모든 디스크에 균등하게 분산 저장되고 패리티 정보는 별도의 전용 디스크에 저장됨
  ㉡ 장점은 한 개의 드라이브가 고장 나는 것을 허용하며 순차적 쓰기(sequential write) 성능과 순차적 읽기(sequential read) 성능이 우수하다는 것임
  ㉢ 단점은 패리티 디스크에 장애가 발생하면 복구가 불가능하다는 것임

⑤ RAID-4
　㉠ RAID-4에서 모든 파일은 블록으로 쪼개지고 각 블록은 여러 디스크에 저장되지만 균등하진 않음
　㉡ RAID-3처럼 RAID-4도 패리티를 처리하기 위해 별도의 디스크를 사용함
　㉢ 동시 트랜잭션 사용량이 많은 시스템에서 읽기 속도는 매우 중요한데, 이런 시스템에 적합함
　㉣ 드라이브 하나가 고장 나는 것을 허용하고 블록 읽기 성능이 좋다는 장점이 있지만, 쓰기 성능이 나쁘다는 단점도 있음
　㉤ RAID-3은 바이트 단위로 데이터를 저장하지만, RAID-4는 블록 단위로 데이터를 저장한다는 점에서 차이가 있음

⑥ RAID-5
　㉠ 데이터의 블록은 모든 디스크에 분산 저장하지만 항상 균등하진 않고, 패리티 정보도 모든 디스크에 나뉘어 저장됨
　㉡ 장점은 지원하는 회사가 많고 한 개의 드라이브가 고장 나도 운영상 문제는 없다는 점임
　㉢ 디스크 재구성(rebuild)이 매우 느리고 쓰기 성능도 패리티 정보를 끊임없이 갱신해야 하기 때문에 RAID-0보다 빠르지는 않음

⑦ RAID-6
　㉠ 데이터의 블록은 모든 디스크에 분산 저장되지만, 패리티 정보도 모든 디스크에 나뉘어 저장됨
　㉡ 두 개의 드라이브까지 고장 나는 것을 허용하고 읽기 성능이 우수함
　㉢ 쓰기 성능은 패리티를 여러 번 갱신해야 하기 때문에 RAID-5보다 나쁨

⑧ RAID 1+0
　㉠ RAID-1 방식으로 먼저 묶고, 그다음 RAID-0 방식으로 묶는 방법임
　㉡ RAID-0의 속도와 RAID-1의 안정성이라는 각 장점을 합친 방식

⑨ RAID 0+1
　㉠ RAID-0으로 먼저 묶고, 그다음 RAID-1 방식으로 묶는 방법임
　㉡ RAID-0의 빠른 속도와 RAID-1의 안정성이라는 각 장점을 합친 방식
　㉢ RAID 1+0에 비해 기술적으로 단순함
　㉣ RAID 1+0에 비해 확률적으로 안정성이 떨어지고, 복구 시간이 오래 걸린다는 단점이 있음

제9장　시스템 버스 및 입출력장치

- 컴퓨터 버스(bus)는 중앙처리장치 내에서 산술논리연산장치(ALU), 레지스터와 제어장치에 연결된 내부 버스와 중앙처리장치, 기억장치, 입력 및 출력장치와 연결된 시스템 버스로 구분됨
- 시스템 버스는 제어, 타이밍 및 조정 신호를 전달하여 시스템 전반의 다양한 기능을 관리하는 제어 버스, 전송되는 데이터의 메모리 위치를 지정하는 데 사용하는 주소 버스, 프로세서와 메모리 및 주변장치 간에 실제 데이터를 전달하는 데이터 버스 등 세 가지 버스 기능을 결합하고 있음
- 버스는 클록의 제공 여부에 따라서 동기식 버스와 비동기식 버스의 두 가지 방식으로 구분할 수 있음

제1절 시스템 버스

(1) 개요
  ① 시스템 버스(system bus)는 중앙처리장치, 기억장치와 입출력장치를 상호 연결하여 컴퓨터 신호를 전송하는 전기적인 연결선뿐만 아니라 하드웨어(버스 아키텍처), 프로토콜, 소프트웨어 및 버스 컨트롤러 모두를 포함함
  ② 전기적인 회선은 데이터 버스, 주소 버스, 제어 버스로 구분할 수 있음
  ③ 주소 버스는 주기억장치의 주소를 전달하고, 데이터 버스는 데이터를 전달함
  ④ 제어 버스는 CPU가 주기억장치로부터 데이터를 읽거나 쓰기 위한 제어 정보를 전달함

(2) 데이터 버스(data bus)
  ① 데이터 버스는 시스템 모듈 간에 데이터를 전송하는 양방향 통로를 제공함
  ② 데이터 버스의 선의 개수는 데이터 버스 폭으로 간주할 수 있으며, 버스 폭은 전체 시스템의 성능을 결정함
  ③ 데이터 버스의 전송용량(대역폭)은 버스 사이클이라고 하는 하나의 동작을 할 때 전송할 수 있는 비트의 수를 말함
  ④ 버스 사이클은 완료하는데 몇 개의 사이클이 필요할 수도 있음
  ⑤ 속도는 버스의 처리량을 나타내고 '바이트/초(bytes/s)'로 표시하며, 버스의 폭이 넓을수록 처리량은 더욱 커짐
  ⑥ 예를 들어 16비트 버스는 초당 100메가바이트로 데이터를 전송할 수 있는데, 32비트로 버스의 폭이 두 배로 늘어나면 처리량은 초당 200메가바이트가 됨

(3) 주소 버스(address bus)
  ① 주소 버스는 단방향으로 주소를 지정만 하며, 데이터 버스에 실어야 할 주소를 지정함
  ② 버스의 폭은 시스템의 최대 메모리 용량을 결정하게 됨
  ③ 중앙처리장치와 같은 장치가 기억장치에 접근하기 위해서는 데이터의 출발지나 목적지 주소를 지정해야 하므로, 데이터 전송을 통제하는 버스 마스터는 데이터에 대한 주소를 제공해야만 함

④ 대부분의 컴퓨터 시스템은 데이터 버스와 병렬로 작동하는 주소 버스를 제공함
⑤ 프로세서가 데이터를 메모리에 쓸 때 데이터가 데이터 버스에서 전송되는 동시에 한 개의 주소가 주소 버스의 메모리 시스템으로 전송됨
⑥ 일부 시스템에서는 주소와 데이터 버스를 멀티플렉스를 사용하여 하나의 주소와 데이터 통합 버스로 제공하기도 하는데, 이 같은 버스를 시분할(time division)이라고 함

(4) 제어 버스(control bus)
① 제어 버스는 양방향으로 동작하며, 제어선은 데이터선과 주소선의 사용과 접근을 제어하기 위한 용도이고, 중앙처리장치와 기억장치 간에 명령과 시간 정보를 전달함
② 시간 신호(timing signal)는 데이터와 주소 정보의 유효성을 나타내고, 명령 신호(command signal)는 실행할 연산을 지정함

> ※ 제어 신호의 종류
> - 쓰기 신호는 중앙처리장치가 신호를 주면 데이터 버스의 내용이 지정된 주소에 저장되고, 읽기 신호는 지정된 주소의 데이터가 버스에 실림
> - 입/출력 쓰기 신호는 지정된 입/출력 포트로 버스에 실린 데이터가 출력되고, 입/출력 읽기 신호는 지정된 입/출력 포트로부터 데이터가 버스에 실림
> - 클록 신호는 동작을 동기화하기 위하여 사용하고, 리셋 신호는 모든 모듈을 초기화하는 데 사용함
> - 전송 ACK 신호는 데이터가 버스에 실렸거나 버스로부터 다른 곳으로 전달되었음을 나타내는 신호이고, 버스 요청(BR) 신호는 모듈이 버스의 사용권을 얻는 데 필요한 신호임
> - 버스 승인(BG) 신호는 버스의 사용권을 승인받았음을 나타내는 신호임
> - 인터럽트 요청 신호는 외부에서 인터럽트가 발생했음을 알리는 신호임
> - 인터럽트 ACK 신호는 요청한 인터럽트를 승인했다는 신호임

(5) 시스템 버스의 동작
① 시스템 버스는 읽기/쓰기의 기본적인 동작, 인접한 여러 개의 기억장치 주소를 읽거나 쓰는 블록 전송 동작, 인터럽트 동작 등 여러 가지 동작을 수행함
② 이러한 동작을 수행하기 위한 방식으로는 버스 클록 신호가 필요한 '동기식 버스'와 클록 신호가 필요하지 않은 '비동기식 버스'가 있음

[동기식 버스와 비동기식 버스의 비교]

동기식 버스	비동기식 버스
클록으로 동작	클록 없음
클록 왜곡 때문에 길게 구성하지 못함	클록 왜곡을 걱정할 필요가 없기 때문에 길이에 제한이 없음
버스상 모든 장치는 동일한 클록 속도가 적용	핸드셰이킹 프로토콜 사용
구현이 쉽고 로직이 간단함	버스 트랜잭션을 관리하기 위해 별도의 제어선과 로직 필요함
속도가 빠름	빠르지 않음

(6) 시스템 버스의 데이터 전송

프로그램에 의한 방식	입출력장치가 직접 기억장치에 접근하지 못하기 때문에 CPU를 경유하여 데이터 전송을 할 수 있음
인터럽트에 의한 방식	CPU가 항상 상태 레지스터를 검사하지 않고 데이터 전송 준비가 되면 인터페이스가 인터럽트를 이용하여 데이터를 전송하는 방식
DMA 방식	입출력장치와 기억장치가 직접 데이터를 전송하는 방식

① **프로그램에 의한 입출력 방식**
  ㉠ CPU가 직접 입출력에 대해서 제어를 하는 방식임
  ㉡ 상태 레지스터를 검사할 별도의 프로그램이 필요하고, 플래그를 검사한 결과에 따라서 읽기 또는 쓰기 명령에 의해 데이터를 전송함
  ㉢ CPU는 계속해서 플래그를 검사해야 하고 입출력 실행이 완료될 때까지 기다려야 하기 때문에 CPU 시간을 낭비하게 됨
  ㉣ 이 방식은 저속의 소형 컴퓨터에서 사용함

② **인터럽트에 의한 입출력 방식**
  ㉠ CPU가 기다리는 문제를 해결할 수 있고, CPU가 반복해서 입출력장치의 상태를 검사할 필요가 없음
  ㉡ 상태 비트가 활성화되어 입출력장치가 인터럽트를 요청하면 현재 실행 중인 프로그램은 중단되고 입출력 전송을 시작하는 방식임
  ㉢ 인터럽트가 발생하면 복귀주소를 스택에 저장하고 서비스할 루틴으로 분기(branch)함
  ㉣ 서비스 루틴의 분기 주소는 벡터(vector) 인터럽트 방식과 비벡터(non-vector) 인터럽트 방식으로 분류함

③ **DMA에 의한 입출력 방식**
  ㉠ 인터럽트에 의한 방식이나 프로그램에 의한 입출력 방식은 CPU의 간섭을 요청하는 방식임
  ㉡ 이 경우 CPU가 입출력장치를 검사하고 서비스하는 속도에 의해 전송률이 제한되고 입출력 때문에 CPU의 시간을 낭비하게 됨

ⓒ DMA라는 하드웨어를 버스에 설치하고 입출력하는 동안에는 CPU로부터 모든 권한을 위임받는 방식임
ⓔ DMA가 CPU에게 버스 제어권을 요청하면 CPU는 현재 실행 중인 명령을 끝내고 주소 버스, 데이터 버스와 제어선을 활성화 상태로 만든 후에 DMA에게 버스 승인 신호를 보냄
ⓜ 그러면 DMA가 CPU의 개입 없이 기억장치와 직접 데이터를 전송하게 됨

제2절 버스 중재

- 프로세서와 DMA 컨트롤러 또는 두 개의 DMA 컨트롤러가 주기억장치에 액세스하려고 동시에 버스를 요청한 경우는 충돌(collision)이 발생할 수 있으므로, 이 문제를 해결하려면 버스에 대한 중재(arbitration) 절차가 필요함
- 주어진 시간에 버스에서 데이터 전송을 초기화할 수 있는 장치를 버스 마스터라고 함
- 현재 마스터가 버스 제어를 포기하면 다른 장치가 이 상태를 획득할 수 있는데, 버스 중재는 다음 장치가 버스 마스터로부터 버스에 대한 액세스를 얻도록 우선순위 시스템을 설정하여 다양한 장치의 요구를 고려하는 과정임
- 버스 중재 과정에서 사용되는 제어 신호선들의 연결 형태에 따라서 직렬(serial) 중재 방식과 병렬(parallel) 중재 방식으로도 구분할 수 있음

(1) 중앙집중식 중재 방식(centralized arbitration)

중앙집중식 중재 방식은 하나의 버스 중재기가 중재를 하는 방식으로, 이 방식에는 데이지 체인 방식, 폴링 방식과 독립 방식이 있음

① 데이지 체인 방식(daisy chain)

ⓐ 버스 중재기는 CPU일 수도 있고 또는 버스에 연결된 독립적인 장치일 수 있음
ⓑ DMA 컨트롤러는 버스 요청(BR)선을 활성화하여 버스 제어를 요청하고, 이에 대한 응답으로 CPU는 버스 승인(BG)선을 활성화하여 버스를 사용할 수 있음
ⓒ BG 신호는 데이지 체인 방식으로 모든 DMA 컨트롤러에 연결되고, 버스 사용 중(BB) 신호가 0이면 버스가 사용 중이라는 의미이고 BB 신호가 1이면 DMA 컨트롤러는 버스 제어권을 획득할 수 있음
ⓓ 이 방식은 동일한 버스 요청선, 버스 승인선, 버스 사용선을 사용하는 간단하고 경제적인 방식으로, 하나의 중재선이 모든 장치에 직렬로 연결되고 중재기에 가장 가까운 장치의 우선순위를 높게 할당하며, 데이지 체인 방식을 직렬 중재 방식이라고도 부름
ⓔ 데이지 체인 방식은 장치 중 하나에 장애가 발생하면 신호를 전송할 수 없는 단점이 있음

> ※ 버스의 제어권을 얻는 단계
> ① 모든 마스터는 동일한 버스 요청(BR : Bus Request)선을 사용함
> ② 버스 요청에 대해서 중재기(컨트롤러)는 버스가 사용 가능할 경우에 버스 승인(BG, Bus Grant) 신호를 해당 마스터로 보냄
> ③ 버스 승인(BG) 신호는 버스에 대한 액세스를 요청하는 첫 번째 신호를 만날 때까지 각 마스터를 통해 직렬로 전파되며, 신호를 만난 마스터는 BG 신호를 차단하고 버스선을 활성화하여 버스 제어권을 얻음
> ④ 따라서 다른 요청 모듈은 승인 신호를 받지 못하므로 버스 액세스를 얻을 수 없음
> ⑤ 해당 마스터가 버스 사용을 완료하고 버스 사용(BB : Bus Busy) 신호를 해제함

② **폴링 방식(polling)**
  ㉠ 폴링 방식은 중재기가 마스터에게 버스 사용 여부를 주기적으로 체크하는 방식으로, 중재기와 마스터 간에 별도의 폴링 주소선이 있음
  ㉡ 필요한 주소선의 개수는 시스템에 연결된 마스터의 개수와 비례함
  ㉢ BR 신호에 대해서 중재기는 마스터의 주소를 순차적으로 생성하고, 요청한 마스터가 그의 주소를 인식하면 마스터에게 버스 사용을 할 것인지 체크함
  ㉣ 만일 해당 마스터가 버스를 사용한다고 하면 BR 신호를 발행하고, 버스 사용을 허가하는데, 이때 BB 신호도 함께 활성화됨
  ㉤ 만일 지정된 마스터가 버스 사용을 하지 않을 경우는 순차적으로 다음 마스터에게 우선순위가 넘어가는 방식임
  ㉥ 폴링 방식은 하드웨어 구성방식과 소프트웨어 구성방식이 있는데, 소프트웨어 방식은 하드웨어 방식보다 속도가 느린 단점이 있고, 하드웨어 방식은 폴링 순서의 우선순위를 변경하기 어려운 융통성의 문제가 있음

③ **독립 방식(independent)**
  ㉠ 독립 방식은 중재기와 마스터 간에 별도의 독립된 버스 요청(BR)선, 버스 승인(BG)선을 갖고 있는데, 다만 버스 사용(BB)선은 중재기와 모든 마스터 간에 공통으로 사용함
  ㉡ 중재기 안에 있는 디코더가 가장 높은 우선순위를 선택하고 버스 승인 신호를 발생하면 해당 마스터는 버스를 사용할 수 있음

(2) **분산형 중재 방식(decentralized)**
  ① 분산형 중재 방식은 버스 마스터가 별도의 중재기를 갖추고 있는 방식으로, 버스 중재 동작은 각 버스 마스터의 버스 중재기에 의해서 이루어짐
  ② 회로 구성이 간단하고 동작 속도가 빠르며, 버스 중재기에 장애가 발생해도 다른 중재기에 영향을 주지 않기 때문에 신뢰성이 우수하다는 장점이 있지만, 장애를 일으킨 중재기를 찾는 방법이 복잡하고 한 중재기의 장애가 전체 시스템에 영향을 줄 수도 있음

제3절 입출력장치의 제어

(1) 개요
① 입출력 구조는 컴퓨터의 크기와 컴퓨터에 연결된 주변장치에 의해서 결정됨
② 컴퓨터의 입출력 하위 시스템은 중앙 시스템과 외부와의 효율적인 통신 모드를 제공함
③ 컴퓨터의 직접적인 제어 하에 있는 장비들은 온라인으로 연결되어 있음
④ 이러한 장비들이 컴퓨터와 장애 없이 데이터를 주고받기 위해서는 서로의 특성을 파악하여 장애 없는 데이터 전송을 수행해야 함
⑤ 이러한 제반의 사항을 고려하여 컴퓨터는 입출력 장비와 기타 주변장치 간의 데이터나 신호 전송을 제어하고 적절한 동작을 실행할 수 있는 인터페이스(interface)가 필요함
⑥ I/O 인터페이스는 내부 저장장치와 외부의 I/O 장치 간의 정보 전송을 위한 방법을 제공함

(2) 입출력장치의 구성요소
① 입출력장치의 구성요소로는 키보드·마우스·모니터 등의 입출력장치, 입출력장치와 입출력 인터페이스 사이의 상호작용을 제어하는 입출력 제어장치, 포트라는 주소를 갖는 입출력장치 인터페이스, 마더 보드 내에 설치되어 중앙처리장치 기능을 갖는 입출력 제어기 등이 있음
② 입출력 인터페이스는 중앙처리장치와 입출력장치 간의 정보 전송을 담당함
③ 입출력장치는 기계적인 장치이기 때문에 전기/전자 장치인 컴퓨터와의 데이터 전송을 위해서는 이러한 차이를 제어할 장치가 필요한데, 인터페이스가 이런 기능을 담당함
④ I/O 인터페이스의 기능은 신호 변환, 동기 절차 및 제어, 데이터의 형식 변환 등임
⑤ 입출력 제어기(I/O controller)는 DMA 제어기, 입출력 프로세서(IOP), 채널 제어기 등이 대표적임

(3) 입출력장치 인터페이스의 목적
① 컴퓨터에 연결된 주변장치는 중앙처리장치와 연결하기 위한 특별한 통신 링크가 필요함
② 통신 링크의 목적은 중앙 컴퓨터와 주변장치 간에 존재하는 차이점을 해결하기 위해서임
③ 중요한 차이점은 신호변환, 동기화, 데이터 형식 변환과 CPU에 연결된 다른 주변 장치들의 동작 제어 등임

제4절 입출력장치의 주소지정

(1) 개요
① 입출력 버스는 데이터선, 주소선 및 제어선으로 구성됨
② 프로세서와 연결된 입출력 버스에는 모든 주변장치의 인터페이스들이 연결되어 있음
③ 어떤 장비와 통신을 하기 위해서는 프로세서가 주소선에 장비의 주소를 올려주어야 함
④ 각 인터페이스는 입출력 버스에서 받은 주소와 제어를 해독하고 주변장치의 제어장치(controller)로 신호를 보냄

⑤ 이 신호가 주변장치와 프로세서 간에 데이터 흐름을 동기화하고 전송을 관리함
⑥ 입출력 명령에는 제어 명령, 상태 명령, 출력 명령, 입력 명령이 있음

(2) 입출력 버스와 기억장치 버스

- 입출력장치와 통신하기 위해서는 CPU는 기억장치와도 통신을 해야 함
- 입출력 버스처럼 기억장치 버스도 데이터선, 주소선, 읽기/쓰기 제어선으로 구성됨
- 컴퓨터 버스가 기억장치, CPU와 통신하는 방법에는 세 가지가 있음

① **전용 프로세서(IOP)를 사용하는 방법**
  ㉠ 기억장치 사용을 위한 데이터 버스, 주소 버스, 제어 버스와는 별도로 입출력을 위한 전용 버스를 구성하는 방법임
  ㉡ 컴퓨터가 별도의 입출력 프로세서(IOP : I/O Processor)를 제공하는 것으로, IOP의 목적은 외부장치와 내부 기억장치 간의 정보 전송을 위한 독립된 경로를 제공하는 것임
  ㉢ DMA와의 차이점은 기억장치에 저장된 입출력 프로그램을 실행할 수 있는 기능이 있다는 것임
  ㉣ 입출력 프로그램의 실행은 CPU 명령에 의해서 시작하고, 이 명령은 IOP 번호, 입출력장치 번호, 입출력 프로그램 주소 등을 포함하고 있음

② **분리형 입출력 방식**
  ㉠ 기억장치 전송과 입출력 전송을 위한 데이터와 주소 버스는 공통으로 사용하고 읽기와 쓰기를 위한 제어 버스만 분리하여 사용하는 방법임
  ㉡ 입출력용 데이터 주소는 주소선에 배치하고 읽기와 쓰기 제어는 분리된 제어선에 설정함
  ㉢ 기억장치와 입출력의 주소 공간을 분리(isolated)해서 사용하기 때문에 이러한 이름을 갖게 되었음
  ㉣ 여기서 입출력을 위한 주소를 포트(port)라고 하며, 이 방식은 기억장치와 입출력장치들이 별도의 명령어를 사용함

③ **기억 사상 입출력 방식**
  ㉠ 기억 사상(memory mapped) 입출력 방식은 기억장치나 입출력장치를 위해 동일한 명령어를 사용함
  ㉡ 하지만 일부의 기억장소가 입출력을 위해 할당해야 하기 때문에 기억장치의 주소 용량은 감소함

[분리형 입출력 방식과 기억 사상 입출력 방식의 비교]

분리형 입출력 방식	기억 사상 입출력 방식
기억장치와 입출력장치가 서로 다른 주소 공간을 가짐	동일한 주소 공간을 사용함
모든 주소는 기억장치에 의해서 사용됨	입출력 주소 공간 때문에 기억장치의 공간이 줄어듦
기억장치와 입출력장치를 위해 서로 다른 명령어를 사용함	동일한 명령어를 사용함
입출력 주소를 포트라고 부름	일반적인 기억장치 주소와 같음
별도의 버스를 사용하기 때문에 효율적임	효율성이 떨어짐
버스가 많기 때문에 크기가 커짐	크기가 작음
별도의 로직 때문에 복잡함	로직이 간단함

제5절 입출력 방식의 종류

(1) 인터럽트를 이용하지 않는 방식

① 프로그램 입출력 방식은 인터럽트를 사용하지 않고 드라이버 소프트웨어 제어 하에 CPU가 장치의 레지스터 또는 메모리에 액세스하기 위해 시작하는 데이터 전송을 의미함
② CPU의 속도가 입출력장치보다 빨라서 생기는 프로그램 입출력 방식의 문제는 CPU가 데이터의 수신 또는 전송을 위해 준비된 입출력장치에 대해 오랜 시간 동안 대기해야 한다는 것임
④ CPU는 대기하는 동안 입출력 모듈의 상태를 반복적으로 확인해야 하며, 이 프로세스를 폴링(polling)이라고 함
⑤ 입출력장치의 속도가 적당한 범위에 있고, CPU가 신호 비트를 읽고 쓰는 속도가 너무 빠르지 않고, CPU가 해당 활동을 기다리는 데 너무 느린 것도 아닌 경우에는 프로그램 입출력 방식을 사용해도 무관함
⑥ 프로그램 입출력 방식의 가장 큰 단점은 CPU가 프로그램이 실행될 때마다 항상 장치를 모니터링해야 한다는 것이며, CPU는 입출력장치가 데이터 전송 준비가 되었음을 나타낼 때까지 프로그램 루프 상태를 유지해야 함
⑦ 이것은 시간이 많이 소요되는 프로세스이며, CPU 시간을 소비하는 요인이 되고, 결과적으로 전체 시스템의 성능 수준이 심각하게 저하될 수밖에 없음
⑧ 이 문제를 제거하기 위해 인터럽트 방식과 DMA 방식을 사용함

(2) 인터럽트를 이용하는 방식

- 인터럽트 기능은 입출력 인터페이스 장치가 데이터 전송이 필요할 때 CPU에게 요청하는 방식이기 때문에 CPU는 항상 플래그를 체크할 필요가 없어 이로 인한 CPU의 시간 낭비를 없앨 수 있으며, 그동안 CPU는 다른 프로그램을 실행할 수 있음
- 인터페이스 장치가 데이터 전송 준비가 되었다고 판단하면 인터럽트 요청을 생성하여 CPU로 보내고, CPU는 이러한 신호를 받으면 일시적으로 프로그램 실행을 중단하고 서비스 프로그램으로 분기하여 입출력 전송을 처리하고 완료한 후에 다시 원래대로 수행한 작업으로 복귀하여 중단했던 프로그램을 수행함
- 여러 종류의 인터럽트가 동시에 발생할 경우에는 (i) 정전/전원 이상 인터럽트, (ii) 출력장치 인터럽트, (iii) 내부 인터럽트, (iv) 소프트웨어 인터럽트의 순서대로 인터럽트가 처리됨
- 인터럽트를 이용하는 방식에는 폴링 방식과 데이지 체인 방식이 있음

① 폴링 방식
  ㉠ 폴링(polling) 방식은 소프트웨어적인 방식으로, CPU가 사용 가능한 데이터가 있거나 데이터를 수락할 입출력장치가 있는지를 지속적으로 확인하는 방식임
  ㉡ 인터럽트가 발생하면 우선순위에 따라서 각 장치를 순차적으로 검사하여 해당하는 서비스 루틴을 실행함

② **직렬 우선순위 인터럽트 방식**
  ㉠ 폴링 방식의 단점은 하드웨어 우선순위(priority) 방식을 사용하여 보완할 수 있음
  ㉡ 인터럽트 요청장비의 동작 속도를 빠르게 하기 위하여 각 장비는 인터럽트 벡터를 가지고 있음
  ㉢ 폴링이 필요 없고, 모든 결정은 하드웨어 우선순위 인터럽트 장치에 의해서 결정됨
  ㉣ 인터럽트 선은 직렬 또는 병렬로 구성할 수 있음
  ㉤ 데이지 체인(daisy chain) 방식은 인터럽트 회선을 직렬로 연결하여 우선순위를 결정하고, 인터럽트 신호를 CPU에 전달하는 방식이며, 우선순위가 높은 장치를 먼저 배열함

③ **병렬 우선순위 인터럽트 방식**
  ㉠ 병렬 우선순위 인터럽트 방식은 인터럽트 레지스터를 사용하여 레지스터 비트의 위치에 따라서 우선순위가 결정되는 방식임
  ㉡ 마스크 레지스터는 우선순위가 낮은 장치가 서비스될 때라도 우선순위가 높은 장치가 인터럽트를 요구할 수 있도록 하거나 우선순위가 높은 장치가 처리될 때는 모든 우선순위가 낮은 장치를 사용하지 않도록 설정하는 데 사용함
  ㉢ 해당 인터럽트 비트와 마스크 비트가 AND 연산되어 우선순위 인코더에 적용되며, 우선순위 인코더는 2비트의 벡터 주소를 생성함
  ㉣ 다른 출력은 인터럽트 상태 플립플롭(IST)을 설정함

(3) **DMA를 이용한 입출력 방식**
  ① **개요**
    ㉠ 인터럽트에 의한 입출력 방식은 프로그램에 의한 입출력 방식보다 효율적이기는 하지만, CPU가 직접 입출력장치를 체크하고 서비스하는 속도 때문에 CPU의 시간이 낭비되는 문제를 안고 있음
    ㉡ DMA(Direct Memory Access)를 이용한 입출력 방식은 입출력장치와 기억장치가 직접 데이터를 전송하도록 하여 전송속도를 개선하고 CPU를 효율적으로 사용할 수 있는 기법으로, 기억장치와 입출력장치가 직접 전송을 실행하므로 직접 메모리 제어 방식이라고도 함
    ㉢ DMA가 데이터를 전송하는 동안 CPU는 기억장치의 제어로부터 자유롭게 되고, DMA 제어기가 직접 입출력장치와 기억장치 간의 데이터 전송을 관리함
    ㉣ 마이크로프로세서에서 일반적으로 사용하는 방법으로 버스 요청(BR : Bus Request)과 버스 승인(BG : Bus Grant)의 두 가지 특별한 제어 신호를 통해서 버스를 제어할 수 있음
    ㉤ DMA 전송에는 데이터가 한 블록씩 연속적으로 전송되는 대량전송(burst transfer)과 한 번에 한 워드씩만 데이터를 전송하는 사이클 스틸링(cycle stealing)이 있음

    ※ DMA 전송 실행과정
    ① CPU는 주소와 데이터 버스를 통해서 DMA 통신을 함
    ② 그 자신의 주소를 가지고 있는 DMA는 DS와 RS선을 활성화함
    ③ CPU는 데이터 버스를 통해 DMA를 초기화하고 DMA가 시작 신호 명령을 받는 즉시, 입출력장치와 기억장치 간의 전송을 시작하게 됨
    ④ BG = 0이면 RD와 WR은 DMA 레지스터와 통신할 수 있는 입력선이 되고, BG = 1이면 RD와 WR은 DMA 제어기에서 기억장치에 읽거나 쓰기 위한 출력선이 됨

② DMA의 초기화 내용
　㉠ CPU는 DMA 레지스터 주소가 포함된 입출력 명령으로 다음과 같이 DMA 제어기의 관련 레지스터를 초기화함

> - 입출력할 기억장치 블록의 시작 주소를 담고 있는 주소 레지스터
> - 기억장치 블록의 워드 개수를 표시하는 워드 카운트 레지스터
> - 읽기나 쓰기와 같은 전송 모드를 지정하는 제어 레지스터
> - DMA 전송 시작 신호

　㉡ DMA가 초기화되면 인터럽트가 발생하거나 전송된 워드 수를 검사하는 경우를 제외하고는 CPU와 DMA 간의 통신은 중단됨

(4) 채널에 의한 입출력 방식
① 개요
　㉠ 입출력 프로세서(IOP)라고도 불리는 채널(channel)에 의한 입출력 방식은 입출력 동작만을 위해서 설계되었다는 점을 제외하면 CPU와 유사함
　㉡ CPU에 의해서 초기화되는 DMA와는 달리, IOP는 스스로 명령어를 인출하고 실행할 수 있음
　㉢ IOP 명령어는 입출력 동작만을 위해서 특별하게 설계되었음
② 채널의 종류
　㉠ 한 번에 하나의 입출력 동작을 처리하며 고속장치에서 사용하는 셀렉트 채널, 한 번에 한 바이트씩 전송하고, 동시에 여러 대의 저속 입출력장치를 시분할하여 처리하는 멀티플렉서 채널, 셀렉트 채널과 멀티플렉서 채널을 혼합한 방식으로 블록 단위로 전송하고 다수의 고속장치를 지원하는 블록 멀티플렉서 채널이 있음
　㉡ 전송속도는 '셀렉트 채널 > 블록 멀티플렉서 채널 > 멀티플렉서 채널'의 순으로, 셀렉트 채널이 가장 빠름

제10장 컴퓨터 구조의 경향

제1절 컴퓨터 성능 평가

(1) 컴퓨터의 성능 향상, 성능 비교, 연산속도 측정, 성능 예측, 기대하는 바에 대한 성능 달성 여부의 검증, 시스템의 조율 등의 평가에 사용되는 항목에는 정량적 평가항목과 정성적 평가항목이 있음

(2) 단위 시간당 처리량, 응답시간, 벤치마크 등은 정량적 평가항목이고, 시스템의 신뢰성, 사용 가능성 등은 추상적이며 정성적 평가항목임

제2절 병렬 컴퓨터

(1) 병렬 컴퓨터의 분류

명령어가 처리하는 데이터의 수에 따라 분류하는 플린(Flynn)의 방식과 병렬 수행의 정도에 따라 컴퓨터를 구분하는 팽(Feng)의 분류가 있음

① 플린의 분류

플린은 컴퓨터 구조를 명령어 스트림과 데이터 스트림의 수에 따라서 컴퓨터 시스템을 4가지로 분류함

[플린의 분류표]

	단일 명령어	다중 명령어
단일 데이터	SISD	MISD
다중 데이터	SIMD	MIMD

SISD	• 한 개의 제어장치, 처리장치, 기억장치를 갖는 구조로 일반적인 직렬 컴퓨터 구조 • 명령어 실행 과정은 파이프라이닝이 되어 있음 • 단일 프로세서로 현재 가장 많이 사용하고 있는 일반적인 컴퓨터의 구조
SIMD	• 여러 개의 처리장치(프로세서)가 하나의 제어장치에 연결되고 각 처리장치는 독립된 기억장치 또는 공통의 기억장치로 구성할 수 있음 • 배열 프로세서(array processor)는 대표적인 SIMD 구조임
MISD	• 여러 개의 프로세서가 하나의 데이터 스트림을 처리하는 구조 • 프로세서가 파이프라인으로 연결되어 한 프로세서의 처리 결과가 다음 프로세서의 입력으로 전달됨 • 현실성이 없어 실생활에서는 거의 사용하지는 않음
MIMD	• 다수의 프로세서가 서로 다른 명령어와 데이터를 처리함 • 분산시스템은 MIMD 구조를 갖추고 있음 • 기억장치는 공유메모리 또는 분산 메모리 구조를 모두 사용함 • 대부분의 다중 프로세서 시스템과 다중 컴퓨터 시스템이 MIMD 구조에 속함 • MIMD 시스템은 프로세서 간의 상호작용 정도에 따라서 밀결합 시스템과 소결합 시스템으로 구분됨

② 팽의 분류

팽(Feng)은 병렬 수행 정도에 따라 컴퓨터의 구조를 4가지로 분류함

워드순차 비트순차(WSBS)	한 워드 내의 비트가 한 비트씩 순차적으로 처리되는 방식으로 초기 컴퓨터의 방식
워드순차 비트병렬(WSBP)	한 번에 한 워드씩 처리하는 방식으로 가장 많이 사용하는 방식
워드병렬 비트순차(WPBS)	비트 슬라이스 방식이라고도 하며, 여러 개의 워드를 묶어서 그중에서 1개의 비트를 순차적으로 처리하는 방식
워드병렬 비트병렬(WPBP)	n × m 배열의 비트가 한 번에 처리되는 방식으로, 최대 병렬 처리가 가능

(2) 배열 프로세서와 다중 프로세서

배열 프로세서 (array processor)	• 배열 프로세서는 벡터나 행렬 연산을 빠르고 효율적으로 실행하도록 구성되었고, SIMD 조직에 해당함 • 공간적 병렬성을 실현하기 위해 한 컴퓨터 내에 여러 대의 동기화된 처리장치들이 배열 형태로 구성되어 있음 • 프로그램 실행은 배열 처리기에서 하고, 프로그램은 제어처리기의 제어기억장치에 기억하며 상호연결망에 의해 데이터를 주고받음
다중 프로세서 (multi processor)	• 다중 프로세서는 시스템상의 여러 처리기에 각각의 독립적인 작업을 할당하고 두 개 이상의 처리기를 동시에 실행할 수 있도록 한 시스템을 말함 • 하드웨어 시스템의 구성은 기억장치와 처리기 간 또는 기억장치와 입출력 채널 간의 상호연결구조에 의해서 결정됨 • 전체 시스템은 하나의 운영체제에 의해서 제어됨

(3) 상호연결망(interconnection network)

동적 상호연결망	• 모든 형태의 통신이 가능하고 범용 시스템 구축에 적합하지만, 스위치와 중계기 등 별도의 하드웨어가 필요함 • 오메가 네트워크와 델타 네트워크가 있음
정적 상호연결망	• 연결구조가 고정되어 변경할 수 없지만, 통신 경로를 예측할 수 있음 • 1차원 구조 : 선형(line) • 2차원 구조 : 성형, 원형, 트리, 메시와 토러스 • 3차원 구조 : 완전연결, 코달 원형, 큐브

제3절 클러스터링 컴퓨터

(1) 개요

① 컴퓨터 클러스터(computer cluster) 또는 클러스터 컴퓨터는 여러 대의 컴퓨터들이 연결되어 하나의 시스템처럼 동작하는 컴퓨터들의 집합을 말함

② 클러스터의 구성요소들은 일반적으로 고속의 근거리 통신망으로 연결되며, 서버로 사용되는 노드에는 각각의 운영체제가 실행됨

③ 클러스터는 일반적으로 단일 컴퓨터보다 더 뛰어난 성능과 안정성을 제공하며, 비슷한 성능과 안정성을 제공하는 단일 컴퓨터보다 비용 면에서 훨씬 더 효율적임

(2) 클러스터의 중요 기능

시스템 관리, 즉, 노드 관리 외에도 작업 스케줄링, 노드 장애 관리 기능 등이 중요한 기능임

기출동형 최종모의고사 | 컴퓨터구조

제한시간: 50분 | 시작 ___시 ___분 - 종료 ___시 ___분

정답 및 해설 372p

01 다음 중 용어와 그에 대한 설명을 올바르게 짝지은 것은?

> (가) 부호화 절댓값
> (나) 1의 보수
> (다) 2의 보수

> ㉠ 최상위 비트를 양수와 음수를 표현하기 위해 할당하는 방식
> ㉡ 음수는 같은 수의 양의 표현에서 각 비트를 0은 1로, 1은 0으로 바꿈
> ㉢ 0의 문제를 해결함

① (가) - ㉠, (나) - ㉡, (다) - ㉢
② (가) - ㉠, (나) - ㉢, (다) - ㉡
③ (가) - ㉡, (나) - ㉢, (가) - ㉠
④ (가) - ㉢, (나) - ㉠, (다) - ㉡

02 다음 내용에서 괄호 안에 들어갈 적절한 용어를 순서대로 고른 것은?

> 컴퓨터는 외부의 데이터를 컴퓨터가 이해할 수 있는 내부의 (㉠) 데이터로 변환하여 저장한다. 데이터에는 문서, 이미지, 비디오, 그래픽, 음성 등 다양한 형태가 있으며, 데이터는 크게 (㉡) 데이터와 (㉢) 데이터로 구분할 수 있다.

	㉠	㉡	㉢
①	10진	문자	수치
②	2진	수치	비수치
③	10진	수치	비수치
④	2진	문자	숫자

03 다음 중 수치 데이터에 대한 설명으로 옳은 것은?

① BCD, EBCDIC 및 ASCII 코드가 있다.
② 가중치 코드, 비가중치 코드도 이에 포함된다.
③ 고정소수점 표현방식과 부동소수점 표현방식이 있다.
④ 패리티 코드를 이용한 해밍 코드도 수치 데이터의 표현 방법이다.

04 10진수를 표현하는 방식 중 언팩 방식에 대한 설명으로 옳지 <u>않은</u> 것은?
① 부호 비트는 맨 우측 4비트를 사용한다.
② 1바이트에 2개의 10진수를 표시하는 방식이다.
③ 기억장소를 낭비하고 연산의 효율도 떨어지는 단점이 있다.
④ 우측 4비트에는 데이터가 표시되고 나머지 4비트에는 존 영역으로 표시된다.

05 비수치 연산에 관한 설명으로 옳지 <u>않은</u> 것은?
① 비교 연산은 NOR 연산을 사용한다.
② 마스크 연산은 AND 연산을 사용한다.
③ 선택적 세트 연산은 OR 연산을 사용한다.
④ 선택적 보수 연산은 XOR 연산을 사용한다.

06 중앙처리장치에 대한 설명으로 옳지 <u>않은</u> 것은?
① CPU의 또 다른 중요한 구성요소는 클록(Clock)이다.
② 산술 및 논리 연산을 수행하는 산술논리연산장치이다.
③ 메모리에서 명령어를 읽어서 해독하고 실행을 주관하는 것은 제어장치이다.
④ 산술 연산자를 ALU에 공급하고, ALU 연산 결과를 저장하는 것은 기억장치이다.

07 다음 중 설명이 옳지 <u>않은</u> 것은?
① 마이크로 연산의 몇 단계가 모여 매크로 연산을 수행하게 된다.
② 클록의 주기에 따라서 실행되는 CPU 내의 동작을 매크로 연산이라고 한다.
③ 인출 사이클, 해독 사이클, 실행 사이클 단계를 반복하여 하나의 명령어를 처리한다.
④ CPU의 제어장치는 재정렬, 융합 및 캐싱 등의 최적화를 수행하면서 실행을 결정하게 된다.

08 다음 중 설명이 옳지 <u>않은</u> 것은?
① CPU의 내부는 내부 버스에 의해서 연결된다.
② 명령 실행 후 프로그램 카운터의 값이 감소한다.
③ 파이프라인을 사용하면 CPU의 효율을 증가시킬 수 있다.
④ 복잡한 CPU에서는 여러 명령어를 동시에 읽어올 수 있고, 디코딩하며 실행할 수 있다.

09 다음 중 CPU의 성능 향상과 관련이 <u>없는</u> 요소는?
① IPC
② 클록 속도
③ 코어의 개수
④ CPU의 크기

10 CPU 내부의 레지스터에 대한 설명으로 옳지 <u>않은</u> 것은?

① IR은 명령어를 위한 레지스터이다.
② MAR은 기억장치의 주소를 저장하는 레지스터이다.
③ AC는 누산기라고 하며, 연산 결과를 기억장치로 전달하는 레지스터이다.
④ MBR은 기억장치의 주소가 저장하고 있는 데이터를 저장하는 레지스터이다.

11 다음 중 ALU에 대한 설명으로 올바르지 <u>않은</u> 것은?

① 시프트 연산을 수행한다.
② 독립적으로 데이터 처리를 수행한다.
③ 덧셈 및 뺄셈과 같은 기본 산술연산을 처리한다.
④ AND, OR 및 NOT과 같은 논리연산을 수행한다.

12 다음 중 산술논리연산장치에 대한 설명으로 옳지 <u>않은</u> 것은?

① 산술장치와 논리장치로 구성되어 있다.
② 반가산기를 이용한 이진 병렬가산장치이다.
③ 산술연산은 덧셈, 전송, 증가, 감소 등을 실행한다.
④ 2개의 상태선에 의해 논리장치와 연결된 2개의 입력값 중 하나가 선택된다.

13 다음 중 레지스터에 대한 설명으로 <u>틀린</u> 것은?

① 레지스터는 기억장치의 일부분이다.
② 비트 수는 레지스터의 크기를 나타낸다.
③ 범용 레지스터는 R0, R1, …으로 레지스터 이름을 표시한다.
④ 특수 레지스터는 고유한 자기만의 특수한 이름을 가지고 있다.

14 다음 중 스택 레지스터에 대한 설명으로 옳지 <u>않은</u> 것은?

① 후입선출 방식으로 실행된다.
② READ, WRITE라는 용어를 사용한다.
③ 스택 포인터를 사용하여 데이터를 읽고 쓴다.
④ 서브루틴, 인터럽트, 루프 등이 발생하면 현재 레지스터의 내용을 스택 영역 메모리의 주소에 저장한다.

15 다음 중 상태 레지스터에 대한 설명으로 옳지 <u>않은</u> 것은?

① 플래그 레지스터, 조건 코드 레지스터, 프로그램 상태 레지스터라고도 불린다.
② 프로세서에 대한 상태를 플래그 비트로 표시해 주는 레지스터이다.
③ S 플래그는 산술 또는 논리 연산의 결과를 표현한다.
④ 산술 및 비트 조작 연산의 결과에 따라서 기록된다.

16 상태 레지스터에 대한 설명에서 괄호 안에 적절한 용어를 순서대로 나열한 것은?

> 캐리 플래그는 캐리가 발생하면 (㉠)이 된다. 부호 플래그는 연산 결과 최상위 비트가 음수인 경우는 (㉡)이고, 양수인 경우는 (㉢)이 된다. 제로 플래그는 연산의 결과가 모두 제로인 경우 '1'이다. 오버플로우 플래그는 가산의 결과로 오버플로우가 발생하면 '1'이 되고, 부호 비트와 캐리 비트를 (㉣) 연산하여 결괏값을 구한다.

	㉠	㉡	㉢	㉣
①	0	1	1	XOR
②	1	1	1	OR
③	1	0	0	OR
④	1	1	0	XOR

18 다음 중 명령어 사이클에 관한 설명으로 옳은 것은?

① 비동기식은 CPU의 효율이 낮지만 제어가 간단해 가장 많이 사용하는 방식이다.
② 마이크로 연산에 걸리는 시간을 마이크로 타임이라고 하며, CPU의 속도를 나타낸다.
③ 동기 가변식은 마이크로 연산 중에서 실행시간이 가장 긴 것을 클록 주기로 사용한다.
④ 동기 고정식은 마이크로 연산 중에서 실행시간이 가장 짧은 것을 클록 주기로 고정한다.

17 다음 중 제어장치에 관한 설명으로 옳지 않은 것은?

① 제어장치의 기본동작을 매크로 연산이라고 한다.
② 명령어의 실행 단계에 따라서 필요한 제어 신호를 발생한다.
③ CPU의 내부에서 각 명령어의 실행을 제어하고 관리하는 장치이다.
④ 장치들 상호 간의 타이밍 및 제어 신호를 제공하여 다른 장치의 작동을 지시한다.

19 다음 중 명령어 형식에 대한 설명으로 옳지 않은 것은?

① 실행할 연산을 지정하는 것은 연산코드 필드이다.
② 메모리 주소 또는 프로세서 레지스터를 지정하는 것은 주소 필드이다.
③ 피연산자 또는 유효주소의 결정 방법을 지정하는 것은 모드 필드이다.
④ 주소 필드는 분기가 발생하면 분기해야 할 해당 목적지의 주소는 표시하지 않는다.

20 다음 중 연산코드에 대한 설명으로 옳지 않은 것은?

① 제어 명령은 제어 및 분기에 대한 명령이다.
② CALL은 복귀주소가 존재하지 않지만, JMP는 복귀주소가 존재한다.
③ 데이터 처리 명령어는 일반적인 산술 명령어 또는 논리 명령어를 말한다.
④ 데이터 전송은 레지스터, 주기억장치, 스택 또는 I/O 장치 간의 데이터 이동 명령이다.

21 다음 중 명령어 체계에 대한 설명으로 옳지 않은 것은?

① 0-주소 명령어는 스택 구조의 컴퓨터에서 사용된다.
② 1-주소 명령어의 결괏값은 기억장소에 저장한다.
③ 2-주소 명령어는 가장 일반적인 상업용 컴퓨터에서 사용한다.
④ 3-주소 명령어 형식에서 주소-2와 주소-3의 내용은 연산 후에도 값을 잃지 않는다.

22 주소지정 방식에 대한 설명으로 옳지 않은 것은?

① 모든 레지스터 참조 명령어는 묵시적 모드 명령어이다.
② 즉치 주소지정 방식은 상숫값으로 레지스터를 초기화하기 위해 사용한다.
③ 상대 주소지정 방식에서는 유효주소를 얻기 위해 인덱스 레지스터를 이용한다.
④ 명령어는 레지스터를 통하여 실제 데이터가 저장된 기억장치를 지정하는 방식을 레지스터 간접 주소지정 방식이라고 한다.

23 다음 중 설명이 옳지 않은 것은?

① 컴퓨터를 구성하는 가장 간단한 방식은 누산기 구조 방식이다.
② 스택은 0-주소지정 명령어를 사용하며 스택 포인터를 사용한다.
③ LOAD, STORE 등은 범용 레지스터에서만 사용하는 명령어이다.
④ 범용 레지스터 구조 방식은 2-주소지정 방식이나 3-주소지정 방식 명령어를 사용한다.

24 다음 내용에서 괄호 안에 알맞은 용어를 순서대로 나열한 것은?

> 명령어는 (㉠) 동안에 실행이 되며, 각 서브 사이클의 실행은 하나 이상의 (㉡)들로 구성된다. (㉡)은 프로세서의 가장 최소 동작으로, 각 명령어는 일련의 연산으로 인식될 수 있다. 이러한 명령어들의 집합을 (㉢)이라고 하며, 각 명령어는 인출, 해독, 인터럽트 등의 여러 단계로 이루어진다.

	㉠	㉡	㉢
①	실행 사이클	마이크로 연산	마이크로 프로그램
②	인출 사이클	매크로 연산	마이크로 프로그램
③	명령어 사이클	마이크로 연산	마이크로 프로그램
④	해독 사이클	매크로 연산	마이크로 프로그램

25 인출 사이클에 대한 내용을 순서대로 나열한 것은?

> ㉠ PC의 주소를 MAR로 이동한다.
> ㉡ READ 명령어에 의해 MAR의 주소에 저장된 명령어를 MBR로 가져오고, 다음 명령어를 처리하기 위해 PC값이 증가한다.
> ㉢ 인출 단계가 시작될 때 프로그램 카운터(PC)가 해당되는 주솟값을 가지고 있다.
> ㉣ IR로 MBR의 내용을 복사한다.

① ㉠ → ㉡ → ㉢ → ㉣
② ㉢ → ㉠ → ㉡ → ㉣
③ ㉡ → ㉣ → ㉠ → ㉢
④ ㉣ → ㉠ → ㉢ → ㉡

26 ISZ X는 어떤 동작을 처리하는 명령어인가?

① 누산기의 내용을 기억장치의 X번지에 저장하는 명령어이다.
② X번지에서 데이터를 읽어서 누산기에 저장하는 이동 명령어이다.
③ 기억장소 X번지 내용을 레지스터의 내용을 더하라는 명령어이다.
④ X번지의 내용을 1 증가시키고, 결과가 0이면 다음 명령어를 실행하지 않고 다음 명령어로 건너뛰라는 명령어이다.

27 다음 내용에서 괄호 안에 알맞은 용어를 순서대로 고른 것은?

> 간접 사이클 후에는 항상 (㉠) 사이클이 따라오고, 일반적으로 (㉡) 사이클 후에는 인출 사이클이 따라온다. 인출 사이클과 실행 사이클의 다음 사이클은 시스템의 상태에 따라 달라진다.

	㉠	㉡
①	실행	인터럽트
②	인출	해독
③	인터럽트	실행
④	해독	인터럽트

28 다음 내용에서 괄호 안에 알맞은 용어를 순서대로 고른 것은?

> 제어장치는 (㉠)와(과) (㉡)의 두 가지 기본적인 작업을 처리한다. (㉠)은(는) 제어장치가 실행될 프로그램에 기반하여 마이크로프로그램을 설정하는 것이고, (㉡)은(는) 해당 마이크로 연산을 실행하는 것이다.

	㉠	㉡
①	실행	순서제어
②	순서제어	연산
③	연산	실행
④	순서제어	실행

29 다음 중 하드와이어드 방식에 대한 설명으로 옳지 않은 것은?

① 제어신호 발생기가 필요하다.
② 인코더, 디코더 회로가 필요하다.
③ 프로그램을 수정하기가 수월하다.
④ 실행속도가 불필요하게 느려질 수 있다.

30 마이크로 명령어에 대한 설명으로 옳지 않은 것은?

① 4개의 기능으로 구분한다.
② 전체 길이는 20바이트이다.
③ 세 개의 필드로 구성된 마이크로 연산 필드는 21개의 연산을 지정할 수 있다.
④ 분기 필드는 분기의 종류와 다음에 사용할 마이크로 명령어의 주소 결정 방법을 제공한다.

31 기억장치에 대한 설명으로 옳지 않은 것은?

① 워드 단위로 주소가 부여되는 컴퓨터를 바이트 컴퓨터라고 한다.
② 순차접근 방식은 임의접근 방식보다 데이터에 접근하는 속도가 느리다.
③ 정적 램은 전원이 공급되는 동안에는 저장하고 있는 데이터를 계속 유지할 수 있는 기억장치이다.
④ 파괴적 기억장치는 한 번 읽으면 그 내용이 파괴되어 원래 데이터를 복원하기 위해서 쓰기 동작이 필요한 기억장치이다.

32 주기억장치와 관련된 기능에 관한 설명으로 옳지 않은 것은?

① 시스템 프로그램과 사용자 프로그램 영역으로 구분한다.
② 운영체제는 주기억장치가 필요한 프로세스에게 주기억장치를 할당한다.
③ 현재 실행 중인 프로그램과 프로그램 실행에 필요한 데이터를 저장하는 장치이다.
④ 사용자 프로그램 영역은 일반 프로그램이 사용하는 영역으로, 운영체제가 제어한다.

33 기억장치의 용량이 4,096K × 64비트일 때, MAR과 MBR의 길이를 더하면 얼마인가?

① 84
② 85
③ 86
④ 87

34 캐시기억장치에 대한 설명으로 옳지 않은 것은?

① 일반적으로 DRAM을 사용한다.
② CPU와 주기억장치 간에 사용된다.
③ 캐시와 CPU는 워드 단위로 전송을 한다.
④ 주기억장치와 캐시는 블록 단위로 전송을 한다.

35 캐시의 매핑 정책에 관한 설명으로 옳지 않은 것은?

① 직접 매핑은 주기억장치의 각 블록을 단지 하나의 캐시 라인에 매핑시키는 것이다.
② 캐시 효율이 가장 좋은 방식은 연관 매핑이다.
③ 집합 연관 매핑은 태그 연관 검색이 필요하다.
④ 직접 매핑은 교체 알고리즘이 필요하다.

36 다음 내용에서 괄호 안에 알맞은 용어를 순서대로 나열한 것은?

> 지금 당장 실행에 필요한 프로그램은 (㉠)기억장치에서 주기억장치로 보내고, 당장 필요하지 않은 프로그램은 주기억장치에서 (㉠)기억장치로 보내면, 기억공간을 효율적으로 사용할 수 있다. 일반적으로 프로그램에 사용하는 주소를 (㉡)주소라 하고, 주기억장치의 주소를 (㉢)주소라 한다.

	㉠	㉡	㉢
①	캐시	가상	물리
②	가상	물리	보조
③	보조	물리	가상
④	가상	가상	물리

37 다음 내용에서 괄호 안에 알맞은 용어를 순서대로 나열한 것은?

> 시스템 버스는 제어와 타이밍 및 조정 신호를 전달하여 시스템 전반의 다양한 기능을 관리하는 (㉠) 버스, 전송되는 데이터의 메모리 위치를 지정하는 데 사용하는 (㉡) 버스, 프로세서와 메모리 및 주변장치 간에 실제 데이터를 전달하는 (㉢) 버스로 구성된다.

	㉠	㉡	㉢
①	주소	제어	데이터
②	데이터	주소	제어
③	제어	주소	데이터
④	제어	데이터	주소

38 다음 중 동기식 버스에 대한 설명으로 옳지 않은 것은?

① 대부분의 버스는 동기식이다.
② 마스터-슬레이브 방식으로 동작한다.
③ 클록이 필요한 버스로서, 구현이 쉽다.
④ 클록이 1에서 0 또는 0에서 1로 변화되는 것을 하나의 클록 사이클이라고 한다.

39 입출력 방식의 종류와 그에 대한 설명이 잘못 연결된 것은?

① IOP - 가장 속도가 느리고 CPU의 종속성이 큰 방식
② 프로그램 입출력 방식 - 상태 레지스터를 검사할 별도의 프로그램이 필요
③ 인터럽트 입출력 방식 - 입출력장치가 인터럽트를 요청하면 입출력 전송을 시작
④ DMA 입출력 방식 - 입출력하는 동안에는 CPU로부터 모든 권한을 위임받는 방식

40 다음 내용에서 괄호 안에 알맞은 용어를 순서대로 나열한 것은?

> DMA 제어기는 인터페이스 회로와 함께 3가지 레지스터로 구성된다. (㉠) 레지스터는 기억장치의 주소를 이용하여 기억장치와 직접 통신을 하고, (㉡) 레지스터는 전송할 워드 개수를 표시한다. (㉢) 레지스터는 전송 방식을 표시한다.

	㉠	㉡	㉢
①	제어	워드 카운터	주소
②	주소	비트 카운터	제어
③	제어	비트 카운터	주소
④	주소	워드 카운터	제어

정답 및 해설 | 컴퓨터구조

01	02	03	04	05	06	07	08	09	10	11	12	13	14	15	16	17	18	19	20
①	②	③	①	①	④	②	②	④	③	②	②	①	②	③	④	①	②	④	②
21	22	23	24	25	26	27	28	29	30	31	32	33	34	35	36	37	38	39	40
②	③	③	③	②	②	①	④	③	②	①	④	③	①	④	④	④	③	①	④

01 정답 ①

부호화 절댓값은 부호를 표시하는 방법으로, 최상위 비트(MSB)를 양수와 음수를 표현하기 위해 할당하는 방식이며, 음수의 경우는 '1', 양수의 경우는 '0'으로 표현한다. 1의 보수는 음수를 표현할 때 같은 수의 양의 표현에서 각 비트를 0은 1로, 1은 0으로 바꾼다. 2의 보수는 1의 보수에 1을 더해주는데, 그 이유는 1의 보수에서 양의 0과 음의 0의 문제를 해결하기 위해서이다.

02 정답 ②

컴퓨터는 외부의 데이터를 컴퓨터가 이해할 수 있는 내부의 이진 데이터로 변환하여 저장한다. 또한, 컴퓨터의 내부 실행 결과를 인간이 이해할 수 있는 외부 표현으로 변환하여 출력장치로 전송한다. 데이터에는 문서, 이미지, 비디오, 그래픽, 음성 등 다양한 형태가 있다. 데이터는 크게 수치 데이터와 비수치 데이터로 구분할 수 있다.

03 정답 ③

비수치 데이터에는 문자를 표현하는 BCD, EBCDIC 및 ASCII 코드가 있고, 특수한 목적의 숫자를 표현하는 가중치 코드(weighted code), 비가중치 코드(non-weighted code), 에러 탐지 코드(error detecting code) 및 에러 수정 코드(error correcting code) 등이 있다.

수치 데이터 중 정수(integer) 표현방식에서 2진수의 정수 표현 방법에는 부호화 절댓값, 1의 보수 및 2의 보수 방식이 있고, 실수의 표현방식으로는 고정소수점 표현방식과 부동소수점 표현방식이 있다.

04 정답 ①

언팩 방식은 맨 우측 바이트에서 오른쪽 4비트에는 데이터가 표시되고, 부호는 왼쪽 4비트에 표시된다.

05 정답 ①

비교(Compare) 연산은 두 데이터를 비교하는 연산으로, XOR 연산을 사용한다.

06 정답 ④

CPU의 주요 구성요소는 산술 및 논리 연산을 수행하는 산술논리연산장치(ALU : Arithmetic Logical Unit), 산술 연산자를 ALU에 공급하고 ALU 연산 결과를 저장하는 프로세서 레지스터(Processor Register), 메모리에서 명령어를 읽어서(패치, Fetch) 해독하고 실행을 주관하는 제어장치(CU : Control Unit)로 구성된다. 그리고 CPU의 또 다른 중요한 구성요소로는 클록(Clock)이 있다.

07 정답 ②

클록의 주기에 따라서 실행되는 CPU 내의 동작을 마이크로 연산(Micro Operation)이라고 한다.

08 정답 ②

명령 실행 후 프로그램 카운터(PC : Program Counter)라는 내부 레지스터 중 하나의 값이 증가하고, 이를 통해 다음에 처리할 명령어를 가져온다.

09 정답 ④

CPU는 클록 속도, IPC(Instruction Per Cycle), 코어(core)의 수에 따라서 성능이 좌우된다. IPC는 한 사이클당 처리 가능한 명령어 개수를 의미한다. 즉, CPU가 얼마나 효율적으로 작업을 처리하는지 알 수 있는 지표로서 이것은 클록과 밀접한 연관이 있다. 동일 IPC일 때, 클록 속도가 높으면 성능이 상대적으로 우수하다.

10 정답 ③

AC(Accumulator)는 누산기라고 하며, 연산 결과를 저장한다.

11 정답 ②

ALU는 덧셈 및 뺄셈과 같은 기본 산술연산(Arithmetic Operation), AND, OR 및 NOT과 같은 논리연산(Logical Operation) 및 시프트(shift)를 수행하는 중앙처리장치 내부의 회로장치로, 독립적으로 데이터 처리를 수행하지 못하며 반드시 레지스터들과 조합하여 처리한다. 즉, ALU를 CPU 내부의 작은 계산기로 상상할 수 있다.

12 정답 ②

산술논리연산장치는 전가산기를 이용한 이진 병렬가산장치이다. 전가산기는 두 개의 입력값, 캐리와 합으로 구성되는 회로이다.

13 정답 ①

레지스터는 명령어, 주소 또는 임의 종류의 데이터를 저장하는 목적으로 사용하는 임시기억장치로서, 중앙처리장치의 일부분이다.

14 정답 ②

스택 구조에서는 READ, WRITE라는 용어 대신에 POP과 PUSH라는 연산을 사용한다.

15 정답 ③

S 플래그는 연산의 결과가 음수인지 양수인지를 나타낸다. 산술 또는 논리 연산의 결과는 Z 플래그로 표시한다.

16 정답 ④

캐리 플래그는 캐리가 발생하면, 즉 올림수 또는 빌림수가 발생하면 '1'이 된다. 부호 플래그는 연산 결과 최상위 비트가 음수인 경우는 '1'이고, 양수인 경우는 '0'이 된다. 제로 플래그는 연산의 결과가 모두 제로인 경우는 '1'이고, 그렇지 않으면 '0'이 된다. 오버플로우 플래그는 가산의 결과로 오버플로우가 발생하면 '1'이 된다. 오버플로우 플래그는 부호 비트와 캐리 비트를 XOR 연산하여 결괏값을 구한다.

17 정답 ①
제어장치의 기본동작은 마이크로 연산으로, 레지스터 간의 이동, 레지스터와 외부 버스 간의 이동, 또는 간단한 ALU 연산 등을 수행한다.

18 정답 ②
마이크로 사이클을 제어하는 방식에는 동기 고정식, 동기 가변식, 비동기식이 있다.
① 비동기식은 모든 마이크로 연산에 대해서 서로 다른 마이크로 사이클 시간을 제공하는 방식이다. 이 방식은 CPU의 효율은 높지만, 제어가 매우 복잡해 거의 사용하지 않는다.
③ 동기 가변식은 실행시간이 유사한 마이크로 연산들을 모아서 집단마다 서로 다른 마이크로 사이클 시간을 제공하는 방식이다. 마이크로 연산의 실행시간이 현저하게 차이가 날 때 사용하면 효과적이지만, 제어장치가 복잡해진다.
④ 동기 고정식은 마이크로 연산 중에서 실행시간이 가장 긴 것을 클록 주기로 고정하는 방식이다. 이 방식은 제어장치 구현이 간단하지만, 모든 마이크로 연산의 실행시간이 유사하지 않을 때 CPU의 낭비가 심하게 된다.

19 정답 ④
주소 필드는 분기가 발생하면 분기해야 할 해당 목적지의 주소를 표시한다.

20 정답 ②
제어 및 분기에 대한 명령 중 CALL과 JMP의 차이점은 CALL은 복귀주소가 존재하지만, JMP는 복귀주소가 존재하지 않는다는 것이다.

21 정답 ②
1-주소 명령어는 주로 하나의 누산기(AC)만 가지고 있는 컴퓨터에서 사용하며, 주소의 내용과 누산기의 내용을 연산한 후 결괏값은 누산기에 저장한다.

22 정답 ③
상대 주소지정 방식에서는 유효주소를 얻기 위해 프로그램 카운터(PC)의 내용이 명령어의 주소 필드에 더해진다.

23 정답 ③
누산기 구조 방식은 연산 코드와 1개의 주소 필드로 구성되는 1-주소 명령어 방식이며 LOAD, STORE 등의 명령어가 있다. 범용 레지스터 구조 방식은 가장 일반적인 컴퓨터 구조 방식으로, 2-주소지정 방식이나 3-주소지정 방식 명령어를 사용하며, 2개 이상의 레지스터를 가지고 있다.

24 정답 ③
명령어는 명령어 사이클 동안에 실행이 되며, 각 서브 사이클의 실행은 하나 이상의 마이크로 연산들로 구성된다. 마이크로 연산은 프로세서의 가장 최소 동작이다. 각 명령어는 일련의 연산으로 명령어를 인출하고 해독하며, 피연산자의 인출, 명령어의 실행, 피연산자의 저장과 인터럽트를 처리하는 과정이며, 이러한 명령어들의 집합을 마이크로프로그램이라고 한다. 각 단계는 한 개 이상의 마이크로 연산으로 구성된다.

25 정답 ②

인출 단계가 시작될 때 프로그램 카운터(PC)가 해당되는 주솟값을 가지고, PC의 주소는 MAR로 이동한다. READ 명령어에 의해 MAR의 주소에 저장된 명령어를 MBR로 가져오고, 다음 명령어를 처리하기 위해 PC값이 증가한다. IR로 MBR의 내용을 복사하면 인출 단계가 완료된다.

26 정답 ④

①은 STORE, ②는 LOAD, ③은 ADD 명령어의 동작을 설명하고 있다.

27 정답 ①

간접 사이클 후에는 항상 실행 사이클이 따라오고, 일반적으로 인터럽트 사이클 후에는 인출 사이클이 따라온다. 인출 사이클과 실행 사이클의 다음 사이클은 시스템의 상태에 따라 달라진다.

28 정답 ④

제어장치는 순서제어와 실행의 두 가지 기본적인 작업을 처리한다. 순서제어(control sequencing)는 제어장치가 실행될 프로그램에 기반하여 마이크로프로그램을 설정하는 것이고, 실행(execution)은 해당 마이크로 연산을 실행하는 것이다. 이러한 행위는 제어신호를 발생해야 가능하다. 제어장치의 기능을 수행하려면 시스템의 상태를 결정할 수 있는 입력과 시스템의 동작을 제어할 수 있는 출력이 있어야 한다.

29 정답 ③

하드와이어 제어장치는 단순하게 회로를 구성하면 제어신호 생성을 위한 지연시간을 최소화할 수 있지만, 실제로는 많은 명령어를 처리하기 위해 회로 구성이 복잡할 수밖에 없어 실행속도가 불필요하게 느려질 수 있다. 또한, 유사한 제어선들을 함께 연결하기가 매우 어렵고, 일부 기능이 변경되는 경우에는 전체 설계를 다시 해야 하는 등의 단점이 있다.

30 정답 ②

마이크로 명령어는 4개의 기능으로 구분되며, 전체 길이는 20비트이다. 세 개의 필드 F1, F2, F3는 마이크로 연산 필드이다. 마이크로 연산은 3비트씩 3개의 필드로 나눠진다. 각 필드에 있는 3비트는 7개의 마이크로 연산을 지정하도록 인코딩되어 있다. 따라서 21개의 마이크로 연산을 제공한다.

31 정답 ①

기억장치에는 워드(word) 단위로 주소가 부여되는 워드 컴퓨터와 바이트(byte) 단위로 주소가 부여되는 바이트 컴퓨터가 있다.

32 정답 ④

운영체제(OS : Operating System)는 시스템 프로그램 영역으로, 현재 사용되고 있는 주기억장치 영역과 사용되지 않고 있는 영역에 대한 정보를 유지하면서 주기억장치가 필요한 프로세스에게 주기억장치를 할당하고, 프로세스가 종료되면 사용했던 주기억장치 영역을 회수하는 방식으로 주기억장치를 관리한다. 사용자 프로그램 영역은 일반 프로그램이 사용하는 영역으로, 시스템 프로그램이 제어하여 동작한다. 현재 실행하지 않는 다른 프로그램들은 디스크에 저장되었다가 필요할 때 비상주영역으로 이동한다.

33 정답 ③

MAR은 주소선의 비트 수이므로 4,096K(2^{12} × 2^{10}), 즉 MAR은 22비트가 된다. MBR은 데이터 버스선의 주소선이므로 64비트가 된다.

34 정답 ①

캐시기억장치는 빠른 속도를 지원하기 위해 일반적으로 SRAM을 사용한다.

35 정답 ④

매핑 방법	매핑의 복잡성	태그 연관검색	캐시 효율	교체 알고리즘
직접 매핑	단순함	필요 없음	효율이 떨어짐	불필요
연관 매핑	복잡함	필요함	효율이 매우 좋음	필요
집합 연관 매핑	약간 복잡함	인덱스와 태그로 찾음	효율이 좋음	필요

36 정답 ④

지금 당장 실행에 필요한 프로그램은 가상기억장치에서 주기억장치로 보내고(roll-in), 당장 필요하지 않은 프로그램은 주기억장치에서 가상기억장치로 보내면(roll-out), 기억공간을 효율적으로 사용할 수 있다. 일반적으로 프로그램에 사용하는 주소를 가상주소(virtual address)라 하고, 주기억장치의 주소를 물리주소(physical address)라 한다.

37 정답 ③

시스템 버스는 제어, 타이밍 및 조정 신호를 전달하여 시스템 전반의 다양한 기능을 관리하는 제어 버스, 전송되는 데이터의 메모리 위치를 지정하는 데 사용하는 주소 버스, 프로세서와 메모리 및 주변장치 간에 실제 데이터를 전달하는 데이터 버스 등 세 가지 버스 기능을 결합하고 있다.

38 정답 ②

동기식 버스는 클록이 필요한 버스로서 구현이 쉽고, 대부분의 버스는 동기식이다. 비동기식 버스는 클록을 사용하지 않고 마스터-슬레이브 방식으로 동작하며, 버스의 트랜잭션을 실행하기 위해 핸드셰이킹(handshaking)을 사용한다.

39 정답 ①

전용 입출력 프로세서(IOP)는 CPU의 제어를 받지 않고 독자적인 프로세서에 의해서 입출력을 처리하는 방식이다.

40 정답 ④

DMA 제어기는 CPU와 입출력장치 간의 데이터 전송을 위한 인터페이스 회로, 주소 레지스터, 워드 카운트 레지스터, 제어 레지스터 등으로 구성된다. 주소 레지스터는 기억장치의 주소를 이용하여 기억장치와 직접 통신을 하고, 워드 카운트 레지스터는 전송할 워드 개수를 표시한다. 워드 카운트 레지스터는 각 워드가 전송되고 나면, '1'씩 감소가 된다. 제어 레지스터는 전송 방식을 표시한다. 주소 레지스터의 값은 워드를 전송하고 나면 1씩 증가하고, 제어 레지스터는 읽기나 쓰기의 전송 모드를 지정한다.

벼락치기

V. 운영체제

- 시험장에 가져가는 핵심요약집
- 기출동형 최종모의고사
- 최종모의고사 정답 및 해설

행운이란 100%의 노력 뒤에 남는 것이다.

— 랭스턴 콜먼 —

V. 운영체제
시험장에 가져가는 핵심요약집

제1장 운영체제의 개요

1 운영체제의 정의

운영체제는 사용자가 응용 프로그램을 실행할 수 있는 기반 환경을 제공하여 컴퓨터를 편리하게 사용할 수 있도록 도와주고, 하드웨어를 효율적으로 사용할 수 있도록 다양한 기능을 제공하는 소프트웨어임

2 운영체제의 역할

① 시스템 운영 요소를 적절하게 사용할 수 있도록 제어 (→ 조정자)
② 각 응용 프로그램에 필요한 자원(프로세스, 메모리, 파일, 장치 등)을 할당하거나 효율적으로 운영하기 위해 자원을 할당하는 방법을 결정 (→ 자원할당자 또는 관리자)
③ 응용 프로그램과 입·출력장치를 제어 (→ 응용 프로그램과 입·출력장치 제어자).

3 운영체제의 발전 목적

운영체제는 크게 편리성(사용자에게 편리한 환경 제공), 효율성(시스템 성능 향상), 제어 서비스 향상이라는 세 가지 목적에서 발전해 왔음

4 운영체제의 기능

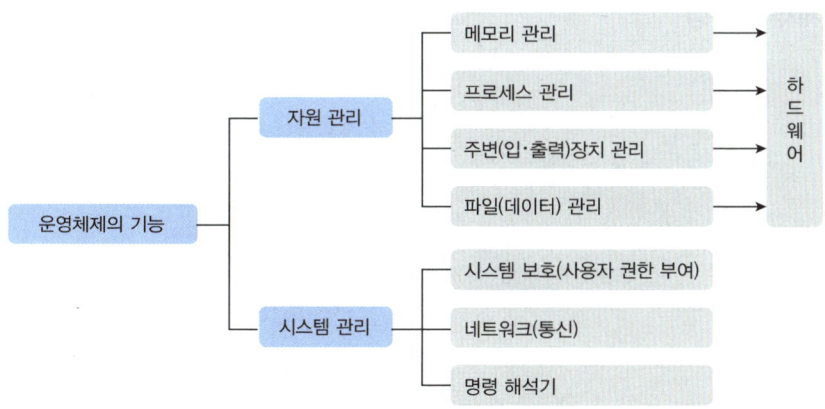

5 운영체제의 발전과정

시기(구분)	운영체제	주요 기술 및 특징
0기 (1940년대)	없음	• 기계어 직접 사용 • 진공관(0과 1) 사용 • 작업별 순차 처리
1기 (1950년대)	일괄 처리	• 작업별로 처리 • 버퍼링, 스풀링 방법 등장 • 운영체제의 등장(IBM 701 개발) • 카드리더, 라인 프린터
2기 (1960년대 초반)	대화형	• 작업시간 예측 어려움 • 문서 편집기, 게임 응용 프로그램 • 키보드, 모니터
3기 (1960년대 후반)	• 시분할 • 다중 프로그래밍 • 다중 처리 • 다중 사용자	• 다중 프로그래밍 기술 개발 • 운영체제를 고급 언어로 작성(C언어) • 데이터 통신 지원용 운영체제 사용
4기 (1970년대 후반)	• 분산 • 다중모드	• 개인용 컴퓨터의 등장(PC) • 일괄 처리, 시분할, 실시간, 다중 프로그래밍들을 제공 • LAN, TCP/IP
5기 (1990년대)	클라이언트/서버	• 웹 시스템 • 서버의 과부하
6기 (2000년대)	• P2P 시스템 • 그리드 컴퓨팅 • 모바일 시스템 • 클라우드 컴퓨팅 • 사물 인터넷	• 메신저 및 파일 공유 • 네트워크 기반의 분산 및 병렬운영체제의 보편화 • 다양한 기능, 확장성, 호환성 극대화 • 다양한 통신망의 확대와 개발형 시스템 발달 • 컴퓨팅 자원, 스토리지, 소프트웨어 등을 사용자에게 서비스 형태로 제공

6 운영체제의 유형

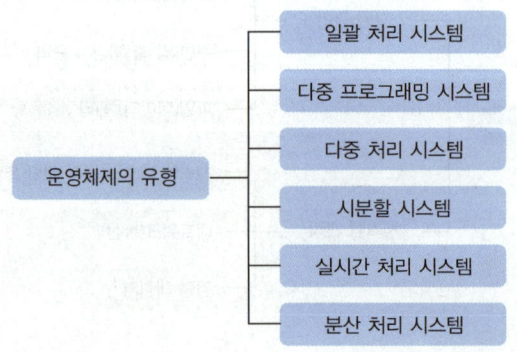

7 일괄 처리 시스템

데이터가 발생할 때마다 즉시 처리하지 않고 일정 기간 또는 일정량이 될 때까지 모아 두었다가 한꺼번에 처리하여 작업 준비 시간을 줄였음

(1) 일괄 처리

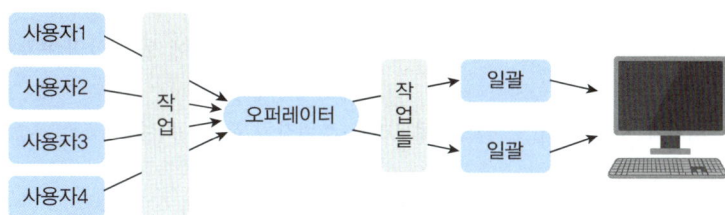

(2) 버퍼링

프로세서와 입·출력장치의 속도 차이로 생긴 유휴기간이 없도록 입·출력장치별로 입·출력 버퍼를 두어, 프로세서에서 연산을 할 때 동시에 다른 작업을 입·출력함

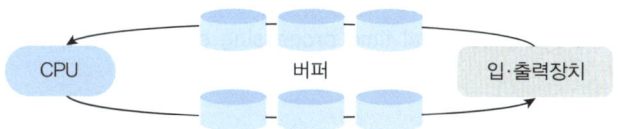

(3) 스풀링

속도가 빠른 디스크를 버퍼처럼 사용하여 입·출력장치에서 미리 읽는 것

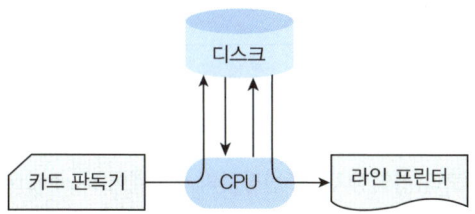

8 다중 프로그래밍 시스템

프로세서가 유휴 상태일 때 실행 중인 둘 이상의 작업이 프로세서를 전환(인터리빙)하여 사용할 수 있도록 동작

9 시분할 시스템

① 다중 프로그램을 논리적으로 확장한 개념으로, 프로세서가 다중 작업을 교대로 수행함
② 다수의 사용자가 동시에 컴퓨터의 자원을 공유할 수 있는 기술로, 다양한 터미널에 위치한 많은 사용자가 특정 컴퓨터 시스템을 동시에 사용할 수 있게 함

10 다중 처리 시스템

① 단일 컴퓨터 시스템 내에서 둘 이상의 프로세서를 사용하여 동시에 둘 이상의 프로세스(프로그램)를 지원함
② 여러 프로세서와 시스템 버스, 클록, 메모리와 주변장치 등을 공유함

11 실시간 처리 시스템

컴퓨터에 어떤 자료를 입력시켰을 때, 빠른 시간 내에 응답을 주어 사용자가 실제로 원하는 시간 내에 문제를 해결할 수 있도록 해 주는 처리 방식

① **경성 실시간 처리 시스템**(hard real time processing system) : 무기 제어, 발전소 제어, 철도 자동 제어, 미사일 자동 조준 등
② **연성 실시간 처리 시스템**(soft real time processing system) : 동영상을 재생하는 시스템

12 분산 처리 시스템

시스템마다 독립적인 운영체제와 메모리로 운영하며, 필요할 때 통신하는 시스템

제2장 컴퓨터 시스템의 구성

1 컴퓨터 시스템의 구성

컴퓨터 시스템은 프로세서, 메모리(기억장치), 주변장치의 하드웨어(hardware)와 명령어로 작성한 프로그램인 소프트웨어(software)로 구성되며, 이런 구성 요소는 컴퓨터의 주기능인 프로그램을 실행하기 위해 버스로 상호 연결되어 있음

2 컴퓨터 하드웨어의 구성

컴퓨터는 CPU, 메인 메모리, 입력장치, 출력장치, 저장장치로 구성되며, 컴퓨터로 하는 작업은 대부분 CPU와 메인 메모리의 협업으로 이루어지기 때문에 CPU와 메인 메모리는 필수 장치로 분류되고 그 외의 부품은 주변장치라고 함

3 프로세서의 개념

프로세서(CPU : 중앙처리장치)는 컴퓨터 하드웨어 구성 요소 중 운영체제와 가장 밀접한 부분으로, 컴퓨터의 모든 장치의 동작을 제어하고 연산을 수행함

4 프로세서의 구성

① 프로세서는 연산장치와 제어장치, 레지스터로 구성되며, 내부 버스로 연결되어 있음
② 일반적으로 제어와 데이터 처리를 담당함

5 메모리의 종류

① **레지스터** : 속도는 가장 빠르나 용량이 작음
② **캐시** : 프로세서 내부와 외부에 있으면서 처리 속도가 빠른 프로세서와 상대적으로 느린 메인 메모리의 속도 차이를 보완
③ **메인 메모리** : 프로세서 외부에 있으면서 프로세서에서 수행할 프로그램과 데이터를 저장하거나 프로세서에서 처리한 결과를 저장
④ **보조기억장치** : 속도는 느리나 용량이 큼(예 자기디스크, 광디스크, 자기테이프 등)

6 메모리 계층 구조

여러 계층의 메모리를 연결하여 비용, 속도, 용량, 접근시간 등을 상호 보완한 계층적 메모리 구조를 메모리 계층 구조라고 함

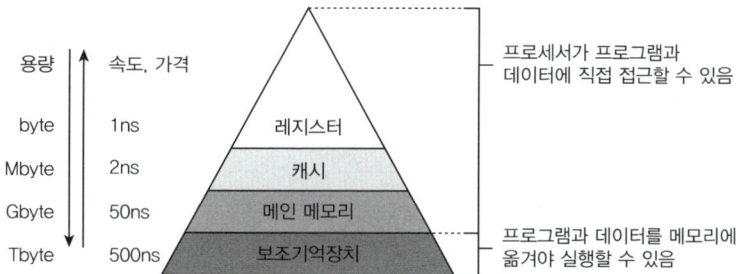

7 시스템 버스

① 시스템 버스는 하드웨어를 물리적으로 연결하여 서로 데이터를 주고받을 수 있게 하는 통로임
② 컴퓨터 내부의 다양한 신호(데이터 입·출력 신호, 프로세서 상태 신호, 인터럽트 요구와 허가 신호, 클록 신호 등)를 시스템 버스로 전달함
③ 시스템 버스는 기능에 따라 데이터 버스, 주소 버스, 제어 버스로 구분함

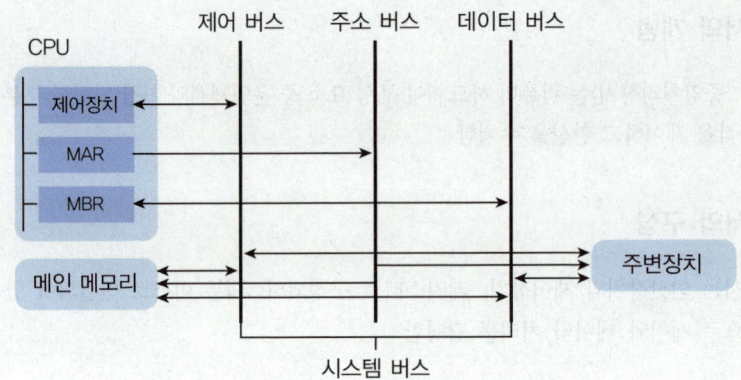

8 주변장치

주변장치는 프로세서와 메인 메모리를 제외한 하드웨어 구성요소로, 단순히 입·출력 장치라고도 하는데, 크게 입력장치, 출력장치, 저장장치로 구분함

9 폰 노이만 구조

CPU, 메모리, 입·출력장치, 저장장치가 버스로 연결되어 있는 폰 노이만 구조에서는 모든 프로그램이 메모리에 올라와야 실행이 가능함

10 명령어 구조

① 명령어는 사용자가 원하는 연산과 오퍼랜드, 처리 순서를 프로세서에 지시하는 것임
② 연산부호(OP code)와 명령어가 처리할 데이터, 데이터가 저장된 레지스터나 메모리 주소인 피연산자(operand)로 구성됨

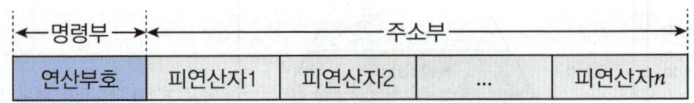

11 명령어 실행

(1) 명령어는 명령어 인출과 명령어 실행 주기의 반복 처리로 실행함

(2) 명령어 실행 사이클은 인출 사이클, 간접 사이클, 실행 사이클, 인터럽트 사이클로 구성됨

① 명령어 실행 사이클

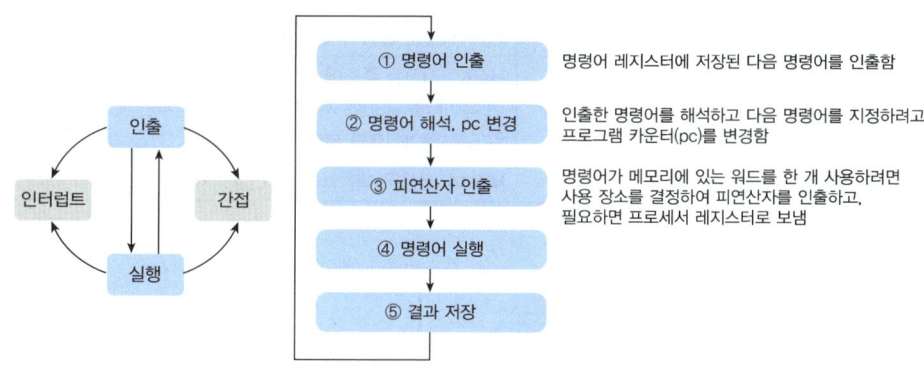

⑥ 다음 명령어로 이동, 다음 명령어의 ①단계부터 다시 시작

② 인출 사이클 과정

시간	레지스터 동작	설명
①	PC → MAR	PC에 저장된 주소를 프로세서 내부 버스를 이용하여 MAR에 전달
②	MAR(Memory) → MBR	MAR에 저장된 주소에 해당하는 메모리 위치에서 명령어를 인출한 후 이 명령어를 MBR에 저장함. 이때 제어장치는 메모리에 저장된 내용을 읽도록 제어신호를 발생시킴
	PC + 1 → PC	다음 명령어를 인출하려고 PC를 증가시킴
③	MBR → IR	MBR에 저장된 내용을 IR에 전달

③ 간접 사이클 과정

시간	레지스터 동작	설명
①	IR(address) → MAR	IR에 저장된 명령어의 피연산자(주소부)를 MAR에 전달
②	MAR(Memory) → MBR	MAR에 저장된 주소에 해당하는 메모리 위치에서 데이터를 인출한 후 이 데이터를 MBR에 저장함. 이때 제어장치는 메모리에 저장된 내용을 읽도록 제어신호를 발생시킴
③	MBR → IR(address)	MBR에 저장된 내용을 IR에 전달

12 인터럽트

① 인터럽트는 현재 실행 중인 프로그램의 수행을 연기하고 다른 프로그램의 수행을 요구하는 명령임
② 시스템의 처리 효율을 향상시키며, 프로그램이 실행 순서를 바꿔가면서 처리하여 다중 프로그래밍에 사용함

시간	레지스터 동작	설명
①	PC → MBR	PC의 내용을 MBR에 저장
②	IntRoutineAddress → PC	인터럽트 루틴 주소를 PC에 저장
②	Save_Address → MAR	PC에 저장된 인터럽트 루틴 주소를 MAR에 저장
③	MBR → MAR	MBR의 주소에 있는 내용을 지시된 메모리 셀로 이동

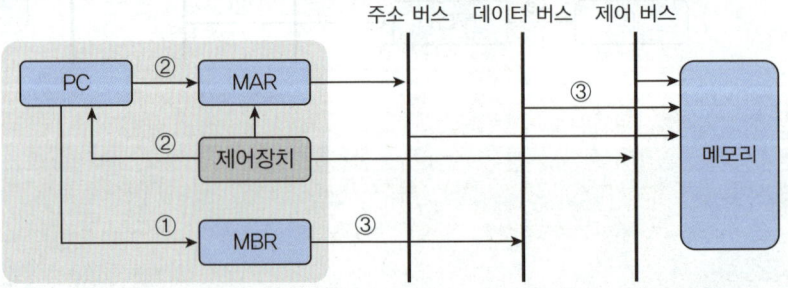

13 운영체제의 서비스

① **부팅 서비스**: 컴퓨터 하드웨어를 관리하고 프로그램을 실행할 수 있도록 컴퓨터에 시동을 검
② **사용자 서비스**: 사용자 인터페이스 제공, 프로그램 실행, 입·출력 동작 수행, 파일 시스템 조작, 통신(네트워크) 등으로 프로그래머가 프로그래밍 작업을 쉽게 수행할 수 있도록 함
③ **시스템 서비스**: 자원할당, 계정, 보호와 보안 등으로 시스템의 효율적인 동작을 보장
④ **시스템 호출**: 프로세서 제어, 파일 조작, 장치 조작, 정보 관리, 통신 등으로 프로그램이 운영체제의 기능을 서비스 받을 수 있는 프로그램과 운영체제 간의 인터페이스를 제공

14 운영체제의 구조

(1) 단일 구조 운영체제

① 단일(monolithic) 구조 또는 모놀리식 커널 구조 운영체제는 초기에 생겨난 가장 보편적인 형태
② 운영체제의 모든 기능을 커널과 동일한 메모리 공간에 적재한 후 시스템 호출만으로 사용할 수 있는 작고 간단하면서 시스템 기능이 제한된 구조
③ 대표적인 예로는 도스와 초기 유닉스가 있음

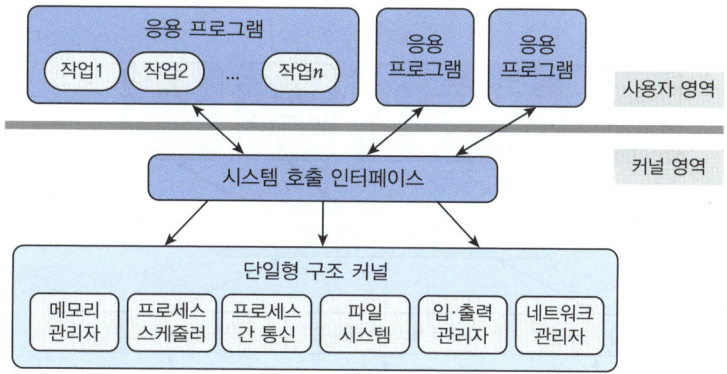

(2) 계층 구조 운영체제

① 비슷한 기능을 수행하는 요소를 그룹으로 묶어 최하위 계층인 하드웨어에서 최상위 계층인 사용자 인터페이스까지 다수의 계층(수준)으로 구성됨
② 시스템을 계층으로 나누면 시스템 설계나 구현이 단순하고 시스템 검증과 오류 수정이 쉬움

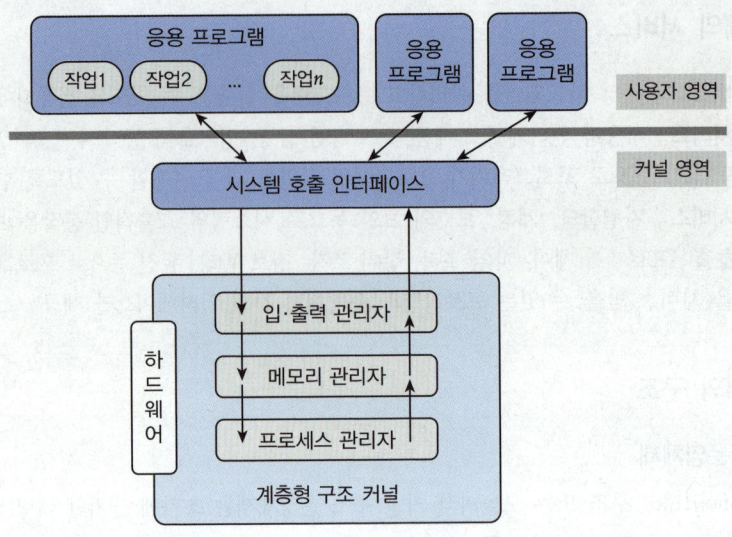

(3) 마이크로 커널 구조 운영체제

커널에는 최소 기능만 포함시켜 크기를 대폭 줄이고 기타 기능은 사용자 공간으로 옮겨 사용자 영역에서 수행하는 서버 구현 방법

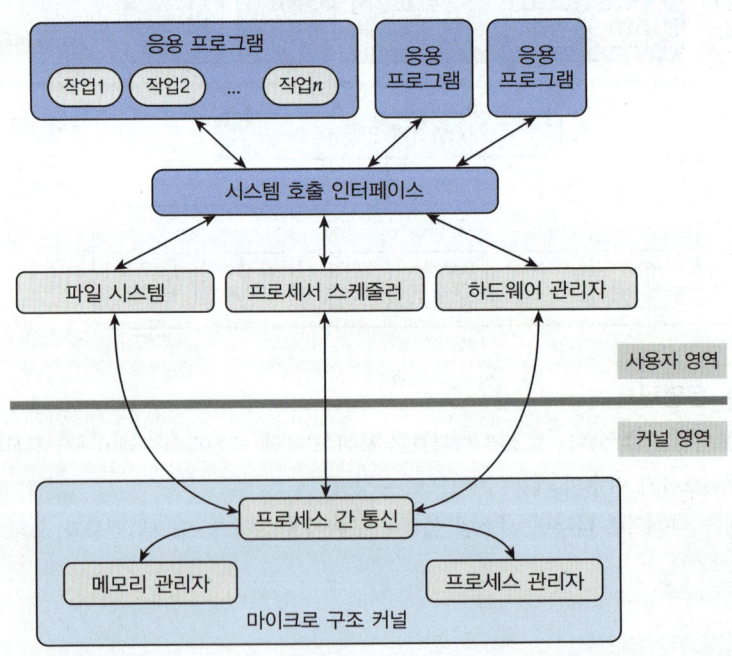

제3장 주기억장치 관리

1 메모리 관리의 복잡성

과거의 일괄 처리 시스템에서는 한 번에 한 가지 작업만 처리했기 때문에 메모리 관리가 어렵지 않았으나, 오늘날의 시분할 시스템에서는 운영체제를 포함한 모든 응용 프로그램이 메모리에 올라와 실행되기 때문에 메모리 관리가 복잡함

2 컴파일러

① 컴파일러는 소스코드를 컴퓨터가 실행할 수 있는 기계어로 번역한 후 한꺼번에 실행할 수 있도록 해주는 언어 번역 프로그램임
② 오류를 발견하고 코드를 최적화화기 위해 컴파일러를 사용함
③ 사용자가 소스 코드를 작성하면 컴파일러는 '컴파일 → 목적 코드와 라이브러리 연결 → 동적 라이브러리를 포함하여 최종 실행'의 순서로 작동함

3 메모리 관리자의 정책

① **가져오기 정책**: 프로세스가 필요로 하는 데이터를 언제 메모리로 가져올지 결정하는 정책
② **배치 정책**: 가져온 프로세스를 메모리의 어떤 위치에 올려놓을지 결정하는 정책
③ **재배치 정책**: 메모리가 꽉 찼을 때 메모리 내에 있는 어떤 프로세스를 내보낼지 결정하는 정책

4 절대 주소와 상대 주소

① **절대 주소**: 실제 물리 주소를 가리키며 메모리 관리자 입장에서 바라본 주소
② **상대 주소**: 사용자 영역이 시작되는 주소를 0번지로 변경하여 사용하는 주소

5 메모리 오버레이

프로세스의 크기가 실제 메모리(물리 메모리)보다 클 때 전체 프로세스를 메모리에 가져오는 대신 적당한 크기로 잘라서 가져오는 기법

6 스왑

메모리가 모자라서 쫓겨난 프로세스를 저장장치의 특별한 공간, 즉 스왑 영역에 모아두는 기법으로, 스왑 영역에서 메모리로 데이터를 가져오는 작업은 스왑인, 메모리에서 스왑 영역으로 데이터를 내보내는 작업은 스왑아웃이라고 함

7 메모리 분할 방식

① **가변 분할 방식** : 프로세스의 크기에 따라 메모리를 나누는 방식
② **고정 분할 방식** : 프로세스의 크기와 상관없이 메모리를 같은 크기로 나누는 방식

8 외부 단편화와 내부 단편화

① **외부 단편화** : 할당할 프로세스의 크기보다 메모리에 남아 있는 조각이 작아서 할당이 불가능한 현상
② **내부 단편화** : 각 메모리 조각에 프로세스를 배치하고 공간이 남는 현상

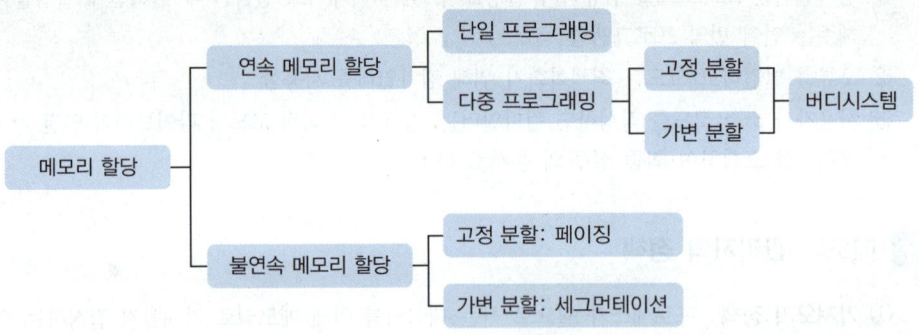

9 가변 분할 방식의 메모리 배치 방식

① **최초 배치** : 메모리에서 적재 가능한 공간을 순서대로 찾다가 첫 번째로 발견한 공간에 프로세스를 배치하는 방법
② **최적 배치** : 메모리의 빈 공간을 모두 확인한 후 적당한 크기 가운데 가장 작은 공간에 프로세스를 배치하는 기법
③ **최악 배치** : 최적 배치와 정반대로, 빈 공간을 모두 확인한 후 가장 큰 공간에 프로세스를 배치하는 방법

10 조각 모음

단편화가 발생하면 이미 배치된 프로세스를 옆으로 옮겨 빈 공간들을 하나의 큰 덩어리로 만드는 것을 의미

① **메모리 통합(coalescing)** : 하나의 작업이 끝났을 때 다른 빈 공간과 인접해 있는지 점검하여 하나로 합치는 것
② **메모리 압축(compaction)** : 메모리의 내용을 적절히 움직여 사용 가능 공간을 큰 블록 하나로 만드는 것

제4장 　 가상기억장치의 구성

1 　 가상 메모리의 개념

물리 메모리의 크기와 상관없이 프로세스에 커다란 메모리 공간을 제공하는 기술로, 프로세스는 운영체제가 어디에 있는지, 물리 메모리의 크기가 어느 정도인지 신경 쓰지 않고 메모리를 마음대로 사용할 수 있음

구분	가상 메모리	물리 메모리
최대 메모리 크기	CPU의 비트 값에 의존	CPU의 비트 값에 의존
메모리 분할 방식	세그먼테이션	가변 분할 방식
	페이징	고정 분할 방식
	세그먼테이션-페이징 혼용	
주소 지정 방식	가상 주소	절대 주소, 상대 주소

2 　 가상 메모리의 크기

가상 메모리에서 메모리 관리자가 사용할 수 있는 메모리의 전체 크기는 물리 메모리와 스왑 영역을 합한 크기임

3 　 매핑 테이블

가상 주소가 물리 메모리의 어느 위치에 있는지 알 수 있도록 정리한 표로, 페이징 기법에서는 페이징 매핑 테이블 또는 페이지 테이블이라고 부르며, 세그먼테이션 기법에서는 세그먼테이션 매핑 테이블 또는 세그먼테이션 테이블이라고 부름

4 　 페이징 기법

① 고정 분할 방식을 이용한 가상 메모리 관리 기법으로, 물리 주소 공간을 같은 크기로 나누어 사용함
② 가상 주소의 분할된 각 영역은 페이지라고 부르며, 물리 메모리의 각 영역은 가상 주소의 페이지와 구분하기 위해 프레임이라고 부름

5 　 페이지 테이블 매핑 방식

① **직접 매핑**: 페이지 테이블 전체가 물리 메모리의 운영체제 영역에 존재하는 방식
② **연관 매핑**: 페이지 테이블 전체를 스왑 영역에서 관리하는 방식으로, 물리 메모리의 공간이 작을 때 사용함
③ **집합-연관 매핑**: 연관 매핑의 문제를 개선한 방식으로, 페이지 테이블을 일정한 집합으로 자르고, 자른 덩어리 단위로 물리 메모리에 가져옴
④ **역 매핑**: 위의 세 가지 매핑과 달리 물리 메모리의 프레임 번호를 기준으로 테이블을 구성함

6 매핑 방식 구조

(1) 직접 매핑 방식

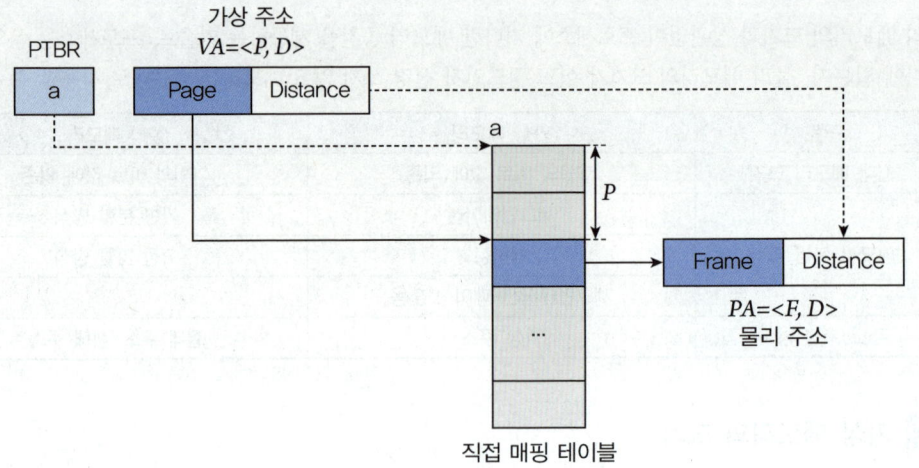

(2) 연관 매핑 방식

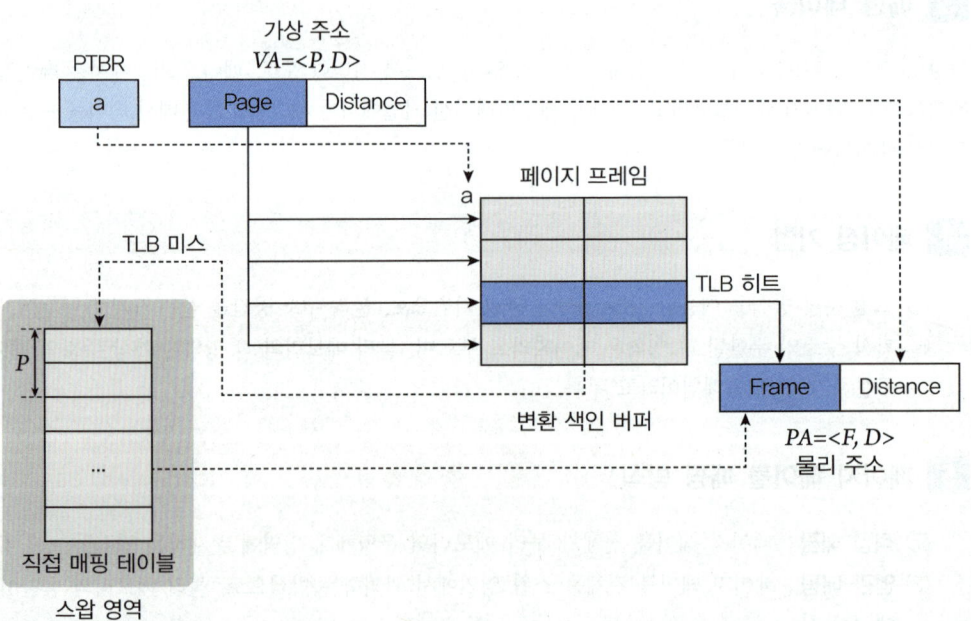

(3) 집합-연관 매핑 방식

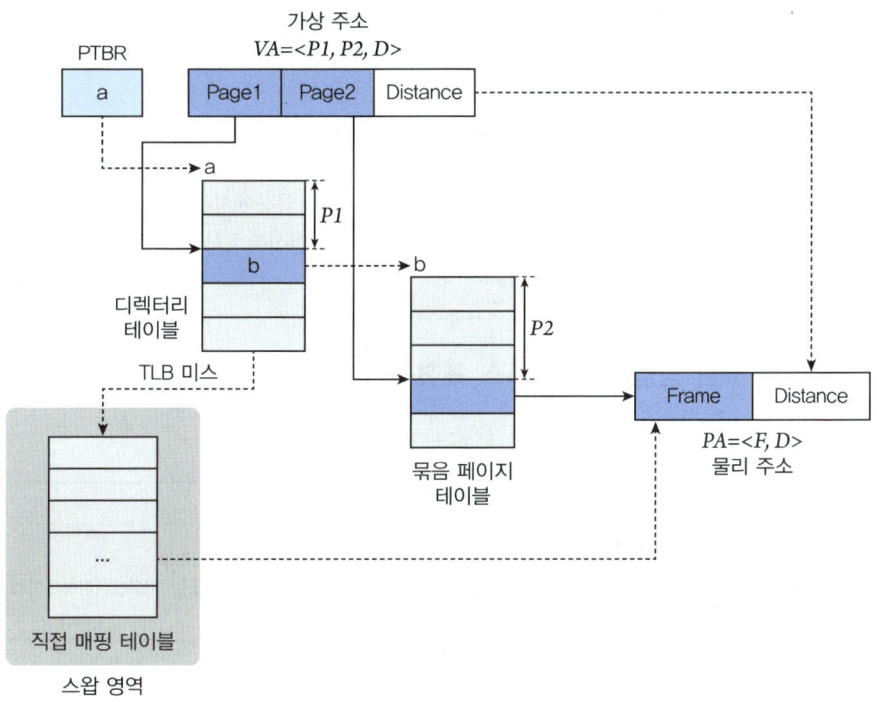

(4) 역 매핑 방식

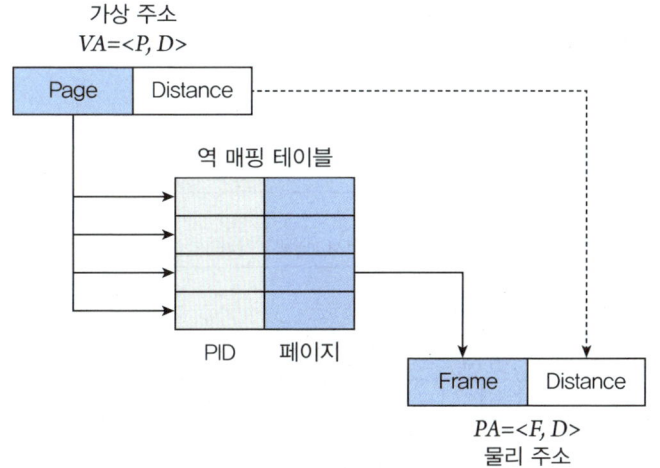

7 세그먼테이션 기법

가변 분할 방식을 이용한 가상 메모리 관리 기법으로, 물리 메모리를 프로세스의 크기에 따라 가변적으로 나누어 사용

8 세그먼테이션-페이징 혼용 기법

사용자 입장에서는 세그먼테이션 기법을 사용하고 메모리 관리자 입장에서는 페이징 기법을 사용하는 가상 메모리 관리 기법으로, 메모리 보호 및 중복 정보를 세그먼테이션 테이블에서 관리함으로써 메모리 관리를 효율적으로 할 수 있음

9 가상 주소 표현 방법과 물리 주소 표현 방법

(1) 페이징 기법

$VA=<P,D>$	VA : 가상 주소(Virtual address)
	P : 페이지(Page)
	D : 페이지의 처음 위치에서 해당 주소까지의 거리(Distance) 또는 오프셋(Offset)이라고 정의하기도 함

(2) 물리 주소 표현

$PA=<F,D>$	PA : 물리 주소, 실제 주소
	F : 프레임(Frame)
	D : 프레임의 처음 위치에서 해당 주소까지의 거리(Distance)

(3) 가상 주소를 변환

[공식] 가상 주소를 $<P,D>$로 변환
P = 나눗셈(가상 주소 / 한 페이지의 크기)의 몫
D = 나눗셈(가상 주소 / 한 페이지의 크기)의 나머지 [단위: $Byte$]

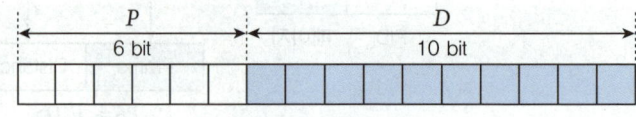

[16bit 가상 주소의 예]

(4) 세그먼테이션 기법

$VA = <S, D>$	VA : 가상 주소(Virtual Address)
	S : 세그먼트 번호(Segment number)
	D : 세그먼트의 시작 지점에서 해당 주소까지의 거리(Distance)

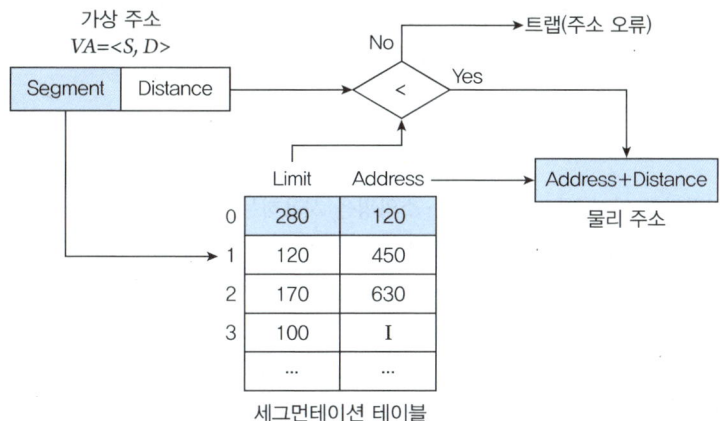

(5) 세그먼테이션-페이징 혼용 기법

$VA = <S, P, D>$	VA : 가상 주소(Virtual Address)
	S : 세그먼트 번호(Segment number)
	P : 페이지 번호
	D : 페이지의 처음 위치에서 해당 주소까지의 거리(Distance)

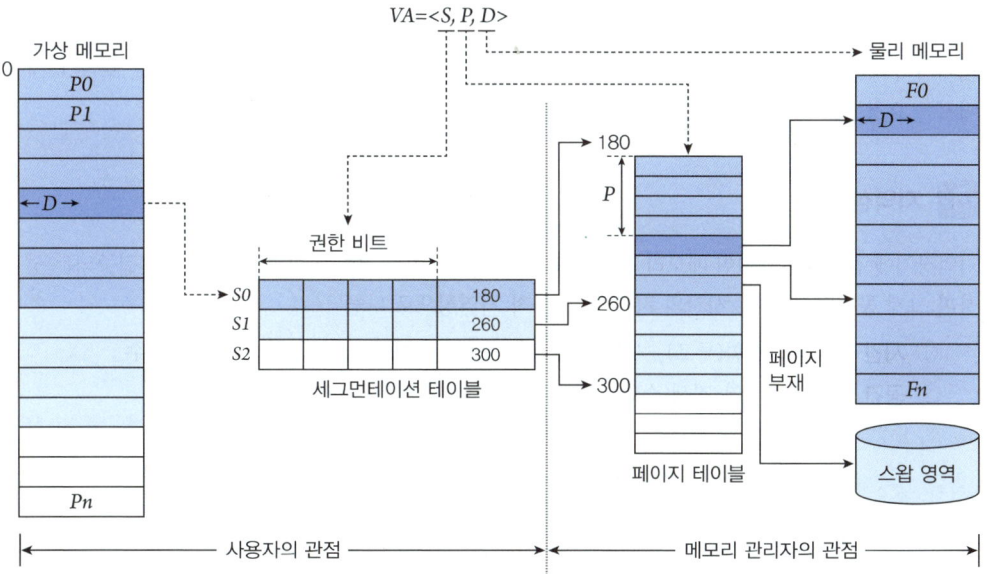

제5장 가상기억장치의 관리

1 가상 메모리

가상 메모리는 사용자와 논리적 주소를 물리적으로 분리한 후 사용자가 메인 메모리 용량을 초과한 프로세스에 주소를 지정하여 메모리를 제한 없이 사용할 수 있도록 하는 개념으로, 각 프로세스에 균일한 주소 공간을 제공하여 메모리 관리가 단순하며, 메인 메모리를 더 효율적으로 사용할 수 있음

2 요구 페이징

① 가장 일반적인 가상 메모리 체계로, 스와핑을 사용하는 페이징 시스템과 비슷함
② 프로그램을 실행하기 위해 프로그램의 일부만 메인 메모리에 적재함
③ 순차적으로 작성되어 있는 프로그램의 모듈을 처리할 때 다른 부분은 실행하지 않는다는 특징을 이용함
④ 메모리를 효율적으로 사용할 수 있지만, 메인 메모리와 디스크 간의 과도한 페이지 교체로 오버헤드를 증가시켜 시스템의 성능을 떨어뜨린다는 단점이 있음

3 예상 페이징

① 앞으로 필요할 것이라고 예상되는 페이지를 미리 가져오는 방식으로, 대표적인 경우가 캐시임
② 캐시는 앞으로 필요할 것이라고 예상되는 부분을 고속의 캐시 메모리에 가져다 놓음으로써 시스템의 성능을 향상시킴

4 페이지 부재

페이지 부재(page fault)는 저장하지 않은 페이지를 사용하려고 할 때 나타나는 현상으로, 즉 프로세스가 페이지를 요청했을 때 그 페이지가 메모리에 없는 상황을 말함

5 지역성

기억장치에 접근하는 패턴이 메모리 전체에 고루 분포되어 있는 것이 아니라 특정 영역에 집중되는 성질을 말하며 크게 공간의 지역성, 시간의 지역성, 순차적 지역성으로 나뉨
① **시간 지역성**: 순환(루프), 서브프로그램, 스택, 계산이나 합계에 사용하는 변수
② **공간 지역성**: 배열 검색(순회), 순차적 코드의 실행, 근처의 관련 변수 선언

6 페이지 교체

페이지 교체는 페이지 부재가 발생하면 메인 메모리에 있으면서 사용하지 않는 페이지를 디스크로 내보내고 새로운 페이지로 바꾸는 과정으로, 내보낼 페이지를 선정할 때는 시스템의 효율성에 영향을 주므로 페이지 부재 비율이 가장 낮은 알고리즘을 선택함

7 선입선출(FIFO) 교체 알고리즘

① 가장 간단한 페이지 교체 알고리즘으로, 각 페이지가 메모리 안으로 들어간 시간을 이용하여 가장 오래된 페이지부터 우선 교체함
② 선입선출(FIFO) 교체 알고리즘은 프로그램이 쉽지만 벨래디의 변이 현상 때문에 문제가 있음

8 최적(OPT) 페이지 교체 알고리즘

① 최적 페이지 교체 알고리즘은 모든 알고리즘 가운데 페이지 부재 비율이 가장 낮음
② 앞으로 가장 오랫동안 사용하지 않을 페이지를 교체한다는 아이디어를 표현한 알고리즘으로, 고정된 프레임 수에서 가능한 낮은 페이지 부재 비율을 보장함
③ 최적 페이지 교체 알고리즘은 참조 문자열을 정확하게 언제 사용할지 정보를 요구하는데, 이것을 알기 어렵기 때문에 현실적으로 구현하기 어려움

9 최근 최소 사용(LRU) 페이지 교체 알고리즘

① 가까운 미래의 근사치로서 가장 최근의 데이터를 사용하여 오랫동안 사용하지 않은 페이지를 교체하는 알고리즘
② 최근 최소 사용 알고리즘은 최적의 근사치이지만, 구현하려면 하드웨어를 지원해야 함

10 최소 빈도 사용(LFU) 페이지 교체 알고리즘

① LFU 페이지 교체 알고리즘은 페이지가 몇 번 사용되었는지를 기준으로 대상 페이지를 선정함
② 현재 프레임에 있는 페이지마다 그동안 사용된 횟수를 세어 횟수가 가장 적은 페이지를 스왑 영역에 옮김

11 NUR 페이지 교체 알고리즘

① NUR(Not Used Recently) 페이지 교체 알고리즘은 최근 사용하지 않는 페이지를 교체하여 낮은 오버헤드로 최근 최소 사용 페이지 교체 전략에 거의 동일하게 대치할 수 있음
② 최근 사용하지 않는 페이지를 교체하는 방법으로, 최근에 사용하지 않는 페이지들은 가까운 미래에도 사용하지 않을 가능성이 높다는 개념을 바탕으로 함

[NUR 페이지 교체 알고리즘에서 대상 페이지 선정 순서]

선정 순서	(참조, 변경)비트	설명
1	(0,0)	가장 먼저 선정함. 즉 접근(참조)한 적도 변경(수정)한 적도 없는 페이지를 스왑 영역으로 옮김
2	(0,1)	최근에 사용하지 않았으나, 수정한 페이지를 스왑 영역으로 옮김
3	(1,0)	최근에 사용했으나, 수정하지 않은 페이지를 스왑 영역으로 옮김
4	(1,1)	최근에 사용하고, 수정한 페이지를 스왑 영역으로 옮김

12 FIFO 변형 페이지 교체 알고리즘

① **2차 기회 페이지 교체 알고리즘**
  ㉠ 2차 기회 페이지 교체 알고리즘(second chance page replacement algorithm)의 성능은 LRU, LFU, NUR 페이지 교체 알고리즘보다 약간 낮고 FIFO 페이지 교체 알고리즘보다 약간 높은 것으로 알려져 있음
  ㉡ 그러나 큐를 유지하는 비용이 높고, 페이지가 성공하면 큐의 중앙에 있는 값을 뒤로 이동하는 작업이 추가되는 것이 단점임

② **시계(클록) 알고리즘**
  ㉠ 스왑 영역으로 옮길 대상 페이지를 가리키는 포인터를 사용하는데, 이 포인터가 큐의 맨 바닥으로 내려가면 다음 번에는 다시 큐의 처음을 가리키게 됨
  ㉡ NUR 페이지 교체 알고리즘보다 추가 공간이 적게 들지만 알고리즘이 복잡하고 계산량이 많다는 단점이 있음

13 프레임 할당 알고리즘

페이지 부재의 횟수를 줄이려면 프레임을 할당하는 방법도 매우 중요함

① **균일 프레임 할당 알고리즘**: 각 프로세스에 똑같이 프레임을 할당하는 방법
② **비례 프레임 할당 알고리즘**: 사용 가능한 메모리를 각 프로세스의 크기에 비례하여 할당하는 방법

14 스래싱

① 스래싱은 페이지 교환이 계속 일어나는 현상으로, 어떤 프로세스가 현재 작업 집합에서 프레임이 충분하지 않을 때 발생함
② 스래싱은 각 프로세스에 충분한 프레임을 주거나 적정하게 스케줄링하여 방지할 수 있음

15 작업 집합 모델

프로세스가 많이 참조하는 페이지 집합을 메모리 공간에 계속 상주시켜 빈번한 페이지 교체 현상을 줄이도록 프로그램의 수행 과정을 지역성으로 설명하는 모델임

① 작업 집합 크기가 작고 페이지 프레임 수가 적으면, 페이지 부재 비율이 높아 스래싱 현상을 일으킬 수 있음
② 작업 집합 크기가 크고 페이지 프레임 수가 많으면, 프로세스의 실제 작업 페이지와 다른 페이지까지 메모리를 차지하여 메모리 낭비와 멀티(다중) 프로그래밍 정도를 감소시킬 수 있음

16 페이지 부재 비율

① 페이지 부재 비율(PFF, Page Fault Frequency)은 스래싱을 예방하는 직접적인 액세스 방법으로, 페이지 환경에서 프로세스 실행을 측정하는 기준이 됨
② 페이지 부재 비율이 상한 값을 넘으면 프로세스에 다른 프레임을 더 할당함
③ 하한 값보다 낮으면 프레임을 회수하여 스래싱을 방지하면서 부재 비율을 측정·조절하여 작업 집합 모델보다 오버헤드가 적음

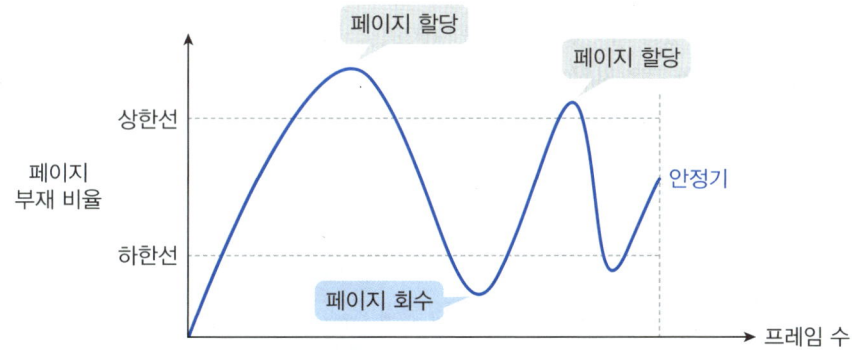

[페이지 부재 비율과 페이지 할당]

17 페이지 크기별 특징

작은 페이지	큰 페이지
페이지 테이블의 크기가 증가	페이지 테이블의 크기 감소
내부 단편화 감소	내부 단편화 증가
디스크 입·출력 증가	디스크 입·출력 감소
지역성 증가, 페이지 부재 비율 증가	지역성 악화, 페이지 부재 비율 감소

제6장 프로세스 관리

1 프로그램과 프로세스

프로그램은 저장장치에 저장되어 있는 정적인 상태이고, 프로세스는 실행을 위해 메모리에 올라온 동적인 상태임

(1) 프로세스의 정의
　① 실행 중인 프로그램
　② 비동기적(asynchronous) 행위
　③ 실행 중인 프로시저
　④ 실행 중인 프로시저의 제어 추적
　⑤ 운영체제에 들어 있는 프로세스 제어 블록(PCB)
　⑥ 시스템에서 CPU와 같은 자원에 할당하여 실행할 수 있는 개체, 디스패치(dispatch)가 가능한 대상

(2) 프로그램과 프로세스 비교

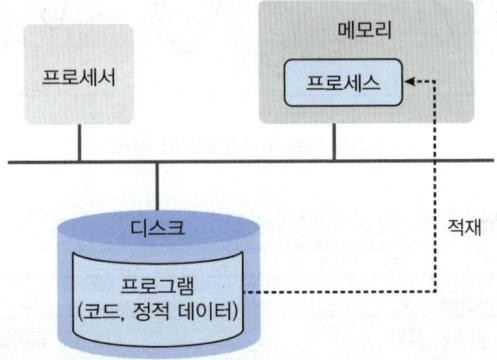

2 프로세스의 상태

구분	내용
생성 상태	프로그램을 메모리에 가져와 실행 준비가 완료된 상태
준비 상태	• 실행을 기다리는 모든 프로세스가 자기 차례를 기다리는 상태 • 실행될 프로세스를 CPU 스케줄러가 선택함
실행 상태	• 선택된 프로세스가 타임 슬라이스를 얻어 CPU를 사용하는 상태 • 프로세스 사이의 문맥 교환이 일어남

대기 상태	• 실행 상태에 있는 프로세스가 입·출력을 요청하면, 입·출력이 완료될 때까지 기다리는 상태 • 입·출력이 완료되면 준비 상태로 감
완료 상태	• 프로세스가 종료된 상태 • 사용하던 모든 데이터가 정리됨 • 정상 종료인 exit와 비정상 종료인 abort를 포함

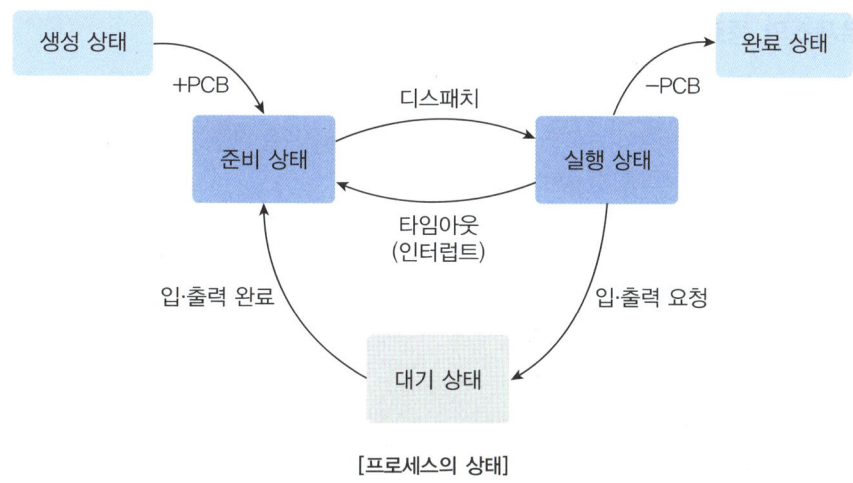

[프로세스의 상태]

3 프로세스 제어 블록

① 프로세스를 실행하는 데 필요한 중요한 정보를 보관하는 자료구조로, 모든 프로세스는 고유의 프로세스 제어 블록을 가짐
② 프로세스 제어 블록은 프로세스 생성 시 만들어져서 프로세스가 실행을 완료하면 폐기됨

4 프로세스의 문맥 교환

① 두 프로세스의 프로세스 제어 블록 및 이와 관련된 값들을 교환하는 작업을 말함
② 이전 프로세스의 상태 레지스터 내용을 보관하고 다른 프로세스의 레지스터를 적재하여 프로세스를 교환하는데, 이런 일련의 과정을 문맥 교환(context switching)이라고 함
③ 일반적으로 문맥 교환은 한 프로세스가 자신에게 주어진 시간을 다 사용하면 발생하고, 인터럽트가 걸렸을 때도 발생함

5 프로세스의 구조

① 프로세스는 실행 중에 새로운 프로세스를 생성할 수 있음
② 프로세스를 새로 생성하는 프로세스는 부모 프로세스(parent process)이고, 생성되는 프로세스는 자식(서브) 프로세스(child precess)임
③ 이때 프로세스 생성 순서를 저장하고 부모-자식 관계를 유지하여 계층적으로 생성함

6 프로세스의 생성

프로세스를 생성하면 운영체제는 해당 프로세스에서 프로세서 제어 블록을 만들어 주소 공간을 할당하는데, 일괄 처리 환경에서는 준비 큐에 작업이 도착할 때 프로세스를 생성하고, 대화형 환경에서는 새로운 사용자가 로그온할 때 프로세스를 생성함

7 프로세스의 종료

① 프로세스가 마지막 명령을 실행하면 종료함
② 일괄 처리 환경에서는 작업 종료를 의미하는 신호로 인터럽트를 발생하거나 시스템 호출로 중단 명령을 전달하여 프로세스를 종료함
③ 대화형 환경에서는 사용자가 로그오프하거나 터미널을 닫으면 프로세스를 종료함
④ 이외에 오류도 프로세스를 종료할 수 있음

8 프로세스의 제거

① 프로세스 제거는 프로세스를 파괴하는 것으로, 프로세스를 제거하면 사용하던 자원을 시스템에 돌려주고, 해당 프로세스는 시스템 리스트나 테이블에서 사라져 프로세스 제어 블록을 회수함
② 자식 프로세스는 부모 프로세스를 제거하면 자동으로 제거됨

9 프로세스의 중단과 재시작

① 다중 프로그래밍 환경에서도 프로세서의 유휴시간이 발생하는데, 입·출력 동작이 일반 연산보다 느려 유휴상태가 되거나 프로세서의 동작시간이 입·출력보다 짧아 프로세스 문맥 교환이 일어난 후에도 기다리게 되어 유휴시간이 발생함
② 유휴시간 문제는 프로세스 중단(일시정지) 상태를 이용하여 해결할 수 있음
③ 중단 원인을 제거하여 다시 실행하는 것을 재시작이라고 함

10 프로세스의 상태와 관련 작업

상태	설명	작업
생성 상태	프로그램을 메모리에 가져와 실행 준비가 완료된 상태	메모리 할당, PCB 생성
준비 상태	실행을 기다리는 모든 프로세스가 자기 차례를 기다리는 상태. 실행될 프로세스를 CPU 스케줄러가 선택	dispatch(PID) : 준비 → 실행
실행 상태	선택된 프로세스가 타임 슬라이스를 얻어 CPU를 사용하는 상태. 프로세스 사이의 문맥 교환이 발생	timeout(PID) : 실행 → 준비 exit(PID) : 실행 → 완료 block(PID) : 실행 → 대기

대기 상태	실행 상태에 있는 프로세스가 입·출력을 요청하면 입·출력이 완료될 때까지 기다리는 상태. 입·출력이 완료되면 준비 상태로 감	wakeup(PID) : 대기 → 준비
완료 상태	프로세스가 종료가 된 상태. 사용하던 모든 데이터가 정리되고, 정상 종료인 exit와 비정상 종료인 abort를 포함	메모리 삭제, PCB 삭제

11 프로세스의 우선순위 변경

프로세스 제어 블록의 우선순위 값을 변경할 수 있고, 프로세스 스케줄러는 준비 리스트의 우선순위를 이용하여 프로세스를 처리함

12 스레드의 개념

① 프로세스는 두 가지 특징인 자원과 제어로 구분할 수 있으며, 제어만 분리한 실행 단위를 스레드(thread)라고 함
② 프로그램 카운터(PC)와 스택 포인터(SP) 등을 비롯한 스레드 실행 환경 정보(문맥 정보), 지역 데이터, 스택을 독립적으로 가지면서 코드, 전역 데이터, 힙을 다른 스레드와 공유함

13 단일 스레드와 다중 스레드

① 스레드가 한 개인 단일 스레드와 스레드가 여러 개인 다중 스레드로 구분함
② 다중 스레드는 프로그램 하나를 여러 실행 단위로 쪼개어 실행하는 측면에서 다중 처리(멀티 프로세싱)와 의미가 비슷하지만 프로세스의 스레드는 자원을 공유하므로 자원 생성과 관리의 중복성을 최소화하여 실행 능력을 향상시킬 수 있음

14 스레드 사용 방법

① 스레드를 사용자 수준에서 적용할 수 있고, 프로그램의 비동기적 요소를 구현하는데 사용할 수도 있음
② 실행 중인 스레드를 대기 상태로 바꾸고 제어를 다른 스레드로 옮기는 상태 변화를 이용하여 많은 요청을 효과적으로 처리할 수도 있음
③ 데이터베이스 시스템에서도 스레드를 활용할 수 있음

15 스레드의 구현

① 사용자 수준 스레드는 스레드 라이브러리를 이용하여 작동하고, 사용자 영역에 있는 스레드 여러 개가 커널 영역의 스레드 한 개에 다대일(N : 1)로 매핑됨
② 커널 수준 스레드는 커널(운영체제)에서 지원하고, 사용자 영역 스레드별로 커널 영역 스레드가 일대일(1 : 1)로 매핑됨
③ 이 둘을 혼합한 형태가 혼합형 스레드로 사용자 영역에서 스레드를 생성하고, 다수의 사용자 수준 스레드에 다수의 커널 스레드가 다대다(N : M)로 매핑됨

16 멀티스레드의 장점

① **응답성 향상** : 한 스레드가 입·출력으로 인해 작업이 진행되지 않더라도 다른 스레드가 작업을 계속하여 사용자의 작업 요구에 빨리 응답할 수 있음
② **자원 공유** : 한 프로세스 내에서 독립적인 스레드를 생성하면 프로세스가 가진 자원을 모든 스레드가 공유하게 되어 작업을 원활하게 진행할 수 있음
③ **효율성 향상** : 불필요한 자원의 중복을 막음으로써 시스템의 효율이 향상됨
④ **다중 CPU 지원** : 2개 이상의 CPU를 가진 컴퓨터에서 멀티 스레드를 사용하면 다중 CPU가 멀티 스레드를 동시에 처리하여 CPU 사용량이 증가하고 프로세스의 처리 시간이 단축됨

17 CPU 스케줄링

CPU 스케줄러는 프로세스가 생성된 후 종료될 때까지 모든 상태 변화를 조정하는 일을 하며, CPU 스케줄링은 CPU 스케줄러가 하는 모든 작업을 가리킴

18 스케줄링의 개념

스케줄링은 여러 프로세스가 번갈아 사용하는 자원을 어떤 시점에 어떤 프로세스에 할당할지 결정하는 것으로, 프로세스의 이용률을 높일 수 있고, 프로세서 처리율(주어진 시간에만 처리하는 작업량)이 증가하는 장점이 있음

19 스케줄링의 목적

① **공평성** : 모든 프로세스가 자원을 공평하게 배정받아야 하며, 자원 배정에서 특정 프로세스가 배제되어서는 안 됨
② **효율성** : 시스템 자원이 유휴 시간 없이 사용되도록 스케줄링을 하고, 유휴 자원을 사용하려는 프로세스에는 우선권을 주어야 함
③ **안정성** : 우선순위를 사용하여 중요 프로세스가 먼저 작동하도록 배정함으로써 시스템 자원을 점유하거나 파괴하려는 프로세스로부터 자원을 보호해야 함
④ **확장성** : 프로세스가 증가해도 시스템이 안정적으로 작동하도록 조치해야 하며, 또한 시스템 자원이 늘어나는 경우 이 혜택이 시스템에 반영되게 해야 함
⑤ **반응 시간 보장** : 응답이 없는 경우 사용자는 시스템이 멈춘 것으로 가정하기 때문에 시스템은 적절한 시간 안에 프로세스의 요구에 반응해야 함
⑥ **무한 연기 방지** : 특정 프로세스의 작업이 무한히 연기되어서는 안 됨

20 스케줄러의 종류

스케줄러에는 장기 스케줄러(작업 스케줄러)와 단기 스케줄러(프로세스 스케줄러)가 있는데, 시분할 방법이나 가상 메모리 체제는 중기 스케줄러를 사용함

① **장기 스케줄러** : 실행할 작업을 준비 큐(입력 큐)에서 꺼내 메모리에 적재함
② **단기 스케줄러** : 메모리의 준비 상태에 있는 프로세스 중에서 실행할 프로세스를 선택하고 프로세서를 할당함
③ **중기 스케줄러** : 프로세스들이 프로세서를 서로 차지하려고 할 때 프로세스를 별도의 기억장소에서 빼낼 수 있어 다중 프로그래밍의 정도를 줄일 수 있는데, 이를 스와핑(교체) 방법이라고 함

21 선점형 스케줄링과 비선점형 스케줄링

한 프로세스가 자원(예 프로세서)을 선택했을 때 다른 프로세스가 해당 자원을 빼앗을 수 없다면 비선점형 스케줄링이고, 이와 반대로 현재 실행 중인 프로세스를 인터럽트할 수 있거나 준비 상태로 이동할 수 있다면 선점형 스케줄링임

구분	선점형	비선점형
작업 방식	실행 상태에 있는 작업을 중단시키고 새로운 작업을 실행할 수 있음	실행 상태에 있는 작업이 완료될 때까지 다른 작업이 불가능함
장점	프로세스가 CPU를 독점할 수 없어 대화형이나 시분할 시스템에 적합함	CPU 스케줄러의 작업량이 적고 문맥 교환의 오버헤드가 적음
단점	문맥 교환의 오버헤드가 많음	기다리는 프로세스가 많아 처리율이 떨어짐
사용	시분할 방식의 스케줄러에 사용됨	일괄 작업 방식 스케줄러에 사용됨
중요도	높음	낮음

22 스케줄링 알고리즘의 선택 기준

스케줄링 알고리즘을 선택할 때는 프로세서 사용률과 처리율을 최대화하고, 반환시간, 대기시간, 응답시간을 최소화하는 것이 바람직함

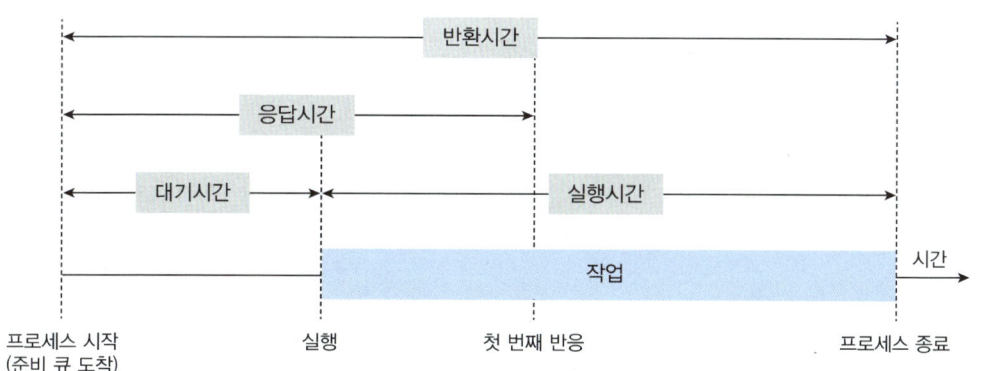

[대기시간, 응답시간, 실행시간, 반환시간의 관계]

23 스케줄링 알고리즘

구분	종류
비선점형 알고리즘	FCFS 스케줄링, SJF 스케줄링, HRN 스케줄링
선점형 알고리즘	라운드 로빈 스케줄링, SRT 스케줄링, 다단계 큐 스케줄링, 다단계 피드백 큐 스케줄링
둘 다 가능	우선순위 스케줄링

스케줄링	내용
FCFS	준비 큐에 도착한 순서대로 CPU를 할당하는 비선점형 스케줄링 방식
SJF	준비 큐에 있는 프로세스 중에서 실행 시간이 가장 짧은 작업부터 CPU를 할당하는 비선점형 스케줄링 방식
HRN	CPU를 할당받기 위해서 기다린 시간과 CPU 사용 시간을 고려하여 스케줄링을 하는 비선점형 스케줄링 방식
라운드 로빈	한 프로세스가 할당 받은 시간(타임 슬라이스) 동안 작업을 하다가 작업을 완료하지 못하면 준비 큐의 맨 뒤로 가서 자기 차례를 기다리는 선점형 방식
SRT	기본적으로 라운드 로빈 스케줄링을 사용하지만, CPU를 할당받을 프로세스를 선택할 때 남아있는 작업 시간이 가장 적은 프로세스를 선택하는 선점형 방식
우선순위	프로세스는 중요도에 따라 우선순위를 갖는데, 이러한 우선순위를 반영하여 CPU를 할당하는 방식으로, 선점형과 비선점형으로 구현 가능
다단계 큐	우선순위에 따라 준비 큐를 여러 개 사용하는 비선점형 방식으로, 프로세스는 운영체제로부터 부여받은 우선순위에 따라 해당 우선순위의 큐에 삽입되어 실행됨
다단계 피드백 큐	다단계 큐 스케줄링과 기본적인 형태가 같지만, CPU를 사용하고 난 프로세스가 원래의 큐로 되돌아가지 않고 우선순위가 하나 낮은 큐의 끝으로 들어감

제7장 병행 프로세스

1 병행 프로세스

① 프로세서 하나가 여러 프로세스를 동시에 실행하는 것처럼 보이는 것을 병행 프로세스라고 함
② 병행 프로세스는 단일 처리 시스템에서 서로 독립적으로 작업을 수행하는 독립 프로세스, 다른 프로세스와 협력하면서 특정 기능을 수행하는 비동기적 병행 프로세스인 협력 프로세스로 구분함

2 병행 프로세스의 해결 과제

① 시스템의 신뢰도를 높이고 처리 속도를 개선하여 처리 능력을 향상시키려면 공유 자원을 상호 배타적으로 사용해야 함
② 어떤 프로세스가 작업을 실행 중일 때 나머지 프로세스는 그 작업에 관련된 작업을 수행할 수 없도록 상호배제와 동기화를 해야 함

③ 프로세스는 동시에 수행하는 다른 프로세스의 실행 속도와 관계없이 항상 일정한 실행 결과를 보장하도록 결정성을 확보해야 함
④ 특히 교착 상태를 해결하고 병행 프로세스들의 병렬 처리 능력을 극대화해야 함

3 선행 그래프와 병행 프로그램

① 선행 그래프는 선행 제약을 논리적으로 표현한 것으로, 순차적 활동을 표현하는 방향성 비순환 그래프임
② 선행 그래프는 연산의 선행 제약을 정의하는 데 유용하지만 2차원이라면 프로그램에 사용하기가 어려워 fork과 join 구조, 병행 문장(parbegin/parend)이 제시되었음

　㉠ 간단한 산술 연산의 알고리즘과 선행 그래프

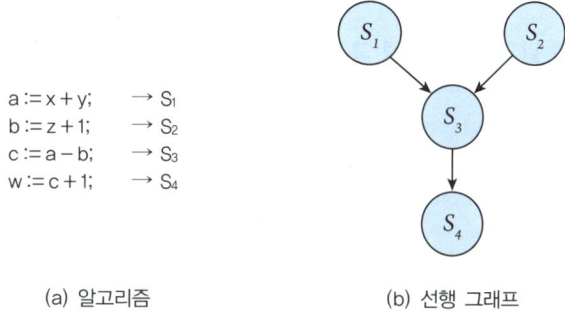

(a) 알고리즘　　　　(b) 선행 그래프

　㉡ 비순환 선행 그래프와 순환 선행 그래프

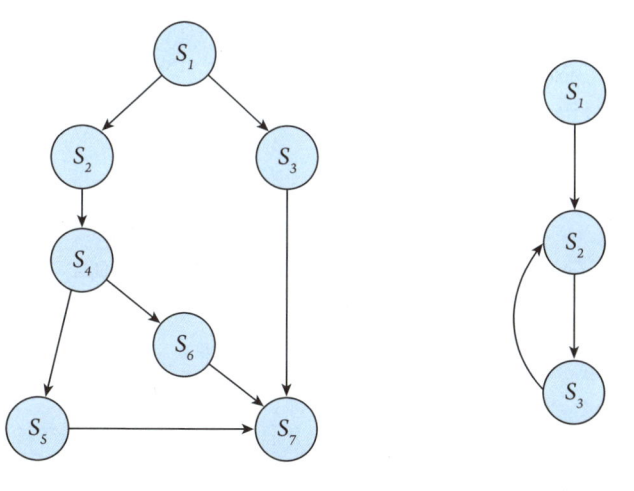

(a) 비순환 선행 그래프　　　　(b) 순환 선행 그래프

ⓒ fork 구조의 알고리즘과 선행 그래프

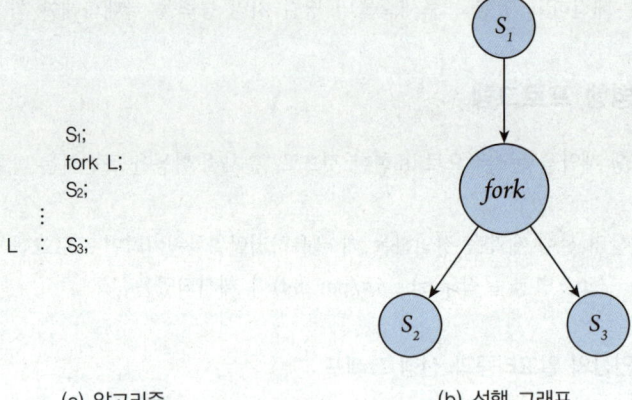

```
        S₁;
        fork L;
        S₂;
          ⋮
    L : S₃;
```

(a) 알고리즘　　　　　　(b) 선행 그래프

ⓔ join 구조의 알고리즘과 선행 그래프

```
…
count := count − 1;
if count = 0 then quit;
```

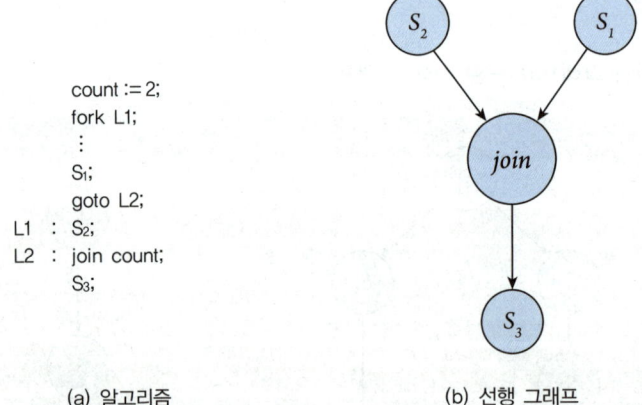

```
         count := 2;
         fork L1;
           ⋮
         S₁;
         goto L2;
    L1 : S₂;
    L2 : join count;
         S₃;
```

(a) 알고리즘　　　　　　(b) 선행 그래프

⑩ 산술 연산에서 fork와 join 구조의 알고리즘과 선행 그래프

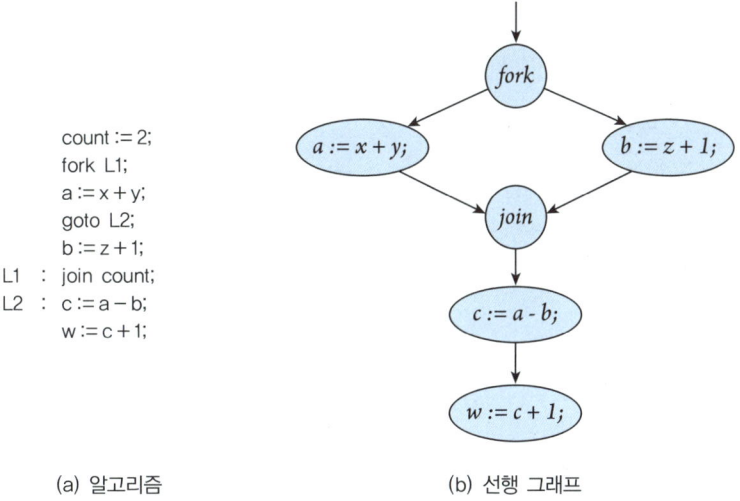

```
        count := 2;
        fork L1;
        a := x + y;
        goto L2;
        b := z + 1;
L1  :   join count;
L2  :   c := a − b;
        w := c + 1;
```

(a) 알고리즘　　　　　　　　　　(b) 선행 그래프

⑪ 일반 구조의 병행 문장과 선행 그래프

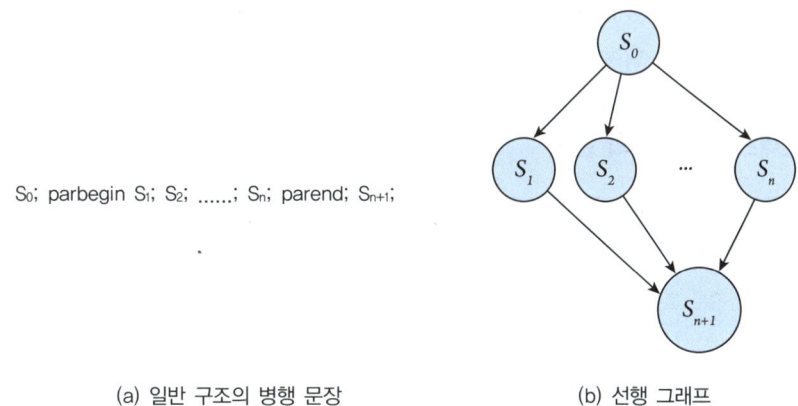

S_0; parbegin S_1; S_2; ......; S_n; parend; S_{n+1};

(a) 일반 구조의 병행 문장　　　　　(b) 선행 그래프

△ 복잡한 구조의 병행 문장과 선행 그래프

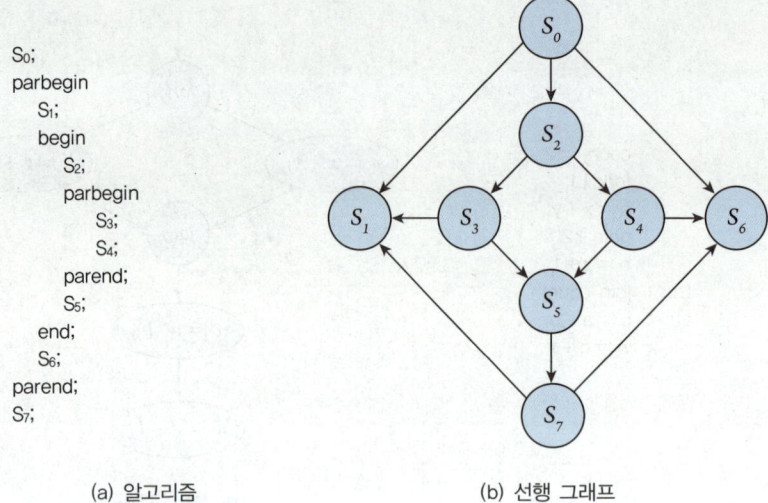

```
S₀;
parbegin
    S₁;
    begin
        S₂;
        parbegin
            S₃;
            S₄;
        parend;
        S₅;
    end;
    S₆;
parend;
S₇;
```

(a) 알고리즘 (b) 선행 그래프

4 프로세스 간 통신의 개념

프로세스가 다른 프로세스와 데이터를 주고받는 것을 말하며 프로세스 내부 데이터 통신, 프로세스 간 데이터 통신, 네트워크를 이용한 데이터 통신이 있음

5 프로세스 간 통신의 분류

분류 방식	종류	예
통신 방향에 따른 분류	양방향 통신	일반적 통신, 소켓
	반양방향 통신	무전기
	단방향 통신	전역 변수, 파일, 파이프
통신 구현 방식에 따른 분류	대기가 있는 통신(동기화 통신)	파이프, 소켓
	대기가 없는 통신(비동기화 통신)	전역 변수, 파일

6 네트워크의 구성

네트워크는 몇 개의 독립적인 시스템이 적절한 영역 내에서 빠른 속도의 통신 채널을 이용하여 상호 통신할 수 있도록 지원하는 데이터 통신 시스템임

① **강결합 시스템**: 프로세서들이 메모리를 공유하는 다중 처리 시스템
② **약결합 시스템**: 둘 이상의 독립된 시스템이 통신선으로 연결되며, 시스템은 자신만의 운영체제, 메모리, 프로세서, 입·출력장치 등으로 독립적으로 운영됨

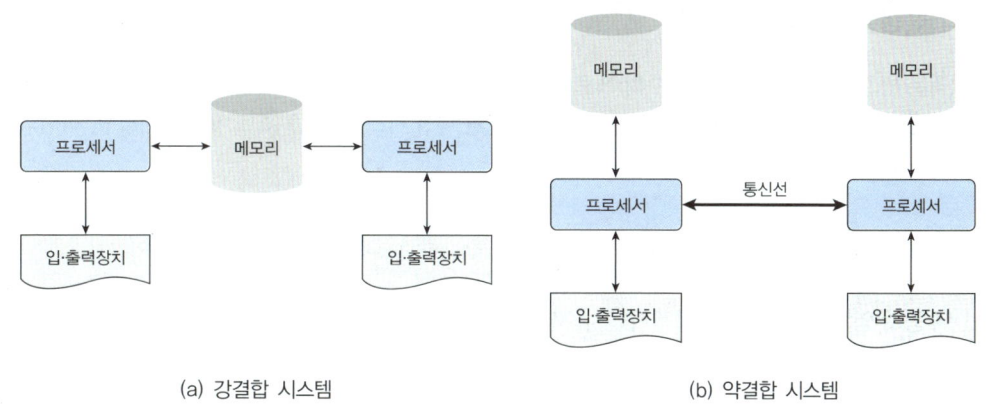

(a) 강결합 시스템　　　　　　　　(b) 약결합 시스템

7 네트워크 구조

구분	내용
망(mesh) 구조	• 각 노드를 시스템(네트워크) 내의 다른 모든 노드와 직접 연결하는 완전 연결 구조 • 네트워크의 각 노드는 하나 이상의 노드에 연결되나 서로 각각 모두 연결된 노드 없이 부분적으로 연결된 부분 연결 구조로 나눔
트리(tree) 구조	• 트리 또는 계층 구조라고 함 • 회사의 컴퓨터 네트워크에 사용되는 구조로 네트워크의 각 노드가 트리로 구성되어 있음
성(star) 구조	모든 노드가 중앙 노드에 직접 연결되고, 중앙 노드 외의 다른 모든 노드는 서로 연결되어 있지 않음
링(ring) 구조	각 노드가 정확히 2개의 다른 노드와 연결됨
버스(bus) 구조	연결 버스(중앙의 통신회선) 하나에 모든 노드가 연결됨

8 분산 시스템

분산 시스템은 저렴한 노드 여러 개를 하나의 운영체제가 제어할 수 있도록 구현한 시스템임

① **분산 시스템의 구축 목적**: 자원 공유 용이, 연산 속도 향상, 신뢰성 향상, 통신 기능
② **분산 시스템의 투명성**
　㉠ 투명성은 상호 연결된 컴퓨터를 사용자가 하나의 컴퓨터 시스템으로 인식할 수 있도록 분산을 감추어 사용자가 이에 대한 정보를 몰라도 작업을 수행할 수 있도록 지원한 개념임
　㉡ 종류 : 액세스(access) 투명성, 위치(location) 투명성, 고장(failure) 투명성, 중복(replication) 투명성, 이동(migration) 투명성, 영속(permanence) 투명성, 자원(resource) 투명성, 트랜잭션(transaction) 투명성, 재배치(reassignment) 투명성, 규모(scale) 투명성, 병행(concurrency) 투명성

9 다중(병렬) 처리

다중 처리는 병렬 처리라고도 하며 다수의 프로세서를 동시에 수행함으로써 시스템 성능을 향상키는 방법으로, 연결하는 방법에 따라 공동 버스 시스템, 크로스바 교환 행렬 시스템, 다중 포트 메모리 시스템, 하이퍼큐브 시스템으로 구분할 수 있음

10 다중 처리 시스템의 운영체제

① **주종 운영체제**: 하나의 프로세서를 주(M)로 지정해 운영체제를 실행하고 나머지 프로세서는 사용자 수준으로 프로그램을 실행할 수 있는 종(S)으로 지정함
② **분리 실행**: 각 프로세서가 서로 다른 운영체제를 가지며 각 프로세서에 발생하는 인터럽트는 해당 프로세서에서 해결하는 구성 방법
③ **대칭**: 모든 프로세서가 동등한 입장에 있으며, 운영체제는 모든 프로세서와 입·출력장치, 기억장치를 사용할 수 있도록 관리함

11 공유 자원

여러 프로세스가 공동으로 이용하는 변수, 메모리, 파일 등을 말하며, 공유 자원은 공동으로 이용되기 때문에 누가 언제 데이터를 읽거나 쓰느냐에 따라 그 결과가 달라질 수 있음

12 상호배제와 동기화

병행 프로세스에서 프로세스 하나가 공유 자원을 사용할 때 다른 프로세스가 해당 데이터에 접근할 수 없게 하는 것을 상호배제(mutual exclusion)라고 하며, 공유 자원을 동시에 사용하지 못하게 실행을 제어하는 방법을 동기화라고 함

13 임계 영역

① 임계 영역(critical section)은 여러 프로세스가 접근 가능하지만 어느 순간에는 프로세스 하나만 사용할 수 있는 영역으로, 상호배제를 간편하게 구현할 수 있음
② 해결방법은 상호배제, 진행의 융통성, 한정 대기 조건을 만족하면 됨

14 생산자-소비자 문제 및 프로세스 관계

① 생산자-소비자 문제는 운영체제에서 비동기적으로 수행하는 모델로, 생산자 프로세스가 생산하는 정보를 소비자 프로세스가 소비하는 형태임
② 생산자와 소비자가 불필요하게 공회전하지 않도록 생산자와 소비자를 동기화해야 함

15 상호배제 방법

수준	방법	종류
고급	소프트웨어로 해결	데커의 알고리즘, 크누스의 알고리즘, 램포드의 베이커리(빵집) 알고리즘, 핸슨의 알고리즘, 다익스트라의 알고리즘
	소프트웨어가 제공 : 프로그래밍 언어와 운영체제 수준에서 제공	세마포어, 모니터
저급	하드웨어로 해결 : 저급 수준	TestAndSet(TAS)

① 데커의 알고리즘
  병행 프로그래밍의 상호배제 문제를 풀 수 있는 첫 번째 해결책으로, 두 프로세스가 서로 통신하려고 공유 메모리를 사용하여 충돌 없이 단일 자원을 공유할 수 있도록 허용함

② TestAndSet(TAS) 명령어
  소프트웨어적인 해결책은 더 복잡하고, 프로세스가 2개 이상일 때는 더 많이 대기할 수 있는데, 이때 기계를 비교하거나 단어 내용을 검사·수정하는 특별한 하드웨어 명령어(TAS)를 사용하여 간단한 방법으로 임계 영역 문제를 해결할 수 있음

③ 세마포어
  ㉠ 임계 영역 해결 알고리즘은 바쁜 대기로 프로세스를 낭비한다는 단점이 있음
  ㉡ 다익스트라는 1965년 진입 조건을 반복 조사하지 않고 true일 때 프로세스 상태를 확인하는 새로운 동기화 도구인 세마포어를 제안하여 이 문제를 해결했음
  ㉢ 세마포어는 상호배제에 사용할 뿐만 아니라 다양한 연산의 순서도 제공함

④ 모니터
  ㉠ 세마포어를 잘못 사용하면 여러 가지 오류가 쉽게 발생하여 프로그램을 작성하기가 어려우므로, 이런 단점을 극복하기 위해 모니터가 등장함
  ㉡ 핸슨이 제안하고 호(Hoare)가 수정한 공유 자원과 이것의 임계 영역을 관리하는 소프트웨어 구성체, 즉, 병행 프로그래밍 구조임

제8장 교착상태

1 교착상태의 개념과 발생 조건

① 다중 프로그래밍 시스템에서는 프로세스가 결코 일어나지 않을 사건을 기다리는 상태가 되면, 이를 교착상태(deadlock)라고 함
② 교착상태는 상호배제, 점유와 대기, 비선점 조건, 순환 대기를 만족할 때 발생함

2 자원 할당 그래프

프로세스가 어떤 자원을 사용 중이고 어떤 자원을 기다리고 있는지를 방향성이 있는 그래프로 표현한 것으로, 자원 할당 그래프를 사용하면 자원의 할당과 대기 상태를 한눈에 파악할 수 있음

프로세스 P1이 자원 R1을 할당받음   프로세스 P1이 자원 R1을 기다림

[자원 할당 그래프]

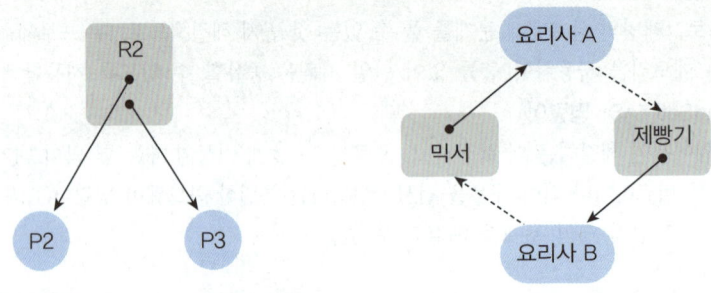

(a) 2개의 프로세스를 수용할 수 있는 자원   (b) 요리사 문제의 자원 할당 그래프

[다중 자원 할당 그래프]

3 교착상태 필요조건

구분	내용
상호배제	한 프로세스가 사용하는 자원은 다른 프로세스와 공유할 수 없는 배타적인 자원이어야 함
비선점	한 프로세스가 사용 중인 자원은 다른 프로세스가 빼앗을 수 없는 비선점 자원이어야 함
점유와 대기	프로세스가 어떤 자원을 할당받은 상태에서 다른 자원을 기다리는 상태여야 함
원형 대기	점유와 대기를 하는 프로세스 간에 관계가 원을 이루어야 함

4 식사하는 철학자 문제

철학자 4명이 둥그런 식탁에 둘러앉아 식사를 하는데, 왼쪽에 있는 포크를 잡은 뒤 오른쪽에 있는 포크를 잡아야만 식사가 가능하다는 조건이 있는 문제로, 식사하는 철학자 문제는 교착상태를 설명하기 위한 예로 오랫동안 사용되었음

5 교착상태의 해결 방법

해결방법	특징
교착상태 예방	교착상태를 유발하는 네 가지 조건을 무력화함
교착상태 회피	교착상태가 발생하지 않는 수준으로 자원을 할당함
교착상태 검출	자원 할당 그래프를 사용하여 교착상태를 발견함
교착상태 회복	교착상태를 검출한 후 해결함

(1) 교착상태가 발생하지 않도록 예방(prevention)하는 방법
  ① 자원의 상호배제 조건 방지 : 자원을 비공유함
  ② 점유와 대기 조건 방지 : 프로세스가 작업을 수행하기 전에 필요한 자원을 모두 요청하고 획득함
  ③ 비선점 조건 방지 : 프로세스가 일부 자원을 점유하고 있으면서 다른 자원을 요청했을 때 즉시 할당할 수 없으면 프로세스가 현재 점유한 모든 자원을 해제한 후 대기함
  ④ 순환(환형) 대기 조건 방지 : 모든 자원에 일련의 순서를 부여하고 각 프로세스가 오름차순으로만 자원을 요청할 수 있게 함

(2) 교착상태의 발생 가능성을 배제하지 않고 이를 적절히 회피(avoidance)하는 방법
  교착상태가 발생할 가능성을 인정하고(세 가지 필요조건 허용) 교착상태가 발생하려고 할 때 회피하는 방법은 다음 두 가지로 설명할 수 있음
  ① 프로세스의 시작 중단 : 프로세스의 요구가 교착상태를 발생시킬 수 있다면 프로세스 시작을 중단함
  ② 자원 할당 거부 : 프로세스가 요청한 자원을 할당했을 때 교착상태가 발생할 수 있다면 요청한 자원을 할당하지 않음(은행원 알고리즘)

(3) 교착상태를 탐지(detection)하여 다시 회복(recovery)하는 방법
  ① 시스템이 교착상태 예방 알고리즘이나 교착상태 회피 알고리즘을 사용하지 않는다면 교착상태가 발생할 수 있음
  ② 발생한 교착상태에서 회복하려면 먼저 교착상태 탐지(검사) 알고리즘이 필요함
  ③ 교착상태에서 회복하는 한 가지 방법은 순환 대기를 탈피하는 것인데, 단순하게 프로세스를 한 개 이상 중단하는 방법과 교착상태의 프로세스들에서 자원을 선점하는 방법으로 다시 구분할 수 있음

6 은행원 알고리즘

교착상태 회피를 구현하는 방법으로, 자원의 총수와 현재 할당된 자원의 수를 기준으로 시스템을 안정 상태와 불안정 상태로 나누고 시스템이 안정 상태를 유지하도록 자원을 할당함

7 기아상태

교착상태가 자원을 자유롭게 할당한 자원 부족의 결과라면, 기아상태는 작업이 결코 사용할 수 없는 자원을 계속 기다리는 결과(교착상태)를 예방하려고 자원을 할당할 때 발생(기다림)하는 결과임

제9장 입·출력 시스템과 장치 관리

1 입·출력 시스템

입·출력 시스템은 컴퓨터 시스템의 물리적 입·출력장치와 입·출력 모듈을 포함하는데, 물리적 입·출력장치는 실제 입·출력을 수행하고, 입·출력 모듈은 메모리나 프로세스, 레지스터 등 내부 저장장치와 물리적 입·출력장치 사이의 이진 정보를 제공함

2 입·출력 버스의 구조

현대의 컴퓨터는 CPU와 메모리를 연결하는 메인 버스, CPU와 그래픽카드를 연결하는 그래픽 버스, 고속 입·출력 버스와 저속 입·출력 버스를 사용함

(1) 입·출력 제어기를 사용한 입·출력 버스의 구조

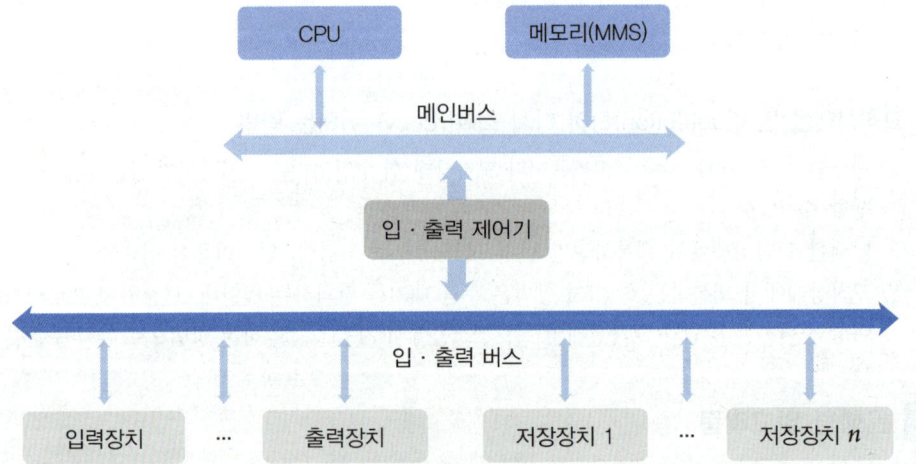

(2) 입·출력 버스의 분리

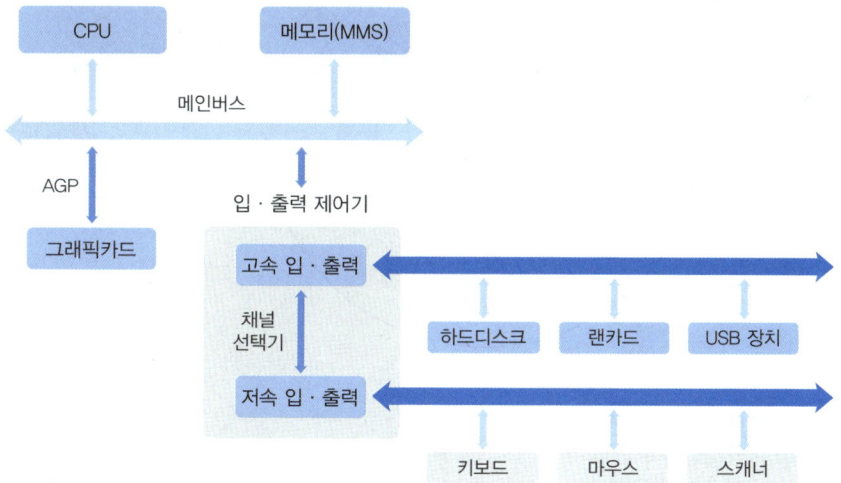

3 직접 메모리 접근

CPU의 도움 없이도 메모리에 접근할 수 있도록 입·출력 제어기에 부여된 권한으로, 입·출력 제어기에는 직접 메모리에 접근하기 위한 DMA 제어기가 마련되어 있음

4 디스크 시스템

디스크 시스템은 디스크 드라이버, 프로세서, 디스크 제어기로 분류할 수 있음

디스크 드라이버	구동 모터, 액세스 암 이동장치, 입·출력 헤드 부분의 기계적인 부분을 담당함
프로세서	원하는 컴퓨터의 논리적인 상호작용, 즉 원하는 데이터의 위치(디스크 주소)와 버퍼, 판독, 기록 등을 관리함
디스크 제어기	디스크 드라이버의 인터페이스 역할을 함

5 디스크 장치의 전송 과정

① **탐색 시간(seek time)** : 헤드가 현재 위치에서 그 트랙까지 이동하는 데 걸리는 시간
② **회전 지연 시간(rotational latency time)** : 원하는 섹터를 만날 때까지 회전하는 데 걸리는 시간
③ **전송 시간(transmission time)** : 헤드는 원하는 섹터에 있는 데이터를 읽어 전송하는 데 걸리는 시간

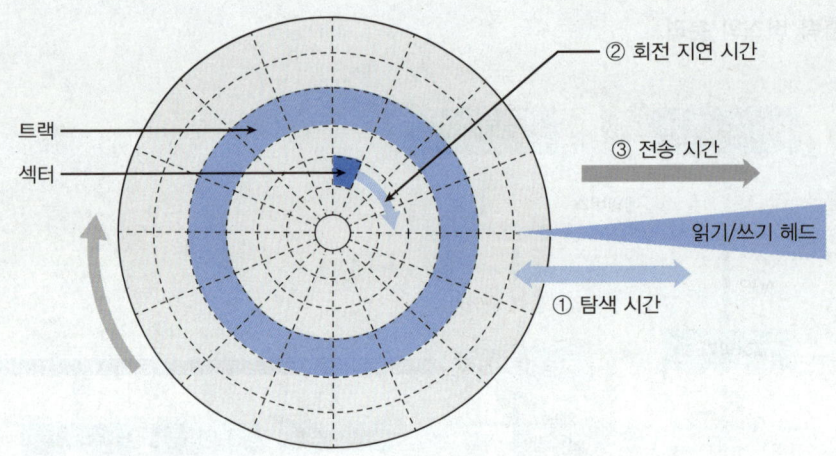

6 디스크 장치의 액세스 시간

① **이동 디스크 데이터 액세스 시간** : 탐색 시간 + 회전 지연 시간 + 전송 시간
② **고정 헤드 디스크 데이터 액세스 시간** : 회전 지연 시간 + 전송 시간 (탐색 시간이 필요 없으므로)

7 디스크 스케줄링의 평가 기준

① **처리량** : 시간당 처리한 서비스 요청 수
② **탐색 시간** : 디스크 헤드(암) 이동 시간
③ **평균 반응 시간** : 요청 후 서비스할 때까지 대기 시간
④ **반응(응답) 시간 변화** : 반응 시간 예측 정도

8 디스크 스케줄링 기법

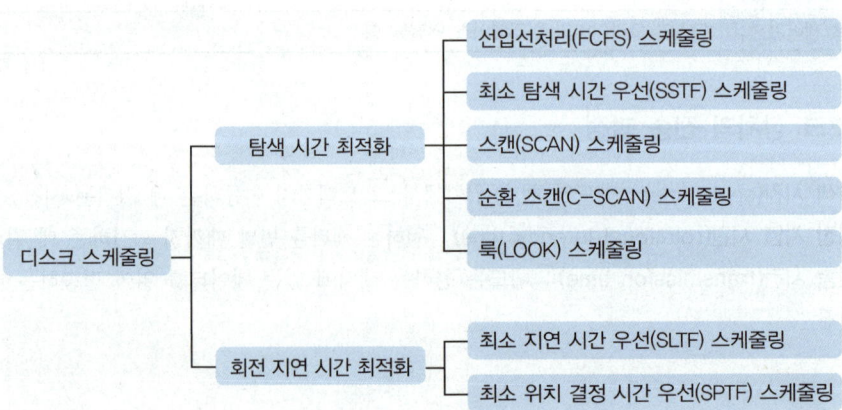

구분	내용
FCFS 스케줄링	• First Come First Service • 가장 단순한 디스크 스케줄링 방식으로, 트랙 요청이 들어온 순서대로 서비스함
SSTF 스케줄링	• Shortest Seek Time First • 현재 헤드가 있는 위치에서 가장 가까운 트랙부터 서비스함 • 만약 다음에 서비스할 두 트랙의 거리가 같다면 먼저 요청받은 트랙을 서비스함
SCAN 스케줄링	• 엘리베이터 스케줄링이라고도 함 • 입·출력 헤드가 디스크의 한쪽 끝에서 다른 끝으로 이동하며, 한쪽 끝에 도달했을 때는 역방향으로 이동하면서 요청한 트랙을 처리함
C-SCAN 스케줄링	스캔 스케줄링처럼 헤드는 한쪽 방향으로 이동하면서 요청을 처리하지만, 한쪽 끝에 다다르면 역방향으로 헤드를 이동하는 것이 아니라 다시 처음부터 요청을 처리함
LOOK 스케줄링	• SCAN 스케줄링의 변형 버전 • 더 이상 서비스할 트랙이 없으면 헤드가 중간에서 방향을 바꿈
C-LOOK 스케줄링	• C-SCAN 스케줄링의 변형 버전 • 헤드가 한쪽 방향으로 움직일 때는 요청받은 트랙을 서비스하지만 반대 방향으로 돌아올 때는 서비스하지 않고 헤드만 이동함
SLTF 스케줄링	• Shortest Latency Time First • 헤드가 고정된 저장장치에서 사용하는 스케줄링 기법으로, 작업 요청이 들어온 섹터의 순서를 디스크가 회전하는 방향에 맞추어 다시 정렬한 후 서비스함
SPTF 스케줄링	• Shortest Positioning Time First • 가장 짧은 위치 결정 시간, 즉 탐색 시간과 회전 지연 시간의 합이 가장 짧은 요청을 다음 서비스 대상으로 선택함 • 에센바흐(Eschenbach Scheme) 방법을 알고리즘으로 사용함

제10장 파일 관리 시스템

1 파일 시스템

① 파일 시스템은 정보를 저장하는 논리적인 관점과 저장장치의 물리적인 특성을 고려하여 논리적 저장 단위인 파일을 정의하고 메모리에 매핑시키는 기능을 제공함
② 즉, 파일 구성, 파일 관리, 보조 메모리 관리, 파일 무결성 보장, 파일 액세스 방법 제공, 장치 독립성 유지, 파일 백업과 복구 등 기능을 제공함

2 파일

파일은 보조저장장치(디스크)에 기록된 이름과 정보의 모음으로, 프로그램과 사용자 데이터를 저장하며, 필드(항목), 블록, 레코드 등으로 세분화할 수 있음

① **속성**: 파일 이름, 파일 식별자, 파일 유형, 저장 위치, 파일 크기, 액세스 제어 데이터, 소유자, 레코드 크기, 시간, 날짜, 사용자 식별 정보

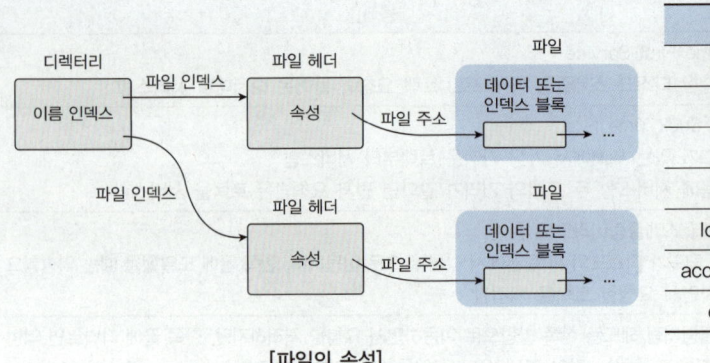

[파일의 속성]　　　　　　　　[파일 속성의 종류]

② **유형**: 일반(정규) 파일, 디렉터리 파일, 특수 파일
③ **연산**: 파일 생성하기, 파일 열기, 파일 쓰기, 파일 읽기, 파일 재설정하기, 파일 삭제하기, 파일 크기 조절하기, 속성 설정하기, 파일 이름 바꾸기, 파일 닫기

작업	설명	작업	설명
open	파일 열기	copy	파일을 복사
close	파일 닫기	rename	파일의 이름을 변경
create	새로운 파일을 생성	list	파일을 나열
remove	파일을 이동	search	파일을 찾음

3 파일 디스크립터

파일 디스크립터(descriptor)는 파일을 액세스하는 동안 운영체계에 필요한 정보를 모아 놓은 자료구조이며 파일 이름, 크기, ID(번호), 구조, 저장 주소(디스크 내), 공유 기능, 액세스 제어 정보, 생성 날짜(시간), 저장 장치 정보 등을 담고 있음

4 파일 구조

구분	내용
순차 파일 구조	파일 내용이 하나의 긴 줄로 늘어선 형태로 저장되어 있어 순차 접근만 가능한 구조
인덱스 파일 구조	순차 파일 구조에 인덱스 테이블을 추가하여 순차 접근과 직접 접근이 가능한 구조
직접 파일 구조	저장하려는 데이터의 특정 값에 어떤 관계를 정의하여 물리적인 주소로 바로 변환하는 구조

5 디렉터리

(1) 디렉터리는 운영체제가 디스크 등에 저장된 파일을 관리하는 데 사용하는 논리적 저장장치로, 파일 시스템에서 다른 파일의 이름과 위치 정보를 담은 파일임

(2) 장치 디렉터리와 파일 디렉터리로 구분함

(3) 디렉터리 구조에는 1단계 디렉터리, 다단계 디렉터리, 트리 구조 디렉터리, 순환 그래프 디렉터리 등이 있음

① **1단계 디렉터리**

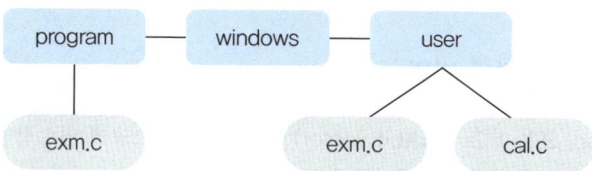

② **다단계 디렉터리 구조**

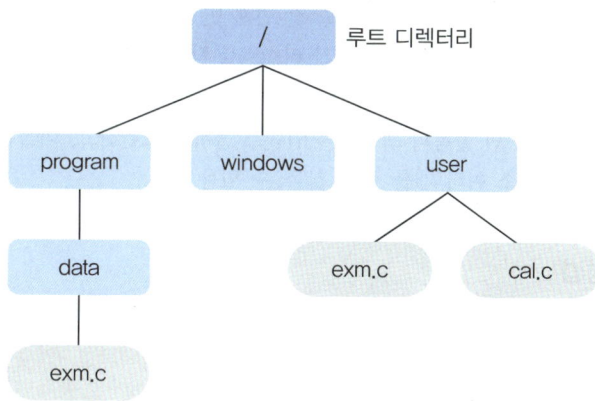

③ **그래프 디렉터리 구조**

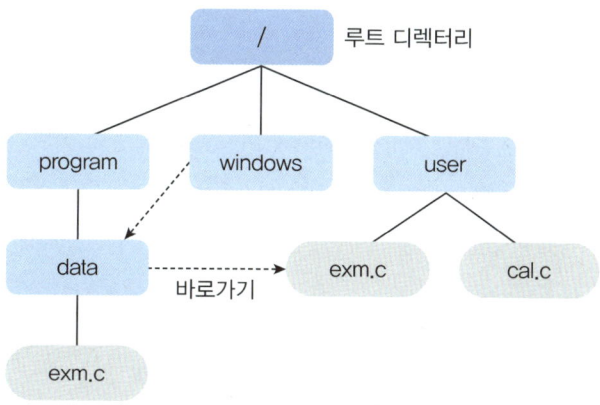

6 파일의 디스크 할당

구분	내용
연속 할당	• 파일을 디스크의 연속적인 주소에 할당하는 방법 • 파일의 직접 액세스와 연결 할당을 이용한 순차 액세스를 지원함 • 작은 파일에 효율적이며, 평균 성능이 아주 좋음
연결 할당	• 각 파일을 디스크 블록의 리스트에 연결하여 할당하는 방법 • 순차 액세스는 매우 쉬우나, 직접 액세스는 i번째 블록을 읽으려고 디스크를 i번 읽어야 할 때도 있음
인덱스 할당	• 포인터를 인덱스 블록이라는 하나의 장소에서 관리하여 할당하는 방법으로, 직접 액세스를 지원함 • 구현하기가 쉽고 외부 단편화가 없으나 인덱스 블록을 보관하려면 메모리가 많이 필요함 • 따라서 인덱스 할당의 성능은 인덱스 구조와 파일의 크기, 원하는 블록의 위치로 좌우됨

7 디스크의 빈 공간 관리 방법

① **비트맵(bitmap) 또는 비트 벡터(bit vector)** : 간편하고 디스크에 연속적인 빈 블록 n개를 찾는 데 효과적이나, 비트 벡터 전체를 메모리에 보관하지 않으면 비효율적이라서 대형 컴퓨터보다는 마이크로컴퓨터 환경에 더 알맞음

② **연결 리스트** : 디스크의 빈 디스크 블록을 첫 번째 빈 블록 내에 다음 빈 디스크 블록의 포인터를 갖도록 연결 리스트로 구현하는데, 빈 공간 리스트를 탐색할 때 각 블록을 모두 읽어야 하기 때문에 비효율적임

③ **인덱스 블록(그룹핑)** : 빈 블록의 포인터를 인덱스 블록에 보관하고, 이들은 서로 연결되어 있으며, 사용 가능한 블록 주소 여러 개를 쉽게 찾을 수 있음

8 파일 보호 방법

① 파일 명명(file naming)
② 암호(password)
③ 액세스 제어(access control)
④ 액세스 그룹(access group)
⑤ 사용자 권한(user permission) 지정

제11장 UNIX 운영체제

1 UNIX의 탄생

1969년 미국의 통신회사 AT&T 산하의 벨 연구소에서 켄 톰슨과 데니스 리치가 개발함

2 UNIX의 특징

대화형 시스템, 다중 사용자 시스템, 다중 작업용 시스템, 높은 이식성과 확장성 제공, 계층적 트리 파일 시스템, 다양한 부가 기능 제공

3 UNIX의 구성요소

① **커널(kernel)**: 프로세스 관리, 메모리 관리, 파일 시스템 관리, 장치관리 등 컴퓨터의 모든 자원을 초기화하고 제어하는 기능을 수행
② **셸(shell)**: 사용자와 커널 사이의 중간자 역할을 담당하는 특별한 프로그램
③ **유틸리티와 파일 시스템**: 유틸리티는 사용자에게 편의를 제공하려고 준비한 시스템 프로그램이며, 유닉스는 계층적으로 구성된 파일 시스템을 사용하여 시스템 파일과 사용자 파일을 체계적으로 관리함

4 UNIX 프로세스의 종류

① **사용자 프로세스**: 단말기의 사용자와 관련된 프로세스
② **커널 프로세스**: 커널 모드에서 실행하며, 프로세스 0이 해당됨
③ **데몬 프로세스**: 네트워크 제어·관리 등 시스템을 지원하는 프로세스

5 UNIX 프로세스의 상태

① **수행**: 프로세스를 현재 사용자 모드 또는 커널 모드에서 수행 중임
② **준비**: 스케줄러를 선택하면 수행할 수 있는 준비 상태, 즉 실행 대기 상태가 됨
③ **수면(대기)**: 입·출력 완료를 기다리거나 다른 프로세스가 종료하기를 기다리는 상태로, 시스템 자원을 이용할 수 있을 때까지 기다리는 상태처럼 수행할 수 없을 때임

6 UNIX 프로세스의 구조

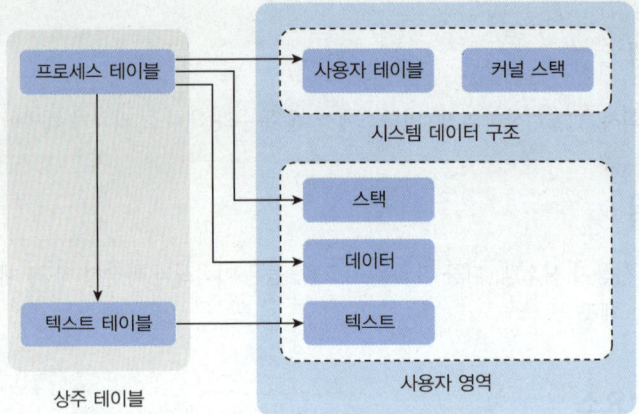

7 UNIX 프로세스의 스케줄링

유닉스 스케줄러는 다단계 피드백이 있는 순환 할당 스케줄러에 속함

8 시스템 호출 인터페이스

① **파일 조작**
  ㉠ 경로명은 디렉터리 구조에서 파일에 도달할 수 있는 경로로, 절대 경로명과 상태 경로명으로 구분할 수 있음
  ㉡ 파일 조작 관련 명령에는 creat, open, close, read, write, cat, rm, cp, mv 등이 있음
② **프로세스 제어** : 프로세스 제어와 관련된 명령에는 fork(프로세스 생성), exit(프로세스 종료), execve(가상 메모리에 새로운 프로그램 대치), wait(부모 프로세스가 자식 프로세스 종료 기다리기) 등이 있음
③ **시그널** : 소프트웨어 인터럽트와 비슷한 예외 조건들을 다루는 기능으로, 운영체제에 쓰이는 제한된 형태의 프로세스 간 통신임

9 UNIX의 메모리 관리

구분	내용
대치	• 메인 메모리와 대치장비 사이에 전체 프로세스를 전송하므로 구현하기가 쉽고 시스템 오버헤드가 적게 들지만, 메모리의 외부 단편화 문제가 심각함 • 대치는 순환 할당 알고리즘을 사용함
페이징	• 메모리의 외부 단편화는 해결할 수 있지만 내부 단편화가 발생함 • 복잡한 하드웨어 구성과 시스템 오버헤드의 증가, 작업 부하가 크면 스래싱 현상을 일으킬 수 있음 • 프로세스 및 디스크 블록 버퍼에 메인 메모리의 페이지 프레임들을 할당하는 가상 메모리 기능을 제공하여 사용자 프로세스와 디스크 입·출력을 위해 효과적으로 메모리를 관리할 수 있음

10 UNIX 파일 시스템

유닉스에는 디렉터리와 파일, 일반 파일, 장치 파일이 있으며, 이 모든 파일은 하나의 트리 구조를 가지고 계층적으로 관리함

디렉터리명	디렉터리 성격 설명
/	UNIX 커널의 실행 파일 및 시스템 관리에 중요한 .login, .profile의 파일이 포함되어 있음
/bin	UNIX의 기본 커맨드 파일들이 위치함
/etc	init, passwd 등 시스템 관리용의 커맨드나 데이터 파일들이 위치함
/lib	커맨드들이 사용하는 기본적인 파일들이 배치됨
/temp	커맨드 실행 중에 필요한 임시 파일들을 위치시키기 위하여 사용되는 디렉터리
/usr	일반적으로 시스템 관리자의 파일들이 배치됨
/usr/bin	워드, 데이터베이스 관리 프로그램들과 개발된 프로그램 등이 포함됨
/usr/home	사용자들의 홈 디렉터리로서 대표적으로 지정하는 것이나 시스템을 설치할 때 다른 곳으로 정해줄 수도 있으며 사용자 계정을 만들 때에 다른 곳으로 만들어 줄 수도 있음
/usr/include	C언어의 header 파일들이 포함됨
/usr/man	UNIX의 매뉴얼이 위치함
/usr/spool	CPU와 주변장치를 중첩하여 수행시키기 위하여 주변장치로 출력되는 데이터 파일들을 임시로 저장하는 스풀용의 디렉터리
/usr/adm	UNIX의 사용자와 프로세스의 작동을 monitor하는 accounting error reports 같은 프로그램들이나 데이터 파일들이 포함됨
/dev	운영체제에서 사용하는 장치들(CD-ROM, 키보드, 모니터, 디스크 등)이 파일 형태로 있음

11 디스크 블록의 구조

① **부트 블록**: 파일 시스템에 유닉스 커널을 적재시키는 프로그램을 포함
② **슈퍼 블록**: 파일 시스템을 관리하는 정보를 저장
③ **i-노드**: 파일 관리에 필요한 정보를 저장
④ **데이터 블록**: 일반 파일이나 디렉터리 파일의 내용이 들어 있음

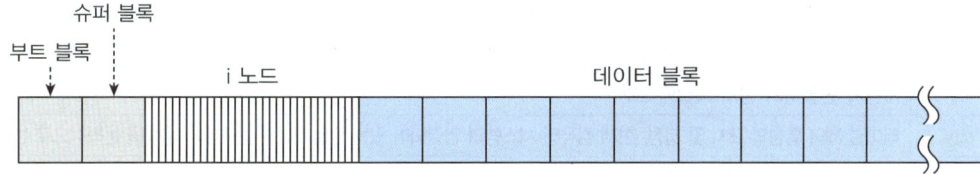

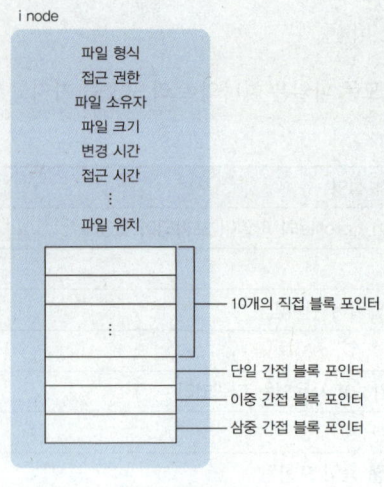

필드	크기	설명
모드(형식)	2	파일 형태, 보호 비트
N링크	2	i-노드에 대한 디렉터리 엔트리 수
사용자 식별자	2	파일의 개별 소유자
그룹 식별자	2	파일의 그룹 소유자
크기	4	파일의 크기(바이트 수)
주소	39	주소 정보(직접 블록 10개, 간접 블록 3개)
생성자	1	생성 번호
액세스 시간	4	파일에 마지막으로 액세스한 시간
수정 시간	4	파일을 마지막으로 수정한 시간
변경 시간	4	i-노드를 수정한 마지막 시간

[i-노드의 구조]　　　　　　[i-노드에 저장된 정보(크기 단위: Byte)]

12 UNIX의 연속 파일 할당

① 연속 파일 할당으로 발생하는 단편화는 쓰레기 수집(garbage collection)으로 해결할 수 있으나, 시스템의 처리 능력을 떨어뜨리는 결과를 초래함
② 파일에 디스크 블록을 하나씩 할당하여 블록들이 파일 시스템의 여러 곳에 분산되도록 함으로써 융통성을 높일 수 있는데, 이런 할당 방법은 데이터를 찾는 알고리즘을 복잡하게 함

13 UNIX의 디렉터리

유닉스에서 파일과 디렉터리를 구현할 때 차이는 거의 없으며, 디렉터리 내용은 데이터 블록에 있고 일반 파일처럼 i-노드로 표현하는데, i-노드의 형태 필드만 일반 파일과 디렉터리를 구분함

14 기본적인 명령어

명령어	설명
id	사용자의 이름과 번호의 표시 (사용자가 속한 group id와 user id를 표시함)
pwd	사용자의 현재의 디렉터리 표시
tty	사용자 단말기의 장치 파일명 표시
stty	터미널 제어 특성의 표시 및 지정, 현재 컴퓨터 시스템과 연결되어 있는 단말기나 콘솔의 입·출력을 논리적으로 변경
date	시스템의 날짜와 시간의 표시
cal	현재의 달력을 보고자 할 때 사용
who	현재 접속되어 있는 사용자들 표시
whoami	현재 접속해 있는 자신의 id를 표시
finger	시스템 사용자의 개인 정보 표시 (예 #finger root)

15 주로 사용하는 명령어

명령어	설명	예
where	찾고자 하는 파일이나 디렉터리의 위치를 알려줌	# where index.html
ps	프로세스의 상태 표시	
df	디스크의 사용 가능한 공간 표시	# df –u
cp	파일 복사	# cp index.html index_old.html
mv	파일 이동	# mv index.html index_new.html
rm	파일 제거	# rm index.html
rmdir	디렉터리 제거	# rmdir ./images
chdir	디렉터리 변경 (위치 이동)	# chdir /usr/local
cd	디렉터리 변경 (위치 이동)	# cd /usr/local/bin
hostname	현재 접속해 있는 host의 이름을 표시	# hostname
man	해당하는 command의 manual을 참조하고자 할 때, 단 /usr/man에 그 항목이 있어야만 함	# man ls
&	background 처리를 위하여 명령어 뒤에 붙여줌	# test &
alias	특정한 명령어를 자신이 임의로 수정	# alias cx chmod (cx는 chmod를 대신함)
unalias	alias를 해제	# unalias cx
find	디렉터리를 탐색하여 지정 화일의 위치 표시	# find index.html
cat	파일의 내용을 표시, DOS에서의 type명령어와 유사	# cat index.html
more	파일의 내용을 한 면씩 화면에 표시	# cat index.html	more
pg	파일의 내용을 표시	# pg index.html
head	파일의 처음 부분을 표시 (기본값은 10라인)	# head index.html
tail	파일의 마지막 부분을 표시 (기본값은 10라인)	# tail index.html
lp	파일의 내용 인쇄 요청	# lp index.html
chmod	권한 변경	# chmod 755 index.html
chown	소유권 변경	# chown webadm ./htdocs
chgrp	그룹 변경	# chgrp student webadm

제12장 LINUX 운영체제

1 LINUX의 탄생

1991년 핀란드 헬싱키 대학의 리누스 토발즈(Linus Benedict Torvalds)라는 학생에 의해 만들어진 운영체제

2 LINUX의 특징

① 여러 사용자 계정으로 작업할 수 있음
② 여러 작업을 동시에 진행할 수 있음
③ Windows에서는 GUI(Graphic User Interface) 환경에서 작업을 하지만 리눅스는 TUI(Text User Interface) 환경에서 작업할 수 있음
④ Client 용도보다는 Server 용도로 사용함
⑤ UNIX와는 호환이 되지만 Windows와는 호환이 완벽하게 이루어지지 않음
⑥ 다른 운영체제에 비해서 안정적임
⑦ Windows는 고사양을 필요로 하지만 LINUX는 그렇지 않음
⑧ 강력한 네트워크망을 구축할 수 있음
⑨ 확장성, 이식성이 뛰어나지만, 새로 개발된 장치를 바로 사용할 수는 없음
⑩ Windows에서는 레지스트리가 존재하는데, LINUX에서는 문서화 파일로 존재함
⑪ Windows에서는 확장자가 있지만(예 txt.jpg), LINUX에서는 확장자 개념이 없이 파일명을 확장자처럼 사용함
⑫ Windows에서는 대·소문자 구분을 하지 않지만, LINUX에서는 반드시 구분을 해야 함
⑬ 한글 지원이 미흡하여, 별도의 한글 지원 패키지를 설치한 후 사용해야 함
⑭ X window 시스템을 사용하고, GUI 환경과 TUI 환경이 별개로 동작함
⑮ 보안상의 취약점이 쉽게 노출될 수 있으나, 많은 프로그래머들이 연구하고 있으며 보안 문제가 발생한다고 해도 신속하게 해결 가능한 상태임
⑯ 공개 운영체제이기 때문에 문제점이 발생했을 경우에 기술 지원을 받는 데 한계가 있음

3 파일의 종류

리눅스에서는 일반 파일, 디렉터리, 장치 파일, 심볼링 링크 파일 등 여러 종류의 파일이 있음

4 디렉터리 계층 구조

① 디렉터리(directory)는 파일들을 계층화하여 조직하는 데 사용되는 일종의 특수 파일이며, 폴더(folder)라고도 함
② 디렉터리는 그 디렉터리 내에 파일과 서브 디렉터리들을 포함함으로써 계층 구조를 이룸

디렉터리	설명
/	최상위 디렉터리
/bin	• Binaries and other executable programs • ls, cat과 같은 필수 기본 binary 명령 파일이 저장된 디렉터리
/opt	• Optional or third party software • 응용프로그램 패키지 설치 디렉터리
/boot	• Files needed to boot the operating system • 부팅에 필요한 커널 파일 저장 디렉터리
/root	• The home directory for the root account • 루트 유저의 홈 디렉터리
/dev	• Device files • 장치 파일이 담긴 디렉터리
/sbin	• System administration binaries • init, fsck 와 같은 필수 시스템 binary 명령 파일이 저장된 디렉터리
/etc	• Host-specific system-wide configuration files • 호스트별 시스템 설정 파일
/srv	• Contains data which is served by the system • 시스템에서 제공하는 서비스에 대한 데이터
/home	• User's home directories, containing saved files, personal settings, etc. • 유저의 홈 디렉터리
/tmp	• Temporary space, typically cleared on reboot • 일반적으로 재부팅 시 지워지는 임시 파일
/lib	• Libraries essential for the binaries in /bin and /sbin • 시스템 라이브러리
/usr	• User related programs, libraries, and docs. • 사용자 관련 프로그램, 라이브러리 및 문서
/media	• Used to mount removable media like CD-ROMS • 이동식 미디어 디스크를 마운트하는 데 사용
/var	• Variable files • 로그, 임시 전자 메일 파일 등과 같은 가변 파일
/var/log	• Log files • 로그 파일
/mnt	• Used to mount external file systems • 외부 파일 시스템을 마운트하는 데 사용

5 파일 시스템 보기 명령어

df 명령어(리눅스 시스템 내의 파일 시스템의 디스크 사용 정보 확인)

6 표준 리눅스 파일 시스템 구조

부트 블록	슈퍼 블록	i-node	i-node	⋯	데이터 블록	데이터 블록	⋯	데이터 블록
		i-리스트				데이터 블록		

7 리눅스 파일 시스템의 종류와 역할

① **Super Block** : 파일 시스템의 전체적인 정보를 가짐
② **i-node** : i-node는 파일에서 파일의 이름을 제외한 모든 정보를 가짐
③ **Data Block** : i-node에 포함되고, i-node는 다수의 데이터 블록을 포함할 수 있고, 파일의 데이터를 저장하기 위해 사용됨
④ **Directory Block** : 파일 이름과 i-node의 번호를 저장하기 위해 사용됨
⑤ **Indirection Block** : 추가적인 데이터 블록을 위한 포인터들이 사용하는 목적으로 할당되는 공간
⑥ **Hole** : i-node나 간접 블록 안의 데이터 블록의 주소로 특별한 값을 지정하며 이는 파일 시스템에 의해 파일 안에 자리 잡게 됨

8 리눅스 파일 시스템의 종류

① **minix** : minix 운영체제에서 사용되던 파일 시스템으로, 가장 오래되고 기본이 되는 파일 시스템
② **umsdos** : MS-DOS 파일 시스템을 리눅스 상에서도 사용할 수 있도록 확장된 파일 시스템
③ **nfs** : 네트워크 파일 시스템(Netwrok File System)으로서, 네트워크상의 많은 컴퓨터가 각각의 시스템에 가진 파일들을 상호 간에 쉽게 공유하려고 제공되는 공유 파일 시스템
④ **ext** : 리눅스 초기에 사용하던 파일 시스템
⑤ **ext4** : 파일 시스템 체크 속도가 현저하게 빨라졌으며 파일 복구가 용이함
⑥ **기타** : xiafs, msdos, Isofs CD-ROM, hpfs OS/2, sysv, ext2, ext3 등

9 파일 상태 정보 확인

① **간단한 상태 정보 확인** : ls -sl 실행
② **자세한 상태 정보 확인** : stat 파일명(또는 디렉터리명)

10 i-노드 내의 파일 상태 정보

파일 상태 정보	설명
파일 크기	파일 크기 (kByte 단위)
파일 종류	파일의 종류
접근 권한	파일에 대한 소유자, 그룹, 기타 사용자의 읽기/쓰기/실행 권한
하드 링크 수	파일에 대한 하드 링크 개수
소유자 및 그룹	파일의 소유자 ID 및 소유자가 속한 그룹
최종 접근 시간	파일에 최후로 접근한 시간
최종 수정 시간	파일을 생성 혹은 최후로 수정한 시간
데이터 블록 주소	실제 데이터가 저장된 데이터의 블록의 주소

11 셸의 기능

① **명령어 해석기 기능**
사용자와 커널 사이에서 명령을 해석하여 전달하는 해석기(interpreter)와 번역기(translator) 기능

② **프로그래밍 기능**
자체 내에 프로그래밍 기능이 있어 반복적으로 수행하는 작업을 하나의 프로그램으로 작성

③ **사용자 환경 설정 기능**
사용자 환경을 설정할 수 있도록 초기화 파일 기능을 제공하고, 초기화 파일에는 명령을 찾아오는 경로를 설정하거나, 파일과 디렉터리를 새로 생성할 때 기본 권한을 설정하거나, 다양한 환경 변수 등을 설정

12 셸의 종류

구분	내용
본 셸 (Bourne shell)	• 유닉스 V7에 처음 등장한 최초의 셸 • 명령 이름은 '/bin/sh'
C 셸 (C shell)	• 본 셸에는 없던 사용자 편의 기능을 포함 • 명령 이름은 '/bin/csh'
콘 셸 (Korn shell)	• 본 셸과의 호환성을 유지하고 히스토리, 에일리어스 기능 등 C 셸의 특징도 모두 제공하면서 처리 속도도 빠름 • 명령 이름은 '/bin/ksh'
배시 셸 (bash shell)	• 본 셸을 기반으로 개발된 셸로, 본 셸과 호환성을 유지하면서 C 셸, 콘 셸의 편리한 기능도 포함 • 리눅스의 기본 셸로 제공되고 있어 리눅스 셸로도 많이 알려졌음 • 명령 이름은 '/bin/bash'

기출동형 최종모의고사 | 운영체제

제한시간: 50분 | 시작 ___시 ___분 - 종료 ___시 ___분

정답 및 해설 442p

01 다음 중 일괄 처리 시스템에 대한 설명으로 옳지 않은 것은?

① 여러 작업을 모아서 한꺼번에 처리하는 방식이다.
② 주로 대규모 데이터 처리나 미리 정의된 작업들에 사용된다.
③ 실시간 상호작용이 가능하여 사용자는 대화형 환경을 제공받는다.
④ 처리 순서에 따라 작업이 한 번에 처리되기 때문에 처리 시간이 오래 걸릴 수 있다.

02 다음 중 프로세서와 입출력 장치의 속도 차이를 줄이는 데 사용하는 방법은?

① 폴링
② 스풀링
③ 기억장치 보호
④ 기억장치 상호 배치

03 다음 중 주소 버스(Address Bus)의 폭이 시스템에 미치는 영향을 적절하게 설명한 것은?

① 주소 버스의 폭은 CPU의 클록 속도에만 영향을 미친다.
② 주소 버스의 폭이 클수록 시스템의 데이터 처리 속도가 빨라진다.
③ 주소 버스의 폭이 클수록 더 많은 메모리 주소에 접근할 수 있다.
④ 주소 버스의 폭이 클수록 더 많은 명령어를 동시에 처리할 수 있다.

04 다음 중 모놀리식 커널(Monolithic Kernel)에 대한 설명으로 옳은 것은?

① 커널의 주요 기능을 개별 모듈로 나누어 필요한 시점에 로드하는 방식이다.
② 커널이 작은 크기를 유지하며 나머지 기능은 사용자 공간에서 실행되는 방식이다.
③ 커널에 모든 운영체제 기능이 포함되어 있어 성능이 높고, 프로세스 간 통신이 효율적이다.
④ 각 기능이 독립적인 프로세스로 분리되어 있어, 문제가 발생해도 전체 시스템이 영향을 받지 않는다.

05 예상 적재(Preloading)가 요구 적재(Demand Loading)보다 유리한 경우로 옳은 것은?

① 실시간 성능이 중요한 애플리케이션을 실행할 때
② 프로그램의 페이지 요청 패턴이 예측하기 어려울 때
③ 자주 참조되지 않는 페이지가 많은 프로그램을 실행할 때
④ 메모리 공간이 제한된 환경에서 대규모 프로그램을 실행할 때

06 다음 중 경계 레지스터가 하는 주요 역할로 적절한 것은?

① 운영체제의 시스템 호출을 관리한다.
② CPU의 명령어를 실행하는 순서를 제어한다.
③ 프로세스의 상태를 관리하고 스케줄링을 최적화한다.
④ 사용자 프로세스가 메모리의 허용된 범위를 벗어나지 않도록 제한한다.

07 최적 적합 알고리즘을 사용하여 프로세스를 메모리에 할당할 때 발생할 수 있는 내부 단편화에 대한 설명으로 옳은 것은?

① 프로세스가 메모리에서 서로 중첩되어 실행되는 현상이다.
② 메모리가 과도하게 사용되어 추가적인 프로세스를 할당할 수 없는 상태이다.
③ 메모리의 사용되지 않은 작은 빈 공간들이 발생하는 문제로, 다른 프로세스가 이 공간을 사용할 수 없다.
④ 프로세스가 할당된 메모리 블록에 남아있는 사용되지 않는 메모리 공간으로, 해당 프로세스가 더 이상 사용할 수 없는 공간을 의미한다.

08 다중 프로그래밍 환경에서의 메모리 할당에 대한 설명으로 옳지 않은 것은?

① 프로세스의 크기에 따라 메모리를 나눠 할당하는 가변 분할 방식이 있다.
② 프로세스의 크기에 상관없이 메모리를 같은 크기로 나눠 할당하는 고정 분할 방식이 있다.
③ 고정 분할 방식은 할당 후 메모리 통합 같은 부가적인 작업이 필요 없지만, 내부 단편화가 발생한다.
④ 가변 분할 방식은 메모리 크기에 따라 할당되므로 메모리 통합 같은 부가적인 작업이 필요 없어 메모리 관리가 간단하다.

09 가변 분할 방식에서 외부 단편화로 인한 문제를 해결하는 방법에 대한 설명으로 옳지 않은 것은?

① 작은 조각이 발생했을 때 작은 조각을 모아 큰 덩어리를 만드는 조각 모음을 사용한다.
② 메모리에서 작은 조각이 발생하지 않도록 프로세스를 배치하는 메모리 배치 방식을 사용한다.
③ 메모리 배치 방식은 가변 분할 방식에서 선처리에 해당하고, 조각 모음은 후처리에 해당한다.
④ 프로세스의 크기가 실제 메모리보다 클 때 전체 프로세스를 메모리에 가져오는 대신 적당한 크기로 잘라서 가져오는 기법을 사용한다.

10 페이지 크기가 1024Byte인 시스템에서 가상 주소 5000번지를 변환하는 과정을 통해 페이지 번호와 오프셋을 구분하여 나타낸 것은?

① 페이지 번호 : 4, 오프셋 : 904
② 페이지 번호 : 4, 오프셋 : 1024
③ 페이지 번호 : 5, 오프셋 : 904
④ 페이지 번호 : 5, 오프셋 : 1024

11 다음 중 가상 주소 〈3, 800〉의 물리 주소를 계산한 결과로 옳은 것은?

세그먼트 번호	크기	시작 주소
0	120	500
1	550	1024
2	200	2048
3	1024	4096

① 4894
② 4895
③ 4896
④ 4899

12 다음 중 페이지 테이블(Page Table)의 매핑 방식에 대한 설명으로 가장 적절한 것은?

① 페이지 테이블(Page Table)은 가상 메모리 내 페이지를 직접 물리 주소로 변환하는 역할을 한다.
② 직접 매핑(Direct Mapping) 방식은 페이지 번호와 프레임 번호가 일대다로 직접 대응된다.
③ 연관 매핑(Associative Mapping) 방식은 페이지 번호와 프레임 번호가 직접적으로 매핑되지만, 페이지 테이블이 필요 없다.
④ 집합-연관 매핑(Set-Associative Mapping) 방식은 페이지 번호가 여러 프레임 중 하나로 매핑되며, 페이지 테이블이 필요하다.

13 다음 설명에 해당하는 것으로 옳은 것은?

> 가상 메모리 시스템에서 메모리 관리자는 물리 메모리와 스왑 영역을 합쳐서 프로세스가 사용하는 가상 주소를 실제 메모리의 주소로 변환하는 작업을 한다.

① 연관 매핑 주소 변환
② 동적 주소 변환
③ 정적 주소 변환
④ 인덱스 주소 변환

14 다음 중 페이지 부재(Page Fault) 발생 시의 과정에 대한 설명으로 옳지 <u>않은</u> 것은?

① 페이지 부재가 발생하면 운영체제는 페이지를 디스크에서 메모리로 로드하고, 페이지 테이블을 갱신하여 페이지의 위치를 반영한다.
② 페이지 부재가 발생하면, 새로운 페이지를 메모리에 로드하기 위해서 기존의 페이지를 반드시 스왑 아웃해야 한다.
③ 페이지 부재가 발생하면, 페이지를 디스크에서 메모리로 로드한 후, 페이지의 참조 비트를 업데이트한다.
④ 페이지 부재가 발생하면, 디스크에서 페이지를 로드하기 전에 먼저 페이지 테이블의 상태를 확인한다.

15 다음 중 LFU 페이지 교체 알고리즘에 대한 설명으로 옳지 <u>않은</u> 것은?

① LFU 알고리즘은 가장 사용 빈도가 적은 페이지를 교체한다.
② LFU 알고리즘은 페이지의 참조 비트를 사용하여 사용 빈도를 기록한다.
③ LFU 알고리즘은 사용 빈도가 높은 페이지를 우선적으로 유지하려고 한다.
④ LFU 알고리즘은 페이지의 사용 빈도를 추적하기 위해 카운터를 사용할 수 있다.

16 페이지 크기가 작을 때 시스템 성능을 개선하기 위한 방법으로 가장 적절한 것은?

① 페이지 크기를 줄여서 내부 단편화를 줄인다.
② 페이지 크기를 줄이고, 캐시 메모리의 크기를 증가시킨다.
③ 페이지 교체 알고리즘을 최적화하여 페이지 교체 빈도를 줄인다.
④ 페이지 크기가 작으면 페이지 테이블을 더 작게 유지하기 위해 페이지 크기를 늘린다.

17 페이지 참조 패턴이 주기억장치의 페이지 교체 알고리즘에 미치는 영향으로 옳지 <u>않은</u> 것은?

① 랜덤 참조 패턴에서는 FIFO와 같은 단순한 알고리즘이 효율적일 수 있다.
② 참조 패턴이 반복적일 때, LRU 알고리즘은 페이지 부재율이 낮아질 수 있다.
③ 지역성이 있는 참조 패턴에서는 FIFO가 LRU보다 더 좋은 성능을 보일 수 있다.
④ 페이지 참조 패턴이 순환적일 때 FIFO는 페이지 부재를 자주 발생시킬 수 있다.

18 가상 메모리 시스템에서 다중 프로그래밍 정도의 증가가 CPU 이용률과 디스크 장치 이용률에 미치는 영향에 대한 설명으로 옳지 않은 것은?

① 다중 프로그래밍 정도가 증가하면 CPU의 이용률이 일반적으로 증가한다.
② 다중 프로그래밍 정도가 너무 높으면 CPU의 이용률이 감소하고, 디스크 장치의 이용률이 증가할 수 있다.
③ 다중 프로그래밍 정도가 증가함에 따라 메모리 페이지가 자주 교체되며, 이는 CPU 이용률을 일정하게 유지하게 한다.
④ 적정한 다중 프로그래밍 정도를 초과하면 페이지 부재가 빈번하게 발생하고, 이로 인해 디스크 장치의 이용률이 증가한다.

19 block 상태와 exit 상태에서 프로세스가 어떻게 처리되는지에 대한 설명으로 옳지 않은 것은?

① exit 상태의 프로세스는 모든 자원을 해제하며, 운영체제는 프로세스의 메모리와 자원을 회수한다.
② block 상태의 프로세스는 자원이나 이벤트를 기다리는 동안 CPU를 사용하지 않으며, 자원이 준비되면 다시 ready 상태로 전환된다.
③ exit 상태의 프로세스는 프로세스 테이블에서 제거되며, 모든 자원이 해제되고 시스템에서 완전히 사라진다.
④ block 상태의 프로세스는 자원이나 이벤트가 준비될 때까지 CPU를 사용할 수 있으며, exit 상태의 프로세스는 더 이상 시스템 자원을 요구하지 않는다.

20 다음 중 디스패치와 문맥 교환의 차이점에 대한 설명으로 옳은 것은?

① 문맥 교환은 디스패치의 일부분이며, 디스패치는 프로세스의 상태 저장과 복원을 포함한다.
② 디스패치는 프로세스의 상태를 저장하는 과정이며, 문맥 교환은 CPU의 레지스터를 저장하고 복원하는 과정이다.
③ 디스패치는 CPU를 프로세스에 할당하는 작업이고, 문맥 교환은 프로세스 간의 상태 전환을 관리하는 작업이다.
④ 디스패치와 문맥 교환은 동일한 작업을 의미하며, CPU의 레지스터와 프로세스의 상태를 동시에 저장하고 복원한다.

21 HRN(Highest Response Ratio Next) 알고리즘을 사용하여 스케줄링할 때 응답 비율이 높은 작업의 특징으로 옳은 것은?

① 대기 시간이 짧고 서비스 시간이 긴 작업
② 대기 시간이 짧고 서비스 시간이 짧은 작업
③ 대기 시간이 길고 서비스 시간이 긴 작업
④ 대기 시간이 길고 서비스 시간이 짧은 작업

22 멀티태스크와 멀티스레드에 대한 설명으로 옳지 <u>않은</u> 것은?

① 멀티태스킹은 운영체제가 CPU에 작업을 줄 때 시간을 잘게 나눠 배분하는 기법이다.
② 시분할 시스템에서 운영체제가 CPU에 전달하는 작업은 스레드가 아니라 프로세스이다.
③ 여러 스레드에 시간을 잘게 나눠주는 시스템을 시분할 시스템(time sharing system)이라고 한다.
④ 멀티스레드는 변수나 파일 등을 공유하고 전역 변수나 함수 호출 등의 방법으로 스레드 간 통신을 한다.

23 다음 중 스케줄링 방법에 대한 설명으로 옳지 <u>않은</u> 것은?

① RR 스케줄링은 주어진 시간 할당량 안에 작업을 마치지 않으면 준비 완료 리스트의 가장 뒤로 배치하는 방법이다.
② HRN 스케줄링은 그 작업이 서비스를 받을 시간과 그 작업이 서비스를 기다린 시간으로 결정하는 우선순위에 따라 CPU를 할당한다.
③ SJF 스케줄링은 남아 있는 실행 시간의 추정치가 가장 작은 작업을 먼저 실행하며, 언제라도 실행 중인 작업을 강제로 멈출 수 있는 선점 방법이다.
④ 다단계 큐 스케줄링은 우선순위에 따라 준비 큐를 여러 개 사용하는 비선점형 방식으로, 프로세스는 운영체제로부터 부여받은 우선순위에 따라 해당 우선순위의 큐에 삽입되어 실행된다.

24 다음 중 분산 운영체제의 특징에 대한 설명으로 옳은 것은?

① 분산 운영체제에서 모든 자원과 작업은 하나의 중앙 서버에서 처리되며, 노드 간의 상호작용은 최소화된다.
② 분산 운영체제에서 각 노드는 독립적으로 동작하면서도 다른 노드와 협력하여 작업을 처리할 수 있다.
③ 분산 운영체제는 자원을 독립적으로 관리하며 자원의 공유는 제한적으로만 허용된다.
④ 분산 운영체제에서는 한 시스템에 문제가 생기면 모든 시스템이 중단된다.

25 다음 중 상호 배제를 보장하는 방법에 대한 설명으로 옳지 <u>않은</u> 것은?

① 세마포어는 프로세스 간 자원 접근을 제어하기 위해 P(wait)와 V(signal) 연산을 사용하는 동기화 도구이다.
② 모니터는 상호 배제를 보장하며, 자원 접근을 자동으로 관리하는 고수준의 동기화 도구이다.
③ 데커의 알고리즘은 상호 배제를 보장하기 위해 프로세스 간에 락(lock)을 사용한다.
④ TestAndSet 명령어는 하드웨어적으로 상호 배제를 보장하는 기법이다.

26 다음 중 임계 영역에 대한 설명으로 옳지 않은 것은?

① 특정 프로세스가 독점해서는 안 된다.
② 2개 이상의 프로세스를 동시에 사용할 수 있다.
③ 임계 영역 안에서 작업은 신속하게 진행해야 한다.
④ 다중 프로그래밍 운영체제에서 여러 프로세스가 공유된 데이터와 자원을 사용하고자 한다면 반드시 한순간에 프로세스 하나만 자원이나 데이터를 사용하게 된다.

27 순차적으로만 사용할 수 있는 공유 자원이나 공유 자원 그룹을 할당하는 데 사용하며, 데이터와 프로시저를 포함하는 병행성 구조로 옳은 것은?

① 버퍼
② 채널
③ 모니터
④ 세마포어

28 교착 상태를 회피하는 데 사용하는 은행원 알고리즘에 대한 설명으로 옳은 것은?

① 은행원 알고리즘은 프로세스의 자원 요청을 무조건 수락하여 교착 상태를 피하는 기법이다.
② 은행원 알고리즘은 자원 요청이 들어올 때마다 즉시 자원을 할당하여 교착 상태를 방지하는 방법이다.
③ 은행원 알고리즘은 자원을 할당하는 방식으로, 교착 상태를 예방하고 프로세스의 요청을 거부할 수 있다.
④ 은행원 알고리즘은 프로세스의 최대 자원 요구량을 가정하고, 현재 할당 가능한 자원 상태를 바탕으로 교착 상태를 회피하는 방법이다.

29 다음 중 시스템의 안정 상태와 불안정 상태에 대한 설명으로 옳지 않은 것은?

① 안정 상태는 시스템의 자원 요청이 모두 수락될 수 있으며, 모든 프로세스가 최종적으로 자원을 받을 수 있는 상태를 의미한다.
② 불안정 상태는 시스템이 교착 상태에 빠질 가능성이 있는 상태를 의미하며, 자원 요청이 처리되지 않을 수 있다.
③ 안정 상태는 시스템이 자원 요청을 처리하지 못해 교착 상태에 빠질 가능성이 있는 상태를 의미한다.
④ 불안정 상태는 시스템의 모든 자원 요청이 항상 거부되는 상태를 의미하진 않는다.

30 다음 중 교착상태의 예방에 대한 설명으로 옳지 않은 것은?

① 교착상태의 예방은 가장 명료한 해결책이지만, 프로세스가 실행하기 전에 모든 자원을 배당시키는 등 엄격한 자원 배당과 해제 정책을 사용해야 한다.
② 교착상태의 예방은 상호 배제, 점유 및 대기, 비선점, 순환 대기 중 어느 하나라도 발생하지 않게 함으로써 가능하다.
③ 교착상태의 예방은 자원의 이용률은 낮지만 자원 관리와 시스템 안정성을 유지하는 데 매우 중요하다.
④ 교착상태의 예방은 시스템의 운영 상황을 파악하면서 교착상태 가능성을 피해 가는 것이다.

31 교착상태와 무한 대기에 대한 설명으로 옳지 않은 것은?

① 무한 대기 문제는 에이징 방법으로 해결할 수 있다.
② 은행원 알고리즘은 교착상태를 회피하는 알고리즘이다.
③ 컴퓨터 시스템에서 무한 대기와 교착상태가 발생하는 것은 모두 바람직하지 않다.
④ 교착상태 회복 방법으로 점유 및 대기 부정, 비선점 부정, 순환(환형) 대기 부정 등이 있다.

32 다음 중 디스크 스케줄링 기법에 대한 설명으로 옳지 않은 것은?

① FCFS 스케줄링은 요청이 도착한 순서에 따라 디스크 I/O 요청을 처리하는 방식이다.
② SSTF 스케줄링은 현재 디스크 헤드 위치에서 가장 가까운 요청을 우선적으로 처리하여 평균 대기 시간을 최소화하는 방식이다.
③ C-SCAN 스케줄링은 디스크 헤드가 한 방향으로만 이동하며, 끝에 도달하면 시작 위치로 돌아가서 다시 요청을 처리하는 방식이다.
④ SCAN 스케줄링은 디스크 헤드가 한 방향으로 움직이면서 모든 요청을 처리한 후, 끝에 도달하면 반대 방향으로 다시 이동하여 요청을 처리하는 방식이다.

33 디스크 장치의 데이터 전송 과정에 대한 설명으로 옳지 않은 것은?

① 이동 헤드 디스크의 데이터 액세스 시간과 고정 헤드 디스크의 액세스 시간은 동일하다.
② 탐색 시간(seek time)은 헤드가 현재 위치에서 그 트랙까지 이동하는 데 걸리는 시간이다.
③ 회전 지연 시간(rotational latency time)은 원하는 섹터를 만날 때까지 플래터가 회전하는 데 걸리는 시간이다.
④ 전송 시간(transmission time)은 헤드가 원하는 섹터에 있는 데이터를 읽어 전송하는 데 걸리는 시간 즉, 디스크와 메인 메모리 간의 섹터를 주고받는 데 걸리는 시간이다.

34 다음 설명에 해당하는 디스크 스케줄링 정책은 무엇인가?

> 먼저 도착한 요청이 먼저 서비스를 받으며, 일단 요청이 도착하면 실행 예정 순서가 고정된다는 점에서 공평한 디스크 스케줄링 정책이다.

① SCAN
② SSTF
③ FCFS
④ C-SCAN

35 다음 중 C-SCAN 스케줄링 방법에 대한 설명으로 옳은 것은?

① 먼저 도착한 I/O 요청을 먼저 서비스한다.
② 현재 헤드의 위치에서 가장 가까운 I/O 요청을 서비스한다.
③ 헤드가 디스크 표면을 양방향(안쪽과 바깥쪽)으로 이동하면서 이동하는 동선의 I/O 요청을 서비스한다.
④ 헤드는 트랙의 안쪽 한 방향으로만 움직이며, 안쪽에 더 이상 I/O 요청이 없으면 다시 바깥쪽에서 안쪽으로 이동하면서 I/O 요청을 서비스한다.

36 디스크의 빈 공간 관리 방법 중 연결 리스트 방식에 대한 설명으로 옳지 않은 것은?

① 연결 리스트 방식에서는 빈 공간을 블록 간의 포인터로 관리하여 각 빈 블록이 다음 빈 블록을 가리킨다.
② 연결 리스트 방식은 디스크 블록의 빈 공간을 비트맵이나 인덱스 테이블 대신 연결 리스트로 관리한다.
③ 연결 리스트 방식에서는 빈 공간을 효율적으로 관리할 수 있지만, 파일의 블록을 물리적으로 연속적으로 배치해야 한다.
④ 연결 리스트 방식에서는 빈 블록의 포인터를 사용하여 빈 공간을 관리하며, 파일의 블록은 비연속적으로 저장될 수 있다.

37 다음 중 파일 디스크립터에 대한 설명으로 옳지 않은 것은?

① 모든 시스템에서 자료구조가 동일하다.
② 해당 파일을 오픈하면 FCB(File Control Block)를 메모리에 올려야 한다.
③ 파일 디스크립터의 내용에는 파일의 ID 번호, 디스크 내 주소, 파일 크기 등 정보를 수록한다.
④ 파일을 액세스하는 동안 운영체제가 관리 목적으로 알아야 할 정보를 모아놓은 자료구조이다.

38 디스크 할당 방식에서 데이터의 인덱스를 담고 있는 인덱스 블록끼리 연결하여 최대 할당 크기의 제약이 없는 방식으로 옳은 것은?

① 연속 할당
② 연결 할당
③ 체인 할당
④ 인덱스 할당

39 다음 중 유닉스(UNIX) 운영체제에 대한 설명으로 옳지 않은 것은?

① 유닉스는 다중 사용자와 다중 작업을 지원하는 멀티태스킹 운영체제이다.
② 유닉스는 파일 시스템의 계층적 구조를 채택하여, 파일과 디렉터리를 트리 형태로 관리한다.
③ 유닉스는 명령어와 프로그램이 모두 텍스트 파일로 저장되며, 이를 통해 시스템 관리와 작업 처리를 수행한다.
④ 유닉스는 하드웨어에 가까운 저수준 시스템 프로그래밍을 위해 설계되었으며, 응용 프로그램과 사용자 인터페이스는 제공하지 않는다.

40 다음 중 리눅스 셸에 대한 설명으로 옳지 않은 것은?

① 배시 셸(Bash shell)은 본 셸을 기반으로 본 셸과 호환성을 유지하면서 C 셸, 콘 셸의 편리한 기능도 포함하고, GPL 라이선스에 의거하여 자유롭게 사용 가능하며, 리눅스의 기본 셸로 제공된다.
② C 셸(C shell)은 에일리어스나 히스토리 같은 사용자 편의 기능을 포함하고 있고, 셸 스크립트 작성을 위한 구문 형식이 C 언어와 같아 C 셸이라고 한다.
③ 콘 셸(Korn shell)은 C 셸과 달리 본 셸과의 호환성을 유지하고 히스토리, 에일리어스 기능 등 C 셸의 특징도 모두 제공하면서, 처리 속도도 빠르다.
④ 본 셸(Bourne shell)은 최초의 셸로 히스토리, 에일리어스, 작업 제어 등 사용자의 편의를 위한 기능을 제공한다.

정답 및 해설 | 운영체제

01	02	03	04	05	06	07	08	09	10	11	12	13	14	15	16	17	18	19	20
③	②	③	③	①	④	④	④	④	①	③	④	②	②	③	③	③	④	④	③
21	22	23	24	25	26	27	28	29	30	31	32	33	34	35	36	37	38	39	40
④	②	③	②	③	②	③	④	③	④	④	④	①	③	④	③	①	④	④	④

01 정답 ③
일괄 처리 시스템은 실시간 상호작용을 제공하지 않으며, 작업들이 미리 지정된 순서대로 처리된다. 사용자는 작업이 완료될 때까지 기다려야 하므로 대화형 환경을 제공하지 않는다.

02 정답 ②
일괄 처리 시스템에서 프로세서와 입출력 장치의 속도 차이로 인한 유휴 상태, 우선순위를 결정하기 어려운 문제점을 소프트웨어적으로 해결하기 위해 스풀링 방법이 등장했다.

03 정답 ③
주소 버스의 폭은 CPU가 접근할 수 있는 메모리 주소 공간의 크기를 결정한다. 주소 버스의 비트 수가 클수록 더 많은 메모리 주소에 접근할 수 있으며, 이는 더 많은 물리적 메모리를 사용할 수 있다는 의미이다.
①·② 주소 버스의 폭이 시스템의 데이터 처리 속도나 CPU의 클록 속도에 직접적인 영향을 미치지는 않는다.

04 정답 ③
모놀리식 커널(Monolithic Kernel)은 운영체제의 주요 기능(프로세스 관리, 파일 시스템, 드라이버 등)이 커널 내에 통합된 방식으로, 한 공간에서 실행된다. 성능이 뛰어나며 시스템 호출 간의 오버헤드가 적지만, 문제가 발생하면 시스템 전체에 영향을 미칠 수 있다는 단점이 있다.

05 정답 ①
예상 적재는 프로그램 실행 전에 필요한 모든 페이지를 메모리에 미리 로드하기 때문에 실행 중 페이지 폴트가 발생하지 않아 성능 지연이 적지만, 요구 적재는 페이지가 필요할 때마다 메모리에 적재하므로, 실시간 성능이 중요한 경우 페이지 폴트로 인해 지연이 발생할 수 있다. 예상 적재는 메모리를 많이 차지하지만, 성능을 우선시하는 환경에서는 유리하다.

06 정답 ④
경계 레지스터(Boundary Register)는 사용자 프로그램이 할당된 메모리 범위를 벗어나지 않도록 경계를 설정한다. 사용자 프로그램이 운영체제나 다른 프로그램의 메모리 영역에 침범하지 않도록 보호하며, 메모리에 접근할 때마다 경계 레지스터에서 설정된 범위 내에서만 접근이 가능하도록 제한하여 시스템의 메모리 보호가 이루어진다.

07 정답 ④

내부 단편화(Internal Fragmentation)는 프로세스가 메모리에 할당된 후 블록 내에 남아 있는 사용되지 않은 메모리 공간을 의미한다.
최적 적합 알고리즘을 사용할 경우 남은 공간이 적은 블록에 프로세스를 할당하므로, 내부 단편화가 줄어들 수 있다. 하지만 프로세스가 사용하지 않는 작은 공간이 여전히 발생할 수 있어서 시스템 성능에 영향을 미칠 수 있으며, 비효율적인 메모리 사용으로 이어질 수 있다.

08 정답 ④

가변 분할 방식은 메모리 크기에 따라 분산 할당되어 메모리 통합 같은 부가적인 작업이 필요하므로 메모리 관리가 복잡하다.

09 정답 ④

프로세스의 크기가 실제 메모리보다 클 때 전체 프로세스를 메모리에 가져오는 대신 적당한 크기로 잘라서 가져오는 기법은 단일 프로그래밍에서의 메모리 할당 방식인 메모리 오버레이다.

10 정답 ①

페이지 크기가 1024Byte인 시스템에서 가상 주소 5000번지를 변환하는 과정은 다음과 같다
- 페이지 번호(Page Number)는 가상 주소를 페이지 크기로 나눈 몫이다.
  ⇒ 5000 ÷ 1024 = 4 (몫), 페이지 번호는 4이다.
- 오프셋(Offset)은 페이지 내에서의 위치로, 가상 주소를 페이지 크기로 나눈 나머지이다.
  ⇒ 5000 % 1024 = 904 (나머지), 오프셋은 904이다.

11 정답 ③

가상 주소 ⟨3, 800⟩에서 세그먼트 번호는 3, 오프셋은 800이다. 세그먼트 번호 3의 정보는 크기 1024와 시작 주소 4096이다. '물리 주소 = 시작 주소 + 오프셋'이므로, 4096 + 800 = 4896이다.

12 정답 ④

집합-연관 매핑 방식은 페이지 번호가 여러 프레임 중 하나로 매핑되며, 페이지 테이블이 필요하다. 페이지 번호를 여러 위치에서 검색할 수 있는 유연성을 제공한다.
① 페이지 테이블(Page Table) 자체는 가상 주소를 물리 주소로 직접적으로 변환하지 않고, 가상 주소의 페이지 번호를 물리 메모리의 프레임 번호와 매핑하는 역할을 한다.
② 직접 매핑 방식은 페이지 번호와 프레임 번호가 일대일로 직접 대응되어, 특정 페이지 번호가 페이지 테이블의 특정 위치에 직접 매핑된다는 것을 의미한다.
③ 연관 매핑 방식은 페이지 번호와 프레임 번호 간의 매핑이 유연하게 이루어지며, 전체 페이지 테이블을 검색하여 매핑을 찾는다.

13 정답 ②

동적 주소 변환에 대한 설명이다. 가상기억장치 시스템에서는 프로세스가 참조하는 주소를 실제 주기억장치의 주소로 바꾸어야 하는데, 이 과정은 프로세스 수행 중에 일어난다.

14 정답 ②

페이지 부재가 발생할 때, 새로운 페이지를 메모리에 로드하기 위해 기존 페이지를 반드시 스왑 아웃하는 것은 아니며, 이는 페이지 교체 알고리즘에 따라 결정된다. 스왑 아웃은 필요한 경우에만 발생하며, 페이지 부재 자체로 인해 기존 페이지를 제거해야 하는 것은 아니다. 페이지 부재 처리 과정에서는 페이지를 디스크에서 메모리로 로드하고, 페이지 테이블을 갱신하여 새로운 페이지의 위치를 반영한다.

15 정답 ②

LFU(Least Frequently Used) 알고리즘에서는 페이지의 참조 비트를 사용하지 않고, 페이지 사용 빈도를 추적하기 위해 카운터를 사용한다. LFU는 페이지 참조 비트가 아니라 카운터를 사용하여 빈도를 기록한다.

16 정답 ③

페이지 크기가 작을 때 페이지 교체가 빈번해질 수 있으므로, 페이지 교체 알고리즘을 최적화하여 페이지 교체의 빈도를 줄이는 것이 성능 개선에 효과적이며, 페이지 교체에 필요한 자원과 시간을 줄이는 데 도움이 된다.
① 페이지 크기를 줄이면 내부 단편화는 줄어들지만 페이지 테이블의 크기가 증가할 수 있으므로, 페이지 크기를 줄이는 것만으로는 성능을 개선하기 어려울 수 있다.
② 캐시 메모리 크기 증가는 시스템 성능에 영향을 미칠 수 있으나, 페이지 크기를 줄이는 것은 전체 시스템 성능에 큰 도움이 되지 않는다. 페이지 크기를 줄이면 페이지 테이블이 커질 가능성이 높아진다.
④ 페이지 크기를 늘리면 페이지 테이블의 크기를 줄일 수 있지만, 페이지 크기를 변경하는 방식은 시스템의 성능을 개선하는 방법으로는 제한이 있을 수 있다.

17 정답 ③

지역성이 있는 참조 패턴에서는 LRU가 FIFO보다 더 좋은 성능을 보일 수 있다. FIFO는 오래된 페이지를 교체하기 때문에 지역성이 있는 참조 패턴에 대해 비효율적일 수 있다.
① 랜덤 참조 패턴에서는 FIFO와 같은 단순한 알고리즘이 효율적일 수 있다. 랜덤 참조에서는 페이지 부재율이 높을 수 있으므로, 단순 알고리즘이 비교적 유리할 수 있다.
② 참조 패턴이 반복적일 때, LRU 알고리즘은 자주 참조되는 페이지를 메모리에 유지하므로 페이지 부재율이 낮아질 수 있다.
④ 페이지 참조 패턴이 순환적일 때 FIFO는 페이지 부재를 자주 발생시킬 수 있다. FIFO는 가장 오래된 페이지를 교체하기 때문에 순환 참조 패턴에서는 비효율적일 수 있다.

18 정답 ③

다중 프로그래밍 정도가 지나치게 높아지면 오히려 페이지 폴트가 과다하게 발생해 CPU가 빈번하게 대기 상태에 빠지게 되므로, CPU 이용률이 일정하게 유지되지 않고 감소할 수 있다.
① 다중 프로그래밍 정도가 증가하면 일반적으로 CPU의 이용률이 증가하는 경향이 있으며, 시스템이 더 많은 프로세스를 처리할 수 있다.
② 다중 프로그래밍 정도가 너무 높으면 시스템의 메모리가 부족해져 페이지 교체가 빈번하게 발생하게 되며, 이로 인해 디스크 장치의 이용률이 증가하고 CPU의 이용률은 감소할 수 있다.
④ 다중 프로그래밍 정도가 적정 수준을 초과하면 페이지 부재가 빈번하게 발생하게 되며, 이는 디스크 장치의 이용률이 증가하는 원인이 된다.

19 정답 ④

block 상태의 프로세스는 자원이나 이벤트를 기다리는 상태로, CPU를 사용하지 않는다. 자원이나 이벤트가 준비되면 ready 상태로 전환되어 다시 CPU에서 작업을 수행할 수 있다.
exit 상태의 프로세스는 종료된 상태로, 운영체제는 이 프로세스가 사용하던 모든 자원을 해제하여 메모리와 기타 자원은 회수되며, 프로세스는 시스템에서 제거된다.

20 정답 ③

디스패치(dispatch)는 준비 상태에 있는 프로세스에 CPU를 할당하는 역할을 수행한다. 문맥 교환(context switch)은 실행 중인 프로세스의 상태를 저장하고 새로운 프로세스의 상태를 복원하여 CPU를 전환하는 작업이다.

21 정답 ④

HRN 알고리즘에서 응답 비율(우선순위)은 다음과 같이 구한다.

> 응답 비율(우선순위) = (대기 시간 + 서비스 시간) / 서비스 시간

HRN 알고리즘에서는 대기 시간이 길고 서비스 시간이 짧은 작업이 응답 비율이 높다.

22 정답 ②

시분할 시스템에서 운영체제가 CPU에 전달하는 작업은 프로세스가 아니라 스레드이다. 프로세스는 운영체제로부터 할당받아 실행할 수 있는 프로그램을 말하며, 스레드는 이 프로그램 내에서 여러 개의 작은 의미의 일로 구분할 수 있다. 즉, 프로세스가 작업(task)이라고 하면, 스레드는 여러 개의 일(operation)을 의미한다.

23 정답 ③

SJF 스케줄링은 준비 큐에 있는 프로세스 중에서 실행 시간이 가장 짧은 작업부터 CPU를 할당하는 비선점 스케줄링 방식이다.

24 정답 ②

분산 운영체제에서는 자원과 작업이 각 노드에서 독립적으로 동작·처리되며, 중앙 서버에서 모든 작업을 처리하는 것은 아니다. 다른 노드와 상호작용 및 자원 공유를 통해 협력 작업을 처리할 수 있는 상호 협력이 중요한 특징이다. 분산 운영체제에서는 자원의 효율적인 활용을 위해 자원 공유를 적극적으로 허용하고 관리하는 것이 일반적이다.

25 정답 ③

데커의 알고리즘은 변수와 논리를 활용하여 두 프로세스 간에 상호 배제를 소프트웨어적으로 보장하는 초기 알고리즘으로, 락(lock)을 사용하진 않는다.
① 세마포어는 자원 접근을 제어하기 위해 정수형 변수를 사용하며, P(wait)와 V(signal) 연산을 통해 자원의 잠금과 해제를 관리한다.
② 모니터는 상호 배제를 보장하는 고수준의 동기화 도구로, 자원 접근을 자동으로 관리하여 프로세스가 자원에 동시에 접근하는 것을 방지한다.
④ TestAndSet은 하드웨어적으로 원자적인 연산을 수행하여 상호 배제를 보장하는 기법으로, 하드웨어 명령어를 사용해 변숫값을 변경하는 방식이다.

26 정답 ②
임계 영역(critical section)에는 여러 프로세스가 접근 가능하지만 어느 순간에는 프로세스 하나만 사용할 수 있는 영역으로, 상호 배제를 간편하게 구현할 수 있다. 해결 방법은 상호 배제, 진행, 한정 대기 조건을 만족하면 된다.

27 정답 ③
모니터는 세마포어를 잘못 사용할 경우 여러 가지 오류가 쉽게 발생하여 프로그램을 작성하기 어려운 점을 극복하기 위해 등장하였다. 핸슨과 호(Hoare)가 수정한 공유 자원 할당과 이것의 임계 영역을 관리하는 소프트웨어 구성체를 의미하며 병행 프로그래밍 구조를 갖는다.

28 정답 ④
은행원 알고리즘은 프로세스의 최대 자원 요구량을 기반으로 현재 자원의 상태를 고려하여 자원 요청을 수락하거나 거부하는 방식으로 교착 상태를 회피한다. 자원 요청이 시스템의 안정 상태를 유지하는지 확인한 후 자원을 할당한다.
① · ② 은행원 알고리즘은 자원 요청을 무조건 수락하지 않으며, 자원 요청이 들어올 때 즉시 자원을 할당하는 것이 아니라, 요청을 수락하기 전에 시스템의 안정성을 검토한다.
③ 은행원 알고리즘은 자원을 할당하는 방식이 아니라, 자원을 할당하기 전에 시스템의 안정 상태를 분석하여 교착 상태를 회피하는 방법이다.

29 정답 ③
안정 상태는 모든 자원 요청이 수락될 수 있으며, 모든 프로세스가 필요한 자원을 최종적으로 받을 수 있는 상태를 의미한다. 즉, 시스템이 교착 상태에 빠지지 않고 모든 자원 요청이 처리될 수 있는 상태를 의미한다.
불안정 상태는 시스템이 교착 상태에 빠질 수 있는 상태를 의미하며, 자원 요청이 처리되지 않을 수 있다. 하지만 불안정 상태가 자원 요청이 항상 거부되는 상태를 의미하진 않는다.

30 정답 ④
교착상태의 회피는 프로세스에 자원을 할당할 때 어느 수준 이상의 자원을 나누어주면 교착상태가 발생하는지 파악하면서 그 수준 이하로 자원을 나누어주는 방법이다.

31 정답 ④
교착상태에서 회복한다는 것은 순환 대기에서 벗어난다는 것이다. 단순하게 프로세스를 한 개 이상 중단하는 방법과 교착상태의 프로세스들에서 자원을 선점하는 방법이 있다.

32 정답 ③
C-SCAN 스케줄링은 디스크 헤드가 요청을 처리하면서 원형으로 진행하는 방식으로, 한 방향으로만 이동한다. 안쪽 끝(또는 바깥쪽 끝)에 도달하면 바깥쪽 끝(또는 안쪽 끝) 위치로 돌아가서 역방향이 아닌 동일한 방향으로 다시 요청을 처리하는 방식이다.

33 정답 ①
'디스크의 액세스 시간 = 탐색 시간 + 회전 시간 + 전송 시간'이다. 고정 헤드 디스크는 각 트랙에 읽기 · 쓰기 헤드가 있어 탐색 시간이 필요 없으므로, 액세스 시간은 회전 시간과 전송 시간의 합이 된다.

34 정답 ③

FCFS 디스크 스케줄링(First Come First Service)은 프로그래밍하기 쉽고, 어떤 요청도 무기한 연기하지 않으며, 본질적으로 공평성(공정성)을 유지한다. 디스크 요청이 흩어질 때는 실행 시간 오버헤드가 적지만 서비스 지연을 감소시키는 요청을 재정렬하지 않아서 일반적인 임의의 탐색 패턴 결과로 탐색 시간이 증가하면서 처리량이 감소한다.

35 정답 ④

순환 스캔(C-SCAN : Circular-SCAN) 스케줄링은 스캔 스케줄링을 변형하여 대기시간을 좀 더 균등하게 처리하는 방법이다. 처음과 마지막 트랙을 서로 인접시킨 원형처럼 디스크를 처리하여 처리량을 향상시킨다. 또 바깥쪽 트랙과 안쪽 트랙을 차별하지 않아 반응시간의 변화를 줄인다. 물론 동일한 실린더(트랙) 요청이 연속적으로 발생하면 처리가 무기한 연기될 수 있다. ①은 FCFS, ②는 SSTF, ③은 SCAN 스케줄링에 대한 설명이다.

36 정답 ③

③·④ 연결 리스트 방식에서는 빈 공간을 연결 리스트로 관리하므로 파일의 블록을 물리적으로 연속적으로 배치할 필요가 없으며, 비연속적으로 저장될 수 있다.
① 연결 리스트 방식에서는 빈 블록이 서로 연결되어 있으며, 각 빈 블록은 다음 빈 블록의 주소를 가리키고, 이 링크를 통해 빈 블록들을 쉽게 추적하고 관리할 수 있다.
② 연결 리스트 방식은 디스크의 빈 공간을 관리하기 위해 빈 블록을 연결 리스트 형태로 관리한다.

37 정답 ①

파일 디스크립터(File descriptor)는 파일을 액세스하는 동안 운영체제에 필요한 정보를 모아 놓은 자료구조로, 운영체제 시스템에 따라 자료구조는 다르다.

38 정답 ④

문제에 제시된 내용은 인덱스 할당에 대한 설명이다. 포인터를 인덱스 블록이라는 하나의 장소에서 관리하여 할당하는 방법으로 직접 액세스를 지원한다. 구현하기가 쉽고 외부 단편화가 없으나, 인덱스 블록을 보관하려면 메모리가 많이 필요하다. 따라서 인덱스 할당의 성능은 인덱스 구조와 파일의 크기, 원하는 블록의 위치에 따라 좌우된다.

39 정답 ④

유닉스는 사용자와 응용 프로그램을 위한 다양한 인터페이스와 도구를 제공하며, 높은 수준의 사용자 인터페이스와 응용 프로그램을 제공한다.

40 정답 ④

본 셸(Bourne shell)은 유닉스 V7에 처음 등장한 최초의 셸이다. 초기에 본 셸은 단순하고 처리 속도가 빨라서 많이 사용되었고, 지금도 시스템 관리 작업을 수행하는 많은 셸 스크립트는 본 셸을 기반으로 하고 있다. 하지만 히스토리, 에일리어스, 작업 제어 등 사용자의 편의를 위한 기능을 제공하지 못해 이후에 다른 셸들이 등장하게 된다.

또 실패했는가? 괜찮다. 다시 실행하라. 그리고 더 나은 실패를 하라!

– 사뮈엘 베케트 –

벼락치기

VI. 이산수학

- 시험장에 가져가는 핵심요약집
- 기출동형 최종모의고사
- 최종모의고사 정답 및 해설

이성으로 비관해도 의지로써 낙관하라!

– 안토니오 그람시 –

VI. 이산수학
시험장에 가져가는 핵심요약집

제1장 기초

제1절 집합

집합(set) : 주어진 성질을 만족시키는 대상들[집합의 원소(element)]의 모임

1 집합의 표현

- **집합** : 일반적으로 알파벳 대문자 A, B, C, ⋯, Z로 표기
- **원소** : 일반적으로 알파벳 소문자 a, b, c, ⋯, z로 표기

> $a \in A$: a는 집합 A의 원소
> $a \notin A$: a는 집합 A의 원소가 아님

(1) 원소나열법

  예) $S_1 = \{1, 3, 5, 7, 9\}$, $S_2 = \{흰색, 검은색\}$

(2) 조건제시법

  예) $S_1 = \{n | n은 자연수, 1 \leq n \leq 5\}$, $S_2 = \{2n | n은 정수\}$

(3) 오일러 다이어그램(벤 다이어그램)

  $A \subset B$: 집합 A는 집합 B의 부분집합, 집합 A의 모든 원소가 집합 B의 원소

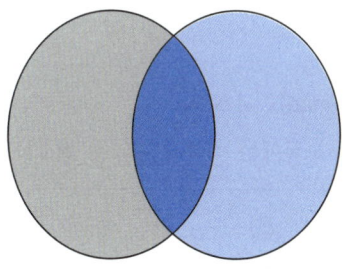

[두 집합의 오일러 다이어그램]

2 집합의 크기 : 집합 A, B, C가 유한집합일 때

집합 S 내에 있는 서로 다른 원소들의 개수 : $|S|$

$$|A \cup B| = |A|+|B|-|A \cap B|$$
$$|A \cap B| = |A|+|B|-|A \cup B|$$
$$|A - B| = |A \cap \overline{B}| = |A|-|A \cap B|$$
$$|A \times B| = |A| \times |B|$$
$$|A \cup B \cup C| = |A|+|B|+|C|-|A \cap B|-|A \cap C|-|B \cap C|+|A \cap B \cap C|$$

3 집합의 관계 : 두 집합 A, B에 대하여

① 전단사 함수 $f : A \to B$ 존재 : $|A|=|B|$, 대등(equinumerous)
② 단사 함수 $f : A \to B$가 존재 : $|A| \leq |B|$
③ 단사 함수 $f : A \to B$가 존재하나, 전단사 함수 $f : A \to B$가 존재하지 않는다면 : $|A| < |B|$

4 집합의 연산

(1) 합집합(Union) : $A \cup B$

$A \cup B = \{x : x \in A \lor x \in B\}$

(2) 교집합(Intersection) : $A \cap B$

$A \cap B = \{x : x \in A \land x \in B\}$

(3) 차집합(Difference) : $A - B$

$A - B = \{x : x \in A \land x \notin B\}$
집합 A에서 집합 B의 차집합은 교집합을 이용해서 구할 수 있다.
$A - B = A - (A \cap B)$

(4) 대칭 차집합(Symmetric difference) : $A \triangle B$

둘 중 한 집합에는 속하지만 둘 모두에는 속하지는 않는 원소들의 집합

$$A \triangle B = \{x | x \in A \cup B \land x \notin A \cap B\}$$
$$= \{x | x \in A - B \lor x \in B - A\}$$
$$= \{x | x \in ((A \cup B) - (A \cap B))\}$$
$$= \{x | (x \in A \land x \notin B) \lor (x \notin A \land x \in B)\}$$

(5) 여집합(Complement) : A^C, A^-, A', $\overline{A}$

$A^C = \{x \in S : x \notin A\}$

(6) 집합 B의 부분집합(subset) A : $A \subseteq B$

$A \subseteq B = \{\forall x \in A : x \in B\}$

(7) 멱집합(Power set) : 2^s

집합의 모든 부분집합을 모아 놓은 것

$P(S) = \{A : A \subseteq S\}$

(8) 집합의 곱(Cartesian Product) : $A \times B$

$A \times B = \{(a,b) | a \in A \wedge b \in B\}$

(9) 집합의 대수 법칙

법칙의 이름	관계
결합법칙 (associative law)	$(A \cup B) \cup C = A \cup (B \cup C)$ $(A \cap B) \cap C = A \cap (B \cap C)$
교환법칙 (commutative law)	$A \cup B = B \cup A$ $A \cap B = B \cap A$
드모르간의 법칙 (De Morgan's law)	$\overline{A \cup B} = \overline{A} \cap \overline{B}$ $\overline{A \cap B} = \overline{A} \cup \overline{B}$
멱등법칙 (idempotent law)	$A \cup A = A$ $A \cap A = A$
역법칙 (inverse law)	$A \cup \overline{A} = U$ (U: 전체집합) $A \cap \overline{A} = \emptyset$, $\overline{U} = \emptyset$, $\overline{\emptyset} = U$
보법칙 (complement law)	$\overline{\overline{A}} = A$
분배법칙 (distribution law)	$A \cup (B \cap C) = (A \cup B) \cap (A \cup C)$ $A \cap (B \cup C) = (A \cap B) \cup (A \cap C)$
항등법칙 (identity law)	$A \cap U = A$, $A \cup U = U$ $A \cap \emptyset = \emptyset$, $A \cup \emptyset = A$
흡수법칙 (absorption law)	$(A \cap B) \cup A = A$ $(A \cup B) \cap A = A$
기타	$A - B = A \cap \overline{B}$ $A - A = \emptyset$, $A - \emptyset = A$

5 자주 사용하는 전체집합의 표기와 기호

(1) Z : 정수의 집합

$Z = \{\cdots, -2, -1, 0, 1, 2, \cdots\}$

(2) N : 자연수의 집합

$N = \{x | x \in Z, x > 0\} = \{1, 2, 3, \cdots\}$

(3) R : 실수의 집합

(4) Q : 유리수의 집합

$Q = \left\{\dfrac{x}{y} | x, y \in Z, y \neq 0\right\}$

(5) S_n : 1부터 n까지의 자연수의 집합

$S_n = \{x | x \in N, x \leq n\} = \{1, 2, \cdots, n\}$

제2절 증명방법

1 증명의 기본

① **공리** : 별도의 증명이 필요 없이 항상 참(T)으로 이용되는 명제(命題)
② **정리** : 공리와 정의를 통해 참(T)으로 확인된 명제
③ **정의** : 논의 대상이 지니는 의미내용에 착오가 일어나지 않도록 뚜렷이 규정한 문장이나 식
④ **증명** : 특정한 공리들을 가정하고, 그 가정 하에서 어떤 명제가 참이라는 것을 보여주는 것

2 여러 가지 증명방법

(1) **수학적 귀납법** : 기초 단계, 귀납 가정, 귀납 단계로 증명

① **기초 단계(basis)** : 출발점이 되는 n의 값을 대입하여 초기 값 계산
② **귀납 가정(inductive assumption)** : $P_1, P_2, P_3, \cdots, P_n$이 사실이라고 가정
③ **귀납 단계(inductive step)** : 기초 단계와 귀납 가정을 이용하여 P_{n+1}의 경우에 성립됨을 보임

(2) **직접 증명법** : 주어진 명제를 변경하지 않고 참(T)이라고 가정하고 공리, 정리, 정의 등을 이용하여 증명하는 방법

(3) **모순 증명법** : 주어진 문제의 명제를 일단 부정하고 논리를 전개하여 그것이 모순됨을 보임으로써 주어진 명제가 사실임을 증명하는 방법

(4) **대우 증명법**: 조건명제 $p \to q$와 $\neg q \to \neg p$가 대우관계로서 논리적 동치임을 이용하여, $\neg q \to \neg p$가 참인 것을 증명함으로써 $p \to q$가 참이 됨을 증명하는 방법

(5) **반례 증명법**: 주어진 명제가 참(T) 또는 거짓(F)임을 기존의 방법으로 입증하기가 어려운 경우, 모순이 되는 예를 하나 보임으로써 증명하는 방법

(6) **존재 증명법**: 주어진 명제가 참이 되는 예를 찾아 증명하는 방법

제3절 수의 표현

n진법과 n진수는 0과 n-1 사이의 숫자들을 이용해서 수를 표현하는 방식 또는 수를 말한다.

- n진법에서 n은 기수(Base Number)로, 표현된 수의 오른쪽 아래에 표기한다.
- 디지털 컴퓨터에서 주로 사용하는 대표적인 진수로는 2진수, 8진수, 10진수, 16진수가 있다.

1 진법별 수의 표현

(1) **10진수(Decimal Number)**: 0~9

기수를 10으로 하는 수 체계로, 10을 한 자리의 기본 단위로 하는 진수

(2) **2진수(Binary Number)**: 0~1, 1011.0101_2

기수를 2로 하는 수 체계로, 2를 한 자리의 기본 단위로 하는 진수

(3) **8진수(Octal Number)**: 0~7, $1234_8 = 1 \times 8^3 + 2 \times 8^2 + 3 \times 8^1 + 4 \times 8^0$

기수를 8로 하는 수 체계로, 8을 한 자리의 기본 단위로 하는 진수

(4) **16진수(Hexadecimal Number)**: 0~9, A~F, $B.716$

기수를 16으로 하는 수 체계로, 16을 한 자리의 기본 단위로 하는 진수

2 진법 변환

컴퓨터는 2진수를 기본으로 사용하며 8진수나 16진수도 사용함

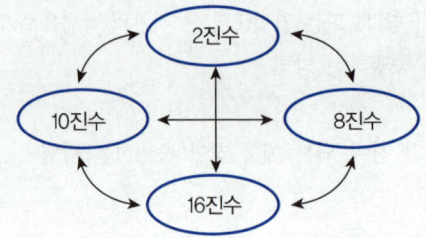

(1) 10진수의 2진수, 8진수, 16진수 변환
  ① **정수부**: 변환하려는 기수로 몫이 0이 될 때까지 나누면서 나오는 나머지를 역순으로 읽음
  ② **소수부**: 소수부가 0이 될 때까지 변환하려는 기수를 곱함

(2) 2진수, 8진수, 16진수의 10진수 변환
  각 숫자에 해당 자릿값의 가중치를 곱한 값을 모두 더함

(3) 2진수와 8진수, 16진수 간의 변환
  ① 2진수를 8진수로 변환: 2진수를 소수점 기준으로 3비트씩 나누고 각 3비트를 10진수로 변환하여 구함
  ② 8진수를 2진수로 변환: 8진수 한 자릿수는 2진수 3 자릿수가 됨
  ③ 2진수를 16진수로 변환: 2진수를 소수점 기준으로 4비트씩 나누고 각 4비트를 10진수로 변환
  ④ 16진수를 2진수로 변환: 16진수 한 자릿수는 2진수 4 자릿수가 됨

3 이진법 연산

(1) **덧셈**: 두 수의 합이 2가 되면 한 자리가 올라감

(2) **뺄셈**: 보수를 이용하여 덧셈 연산으로 구함
  ① **보수**: 진수를 나타내는 수를 r이라고 할 때 r의 보수와 r-1의 보수
  ② 보수를 이용하여 덧셈을 하면 뺄셈 연산의 결과를 얻을 수 있음

제4절 알고리즘

알고리즘은 어떠한 행동을 하기 위해서 만들어진 명령어들의 유한 집합(finite set)

1 알고리즘의 표현

(1) **자연어**(natural language) : 우리가 일상생활에서 사용하는 언어인 한국어 또는 영어 등과 같은 언어로 알고리즘을 기술하는 것

(2) **순서도**(flow chart) : 약속된 기호를 이용하여 알고리즘을 표현

구분	기호	의미
단말		순서도의 시작과 끝을 표시
준비		기억 장소, 초기값 등을 나타냄
입·출력		자료의 입·출력을 나타냄
비교·판단		조건을 비교·판단하여 흐름을 분기함
처리		자료의 연산, 이동 등 처리 내용을 나타냄
출력		각종 문서 및 서류를 출력함
흐름선	→	처리의 흐름을 나타냄
연결자		다음에 처리할 순서가 있는 곳으로 연결함

(3) **의사코드**(pseudo-code) : 컴퓨터 프로그램이나 알고리즘이 수행해야 할 내용을 우리가 사용하는 언어(한국어 또는 영어 등)로 간략히 서술해 놓은 것

(4) **프로그래밍 언어**(programming language) : 컴퓨터 프로그래밍 언어

2 좋은 알고리즘의 특성

① **정확성**(correctness) : 입력을 이용한 문제해결과정과 출력은 명확한 작업 단계를 가져야 함
② **확정성**(definiteness) : 각 단계마다 결과가 확정되고 명확한 다음 단계를 가져야 함
③ **효율성**(effectiveness) : 문제해결과정이 구현될 수 있고 효율적이어야 함
④ **입력**(input) : 문제와 관련하여 정의된 입력이 반드시 있어야 함
⑤ **출력**(output) : 문제를 해결한 결과(답)로 된 출력이 반드시 있어야 함
⑥ **유한성**(finiteness) : 유한 개의 명령 단계를 작업한 이후에 반드시 종료해야 함
⑦ **일반성**(generality) : 같은 문제로 정의된 입력들에 일반적으로 적용할 수 있어야 함

3 알고리즘의 효율성

① **알고리즘의 일반적인 선택 기준**: 수행시간, 수행에 필요한 메모리 용량, 자료의 종류, 프로그래머의 성향
② **효율성(비용) 분석**: 연산에 필요한 시간(수행시간), 필요한 기억장소의 크기(메모리 용량)

4 알고리즘의 복잡성

(1) **복잡도(Complexity: $O(n)$)**: 빅오(Big-Oh) 표현을 사용, 알고리즘 수행 시 필요한 시간 또는 공간 비용

① $f(n) = O(g(n))$, f, g : 음수 값을 갖지 않는 함수
② **시간 복잡도(time complexity)**: 프로그램이 수행되는 시간
③ **공간 복잡도(space complexity)**: 프로그램이 수행에 필요한 기억 공간

(2) $O(1) < O(\log_2 n) < O(n) < O(n\log_2 n) < O(n^2) < O(n^3) < \cdots < O(2^n) < O(n!)$

① $O(1)$: n에 관계없이 일정 시간 이하에 수행되는 알고리즘 (파일의 첫 번째 바이트가 널(null)인지 검사)
② $O(\log_2 n)$: $\log_2 n$에 비례하는 시간 이하에 수행되는 알고리즘 (이진 탐색)
③ $O(n)$: n에 비례하는 시간 이하에 수행되는 알고리즘 (기수 정렬)
④ $O(n\log_2 n)$: n에 대략 비례할 수 있는 시간 이하에 수행되는 알고리즘 (정렬 알고리즘)
⑤ $O(n^2)$: n^2에 비례하는 시간 이하에 수행되는 알고리즘 (최장 공통 부분 수열 문제)
⑥ $O(n^3)$: n^3에 비례하는 시간 이하에 수행되는 알고리즘 (행렬 곱셈)
⑦ $O(2^n)$: 2^n과 같은 꼴의 수행 시간 이하에 수행되는 알고리즘 (충족 가능성 문제)
⑧ $O(n!)$: $n!$ 즉 $n \times (n-1) \times (n-2) \times \ldots \times 1$과 같은 수행 시간 이하에 수행되는 알고리즘 (배열의 모든 순열 검사), 대부분의 알고리즘은 $O(n!)$의 수행 시간을 가짐

5 재귀 함수의 복잡성

① **재귀 함수(recursive function)**: 함수 $f(n)$의 결과를 구하기 위해 $f(n-1)$, $f(n-2)$, $\cdots$, $f(1)$ 함수 중에서 한 개 이상의 내용이 포함되어 자기 자신을 다시 호출하는 함수
② **재귀 함수의 대표적인 예**: 팩토리얼을 구하는 함수 ($O(n)$)
$f(n) = n \times f(n-1), n \geq 1, f(0) = 1$

6 다양한 알고리즘

(1) **탐색 알고리즘**

주어진 파일 또는 원소의 집합에서 특정 원소를 찾는 작업

① **순차 탐색 알고리즘**: $O(n)$
원소들을 처음부터 하나씩 비교하여 탐색하는 알고리즘으로 효율적이지는 않지만 효과적인 방법, 선형 탐색(linear search)

② **이진 탐색 알고리즘** : $O(\log_2 n)$

원소들을 반으로 나누어 기준을 정하고 그 기준과 특정 원소를 비교하여 특정 원소가 속하는 영역에 대해서 탐색을 반복하는 방법으로 탐색 범위를 좁혀가는 알고리즘, 분할 정복 알고리즘(divide and conquer algorithm)

(2) 정렬 알고리즘

정렬(sort) : 주어진 파일 또는 원소의 집합에서 주어진 항목에 따라 크기 순서대로 늘어놓는 것

> **정렬의 방식**
> ㉠ 오름차순(ascending order) : 작은 순서부터 나열하는 것
> ㉡ 내림차순(descending order) : 큰 순서부터 나열하는 것
> ㉢ 단순하지만 비효율적인 방법 : 삽입 정렬, 선택 정렬, 버블 정렬
> ㉣ 복잡하지만 효율적인 방법 : 퀵 정렬, 히프 정렬, 합병 정렬, 기수 정렬
> ㉤ 저장된 위치에 따라 : 내부 정렬(internal sort)-주기억장치(memory), 외부 정렬(external sort)

I. 내부 정렬

① **선택 정렬** : $O(n^2)$

잘못된 위치에 들어가 있는 원소를 찾아 그것을 올바른 위치에 재배치하는 원소 교환 방식으로 정렬
㉠ 리스트 중에서 가장 작은 원소를 찾아 첫 번째 위치의 원소와 교환
㉡ 두 번째로 작은 원소를 찾아 두 번째 위치의 원소와 교환
㉢ 나머지 $a[i], \cdots, a[n-1]$ 원소 중 가장 작은 원소를 선택해서 $a[i]$ 원소와 교환
㉣ 이 과정을 반복 실행

② **버블 정렬** : $O(n^2)$

인접한 두 원소를 비교하여 순서가 서로 다르면 원소의 자리를 바꾸고, 그렇지 않으면 그 위치에 그대로 둠
㉠ 인접한 2개의 레코드를 비교하여 순서대로 되어 있지 않으면 서로 교환
㉡ 이러한 비교와 교환 과정을 리스트의 왼쪽 끝에서 오른쪽 끝까지 반복하여 스캔

③ **삽입 정렬** : $O(n^2)$

원소 중에서 가장 첫 번째 값을 정렬된 원소로 가정하고 그 다음 원소부터 정렬된 원소를 기준으로 적합한 위치에 삽입하는 방법으로 정렬되어 있는 부분에 새로운 레코드를 올바른 위치에 삽입하는 과정을 반복하는 방법

> • $S[\ ]$: 정렬된 배열의 왼쪽 부분
> • $U[\ ]$: 정렬되지 않은 배열의 오른쪽 부분

정렬되지 않은 $U[\ ]$의 왼쪽 끝에서 삽입할 원소를 찾아 정렬된 $S[\ ]$의 적절한 위치에 삽입함

㉠ $U[\ ]$의 왼쪽에서 삽입할 원소 k를 선택
㉡ k를 제거하여 빈자리로 만듦
㉢ $S[\ ]$에 있는 k보다 큰 원소들을 오른쪽으로 이동
㉣ k를 $S[\ ]$에 만들어진 빈자리에 삽입
㉤ $U[\ ]$의 모든 원소들이 $S[\ ]$에 삽입될 때까지 반복

④ **퀵 정렬**: $O(n\log n)$ – 최적, $O(n^2)$ – 최악
㉠ 모든 정렬 방법 중에서 평균 수행 시간이 가장 빠름

> 정렬 대상 원소들 중에서 피벗 값(pivot key) p를 정한 후, 이 피벗 값을 기준으로 피벗보다 큰 집합과 작은 집합으로 나누고, 나누어진 두 집합을(subset) 각각 다시 퀵 정렬로 재귀함으로써 모든 원소가 순서대로 정렬될 때까지 실행

㉡ 리스트를 2개의 부분 리스트로 비균등 분할하고, 각각의 부분 리스트를 다시 퀵 정렬

- 배열 $a[m:n]$의 한 원소를 pivot(중심 값)으로 선정
- pivot을 기준으로 $a[\ ]$를 두 개의 파티션(partition)으로 분할
  - 왼쪽 파티션은 pivot보다 작은 값들로 구성
  - 오른쪽 파티션은 pivot보다 크거나 같은 값들로 구성
- 각 파티션에 대해 다시 퀵 정렬을 순환 적용
  - 각 파티션이 하나의 원소로 될 때까지 반복

⑤ **합병 정렬**: $O(n\log n)$
원소 집합을 비슷한 크기로 반복해서 나누고 나눈 원소들의 집합의 크기가 1이 되었을 때 정렬된 두 원소 집합을 병합하여 크기가 2인 집합들을 생성하고, 다시 이 집합들에 대하여 병합 과정을 반복 시행하여 한 개의 집합을 만들어 내는 방법

> 📁 합병 정렬의 분할 정복(divide and conquer) 방법
> - 분할(Divide): 배열을 같은 크기의 2개의 부분 배열로 분할
> - 정복(Conquer): 부분 배열을 정렬한다. 부분 배열의 크기가 충분히 작지 않으면 재귀호출을 이용하여 다시 분할 정복 기법을 적용
> - 결합(Combine): 정렬된 부분 배열을 하나의 배열로 통합

⑥ **힙 정렬**: $O(\log_2 n)$
원소들을 정리할 때 동시에 처리하지 않고 모든 원소들 중에서 가장 큰(또는 작은) 원소를 찾아서 출력하고, 나머지 원소들 중에서 가장 큰(또는 작은) 원소를 찾아 출력하는 과정을 반복 시행하여 정렬

⑦ **쉘 정렬**: $O(n^{1.5})$ – 최악 및 평균, $O(n\log_2 n)$ – 최선
삽입 정렬을 확장한 개념으로, 원소 전체를 삽입 정렬하기 전에 이 원소들을 몇 개의 부분리스트로 나누어 삽입 정렬을 한 뒤 전체 원소에 대해 삽입 정렬을 수행

알고리즘	최선	평균	최악
삽입 정렬	$O(n)$	$O(n^2)$	$O(n^2)$
선택 정렬	$O(n^2)$	$O(n^2)$	$O(n^2)$
버블 정렬	$O(n^2)$	$O(n^2)$	$O(n^2)$
쉘 정렬	$O(n)$	$O(n^{1.5})$	$O(n^{1.5})$
퀵 정렬	$O(n\log_2 n)$	$O(n\log_2 n)$	$O(n^2)$
힙 정렬	$O(n\log_2 n)$	$O(n\log_2 n)$	$O(n\log_2 n)$
합병 정렬	$O(n\log_2 n)$	$O(n\log_2 n)$	$O(n\log_2 n)$
기수 정렬	$O(dn)$	$O(dn)$	$O(dn)$

II. 외부 정렬

외부기억장치에 대부분의 데이터가 있고 일부만 주기억장치에 저장된 상태에서 정렬하는 방법

- 정렬 단계(sort phase) : 정렬할 파일의 레코드들을 지정된 길이의 부분 파일로 분할해서 정렬하여 런(run)을 만들어 입력 파일로 분배하는 단계
- 런 생성 방법 : 내부 정렬(internal sort), 대체 선택(replacement selection), 자연 선택(natural selection)
- 합병 단계(merge phase) : 정렬된 런들을 합병해서 보다 큰 런으로 만들고, 이것들을 다시 입력 파일로 재분배하여 합병하는 방식으로, 모든 레코드들이 하나의 런에 포함되도록 만드는 단계

① **균형 합병 정렬(balanced merge sort)**
   ㉠ n개의 테이프 장치에 대하여 각 테이프에 똑같은 크기의 레코드들을 작은 블록으로 나누어 내부 방법을 통해 정렬
   ㉡ 최소 4개의 테이프가 있을 때 가능하며 2-way merge sort를 하는 방식

② **계단식 합병 정렬(cascade merge sort)**
   ㉠ 부분적으로 정렬된 부분 파일들을 한 개의 빈 테이프에 합병하여 정렬하는 방법을 반복 실행하여 정렬
   ㉡ 연속 합병 정렬이라고도 하며 n개의 테이프가 주어졌을 때, 처음에는 $(n-1)$-way 합병을 하고 $(n-2)$-way 합병, …, 2-way 합병 정렬을 반복적으로 행하는 방법으로 정렬

③ **교대 합병 정렬(oscillating merge sort)**
   ㉠ 테이프의 읽기, 쓰기 기능이 역방향과 순방향 모두 가능한 테이프 장치의 기능을 이용하여 정렬
   ㉡ n개의 테이프에서 1개의 테이프에는 정렬되지 않은 입력 파일이 저장되어 있고, $n-1$개의 테이프는 비어있으며 비어있는 $n-1$개의 테이프를 이용하여 합병 정렬

④ **다단계 합병 정렬(polyphase merge sort)**
   ㉠ 분산되어 기록된 레코드의 수를 피보나치 수열을 이용하여 정렬
   ㉡ n개의 입력 파일과 1개의 출력 파일로 구성
   ㉢ 최소 8개의 테이프가 필요하며 k-way merge sort를 하는 방식

(3) 유클리드 알고리즘(Euclidean algorithm)

두 양의 정수 x, y가 갖는 공약수 중에서 최댓값인 최대공약수(Greatest Common Divisor, GCD)를 찾는 알고리즘, 유클리드 호제법

> 최대공약수 : $GCD(x,y) = GCD(y,r)$에 의하여 구할 수 있는데 r이 0이 될 때까지 이 과정을 반복하여 구함

제2장 관계와 함수

제1절 관계

관계(relation) : 객체(object)들 간의 연관성을 표현

1 관계와 이항관계

(1) **이항관계** : 두 집합 A, B에 대하여, A로부터 B로의 이항관계(binary relation) R은 두 집합의 곱집합 $A \times B$의 부분집합

※ $A \times B$의 원소인 순서쌍이 (a, b)일 때, $(a, b) \in R$과 $_aR_b$는 동치

① **정의역(Domain)** : 집합 A에서 집합 B로 가는 관계 R에 속한 순서쌍의 첫 번째 원소가 포함되어 있는 집합, $dom(R) = \{a | a \in A\}$

② **공변역(Codomain)** : 집합 A에서 집합 B로 가는 관계에서 관계 R에 속한 순서쌍의 두 번째 원소가 포함되어 있는 집합, $codom(R) = \{b | b \in B\}$

③ **치역(Range)** : 집합 A에서 집합 B로 가는 관계에서 관계 R에 속한 순서쌍의 두 번째 원소들을 모아놓은 집합(공변역의 부분집합), $ran(R) = \{b | (a, b) \in R\} \subseteq B$

(2) **집합의 곱(cartesian product)** : $A \times B = \{(a, b) | a \in A, b \in B\}$

$A_1 \times A_2 \times \cdots \times A_n = \{(a_1, a_2, \cdots, a_n) | 모든\ i,\ 1 \leq i \leq n 에\ 대해\ a_i \in A_i\}$

(3) $n - ary$ **관계** : 원소가 두 개 이상인 경우의 관계

(4) **역관계(reverse relation)** : R^{-1}

$R^{-1} = \{(b, a) | (a, b) \in R\}$

2 관계의 표현

순서쌍의 집합, 화살표 도표(arrow diagram), 좌표 도표(coordinate diagram), 관계 행렬(relation matrix), 방향 그래프(directed graph)

(1) 화살표 도표: 집합 A에서 집합 B의 관계 R의 순서쌍 집합 $(a,b) \in R$ $(a \in A, b \in B)$일 때 집합 A에 있는 원소 a에서 집합 B에 있는 원소 b로 화살표를 그려서 관계를 표현

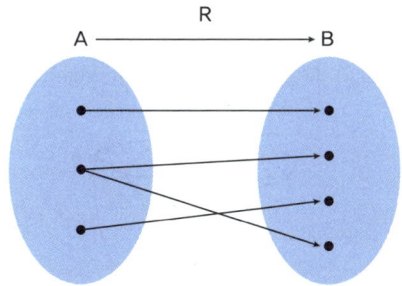

(2) 좌표 도표: 집합 A와 집합 B의 관계 R이 있을 때, 집합 A의 원소를 x축 위의 점으로 생각하고 집합 B의 원소를 y축 위의 점으로 생각하여 $a \in A$와 $b \in B$가 만나는 곳에 점으로 표시

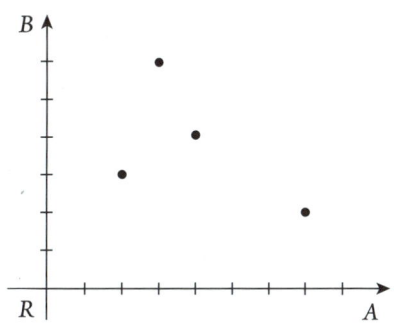

(3) 관계 행렬: 부울(boolean) 행렬을 이용하여 관계를 표현
　① 관계 행렬의 원소 m_{ij}가 '1'일 때: 관계 R에 원소 (a_i, b_j) 존재
　② 관계 행렬의 원소 m_{ij}가 '0'일 때: 관계 R에 원소 (a_i, b_j) 존재하지 않음
　　예 두 집합 $A = \{0, 1, 2\}$, $B = \{1, 2\}$에 대한 이항관계가 $R = \{(0,1), (1,2), (2,2)\}$일 때

- 관계 R의 관계 행렬: $M_R = \begin{matrix} & \begin{matrix}1 & 2\end{matrix} \\ \begin{matrix}0\\1\\2\end{matrix} & \begin{bmatrix}1 & 0\\0 & 1\\0 & 1\end{bmatrix} \end{matrix}$

- 역관계 R^{-1}의 관계 행렬: $M_{R^{-1}} = \begin{matrix} & \begin{matrix}0 & 1 & 2\end{matrix} \\ \begin{matrix}1\\2\end{matrix} & \begin{bmatrix}1 & 0 & 0\\0 & 1 & 1\end{bmatrix} \end{matrix}$

(4) 방향 그래프: 하나의 집합 A에 대한 관계일 때, 집합 A의 각 원소를 그래프의 정점(vertex)으로 표시하고 $(a, b) \in R$일 경우 a에서 b로의 화살표가 있는 연결선(edge)으로 표현

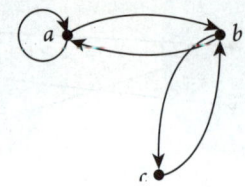

3 합성 관계

- 이미 주어진 두 관계 R_1, R_2로부터 새로운 관계 $R_1 \cdot R_2$(또는 $R_1 R_2$)를 생성(R_1의 치역이 R_2의 정의역)

$$R_1 \cdot R_2 = \{(a, c) \,|\, a \in A, c \in C, (a, b) \in R_1 \text{ and } (b, c) \in R_2\}$$

- 화살표 도표나 관계 행렬 이용

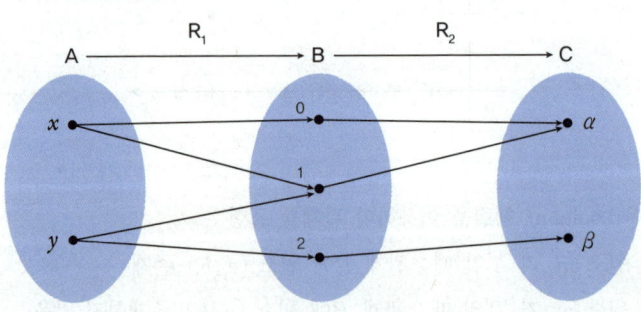

(1) 집합 A의 항등 관계(identity relation)

$I_A = \{(a, a) \,|\, a \in A\}$

$I_A R = R I_A = R$

(2) **합성 관계의 거듭 제곱(R^n)** : 집합 A에 대한 관계 R에 대하여 $n = 1, 2, 3, \cdots$일 때의 거듭제곱

$$R^n = \begin{cases} R & , n = 1 \\ R^{n-1} \circ R & , n > 1 \end{cases}$$

4 관계의 성질

(1) **추이 관계** : $\forall a, b, c \in X, \ _aR_b \wedge \ _bR_c \Rightarrow \ _aR_c$

집합 A의 원소 a, b, c에 대하여 관계 R이 $(a, b) \in R$이고 $(b, c) \in R$이면 $(a, c) \in R$인 관계를 만족하는 관계 R

(2) **반사 관계** : 임의의 집합 A에 속하는 임의의 원소 a에 대해 $_aR_a$를 만족하는 이항관계

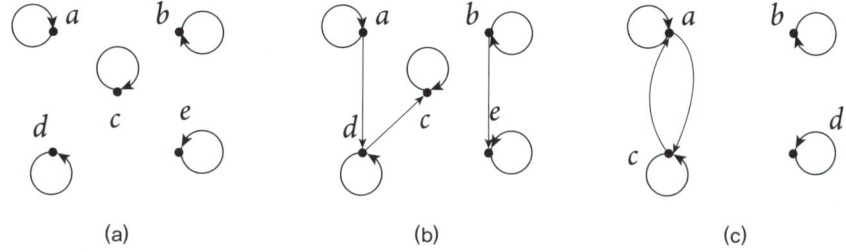

행렬로 표현하면 대각선에 해당되는 모든 값은 1

$$\begin{array}{c} \ \ a\ b\ c\ d\ e \\ \begin{array}{c}a\\b\\c\\d\\e\end{array}\left[\begin{array}{ccccc}1&0&0&0&0\\0&1&0&0&0\\0&0&1&0&0\\0&0&0&1&0\\0&0&0&0&1\end{array}\right] \\ (a) \end{array} \quad \begin{array}{c} \ \ a\ b\ c\ d\ e \\ \begin{array}{c}a\\b\\c\\d\\e\end{array}\left[\begin{array}{ccccc}1&0&0&1&0\\0&1&0&0&1\\0&0&1&0&0\\0&0&1&1&0\\0&0&0&0&1\end{array}\right] \\ (b) \end{array} \quad \begin{array}{c} \ \ a\ b\ c\ d \\ \begin{array}{c}a\\b\\c\\d\end{array}\left[\begin{array}{cccc}1&0&1&0\\0&1&0&0\\1&0&1&0\\0&0&0&1\end{array}\right] \\ (c) \end{array}$$

(3) **비반사 관계** : 집합 A의 모든 원소가 반사 관계를 만족하지 않는 이항관계

집합 A의 관계 R에 대하여 모든 $a \in A$에 대해 $(a, a) \not\in R$인 관계

(4) 대칭 관계: $\forall a,b \in X,\ _aR_b \Rightarrow\ _bR_a$

집합 A에 속한 임의의 두 원소 a,b에 대하여 $(a,b) \in R$일 때 $(b,a) \in R$인 관계 R

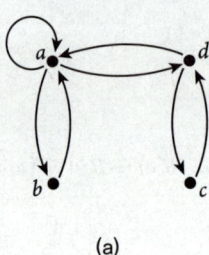

$$\begin{array}{c c c c c} & a & b & c & d \\ a & 1 & 1 & 0 & 1 \\ b & 1 & 0 & 0 & 0 \\ c & 0 & 0 & 0 & 1 \\ d & 1 & 0 & 1 & 0 \end{array}$$

(a)   (b)

(5) 반대칭 관계: $\forall a,b \in X,\ _aR_b \wedge\ _bR_a \Rightarrow a=b$

반대칭 관계 R은 집합 A에 있는 모든 원소 a,b에 대하여 $(a,b) \in R$이고 $(b,a) \in R$일 때 $a=b$인 관계를 만족함

5 관계의 폐포

(1) 반사 폐포: $R_2 = R_1 \cup \{(a,a) | a \in A\}$

집합 A에 대해 관계 R_1을 포함하면서 반사 관계를 갖는 R_2는 반사 폐포(reflexive closure)

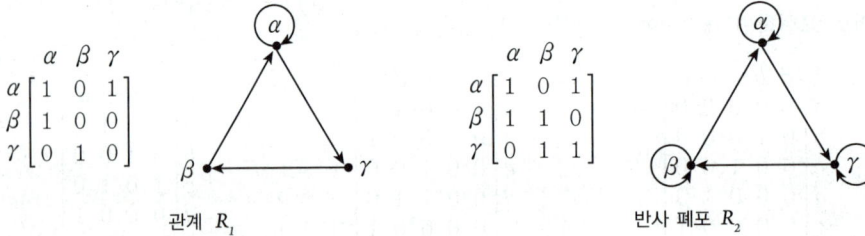

관계 R_1 반사 폐포 R_2

(2) 대칭 폐포: $R_2 = R_1 \cup \{(b,a) \in A \times A | (a,b) \in R\} = R_1 \cup R_1^{-1}$

집합 A에 대해 관계 R_1을 포함하면서 대칭 관계를 갖는 R_2는 대칭 폐포(symmetric closure)

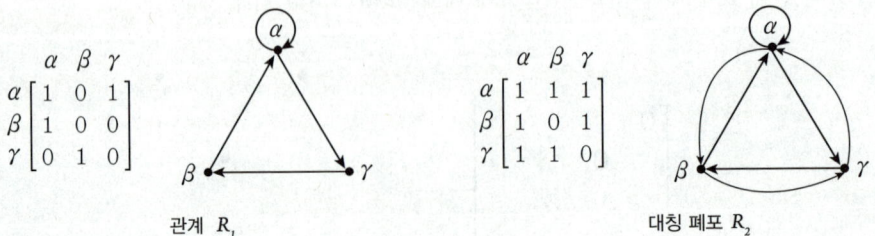

관계 R_1 대칭 폐포 R_2

(3) 추이 폐포: $R_2 = R_1 \cup \{(a,c) \in A \times A | (a,b) \in R_1 \land (b,c) \in R_1\}$

① 집합 A에 대해 관계 R_1을 포함하면서 추이 관계를 갖는 R_2는 추이 폐포(transitive closure)

② 순서쌍을 찾아가며 추이 폐포를 만드는 과정은 다소 복잡하고 쉽지 않음

③ 연결 관계(connectivity closure, R^*)를 이용하여 추이 폐포 생성

$$R^* = \bigcup_{n=1}^{\infty} R^n = R^1 \cup R^2 \cup \cdots \cup R^n : \text{연결 관계 } R^* \text{은 관계 } R \text{의 추이 폐포}$$

제2절 반순서와 동치 관계

1 반순서

반순서 관계(partial order relation, 부분순서 관계) : 집합 A에 대한 관계 R이 반사 관계, 반대칭 관계, 추이 관계 성립

(1) 집합 A에서 관계 $R \subseteq A \times A$의 성질

① **추이 관계** : 모든 $x, y, z \in A$에 대해 xR_y이고 yR_x이면 xR_z

② **반사 관계** : 모든 $x \in A$에 대해 xR_x

③ **반대칭 관계** : 모든 $x, y \in A$에 대해 xR_y이고 yR_x이면 $x = y$

(2) 선형 순서(linearly order)

① 관계 R이 반순서를 만족함

② 만약 $a \in A$이고 $b \in A$라면 aR_b, bR_a 또는 $a = b$ 중 하나가 성립함

(3) 완전 순서(total order)

집합 A에서의 관계 R이 반순서 관계이고 집합 A 모든 원소들을 그 관계에서 비교할 수 있는 관계 R

(4) 하세 도형(Hasse diagram) : 반순서 집합(A, ≼)을 그래프로 나타냄

① **규칙**

㉠ 모든 순환(loop)은 표시하지 않음

㉡ 반순서 집합 A의 원소 x, y에 대해 $x \neq y$이고 $a \leq b$이면, 정점 a를 정점 b보다 아래쪽에 그림

㉢ 집합 A의 원소 x, y, z에서 $x \leq y$이고 $y \leq z$를 만족하는 y가 존재하지 않을 경우에만 x에서 z로의 연결을 그림

② 원소의 특징
  ㉠ 극대원소(Maximal Element) : 반순서 집합 A의 원소 a에 대해, $a<b$인 원소 b가 A에 존재하지 않는 경우, 원소 a
  ㉡ 극소원소(Minimal Element) : 반순서 집합 A의 원소 a에 대해, $b<a$인 원소 b가 A에 존재하지 않는 경우, 원소 a
  ㉢ 최대원소(Greatest Element) : 반순서 집합 A의 $\forall a$에 대해, $a \leq b$인 A의 원소 b
  ㉣ 최소원소(Least Element) : 반순서 집합 A의 $\forall a$에 대해, $b \leq a$인 A의 원소 b

2 동치 관계

관계 R에서 반사 관계, 대칭 관계, 추이 관계가 모두 성립

(1) 공집합이 아닌 집합 A의 분할(partition)
  ① $A_i \neq \emptyset, 1 \leq i \leq n$
  ② $A = \bigcup_{i=1}^{n} A_i$
  ③ $A_i \cap A_j = \emptyset, i \neq j$

(2) mod 합동 : $x \equiv y \pmod{m}$, x와 y를 m으로 각각 나누었을 때 나머지가 같다는 의미
  ① $A \equiv A \pmod{C}$ (반사 관계 성립)
  ② $A \equiv B \pmod{C}$이면 $B \equiv A \pmod{C}$임 (대칭 관계 성립)
  ③ $A \equiv B \pmod{C}$이고 $B \equiv D \pmod{C}$이면 $A \equiv D \pmod{C}$임 (추이 관계 성립)

제3절 함수

1 함수의 개념

관계(relation)의 특수한 형태로 첫 번째 원소가 모두 다른 순서쌍들의 집합

(1) 함수 표기
  ① $f : A \rightarrow B$ (함수 f는 A에서 B로 사상)
    ㉠ 집합 A : 함수 f의 정의역(domain)
    ㉡ 집합 B : 함수 f의 공변역(codomain)
    ㉢ 함수 f : 사상(mapping)

  ② $f : X \rightarrow Y$는 $f(x) = y$로 표기할 수 있음
    ㉠ y : 함수 f에 의한 x의 상(image) 또는 함수값
    ㉡ x : 원상(preimage)

ⓒ **정의역**: $dom(f) = \{x | (x,y) \in f, x \in X, y \in Y\}$
ⓔ **치역**: $ran(f) = \{y | (x,y) \in f, x \in X, y \in Y\}$

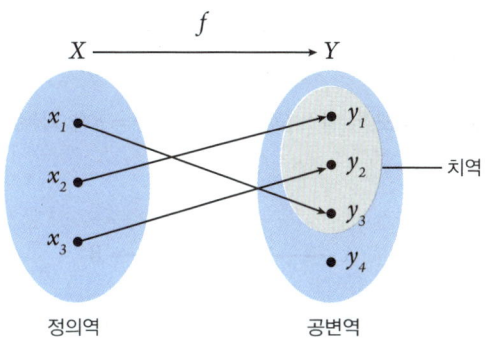

$f = g$: 두 함수 f와 g에 대하여 정의역과 공변역이 같고, 정의역의 모든 원소 x가 $f(x) = g(x)$이면 함수 f와 g는 서로 '같다(equal)'.

2 함수 그래프

$G = \{(x,y) | x \in A, y \in B, y = f(x)\}$: 집합 A에서 집합 B로의 관계를 나타낸 그래프

제4절 유용한 함수

1 단사함수

(1) $\forall a_i, a_j \in A, \ f(a_i) = f(a_j) \Rightarrow a_i = a_j$

(2) 정의역의 서로 다른 원소를 공변역의 서로 다른 원소로 대응시키는 함수

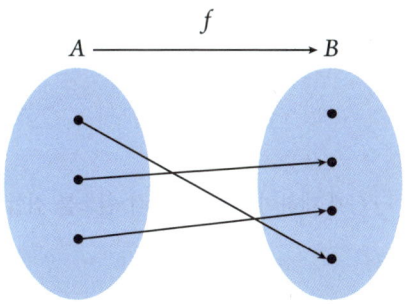

2 전사함수

(1) $\forall b \in B,\ \exists a \in A,\ f(a) = b$

(2) 치역과 공변역이 같은 함수 f

(3) 함수 $f: A \to B$에서 집합 B의 모든 원소 b에 대하여 $f(a) = b$가 되는 $a \in A$가 적어도 하나 존재하는 함수 f

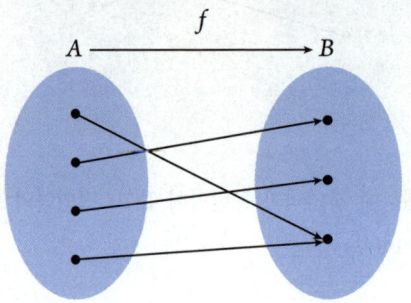

3 전단사함수

(1) $|dom(f)| = |codom(f)|,\ |ran(f)| = |codom(f)|$

(2) 함수 $f: A \to B$에서 f가 단사함수를 만족하면서 전사함수를 만족하는 함수

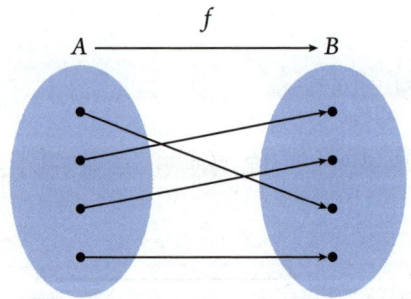

4 합성 함수

(1) 두 함수 $f: A \to B$와 $g: B \to C$에 대하여 집합 A의 각 원소를 집합 C의 원소에 대응하여 만든 새로운 함수 $g \circ f: A \to C$

(2) $g \circ f = \{(a, c)\,|\,a \in A,\ b \in B,\ c \in C,\ f(a) = b,\ g(b) = c\}$

(3) $g \circ f = (g \circ f)(a) = g(f(a)),\ \forall a \in A$

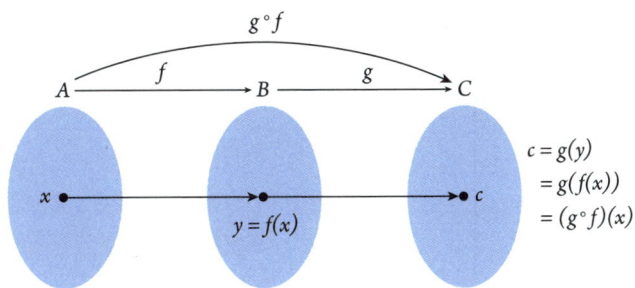

(4) 합성함수의 기본적인 특성

① 함수 f, g가 단사함수이면 합성함수 $g \circ f$도 단사함수
② 함수 f, g가 전사함수이면 합성함수 $g \circ f$도 전사함수
③ 함수 f, g가 전단사함수이면 합성함수 $g \circ f$도 전단사함수
④ 합성함수 $g \circ f$가 단사함수이면 함수 f도 단사함수
⑤ 합성함수 $g \circ f$가 전사함수이면 함수 g도 전사함수
⑥ 합성함수 $g \circ f$가 전단사함수이면 함수 f는 단사함수이고 함수 g는 전사함수

5 여러 함수

(1) 항등함수: 집합 A의 함수 $f: A \to A$가 $f(a) = a$로 정의되는 관계

(2) 역함수: $f^{-1}: B \to A$

정의역과 공변역은 뒤바뀌고, 대응 관계는 방향만 뒤바뀐 함수

(3) 상수함수: 정의역의 값에 관계없이 항상 같은 값을 갖는 함수

(4) 특성함수

① 전체집합을 U라고 할 때 U의 부분집합 A의 특성함수(characteristic function)
② $f_A: U \to \{0, 1\}$, $f_A(x) = \begin{cases} 0, & x \notin A \\ 1, & x \in A \end{cases}$, $A \subset U$

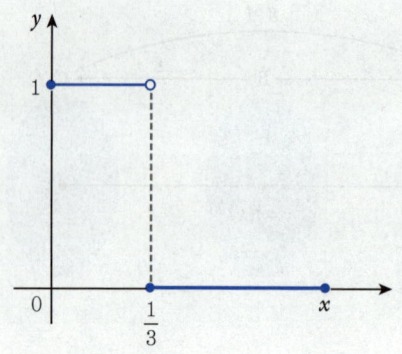

(5) 바닥함수(최대정수함수), 천장함수(최소정수함수), 분수부분함수

① **바닥함수**: 각 실수 이하의 최대 정수를 구하는 함수
  ㉠ 내림함수, 버림함수, 최대정수함수(greatest integer function)
  ㉡ $\lfloor x \rfloor = \max\{n \in Z : n \leq x\}$

② **천장함수**: 각 실수 이상의 최소 정수를 구하는 함수
  ㉠ 올림함수, 최소정수함수(least integer function)
  ㉡ $\lceil x \rceil = \min\{n \in Z : n \geq x\}$

③ **분수부분함수**: $\{x\}$, $\text{frac}(x)$
  ㉠ $\{-\} : R \to [0, 1)$
  ㉡ $\{x\} = x - \lfloor x \rfloor = \min\{y \in R_{\geq 0} : x - y \in Z\}$

④ **관계**
  ㉠ $\max\{n \in Z : n \leq x\} = \lfloor x \rfloor$
  ㉡ $\min\{n \in Z : n \geq x\} = \lceil x \rceil$
  ㉢ $\min\{n \in Z : n > x\} = \lfloor x \rfloor + 1$
  ㉣ $\max\{n \in Z : n < x\} = \lceil x \rceil - 1$

⑤ **합성**: 바닥함수와 천장함수와 분수부분함수는 모두 멱등함수
  ㉠ $\lfloor \lfloor x \rfloor \rfloor = \lfloor x \rfloor$
  ㉡ $\lceil \lceil x \rceil \rceil = \lceil x \rceil$
  ㉢ $\{\{x\}\} = \{x\}$
  ㉣ $\lceil \lfloor x \rfloor \rceil = \lfloor x \rfloor$
  ㉤ $\lfloor \lceil x \rceil \rfloor = \lceil x \rceil$
  ㉥ $\{\lfloor x \rfloor\} = 0$
  ㉦ $\lfloor \{x\} \rfloor = 0$
  ㉧ $\{\lceil x \rceil\} = 0$
  ㉨ $\lceil \{x\} \rceil = \begin{cases} 0 & x \in Z \\ 1 & x \notin Z \end{cases}$

제3장 그래프 이론

제1절 용어 및 오일러 사이클

1 그래프의 용어

> 그래프(graph) $G=(V, E)$
> - V : 그래프 G의 정점 또는 노드(node)들의 집합
> - E : 해당 그래프에 존재하는 연결선 또는 간선(edge)들의 집합, 두 정점들을 연결한 두 정점의 순서쌍으로 표현

> 방향 그래프(directed graph) $G=\langle V, E \rangle$: 연결선에 화살표가 있어서 진행 방향이 있는 그래프
> - $V = \{v_1, v_2, \cdots, v_{n-1}, v_n\}$
> - $E = \{e_1, e_2, \cdots, e_{m-1}, e_m\} = \{\langle v_i, v_j \rangle, \cdots\}$
> - $v \rightarrow w$인 간선: 정점 v는 정점 w의 선행자(predecessor), 정점 w는 정점 v의 후속자(successor)

> 방향이 없는 그래프(undirected graph) $G=(V, E)$: 연결선에 화살표가 없는 그래프
> - $V = \{v_1, v_2, \cdots, v_{n-1}, v_n\}$
> - $E = \{e_1, e_2, \cdots, e_{m-1}, e_m\} = \{(v_i, v_j), \cdots\}$

> - **한붓그리기(traversable)** : 그래프에서 연필을 떼지 않고 모든 연결선을 오직 한 번만 지나가게 그리는 것
> - **경로(path)** : 어느 한 정점으로부터 다른 정점으로 도달하는 길 중에서 같은 간선을 한 번만 지나는 길
> - **길(length)** : 경로 또는 사이클(cycle)을 구성하는 간선의 수로 표현

(1) 그래프에서의 경로

① 경로(path)

정점들을 나열한 열 $v_1, v_2, \cdots, v_n$에서 모든 $1 \leq k \leq n$에 대해 간선 $(v_k, v_{k+1}) \in E$이 존재

㉠ 경로의 길이(length) : $n-1$
㉡ 두 개의 정점 사이를 잇는 간선들을 순서대로 나열

② 단순 경로(simple path)

간선이 겹치지 않는 경로

③ 기본 경로(elementary path)

정점이 겹치지 않는 경로

④ **사이클(cycle) 또는 순환(circuit)**
경로 $(v_1, v_2, \cdots, v_n)$에서 시점 v_1과 종점 v_n이 일치하는 경우
⑤ **단순 사이클(simple cycle)**
같은 간선을 반복하여 방문하지 않는 사이클
⑥ **기본 사이클(elementary cycle)**
시작 정점을 제외한 어떠한 정점도 반복하여 방문하지 않는 사이클
⑦ **루프(loop)**
단 하나의 정점만을 연결하는 연결선으로 (v,v) 또는 $\langle v,v \rangle$ 형태의 연결선을 가짐

> $G=(V, E)$에서 정점 u와 v를 연결한 간선 $e=(u,v)$가 있을 때
>
>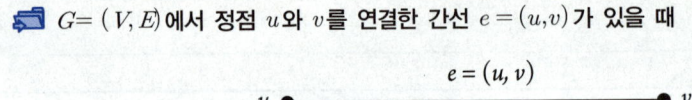
>
> ㉠ 인접(adjacent) : 정점 u와 v는 서로 인접
> ㉡ 근접(incident) : 간선 e는 정점 u와 v에 근접
> ㉢ 차수 : 어떤 정점에 인접하는 연결선들의 개수, $d(u)=d(v)=1$(또는 $\deg(u)=\deg(v)=1$)
> • 진입 차수(in degree) : 방향 그래프에서 정점 v를 머리로 하는 간선의 수
> • 진출 차수(out degree) : 방향 그래프에서 정점 v를 꼬리로 하는 간선의 수

(2) 그래프

① **연결 그래프(connected graph)** : 모든 정점들이 연결되어 있는 그래프
② **강한 연결 그래프(strongly connected graph)** : 두 정점 v와 u에 대해서 v에서 u로의 경로와 u에서 v로의 경로들이 존재하는 방향 그래프
  ㉠ 연결 요소(connectivity component) : 그래프에서 모든 정점들이 연결되어 있는 부분
  ㉡ 연결 수(connectivity number) : 그래프에서 연결 요소의 개수
③ **그래프의 종류**
  ㉠ 단순 그래프
    두 정점 사이에 연결선이 하나 이하로 존재하는 그래프로, 하나의 정점은 자기 자신으로 연결되는 선이 없음
  ㉡ 다중 그래프
    두 정점 사이에 여러 연결선이 존재할 수 있는 그래프이며, 두 정점 사이의 연결선은 개수에 제한이 없음
  ㉢ 가중치 그래프
    • 간선에 비용(cost)이나 가중치(weight)가 할당된 그래프로 네트워크(network)라고도 함
    • 최소 비용 신장 트리, 최단 경로 문제, 위상 순서, 임계 경로 등을 해결

② 완전 그래프
  - n개의 정점으로 구성된 그래프에서 간선 수가 최대인 그래프
  - 최대 간선의 수는 $n(n-1)/2$개
  - 방향 그래프의 최대 간선의 수: $n(n-1)$개
⑩ 부분 그래프
  $V(G') \subseteq V(G)$이고, $E(G') \subseteq E(G)$인 그래프 G'는 그래프 G의 부분 그래프(subgraph)
⑪ 부분 신장 그래프
  - 그래프 $G=(V,E)$에서 $V'=V$이고 $E' \subseteq E$인 그래프
  - 그래프 G의 정점을 모두 포함하고 간선은 일부만 포함
⑫ 정규 그래프
  - 그래프 $G=(V,E)$ 내에 있는 모든 정점의 차수가 같은 그래프
  - k-정규 그래프: 각 정점의 차수가 모두 k인 경우
⑬ 이분 그래프
  그래프 $G=(V,E)$에서 정점 집합 V가 $V=V_1 \cup V_2$와 $V_1 \cap V_2 = \emptyset$을 만족하는 두 집합 V_1과 V_2로 분리되고, 그래프의 모든 간선이 V_1의 한 정점에서 V_2의 한 정점으로 연결되는 그래프
⑭ 완전 이분 그래프
  - 이분 그래프 $G=(V,E)$에서 V_1의 모든 정점과 V_2의 모든 정점 사이에 간선이 있는 그래프
  - $|V_1|=m$이고 $|V_2|=n$일 때 $K_{m,n}$으로 표기

2 오일러 사이클

① **오일러 경로**(Euler path, Eulerian path): 정점은 여러 번 지날 수 있지만 그래프의 모든 간선을 단 한 번씩만 통과하는 경로, 한붓그리기 문제
② **오일러 사이클**(Euler cycle) 또는 **오일러 회로**(Euler circuit, Eulerian circuit): 같은 정점에서 시작해서 같은 정점에서 끝나는 오일러 경로
③ **오일러 그래프**(Euler graph): 오일러 회로를 지닌 그래프
④ **오일러 회로를 가질 필요충분조건**: 연결된 그래프이고, 모든 정점의 차수가 짝수
⑤ **오일러 경로가 있을 필요충분조건**: 정확히 두 개의 정점만 홀수의 차수를 가진 연결된 그래프
⑥ **해밀턴 경로**(Hamiltonian Path): 그래프 $G=(V,E)$의 모든 정점을 한 번씩만 방문하는 경로
⑦ **해밀턴 회로**(Hamiltonian Circuit): 그래프 $G=(V,E)$의 정점 v에서 시작하여 모든 정점을 한 번씩 방문하고 다시 정점 v로 돌아오는 회로, 해밀턴 순환(Hamiltonian Cycle)
⑧ **해밀턴 그래프**(Hamiltonian Graph): 해밀턴 회로를 포함하는 그래프
  ① 크기가 3 이상인 완전 그래프
  ⓒ 크기가 3 이상인 순환 그래프
  ⓒ 정다면체의 그래프

제2절 그래프의 표현방법

1 인접 행렬

그래프의 모든 정점을 행과 열의 원소로 표현, 부속 행렬(incidence matrix)

① **두 정점 사이에 연결하는 간선이 존재**: 행렬에 해당하는 원소의 값은 1
② **두 정점 사이에 간선이 존재하지 않으면**: 행렬에 해당하는 원소의 값은 0

$n \geq 1$개의 정점을 가진 그래프 $G=(V,E)$: $|V|=n$일 때 크기가 $n \times n$인 정방 행렬 A

③ A의 원소 a_{ij}는 컴퓨터 프로그래밍에서는 2차원 배열 $a[n,n]$으로 표현

④ $a_{ij} = \begin{cases} 1, & (v_i, v_j) \in E \\ 0, & others \end{cases} \Rightarrow a[i,j] = \begin{cases} 1, & (i,j) \in E(G) \\ 0, & others \end{cases}$

⑤ **필요한 공간**: n^2 비트

2 인접 리스트

그래프를 구성하는 모든 정점들에 대하여 간선으로 연결되어 있는 정점들을 연결 리스트(linked list)로 나열한 것

① **각 정점의 리스트**: 헤드 노드와 정점 필드와 link 필드를 가진 리스트 노드로 구성
② **n개의 정점과 e개의 간선(arc)을 가진 그래프**: $2 \times n$개의 리스트 노드 필요
③ **n개의 정점과 e개의 간선(arc)을 가진 방향 그래프**: n개의 헤드 노드와 e개의 리스트 노드 필요

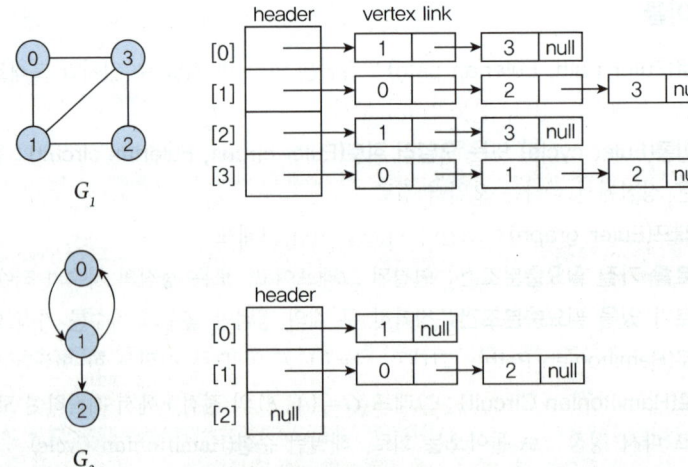

제3절 최단경로

- **최단경로(shortest path)**: 여러 경로 중에서 가중치의 합이 가장 작은 경로
- **다익스트라 알고리즘(Dijkstra algorithm)**: 최단거리를 가지는 최단경로를 구하는 문제를 해결할 수 있는 방법

> - 방향 그래프 $G=\langle V,E \rangle$에서 $V=\{1,2,\cdots,n\}$이고 정점 $\{1\}$이 출발점이라고 가정
> - 정점 i에서 j로 가는 거리 $C[i,j]$는 i에서 j로 가는 경로가 없으면 거리는 ∞
> - $D[i]$는 출발점에서 현재 점 i에 이르는 가장 짧은 거리를 나타냄

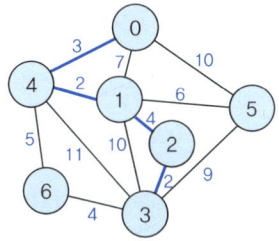

	0	1	2	3	4	5	6
0	0	7	∞	∞	3	10	∞
1	7	0	4	10	2	6	∞
2	∞	4	0	2	∞	∞	∞
3	∞	10	2	0	11	9	4
4	3	2	∞	11	0	∞	5
5	10	6	∞	9	∞	0	∞
6	∞	∞	∞	4	5	∞	0

단계	S	w	$D[0]$	$D[1]$	$D[2]$	$D[3]$	$D[4]$	$D[5]$	$D[6]$
0	{0}		0	7	∞	∞	3	10	∞
1	{0, 4}	4	0	5	∞	14	3	10	8
2	{0, 4, 1}	1	0	5	9	14	3	10	8
3	{0, 4, 1, 6}	6	0	5	9	11	3	10	8
4	{0, 4, 1, 6, 2}	2	0	5	9	11	3	10	8
5	{0, 4, 1, 6, 2, 5}	5	0	5	9	11	3	10	8
6	{0, 4, 1, 6, 2, 5, 3}	3	0	5	9	11	3	10	8

(1) 순회판매원 문제(Traveling salesperson problem)

① **해밀턴 순환(Hamiltonian circuit)의 응용 문제**

방문해야 할 도시들과 이들 사이의 거리가 주어졌을 경우, 순회판매원이 어떤 특정한 도시를 출발하여 어떠한 도시도 두 번 방문함이 없이 모든 도시들을 거쳐 처음 출발한 도시로 되돌아올 때, 총 여행 거리가 최소가 되는 경로를 찾는 문제

② **최근접 이웃 방법(nearest neighbor method)**

임의로 선택한 정점에서 출발하여 그 정점과 가장 가까운 정점을 찾아서 연결하여 경로를 찾고 경로를 첨가하는 과정을 반복하며 마지막에 순회를 형성하도록 하는 것

제4절 경로의 존재

- **도달 가능성(reachability)** : 한 정점에서 연결되는 모든 정점을 찾는 문제, 이행적 폐쇄(Transitive Closure)를 찾는 방법으로 해결
- **이행적 폐쇄(Transitive Closure, 추이 클로져)** : 어떤 정점 A에서 C로 가는 직접경로는 없고, 우회경로가 있을 때 $A \rightarrow C$로의 간선을 연결한 그래프

> - D^+ : 이행적 폐쇄 행렬(transitive closure matrix)
> - $D^+[i,j]=1$: 정점 i에서 j까지 길이가 0보다 큰 경로의 존재 유무를 표현
> - D^* : 반사 이행적 폐쇄 행렬(reflexive transitive closure matrix)
> - $D^*[i,j]=1$: 정점 i에서 j까지 길이가 0 이상인 경로의 존재 유무를 표현

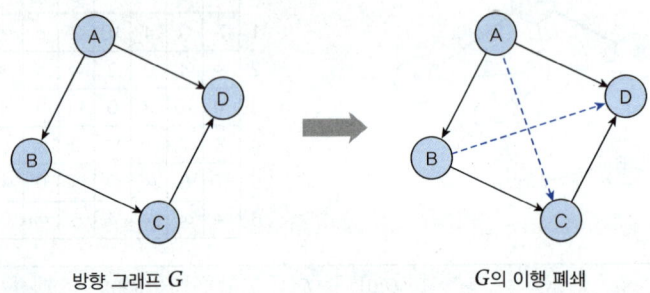

방향 그래프 G G의 이행 폐쇄

1 와샬의 알고리즘

그래프에서 한 노드에서 다른 노드까지의 도달 가능성(reachability)을 알아보는 알고리즘

> - $A \rightarrow B$와 $B \rightarrow C$를 만족하는 경로가 있으면 경로 $A \rightarrow C$도 존재
> - 자기 자신으로 가는 경로는 있다고 가정, $A \rightarrow A$는 도달 가능(reachable)
> - 인접행렬만을 보고 이행폐쇄를 결정하는 방법

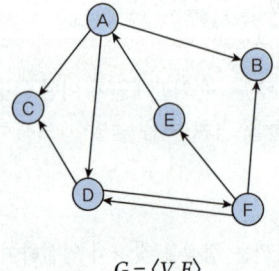

$G = \langle V, E \rangle$

$$\begin{array}{c|cccccc} & A & B & C & D & E & F \\ \hline A & 1 & 1 & 1 & 1 & 0 & 0 \\ B & 0 & 1 & 0 & 0 & 0 & 0 \\ C & 0 & 0 & 1 & 0 & 0 & 0 \\ D & 0 & 0 & 1 & 1 & 0 & 1 \\ E & 1 & 0 & 0 & 0 & 1 & 0 \\ F & 0 & 1 & 0 & 1 & 1 & 1 \end{array}$$

G의 인접행렬

$$\begin{array}{c|cccccc} & A & B & C & D & E & F \\ \hline A & 1 & 1 & 1 & 1 & 1 & 1 \\ B & 0 & 1 & 0 & 0 & 0 & 0 \\ C & 0 & 0 & 1 & 0 & 0 & 0 \\ D & 1 & 1 & 1 & 1 & 1 & 1 \\ E & 1 & 1 & 1 & 1 & 1 & 1 \\ F & 1 & 1 & 1 & 1 & 1 & 1 \end{array}$$

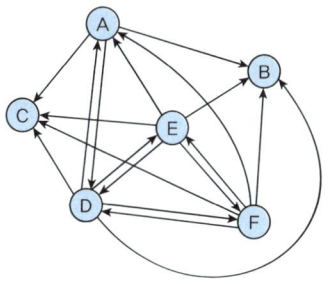

G에 대한 와샬 알고리즘 결과

2 깊이 우선 탐색

시작점 v에서 시작하여 모든 정점을 방문하는 경로를 찾음

> 📁 **깊이 우선 탐색(Depth First Search, DFS) 과정**
> ① 시작점 i 방문
> ② 정점 i에 인접한 정점 중에서 아직 방문하지 않은 정점이 있으면, 이 정점들을 모두 스택에 저장
> ③ 스택에서 정점을 삭제하여 새로운 i를 설정하고, 단계 ①부터 다시 수행
> ④ 스택이 공백이 되면 연산 종료

3 너비 우선 탐색

처음에 방문한 정점과 인접한 정점들을 차례로 방문

> 📁 **너비 우선 탐색(Breadth First Search, BFS) 과정**
> ① 정점 i 방문
> ② 정점 i에 인접한 정점 중에서 아직 방문하지 않은 정점이 있으면, 이 정점들을 모두 큐에 저장
> ③ 큐에서 정점을 삭제하여 새로운 i를 설정하고, 단계 ①부터 다시 수행
> ④ 큐가 공백이 되면 연산 종료

제5절 동형 그래프

모양은 다르지만 두 그래프가 동일한 정점과 간선으로 이루어져 있는 그래프

> 그래프 $G_1 = (V_1, E_1)$와 $G_2 = (V_2, E_2)$에 대해 함수 $f: V_1 \rightarrow V_2$가
> $u, v \in V_1$에 대해 $(u, v) \in E_1 \Leftrightarrow (f(u), f(v)) \in E_2$ 전단사함수일 때
> 그래프 $G_1 = (V_1, E_1)$와 $G_2 = (V_2, E_2)$는 동형 그래프

제6절 평면 그래프

- **평면 그래프(Planar Graph)** : 그래프 $G = (V, E)$를 평면에 그릴 때, 정점이 아닌 곳에서는 어떤 간선도 교차하지 않는 그래프
- **면(face)** : 평면 그래프에서 교차하지 않는 간선에 의하여 나누어지는 영역
- **오일러의 정리(Euler's theorem) 또는 오일러 공식(Euler formula)** : $v - e + s = 2$
- 연결된 평면 그래프 $G = (V, E)$에서 정점의 개수를 $|V| = v$, 간선의 개수를 $|E| = e$, 면의 개수를 s라고 할 때 오일러의 정리(오일러 공식) 성립

제7절 트리

- **트리(tree, 트리)** : 그래프의 특별한 형태로서, 회로(cycle)가 없는 연결 무향 그래프
- **n개의 노드를 가진 트리** : $n-1$개의 연결선

> **트리에서 사용하는 용어**
> - 노드(node) : 트리를 구성하는 개체
> - 루트(root, 뿌리) : 트리의 시작 노드로 통상 특정 노드를 지정함
> - 차수(degree) : 어떤 노드의 자식 노드의 개수
> - 레벨(level) : 루트를 레벨 0(또는 1)으로 지정하고, 하위로 갈수록 레벨 + 1
> - 잎 또는 단말 노드(leaf 또는 terminal node) : 자식 노드를 갖지 않는 노드
> - 자식 노드(children node) : 어떤 노드에 직접 연결된 하위 노드
> - 부모 노드(parent node) : 자식 노드의 반대되는 개념으로, 어떤 노드에 직접 연결된 상위 노드
> - 형제 노드(sibling 또는 brother node) : 동일한 부모 노드를 갖는 노드
> - 중간 노드(internal node) : 루트도 아니고 잎 노드도 아닌 노드
> - 조상(ancestor) : 루트로부터 어떤 노드에 이르는 경로상의 모든 노드
> - 자손(descendant) : 어떤 노드에서 모든 잎 노드에 이르는 경로상의 모든 노드
> - 높이(height) : 트리의 최대 레벨
> - 숲(forest) : 트리의 루트를 제거했을 때 발생하는 하위 트리

> 연결 그래프 $T=(V,E)$에서 정점의 수가 $|V|=n$이고 간선의 개수가 $|E|=m$일 때
> - T는 트리
> - T는 회로(cycle)가 없는 연결 그래프
> - T는 회로가 없고, 단순 그래프의 형태를 유지하면서 간선을 추가할 경우 회로가 생김
> - T는 연결 그래프이고, 어느 한 간선만을 제거해도 연결 그래프가 아님
> - T는 연결 그래프이고, 정점들을 연결한 간선의 수는 $m=n-1$

1 최소신장트리

- 신장트리(spanning tree, 생성트리) : 어떤 그래프 G에서 모든 노드들을 포함하는 트리
- 최소신장트리(minimum spanning tree, MST) : 트리를 구성하는 간선들의 비용(가중치) 합이 최소가 되는 신장트리, 최소 비용 신장트리(minimum cost spanning tree)
- 최소신장트리를 찾는 알고리즘 : 프림 알고리즘(Prim algorithm), 크루스칼 알고리즘(Kruskal algorithm), 솔린 알고리즘(Sollin algorithm)

(1) 프림 알고리즘

임의 정점을 시작점으로 하고 이 정점으로부터 연결된 간선들의 가중치를 비교하여 이 중에서 가장 작은 값을 가진 간선을 선택하고 이 간선과 연결된 정점을 신장트리에 추가, 신장트리 집합이 $n-1$개의 간선을 가질 때까지 반복하여 최소비용신장트리를 완성

① 시작 정점에서부터 출발하여 신장 트리 집합을 단계적으로 확장. 시작 단계에서는 시작 정점만이 신장트리 집합에 포함
② 신장트리 집합에 인접한 정점 중에서 최저 간선으로 연결된 정점을 선택하여 신장트리 집합에 추가
③ 이 과정은 신장트리 집합이 $n-1$개의 간선을 가질 때까지 반복

(2) 크루스칼 알고리즘

비용이 가장 작은 간선을 하나씩 선택하여, 최소비용신장트리 T에 추가하고 선택한 간선은 이미 T에 포함되어 있는 간선들과 연결될 때 사이클을 형성하지 않아야 함. 비용이 같은 간선의 경우에는 임의로 하나씩 선정

※ **갈망 기법(greedy method) 사용** : 최종 해답을 단계별로 쉬운 것에서부터 구하는 방법

① 그래프의 각 정점이 각각 하나의 트리가 되도록 하는 숲 F를 만듦
② 모든 간선을 원소로 갖는 집합 S를 만듦
③ S에 값이 있으면
 ㉠ 가장 작은 가중치의 간선을 S에서 하나 제거
 ㉡ 그 간선이 어떤 두 개의 트리를 연결한다면 두 트리를 연결하여 하나의 트리로 만듦
 ㉢ 그렇지 않다면 그 간선은 버림
④ n개의 정점에 대하여 $n-1$개의 간선이 연결되면 종료

2 뿌리트리

(1) **뿌리트리(root tree)** : 트리의 노드 중 하나가 루트(root, 뿌리)로 지정된 트리이며 뿌리는 트리의 가장 위쪽에 위치, 뿌리 외에 나머지 정점들은 뿌리로부터 도달하는 경로가 유일하게 존재

(2) **이진트리(binary tree)** : 뿌리트리에서 자식 노드가 2개 이하인 트리, 모든 노드가 2개의 부분트리 (subtree)를 가지고 있는 트리

> - 사향(경사) 이진트리(skewed binary tree) : 모든 노드들이 한쪽(왼쪽 또는 오른쪽)으로만 존재하는 트리, 왼쪽 사향 이진트리(left skewed binary tree), 오른쪽 사향 이진트리(right skewed binary tree)
> - 완전 이진트리(complete binary tree) : 마지막 레벨이 k라면 $k-1$레벨까지는 모든 노드가 완성되어 있고, k레벨의 모든 노드는 왼쪽부터 꽉 차 있는 트리
> - 포화 이진트리(full binary tree) : 마지막 레벨이 k라면 k레벨이 가질 수 있는 최대 노드를 모두 가지고 있는 트리

> 📁 **이진트리의 유용한 성질**
> - 이진트리가 레벨 k에서 가질 수 있는 최대 노드 수는 2^k개
> - 높이가 m인 이진트리가 가질 수 있는 최대 노드 수는 $2^{m+1}-1$개
> - 높이가 m인 이진트리가 가질 수 있는 최소 노드 수는 $m+1$개
> - 이진트리의 잎 노드의 수를 n_0, 차수가 2인 노드의 수를 n_2라 할 때 $n_0 = n_2 + 1$

(3) **이진트리 표현**

① 배열

노드 개수가 n개인 이진트리를 1차원 배열을 사용하여 표현
  ㉠ 노드 i의 부모 노드 인덱스 : $\frac{i}{2}$, $i > 1$
  ㉡ 노드 i의 왼쪽 자식 노드 인덱스 : $2 \times i$, $(2 \times i) \leq n$
  ㉢ 노드 i의 오른쪽 자식 노드 인덱스 : $2 \times i + 1$, $(2 \times i + 1) \leq n$
  ㉣ 뿌리노드 인덱스 : 1, $n > 0$
  ㉤ 형제 노드 중 왼쪽 노드의 인덱스 순서가 오른쪽 노드보다 우선

② 연결리스트

포인터를 이용하여 부모 노드가 자식 노드를 가리키게 하는 방법으로 뿌리트리를 표현

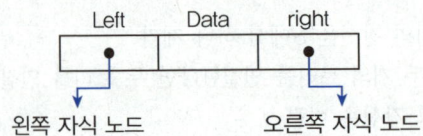

3 정렬과 탐색

- 순서트리(Ordered Tree) : 각 자식 노드에 순서가 부여되어 저장 위치가 고정되는 트리
- 트리순회(tree traversal) : 트리의 각 노드를 체계적인 방법으로 방문하는 과정

(1) **3가지의 기본적인 순회방법** : 모두 뿌리에서 시작

V : 뿌리노드
L : 왼쪽 자식 노드
R : 오른쪽 자식 노드

① **전위순회(preorder traversal) : VLR**
  ㉠ 트리의 뿌리노드를 방문하고 데이터를 출력
  ㉡ 트리의 왼쪽 부분트리를 방문
  ㉢ 트리의 오른쪽 부분트리를 방문
② **중위순회(inorder traversal) : LVR**
  ㉠ 트리의 왼쪽 부분트리를 방문
  ㉡ 트리의 뿌리노드를 방문하고 데이터를 출력
  ㉢ 트리의 오른쪽 부분트리를 방문
③ **후위순회(postorder traversal) : LRV**
  ㉠ 트리의 왼쪽 부분트리를 방문
  ㉡ 트리의 오른쪽 부분트리를 방문
  ㉢ 트리의 뿌리노드를 방문하고 데이터를 출력

(2) **수식 이진트리**

📁 연산자와 피연산으로 표현된 수식(연산자의 위치에 따라)
전위표기법(prefix notation), 중위표기법(infix notation), 후위표기법(postfix notation)

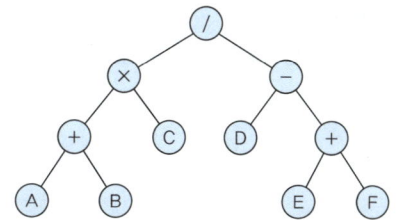

① 전위순회 : $/ \times + ABC - D + EF$ (전위표기법)
② 중위순회 : $A + B \times C / D - E + F$ (중위표기법)
③ 후위순회 : $AB + C \times DEF + - /$ (후위표기법)

(3) 이진탐색트리(binary search tree)

노드가 가지는 데이터의 내용에 대한 기준에 따라 노드의 위치를 탐색할 수 있는 트리

> **📖 이진탐색트리를 구현하기 위한 규칙**
> ① 트리에서 탐색되는 모든 원소는 서로 다른 유일한 값(key)을 가짐
> ② 왼쪽 서브트리에 있는 원소들의 값은 그 뿌리의 값보다 작거나 앞선 순서를 가짐
> ③ 오른쪽 서브트리에 있는 원소들의 값은 그 뿌리의 값보다 크거나 뒤의 순서를 가짐

(4) 정렬(sorting)

① **트리를 이용한 정렬**: 힙(heap) 정렬, 이진트리 정렬
② **힙 정렬(heap sorting)**: 완전이진트리(Complete binary tree)를 기본으로 한 자료구조(tree-based structure)로서 최댓값 및 최솟값을 찾아내는 연산을 빠르게 할 수 있음
  ㉠ A가 B의 부모 노드(parent node)이면, A의 값과 B의 값 사이에 대소 관계 존재
  ㉡ 최대 힙(max heap): 부모 노드의 값이 자식 노드의 값보다 항상 큰 힙, 트리의 뿌리가 항상 트리의 모든 노드 중에서 최댓값
  ㉢ 최소 힙(min heap): 부모 노드의 키(key)값이 자식 노드의 키(key)값보다 항상 작은 힙, 트리의 뿌리가 항상 최솟값
  ㉣ 노드 값의 대소 관계는 부모 노드와 자식 노드 사이에만 성립하며, 형제 사이에는 대소관계가 정해지지 않음

제4장 수학논리

- **추론(reasoning, inference, argument)**: 참(true)이라고 인정되는 명제들을 나열하여 자신이 주장하는 결론을 유도하여 논리를 풀어가는 과정
- **명제논리(Propositional Logic)**: 일반적으로 주어와 술어를 구분하지 않고 전체를 하나의 식으로 처리하여 참 또는 거짓을 판별하는 법칙
- **술어논리(Predicate Logic)**: 주어와 술어로 구분하여 참 또는 거짓에 관한 법칙

제1절 명제논리

- **명제(proposition)**: 참(true) 또는 거짓(false)을 명확하게 구분할 수 있는 문장(statement)
- **진리 값(truth value)**: 명제에서 참 또는 거짓으로 나타내는 값
- n개의 단순 명제가 있을 때 진리 값의 경우의 수: 2^n개

1 논리 연결자

- 단순명제(simple proposition) : 하나의 문장이나 식으로 된 명제
- 합성명제(composition proposition) : 여러 개의 단순명제들을 논리 연산자들로 연결하여 만들어진 명제
- 논리 연결자(Logical Connectives) : 단순명제들을 연결시켜 주는 역할을 하는 $\vee, \wedge, \neg$과 같은 논리 연산자(Logical Operators)

연결자 이름	기호	의미
부정	$\sim, \neg$	NOT
논리곱	$\wedge$	AND
논리합	$\vee$	OR
배타적 논리합	$\oplus$	Exclusive OR
함축	$\Rightarrow, \rightarrow$	if … then
동치	$\Leftrightarrow, \leftrightarrow$	if and only if(iff)

(1) 부정 : $\neg p$

① 명제 p의 부정(negative) : 문장 p가 명제일 때 not p도 명제
② p의 진리 값이 참이면 $\neg p$의 진리 값은 거짓, p의 진리 값이 거짓이면 $\neg p$의 진리 값은 참

p	$\neg p$
T	F
F	T

(2) 논리곱 : $p \wedge q$

① 문장 p와 q가 명제일 때 두 명제의 p and q도 명제
② p와 q의 진리 값이 모두 참일 때 연산 결과가 참이고 그렇지 않으면 거짓

p	q	$p \wedge q$
F	F	F
F	T	F
T	F	F
T	T	T

(3) 논리합: $p \vee q$

① 문장 p와 q가 명제일 때 두 명제의 p or q도 명제
② 두 명제의 진리 값이 모두 거짓일 때만 논리합의 결과가 거짓이고 다른 모든 경우엔 참

p	q	$p \vee q$
F	F	F
F	T	T
T	F	T
T	T	T

(4) 배타적 논리합: $p \oplus q$

① 문장 p와 q가 명제일 때 $p\,exclusive-or\,q$도 명제
② p와 q의 진리 값 중에서 하나만 참일 때만 모두 참이고, 그렇지 않은 경우엔 거짓

p	q	$p \oplus q$
F	F	F
F	T	T
T	F	T
T	T	F

(5) 함축: $p \rightarrow q$

① 문장 p와 q가 명제일 때 $p\,implies\,q$도 명제
② 명제의 함축(implication) 또는 조건 연산자
③ 충분조건에 해당하는 p의 진리 값이 참이고 필요조건에 해당하는 q의 진리 값이 거짓일 때만 연산의 결과가 거짓이고 그렇지 않은 다른 모든 경우는 연산 결과가 참

p	q	$p \rightarrow q$
F	F	T
F	T	T
T	F	F
T	T	T

(6) 동치: $p \leftrightarrow q$

① 문장 p와 q가 명제일 때 $p\,if\,and\,only\,if\,q$도 명제
② 명제의 동치(propositional equivalence) 또는 쌍방조건문(biconditional)
③ 명제 p와 q가 모두 참이거나 거짓일 때 연산의 결과가 참이고 그렇기 않은 경우는 모두 거짓

p	q	$p \leftrightarrow q$
F	F	T
F	T	F
T	F	F
T	T	T

(7) 역, 이, 대우

① 명제 p, q에 대해
② $p \rightarrow q$의 역(converse) : $q \rightarrow p$
③ $p \rightarrow q$의 이(inverse) : $\neg p \rightarrow \neg q$
④ $p \rightarrow q$의 대우(contraposition) : $\neg q \rightarrow \neg p$

p	q	$p \rightarrow q$	$q \rightarrow p$	$\neg p \rightarrow \neg q$	$\neg q \rightarrow \neg p$
F	F	T	T	T	T
F	T	T	F	F	T
T	F	F	T	T	F
T	T	T	T	T	T

(8) 합성명제의 진리 값

① 진리표(truth table)를 사용하여 단계적으로 연산하여 합성명제의 진리 값을 구할 수 있음
② 진리표에 단순명제들이 가질 수 있는 모든 경우의 진리 값을 표시한 후 합성명제들을 연산의 순서대로 연산

2 항진명제와 모순명제

① **항진명제(tautology)** : 합성명제를 구성하고 있는 단순명제의 진리 값에 상관없이 합성명제의 연산 결과가 항상 참
② **모순명제(contradiction)** : 합성명제의 연산결과가 항상 거짓
③ **사건명제(contingency)** : 항진명제도 아니고 모순명제도 아닌 명제

p	$\neg p$	$p \vee (\neg p)$	$p \wedge (\neg p)$
F	T	T	F
T	F	T	F

3 논리적 동치 : $p \equiv q$, $p \Leftrightarrow q$

명제 p, q의 쌍방 조건 $p \leftrightarrow q$가 항진명제일 때 p, q, 연산 결과의 진리 값이 서로 같은 합성명제

① 두 명제에 대한 진리표를 구하고 두 명제의 진리 값이 같음을 증명
② 하나의 명제로부터 논리적 동치 관계의 기본 법칙을 이용하여 다른 명제로 유도

법칙 이름	논리적 동치 관계
멱등 법칙 (idempotent law)	$p \vee p \equiv p$ $p \wedge p \equiv p$
항등 법칙 (identity law)	$p \vee F \equiv p$ $p \wedge T \equiv p$
지배 법칙 (domination law)	$p \vee T \equiv T$ $p \wedge F \equiv F$
부정 법칙 (negation law)	$\neg T \equiv F$ $\neg F \equiv T$ $p \vee (\neg p) \equiv T$ $p \wedge (\neg p) \equiv F$
이중 부정 법칙 (double negative law)	$\neg(\neg p) \equiv p$
교환 법칙 (commutative law)	$p \vee q \equiv q \vee p$ $p \wedge q \equiv q \wedge p$ $p \leftrightarrow q \equiv q \leftrightarrow p$
결합 법칙 (associative law)	$(p \vee q) \vee r \equiv p \vee (q \vee r)$ $(p \wedge q) \wedge r \equiv p \wedge (q \wedge r)$
분배 법칙 (distributive law)	$p \vee (q \wedge r) \equiv (p \vee q) \wedge (p \vee r)$ $p \wedge (q \vee r) \equiv (p \wedge q) \vee (p \wedge r)$
흡수 법칙 (absorption law)	$p \vee (p \wedge q) \equiv p$ $p \wedge (p \vee q) \equiv p$
드 모르간 법칙 (De Morgan's law)	$\neg(p \vee q) \equiv (\neg p) \wedge (\neg q)$ $\neg(p \wedge q) \equiv (\neg p) \vee (\neg q)$
함축 법칙 (implication law)	$p \rightarrow q \equiv \neg p \vee q$
대우 법칙 (contraposition law)	$p \rightarrow q \equiv \neg q \rightarrow \neg p$

제2절 술어논리

(1) **명제술어(propositional predicate)** : 변수가 있는 명제를 함수 $P(x)$로 표시하고, $P(x)$는 변수 x에 대한 명제술어

(2) **술어논리(predicate logic)** : 명제술어에 대한 논리, 함수논리(function logic), 대상의 성질을 서술하는 문장들
　① **대상** : $x, y, z, \cdots$와 같은 소문자
　② **술어(predicate)** : $P, Q, R, \cdots$와 같은 대문자

③ **한정자(quantifier)** : 변수 x가 나타내는 객체의 집합 D를 정의역(domain)이라 할 때 정의역 내에서 변수 x만을 지정하는 기호
  ㉠ 전체한정자($\forall$) : 모든(all)의 의미
  ㉡ 존재한정자($\exists$) : 어떤(some)의 의미
  ㉢ $\neg(\forall x\, P(x)) \Leftrightarrow \exists x\, (\neg P(x))$
  ㉣ $\neg(\exists x\, P(x)) \Leftrightarrow \forall x\, (\neg P(x))$

제3절 추론 방법

- 추론(Argument) : 주어진 명제가 참인 것을 전제로 새로운 명제가 참이 되는 것을 유도해내는 방법
- 유효 추론(valid argument) : 주어진 명제가 참이고 유도된 명제가 참인 추론
- 허위 추론(fallacious argument) : 유도된 명제가 거짓인 추론
- 전제(premise) : 주어진 명제들 $p_1, p_2, p_3 \cdots, p_n$
- 결론(conclusion) : 주어진 명제들에 의해 새로이 유도된 명제 q

법칙 이름	추론 규칙
긍정 법칙 (modus ponens)	p $p \rightarrow q$ $\therefore q$
부정 법칙 (modus tollens)	$\neg q$ $p \rightarrow q$ $\therefore \neg p$
조건적 삼단 법칙 (hypothetical syllogism)	$p \rightarrow q$ $q \rightarrow r$ $\therefore p \rightarrow r$
선언적 삼단 법칙 (disjunctive dilemma)	$p \vee q$ $\neg p$ $\therefore q$
양도 법칙 (constructive dilemma)	$(p \rightarrow q) \wedge (r \rightarrow s)$ $p \vee r$ $\therefore (q \vee s)$
파괴적 법칙 (destructive dilemma)	$(p \rightarrow q) \wedge (r \rightarrow s)$ $\neg q \vee \neg s$ $\therefore \neg p \vee \neg r$
선접 법칙 (disjunctive addition)	p $\therefore p \vee q$
분리 법칙 (simplication)	$p \wedge q$ $\therefore p$
연접 법칙 (conjunction)	p q $\therefore p \wedge q$

제4절 불 대수

1 불 대수식

두 원소 $A = \{0, 1\}$에 대한 불 대수의 기본 연산 $'$(NOT), $+$(OR), $\cdot$ (AND)

a_1	a_2	$a_1{'}$ (NOT)	$a_2{'}$ (NOT)	$a_1 + a_2$ (OR)	$a_1 \cdot a_2$ (AND)
0	0	1	1	0	0
0	1	1	0	1	0
1	0	0	1	1	0
1	1	0	0	1	1

(1) **불 수식**: 0, 1의 값 외에도 x, y, z 등과 같은 불 변수를 이용하여 표현할 수 있음

(2) **불 수식의 동치(equivalence)**: 두 불 수식이 같은 진리표를 가질 경우, 불 함수 f_1과 f_2가 동치인 경우 $f_1 = f_2$로 표기

법칙 이름	불 대수 기본 법칙
교환 법칙 (commutative law)	$x + y = y + x$ $x \cdot y = y \cdot x$
결합 법칙 (associative law)	$x + (y + z) = (x + y) + z$ $x \cdot (y \cdot z) = (x \cdot y) \cdot z$
분배 법칙 (distributive law)	$x \cdot (y + z) = (x \cdot y) + (x \cdot z)$ $x + (y \cdot z) = (x + y) \cdot (x + z)$
드 모르간 법칙 (De Morgan's law)	$(x + y)' = x' \cdot y'$ $(x \cdot y)' = x' + y'$
항등 법칙 (identity law)	$x + 0 = x$ $x \cdot 1 = x$
멱등 법칙 (idempotent law)	$x + x = x$ $x \cdot x = x$
유계 법칙 (bound law)	$x + 1 = 1$ $x \cdot 0 = 0$
보수 법칙 (complement law)	$x + x' = 1$ $x \cdot x' = 0$
이중 보수 법칙 (involution negative law)	$(x')' = x$
흡수 법칙 (adsorption law)	$x + xy = x$ $x(x + y) = x$
0과 1의 법칙 (0 and 1 law)	$0' = 1$ $1' = 0$

2 불 대수식의 표현

(1) **불 함수**(boolean function) : 불 변수들에 대한 함수

① n개의 불 변수 $x_1, x_2, \cdots, x_n$에 대한 불 함수는 $f(x_1, x_2, \cdots, x_n)$으로 표기
② 불 변수에 대한 최소항 중에서 1의 값을 가지는 최소항들의 합을 식으로 표현하는 함수
예) $x + yz$는 $f(x,y,z) = x + yz$

(2) **최소항**(minterm) : n개의 불 변수로 만들어지는 진리표에서 변수의 각 항

① n개의 변수가 있는 경우 : 2^n개의 최소항, n개의 불 변수들의 곱으로 나타냄
② 변수를 x라고 할 때 그 값이 1이면 x, 0이면 x' 또는 $\bar{x}$로 표시

(3) **곱의 합**(sum of products) : 불 함수를 최소항들의 합으로 표현하는 것, 논리합 표준형(disjunctive normal form, DNF)

(4) **최대항**(maxterm) : 불 변수들의 합으로 만든 항

① n개의 변수가 있는 경우 : 2^n개의 최대항, n개의 불 변수들의 합으로 표현
② 변수를 x라고 할 때 그 값이 0이면 x, 1이면 x' 또는 $\bar{x}$로 표시

(5) **합의 곱**(product of sums) : 불 함수를 최대항들의 곱으로 표현하는 것

3 불 대수 간소화

- 불 대수의 변수들 : 논리회로를 구성하는 게이트의 입력
- 불 대수 하나의 항 : 하나의 게이트로 표현
- 불 대수의 간소화 : 불 대수 기본 법칙 또는 카르노맵 이용

(1) 불 대수 기본 법칙 이용

예) $f(x, y, z) = x'yz + xyz' + x'y'z + x'y'z + xyz$
① 분배 법칙 : $x'yz + xyz' + x'y'z + x'y'z + xyz = x'z(y+y') + xy(z'+z) + x'y'z$
② 보수 법칙 : $x'z(y+y') + xy(z'+z) + x'y'z = x'z(1) + xy(1) + x'y'z$
③ 분배 법칙 : $x'z(1) + xy(1) + x'y'z = x'z(1+y') + xy(1)$
④ 유계 법칙 : $x'z(1+y') + xy(1) = x'z(1) + xy(1)$
⑤ 항등 법칙 : $x'z(1) + xy(1) = x'z + xy$
∴ $f(x,y,z) = x'z + xy$로 간소화

(2) 카르노맵

- 카르노맵(Karnaugh map) : 불 변수들에 대한 최소항들을 도표로 그려서 인접한 항들을 서로 묶은 후에 최소화하는 방법
- 셀은 중복해서 묶을 수 있으며 최대한 많이 묶을수록 훨씬 간단한 불 수식을 구할 수 있음

① 2변수 카르노맵

㉠ 두 변수를 x, y라 할 때 필요한 사각형의 셀의 수 : $2^2 = 4$개
㉡ 두 변수들이 가질 수 있는 모든 경우인 $x'y'$, $x'y$, xy', xy에 대한 값을 표기
㉢ $x = 0, y = 1$: 불 수식은 $x'y$, 해당 셀의 값은 1

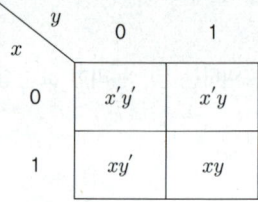

② 3변수 카르노맵

㉠ 3개의 변수 x, y, z의 경우 : $2^3 = 8$개의 사각형 필요
㉡ 세 변수들이 가질 수 있는 모든 경우인 $x'y'z'$, $x'y'z$, $x'yz'$, …, xyz에 대한 값을 표기

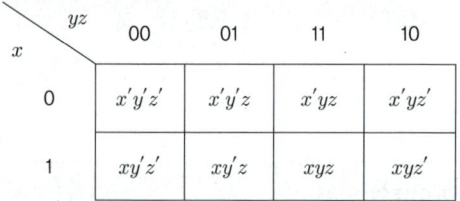 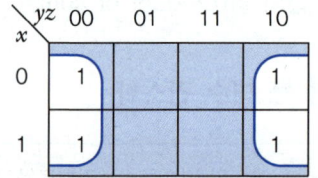

㉢ 세 변수들에 대한 카르노맵을 그릴 때 주의할 점 : yz의 값에 대하여 '01' 다음이 '11'

③ 4변수 카르노맵

㉠ 4개의 변수 w, x, y, z의 경우 : $2^4 = 16$개의 사각형 필요
㉡ 네 변수들이 가질 수 있는 모든 경우인 $w'x'y'z'$, $w'x'y'z$, $w'x'yz'$, …, $wxyz$에 대한 값 표기

yz\\wx	00	01	11	10
00	$w'x'y'z'$	$w'x'y'z$	$w'x'yz$	$w'x'yz'$
01	$w'xy'z'$	$w'xy'z$	$w'xyz$	$w'xyz'$
11	$wxy'z'$	$wxy'z$	$wxyz$	$wxyz'$
10	$ux'y'z'$	$ux'y'z$	$ux'yz$	$ux'yz'$

yz\\wx	00	01	11	10
00	1	0	0	1
01	0	0	0	0
11	0	0	0	0
10	1	0	0	1

④ 카르노맵을 이용한 불 함수의 간소화
  ㉠ n차 불 함수에 대응하는 n변수 카르노맵 선택
  ㉡ 불 함수에 있는 항들 각각에 대응하는 카르노맵 셀에 1을 표시
  ㉢ 인접하는 셀의 값이 1이면 2의 승수 개만큼(2^n, $n \geq 1$) 최대한 많이 묶음
  ㉣ 묶음에 있는 공통변수들을 찾아 논리합으로 전개

제5절 불 대수와 조합회로

논리 게이트(logic gate)란 논리회로를 구성하는 기본 소자로, 이진 입력 정보를 이용해서 0 또는 1의 논리적인 값을 생성(AND, OR, NOT, NAND, NOR, XOR 게이트)

1 게이트의 종류

(1) AND 게이트
  ① 두 개의 입력 신호 x와 y에 대하여 xy를 출력
  ② **출력 결과**: 입력 신호 x와 y에 대하여 논리곱 $x \wedge y$의 연산과 동일
  ③ **스위치는 직렬 연결**: 두 스위치가 모두 1(ON)일 때 회로 연결

$$xy = \begin{cases} 1, & x = y = 1 \\ 0, & others \end{cases}$$

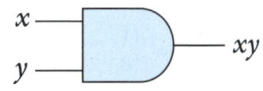

(2) OR 게이트
  ① 두 개의 입력 신호 x와 y에 대하여 $x+y$를 출력
  ② **출력 결과**: 입력 신호 x와 y에 대하여 논리합 $x+y$의 연산과 동일
  ③ **스위치는 병렬 연결**: 두 스위치 중 하나만 1이 되면 회로 연결

$$x+y = \begin{cases} 1, & others \\ 0, & x = y = 0 \end{cases}$$

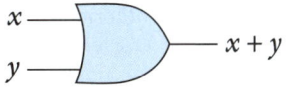

(3) NOT 게이트
  ① 한 개의 입력 신호 x에 대하여 x'를 출력
  ② **출력 결과**: 입력 신호 x에 대하여 부정 $\neg x$의 연산과 동일
  ③ **입력과 출력이 서로 반대**: 인버터(inverter)

$$x' = \begin{cases} 1, & x=0 \\ 0, & x=1 \end{cases}$$

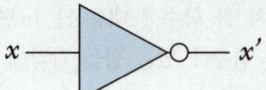

(4) NAND 게이트

① 두 개의 입력 신호 x와 y에 대하여 $\overline{xy}$를 출력

② **출력 결과**: 입력 신호 x와 y에 대하여 논리곱 $x \wedge y$의 연산 결과에 NOT 연산을 한 것과 동일

$$\overline{xy} = \begin{cases} 1, & others \\ 0, & x=y=1 \end{cases}$$

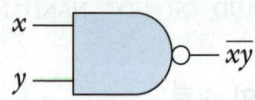

(5) NOR 게이트

① 두 개의 입력 신호 x와 y에 대하여 $\overline{x+y}$를 출력

② **출력 결과**: 입력 신호 x와 y에 대하여 논리합 $x+y$의 연산에 NOT 연산을 한 것과 동일

$$\overline{x+y} = \begin{cases} 1, & x=y=0 \\ 0, & others \end{cases}$$

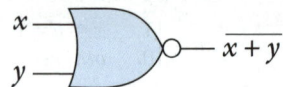

(6) XOR 게이트

① 두 개의 입력 신호 x와 y에 대하여 $x \oplus y$를 출력

② **출력 결과**: 입력 신호 x와 y에 대하여 배타적 논리합과 동일, $x'y + xy'$ 와 동치

$$x \oplus y = \begin{cases} 1, & true\ input(1)\ is\ odd \\ 0, & others \end{cases}$$

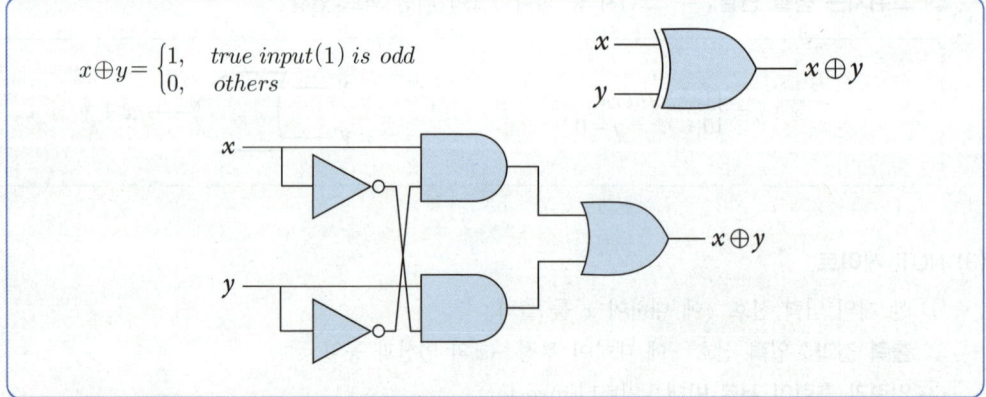

(7) NXOR(XNOR) 게이트
① XOR 게이트와 NOT 게이트를 결합한 논리소자
② 두 개의 입력을 받아 XOR 연산 후 불 보수한 결과 출력

$$x \odot y = \begin{cases} 1, & others \\ 0, & true\ input(1)\ is\ odd \end{cases}$$

(8) NAND와 NOR 게이트의 다른 표현
논리함수의 완전성(completeness) 이란 불 연산자 AND, OR, NOT만으로 모든 논리함수를 나타낼 수 있음을 의미함

$$x\ \text{NAND}\ y = (xy)' \equiv x' + y'$$

$$x\ \text{NOR}\ y = (x+y)' \equiv x'y'$$

2 조합회로

조합논리회로(combinational logic circuit) 란 현재 입력에 따라 출력이 결정되는 논리회로를 의미함

(1) 대표적인 조합논리회로의 종류
① **가산기(adder)**: 덧셈 연산을 수행하는 논리회로이며 디지털회로, 조합회로의 하나
② **병렬 가산기(Parallel Adder)**: 여러 자리 2진수를 더하기 위한 연산회로, n자리의 bit 덧셈을 위해서 n개의 전가산기 필요
③ **디코더(Decoder)**: 코드화된 2진 정보를 다른 코드 형식으로 변환하는 해독 회로(2진법의 수를 10진법으로 변환), n개의 입력 2^n개의 출력
④ **인코더(Encoder)**: 사람이 사용하는 문자 체계를 컴퓨터에 맞게 변환시키는 회로(10진법의 수를 2진법으로 변환), 디코더의 반대 기능, 2^n개의 입력 n개의 출력
⑤ **멀티플렉서(Multiplexer)**: 여러 곳의 입력선(2^n개)으로부터 들어오는 데이터 중 하나를 선택하여 한 곳으로 출력시키는 회로
⑥ **디멀티플렉서(Demultiplexer)**: 1개의 입력선으로 들어오는 정보를 2^n개의 출력선 중에서 하나를 선택하여 출력시키는 회로, 멀티플렉서의 반대 기능

(2) 논리회로의 설계 과정
① 주어진 문제 분석
② 입력 변수, 출력 변수 그리고 출력의 변수 명 결정
③ 진리표를 작성한 후 진리표로부터 불 함수를 구함
④ 진리표에 의해 카르노맵 또는 그 외 방법으로 간소화
⑤ 간소화된 불 함수에 의해 논리 회로를 설계

(3) 반가산기
두 개의 입력 x, y를 받아서 합(Sum)과 자리올림(Carry)을 구하는 조합회로

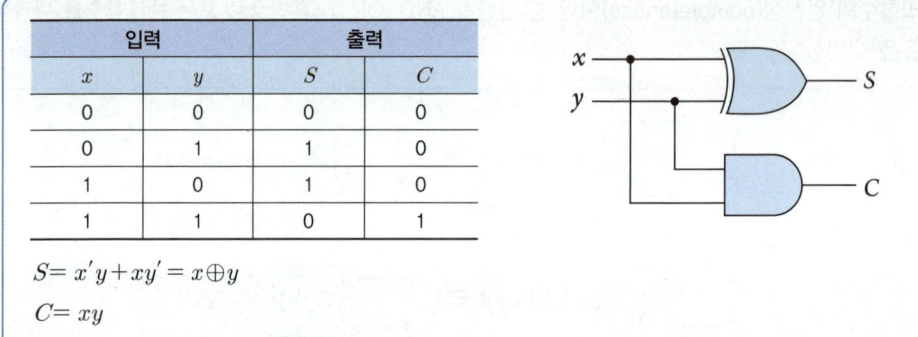

입력		출력	
x	y	S	C
0	0	0	0
0	1	1	0
1	0	1	0
1	1	0	1

$S = x'y + xy' = x \oplus y$
$C = xy$

(4) 전가산기
반가산기를 확장하여 두 개의 입력 x, y와 밑의 자리로부터 올라오는 자리 올림수 C_i를 포함한 3개의 입력을 사용하여 합(Sum)과 자리올림(Carry)을 구하는 조합회로

입력			출력	
x	y	C_i	S	C_o
0	0	0	0	0
0	0	1	1	0
0	1	0	1	0
0	1	1	0	1
1	0	0	1	0
1	0	1	0	1
1	1	0	0	1
1	1	1	1	1

$S = x'y'C_i + x'yC_i' + xy'C_i' + xyC_i$
$\quad = x \oplus y \oplus C_i$
$C_o = x'yC_i + xy'C_i + xyC_i' + xyC_i$
$\quad = xC_i + yC_i + xy$
$\quad = (x \oplus y)C_i + xy$

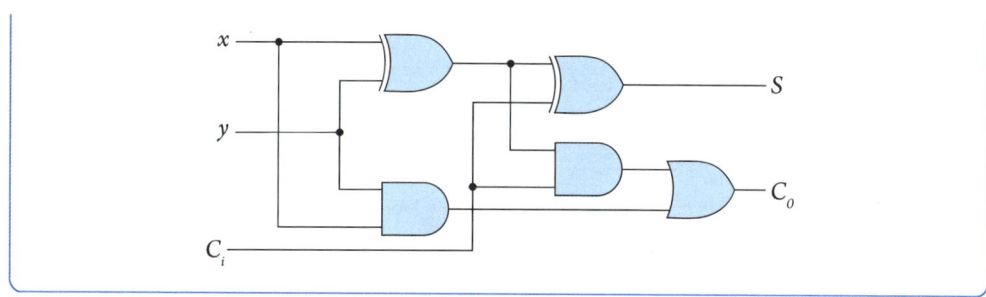

(5) 반감산기

두 개의 입력 x, y에 대하여 두 값의 차(Difference)와 피연산수가 연산수보다 작을 경우 위의 자리에서 빌려와야 하는데 이 빌려오는 수(Borrow)를 구하는 조합회로

입력		출력	
x	y	D	B
0	0	0	0
0	1	1	1
1	0	1	0
1	1	0	0

$D = x'y + xy' = x \oplus y$
$B = x'y$

(6) 전감산기

두 개의 입력 x, y와 밑의 자리에 빌려준 빌림수 B_i를 포함한 3개의 입력을 사용하여 차(Difference)와 빌려오는 수(Borrow)를 구하는 조합회로

입력			출력	
x	y	B_i	D	B_o
0	0	0	0	0
0	0	1	1	1
0	1	0	1	1
0	1	1	0	1
1	0	0	1	0
1	0	1	0	0
1	1	0	0	0
1	1	1	1	1

$D = x'y'B_i + x'yB_i' + xy'B_i' + xyB_i$
$\quad = x \oplus y \oplus B_i$

$B_o = x'y'B_i + x'yB_i' + x'yB_i + xyB_i$
$\quad = x'B_i + x'y + yB_i$
$\quad = x'y + (x'y' + xy)B_i$
$\quad = x'y + \overline{(x \oplus y)}B_i$

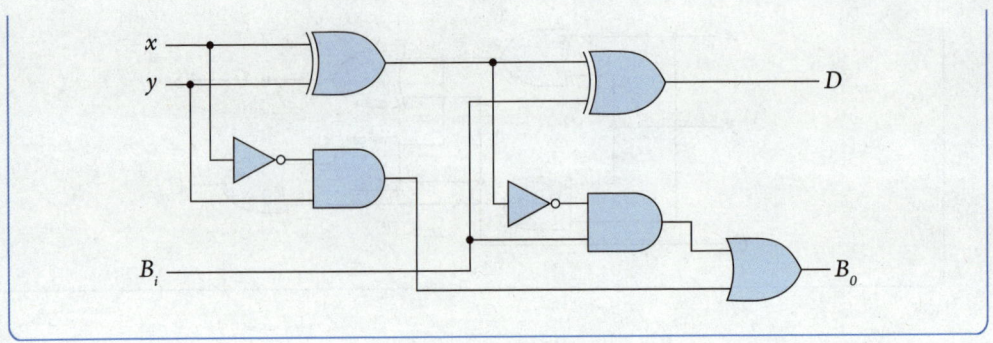

제5장 행렬

제1절 행렬의 기본 연산

행렬(matrix)은 1개 이상의 수나 식을 직사각형의 2차원 배열의 형태로 나열한 것으로, 가로줄은 행(row)이며 세로줄은 열(column)임

1 행렬의 기본 개념

(1) 행렬의 표기

① A, B, C 등의 알파벳 대문자를 사용
② m, n을 양의 정수라고 할 때 크기 (m × n)을 갖는 행렬 A

$$A = [a_{ij}] \quad or \quad [a_{ij}]_{m \times n} \quad or \quad (a_{ij})_{m \times n} \quad or \quad (A)_{ij}$$

$$= \begin{bmatrix} a_{11} & a_{12} & \cdots & a_{1n} \\ a_{21} & \ddots & \cdots & \vdots \\ \vdots & \cdots & \cdots & \vdots \\ a_{m1} & \cdots & \cdots & a_{mn} \end{bmatrix} \begin{matrix} \leftarrow \text{제1행} \\ \leftarrow \text{제2행} \\ \\ \leftarrow \text{제m행} \end{matrix}$$

↑ 제1열   ↑ 제n열

(2) 행렬의 용어

① **행렬의 크기**(Magnitude) = **행렬의 차원**(Dimension)
   두 행렬의 크기가 같다는 것은 두 행렬이 같은 수의 행과 열을 가졌다는 것
② **행렬의 상등**(equal, equivalent) : 크기도 같고, 대응하는 성분들도 같은 두 행렬

③ **행렬의 차수**(order) : 정방행렬에서 열의 수 또는 행의 수
④ **주대각선, 대각성분**(main diagonal, principle diagonal, diagonal entry, trace)
  ㉠ 주대각선 : 정방행렬에서 좌측 맨 위 a_{11}부터 우측 맨 아래 a_{nn}까지 그은 사선방향 성분들
  ㉡ 대각성분 : 주대각선의 원소들
⑤ **대각합**(Trace) : 정방행렬에서 주대각선 성분들의 합

$$Tr(A) = a_{11} + a_{22} + \ldots + a_{nn} = \sum_{i=1}^{n} a_{ii}$$

⑥ **행렬의 계수**(Rank) : 1차 독립인 행벡터의 최대수

2 행렬의 기본 연산

합(덧셈), 차(뺄셈), 곱(곱셈), 스칼라 곱

(1) 행렬의 합
두 행렬의 열과 행의 크기가 서로 같아야 함, 교환법칙 성립

(2) 행렬의 차
두 행렬의 크기가 같아야 함, 교환법칙이 성립하지 않음

(3) 행렬의 곱
앞에 놓인 행렬의 열과 뒤에 놓인 행렬의 행의 크기가 서로 같아야 함

$$c_{ij} = \sum_{k=1}^{n} a_{ik} b_{kj} = a_{i1} b_{ij} + a_{i2} b_{2j} + \ldots + a_{in} b_{nj}$$

*i = 1, 2, 3, ⋯, m
*j = 1, 2, 3, ⋯, p

(4) 스칼라 곱
$kA = [ka_{ij}]$, 행렬의 크기와 상관없이 행렬의 모든 원소에 일정한 상수를 곱하는 것

3 특수한 행렬

(1) 대각행렬(diagram matrix) : 정방행렬 n × n에서 대각선을 제외한 모든 항들이 0인 행렬
① **대각합**(trace) : 정방행렬의 주대각선 위의 모든 성분들의 합
② **항등행렬**(identity matrix) 또는 단위행렬 : 대각행렬에서 대각선의 항들이 모두 1인 행렬

(2) 영행렬(zero matrix) 또는 널행렬(null matrix)
행렬의 모든 성분이 0인 행렬

(3) **전치행렬**(transposed matrix)

m × n인 행렬 $A = [a_{ij}]$에 대하여 $b_{ji} = a_{ij}$인 크기 n × m인 행렬 $B = [b_{ji}]$

$$A = \begin{vmatrix} a & b \\ c & d \end{vmatrix}, \; A^T = \begin{vmatrix} a & c \\ b & d \end{vmatrix}$$

(4) **대칭행렬**(symmetric matrix)

n × n인 정방행렬이 자신의 전치행렬과 동일한 행렬, $a_{ji} = a_{ij}$

$$A = \begin{vmatrix} a & b \\ b & d \end{vmatrix}, \; A^T = \begin{vmatrix} a & b \\ b & d \end{vmatrix}, \; A = A^T$$

(5) **교대행렬**(alternating matrix)

$A = -A^T$을 만족하는 행렬

(6) **역행렬**

$AB = BA = I$(I : 항등행렬)일 때 A는 가역행렬(nonsingular, invertible), B는 A의 역행렬(inverse matrix)

$$A^{-1} = \frac{1}{ad-bc} \begin{bmatrix} d & -b \\ -c & a \end{bmatrix}$$

(7) **삼각행렬**(triangular matrix)

① **하삼각행렬**(lower triangular matrix) : 주대각선 아래에 있는 모든 항들이 0인 삼각행렬
② **상삼각행렬**(upper triangular matrix) : 주대각선 위에 있는 항들이 모두 0인 삼각행렬
③ **순삼각행렬**(strict triangular) : 삼각행렬의 대각항이 모두 0인 행렬

제2절 행렬식의 개념

1 행렬의 기본 행 연산

① 행렬 A의 두 행(열)을 교환 : $R_i \leftrightarrow R_j$
② 행렬 A의 한 행(열)에 0이 아닌 스칼라를 곱함 : $\alpha R_i \rightarrow R_i$
③ 행렬 A의 한 행(열)에 스칼라 배를 해서 다른 행(열)에 더함 : $\alpha R_i + R_j \rightarrow R_j$

2 행 사다리꼴과 기약 행 사다리꼴

(1) **행 사다리꼴**(REF, row echelon form)

① 0으로만 이루어진 행들이 있으면 행렬의 아래쪽에 위치
② 모두가 0은 아닌 행은 가장 왼쪽에 가장 처음 나타나는 0이 아닌 수가 피벗
③ 모두가 0은 아닌 연이은 두 행에 대하여 아래쪽 행의 피벗은 위쪽 행의 피벗보다 오른쪽에 위치

(2) 기약 행 사다리꼴(RREF, reduced row echelon form)
행 사다리꼴 연산에 다음을 추가. '한 행의 피벗을 포함하는 열(column)은 피벗 이외의 행들이 모두 0'

(3) 행 사다리꼴과 기약 행 사다리꼴 만들기
① 가우스 소거법(Gause elimination) : 전향단계까지의 연산 과정을 실행하여 행 사다리꼴을 구하는 소거법
② 가우스-조르단 소거법(Gause-Jordan elimination) : 후향단계까지 실행하는 소거법
③ 행렬의 계수(rank) : 행렬을 행 사다리꼴로 만들었을 때 행 전체가 0이 아닌 행의 개수

3 행렬식(Determinant)

정방행렬에 하나의 스칼라 값을 대응시키는 함수, $|A|$, $\det(A)$

- 1×1 행렬 $A = [a_{11}]$ 의 행렬식
$$\det(A) = |a_{11}| = a_{11}$$

- 2×2 행렬 $A = \begin{bmatrix} a_{11} & a_{12} \\ a_{21} & a_{22} \end{bmatrix}$ 의 행렬식
$$\det(A) = \begin{vmatrix} a_{11} & a_{12} \\ a_{21} & a_{22} \end{vmatrix} = a_{11}a_{22} - a_{12}a_{21}$$

(1) 사루스의 공식(Sarrus's Formula)으로 행렬식 구하기

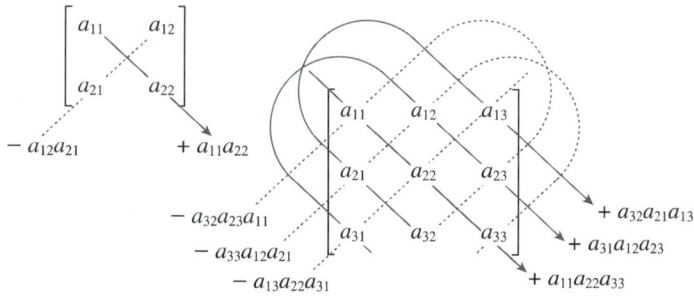

(2) 특이행렬(singular matrix)
행렬식의 값이 0인 행렬

(3) 정칙행렬(non-singular matrix)
행렬식의 값이 0이 아닌 행렬

제3절 행렬식의 성질

1 행렬식의 일반적인 성질

① 임의의 두 행(또는 열)이 같은 경우 행렬식의 값은 0
② 임의의 두 행(열)을 서로 바꾸면 행렬식의 값은 같고 부호만 반대
③ 대각행렬의 경우 대각선의 값을 곱하여 행렬식을 구할 수 있음

2 여인수를 이용한 행렬식

(1) 소행렬(Minor Matrix)

M_{ij}, n차 정방행렬에서 i번째 행과 j번째 열을 제거해서 얻은 $(n-1) \times (n-1)$ 행렬

(2) 여인수(Cofactor)

n차 정방행렬 $A = [a_{ij}]$에서 원소인 항 a_{ij}에 관련된 계수, A_{ij}

(3) $A_{ij} = (-1)^{i+j} \det(M_{ij})$

① 정방행렬 A에서 i행을 선택한 경우에 행렬식을 구하는 식

$$\det(A) = a_{i1}A_{i1} + a_{i2}A_{i2} + a_{i3}A_{i3} + \cdots + a_{in}A_{in}$$

② 정방행렬 A에서 j열을 선택한 경우에 행렬식을 구하는 식

$$\det(A) = a_{1j}A_{1j} + a_{2j}A_{2j} + a_{3j}A_{3j} + \cdots + a_{nj}A_{nj}$$

3 기본 행 연산을 이용한 행렬식의 특성

① 행렬에서 하나의 행 또는 열에 스칼라 값 k를 곱하면 원래 행렬식에 k를 곱한 것과 동일
② 행렬의 두 개의 행 또는 열을 교환한 행렬의 행렬식은 원래 행렬식에서 부호만 변경
③ 행렬에서 하나의 행 또는 열에 k를 곱한 것을 다른 행이나 열에 더하여 만든 행렬식은 원래의 행렬식과 동일

4 행렬식과 역행렬

(1) 행렬식과 역행렬

① **가역행렬** : $\det(A) \neq 0$인 행렬이며 역행렬이 존재하는 행렬
② **특이행렬** : $\det(A) = 0$인 행렬이며 역행렬이 존재하지 않는 행렬

$$A^{-1} = \frac{1}{\det(A)} [A_{ij}]^T (단, \det(A) \neq 0)$$

③ **수반행렬(Adjoint Matrix)** : $[A_{ij}]^T$은 여인수행렬 $[A_{ij}]$에 대한 전치행렬

(2) 기본 행 연산을 이용한 역행렬

① **첨가행렬(augmented matrix)** : 어떤 행렬에 대하여 행렬의 오른쪽에 항들을 추가하여 만든 행렬

$$A = \begin{bmatrix} a_{11} & a_{12} & a_{13} \\ a_{21} & a_{22} & a_{23} \\ a_{31} & a_{32} & a_{33} \end{bmatrix}$$

→ 첨가행렬 : $\begin{bmatrix} a_{11} & a_{12} & a_{13} & | & b_{11} & b_{12} & b_{13} \\ a_{21} & a_{22} & a_{23} & | & b_{21} & b_{22} & b_{23} \\ a_{31} & a_{32} & a_{33} & | & b_{31} & b_{32} & b_{33} \end{bmatrix}$

② **가우스-조르단의 역행렬을 구하는 알고리즘**
　㉠ 역행렬을 구하고자 하는 행렬 A에 항등행렬 I를 추가하여 첨가행렬 [A|I] 만들기
　㉡ 행렬 A의 부분이 항등행렬 I가 될 때까지 행 연산하기
　㉢ 행렬 A가 가역적 행렬인지 확인하기
　　ⓐ A가 항등행렬로 바뀔 수 있으면 원래 항등행렬 I가 있던 위치에 있는 행렬이 A의 역행렬 A^{-1}
　　ⓑ A의 행 연산을 하는 과정에서 한 행이 모두 0이 되는 경우는 A가 비가역적, 비가역적인 경우에 역행렬이 없으므로 연산을 중단

제4절 행렬과 행렬식의 응용

1 행렬과 행렬식의 응용분야

물리학의 전기 회로 이론, 고전역학, 광학, 전자기학, 양자역학, 양자 전기역학 등과 같은 분야에서 응용되며, 컴퓨터 그래픽스에서 3차원 이미지를 2차원 평면에 투영하거나 사실적인 움직임을 그려내기 위해 사용

2 행렬을 이용한 그래프의 표현

그래프의 인접 행렬로 표현할 수 있음

3 연립방정식의 해 구하기

① 가우스 소거법 이용하기
② 역행렬 이용하기
③ 크래머 공식 이용하기

제6장 자동장치와 언어와 문법

오토마타 이론에서 가장 중요한 3가지 개념 : 언어(language), 문법(grammar), 오토마타(automata, 자동장치)

제1절 순차회로와 유한상태 기계

1 순차회로

순차논리회로(sequential logic circuit) : 입력 값과 시스템의 상태에 따라서 출력이 달라지는 회로

(1) 순차논리회로 분류
① 내부 기억소자 형태
  ㉠ 래치(latch) : 클럭 입력을 갖지 않는 2진 기억소자(쌍안정회로), $S-R$ 래치, D 래치
  ㉡ 플립플롭(flip-flop) : 클럭 입력을 갖는 2진 기억소자(쌍안정회로)로 클럭 입력이 있는 동기식 순서논리회로 소자, $S-R$ 플립플롭, $J-K$ 플립플롭(가장 많이 사용됨), T 플립플롭, D 플립플롭
② 타이밍
  ㉠ 비동기 순차회로 : 단지 입력이 변하는 순서에 따라서만 동작, 래치
  ㉡ 동기 순차회로 : 클럭을 통해서만 동작, 플립플롭
③ 저장 방식
  ㉠ 정적 저장소자 : 영구 저장
  ㉡ 동적 저장소자 : 일시 저장
④ 무어 기계 및 밀리 기계
  ㉠ 무어 기계(Moore Machine) : 출력이 현재 상태에 의해서만 결정
  ㉡ 밀리 기계(Mealy Machine) : 출력이 현재 상태와 입력 모두에 의해서 결정
⑤ 순차회로의 주요 응용 : 레지스터, 카운터

2 유한상태 기계

① 유한상태 기계(finite-state machine, FSM) : 컴퓨터 프로그램과 전자 논리 회로를 설계하는 데에 쓰이는 수학적 모델, 유한 오토마톤(finite automaton, FA / 복수형 : 유한 오토마타 finite automata)
② 현재 상태(Current State) : 임의의 주어진 시간의 상태
③ 전이(Transition) : 어떠한 사건(Event)에 의해 한 상태에서 다른 상태로 변화하는 것
④ 오토마타(Automata) 구성 : 입력 장치, 출력 장치, 저장 장치, 제어 장치
⑤ 인식기(accepter) : 인식(accept)하거나 거부(reject)하는 역할만 수행하는 오토마타
⑥ 변환기(transducer) : 출력이 있는 유한 오토마타

📁 유한상태 기계

$M = (Q, I, O, \delta, f, q_0)$

- Q : 상태들의 유한 집합(finite set of states)
- I : 유한 개의 입력 기호의 집합
- O : 유한 개의 출력 기호의 집합
- δ : $Q \times I \rightarrow Q$인 전이 함수(transition function)
- f : $Q \times I \rightarrow O$인 출력 함수(output function)
- q_0 : $q_0 \in Q$인 시작 상태(start state)

📁 상태도

정점들의 상태를 나타내는 방향 그래프(directed graph)

제2절 결정적 유한상태 자동장치

📁 결정적 유한상태 자동장치(Deterministic Finite state Automata, DFA)

$M = (Q, \Sigma, \delta, q_0, F)$

- Q : 내부 상태들의 유한 집합(finite set of internal states)
- Σ : 입력 문자, 입력 알파벳(input alphabet)이라고 불리는 유한 개의 기호 집합
- δ : $Q \times \Sigma \rightarrow Q$인 전체 함수(total function), 전이 함수(transition function)라고 함
- q_0 : $q_0 \in Q$인 시작 상태(start state), 유한상태 자동장치가 입력 값을 처리하기 전의 상태
- F : $F \subseteq Q$인 최종 상태의 집합(set of final states), 유한상태 자동장치가 모든 입력값을 처리 했을 때의 상태가 받아들여질 경우 이 상태의 집합을 의미

(1) **결정적 유한상태 자동장치의 동작**

① 초기 상태인 q_0에 있는 것으로 가정하고 유한 제어에 의해 입력 장치는 입력 문자열(string)의 가장 왼쪽에 있는 기호(symbol)를 가리킴
② 오토마타의 작동에 따라 입력 장치에서 한 기호(symbol)씩 오른쪽으로 이동하면서 상태 변경
③ 문자열(string)을 모두 읽고 난 후 DFA가 최종 상태에 있으면 그 문자열이 '인식(acception)' 그렇지 않으면 '기각(rejection)'
④ 입력은 왼쪽에서 오른쪽으로의 방향으로만 이동이 가능하며 각 단계에서 하나씩의 기호(symbol)만을 읽을 수 있음. 전이가 $\delta(q_0, x) = q_1$이고 DFA가 상태 q_0에 있으며 현재 입력 기호가 x인 경우 이 DFA는 상태 q_1으로 전이

(2) **전이 그래프(transition grap)** : $M = (Q, \Sigma, \delta, q_0, F)$에 대한 전이 그래프 G_M은 $|Q|$개의 정점을 가지면, 각 정점에는 서로 다른 라벨(label) $q_1 \in Q$이 주어짐

전이 규칙 $\delta(q_i, x) = q_j$에 대해, 전이 그래프에 라벨 x를 갖는 간선(q_i, q_j) 존재

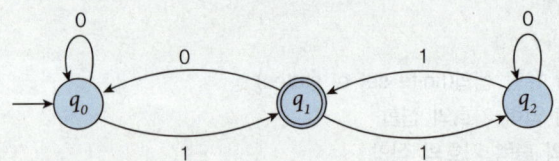

(3) 확장 전이 함수(extended transition function)

$\delta: Q \times \Sigma^* \to Q$, 함수 δ에서 두 번째 함수는 단일 기호가 아닌 문자열이며 함수 값은 오토마타가 주어진 문자열을 모두 읽은 후에야 정해지는 상태

(4) DFA의 상태 수 최소화

① **초기의 동치관계**: 종결상태와 미종결상태로 구분
② 같은 입력에 대해서 서로 다른 동치로 가는 지시선이 존재하면, 다시 분할하여 새로운 동치류를 구성
③ 새로운 M' 형성

제3절 언어와 문법

1 언어

- 형식 언어(formal language): 알파벳으로 만든 유한길이의 단어들(finite-length words, 즉 character strings)의 집합
- 접합(concatenation): 문자열 u의 오른쪽에 문자열 v를 이어서 만든 문자열 uv
- 역 문자열(inverse string): 문자열 내의 기호들을 역순으로 배열한 문자열, 문자열 w의 역 문자열은 w^R
- 문자열 w의 길이(length): 해당 문자열의 기호들의 개수, $|w|$
- 빈 문자열(empty string): 문자열이지만 문자를 가지지 않은 문자열, λ로 표기함
- 부문자열(substring): 임의의 문자열 w 내에 존재하는 연속적인 문자들의 문자열
  예 문자열 $w = flower$일 때, 접두사, 진접두사, 접미사, 진접미사의 집합

  - 접두사: $\{\lambda, f, fl, flo, flow, flowe, flower\}$
  - 진접두사: $\{f, fl, flo, flow, flowe, flower\}$
  - 접미사: $\{flower, flowe, flow, flo, fl, f, \lambda\}$
  - 진접미사: $\{flower, flowe, flow, flo, fl, f\}$

- w^n: 문자열 w를 n번 반복하여 얻어지는 문자열, $w^0 = \lambda$
- Σ^*: 임의의 알파벳 Σ에 대해 Σ에 속한 기호들을 0개 이상 접합하여 얻어지는 모든 문자열들의 집합
- Σ^+: Σ^*에서 λ을 제외한 집합, $\Sigma^* = \Sigma^+ + \lambda$

(1) 언어에서의 연산

① **언어는 단어들로 이루어진 집합으로 집합의 일반적인 연산 가능**
   합집합(union), 교집합(intersection), 차집합(difference)

② **여집합(complement)**
   언어 L의 여집합은 $\overline{L}$로 나타내는데 L의 Σ^*에 대한 여집합 : $\overline{L} = \Sigma^* - L$

③ **접합(concatenation)**
   두 개의 언어 L_1과 L_2의 연결은 L_1의 어떤 원소와 L_2의 어떤 원소를 차례로 연결하였을 때 표현되는 모든 스트링들의 집합(순서에 유의)
   $L_1 L_2 = \{ab : a \in L_1, b \in L_2\}$
   $L_2 L_1 = \{ba : b \in L_2, a \in L_1\}$

④ **언어 L이 n번 반복될 때는 L^n으로 표현**
   ㉠ 특히 모든 언어 L에 대해 $L^0 = \{\lambda\}$
   ㉡ $L^1 = L, L^2 = LL, L^n = L^{n-1}L$
   ㉢ $L = \{a^n b^n : n \geq 0\}$일 때 $L^2 = \{a^n b^n a^m b^m : n \geq 0, m \geq 0\}$

⑤ **스타-폐포(star-closure) 또는 클린-폐포(kleene closure)**
   $L^* = L^0 \cup L^1 \cup L^2 \cdots$로 정의

⑥ **양성-폐포(positive closure)**
   ㉠ L^*에서 L^0를 제외한 것
   ㉡ $L^+ = L^1 \cup L^2 \cdots$

(2) 정규 언어

정규 언어(regular language) : 유한상태 기계에 의해 인식되는 언어

예 L을 인식하는 유한 오토마타(DFA 또는 NFA)를 찾으면 정규 언어
$L = \{awa : w \in \{a,b\}^*\}$은 정규언어 : 다음과 같이 DFA 존재

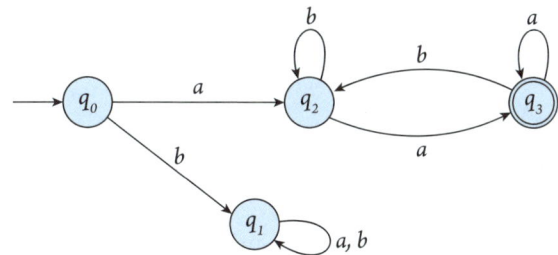

(3) 정규 표현

정규 표현(regular express) : 정규 언어를 표현하는 방법, 알파벳 기호들(symbol)의 문자열과 괄호, 연산자 $+, \cdot, *$ 사용

> **Σ를 주어진 알파벳이라 할 때 정규 표현**
> ① $\emptyset, \lambda$와 $a \in \Sigma$는 모두 정규 표현: 기본 정규 표현(primitive regular expression)
> ② α_1과 α_2가 정규 표현이면 $\alpha_1 + \alpha_2$, $\alpha_1 \cdot \alpha_2$, α_1^*, (α_1)은 모두 정규 표현
> ③ 특정 문자열이 정규 표현이 되기 위해서는 기본 정규 표현에서 시작하여 ②의 규칙을 유한 번 반복하여 해당 문자열이 유도될 수 있어야 함

> **정규 표현 g에 의해 묘사되는 언어 $L(g)$**
> ① $\emptyset$은 공집합을 나타내는 정규 표현
> ② λ는 $\{\lambda\}$를 나타내는 정규 표현
> ③ 모든 $a \in \Sigma$에 대해 a는 $\{a\}$를 나타내는 정규 표현
> ④ r_1과 r_2가 정규 표현일 경우, 다음의 연산 성립
> - $L(r_1 + r_2) = L(r_1) \cup L(r_2)$
> - $L(r_1 \cdot r_2) = L(r_1) L(r_2)$
> - $L((r_1)) = L(r_1)$
> - $L((r_1^*)) = (L(r_1))^*$

> **정규 표현의 대수적 성질**
> ① $a+b = b+a$, $\quad (a+b)+c = a+(b+c)$
> ② $(ab)c = a(bc)$, $\quad a(b+c) = ab+ac$
> ③ $(b+c)a = ba+bc$, $\quad a+a = a$
> ④ $a + \emptyset = a, a\emptyset = \emptyset = \emptyset a$
> ⑤ $\lambda a = a = a\lambda$, $\quad a^* = \lambda + aa^*$
> ⑥ $a^* = (\lambda + a)^*$, $\quad (a^*)^* = a^*$
> ⑦ $(a+b)^* = (a^*b^*)^*$

2 문법(grammar)

(1) 컴퓨터에 사용되는 문법 표현

① **배커스-나우어 표기법**

문맥 무관 문법을 나타내기 위해 만들어진 표기법

⟨기호⟩::=⟨표현식⟩

예 16진수의 BNF 표기법 ⟨$digit$⟩::= 0|1|2|3|4|5|6|7|8|9

⟨$letter$⟩::= A|B|C|D|E|F

⟨$number$⟩::= ⟨$digit$⟩|⟨$letter$⟩

⟨$integer$⟩::= ⟨$number$⟩|⟨$number$⟩⟨$integer$⟩

② 문맥 자유 문법
  $V \to w$: V(비단말 기호), w(비단말과 단말 기호들로 구성된 문자열)

(2) 형식 문법
  ① 형식 문법 G는 네 개의 원소쌍을 가지며 다음과 같이 정의됨
    $G = (N, T, P, S)$
    ㉠ N : 변수(variable)라 불리는 객체들의 유한 집합, 비단말 기호(nonterminal symbol), 통상 알파벳 대문자 사용($N \neq \emptyset$)
    ㉡ T : 단말 기호(terminal symbol)이라 불리는 객체들의 유한 집합, 통상 알파벳 소문자 사용 ($T \neq \emptyset$)
    ㉢ P : 생성규칙(production)들의 유한 집합
    ㉣ S : N에 속하는 특별한 기호이며 시작 변수(start variable)이라 불림
    여기서 N과 T는 서로 소(disjoint)
  ② 생성규칙 : $x \to y$: $x \in (N \cup T)^+$, $y \in (N \cup T)^*$
  ③ 문법 $G = (N, T, P, S)$에 의해 생성되는 언어 : $L(G)$
    예 $L(G) = \{w \in T^*, S \Rightarrow^* w\}$
  ④ 유도(derivation) : $w \in L(G)$일 때 $S \Rightarrow w_1 \Rightarrow w_2 \Rightarrow \cdots \Rightarrow w_n \Rightarrow w$와 같은 순서열
    두 문법의 동치(equivalence) : 두 개의 문법 G_1과 G_2가 동일한 언어 L
    예 G_1과 G_2는 동일한 언어 $L = \{a^n b^{n+1} : n \geq 0\}$을 생성
    ㉠ $G_1 : S \to aSbb | b | \lambda$
    ㉡ $G_2 : S \to aAbb | b | \lambda, A \to aAbb | \lambda$

(3) 정규 문법
  정규 문법(regular grammar) : 정규 언어를 기술하는 형식 문법, $\langle N, T, P, S \rangle$
  ① 우선형 문법(right-linear grammar) : 비단말(nonterminal)이 단말(terminal) 뒤에 나타남
    ㉠ $A \to a$
    ㉡ $A \to aB$
    ㉢ $A \to \lambda$
  ② 좌선형 문법(left-linear grammar) : 비단말(nonterminal)이 단말(terminal) 앞에 나타남
    ㉠ $A \to a$
    ㉡ $A \to Ba$
    ㉢ $A \to \lambda$
  ③ 정규 문법의 모든 생성규칙은 다음 2가지 중 하나로 표현
    ㉠ $A \to aB$, 여기서 $a \in T$이고, $A, B \in N$이다.
    ㉡ $A \to Ba$, 여기서 $a \in T$이고, $A, B \in N$이다.
  ④ 정규 문법 G가 생성하는 정규 언어 L을 나타내는 정규 표현을 구하는 과정
    ㉠ 정규 문법으로부터 일련의 정규 표현식을 구성 : $X \to \alpha | \beta | \gamma$일 때, $X = \alpha + \beta + \gamma$

ⓛ 구성된 정규 표현식 중에 $X = \alpha X + \beta$ 형태의 식 : $X = \alpha^* \beta$
  (α, β가 정규 표현이고, $\lambda \not\in L$이면, $X = \alpha X + \beta$의 유일한 해는 $X = \alpha^* \beta$)
ⓒ 앞의 과정을 수행한 후 시작 기호에 대한 정규 표현식이 있는 곳으로 식을 대입해가며 정규 표현의 특성을 이용하여 $X = \alpha X + \beta$ 형태로 정리한 후 $X = \alpha^* \beta$를 적용
ⓔ 시작 심벌에 대한 정규 표현식을 $X = \alpha X + \beta$ 형태로 고친 후 식을 $X = \alpha^* \beta$로 풀면 $\alpha^* \beta$가 정의된 정규 문법으로부터 생성될 수 있는 정규 언어 $L = (\alpha^* \beta)$가 됨

(4) 촘스키 포함 관계(Chomsky Hierarchy)

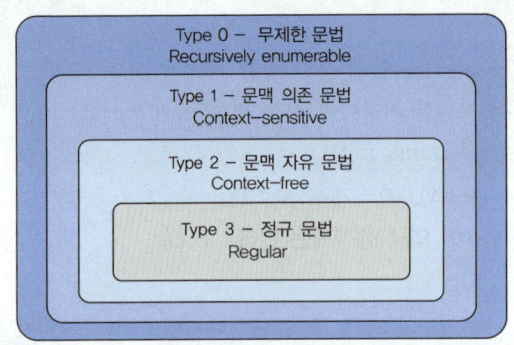

유형	제0유형	제1유형	제2유형	제3유형
문법	무제한 문법	문맥 의존 문법	문맥 자유 문법	정규 문법
언어	귀납적 가산 언어	문맥 의존 언어	문맥 자유 언어	정규 언어
오토마타	튜링기계	선형제한 오토마타	푸시다운 오토마타	유한 오토마타
생성규칙	제약 없음	$\alpha A \beta \rightarrow \alpha \gamma \beta$	$A \rightarrow \alpha$	$A \rightarrow aB$ $A \rightarrow a$
언어의 예	—	$a^n b^n c^n$	$a^n b^n$	a^n

① 단순 매칭 언어(simple matching language) : CFL
   $L_m = \{a^n b^n | n \geq 0\}$
② 중복 매칭 언어(double matching language) : CSL
   $L_{dm} = \{a^n b^n c^n | n \geq 0\}$
③ 좌우 대칭 언어(mirror image language) : CFL
   $L_{mi} = \{ww^R | w \in V_T^*\}$
④ 회문 언어(palindrome language) : CFL
   $L_r = \{w | w = w^R\}$
⑤ 괄호 언어(parenthesis language) : CFL
   $L_p = \{w | w$는 balanced parenthesis$\}$

제4절 비결정적 유한상태 자동장치

(1) 상태의 입력에 대하여 전이되는 다음 상태가 한 개가 아닌 여러 개이거나 없을 수도 있음

(2) 비결정적 유한 오토마타(Non deterministic Finite Automata, NFA), 비결정성(nondeterminism) : 오토마타의 이동(전이)에 있어 선택을 할 수 있음을 의미
① $M = (Q, \Sigma, \delta, q_0, F)$
  ㉠ Q : 공집합이 아닌 상태들의 유한 집합(finite set of states)
  ㉡ Σ : 입력 문자, 입력 알파벳(input alphabet)이라고 불리는 유한 개의 기호의 집합
  ㉢ δ : $Q \times (\Sigma \cup \{\lambda\}) \to 2^Q$인 상태 전이 함수
  ㉣ q_0 : $q_0 \in Q$인 시작 상태(start state)
  ㉤ F : $F \subseteq Q$인 최종 상태의 집합(set of final states)
② **문자열 w의 보행(walk)의 길이의 최댓값** : $\Lambda + (1+\Lambda) \times |w|$
  ㉠ Λ : 그래프 내의 λ-간선의 수
  ㉡ $|w|$: 문자열 w의 길이
③ $L(M) = \{w \in \Sigma^* : \delta^*(q_0, w) \cap F \neq \varnothing\}$
  $\delta^*(q_0, w) \cap F \neq \varnothing$의 의미 : 전이 그래프의 초기 정점에서 종료 정점까지 라벨이 w인 보행이 존재하는 모든 문자열 w들로 구성
④ 언어 L이 비결정적 유한상태 자동장치 $M_N = (Q_N, \Sigma, \delta_N, q_0, F_N)$에 의해 인식되는 언어일 때 $L = L(M_D)$를 만족하는 결정적 유한상태 자동장치 $M_D = (Q_D, \Sigma, \delta_D, \{q_0\}, F_D)$가 항상 존재

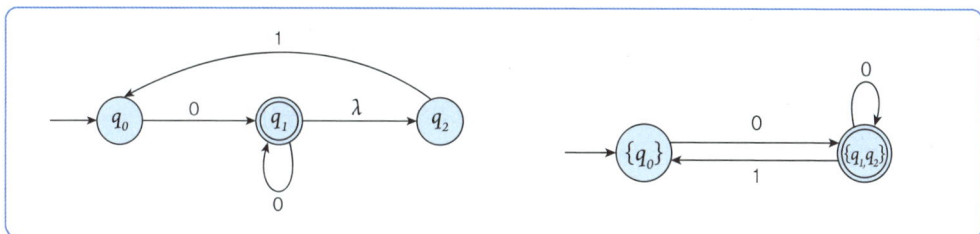

제5절 언어와 자동장치

- 정규언어(regular language) : 언어 L을 수용하는 유한상태 자동장치 존재
- 언어 L이 정규언어가 되려면 L의 문자열을 인식(accept)하는 결정적 유한상태 자동장치(Deterministic Finite Automata)가 있어야 함

1 튜링기계

양방향으로 무한한 확장이 가능한 테이프(tape)를 임시기억장치로 하는 오토마타(자동장치)

(1) 전형적인 튜링기계의 특징

① 촘스키가 분류한 문법 Type 0부터 Type 3까지의 모든 언어 인식
② 양방향 이동이 가능한 입력 머리(input head)를 가진 테이프(기억장치) 사용
③ 결정적(deterministic)이므로 한 가지 전이만 가능
④ 입력은 테이프에 들어 있고 종료 후 테이프의 내용을 출력으로 간주함

> 📩 기본적인 튜링기계 $M = (Q, \Sigma, \Gamma, \delta, q_0, B, F)$
> - Q : 상태(state)의 집합
> - Σ : 입력기호 집합, $\Sigma \subseteq (\Gamma - B)$
> - Γ : 테이프기호 집합
> - δ : $Q \times \Gamma \to Q \times \Gamma \times \{L, R\}$ 전이 함수, L은 왼쪽 이동을 R은 오른쪽 이동을 의미
> - q_0 : 초기 상태, $q_0 \in Q$
> - B : 공백 기호(blank symbol), $B \in \Gamma$
> - F : 최종 상태 집합, $F \subseteq Q$

(2) 튜링기계의 구성요소들의 역할과 동작

① **테이프** : 서로 연속한 단위 구간들로 나뉘며 구간은 알파벳을 가지고, 특정 알파벳은 비어 있음을 나타냄, 왼쪽이나 오른쪽으로 임의적으로 확장될 수 있으며, 한 번도 쓰이지 않은 구간은 비어 있다는 기호로 표시
② **머리** : 테이프를 왼쪽이나 오른쪽으로 한 칸(오직 한 칸만) 이동시키는 역할
③ **상태 기록기** : 튜링기계의 유한히 많은 상태 중 하나를 기록
④ **유한한 표(또는 행동표)** : 특정한 상태(q_i)에 있는 기계가 어떠한 기호(a_j)를 읽을 때 해야 할 행동을 지시

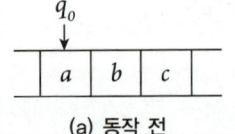
(a) 동작 전

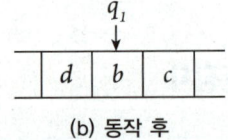
(b) 동작 후

⑤ **형상(configuration)** : 순간 묘사(Instantaneous Description : ID)
⑥ move($\vdash$) : 한 형상에서 다른 형상으로의 이동
⑦ move($\vdash^*$) : 임의의 회수 이동들을 나타냄

기출동형 최종모의고사 | 이산수학

제한시간: 50분 | 시작 ___시 ___분 – 종료 ___시 ___분

정답 및 해설 518p

01 집합의 연산에 대한 대수 법칙으로 옳지 않은 것은?

① $(A \cap B) \cup A = A$
② $(A \cap B) \cup B = B$
③ $A \cup (B \cap C) = (A \cap C) \cup (B \cap C)$
④ $A \cap (B \cup C) = (A \cap C) \cup (B \cap C)$

02 집합 $S = \{1, 2, 3\}$에 대한 멱집합으로 옳은 것은?

① $2^S = \{\{1\}, \{2\}, \{3\}, \{1,2\}, \{1,3\}, \{2,3\}\}$
② $2^S = \{\emptyset, \{1\}, \{2\}, \{3\}, \{1,2\}, \{1,3\}, \{2,3\}\}$
③ $2^S = \{\emptyset, \{1\}, \{2\}, \{3\}, \{1,2\}, \{1,3\}, \{2,3\}, \{1,2,3\}\}$
④ $2^S = \{\{\,\}, \{1\}, \{2\}, \{3\}, \{1,2\}, \{1,3\}, \{2,3\}, \{1,2,3\}, \{\emptyset, 1, 2, 3\}\}$

03 증명법에 대한 설명으로 옳은 것은?

① 존재 증명법은 주어진 명제가 참(T) 또는 거짓(F)임을 기존의 방법으로 입증하기가 어려운 경우, 모순이 되는 예를 하나 보임으로써 증명하는 방법이다.
② 직접 증명법은 조건명제 $p \to q$와 $\neg q \to \neg p$가 대우 관계로서 논리적 동치임을 이용하여, $\neg q \to \neg p$가 참인 것을 증명함으로써 $p \to q$가 참이 됨을 증명하는 방법이다.
③ 대우 증명법은 주어진 명제를 변경하지 않고 참(T)이라고 가정하고 공리, 정리, 정의 등을 이용하여 증명하는 방법으로, 명제 $p \to q$의 직접 증명은 논리적으로 p의 진릿값이 참일 때 q도 참이 됨을 보이는 증명방법이다.
④ 모순 증명법은 주어진 문제의 명제를 일단 부정하고 논리를 전개하여 그것이 모순됨을 보임으로써 주어진 명제가 사실임을 증명하는 방법으로, 기존의 전통적인 방법으로 쉽게 증명할 수 없을 경우에 매우 유용한 증명방법이다.

04 정렬 알고리즘의 복잡도가 $O(n \log_2 n)$이 아닌 것은?

① 퀵 정렬
② 병합 정렬
③ 삽입 정렬
④ 힙 정렬

05 두 집합 $A=\{0,1,2\}$, $B=\{\alpha,\beta\}$에 대한 역관계가 다음의 행렬과 같을 때, 이항관계를 순서쌍으로 표현한 것으로 옳은 것은?

$$M_{R^{-1}} = \begin{matrix} \\ \alpha \\ \beta \end{matrix} \begin{matrix} 0 & 1 & 2 \\ \begin{bmatrix} 1 & 0 & 1 \\ 0 & 1 & 0 \end{bmatrix} \end{matrix}$$

① $R=\{(\alpha,0),(\beta,1),(\alpha,2)\}$
② $R=\{(0,\alpha),(1,\beta),(2,\alpha)\}$
③ $R=\{(0,\alpha),(1,\beta),(2,\beta)\}$
④ $R=\{(\alpha,0),(\beta,1),(\beta,2)\}$

06 다음 하세도표에 대한 설명으로 옳지 않은 것은?

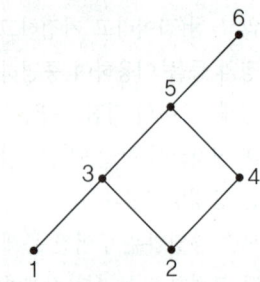

① 극대원소는 6이다.
② 극소원소는 1과 2이다.
③ 최대원소는 6이다.
④ 최소원소는 1과 2이다.

07 다음 중 mod 합동에 대한 설명으로 옳지 않은 것은?

① mod 합동은 반사 관계이다.
② mod 합동은 대칭 관계이다.
③ mod 합동은 추이 관계이다.
④ mod 합동은 반대칭 관계이다.

08 집합 $A=\{a,b,c\}$에서 집합 $B=\{1,2,3\}$으로의 관계 f가 함수인 것은?

① $f=\{(a,1),(b,3)\}$
② $f=\{(a,1),(a,2),(a,3)\}$
③ $f=\{(a,1),(a,3),(b,2)\}$
④ $f=\{(a,1),(b,3),(c,2)\}$

09 집합 $A=\{1,2,3,4\}$, $B=\{a,b,c,d\}$에 대한 함수 $f=\{(1,b),(2,a),(3,d),(4,c)\}$와 관련된 설명으로 옳지 않은 것은?

① 함수 f는 단사함수이다.
② 함수 f는 전사함수이다.
③ 함수 f는 전단사함수이다.
④ 함수 f는 단사함수이지만 전사함수는 아니다.

10 행렬 $A=\begin{bmatrix} 1 & 2 \\ 2 & 5 \end{bmatrix}$와 행렬 $B=\begin{bmatrix} 0 & 1 \\ -1 & 2 \end{bmatrix}$에 대하여 $AX=B$일 때, 행렬 X의 모든 항의 합은?

① 2
② 3
③ 4
④ 5

11 다음 중 행렬식의 값이 1인 행렬은?

① $\begin{bmatrix} 3 & -1 \\ 5 & 2 \end{bmatrix}$

② $\begin{bmatrix} 3 & 1 \\ 6 & 2 \end{bmatrix}$

③ $\begin{bmatrix} 3 & 5 & 1 \\ 0 & 0 & -1 \\ 1 & 2 & 2 \end{bmatrix}$

④ $\begin{bmatrix} 2 & 1 & 1 \\ 0 & 3 & 0 \\ 1 & 2 & 2 \end{bmatrix}$

12 다음 중 대칭행렬이 아닌 것은?

① $\begin{bmatrix} 1 & 0 & 0 \\ 0 & 1 & 0 \\ 0 & 0 & 1 \end{bmatrix}$

② $\begin{bmatrix} 1 & 0 & 0 & 0 \\ 0 & 1 & 1 & 0 \\ 0 & 0 & 0 & 1 \end{bmatrix}$

③ $\begin{bmatrix} 2 & 4 & 0 \\ 4 & 1 & 6 \\ 0 & 6 & 3 \end{bmatrix}$

④ $\begin{bmatrix} 1 & 2 \\ 2 & 3 \end{bmatrix}$

13 그래프 $G = \langle V, E \rangle$의 정점과 간선이 다음과 같을 때, 이에 대한 설명으로 옳은 것은?

- $V = \{0, 1, 2, 3\}$
- $E = \{\langle 0,1 \rangle, \langle 0,3 \rangle, \langle 2,3 \rangle, \langle 3,1 \rangle\}$

① 정점 0의 진출차수는 0이다.
② 정점 1의 진입차수는 2이다.
③ 정점 2의 진출차수는 0이다.
④ 정점 3의 진입차수는 1이다.

14 연결된 평면 그래프에서 면이 7개이고, 간선이 12개일 때 정점의 개수는?

① 5
② 6
③ 7
④ 8

15 다음 그래프에 대한 설명으로 틀린 것은?

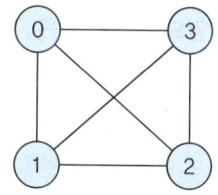

① 평면 그래프
② 완전 그래프
③ 오일러 그래프
④ 3-정규 그래프

16 데이터 2, 4, 5, 7, 3, 10, 1로 최소 힙을 만들고 배열에 저장할 때 배열에서 데이터 10이 저장된 위치는?

① 5번째
② 6번째
③ 7번째
④ 8번째

17 수식 $((A-B) \times C) / (D+E)$을 전위표기법으로 표현한 것으로 옳은 것은?

① $AB - C \times /DE+$
② $AB - C \times DE+/$
③ $\times -ABC/+DE$
④ $/\times -ABC+DE$

18 배열에 저장한 이진트리의 노드 인덱스에 관한 설명으로 옳지 않은 것은?

① 노드 인덱스 17의 부모 노드 인덱스는 8이다.
② 노드 인덱스 5의 왼쪽 자식 노드 인덱스는 10이다.
③ 노드 인덱스 7의 오른쪽 자식 노드 인덱스는 15이다.
④ 노드 인덱스 10의 오른쪽 자식 노드 인덱스는 20이다.

19 다음 중 논리적 동치 관계가 성립하지 않는 것은?

① $p \to q \equiv \neg p \lor q$
② $p \to q \equiv \neg p \to \neg q$
③ $(p \to q) \land (q \to p) \equiv p \leftrightarrow q$
④ $\neg(p \lor (\neg p \land q)) \equiv \neg p \land \neg q$

20 다음 중 허위 추론에 해당하는 것은?

① $p, \ p \to q \vdash q$
② $p \to q, \ p \vdash q$
③ $\neg q, \ p \to q \vdash \neg p$
④ $p \to q, \ q \to r \vdash p \to r$

21 다음 중 함수 $f(x,y) = (x+y) \cdot x' + y'$와 동치가 아닌 것은?

① $f(x,y) = (x+y)' + (x+y')' + (x'+y)'$
② $f(x,y) = x'y' + x'y + xy'$
③ $f(x,y) = x'y'$
④ $f(x,y) = x' + y'$

22 다음 논리회로에 대한 불함수로 옳은 것은?

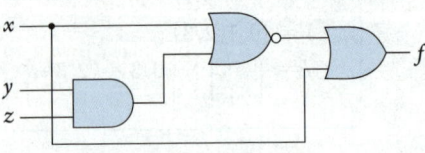

① $f(x,y,z) = x(y+z)' + x$
② $f(x,y,z) = (x+yz)' + yz$
③ $f(x,y,z) = (x \cdot (y+z)) \cdot x$
④ $f(x,y,z) = (x+yz)' + x$

23 다음의 문법에 의해 생성되는 언어는?

$$G = (\{S, A\}, \{a, b\}, P, S)$$
$$P : S \rightarrow aaaA$$
$$A \rightarrow aAb \mid \lambda$$

① $L = \{a^n b^m : n \geq 0, m > n\}$
② $L = \{a^n b^{n-3} : n \geq 3\}$
③ $L = \{a^n b^{m-3} : n \geq 0, m > n\}$
④ $L = \{a^n b^n : n \geq 0\}$

25 L이 알파벳 Σ에 대한 정규 언어일 때, 이와 관련된 설명으로 틀린 것은?

① $L = L(G)$를 만족하는 우선형 문법 G가 존재한다.
② $L = L(G)$를 만족하는 좌선형 문법 G가 존재한다.
③ $L = L(G)$를 만족하는 정규 문법 G가 존재한다.
④ $L = L(G)$를 만족하는 단위-생성규칙이 존재한다.

24 다음 DFA에서 인식하지 <u>않는</u> 문자열은?

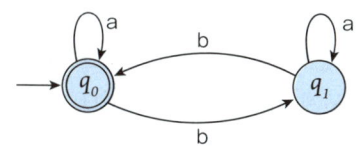

① $aaabbabab$
② $aaabbabbba$
③ $babababaabb$
④ $abbababbb$

정답 및 해설 | 이산수학

01	02	03	04	05	06	07	08	09	10	11	12	13	14	15	16	17	18	19	20
③	③	④	③	②	④	④	④	④	①	③	②	②	③	③	②	④	④	②	②

21	22	23	24	25
③	④	②	②	④

01 정답 ③

$A \cup (B \cap C)$에 분배법칙을 적용하면
$A \cup (B \cap C) = (A \cup C) \cap (B \cup C)$이다.

02 정답 ③

집합 S의 모든 부분집합을 모아 놓은 멱집합은 $P(S)$, 2^S 등으로 표기한다. 멱집합 $P(S)$는 공집합과 원래 집합을 원소로 포함한다.
$P(S) = 2^S = \{\emptyset, \{1\}, \{2\}, \{3\}, \{1,2\}, \{1,3\}, \{2,3\}, \{1,2,3\}\}$

03 정답 ④

① 반례 증명법(existence proof)은 주어진 명제가 참(T) 또는 거짓(F)임을 기존이 방법으로 입증하기가 어려운 경우, 모순이 되는 예를 하나 보임으로써 증명하는 방법이다.
② 대우 증명법(contraposition proof)은 조건 명제 $p \to q$와 $\neg q \to \neg p$가 대우 관계로서 논리적 동치임을 이용하여, $\neg q \to \neg p$가 참인 것을 증명함으로써 $p \to q$가 참이 됨을 증명하는 방법이다.
③ 직접 증명법(direct proof)은 주어진 명제를 변경하지 않고 참(T)이라고 가정하고 공리, 정리, 정의 등을 이용하여 증명하는 방법으로, 명제 $p \to q$의 직접 증명은 논리적으로 p의 진릿값이 참일 때 q도 참이 됨을 보이는 증명방법이다.

04 정답 ③

삽입 정렬의 복잡도는 $O(n^2)$이다.

05 정답 ②

행렬의 역관계를 순서쌍으로 나타내면
$R^{-1} = \{(\alpha, 0), (\alpha, 2), (\beta, 1)\}$이고,
$(R^{-1})^{-1} = R = \{(0, \alpha), (1, \beta), (2, \alpha)\}$이다.

06 정답 ④

최소원소는 집합 A에 대한 반순서 관계 R을 하세도표로 나타냈을 때 가장 하위에 위치하는 단 하나의 원소로, 반순서 집합 A에 포함되는 원소들 중 가장 우선순위가 낮은 원소를 의미한다. 최소원소보다 우선순위가 낮거나 같은 원소는 존재하지 않는다. 문제의 하세도표에서 극소원소가 2개이므로 최소원소는 존재하지 않는다.

07 정답 ④

mod 합동은 동치 관계이므로 반사 관계, 대칭 관계, 추이 관계가 성립한다.

08 정답 ④

정의역인 집합 A의 모든 원소 각각이 공변역인 집합 B에서 하나의 원소와 대응하므로 함수이다.
$f(a) = 1, f(b) = 3, f(c) = 2$

09 정답 ④

집합 A의 모든 원소가 집합 B의 모든 원소와 하나씩 반드시 대응하고 있다. 집합 A와 B의 원소의 개수를 비교하면 $|A| = |B|$로, 집합 A의 원소의 개수와 집합 B의 원소의 개수와 같다. 또한 모든 공변역의 원소들이 정의역의 원소와 대응하고 있다. 즉, 함수 f는 단사함수이면서 전사함수이므로, 전단사함수이다.

10 정답 ①

$A^{-1}AX = A^{-1}B$이고 $X = A^{-1}B$이므로,
$X = A^{-1}B = \begin{bmatrix} 5 & -2 \\ -2 & 1 \end{bmatrix} \begin{bmatrix} 0 & 1 \\ -1 & 2 \end{bmatrix} = \begin{bmatrix} 2 & 1 \\ -1 & 0 \end{bmatrix}$

11 정답 ③

③ $\begin{bmatrix} 3 & 5 & 1 \\ 0 & 0 & -1 \\ 1 & 2 & 2 \end{bmatrix} = -5 - (-6) = 1$

① $\begin{bmatrix} 3 & -1 \\ 5 & 2 \end{bmatrix} = 6 - (-5) = 11$

② $\begin{bmatrix} 3 & 1 \\ 6 & 2 \end{bmatrix} = 6 - 6 = 0$

④ $\begin{bmatrix} 2 & 1 & 1 \\ 0 & 3 & 0 \\ 1 & 2 & 2 \end{bmatrix} = 12 - 3 = 9$

12 정답 ②

양의 정수 n에 대하여 크기가 $n \times n$인 정방행렬이 자신의 전치행렬과 동일할 때 대칭행렬(symmetric matrix)이라고 한다.

13 정답 ②

방향 그래프에서 정점 v를 머리로 하는 간선의 수를 진입 차수(in degree)라 하고 방향그래프에서 정점 v를 꼬리로 하는 간선의 수를 진출 차수(out degree)라고 한다.
- 정점 0의 진입차수는 0이고, 진출차수는 2이다.
- 정점 1의 진입차수는 2이고, 진출차수는 0이다.
- 정점 2의 진입차수는 0이고, 진출차수는 1이다.
- 정점 3의 진입차수는 2이고, 진출차수는 1이다.

14 정답 ③

연결된 평면 그래프 $G = (V, E)$에서 정점의 개수를 $|V| = v$, 간선의 개수를 $|E| = e$, 면의 개수를 s라고 할 때, 오일러의 정리(오일러 공식)가 성립한다.
$v - e + s = 2$
$v = e - s + 2 = 12 - 7 + 2 = 7$

15 정답 ③

오일러 그래프(Euler graph)는 연결된 그래프이고, 모든 정점의 차수가 짝수이어야 한다.

16 정답 ②

생성된 최소 힙과 배열은 다음과 같다.

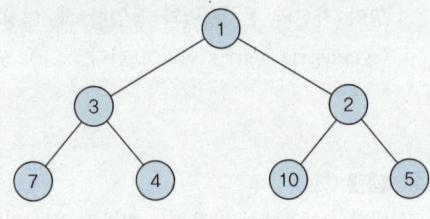

index	1	2	3	4	5	6	7
data	1	3	2	7	4	10	5

17 정답 ④

전위표기법은 연산자를 두 개의 피연산자 앞에 표기한다.
$(A-B) \Rightarrow -AB$
$(A-B) \times C \Rightarrow \times -ABC$
$(D+E) \Rightarrow +DE$
$\therefore ((A-B) \times C)/(D+E) \Rightarrow / \times -ABC+DE$

18 정답 ④

노드 인덱스 i의 오른쪽 자식 노드 인덱스는 $2 \times i + 1$이다.
$2 \times 10 + 1 = 21$

19 정답 ②

대우법칙에 의하여 $p \rightarrow q \equiv \neg q \rightarrow \neg p$이다.

20 정답 ②

$p \rightarrow q, p \vdash q$에 대하여 진리표를 작성하면 다음과 같다.

p	q	$p \rightarrow q$
F	F	T
F	T	T
T	F	F
T	T	T

전제 $p \rightarrow q$와 q가 모두 참인 경우는 두 번째와 네 번째 행으로, 두 경우 모두 추론의 전제인 p의 진릿값을 보면 첫 번째는 거짓이고 두 번째는 참이므로, 이 추론은 허위 추론이다.

21 정답 ③

진리표를 작성하면 다음과 같다.

x	y	x'	y'	$(x+y) \cdot x'+y'$	최대항 (maxterm)	최소항 (minterm)
0	0	1	1	1	$x+y$	$x'y'$
0	1	1	0	1	$x+y'$	$x'y$
1	0	0	1	1	$x'+y$	xy'
1	1	0	0	0	$x'+y'$	xy

$$f(x,y) = x'y' + x'y + xy'$$
$$= x'y' + x'y + x'y' + xy'$$
$$= x'(y'+y) + (x'+x)y'$$
$$= x' + y'$$

22 정답 ④

AND 게이트는 곱으로, OR 게이트는 합으로 표현한다.

23 정답 ②

문법에 의해 생성되는 언어를 나열하면 $\{aaa, aaaab, aaaaabb, aaaaaabbb, \cdots\}$와 같다. 나열한 문장을 보면 알파벳 a가 알파벳 b의 개수보다 3개 많음을 알 수 있다. 이것을 수식으로 작성하면 $L = \{a^n b^{n-3} : n \geq 3\}$이 된다.

24 정답 ②

DFA는 짝수 개의 b를 가지는 문자열을 인식한다.

25 정답 ④

정규 문법은 정규 언어를 생성하는 문법으로, 생성규칙은 일반적으로 A → aB 또는 A → a의 형태를 가진다.

단위-생성규칙(예 $A \rightarrow B$)은 문맥 자유 문법(Context-Free Grammar, CFG)에서는 허용되지만, 정규 문법에서는 허용되지 않는다. 단위-생성규칙은 정규 문법에서는 허용되지 않기 때문에 정규 언어에 대한 설명이 아니다.

할 수 있다고 믿는 사람은 그렇게 되고, 할 수 없다고 믿는 사람도 역시 그렇게 된다.

-샤를 드골-

독학학위제 2단계 전공기초과정인정시험 답안지(객관식)

독학학위제 2단계 전공기초과정인정시험 답안지(객관식)

컴퓨터용 사인펜만 사용

★ 수험생은 수험번호와 응시과목 코드번호를 표기(마킹)한 후 일치여부를 반드시 확인할 것.

전공분야

성명

당안지 작성시 유의사항

답안지는 반드시 컴퓨터용 사인펜을 사용하여 다음 《보기》와 같이 표기할 것.

《보기》 잘된 표기: ● 잘못된 표기: ⊗ ⊙ ◐ ○

1. 수험번호 (1)에는 아라비아 숫자로 쓰고, (2)에는 "●"와 같이 표기할 것.
2. 과목코드는 뒷면 "과목코드번호"를 보고 해당과목의 코드번호를 찾아 표기하고, 응시과목란에는 응시과목명을 한글로 기재할 것.
3. 교시코드는 문제지 전면 의 교시를 해당란에 "●"와 같이 표기할 것.
4. 한번 표기한 답은 긁거나 수정액 및 스티커 등 어떠한 방법으로도 고쳐서는 아니되고, 고친 문항은 "0"점 처리함.

[이 답안지는 마킹연습용 모의답안지입니다.]

절취선

독학학위제 2단계 전공기초과정인정시험 답안지(객관식)

전공분야

성명

수험번호

※ 감독관 확인란

답안지 작성시 유의사항

1. 답안지는 반드시 컴퓨터용 사인펜을 사용하여 다음 *보기*와 같이 표기할 것.
   보기 잘된 표기: ● 잘못된 표기: ⊙ ⊗ ◐ ○ ◎
2. 수험번호 (1)에는 아라비아 숫자로 쓰고, (2)에는 "●"와 같이 표기할 것.
3. 과목코드는 뒷면 "과목코드번호"를 보고 해당과목의 코드번호를 찾아 표기하고, 응시과목란에는 응시과목명을 한글로 기재할 것.
4. 교시코드는 문제지 전면 의 교시를 해당란에 "●"와 같이 표기할 것.
5. 한번 표기한 답은 긁거나 수정액 및 스티커 등 어떠한 방법으로도 고쳐서는 아니되며, 고쳐 표기한 문항은 "0"점 처리함.

교시코드 ① ② ③ ④

과목코드 / 응시과목

응시과목				
1	①	②	③	④
2	①	②	③	④
3	①	②	③	④
4	①	②	③	④
5	①	②	③	④
6	①	②	③	④
7	①	②	③	④
8	①	②	③	④
9	①	②	③	④
10	①	②	③	④
11	①	②	③	④
12	①	②	③	④
13	①	②	③	④
14	①	②	③	④
15	①	②	③	④
16	①	②	③	④
17	①	②	③	④
18	①	②	③	④
19	①	②	③	④
20	①	②	③	④
21	①	②	③	④
22	①	②	③	④
23	①	②	③	④
24	①	②	③	④
25	①	②	③	④
26	①	②	③	④
27	①	②	③	④
28	①	②	③	④
29	①	②	③	④
30	①	②	③	④
31	①	②	③	④
32	①	②	③	④
33	①	②	③	④
34	①	②	③	④
35	①	②	③	④
36	①	②	③	④
37	①	②	③	④
38	①	②	③	④
39	①	②	③	④
40	①	②	③	④

[이 답안지는 마킹연습용 모의답안지입니다.]

컴퓨터용 사인펜만 사용

※ 수험생은 수험번호와 응시과목 코드번호를 표기(마킹)한 후 일치여부를 반드시 확인할 것.

독학학위제 2단계 전공기초과정인정시험 답안지(객관식)

[이 답안지는 마킹연습용 모의답안지입니다.]

독학학위제 2단계 전공기초과정인정시험 답안지(객관식)

컴퓨터용 사인펜만 사용

전공분야

성명

★ 수험생은 수험번호와 응시과목 코드번호를 표기(마킹)한 후 일치여부를 반드시 확인할 것.

수험번호

(1) 2 — — — —
(2) ① ● ③ ④

응시과목 / 과목코드

교시코드	응시과목
① ② ③ ④	1 ① ② ③ ④ 21 ① ② ③ ④
	2 ① ② ③ ④ 22 ① ② ③ ④
	3 ① ② ③ ④ 23 ① ② ③ ④
	4 ① ② ③ ④ 24 ① ② ③ ④
	5 ① ② ③ ④ 25 ① ② ③ ④
	6 ① ② ③ ④ 26 ① ② ③ ④
	7 ① ② ③ ④ 27 ① ② ③ ④
	8 ① ② ③ ④ 28 ① ② ③ ④
	9 ① ② ③ ④ 29 ① ② ③ ④
	10 ① ② ③ ④ 30 ① ② ③ ④
	11 ① ② ③ ④ 31 ① ② ③ ④
	12 ① ② ③ ④ 32 ① ② ③ ④
	13 ① ② ③ ④ 33 ① ② ③ ④
	14 ① ② ③ ④ 34 ① ② ③ ④
	15 ① ② ③ ④ 35 ① ② ③ ④
	16 ① ② ③ ④ 36 ① ② ③ ④
	17 ① ② ③ ④ 37 ① ② ③ ④
	18 ① ② ③ ④ 38 ① ② ③ ④
	19 ① ② ③ ④ 39 ① ② ③ ④
	20 ① ② ③ ④ 40 ① ② ③ ④

답안지 작성시 유의사항

1. 답안지는 반드시 컴퓨터용 사인펜을 사용하여 다음 보기와 같이 표기할 것.
   보기) 잘된 표기: ●
        잘못된 표기: ⊘ⓧ◐◑○
2. 수험번호 (1)에는 아라비아 숫자로 쓰고, (2)에는 "●"와 같이 표기할 것.
3. 과목코드는 뒷면 "과목코드번호"를 보고 해당과목의 코드번호를 찾아 표기하고, 응시과목란에는 응시과목명을 한글로 기재할 것.
4. 교시코드는 문제지 전면의 교시를 해당란에 "●"와 같이 표기할 것.
5. 한번 표기한 답은 긁거나 수정액 및 스티커 등 어떠한 방법으로도 고쳐서는 아니되고, 고친 문항은 "0"점 처리함.

※ 감독관 확인란

관리번호
(연번)
(응시자수)
인

[이 답안지는 마킹연습용 모의답안지입니다.]

독학학위제 2단계 전공기초과정인정시험 답안지(객관식)

컴퓨터용 사인펜만 사용

★ 수험생은 수험번호와 응시과목 코드번호를 코드번호란에 표기(마킹)한 후 일치여부를 반드시 확인할 것.

전공분야

성명

답안지 작성시 유의사항

1. 답안지는 반드시 컴퓨터용 사인펜을 사용하여 다음 보기와 같이 표기할 것.
   보기) 잘 된 표기: ● 잘못된 표기: ⊙⊗●◐⊕○
2. 수험번호 (1)에는 아라비아 숫자로 쓰고, (2)에는 "●"와 같이 표기할 것.
3. 과목코드는 뒷면 "과목코드번호"를 보고 해당과목의 코드번호를 찾아 표기하고, 응시과목란에는 응시과목명을 한글로 기재할 것.
4. 교시코드는 문제지 전면 의 교시를 해당란에 "●"와 같이 표기할 것.
5. 한번 표기한 답을 고치거나 수정액 및 스티커 등 어떠한 방법으로도 고쳐서는 아니되도, 고친 문항은 "0"점 처리함.

※ 감독관 확인란

관리번호 (응시자수)

[이 답안지는 마킹연습용 모의답안지입니다.]

독학학위제 2단계 전공기초과정인정시험 답안지(객관식)

독학학위제 2단계 전공기초과정인정시험 답안지(객관식)

컴퓨터용 사인펜만 사용

★ 수험생은 수험번호와 응시과목 코드번호를 표기(마킹)한 후 일치여부를 반드시 확인할 것.

전공분야

성 명

수험번호

(1) 2
(2) ① ● ③ ④

답안지 작성시 유의사항

1. 답안지는 반드시 컴퓨터용 사인펜을 사용하여 다음 보기와 같이 표기할 것.
   보기 잘 된 표기: ●   잘못된 표기: ⊙ⓧ◑◐○
2. 수험번호 (1)에는 아라비아 숫자로 쓰고, (2)에는 "●"과 같이 표기할 것.
3. 과목코드는 뒷면 "과목코드번호"를 보고 해당과목의 코드번호를 찾아 표기하고,
   응시과목란에는 응시과목명을 한글로 기재할 것.
4. 교시코드는 문제지 전면 의 교시를 해당란에 "●"와 같이 표기할 것.
5. 한번 표기한 답은 긁거나 수정액 및 스티커 등 어떠한 방법으로도 고쳐서는
   아니되고, 고친 문항은 "0"점 처리함.

※ 감독관 확인란

(인)

관리번호
(연번) (응시자수)

[이 답안지는 마킹연습용 모의답안지입니다.]

절취선 ✂

시대에듀 독학사 컴퓨터공학과 2단계 6과목 벼락치기
(논리회로 · C프로그래밍 · 자료구조 · 컴퓨터구조 · 운영체제 · 이산수학)

초 판 발 행	2025년 04월 15일 (인쇄 2025년 02월 14일)
발 행 인	박영일
책 임 편 집	이해욱
편 저	독학학위연구소
편 집 진 행	송영진
표지디자인	박종우
편집디자인	차성미 · 고현준
발 행 처	(주)시대고시기획
출 판 등 록	제10-1521호
주 소	서울시 마포구 큰우물로 75 [도화동 538 성지 B/D] 9F
전 화	1600-3600
팩 스	02-701-8823
홈 페 이 지	www.sdedu.co.kr
I S B N	979-11-383-8540-4 (13000)
정 가	30,000원

※ 이 책은 저작권법의 보호를 받는 저작물이므로 동영상 제작 및 무단전재와 배포를 금합니다.
※ 잘못된 책은 구입하신 서점에서 바꾸어 드립니다.

합격의 공식 시대에듀

시대에듀 독학사
컴퓨터공학과

why

왜? 독학사 컴퓨터공학과인가?

4년제 컴퓨터공학 학위를 최소 시간과 비용으로 단 1년 만에 초고속 취득 가능!

1. 독학사 학과 중 거의 유일한 공과 계열 학과
2. 컴퓨터 관련 취업에 가장 유용한 학과
3. 전산팀, 서버관리실, R&D, 프로그래머, 빅데이터·데이터베이스 전문가, 시스템·임베디드 엔지니어, 각종 IT 관련 연구소 등 다양한 분야로 취업 가능

컴퓨터공학과 과정별 시험과목(2~4과정)

1~2과정 교양 및 전공기초과정은 객관식 40문제 구성
3~4과정 전공심화 및 학위취득과정은 객관식 24문제+주관식 4문제 구성

2과정(전공기초)	3과정(전공심화)	4과정(학위취득)
논리회로	인공지능	알고리즘
C프로그래밍	컴퓨터네트워크	통합컴퓨터시스템
자료구조	임베디드시스템	통합프로그래밍
컴퓨터구조	소프트웨어공학	데이터베이스
운영체제	프로그래밍언어론	
이산수학	정보보호	
객체지향프로그래밍	컴파일러	
웹프로그래밍	컴퓨터그래픽스	

※ 시대에듀에서 개설된 과목은 굵은 글씨로 표시하였습니다.

시대에듀 컴퓨터공학과 학습 커리큘럼

기본이론부터 실전문제풀이 훈련까지!
시대에듀가 제시하는 각 과정별 최적화된 커리큘럼에 따라 학습해 보세요.

STEP 01 기본이론 - 핵심이론 분석으로 확실한 개념 이해
STEP 02 문제풀이 - 실전예상문제를 통해 문제 유형 파악
STEP 03 모의고사 - 최종모의고사로 실전 감각 키우기
STEP 04 핵심요약 - 핵심요약집으로 중요 포인트 체크

| 1과정 교양과정 | 심리학과 | 경영학과 | **컴퓨터공학과** | 국어국문학과 | 영어영문학과 | 간호학과 | 4과정 교양공통 |

독학사 컴퓨터공학과 2~4과정 교재 시리즈

독학학위제 공식 평가영역을 100% 반영한 이론과 문제로 구성된 완벽한 최신 기본서 라인업!

START

2과정

▶ 전공 기본서 [6종]
- 논리회로
- C프로그래밍
- 자료구조
- 컴퓨터구조
- 운영체제
- 이산수학

▶ 6과목 벼락치기
논리회로 + C프로그래밍 + 자료구조 +
컴퓨터구조 + 운영체제 + 이산수학

3과정

▶ 전공 기본서 [6종]
- 인공지능
- 컴퓨터네트워크
- 임베디드시스템
- 소프트웨어공학
- 프로그래밍언어론
- 정보보호

4과정

▶ 전공 기본서 [4종]
- 알고리즘
- 통합컴퓨터시스템
- 통합프로그래밍
- 데이터베이스

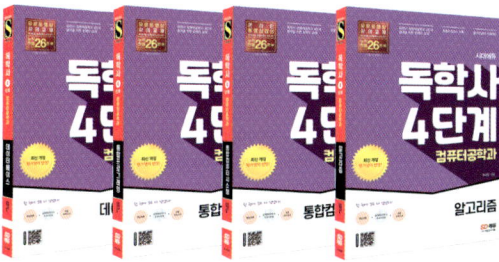

GOAL!

※ 표지 이미지 및 구성은 변경될 수 있습니다.

➕ 독학사 전문컨설턴트가 개인별 맞춤형 학습플랜을 제공해 드립니다.

시대에듀 홈페이지 **www.sdedu.co.kr**   상담문의 **1600-3600**   평일 9~18시 · 토요일 · 공휴일 휴무

시대에듀 동영상 강의 | www.sdedu.co.kr

나는 이렇게 합격했다

당신의 합격 스토리를 들려주세요
추첨을 통해 선물을 드립니다

베스트 리뷰
갤럭시탭/ 버즈 2

상/하반기 추천 리뷰
상품권/ 스벅커피

인터뷰 참여
백화점 상품권

이벤트 참여방법

합격수기

시대에듀와 함께한 도서 or 강의 **선택** ▶ 나만의 합격 노하우 정성껏 **작성** ▶ 상반기/하반기 추첨을 통해 선물 증정

인터뷰

시대에듀와 함께한 강의 **선택** ▶ 합격증명서 or 자격증 사본 **첨부**, 간단한 소개 **작성** ▶ 인터뷰 완료 후 백화점 상품권 증정

이벤트 참여방법
다음 합격의 주인공은 바로 여러분입니다!

QR코드 스캔하고 ▷▷▷
이벤트 참여하여 푸짐한 경품받자!

합격의 공식